1781

Tiziano Terzani

Noch eine Runde auf dem Karussell

Vom Leben und Sterben

Aus dem Italienischen
von Bruno Genzler

| Hoffmann und Campe |

Die Originalausgabe erschien 2004 unter dem Titel
»Un altro giro di giostra. Viaggio nel male e nel bene del nostro tempo«
im Verlag Longanesi & C., Mailand.

Der Verlag dankt dem italienischen Außenministerium,
das die deutschsprachige Ausgabe dieses Werkes
mit einem Zuschuss zu den Übersetzungskosten förderte.

1. Auflage 2005

www.hoca.de
Schutzumschlaggestaltung: Steigenberger Grafikdesign, München
Foto: Vincenzo Cottinelli
Satz: Offizin Hümmer GmbH, Waldbüttelbrunn
Druck und Bindung: GGP Media GmbH, Pößneck
Printed in Germany
ISBN (10) 3-455-07681-5
ISBN (13) 978-3-455-07681-3

HOFFMANN
UND CAMPE

Ein Unternehmen der
GANSKE VERLAGSGRUPPE

Inhalt

Hongkong

Indien

Philippinen

Himalaya

Ankunft

Zum Andenken an Mario Spagnol,
den Lektor meiner Wahl;
er war der Erste, mit dem
ich über diese Reise sprach.

Aufbruch

Ein Weg ohne Abkürzungen

Obwohl man weiß, wie vielen Menschen es passiert, denkt man nie, dass es einen auch selbst treffen könnte. So sah auch meine Einstellung immer aus. Daher war ich, als es mich dann traf, so wenig darauf vorbereitet, wie es jeder andere auch gewesen wäre. Ja, im ersten Moment kam es mir sogar so vor, als erlebe es ein anderer. »Signor Terzani, Sie haben Krebs!«, eröffnete mir der Arzt, aber mir war, als rede er gar nicht mit mir, denn – und das nahm ich sogleich mit Verwunderung wahr – ich geriet nicht in Panik, sondern blieb ruhig, so als gehe mich die Sache im Grunde gar nichts an.

Vielleicht war diese anfängliche Gleichgültigkeit bloß ein instinktiver Schutz, um nicht die Fassung zu verlieren, Distanz zu wahren – jedenfalls war sie hilfreich. Es ist immer gut, wenn man es schafft, sich selbst von außen zu betrachten. Eine Übung, die man erlernen kann.

Noch eine weitere Nacht verbrachte ich allein in der Klinik und hatte so Zeit nachzudenken. Ich überlegte, wie viele andere Menschen wohl vor mir in diesen Räumlichkeiten mit ähnlichen Mitteilungen konfrontiert worden waren, und empfand diese Gesellschaft irgendwie als Ermutigung. Ich befand mich in Bologna. Über die übliche Chronologie kleiner Schritte war ich dort gelandet, ein jeder für sich genommen unbedeutend, doch, wie so oft im Leben, im Zusammenspiel entscheidend: ein hartnäckiger Durchfall, der in Kalkutta begann, dann die verschiedensten Untersuchungen im Institut für Tropenkrankheiten in Paris, anschließend weitere Checks, um einer rätselhaften Anämie auf die Spur zu kommen, bis sich schließlich ein gewissenhafter italienischer Arzt nicht mit den naheliegendsten Erklärungen zufrieden gab und der Sache wirklich auf den Grund ging. Mit einem seltsamen Instrument – einer hässlichen Gummischlange mit einem leuchtenden Auge – machte er sich daran, die verborgensten Winkel meines Körpers zu durchleuchten, und erkannte sogleich, was ihn die Erfahrung gelehrt hatte.

Ich war ihm dankbar – für sein ärztliches Können und seine Offenheit. Denn so konnte ich in aller Ruhe, und jetzt einem handfesten Grund, meine persönliche Bilanz ziehen, neue Prioritäten setzen und die notwendigen Entscheidungen treffen. Ich ging auf die sechzig zu, und so lag es für mich nahe, mich umzuschauen, so wie man mit Genugtuung oder auch Stolz auf einen bewältigten Anstieg zurückschaut, wenn der Berggipfel erreicht ist. Mein Leben bis zu diesem Zeitpunkt? Herrlich! Jede Menge Abenteuer, eine große Liebe, nichts, was mir noch fehlte, nichts außerordentlich Wichtiges, was noch zu erledigen war. Wäre ich einst als junger Mensch zu dieser Reise mit jenen Zielen aufgebrochen, die viele Leute wie selbstverständlich für ihr Leben anstreben, nämlich »einen Baum zu pflanzen, ein Kind aufzuziehen und ein Buch zu schreiben«, so war ich praktisch schon angekommen. Und dies fast ohne es zu merken, ohne Anstrengung, während ich es mir auf meinem Weg auch noch gut gehen ließ.

In jener Nacht, in der Stille der Klinik, die nur vom Rauschen von Autoreifen auf dem nassen Asphalt draußen und den gelegentlichen Schritten einer Krankenschwester auf dem Linoleumfußboden im Flur gestört wurde, kam mir eine Metapher meines Lebens in den Sinn, die mich seither begleitet. Ich sah mein Leben als eine Karussellfahrt: Schon gleich zu Beginn hatte ich ein prächtiges weißes Pferd ergattert und seitdem, nach Herzenslust schaukelnd, meine Runden auf ihm gedreht, ohne dass jemals irgendjemand – und das wurde mir in jener Nacht zum ersten Mal klar – auf mich zugekommen und meinen Fahrschein verlangt hätte. Nein. Eigentlich hatte ich gar keinen Fahrschein. Ich war das ganze Leben lang schwarzgefahren. Nun gut: Jetzt kam eben der Schaffner vorbei, ich zahlte, was ich schuldig war, und würde, wenn alles gut ging, vielleicht schon bald wieder aufbrechen können zu einer weiteren Runde auf dem Karussell.

Der nächste Morgen begann wie ein x-beliebiger Tag. Nichts um mich herum hatte sich verändert, und nichts deutete auf jenen Sturm an Gedanken hin, der in meinem Kopf herumwirbelte. In Porretta Terme, wo ich umsteigen musste, um nach Pracchia und von dort nach Orsigna zu gelangen, dachte ich sogar daran, die Wäsche abzuholen, die ich dort einige Tage zuvor abgegeben hatte.

Zu Hause angekommen, schlug ich meiner Frau Angela, die auf mich wartete, einen Spaziergang im Wald vor. Nach fast vierzig gemeinsamen Lebensjahren fiel es mir nicht schwer, mit ihr zu reden – und mit ihr zu schweigen. Ich versprach ihr, alles daranzusetzen, um die Sache durchzustehen, es zu schaffen, und dies war, wenn ich mich recht erinnere, der einzige Moment, da mir die Tränen kamen.

Es galt nun, rasch zu entscheiden, was zu tun sei. Mein erster Instinkt glich dem eines verletzten Tieres: Ich wollte mich wie in eine Höhle zurückziehen. Plötzlich hatte ich das Gefühl, nur noch wenige Kräfte zur Verfügung zu haben und diese optimal bündeln zu müssen. Ich beschloss, niemanden einzuweihen, nur die Kinder und jene Freunde, die mein Verschwinden aus der Welt nicht so einfach hingenommen hätten. Ich wollte mich ganz auf das Notwendige konzentrieren und mich von nichts und niemandem ablenken lassen.

Die wichtigste Entscheidung war aber, wo und vor allen Dingen wie ich mich behandeln lassen wollte. Chemotherapie, Bestrahlung, Operation mit all ihren – wie man hört – verheerenden Folgen sind heute nicht mehr die einzigen Möglichkeiten. Ganz im Gegenteil. In einer Zeit, da alles in Frage gestellt und alles Offizielle misstrauisch beäugt wird, jegliche Autorität an Ansehen eingebüßt hat und sich jedermann dazu berechtigt sieht, sich ohne weiteres zu allem ein Urteil zu erlauben, ist es immer mehr in Mode gekommen, die klassische Schulmedizin schlechtzureden und ein Loblied auf alternative Heilmethoden zu singen.

Allein schon die exotischen Namen klingen verlockend: Ayurveda, Prana-Heilen, Akupunktur, Yoga, Homöopathie, chinesische Heilkräuter, Reiki und – warum nicht – Zauberer und Wunderheiler egal welcher Schule. Es sind immer Gerüchte; jemand erzählt von jemandem, von dem er gehört hat, dass er geheilt wurde, oder von einer Genesungsgeschichte, die zu schön ist, um nicht geglaubt zu werden, die die Hoffnung weckt, eine dieser sich immer weiter verbreitenden Behandlungsmethoden könne genau das Richtige sein. Keinen Moment zog ich dies in Betracht.

Allerdings stammen viele dieser Therapien aus Asien, wo ich dreißig Jahre meines Lebens verbracht habe, und einige gar aus

Indien, jenem Land, in dem ich jetzt auch zu Hause bin! Ich selbst hatte nie Probleme, mich ihrer zu bedienen: In China brachte ich meinen damals elfjährigen Sohn Folco zu einem Akupunkteur, der erfolgreich sein Asthma behandelte, und nur ein Jahr zuvor hatte ich meinen französischen Freund Leopold zum Leibarzt des Dalai Lama im Medizinisch-Astrologischen Institut (ja, das ist tatsächlich die Kombination) in Dharamsala begleitet, der ihm seine siebzehn Pulse fühlte und – offenbar sehr wirksame – schwarze Pillen, die wie Schafsköttel aussahen, gegen seine Hepatitis verschrieb. Und hatte ich selbst nicht oft genug beklagt, dass der moderne westliche Mensch durch sein Einbiegen auf die Autobahn der Naturwissenschaften allzu leicht die Pfade antiker Weisheit verlassen hat und nun, da sein Modernitätsmodell Asien erobert, auch dort jenem großen, an lokale Traditionen gebundenen Wissen zunehmend das Vergessen droht?

Ich hatte meine Meinung nicht geändert. Aber als es um mein eigenes Überleben ging, zögerte ich keinen Moment: Ich musste mich in jene Hände begeben, die mir am vertrautesten waren, die der westlichen Wissenschaft, der abendländischen Vernunft. Es war nicht nur eine Frage der Dringlichkeit, denn in einem solchen Fall hat man ja wirklich keine Zeit zu vergeuden, und alle so genannten alternativen Heilmethoden wirken nun einmal, wenn überhaupt, eher langfristig. Nein, es war im Grunde so, dass mir das rechte Vertrauen fehlte. Und Vertrauen in die Behandlung sowie die Leute, die sie durchführen, ist nun einmal ein überaus wichtiger, ich würde sogar sagen, der entscheidende Punkt im Heilungsprozess.

Eine Portion Glück gehört auch dazu, und davon hatte ich bis dahin in meinem Leben ohnehin, wie ich glaube, überdurchschnittlich viel abbekommen. Auch jetzt stand es auf meiner Seite, oder jedenfalls empfand ich es so, was im Grunde auf das Gleiche hinausläuft. Unter meinen Kollegen gab es jemanden – ein Journalist mit langer Asienerfahrung, Korrespondent der *New York Times* und zweimaliger Pulitzer-Preisträger –, mit dem mich eine Freundschaft verband, die über gemeinsame Erlebnisse gewachsen war: Wir waren beide in China verhaftet und des Landes verwiesen worden und hatten uns beide, entgegen jeder logischen

Karriereplanung, nach weitaus »wichtigeren« Stationen Indien als jenes Land ausgesucht, mit dem wir uns fortan beschäftigen wollten. Und jetzt verband uns eine weitere Gemeinsamkeit: Einige Jahre zuvor war bei meinem Freund ebenfalls ein Tumor entdeckt worden, und er hatte überlebt. Ich suchte ihn in Delhi auf und bat ihn um Rat.

Die Ärzte, die ihn wiederhergestellt hatten, die *fixers*, wie er sie nannte, waren seiner Ansicht nach die besten, die zu haben waren. Ich glaubte ihm. Ein paar Anrufe, ein Fax, und im Verlaufe nur weniger Tage fand ich mich in New York wieder, als Achtzehnter auf der Warteliste für eine neue, noch im Experimentierstadium befindliche Therapie an der wahrscheinlich fortschrittlichsten Klinik der modernen westlichen Medizin: dem *Memorial Sloan-Kettering Cancer Center* oder besser, dem MSKCC, wie einem auf die Schecks zu schreiben nahe gelegt wird, so dass auch gegenüber der eigenen Bank hinsichtlich des dortigen Aufenthalts eine gewisse Diskretion gewahrt bleibt.

Wurde ich nach dem Erscheinen von *Fliegen ohne Flügel** gefragt, was für ein Buch ich als nächstes zu schreiben gedächte, antwortete ich, Bücher seien wie eigene Kinder, man müsse zunächst einmal mit ihnen schwanger gehen, um daran denken zu können, sie hervorzubringen, und wenn sich die Gelegenheit ergebe, würde ich nach den langen Jahren im Fernen Osten gern eine große »Wiederentdeckungsreise« ins fernste Abendland unternehmen: in die USA. Unter dem Vorwand, in die USA zu ziehen, um mich »schwängern zu lassen«, gelang es mir nun, ohne Aufsehen von der Bildfläche zu verschwinden.

Im Anzeigenteil der *New York Times* las ich von einem 1-Zimmer-Apartment direkt am Central Park; ich schaute es mir an und

* (Originaltitel *Un indovino mi disse*, wörtlich: »Ein Wahrsager sagte mir«. Anm. d. Übers.)
Ja, einer der Seher, Rajamanickam aus Singapur, hatte mir vorhergesagt, zwischen dem neunundfünfzigsten und zweiundsechzigsten Lebensjahr hätte ich durch einen »Engpass« in meinem Leben zu gehen – möglicherweise eine Operation. Aber er war der Einzige gewesen. Die anderen hatten nichts dergleichen in meiner Zukunft erblicken können, und alle hatten mir ein mehr oder weniger langes Leben geweissagt.

griff sofort zu. Jene wenigen Quadratmeter grauen Teppichbodens, die ich sogleich mit einigen bunten indonesischen Stoffen und einem kleinen chinesischen Bronzebuddha auf der Fensterbank eines großen, fast bis zum Boden reichenden Fensters belebte, wurden einige Monate lang zu meiner »Höhle«, in die ich mich verkriechen konnte.

Bis auf Angela und die Leute vom MSKCC wusste niemand, wo ich mich aufhielt. Das Telefon blieb immer stumm, niemand läutete an der Tür; die einzige Verbindung zur Welt, die ich nicht kappte, war die elektronische Flaschenpost mit ihren Nachrichten, die hin und wieder an den Cyber-Strand meines Computers, der überall auf der Welt hätte stehen können, geschwemmt wurden. Ich halte den Austausch von E-Mails mittlerweile für die diskreteste, unaufdringlichste Kommunikationsweise überhaupt, vorausgesetzt, man schreibt nur, wenn man tatsächlich etwas zu sagen hat, meidet die der Eile geschuldete schludrige Sprache und druckt sich das aus, was man an Lesenswertem erhält, um es jederzeit noch einmal nachlesen zu können.

Meine Situation war perfekt. Genau so, wie ich es mir seit langem erträumt hatte: ganze Tage in völliger Freiheit, keine Termine, keine Pflichten und die unglaubliche Wohltat, die Gedanken schweifen lassen zu können, ohne Unterbrechungen, ohne die fixe Idee – früher eine wahre Obsession –, ich sollte eigentlich etwas anderes tun. Nach dem lauten Trubel genoss ich endlich die große Stille. Über viele Jahre hatte ich als Zeuge von Kriegen, Revolutionen, Überschwemmungen, Erdbeben und den großen Veränderungen in Asien mit leidenschaftlichem Interesse von gefährdeten, vernichteten oder, was am häufigsten vorkam, vergeudeten Menschenleben berichtet; von den Leben vieler, vieler anderer Menschen. Und nun beobachtete ich zur Abwechslung einmal das Leben, das mich am meisten anging: mein eigenes.

Und zu beobachten gab es genug. Nach neuerlichen Untersuchungen und der üblichen Aneinanderreihung von Bemerkungen wie »Da ist ein Schatten, den wir nicht richtig einordnen können«, »Kommen Sie nächste Woche noch mal vorbei«, »Es tut mir aufrichtig Leid, aber ich habe schlechte Neuigkeiten für Sie ...«, entdeckte man, dass das Übel nicht in *einem* Tumor bestand, sondern gleich in dreien, ein jeder mit seinen typischen Eigenschaften, die alle auf unterschiedliche Weise zu behandeln waren. Und ohne auch nur eine Sekunde an den Diagnosen und am Sinn der vorgeschlagenen Behandlungen zu zweifeln – ja, ich bekräftigte ihn noch für mich, indem ich mir sagte, es wird bestimmt das Beste sein, was ich versuchen kann –, unterzog ich mich nacheinander einer Chemotherapie, einer Operation und einer Strahlenbehandlung.

Niemals zuvor hatte ich mich in diesem Maße als reine Materie erlebt. Niemals zuvor war ich meinem Körper so nahe gewesen. Ich musste mich mit ihm beschäftigen, musste vor allem lernen, die Kontrolle über ihn zu behalten und mich nicht gar zu sehr von seinen Bedürfnissen und seinen Reaktionen – Schmerzen, Übelkeit oder Brechreiz – beherrschen zu lassen.

Jetzt erst wurde mir bewusst, in welchem Maße mein Biorhythmus und meine Stimmungen bei der Arbeit für den wöchentlich erscheinenden *Spiegel* von den Abgabeterminen für meine Artikel bestimmt waren: Freude und Erleichterung samstags und sonntags – da konnte die Welt untergehen, aber das Magazin war fertig, und es konnte nichts mehr hinzugefügt werden; Gleichgültigkeit am Montag, wenn die folgende Nummer geplant wurde; Anspannung am Dienstag und Mittwoch, wenn das neue Thema zu bedenken und die ersten Stichpunkte zu notieren waren; Nüchternheit und Konzentration am Donnerstag, wenn der Artikel rausmusste; am Freitag dann schon Erleichterung, aber auch noch Wachsamkeit, falls es noch neue Entwicklungen gab. Und dann begann wieder alles von vorn, Woche für Woche, an einer Kriegsfront, in einer Hauptstadt, in der es einen Staatsstreich gegeben hatte, auf Reisen durch ein Land, dessen Mentalität ich verstehen sollte, oder auf den Spuren einer Story, deren Hintergründe zu entwirren waren. Und nun waren alle Tage der Woche gleich, ohne Höhen und Tiefen; ganz einfach wunderbar ereignislos. Und niemand wollte etwas von mir.

Jede Jahreszeit bringt ihre Früchte hervor, und meine Zeit als Journalist war sicher fruchtbar gewesen. Aber mittlerweile hatte ich mich immer häufiger in Situationen wiedergefunden, die ich so oder so ähnlich bereits erlebt hatte, und schlug mich mit Problernen herum, die ich so lange schon kannte. Das Schlimmste war aber, beim Schreiben das Echo von Storys und Worten zu hören, die ich bereits zwanzig Jahre zuvor geschrieben hatte. Zudem interessierten mich die Fakten, denen ich früher einmal wie ein Spürhund nachgejagt war, nicht mehr in der gleichen Weise wie zuvor. Im Laufe der Jahre hatte ich immer mehr begriffen, dass die Fakten niemals die ganze Wahrheit sind und dass es noch etwas jenseits der Fakten gibt – eine andere Realitätsebene –, die ich, wie ich spürte, nicht zu packen bekam und von der ich wusste, dass sie in meinem Beruf, so wie er heute praktiziert wird, auch keinen interessierte. Wäre ich wieder als Journalist eingestiegen, hätte ich bestenfalls versuchen können, wieder der zu sein, der ich einmal war. Die Erkrankung aber bot mir eine gute Gelegenheit, mich nicht zu wiederholen.

Es war nicht die einzige Chance. Langsam begriff ich, dass die Krebserkrankung auch zu einer Art Schild geworden war, hinter dem ich in Deckung gehen konnte, ein Schutzwall gegen die Banalitäten des täglichen Lebens, die gesellschaftlichen Verpflichtungen, den Zwang zur Konversation. Mit der Krankheit hatte ich mir das Recht erworben, mich nichts und niemandem gegenüber verpflichtet zu fühlen und keine Schuldgefühle mehr haben zu müssen. Endlich war ich frei. Vollkommen frei. Es hört sich sicher eigenartig an, und manchmal kam es auch mir eigenartig vor, aber ich war glücklich.

»Muss man denn erst Krebs bekommen, um das Leben genießen zu können?«, schrieb mir ein alter Freund aus England. Er hatte von meinem Verschwinden gehört und per E-Mail bei mir angefragt, was denn los sei. Ich antwortete ihm, ich sei »an einer großen Geschichte dran« und erlebte im Moment, in gewisser Hinsicht, wenn auch vielleicht nicht die schönste, so doch gewiss die intensivste Zeit meines Lebens. Reisen sei für mich immer eine Lebenseinstellung gewesen, und nun nähme ich auch die Krebserkrankung als eine Art Reise: eine unfreiwillige, unvorhergesehene Reise, auf die ich mich nicht hätte vorbereiten können und für die es keine Landkarten gebe, die aber aufregender und eine größere Herausforderung als alle anderen sei. Alles, was geschehe, gehe mich jetzt hautnah an. Er solle es genießen, schrieb ich ihm, nicht krebskrank zu sein. Wolle er aber mal eine interessante Übung machen, so solle er sich einen Tag lang mal vorstellen, Krebs zu haben, solle sich Gedanken darüber machen, wie sehr ihm dadurch sein Leben und alle Menschen und Dinge um ihn herum plötzlich in einem völlig neuen Licht erscheinen würden. Womöglich einem richtigeren, gerechteren Licht.

Im alten China bewahrten viele Menschen ihren Sarg schon zu Lebzeiten im Haus auf, um sich jederzeit ihrer Sterblichkeit bewusst zu sein; manch einer legte sich auch hinein, wenn es wichtige Entscheidungen zu treffen galt, um so die Vergänglichkeit alles Irdischen noch präsenter zu haben. Warum sollte man sich nicht mal einen Augenblick vorstellen, man wäre schwer krank und die Tage auf Erden wären gezählt – wie es ja auch tatsächlich der Fall ist –, damit einem klarer wird, wie kostbar diese Tage sind.

In Indien erzählt man dazu die Geschichte von dem Mann, der, von einem Tiger gehetzt, in einen Abgrund stürzt. Während er fällt, bekommt der Pechvogel einen Strauch zu fassen, aber auch der beginnt schon nachzugeben. So hängt er da, und es gibt kein Entkommen: über ihm der fauchende Tiger, unter ihm der Abgrund. Und genau in diesem Moment erblickt er ganz nahe, mit Händen zu greifen, zwischen den Steinen der Felswand eine wunderschöne, leuchtend rote frische Erdbeere. Er pflückt sie und – noch nie schmeckte ihm eine Erdbeere so süß wie diese letzte seines Lebens.

Fiel mir die Rolle dieses Pechvogels zu, so war auch für mich jene »Erdbeere«, jene Tage, Wochen und Monate einsamen Friedens in New York, zuckersüß. Was jedoch nicht hieß, dass ich mich etwa mit dem Absturz abgefunden hätte. Ganz im Gegenteil, ich wollte nichts unversucht lassen, was mir irgendwie helfen konnte. Aber was? Konnte ich etwas tun, mit meinem Geist, meiner Einstellung oder was auch immer, damit der Strauch, an den ich mich klammerte, weiter standhielt? Wenn ich selbst meinen Körper in diese missliche Lage gebracht hatte, war es mir dann auch möglich, ihm dort wieder herauszuhelfen? Die Ärzte, denen ich schon während der Untersuchungen solche Fragen stellte, wussten mir nichts zu antworten. Einigen war zumindest klar, wie wichtig es wäre, hier nach Antworten zu suchen, aber niemand tat es.

Geradeso wie wir Journalisten sahen auch die Ärzte nur die Fakten, so wie sie ihnen vor Augen standen, und ließen jenes ungreifbare »Andere« außer Acht, das sich hinter den Fakten verbergen mochte. Ich war für sie ein Körper, ein erkrankter Körper, der zu heilen war. Da mochte ich noch so sehr insistieren, dass ich doch sehr viel mehr sei: Verstand, vielleicht auch Geist, ganz sicher aber jede Menge Erfahrungen, Geschichten, Gefühle, Gedanken und Emotionen, die mit meiner Krankheit wahrscheinlich ziemlich viel zu tun hatten. Das schien niemand in Betracht ziehen zu wollen oder zu können. Erst recht nicht in der Behandlung. Worauf sich alle Bemühungen richteten, war *der* Tumor, ein in der Fachliteratur ausführlich beschriebenes Karzinom, mit den entsprechenden Statistiken zu seinen Auswirkungen und den Überlebenschancen, ein Tumor, den jeder hätte haben können. Aber nicht *meiner*!

In jenem wissenschaftlich rationalen Umfeld, für das ich mich entschieden hatte, wurde ich mit meiner lädierten Gesundheit eher wie ein defektes Auto in einer Reparaturwerkstatt betrachtet, das keinerlei Einfluss darauf hat, ob es repariert werden kann oder verschrottet werden muss, und weniger als ein Mensch, der sich ganz bewusst mit all seinem Willen dafür einsetzt, wiederhergestellt und ins Leben entlassen zu werden.

Und in der Tat verlangten meine tüchtigen Ärzte, meine »Instandsetzer«, wie ich sie nannte, als Mensch kaum etwas von mir. Es genügte ihnen, dass mein Körper bei den Terminen, die sie ihm vorgaben, präsent war, damit sie ihn den verschiedensten »Behandlungen« unterziehen konnten.

Weiß man wenigstens, was eine Körperzelle veranlasst, plötzlich verrückt zu spielen? Wieso diese Zelle ihre natürliche lebenserhaltende Funktion aufgibt und sich in eine entsetzliche Bedrohung des Lebens verwandelt?

Mit dieser Frage wandte ich mich an den noch sehr jungen Chef der Forschungsabteilung des MSKCC, von dem ich gelesen hatte, er habe nicht nur die Antwort darauf parat, sondern stehe auch kurz vor einer entscheidenden Entdeckung; und zwar des Schlüssels zum genetischen Code, der wie ein Schalter bewirkt, dass eine gesunde Zelle krank wird und umgekehrt.

»Wir sind auf einem guten Weg, aber wirklich ans Ziel zu gelangen ist komplizierter, als einen Menschen zum Mond zu schicken«, erklärte er mir.

Was ich von seinen Erklärungen verstand, war tatsächlich faszinierend. Zufällig hatte sich dieser junge Wissenschaftler genau auf meine spezielle Form der Erkrankung spezialisiert. Doch je länger ich ihm zuhörte, desto klarer wurde mir auch, dass ihn seine Arbeit als Forscher in der geheimnisvollen Welt biologischen Lebens von mir als ganzem Menschen, auch von meinem Körper, vollkommen wegführte.

Indem er tiefer und tiefer in die Materie eindrang, sich von Detail zu Detail vorarbeitete, vom Kleinen zum noch Kleineren, war er bis zu einem einzigen der Millionen in der DNA enthaltenen Codes in wiederum einer der Milliarden von Körperzellen vorgestoßen. Aber *ich*, wo war ich? Ich musste doch auch eine Rolle gespielt haben, als mein Schalter auf so verhängnisvolle Weise umgelegt wurde.

»Nein. Ganz und gar nicht. Das war alles schon in Ihrem Code festgeschrieben, und bald schon werden wir in der Lage sein, jenen Teil in Ihnen, der jetzt hakt, neu zu programmieren.«

Auch wenn diese Aussicht natürlich etwas Tröstliches hatte, dachte ich beim Weggehen, dass er und seine Kollegen sich doch etwas vormachten: Denn fänden sie eines Tages auch tatsächlich den Schlüssel zu jener Tür, würden sie merken, dass dahinter noch eine andere liegt, und dahinter wiederum eine andere, eine jede mit einem eigenen Schloss versehen, denn im Grunde war das, wonach meine geschätzten Wissenschaftler suchten, der Schlüssel aller Schlüssel, die Kombination aller Kombinationen: der »Code Gottes«. Und wie konnten sie nur ernsthaft glauben, den knacken zu können?

Zu keinem Zeitpunkt verlor ich das Vertrauen in die Ärzte, in deren Hände ich mein Schicksal gelegt hatte. Ganz im Gegenteil. Doch je besser ich sie kennen lernte, desto klarer spürte ich: Sie waren mit Geigen vergleichbar, denen eine Saite fehlte, hatten sie sich doch in einer extrem mechanistischen Sichtweise des Problems und damit auch seiner Lösung verfangen. Einige Ärzte verstanden meine Zweifel oder hörten mir wenigstens amüsiert zu, wenn ich ihnen von meinen Bedenken erzählte. Zum Beispiel, dass man vielleicht einmal die übliche Sprache im Zusammenhang mit Krebs kritisch unter die Lupe nehmen sollte. Die Sprache, die diese Krankheit umgibt, ist ja eindeutig eine Kriegssprache, die ich selbst auch anfangs benutzt hatte. Der Tumor ist ein »Feind«, den es zu »bekämpfen« gilt, die Therapie eine »Waffe«, jede Phase der Behandlung eine »Schlacht«. Die Krankheit wird stets als etwas Äußerliches gesehen, das in uns eindringt und uns Ärger macht und deswegen vernichtet werden muss, eliminiert, vertrieben. Bereits nach einigen Wochen des Umgangs mit der Krebserkrankung begann mir diese Einstellung zu missfallen. Sie schien mir zu kurz zu greifen.

Durch das erzwungene Zusammensein sah ich den Tumor immer mehr als inneren »Besucher«, der zunehmend ein Teil von mir wurde, so wie meine Hände, die Füße oder mein Kopf, auf dem, aufgrund der Chemotherapie, nun kein Haar mehr wuchs. Anstatt auf diesen Krebs in all seinen Inkarnationen loszugehen, war mir eher danach, mit ihm zu reden, mich mit ihm anzufreunden; nicht zuletzt, weil ich begriffen hatte, dass er mir wohl, auf die eine oder andere Weise, vielleicht betäubt oder schlummernd, erhalten bleiben und mich den Rest meines Lebensweges begleiten würde.

»Wenn ihr morgens aufsteht, schenkt eurem Herzen ein Lächeln, auch eurem Magen, eurer Lunge und eurer Leber. Denn von diesen hängt letztendlich vieles ab«, hatte ich den berühmten buddhistischen Mönch Thich Nhat Hanh aus Vietnam bei einem Vortrag über Meditation in Delhi sagen hören. Damals wusste ich noch nicht, wie wertvoll mir dieser Rat eines Tages werden würde. Und so lächelte ich nun jeden Tag auch dem Gast in mir zu.

Je mehr ich mit der Wissenschaft und ihrer kühlen Vernunft zu tun hatte, desto neugieriger wurde ich auf die eher magischen Praktiken oder »Verrücktheiten« alternativer Behandlungsmethoden, die ich anfangs ausgeklammert hatte. Dabei glaubte ich nicht etwa, einen falschen Weg eingeschlagen zu haben – er ist sicher der erste, den jeder Betroffene in Betracht ziehen sollte. Aber ich spürte, dass dieser Weg, obschon wahrscheinlich der beste, auch seine Grenzen hatte und dass ich andernorts, auf anderen Wegen, Neues, Wichtiges finden könnte: keine Alternative allerdings, sondern Ergänzungen.

Und sobald mir nun meine »Instandsetzer-Ärzte« in New York eröffneten, sie seien mit den Reparaturarbeiten so weit fertig und bräuchten mich drei Monate – drei Monate!, mir schien es wie eine Ewigkeit – nicht zu sehen, machte ich mich unverzüglich in diese anderen Richtungen auf.

Nach all den Schlägen, die ich meinem Organismus zugemutet hatte, musste ich ihm nun ein wenig Frieden gönnen, musste ihn entgiften von all den Substanzen, die ihm während der Behandlungen verabreicht worden waren. Vor allem aber hatte ich meinen Geist, mittlerweile an die Einsamkeit gewöhnt, wieder mit der Welt in Einklang zu bringen. Was lag da näher, als auf Reisen zu gehen. Und so brach ich auf, mit dem Ziel, mir alle nur möglichen Arten von Therapien, Medikamenten, Heilmitteln, »Wunderheilungen« und so weiter, die mir vielleicht weiterhelfen konnten, näher anzuschauen.

Zunächst kehrte ich heim nach Indien, wo das Leben am natürlichsten und die Menschen noch am vielfältigsten sind, wo die Uhren langsamer gehen, das Alte neben dem Neuen fortbesteht und Leben und Sterben tiefer verwurzelte Erfahrungen zu sein scheinen als irgendwo sonst auf der Welt.

Fast ein Jahr war ich von Delhi fort gewesen, und der alte Juwelier aus Sundarnagar, der, als ich seinen Laden betrat, gerade damit beschäftigt war, eine Kette herrlich duftender Jasminblüten für sein Krishna-Bildnis aufzureihen, fragte mich, wo ich denn gesteckt hätte.

»Ich war unterwegs, von Klinik zu Klinik, ich habe Krebs«, erklärte ich ohne Umschweife, wie ich es sonst niemandem gegenüber getan hätte.

»Das muss die göttlichste Zeit Ihres Lebens gewesen sein«, erwiderte er in vollkommen natürlichem Ton.

Ja, da hatte er Recht. Aber woher wusste er das?

»Kennen Sie nicht die Geschichte von dem Moslem, der aus der Moschee verjagt wird und die Freitreppe vor dem Gotteshaus hinunterfällt?«

»Nein, die kenne ich noch nicht.«

»Jede Stufe, auf der er aufschlägt, tut weh; er leidet Schmerzen, denkt deshalb aber die ganze Zeit an Gott. Und so bedauert er es sogar, endlich unten angekommen, dass es nicht noch mehr Stufen waren. Ich könnte mir vorstellen, dass es Ihnen ähnlich erging.«

Ich war froh, dass ich ihn aufgesucht hatte, um mir eine neue Geldscheinklammer zu kaufen (meine alte hatte ich in New York verloren). Denn hätte ich eine bessere Wegzehrung für jene Reise erhalten können, die ich auf der Suche nach etwas angetreten hatte, von dem ich selbst noch keine so klare Vorstellung hatte?

Von Ort zu Ort ziehend, unterbrochen von Kontrolluntersuchungen alle drei Monate in New York, war ich nun unablässig unterwegs, verfolgte Spuren, ging Fragen nach oder überprüfte, was es mit einer Geschichte, die ich gehört hatte, für eine Bewandtnis haben könnte.

So verbrachte ich eine Woche im äußersten Südzipfel Indiens, in einem alten, bescheiden eingerichteten Ayurveda-Zentrum, das von einem jungen Arzt geleitet wurde, der alle heiligen Schriften der traditionellen Medizin auswendig kennt. Eine Kunst, die er von seinem Vater erlernt hatte, dieser vom Großvater und so fort. Es war ein wunderschöner Ort, inmitten von Reisfeldern gelegen, neben einem uralten, verfallenen Tempel, der der Legende nach von Rama gegründet wurde, auf seinem Weg nach Lanka, wo er sich mit Hilfe der Affen seine geraubte Gemahlin zurückzuholen gedachte.

Ebenfalls in Indien nahm ich an einem Reiki-Kurs teil und konnte sogar ein Reiki-Diplom erwerben. Auf einer thailändischen Insel fastete ich sieben Tage am Stück in einer Art Gesundheitszentrum, das auf eine in letzter Zeit groß in Mode gekommene Therapie spezialisiert war: die Darmspülung.

Im Norden der Philippinen war ich der Erste, der, kurz vor ihrer Einweihung, die *Pyramid of Asia* erprobte, errichtet als so genanntes »Weltgesundheitszentrum« von einem berühmten Geistheiler, der mich am Vorabend »operiert« hatte.

Tagelang wich ich einem »magischen Arzt« nicht von der Seite, der in einem Dörfchen in Zentralindien eigens für mich, mit Kräuter- und Brennholzbündeln, einige eigenartig stinkende, grünliche »Zaubermittel« zusammenbraute. Einige Tage hielt ich mich auch in einem angesehenen traditionellen Krankenhaus in Kerala auf, wo ich, wie die anderen Patienten auch, nachts kein Auge zutun konnte, weil unten im Hof ein Elefant trompetete und andere ungewöhnliche Blasinstrumente gespielt wurden; und zwar von einem Orchester, das zusammen mit einer Schauspieltruppe angereist war, um vom Sonnenuntergang bis zum Morgengrauen das Fest der Ayurveda-Schutzgöttin zu feiern.

Bis nach Boston, wo er ein Seminar über homöopathische »Meeresheilmittel« hielt, folgte ich einem jungen italienischen Arzt, der sich vom Chirurgen zum Homöopathen gewandelt hatte. Von seiner Praxis aus, einem instand gesetzten alten Bauernhaus irgendwo in der Po-Ebene, bemüht er sich heute, dieser Heilkunst größere wissenschaftliche Glaubwürdigkeit zu verschaffen, ohne dabei ihre »magischen« Aspekte, die er selbst durchaus darin sieht, zu verleugnen. Die Wirksamkeit seines Tuns habe ich selbst, in positiver Weise, am eigenen Leib erfahren!

Ich reiste nach Hongkong, um dort einen alten Chinesen zu treffen, einen Milliardär und Menschenfreund. Denn in dem Bestreben, der Menschheit vor seinem Tod als Geschenk ein Mittel gegen Krebs zu hinterlassen, hatte er einen Teil seines Vermögens in die Erforschung und mittlerweile auch Produktion eines Pilzextrakts gesteckt, der in der traditionellen chinesischen Medizin immer schon als »heilkräftig« galt.

In Chiang Mai, im Norden Thailands, traf ich meinen alten Freund Dan Reid wieder, einen Taoismus- und vor allem Qigong-Spezialisten, unter dessen Anleitung ich jeden Morgen, um die »kosmischen Energien« in mich aufzunehmen, jene antiken chinesischen Übungen ausführte, über die Dan gerade ein Buch veröffentlicht hatte.

In einem abgelegenen, den Winden ausgesetzten Gebäudekomplex hoch über den Klippen der nordkalifornischen Küste, mit einem einmaligen Blick über den Ozean, einem Blick, der wie nichts sonst der Seele ein Gefühl der Unendlichkeit zu geben vermag, nahm ich an einem Unterstützungsprogramm für Krebskranke teil. Wir waren zu neunt, und von jedem einzelnen Teilnehmer bewahre ich bewegende, auch amüsante Erinnerungen. Gleich darauf schloss ich mich zwei Männern an, einem großen Yoga-Meister und einem Musiker, beide Inder, die einen sehr speziellen Kurs abhielten. Dessen Grundidee war, durch die Einnahme verschiedener Yoga-Positionen die »Körperkanäle« zu öffnen, damit die Musik in Gewebe und Zellen einsickern konnte, um die Gesamtvitalität zu stimulieren. Mir haben die Übungen gut getan, und auch die Musik – falls sie bis dorthin gelangt sein sollte. Auf alle Fälle war es eine Musik, die direkt das Herz ansprach.

Ebenfalls in Indien habe ich mich bemüht, Sai Baba zu treffen, einen Guru mit einer Riesengefolgschaft, dem zahlreiche Wundertaten zugeschrieben werden. Doch als ich in seinem Ashram eintraf, war er gerade unterwegs, und ich nahm dies als Zeichen, dass ein Treffen mit ihm nichts bringen würde.

Auf meiner langen Reise habe ich auch die heiligen Stätten des Buddhismus besucht. Viele Tage verbrachte ich in Benares, jenem Ort, den die Inder zum Sterben aufsuchen, in der Hoffnung, nicht wiedergeboren zu werden.

Und wie man es häufig erlebt: Man macht sich auf die Suche nach einer bestimmten Sache und findet dabei viele andere. Und so kam es, dass sich zu der bereits umfangreichen Kollektion an Ärzten, Spezialisten, Heilern und Ähnlichem nach und nach weitere »Objekte« hinzugesellten, einige heilige Bettler etwa, ein alter, als Psychologe und Hypnotiseur tätiger Jesuit, ein zeit seiner Jugend in eine Statue verliebter Mönch und viele weitere außergewöhnlich schillernde Persönlichkeiten.

Überall, wo ich mich aufhielt – und ab und an auch die mir angebotenen Heilmittel ausprobierte –, konnte ich Geschichten sammeln von auf wundersame Weise genesenen Kranken, von Heilungen, die irgendeinem Zaubertrank oder irgendeiner seltsamen Behandlung zu verdanken sein sollten. Aber auch die Kehrseite, Geschichten von Kranken, die sich den üblichen Therapien der klassischen westlichen Medizin verweigerten, dafür auf irgendeine alternative Heilmethode setzten und es nicht überlebten.

Stimmte es, dass meine Krankheit auch durch das Leben, das ich geführt hatte, entstanden war und ich folglich mit der Vergangenheit brechen und ein vollkommen neues Leben beginnen musste, um gesund zu werden, dann war ich auf dem richtigen Weg: Ich verkehrte mit vollkommen anderen Menschen als zuvor, beschäftigte mich mit anderen Problemen, anderen Gedanken. Nicht nur äußerlich war ich selbst ein anderer geworden. An diesem Punkt lag es nun nahe, noch einen Schritt weiter zu gehen, eine weitere Schwelle zu überschreiten: auch diese wiederum ganz und gar indisch.

Ich beschloss also, drei Monate in einem Ashram zu verbringen, etwas Sanskrit zu lernen und über jene eine große Frage nachzudenken, die den Menschen seit jeher bewegt und die auch im Mittelpunkt des Vedanta steht, dem letzten Teil der Veden und philosophischen Kern der ältesten heiligen Schriften Indiens: »Wer bin ich?« Da die Antwort gewiss nicht lauten konnte: »Ich bin Journalist jener Zeitung, Autor jenes Buches, ein an jener Krankheit erkrankter Mann«, versuchte ich, auch formell nicht länger jener Mensch zu sein, der ich gewesen war, meinen Namen und meine Vergangenheit abzulegen, um ganz einfach »Anam« zu werden, der »Namenlose«. Ein, wie mir schien, höchst passender Name, um ein Leben zu beschließen, das ich mit dem Versuch zugebracht hatte, mir einen Namen zu machen!

Ein merkwürdiges Experiment, das Ich aufzugeben, an das man gewöhnt ist, nicht mehr darauf zurückgreifen zu können, was man gewesen ist, was man getan hat, wo man geboren ist oder wen man gekannt hat, jenes Ich, mit dem man sich identifizierte und über das man sich definierte, um auch nur die losesten Kontakte zu anderen Menschen zu knüpfen. Eine gute Übung, die man mal ausprobieren sollte: vielleicht im Urlaub!

So gelangte ich also nach und nach, Schritt für Schritt, dabei immer wieder über mich und meine Erlebnisse schmunzelnd, von der Behandlung meines »Ich-Körpers«, des Krebskranken in einer der besten Kliniken der Welt, zur Behandlung des »Ich-Körpers« plus »alles anderen, was sonst noch darüber hinausgehen mag«, in einem äußerst spartanisch eingerichteten indischen Ashram; einem Ashram, in dem ich die heiligen Schriften des Hinduismus studierte, vedische Gesänge anstimmte und auf dem Fußboden sitzend mit den Händen aus einer Blechschüssel aß:

und zwar nicht eine der in New York so sorgfältig für mich zusammengestellten Diäten, sondern das, was es eben gerade gab, meistens gekochte Kichererbsen.

»Und, hast du mit Gott gesprochen?«, fragte mich ein alter Freund, den ich auf der Durchreise in Paris besuchte.

»Um mit ihm zu reden, hätte ich ihn zunächst einmal treffen müssen«, antwortete ich, um eine Antwort zu umgehen. Wahrscheinlich dachte auch er, durch meinen Aufenthalt in Indien sei ich auf die eine oder andere Weise »abgedreht«. Aber dem war nicht so. Ich bin weder Hindu geworden noch Buddhist, ich folge keinem Guru und bin auch nicht in den Schoß der heimischen Religion zurückgekehrt. Obwohl ich die Freude wiederentdeckt habe, in der Stille einer schönen Kirche, wie etwa San Miniato al Monte in Florenz, zu sitzen und den jahrhundertealten Glauben, der hier spürbar ist, auf mich wirken zu lassen.

Ich bin immer noch jemand, der, wie so viele andere auch, auf der Suche ist, ohne Vorurteile und ohne Scheu vor Neuem oder davor, sich lächerlich zu machen. Habe ich auf meiner Suche vielleicht die perfekte Behandlung meines Krebsleidens gefunden? Sicher nicht. Aber immerhin weiß ich jetzt genau, dass es solch eine Behandlung nicht gibt. Denn Abkürzungen führen zu nichts, nicht zu Gesundheit und ebenso wenig zu Glück und Weisheit. Nichts ist plötzlich wie von Zauberhand da. Jeder Mensch muss auf seine ganz persönliche Weise danach suchen, muss seinen eigenen Weg gehen, denn eine Station kann für verschiedene Besucher ganz Verschiedenes bedeuten. Was für den einen ein Heilmittel ist, kann für einen anderen wirkungslos oder gar ein Gift sein: Vorsicht ist angeraten, besonders dann, wenn man den in gewisser Weise bewährten Bereich der exakten Wissenschaften verlässt und sich in den Dschungel »alternativer Heilmethoden« vorwagt, in dem sich mittlerweile zahlreiche Scharlatane, Profiteure und Hochstapler tummeln.

Bin ich also nach den langen Reisen wieder zum Ausgangspunkt zurückgekehrt? Glaube ich jetzt wieder stärker an die wissenschaftliche Vernunft? Denke ich heute wieder, der westliche Weg, Probleme anzugehen und zu lösen, sei doch der beste? Keineswegs! Aber mehr denn je bin ich überzeugt, dass nichts von vornherein auszuschließen ist; dass sich immer Wertvolles – Menschen oder Dinge – gerade an den unerwartetsten Orten und in den unvorhergesehensten Situationen finden lässt. Und was ist mit Wundern? Die mag es gewiss geben, aber jeder Mensch muss selbst für sein eigenes sorgen. Vor allen Dingen aber weiß ich heute, dass unsere Kenntnisse von der Welt und über uns selbst extrem beschränkt sind. Und dass hinter dem Augenschein, hinter den Fakten eine Wahrheit liegt, die uns entgeht, weil wir sie nicht fassen können mit unseren Sinnesorganen, unseren wissenschaftlichen Kriterien, unserer so genannten Vernunft.

Zweifellos hat das Abendland in der Erforschung des menschlichen Körpers Riesenerfolge aufzuweisen. Dennoch hat es mich immer schon befremdet, dass unsere Medizin aus der Anatomie hervorgegangen ist, einer Wissenschaft, die auf der Sezierung von Leichen beruht, und ich frage mich, wie man durch die Untersuchung von Toten dem Geheimnis des Lebens auf die Spur kommen will. In anderer Hinsicht aber hat der Westen keinerlei Fortschritte, vielleicht sogar eher Rückschritte gemacht: nämlich im Wissen über jenes Unsichtbare, Nichtmessbare, Unfassbare in- und außerhalb unseres Körpers, das ihn stützt, ihn mit allen anderen Formen des Lebens verbindet und ihn zu einem Teil der Natur macht. Wissenschaften wie die Psychoanalyse oder die Psychologie bewegen sich auch bloß an der Oberfläche jener unsichtbaren Welt, wie eingeschüchtert von dem großen Geheimnis, das keine der Wissenschaften, eben weil sie wissenschaftlich vorgehen, zu ergründen vermag.

So bleibt der medizinischen Forschung keine andere Möglichkeit, als immer tiefer ins Detail zu gehen, vom Kleinen zum noch Kleineren vorzustoßen. Aber müsste sich nicht eine andere Art Suche, die nicht notwendigerweise wissenschaftlich sein muss, in die genau entgegengesetzte Richtung bewegen: vom Kleinen zum Großen?

Vielleicht weil ich mein Problem nicht länger auf das von ein paar verrückt spielenden Zellen reduzieren wollte und eine andere Lösung suchte als die Reparatur eines defekten Schalters in einem Code meiner DNA, landete ich schließlich in einem kleinen Haus aus Stein und Lehm im Himalaya. Und dort oben, mit dem Herzen so leicht, wie ich es zuvor nie erlebt hatte, ohne Wünsche, ohne Ziele in einem immensen inneren Frieden, sah ich die erste Sonne des neuen Jahrtausends aufgehen wie die erste Sonne der Schöpfung, während einige der höchsten Gipfel der Erde aus einer kosmischen Dunkelheit langsam Gestalt annahmen und in einem rötlichen Licht zu erstrahlen begannen, wie um neue Hoffnung zu schenken im ewigen Kreislauf des Werdens und Vergehens. Nie zuvor hatte ich die Götter so nahe gefühlt.

Über Wochen und Monate, mal in einer wärmenden Frühlingssonne, mal mit meterhohem Schnee vor der Tür und Steineichen und Rhododendron wie erstarrte Eisriesen davor, war ich Gast eines über achtzigjährigen hoch gebildeten Inders, der in seinem ganzen Leben nichts anderes getan hatte, als über den Sinn des Lebens nachzudenken. Ein Mann, der alle großen Meister seiner Zeit getroffen hat und nun dort oben in der Einsamkeit lebt, in der Überzeugung, dass es nur einen wahren großen Meister gibt: jenen, den jeder Mensch in sich trägt. Wenn des Nachts die Stille so vollkommen ist, dass sie zu dröhnen scheint, steht er auf, entzündet eine Kerze und setzt sich ein paar Stunden lang davor. Wozu?

»Um zu versuchen, ich selbst zu sein«, hat er mir einmal geantwortet. »Um die Melodie zu hören.«

Wenn er hin und wieder nach seinem Nachmittagsspaziergang im Wald auf den Spuren des Leoparden, der ihm eines Nachts seinen Wachhund gerissen hatte, die Holzstufen zu meiner Unterkunft erklomm, erwärmte ich auf einem kleinen Gaskocher Wasser aus unserer nahen Quelle und bereitete zwei Tassen von dem chinesischen Tee zu, den ich immer dabeihabe.

»Alle Kräfte, sichtbare und unsichtbare, fassbare und unfassbare, männliche und weibliche, negative und positive, alle Kräfte des Universums haben das ihre dazu beigetragen, dass wir beide in diesem Moment hier vor dem Kaminfeuer zusammensitzen und Tee trinken«, erklärte er und brach dann in ein Lachen aus, das allein schon eine Freude war. Und dann entwickelte er, indem er Plotin oder Boethius zitierte, die Upanishaden oder einen Vers aus der *Bhagavad Gita*, von William Blake oder einem sufischen Mystiker, seine sehr eigenen Theorien zur Kunst oder zur

Musik oder beichtete seine »Erbsünde«: nämlich das »Sein« immer sehr viel höher als das »Tun« eingeschätzt zu haben.

»Und was ist mit der Melodie?«, fragte ich ihn einmal.

»Ja, das ist eine schwierige Sache. Man muss sich gut vorbereiten, dann kann man sie zuweilen hören: Es ist die Melodie des inneren Lebens, jenes Lebens, das alles Leben trägt, jenes Lebens, in dem alles Raum findet, in dem alles integriert ist: Gut und Böse, Gesundheit und Krankheit; jenes innere Leben, in dem es keine Geburt gibt und keinen Tod.«

So lebte ich also, für mich allein, vor mir der Blick auf die einzigartige Kulisse der Berge, die so unverrückbar dalagen wie ein Symbol größter Stabilität, aber doch immer wieder anders waren, unbeständig, wie alles in dieser Welt, und im Hintergrund diesen alten Mann mit der schönen, reinen Seele, dem ich zufällig begegnet war, und ich spürte, wie die Wochen ins Land gingen, mehr und mehr, dass sich meine lange, abenteuerliche Reise, die in einer Klinik in Bologna begonnen hatte, ihrem Ende näherte.

Von dieser Reise will ich erzählen, weil ich weiß, wie viel Mut Erfahrungen von Menschen machen können, die bereits ein Stück jenes Weges zurückgelegt haben, den andere erst angehen müssen. Außerdem ging es bei meiner Reise, wenn ich es mir recht überlege, nach einiger Zeit gar nicht mehr so sehr um die Suche nach der richtigen Behandlung meines Krebsleidens, sondern jener Krankheit, die uns alle trifft: die Sterblichkeit.

Aber ist Sterblichkeit wirklich eine »Krankheit«? Etwas, das wir fürchten müssten, ein Übel, das man besser von sich fern hält? Eher nicht.

»Stell dir vor, welches Gedränge auf der Welt herrschte, wenn wir alle unsterblich wären und auf immer und ewig hier herumliefen, und mit uns alle ebenfalls Unsterblichen, die in den vielen Jahrhunderten vor uns geboren wurden!«, sagte mein weiser Gefährte einmal auf einem Waldspaziergang zu mir. »Es geht darum, zu verstehen, dass Leben und Tod lediglich zwei verschiedene Aspekte derselben Sache sind.«

Diese Erkenntnis ist vielleicht das einzige wahre Ziel jener Reise, zu der wir alle mit unserer Geburt aufbrechen; eine Reise, von der ich selbst auch nicht allzu viel weiß, außer dass die Richtung –

davon bin ich heute überzeugt – von außen nach innen geht und vom Kleinen zum immer Größeren.

Die folgenden Seiten erzählen von meinen unsicheren Schritten.

New York

Der Fremde im Spiegel

Die Situation erinnerte an ein Aquarium. Und ich war der Fisch. Die Augen weit aufgerissen, stumm, mit offenem Mund atmend, gegen alle Wetterunbilden geschützt, mit Antibiotika voll gestopft, ja sogar gegen eine mögliche Erkältung geimpft, die mir, wie die Ärzte erklärt hatten, schon hätte gefährlich werden können, saß ich da in meinem geschützten »Becken« und beobachtete, zuweilen über Stunden, die hektische Welt außerhalb meiner Glaswände: New York.

Das Apartment lag im fünften Stock: niedrig genug, um noch die Straße übersehen zu können, wo das Theater des Lebens unablässig seine Aufführungen gab, und hoch genug, um mir, im Viereck des großen Nordfensters, das Panorama des Central Park mit seinem Meer von Baumkronen zu bieten und dahinter die Silhouette der Wolkenkratzer.

Wohl ähnlich wie dem Fisch kam auch mir diese Welt jenseits der Glasscheibe, deren Geräusche nur gedämpft zu mir drangen, absurd und fern vor. In meinem Kopf spürte ich eine große Leere; ich war unfähig, scharf zu denken; meine Knochen schmerzten, und meine Glieder waren kraftlos, aber das Gewusel dieser vielen Menschen dort draußen, die sich trafen, zusammenstießen, begrüßten und forteilten, kam mir im Vergleich zu meinem Lebensrhythmus so unharmonisch vor, dass ich – ähnlich wie ein Zuschauer in einem alten Stummfilm mit Charlie Chaplin – immer wieder laut auflachte.

Noch nicht einmal mehr der natürliche Kreislauf der Sonne, die mit tröstlicher Regelmäßigkeit auf den gegenüberliegenden Seiten meines Aquariums auf- und unterging, schien sich noch mit dem Rhythmus meines Körpers decken zu wollen. Häufig schlief ich irgendwann tagsüber ein und war dann nachts hellwach, lauschte dem Heulen der Sirenen von Polizei-, Feuerwehr- oder Krankenwagen, das so bedrängend nahe kam, bevor es wieder abebbte, und so die Ängste der Nacht verstärkte.

Über Monate leistete mir dieses Fenster Gesellschaft: Von dort aus sah ich den Marathonlauf und dann, wie der Schnee die Stadt mit einem weißen Guss überzog; ich beobachtete die Eichhörnchen, wie sie sich im kahlen Geäst der Bäume nachjagten und dann im Frühling im grünen Laubwerk verschwanden. Von dort aus verfolgte ich die Geschicke einiger sympathisch wirkender Stadtstreicher, die, umgeben von ihren Bündeln und Plastiktüten, auf den Bänken sitzend die Sonne genossen, ganz anders als die vielen Geschäftsleute, die zerstreut an ihnen vorübereilten. Von diesem Fenster aus habe ich mir Schicksale ausgemalt, etwa von dem Mädchen, wahrscheinlich aus der Provinz, das ich mit einem Bus in der Stadt eintreffen sah, mit nur ein paar wenigen Kleidern in der schwarzen Umhängetasche über der Schulter, aber großen Plänen im Kopf. Von dort oben aus beobachtete ich die wunderlichen Beziehungen zwischen Hunden und ihren Herrchen und die manchmal sogar noch wunderlicheren zwischen den Hundebesitzern selbst. Es ist schon überraschend, was man, tatenlos am Fenster stehend, alles lernen kann und welche Lebensgeschichten sich, von einem bloßen Detail, einer Geste ausgehend, zusammenphantasieren lassen.

Selbst solch ein unspektakulärer, nichts sagender Ort wie jenes Apartment kann ein »Zuhause« werden. Und viele Male kam es vor, dass ich nach einem längeren Spaziergang, während mir schon die kalten Schweißtropfen den Rücken hinunterrannen, die verbleibenden Stufen bis zur Wohnung hinauf zählte und bereits die Vorfreude genoss auf den Moment, wenn ich die Stahltür von 5/C öffnen und mir der typische Mietwohnungsgeruch entgegenschlagen würde, den ich immer wieder, vergeblich, mit Sandelholzdüften zu vertreiben versuchte.

Mit bunten indonesischen Batiktüchern hatte ich gleich bei meinem Einzug die vielen Spiegel verhängt, die man überall an den Wänden angebracht hatte, wohl um das einzige Zimmer etwas größer wirken zu lassen, als es tatsächlich war. Nur den Spiegel über dem Waschbecken hatte ich unverhüllt gelassen, und jedes Mal, wenn ich das Badezimmer betrat, blickte mir aus diesem Spiegel ein Mann mit einem gelben aufgeschwemmten Gesicht und einer Glatze entgegen, der mich anstarrte und Grimassen schnitt, als würde er mich kennen. Nein, dieser Typ war mir fremd. Und doch war er immer wieder da, dort im Spiegel, sobald ich die Tür öffnete. Manchmal lächelte er mich sogar zaghaft an, wodurch er mir aber noch abstoßender vorkam. Doch er ließ sich nicht entmutigen und suchte irgendwie weiter Kontakt zu mir. Er erzählte mir sogar, wir würden uns seit fast sechzig Jahren kennen. Er sei nämlich ich. Und irgendwann begann ich, mich ganz langsam an dieses neue, aufgeschwemmte, fahle Ich mit dem Glatzkopf zu gewöhnen.

Im Alter eine schöne, würdevolle Erscheinung abzugeben gilt in China als eine Kunst, die man dort über die Jahrhunderte stets verfeinert hat. Und da ich jahrelang unter Chinesen gelebt hatte, glaubte ich, mir ein wenig von ihnen abgeschaut und bewahrt zu haben für die Zeit, wenn es auch bei mir so weit wäre. Mir gefiel die Vorstellung, mit weißen Haaren zu altern und vielleicht sogar mit solch schönen dichten Augenbrauen wie Maos Premierminister Zhou Enlai, der aber auch mit Sicherheit lange, lange daran gearbeitet hatte. Die Chemotherapie machte mir nun einen Strich durch die Rechnung. Aber ich ihr umgekehrt auch. Um mir das Trauerspiel der allmorgendlichen dichten Haarbüschel im Kamm zu ersparen, war ich einige Tage vor Beginn des ersten Zyklus zu Angelo, dem Friseur an der Ecke, gegangen und hatte ihn – unter dem Vorwand, mal was ganz anderes ausprobieren zu wollen – aufgefordert, mir die Haare, die mir damals fast bis auf die Schultern fielen, radikal bis auf die Kopfhaut abzuschneiden.

»Ich mache gerade zu. Kommen Sie morgen wieder. Da können Sie auch noch mal eine Nacht darüber schlafen«, meinte Angelo. »Ich habe Angst, dass Sie mir sonst den Laden in Brand stecken.«

Am Tag darauf erledigte Angelo, was ich von ihm verlangt hatte, nur beim Schnurrbart blieb er eisern. Den musste ich mir dann selbst abrasieren. Ich trug ihn seit 1968, als Richard Nixon die amerikanischen Präsidentschaftswahlen gewann und ich, damals Student der Columbia University, dadurch eine Wette verlor. In diesen fast dreißig Jahren war dieser Schnurrbart ein fester Teil von mir geworden, gehörte zu meinem Selbstbild, und eigentlich überraschte es mich, wie leicht ich jetzt darauf verzichten konnte.

Von meinem früheren Klassenkameraden Alberto Baroni, inzwischen ein renommierter Gerontologe in Florenz, hatte ich einmal den Satz gehört: »Alte Menschen, die in ihrem Leben stets großen Wert auf ihr Äußeres gelegt haben, kommen am wenigsten damit zurecht und genesen am schlechtesten, wenn ein Infarkt, eine Lähmung oder irgendein anderer Schicksalsschlag ihr Selbstbild verletzt hat.« Aber ich wollte meine Herausforderung meistern. Und dafür lohnte es sich allemal, mein altes Ich mit den langen Haaren und dem Schnurrbart zu begraben.

Der letzte Tag war von besonderer Bedeutung. Noch mit meinem gewohnten Gesicht – damit die Angestellten mich erkannten und kein Problem damit hatten, einen Scheck von mir zu akzeptieren – fuhr ich zur *Banca Commerciale Italiana* in der Wall Street und hob ein dickes Bündel Geldscheine ab, das ich in meinem Apartment deponieren wollte. Wieder draußen, beschloss ich, den ganzen Rückweg zu Fuß zurückzulegen: ein langer, langer Spaziergang. Die Sonne schien angenehm, etwas Wind wehte, und ich – jetzt noch *ich* –, in Weiß gekleidet, mit langen Haaren und Schnurrbart, lief die 5th Avenue entlang durch Manhattan und betrachtete mich dabei in den Schaufenstern. Nur noch ein paar Stunden, und ich würde nie wieder dieser Mann sein. Fast amüsierte mich die Vorstellung, ein anderer zu werden. Ich habe in meinem Leben einige Leute kennen gelernt, die zwei, manchmal sogar drei parallele Leben führten. Das hätte mir auch gefallen, aber mir fehlte die Veranlagung dazu. Nun konnte ich mir zumindest vorstellen, zwei verschiedene Leben nacheinander zu führen. Vielleicht.

»He, Tiziano, was machst du denn in New York?« Auf der Höhe des *Disney Stores* stand plötzlich ein langjähriger französischer Kollege von der *Libération*, in Begleitung seiner Frau, mit ausgebreiteten Armen vor mir. »Das ist ja eine nette Überraschung, dich hier zu treffen. Wie immer ganz in Weiß. Wir haben dich schon von weitem erkannt. Essen wir heute Abend zusammen?« Zum letzten Mal hatten wir uns in Ulan Bator gesehen, und damals erzählte er mir, er schreibe an einem historischen Roman, der eben dort, in der Mongolei, spiele.

»Hast du ihn fertig?«, fragte ich.

»Ach, woher denn. Ich hab schon mehr als tausend Seiten zusammen, aber er wächst immer weiter. Schlimmer als ein Tumor! Er wächst und wächst, aber ich bleib dran.«

Ich musste lachen, aber weder er noch seine Frau, eine kleine, sehr anmutige Laotin, verstanden, worüber. Hatte ich ihm unbewusst dieses Bild suggeriert? Ich murmelte irgendeine Entschuldigung, um dem gemeinsamen Abendessen aus dem Weg zu gehen, und machte mich davon.

Vor dem Termin bei Angelo hatte ich noch meine Garderobe zu erneuern, oder genauer, ich musste entscheiden, wie sich mein neues Ich kleiden sollte. Über eins war ich mir vollkommen im Klaren: Wollte ich es mit der Krankheit aufnehmen, so durfte ich nichts Vergangenem nachtrauern, durfte nicht sehnsüchtig an frühere Zeiten zurückdenken und mir vor allem nicht vormachen oder erhoffen – auch wenn ich es schaffen sollte –, jemals wieder der Mann zu werden, der ich einmal gewesen war. Es galt, Schluss zu machen mit diesem extrovertierten, nach Sympathie dürstenden, ein wenig arroganten, geselligen und stets in Weiß gekleideten Ich. Das sollte doch nicht zu schwer sein: War es nicht schließlich jenes Ich, dessen Zellen plötzlich verrückt gespielt hatten? Und warum eigentlich? Vielleicht gerade wegen dieser Identität! Umso dringender war es geboten, diese Identität zu ändern, sich nicht an jene Lebensform zu klammern, die Gewohnheiten, die Farben, die sich das alte Ich ausgesucht hatte. Nicht, dass ich all das, was ich mir da im Kopf zurechtlegte, bereits voll und ganz geglaubt hätte, aber ich ließ meinem Gehirn freien Lauf und beobachtete es dabei.

In New York haben »Ausverkäufe« immer Saison. Der neueste Geniestreich, um die Menschen dazu zu bewegen, noch mehr und vor allem das zu kaufen, was sie nun überhaupt nicht brauchen, ist das Angebot »Nimm zwei, zahl eins«. In einer der Straßen, durch die ich auf dem Weg vom Apartment zur Klinik zufällig einmal gekommen war – ich versuchte, stets eine andere Strecke zu gehen, damit es nicht langweilig wurde –, hatte ich ein großes Warenhaus entdeckt, dessen Name wie für mich geschaffen schien: *Duffy's cheap clothes for millionaires.* Millionär bin ich zwar nie gewesen, habe mich aber immer so gefühlt. Und was meine Bekleidung angeht, so habe ich stets preiswerte Sachen getragen, denn in einem eleganten Geschäft sündteuer einzukaufen war mir stets einfallslos vorgekommen. Dort aber, zwischen den Restposten der Nobelmarken und aus der Mode geratenen Stücken, gab es jede Menge zu entdecken, und binnen weniger Minuten hatte ich für wenig Geld alles für mein neues Outfit zusammen: zwei Jogginghosen, eine blau, die andere schwarz; Sportschuhe, lange Socken, Handschuhe und zwei Wollmützen, eine schwarze und eine lilafarbene, um die Billardkugel zu bedecken, zu der mein Kopf in Kürze werden sollte.

Der Gedanke, der hinter der Chemotherapie steckt, ist einfach: Krebszellen haben eine tückische Eigenschaft, sie verdoppeln und vermehren sich. Die Chemotherapie ist eine Mischung – ein »Cocktail«, wie es euphemistisch heißt – äußerst wirkungsvoller chemischer Komponenten, die in den Blutkreislauf eingeführt werden und durch den Körper zirkulieren, um alle Zellen, auf die sie abgestimmt sind, radikal zu zerstören. Das Problem ist nur: Nicht ausschließlich Krebszellen haben diese bestimmten Eigenschaften. Nein, auch die Zellen der Haare, von Gaumen, Zunge und anderen schleimigen Oberflächen, wie dem Darminneren, sind von diesem Typ und werden deswegen, obwohl gesund und nützlich, auf dieselbe Weise wie die kranken Zellen attackiert. »Mit anderen Worten: Es ist ähnlich, als würde man einen ganzen Dschungel mit Napalm bombardieren und Tausende von Bäumen vernichten, nur um einen Affen zu töten, der dort auf einer Palme hockt«, sagte ich zu der Krankenschwester, die damit beschäftigt war, sorgfältig den ersten Cocktail zuzubereiten, mit dem sie mich bombardieren würde.

Ich hatte von einem Affen gesprochen, in Wirklichkeit aber an den Vietkong gedacht und daran, wie die Amerikaner während des Vietnamkrieges ganze Wälder entlaubt und immense grüne Weiten vernichtet hatten, bloß damit die Guerillakämpfer keine Nahrung und keine Unterschlüpfe mehr finden konnten. Die Logik war die gleiche. In Vietnam hatte ich sie gehasst, doch nun vertraute ich mich ebendieser Logik an und versuchte, auf diese Weise mein Leben zu retten. Und schon bei den ersten feuerroten

Tropfen, die, wie ich beobachtete, nacheinander aus einem transparenten Beutel in einen Plastikschlauch rannen und langsam durch eine Nadel in meinem linken Handrücken in meine Adern eindrangen, hatte ich das Gefühl, dass es funktionierte.

Die Wirkung erfolgte unmittelbar und überwältigte mich: Mein Mund füllte sich mit einem furchtbar intensiven metallischen Geschmack, mein Kopf glühte, wie von einer Ladung Napalm getroffen, und in jedem Winkel meines Körpers, bis in die Fingerspitzen, spürte ich dieses Feuer. Ich saß weit zurückgelehnt in einem bequemen Sessel, der aus einem Raumschiff hätte stammen können, genoss den Anblick eines Straußes nicht eben prachtvoller, aber echter Blumen auf der Fensterbank und hörte der äußerst liebenswürdigen jungen Krankenschwester zu, die mir von ihrem Traum erzählte, einmal in Kalifornien in einem Haus direkt am Ozean zu leben. Ich fühlte mich wohl, in guten Händen; mir gefiel dieses grelle, fast phosphoreszierende Rot der Flüssigkeit, die in meinen Körper eindrang – ich nahm es als Zeichen ihrer Wirksamkeit –, und registrierte enttäuscht, dass die junge Frau als letzte Zutat des Cocktails einen Beutel mit einer Substanz so farblos wie Wasser an den Infusionsständer hängte, von der ich mir nicht vorstellen konnte, dass sie mir in irgendeiner Weise helfen würde. Man solle dieses blasse Zeug färben, schlug ich vor, vielleicht smaragdgrün oder lila, um den Psycho-Effekt zu verstärken. Die Krankenschwester lachte: »Das wäre vielleicht eine Idee.«

Sie war eine Frau mit wachen Augen. Sie beobachtete ihre Patienten und hatte, wie sie mir erzählte, festgestellt, dass jeder auf seine ganz eigene Weise mit der Chemotherapie klarzukommen versuchte. Der eine meditiere dabei, ein anderer bringe einen Walkman mit, um seine Lieblingsmusik zu hören; wieder andere seien aufgebracht und litten wie unter einer Folter. Wahrscheinlich weil sie den Vorgang nicht als den Beginn einer möglichen Heilung begriffen und sich vor allem nicht mit den Folgen abfinden konnten, die sich – das weiß jeder – unvermeidlich einstellen würden.

»Und Sie scheinen sich zu amüsieren«, sagte sie.

Ich hatte ja keine andere Wahl, und »gute Miene zum bösen Spiel« zu machen schien mir das Naheliegendste zu sein.

Für mich war die Chemotherapie die erste Phase einer »Strategie«, die ich nach wochenlangen Untersuchungen, Überprüfungen, Beratungen mit Spezialisten auf den verschiedenen Stockwerken für mich beschlossen hatte, weil sie mir die besten Überlebenschancen bot. Als solche war sie mir jedenfalls von der resolut und nüchtern wirkenden Ärztin vorgestellt worden, die meinen Fall übernommen hatte: fünfzigjährig, sehr direkt, hart und wortkarg, aber hin und wieder mit einem überraschend sanften Lächeln. Schon bei unserem ersten Zusammentreffen hatte ich gespürt, dass ich mich ihr anvertrauen konnte, und dies auch, ohne später noch einmal zu schwanken, getan. Nach der Chemotherapie – der Cocktail für meinen speziellen Fall war, wie sie mir darlegte, von einem Team Mailänder Ärzte zusammengestellt worden, auf die sie große Stücke hielt – stand eine Operation an. Und wenn die Wunde verheilt sein würde, sollte ich mich einer Strahlenbehandlung unterziehen, und zwar mit einem System, das sich noch im Versuchsstadium befand und vom Leiter der Radiologischen Abteilung der Klinik, einem israelischen Arzt, entwickelt wurde.

Klein, kräftig, mit einem Freud'schen Spitzbart und interessiert auch an allem, was über die Medizin hinausging, schien dieser Radiologe, auch ohne seine Geräte, so etwas wie Gesundung auszustrahlen. Zumindest war das der Eindruck, den ich bei unserer ersten Begegnung gewann, so dass ich nicht lange zögerte, an seinem »Experiment« teilzunehmen. Ich war der achtzehnte Patient.

»Und was ist mit den anderen siebzehn?«, fragte ich ihn.

»Die haben alle überlebt.«

»Wie lange?«

»Zwei Jahre ... Wir haben aber auch erst vor zwei Jahren mit dieser Therapie begonnen.«

Seit jenem Gespräch nannte ich ihn für mich nur noch den »Strahler«.

Der Chirurg stellte sich mir in kakifarbener Hose und einem Jeanshemd vor. Er war klein, untersetzt, blond und trug einen Bauch vor sich her, der ihn als treuen Freund deutschen Bieres auswies. Tatsächlich schien er von dort zu stammen, denn sein Name war »Herr«. Ich war sogleich beeindruckt von seinen blauen ruhigen Augen und seinen winzigen Chirurgenhänden mit den feingliedrigen Fingern. Wäre ich, so kam es mir in den Sinn, Ludwig XVI. gewesen und zur Guillotine verurteilt worden, hätte ich mir, wenn es schon hätte sein müssen, als Scharfrichter solch einen gewissenhaften Könner gewünscht. Denn diesen Eindruck machte er auf mich: Er war sich seiner Sache vollkommen sicher, wusste genau, was er wegschneiden und in mir drin lassen musste, nachdem er den Schnitt ausgeführt hatte, der von oberhalb meines Bauchnabels bis fast zur Schulter reichen würde. Was er mir allerdings verschwieg, war, dass er mir bei der Arbeit auch eine Rippe entfernen würde.

»Und die Heilungschancen?«, hatte ich ihn gefragt.

»Bestens. Wenn Sie den anderen Tumor überleben.«

Tja, besser als gar nichts. Und außerdem, wenn er das sagte, »der Herr« – *The Lord*, wie ich ihn für mich schon umbenannt hatte ...

Jeder dieser einzelnen Phasen sollte eine Untersuchung des »Höhlenforschers« vorausgehen, eines blutjungen Spezialisten der Endoskopie, der mit seiner Minikamera jeden Punkt meines Körpers erreichte, wo Gewebeproben zu entnehmen waren. Rund zehn Mal hatte ich seine Erkundungstouren in die verborgensten »Höhlen« meines Körpers über mich ergehen zu lassen, und heute wird niemand von sich behaupten können, mich von innen besser zu kennen als er.

Die gesamten Reparaturarbeiten meiner »Instandsetzer«, wie ich mein Ärzteteam nannte, sollten mich ungefähr sechs, sieben Monate in New York festhalten. Bei der Ärztin, die die Arbeiten koordinierte, hatte ich versucht, die Behandlung zu straffen, das heißt, einige Phasen auf später zu verschieben. »Und wenn wir mit der Operation noch ein Jährchen warten?«, fragte ich. Doch sie ließ mir keine Wahl.

»Mister Terzani«, sagte sie, mir tief in die Augen blickend, *»you wait – you die.«*

Wenn ein Aufschub tatsächlich einem Abschied aus dieser Welt gleichkam, war jeder Einwand sinnlos, und so fügte ich mich.

Weil sie so effektiv schien, mochte ich die Chemotherapie, und ich klammerte mich daran wie an ein Seil, das man mir zugeworfen hatte, um mich vor dem Tiger über und dem Abgrund unter mir zu retten. Daher hatte ich mir auch vorgenommen, jeden Tropfen bewusst aufzunehmen, alle Auswirkungen genau zu beobachten, diese ganze Phase also konzentriert und aufmerksam zu begleiten. Die Chemotherapie sollte der Beginn eines neuen Abschnitts auf meinem Lebensweg sein, einer weiteren Runde auf dem Karussell. Und mir gefiel es, dass der Tag der ersten Injektion im Klinikjargon *Day One* hieß und danach die Termine der verschiedenen Untersuchungen und anderen Behandlungen festgelegt wurden. Auch für mich war dies der »erste Tag« – einer neuen Zeit, meines zweiten Lebens.

Als mich die junge Krankenschwester nach einigen Stunden aufstehen ließ, fühlte ich mich furchtbar erschöpft, und alle Knochen schmerzten im Leib, als wäre ich durchgeprügelt worden, aber das hatte man mir vorher gesagt, und ich raffte mich dazu auf, zu Fuß durch den Central Park nach Hause zu gehen. Gewöhnlich ein halbstündiger Spaziergang. Diesmal dauerte er eine Stunde. Ich fühlte mich matt und benebelt, als hätte ich Drogen genommen. Aber ich war stolz, es geschafft zu haben. Die Ärztin hatte mich dazu ermuntert, wenn möglich, bei meinem üblichen Tagesablauf zu bleiben, mich zu bewegen und auch meine regelmäßige Gymnastik nicht zu unterbrechen. Zu den zahlreichen Dingen, die ich tun oder lassen sollte, zählte auch, so viel ich konnte zu trinken – ruhig drei, vier Liter Wasser am Tag –, um die durch die Chemotherapie zerstörten Zellen aus dem Körper zu schwemmen. Ich kam allem bis aufs Kleinste nach.

In diesem festen Glauben an die Ärzte, im gehorsamen Befolgen ihrer Anweisungen lag etwas Tröstliches, das mir, wie ich fühlte, eine besondere Kraft gab. Sicher ähnlich wie Beten. Das hatte ich jedoch nie gelernt, und es wäre mir auch ein wenig albern vorgekommen, den Herrgott oder wen auch immer mit meiner Krankheit zu behelligen und ihn bei den unzähligen Dingen, um die er sich im Universum zu kümmern hat, darum zu bitten, mich gesund werden zu lassen.

Zwischen den einzelnen Cocktails lagen jeweils zwei Wochen, während deren ich, zu exakt festgelegten Zeiten, verschiedene Medikamente einzunehmen hatte. Zudem musste ich mir mit einer kleinen Spritze, deren Nadel ins Bauchfett gestochen wurde, selbst

Steroide spritzen. Sie sollten die Produktion weißer Blutkörperchen anregen, verursachten mir aber heftige Schmerzen in den Knochen, besonders im Beckenbereich und im Brustbein. In erster Linie sollte aber die zweiwöchige Pause dem Körper Gelegenheit geben, die Folgen der Bombardierung zu verdauen und zu einer gewissen Normalität zurückzufinden, bevor man ihm den nächsten Schlag versetzte.

Körper. Körper. Körper. Es ist schon eigenartig, wie wenig man sich unter normalen Umständen, wenn man gesund ist, seiner bewusst ist und wie selbstverständlich man sein Funktionieren hinnimmt. Aber kaum erkrankt man, rückt er in den Mittelpunkt all unserer Aufmerksamkeit. So einfache Dinge wie Atmen, Urinieren und »den Körper entleeren«, wie unsere Altvorderen sagten, werden zu existenziellen Vorgängen, die Schmerz oder Freude, Erleichterung oder Angst aufkommen lassen. Gemäß der Anweisungen, die ich erhalten hatte, beobachtete ich alle Körperfunktionen und versuchte allen Unregelmäßigkeiten beizukommen. Aber eben dadurch wurde ich mir von Tag zu Tag bewusster, wie sehr ich von meinem Körper abhing, wie seine Stimmung die meine beeinflusste und welche Anstrengungen ich (Ich-Geist, Ich-Bewusstsein, kurzum, Ich-alles-andere) unternehmen musste, um nicht sein Sklave zu werden.

Den Gedanken, dass ein starker Wille auch in einem Kerker *frei* sein kann, habe ich immer einleuchtend gefunden. Eines der schönsten Beispiele dafür aus jüngster Zeit ist Palden Gyatso, jener tibetische Mönch, der dreiunddreißig Jahre Folter und Isolierung in chinesischen Gefängnissen überlebte und sich dabei seinen freien Geist bewahren konnte. Aber wie kann man frei bleiben, wenn man Gefangener des eigenen Körpers ist? Und was ist eigentlich genau diese viel gepriesene *Freiheit*, die heutzutage in aller Munde ist? In Asien gibt man die Antwort mit einer jahrhundertealten Geschichte.

Ein Mann begibt sich zu seinem König, der im Ruf großer Weisheit steht, und fragt ihn: »Majestät, gibt es Freiheit im Leben?«

»Gewiss«, antwortet dieser. »Wie viele Beine hast du?«

Von der Frage überrascht, blickt der Mann an sich hinunter. »Zwei, o Herr.«

»Und bist du in der Lage, auf einem zu stehen?«

»Gewiss.«

»Dann versuche es einmal. Welches, kannst du dir aussuchen.«

Der Mann denkt eine Weile nach, zieht dann das linke Bein an und verlagert sein Gewicht ganz auf das rechte.

»Gut, und nun hebe auch das andere an«, fordert ihn der König auf.

»Was? Das ist unmöglich, o Herr!«

»Siehst du? So ist das mit der Freiheit. Du bist frei, die erste Entscheidung zu treffen. Danach nicht mehr.«

Und was war mit mir? Welche Wahl hatte ich? Bis zu welchem Punkt war ich mit meinem Körper identisch? Welche Beziehung gab es zwischen mir und ihm? Waren wir überhaupt zwei? Oder war mein Geist, mit dem ich mich am liebsten identifizierte, nur eine der zahlreichen Funktionen jenes Körpers und dadurch untrennbar an ihn gebunden? Für mich in meiner Situation, mit dem Tod als plötzlich realer Möglichkeit, mit den Schmerzen, der Verwirrung, der Niedergeschlagenheit, die damit zusammenhingen, war es sinnvoll, mir diese Fragen zu stellen, auch wenn mir natürlich die Antworten fehlten.

Mir gefiel es, meinen Körper als eine Art Kostüm zu sehen, das ich mit der Geburt geliehen bekam und früher oder später zurückgeben konnte (musste), ohne mich vor dem Nacktsein zu fürchten. Doch würde es tatsächlich so sein? Eins stand jedenfalls fest: Mein Ich-Geist war sich meines Körpers bewusst. Aber galt das umgekehrt auch? Wenn ja, dann sollte mein Körper bitte auch etwas Rücksicht auf mich nehmen und nicht ständig nur das tun, was ihm gerade passte.

Am raschesten wirkte die Chemotherapie auf meinen Magen, der sich sogleich wehrte und all das loszuwerden versuchte, was er richtigerweise als Gift einordnete. Um damit zurechtzukommen, hatte man mir in der Klinik ein Röhrchen mit sündteuren Tabletten mitgegeben, die ich einnehmen sollte, wenn ich es gar nicht mehr aushielte. Ich schaffte es, keine einzige zu nehmen. Sobald ich spürte, dass es mir den Magen umdrehte, setzte ich mich, die Beine übereinander geschlagen, auf den Fußboden, direkt vor meinen kleinen Bronzebuddha auf der Fensterbank.

Ich schloss die Augen und konzentrierte meinen Geist auf den Magen, stellte mir vor, ihn zu streicheln, sprach zu ihm und konnte ihn tatsächlich beruhigen. Zumindest hatte ich diesen Eindruck. Vielleicht war es aber auch nur Glück. Jedenfalls machte ich mir nicht vor, jene Übungen, die ich einige Jahre zuvor bei einem Vipassana-Meditationskurs in Thailand von John Coleman gelernt hatte, könnten meine Ärzte ersetzen oder ihre Tabletten und viel weniger noch deren bösartig-segensreiche grellrote Flüssigkeit. Dennoch empfand ich dieses Sich-Versenken als sehr hilfreich.

Trotz meiner Bemühungen, mehr zu sein als bloßer Körper, etwas weniger Materielles, etwas, das nicht in diesem Maße Wandlung und Verfall unterworfen war, drehte sich jetzt alles um meinen Leib. Und so schien es mir ratsam, mehr noch darauf zu achten, was diesen Leib, von dem jetzt alles abzuhängen schien, in Gang hielt.

»Siebenundneunzig Prozent dessen, was wir sind, ist das, was wir essen«, erklärte mir zur Einführung die junge Ernährungsexpertin des MSKCC, zu der man mich geschickt hatte, um mir eine Kost zusammenstellen zu lassen, mit der ich die Nachwirkungen der Chemotherapie besser verdauen sollte. »Durch die Ernährung mit industriell hergestellten Nahrungsmitteln kommt es zu einem gravierenden Ungleichgewicht im Körper, das eine ernsthafte Gesundheitsbedrohung darstellt. Deshalb ernähren Sie sich so natürlich wie möglich.«

Um meinem Körper auf die Beine zu helfen, sollte ich viel Kräutertee trinken, Kuhmilch, weil zu fett, vermeiden und mich mit Sojamilch begnügen. Magerjoghurt konnte ich essen, aber vor allem viel Obst. Wollte ich weiter Vegetarier bleiben, zu dem ich mich während meines Lebens in Indien gewandelt hatte, so sollte ich reichlich Walnüsse zu mir nehmen, Pinienkerne, Mandeln und besonders auch Kürbis- und Sonnenblumenkerne; sie durften nur nicht zu salzig sein.

»Sorgen Sie dafür, dass es auf Ihrem Teller kunterbunt aussieht, stellen Sie rote, gelbe, grüne und schwarze Gemüse zusammen. Essen Sie viel Brokkoli, auch Lauch und Knoblauch, so viel Sie mögen. Bereiten Sie sich zwei-, dreimal am Tag ein Püree mit allen möglichen Zutaten zu: Karotten, Äpfel, Spinat, und alle Waldfrüchte, die Sie finden können, besonders Heidelbeeren. Und denken Sie daran: von Orangen und Grapefruits auch das Weiße essen. Alle Ballaststoffe tun Ihnen gut, sie sorgen dafür, dass die Darmfunktionen wieder in Ordnung kommen«, informierte sie mich, und ich saß da, als gäbe es auch noch einen Ich-Journalisten, und machte mir Notizen.

Ich hatte in meinem Leben nie groß darauf geachtet, was ich hinunterschlang, hatte keinen Gedanken daran verschwendet, ob ein Gericht vor mir auf dem Tisch zu süß oder zu salzig, eine Speise gekocht oder gebraten war. Aber nun lernte ich in kürzester Zeit, gewissenhaft zu prüfen, was ich mir in den Mund steckte. Ich wurde Stammkunde in Bio-Läden und gewöhnte mir an, erst einmal durchzulesen, was auf den Packungen stand. So lernte ich, den hübschen Konfektionen mit harmonischen Bildchen unberührter Landschaften zu misstrauen, mit denen die Kunden hinters Licht geführt werden, und das zu beachten, was die Nahrungsmittelindustrie an Zusätzen anzugeben gesetzlich gezwungen ist. Fand ich Hinweise auf Konservierungsmittel, Geruchs-, Geschmacks- oder Farbstoffe, ließ ich gleich die Finger davon. Plötzlich war ich wie besessen von dem Gedanken, möglicherweise vergiftete Nahrung zu mir zu nehmen. Alle teflonbeschichteten Pfannen und Töpfe, die ich in dem Apartment gefunden hatte, wanderten in die Mülltonne, ich kaufte mir alle neu, aus Stahl, und verwendete große Sorgfalt darauf, mir jede Mahlzeit auf möglichst einfache und natürliche Weise zuzubereiten.

Was mich instinktiv am meisten abstieß, waren gentechnisch veränderte Lebensmittel. Hat man sich in den großen Nahrungsmittelkonzernen, die sich Hals über Kopf auf diese neue gewinnträchtige Form der Naturmanipulation gestürzt haben, vielleicht schon mal gefragt, welche Folgen es für Mensch und Umwelt haben kann, wenn man jetzt auch noch versucht, dem Schöpfer auf diese Weise ins Handwerk zu pfuschen? Und die Produkte sind bereits auf dem Markt, die Leute verzehren sie, und kein Mensch weiß, welche Teufeleien das hervorruft. Eines Tages wird man es wissen, aber dann ist es für viele schon längst zu spät.

Stimmte es, dass unser Körper zum Großteil das ist, was man

isst, so war vielleicht auch der Krebs, Teil meines Körpers, möglicherweise auf meine Ernährung zurückzuführen. Der Gedanke ließ sich nicht von der Hand weisen, und mit Schrecken dachte ich an die Jahre zurück, in denen ich mich an leckeren chinesischen Gerichten, die aus stinkenden, verdreckten Küchen kamen, gelabt hatte, an die in Indochina auf der Straße verzehrten Suppen, an die vielen, vielen Sachen, die man im Laufe des Lebens aus Hunger, aus Langeweile oder in Gesellschaft aus reiner Höflichkeit so in sich hineinsteckt. Und dann erst die schlecht gespülten Schüsseln und Teller, von denen man so isst! Oder die strahlend sauberen in den großen Hotels, die nicht mehr, wie noch bei unseren Großmüttern, mit urgesunder Asche zum Glänzen gebracht werden, sondern mit allen möglichen gesundheitsschädlichen Spülmitteln.

In Indien gibt es Gruppen – die ultraorthodoxen Brahmanen zum Beispiel –, die nur das essen, was sie selbst gekocht haben, und das aus Geschirr, das sie selbst gespült haben; oder sie lassen kochen, suchen sich aber ihren Koch nicht nach praktischen, sondern nach spirituellen Gesichtspunkten aus. Jedenfalls sind diese Brahmanen der Überzeugung, wer Essen zubereitet, gibt, auch unbewusst, etwas von sich an die Nahrung weiter. Und wenn der Koch nun ein Mensch niederer Seele ist, übertragen sich die negativen Kräfte auf das Essen und wandern dann unweigerlich zu dem Essenden weiter. Wissenschaftlich gesehen ist dies alles absurd, denn keine Wissenschaft ist in der Lage, die Existenz solcher negativen Kräfte nachzuweisen, geschweige denn ihre Intensität zu messen. Aber deswegen glauben diese Menschen nicht minder daran. Und niemand kann beweisen, dass diese Kräfte *nicht existent* sind.

Die Ärzte amüsierten sich, wenn ich sie während der Untersuchungen mit solchen Gedanken unterhielt. Aber keiner von ihnen nahm sich die Zeit, einmal darüber nachzudenken, ob nicht auch an dieser anderen Weltsicht etwas Wahres dran sein könnte. Etwas, was die Wissenschaft vielleicht übersieht. Schließlich lässt auch ihre – unsere – ach so gepriesene wissenschaftliche Exaktheit in mancher Beziehung sehr zu wünschen übrig: etwa, wenn es um die Themen Nahrung und Gesundheit geht.

Jahrelang haben alle wissenschaftlichen Studien die überragende Bedeutung von Vitaminen bei der Behandlung der verschiedensten Krankheiten betont. Nun jedoch werden die Ergebnisse neuer Untersuchungen veröffentlicht, nach denen Vitamine wenig oder gar nichts bringen. Zwanzig Jahre lang haben wir geglaubt, dass Salz in der Nahrung von Herzpatienten gefährlich ist. Jetzt entdeckt man: Auch das stimmt so nicht. Jahrelang haben die Ärzte uns erzählt, eine ballaststoffreiche Ernährung sei der beste Schutz gegen Darmkrebs. Jetzt stellt sich heraus, dass dies so nicht haltbar ist.

Fast täglich entdeckte ich in der amerikanischen Presse einen Artikel, in dem man, unter Berufung auf Studien dieser oder jener Universität, bewies, dass dieses oder jenes Gemüse in ganz besonderer Weise zur Krebsbekämpfung geeignet sei: Einmal waren es Zwiebeln, ein anderes Mal Rosenkohl, wieder andere Male Karotten, Tomaten oder Brokkoli-Keime, unter der Voraussetzung, dass sie nicht älter als drei Tage seien. Das Gleiche meldete man für Obst (unverzichtbar Pflaumen und Heidelbeeren) und Gewürze (vor allem Kurkuma und Kümmel). Auf längere Sicht erweisen sich dann all diese Studien als überflüssig und klingen nur noch lächerlich, wie auch die, von der ich in der *New York Times* las: Wer gestresst ist, sei viel stärker der Gefahr ausgesetzt, sich eine Erkältung einzufangen, als jemand, der es ruhiger angehen lässt.

Und was folgt daraus? Ist der Umstand, dass man – bis heute jedenfalls – den unbewussten positiven oder negativen Einfluss eines Kochs auf das, was er zubereitet, wissenschaftlich nicht beweisen kann, Grund genug, auszuschließen, dass es diesen Einfluss überhaupt gibt? Und warum sollte man die Ursache des Rinderwahnsinns nicht in der Tatsache suchen, dass wir seit langem schon dem vegetarischsten Tier der gesamten Schöpfung, gewaltlos par excellence und deshalb von den Indern als heilig verehrt, tagtäglich ein Futter aufzwingen, das auch aus Fleisch und Knochen anderer Tiere besteht. Streng wissenschaftlich mag dieses Argument wenig wert sein. Mich aber überzeugt es mehr als alle anderen: Das Wiederkäuen von Kadaverresten anderer Lebewesen hat die Kühe um den Verstand gebracht. Ganz einfach. Und würden wir Menschen nicht verrückt werden, wenn wir eines Tages dahinterkämen, dass unser Morgenkaffee mit dem gerösteten Knochenmehl unserer Verwandten zubereitet wurde oder das Steak auf unserem Teller aus der Lende des ermordeten Sohns unseres Nachbarn stammt?

Wie sind denn die Rinder dahintergekommen? Nun, auch das ist eine Frage, auf die uns die Wissenschaft – zumindest heute – gewiss keine Antwort geben kann. Aber dennoch muss die Frage gestellt werden. Können wir vielleicht wissenschaftlich erklären, warum Hunde so sehr am Menschen hängen oder warum Lachse nach einem jahrelangen Leben im offenen Ozean die Mündung jenes Flusses wiederfinden, in dem sie zur Welt kamen, um ihn hinaufzuwandern, ihre Eier abzulegen und dann zu sterben? Und wie konnten in einem Experiment, das noch zu Zeiten der Sowjetunion durchgeführt wurde, die Kaninchenweibchen im Käfig eines Schiffes wissen, dass in einem abgetauchten Unterseeboot in völlig unregelmäßigen Abständen ihre Jungen getötet wurden? Ein Experiment, das beweisen sollte, dass der Tod jedes kleinen Kaninchens in der Mutter eine Reaktion hervorrief.

Am meisten amüsierte sich meine Ärztin, wenn ich so meinen Gedanken die Zügel schießen ließ. Aber in die Falle ging sie mir nicht. Allerdings hatte ich es auch nicht darauf abgesehen: Sie sollte gar nicht einräumen, auch ihre Wissenschaft sei relativ und die Geschichte der Wissenschaft eine Kette von Wahrheiten, die sich bald schon im Lichte neuer Fakten und neuer Wahrheiten als Irrtümer erweisen. Nein, nein. Mein Kopf vergnügte sich mit ein paar geistreichen Sticheleien, aber im tiefsten Innern wollte ich dieser Wissenschaft vertrauen, denn auf sie hatte ich alles gesetzt. Mit dieser Zahl wollte ich unbedingt gewinnen.

»Sagen Sie mal, Mister Terzani, ich habe gehört, Sie haben all Ihren Ärzten Spitznamen gegeben. Wie heiße ich denn bei Ihnen?«, fragte mich meine Ärztin eines Tages. Glücklicherweise musste ich nicht lügen. Ich hatte bei ihrem Familiennamen nur einen Vokal ändern müssen und sie zu meiner Ärztin Doktor *Bringluck* – »Glücksbringer« – gemacht.

Stimmte es, dass der Körper zum großen Teil aus dem besteht, was man in ihn hineinsteckt, so musste ich mich am vordringlichsten um meine Ernährung kümmern. Aber fast ebenso wichtig war die Atemluft. Ohne Nahrung kann der Körper tagelang auskommen – und ab und an tut ihm das sogar ganz gut –, aber ohne Sauerstoff ist es nach wenigen Minuten um uns geschehen. Zwar konnte ich an der Luftqualität nichts ändern, aber immerhin lernen, richtiger zu atmen.

Auf den Gedanken brachte mich eine Zeitungsanzeige: Ein chinesischer »Meister« hielt übers Wochenende ein Qigong-Seminar (wörtlich »Luftarbeit«) ab. Teilnehmen könnten »Menschen jeden Alters und jeglicher körperlichen Verfassung«. Ich meldete mich an, bezahlte, und an einem Samstagmorgen, Punkt neun, fand ich mich in einem großen Raum mit einem Holzfußboden und Stahlträgern wieder, in einem früheren Fabrikgebäude in jenem ehemaligen Industrieviertel, das heute zu den einladendsten und angesagtesten New Yorks zählt: The Bowery. Aus alten Textilfabriken und Lagerhäusern mit ihren schönen Fassaden aus dem frühen 20. Jahrhundert waren Modegeschäfte, vor allem für junge Leute, geworden, Kunstgalerien, »alternative« Kulturzentren und Bühnen für die unterschiedlichsten Aktivitäten und Geschäfte, die irgendwie mit *New Age* zu tun haben.

Master Hus Seminar erwies sich als ein hervorragendes Beispiel für diese neue Spielart des kulturellen Ausverkaufs. Anstelle der Hunderten von Einwanderermädchen, die hier in diesen »Schweißfabriken« einmal vor ihren Nähmaschinen saßen und zur großen Blüte der amerikanischen Bekleidungsindustrie beitrugen, hatten sich nun vielleicht fünfzig Frauen jungen und mittleren Alters eingefunden – ich und ein weiterer Mann waren die Ausnahmen – und lauschten den Worten Master Hus, der in rudimentärstem Englisch, häufig unterstützt durch die zusätzlichen Erläuterungen eines Kollegen, einer Art PR-Assistenten, eines der »ältesten Geheimnisse Chinas« offenbarte. Am Akzent hörte ich sofort, dass der PR-Assistent Italiener war; das koreanische Mädchen an der Kasse war seine Partnerin.

Genau wie das in Indien praktizierte Pranayama ist Qigong die Kunst, den Atem zu kontrollieren und die Lebensenergie nicht nur in die Lunge, sondern auch in die verschiedenen anderen Körperteile zu lenken. In meinen langen Jahren in China hatte ich häufiger beobachtet, wie in den öffentlichen Parks am frühen Morgen viele Leute, vor allem ältere, jene langsamen, hochkonzentrierten Bewegungen ausführten. Auch von deren therapeutischen Qualitäten hatte ich gehört. In Peking war eine Freundin von Angela nach einer Krebsoperation von ihrer Arbeitseinheit zu einem Qigong-Kurs geschickt worden und erzählte uns, wie gut er ihr getan habe.

Als ich in China verhaftet und des Landes verwiesen wurde, hatte ich gerade begonnen, in dieser antiken Gymnastik für Körper und Geist Stunden zu nehmen. Es hätte mir sicher viel gebracht, diesen Kurs, den ein alter, sein Leben lang schon mit dieser Kunst vertrauter Arbeiter abhielt, auch in Peking zu beenden. Stattdessen fand ich mich mitten in New York wieder und hörte mir die Plattheiten Master Hus an, der uns verkündete: »Qigong, wie ich es Sie lehre, wird, wenn Sie es richtig machen, Ihren Charakter verändern, Sie liebenswerter machen und es den Frauen unter Ihnen sehr erleichtern, einen Ehemann zu finden.« Armer Master Hu: Er war frisch in den USA eingetroffen und hatte noch nicht gemerkt, dass seine Argumente hier nicht zogen, sondern im Gegenteil »politisch nicht korrekt« waren.

Den ersten Tag brachte ich mit dem Erlernen neuer Übungen zu: Bei den ersten ging es darum, sich bewusst zu machen, dass man atmet, um die Brust zu weiten und nicht umgekehrt; bei anderen lernten wir, nicht nur den Brustkorb, sondern auch den Bauch und den Unterleib für den Atem zu öffnen. Eine spezielle Übung bestand darin, mit leicht gebeugten Knien, die Füße ein wenig – auf Schulterbreite – gespreizt, dazustehen und auf Bauchnabelhöhe eine imaginäre Kugel in den reglosen Händen zu halten. Nach ungefähr zehn Minuten sollte man sich nun vorstellen, die Kugel drehe sich zunächst in die eine, dann in die andere Richtung. »Und nun versuchen Sie einmal, die Kugel loszulassen. Sie werden sehen, wie schwierig das ist. Für manche unter Ihnen wird es unmöglich sein«, erklärte Master Hu. Einige Frauen gaben begeistert zu, dass er Recht hatte. Ihre Hände waren durch ein »Magnetfeld« gelähmt. Meine nicht.

Die letzte Übung bestand darin, die Augen zu schließen und sich, die Knie wieder leicht gebeugt, vorzustellen, mit den Füßen fest auf dem Boden zu stehen und mit dem Kopf hoch, hoch in der Luft zu sein. Diese Übung gefiel mir, denn so sah schon immer mein Idealbild eines erfüllten Menschen aus: tief verwurzelt in den Dingen, dabei aber ein Träumer.

Am Ende des ersten Tages stellte ich mich Master Hu vor, bat ihn, mir von sich zu erzählen, und fand mich schon kurz darauf als ein Teil seines Gefolges, zusammen mit dem italienischen PR-Assistenten und dessen koreanischer Freundin, in einem vegetarischen Restaurant in der Nähe wieder. Auf dem Weg dorthin hatte mir der Italiener schon erzählt, er sei gleich nach Ableistung seines Wehrdienstes in die Staaten gekommen, um hier Arbeit als Goldschmied zu finden. Das war ihm nicht gelungen. Dafür hatte er aber, wie er mir gestand, herausgefunden, dass ohnehin »der Heilberuf interessanter ist«. Und gewiss auch einfacher und einträglicher. Er hatte Kurse in den verschiedensten Kampfsportarten, von Kung-Fu bis Judo, von Aikido bis Tijiquan, besucht, dann Master Hu kennen gelernt und sich mit ihm zusammengetan, weil sie voneinander profitieren konnten. Die Koreanerin hatte sich dann angeschlossen. Sie war gerade aus einem Pharmaunternehmen entlassen worden und arbeitete nun daran, selbst auch »Heilerin« zu werden.

Der PR-Assistent informierte mich ausführlich über die »Wundertaten« seines Meisters. Dieser sei in der Lage, Objekte auf Distanz zu bewegen und Papierbögen und Ähnliches allein durch seinen Energiefluss durch die Luft fliegen zu lassen. »Ich lerne gerade erst, Migräne zu behandeln, aber der Meister beherrscht alles«, schloss er. Die Heilung von Krebs gehörte selbstverständlich zu den Künsten, deren sich der Meister brüsten konnte, und der Italiener schwor, mit eigenen Augen gesehen zu haben, wie bereits nach der ersten Sitzung Tumore, die der »Energie« Master Hus ausgesetzt waren, auf die Hälfte zusammenschrumpften. Wie der Italiener mir verriet, war sein Meister auch in der Lage, die Parkinson-Erkrankung des Papstes zu heilen. Man wisse nur nicht, wie man sich diesbezüglich beim Vatikan Gehör verschaffen könne. Auch Giovannino Agnelli, der sich eben in jenen Wochen im New Yorker MSKCC aufhalte, könne sein Meister helfen, allerdings sei auch hier das Problem, den Kontakt herzustellen. Ich hütete mich, ihnen zu verraten, dass ich selbst dort Patient war. Aber es war schon ein eigenartiger Zufall, nach unserem netten Gespräch-Interview in Indien und einer Reihe weiterer, unerklärlicher Zufallsbegegnungen, mit dem jungen Agnelli wieder unter einem Dach zusammenzutreffen, mit einer ähnlichen Erkrankung, in der Obhut derselben Instandsetzer.

Es war offensichtlich: Der Meister und sein Gefolge suchten nach einer Chance, berühmt zu werden; sie brauchten ein »Wunder« und gierten danach, es an jemandem zu wirken, durch dessen Popularität auch sie ins Rampenlicht treten würden. Konnte ich es ihnen verübeln? So funktioniert heute die ganze Welt: Was zählt, ist allein der Markt, die einzige Moral ist die des Profits, und jeder arrangiert sich, wie er am besten kann, um in diesem Dschungel zu überleben. Im Moment scheint es unmöglich, etwas daran zu ändern. Aber deswegen gefällt es mir noch lange nicht.

Im Grunde war die Lebensgeschichte von Master Hu schön, fast pathetisch. In der Provinz Ganzhou, einer der rückständigsten und ärmsten Gegenden Chinas, geboren, wuchs er in einem Dorf auf, in dem seine Familie seit Jahrhunderten schon durch ein »Geheimnis« ihr Auskommen fand: die Behandlung von Brandwunden. Das Geheimnis war einfach: Sie nahmen Melonenschalen und steckten sie in Tongefäße, die, gut verschlossen, drei Meter unter der Erde eingegraben und dort einige Monate belassen wurden. Die Flüssigkeit, die so entstand, tat Wunder. Man strich sie über die verbrannten Stellen, und die Wunden heilten.

Ich stelle mir die Straßen solch eines typischen alten chinesischen Dorfes vor; niedrige Häuser mit Schieferdächern und Fußböden aus gestampftem Lehm; Bauern, die mit ihren Brandwunden zu Doktor Hu kommen und einen weiten Weg auf sich genommen haben, um sich behandeln zu lassen. Alles hatte einen Sinn, war nach menschlichem Maß eingerichtet, verfügte über seine eigene Magie. Und dann, im Zeichen der Globalisierung, des freien Marktes, des freien Verkehrs von Ideen und Wünschen, bricht der junge Hu auf, um »Master Hu« zu werden, sich auf den Marktplatz der Welt zu stellen und das meistverlangte Gut feilzubieten: Hoffnung. Die Hoffnung, dass eine Brandwunde heilt? Selbstverständlich nicht. Dafür gibt es heute Salben in jeder Apotheke. Nein, die Hoffnung, von Krebs geheilt zu werden, gegen den noch kein sicheres Mittel gefunden wurde.

»Ist Ihnen die Frau im hinteren Teil des Saals, nicht weit von Ihrem Platz, aufgefallen?«, fragte mich irgendwann der PR-Assistent. »Es soll eigentlich niemand wissen, aber Ihnen kann ich es ja verraten: Sie hat Brustkrebs. Und sie hat beschlossen, sich nicht operieren zu lassen, auf eine Chemotherapie zu verzichten und allein der Behandlung durch Master Hu zu vertrauen.« Natürlich hatte ich sie bemerkt: Blass, verängstigt wirkte sie. Zur Mittagszeit hatte sie sich allein in eine Ecke gesetzt, auf den Fußboden, mit dem Rücken zur Wand, und aus ihrer Tasche eine Schüssel hervorgeholt mit einem grünlichen Süppchen darin, wahrscheinlich das Produkt einer anderen weisen chinesischen oder makrobiotischen Lehre, und schweigend, freudlos zu essen begonnen. Was für eine Welt!

Der junge italienische PR-Assistent wäre in seinem Heimatort vielleicht ein guter Goldschmied geworden, der junge Hu hätte in China die Familientradition fortsetzen können, das koreanische Mädchen wäre vielleicht in ihrem Korea glücklich geworden. Stattdessen waren die drei vom unerbittlichen Sturm unserer Zeit wie Schiffbrüchige an diesen fernen Strand gespült worden und vorübergehend vereint in dem Bestreben, über die Runden zu kommen, indem sie in einem New Yorker Loft heiße Luft verkauften und eine arme einsame Frau in der Illusion wiegten, ihre Scharlatanerien seien besser als eine Chemotherapie und all das, was die westliche Wissenschaft, mit all ihren Beschränkungen, ihr bieten konnte.

Am zweiten Tag konnten wir Kursteilnehmer die Übungen vom Vortag wiederholen sowie einige »Wunder« des Meisters bestaunen, die mir der Italiener bereits angekündigt hatte. Master Hu bat eine Teilnehmerin nach vorn, ließ sie auf einem Stuhl Platz nehmen und maß ihr den Blutdruck. Dann stellte er sich hinter sie, erledigte seine Übungen, um ihr auf diese Weise seine Energie zu übertragen, und maß dann noch einmal den Blutdruck, um festzustellen, ob er gefallen war.

Ich konnte nicht anders, als immer wieder zu der kleinen, mageren, blassen Frau in der Ecke unweit von mir hinüberzusehen, die wie in Trance jede Geste des Meisters verfolgte, jenes Mannes, in dessen Hände sie ihr Leben gelegt hatte. Es war ihr Leben, und sie hatte jedes Recht, selbst zu entscheiden, wie sie es lebte oder beendete. Aber war sie auch frei in ihrer Entscheidung? Hätte ihr jene Möglichkeit, jene Alternative nicht offen gestanden, hätte sie sich gewiss operieren lassen oder eine Chemotherapie gemacht und würde heute vielleicht wieder durch den Central Park joggen.

War Qigong daran schuld? Natürlich nicht. Es lag etwas Weises darin, etwas Heilsames, Authentisches, Antikes, in dieser Kunst, den Atem bewusst zu lenken, in der »Übung mit der Kugel« oder in jener mit dem »Kopf in den Wolken« und vielleicht auch darin, jemandem zu helfen, indem man ihm seine eigene Energie übertrug oder ihn einfach nur beruhigte. Unerträglich – jedenfalls für mich – war aber: Es passte nicht hierher; man hatte es willkürlich von einer Welt in eine andere verpflanzt, aus dem Zusammenhang gerissen, es zu einer Ware wie aus dem Supermarkt gemacht, mit haufenweise Werbeprospekten und einer Liste aller Krankheiten, »akuten und chronischen«, die Master Hu mit seiner Kunst zu heilen versprach.

In Peking, im Himmelstempel-Park, haben jene Gesten, die ältere Chinesen in ihren Stoffschuhen bei Sonnenaufgang zum Gesang der Nachtigallen in den schönen, an den Trauerweiden aufgehängten Käfigen ausführen, einen Sinn; in einem Loft in New York nicht. Hier schien sich Master Hu selbst unwohl zu fühlen.

Alle antiken Kulturen haben sich mit der »Macht des Atmens« beschäftigt und eine Beziehung zwischen Atem und Geist, und vielleicht sogar der Seele, erkannt. In einigen Kulturkreisen, wie dem indischen etwa, hielt man es gar für möglich, sich durch die Atmung jener Kraft bewusst zu werden, die das gesamte Universum trägt und von der das Atmen noch ein recht gewöhnlicher Ausdruck ist. So erkannten die Yogis, dass langsam atmende Tiere, wie Elefanten und Schlangen, sehr viel länger leben als hastiger atmende Hunde oder Affen. In jahrelanger Zurückgezogenheit ersannen sie Übungen, mit denen sich die eigene Atmung verlangsamen ließ, wodurch es ihnen – wie es heißt – gelungen sein soll, ihr Leben bis auf hundertfünfzig oder gar zweihundert Jahre auszudehnen.

Einer anderen, auch sehr indischen Vorstellung nach bemisst sich die Zeit, die uns das Schicksal gewährt, nicht in Jahren, Tagen und Stunden – die letztendlich unsere eigenen Erfindungen sind –, sondern in Atemzügen. Mit anderen Worten: Nicht unsere Tage, sondern unsere Atemzüge sind gezählt. Und da nun ein Mensch normalerweise einundzwanzigtausend Mal am Tag atmet, sechshundertdreißigtausend Mal im Monat und circa sieben Millionen Mal im Jahr, würde man durch eine Verlangsamung dieses Rhythmus automatisch sein Leben verlängern. Man müsste es nur üben.

Um einen Wert zu haben, müssen solche Praktiken aber schwierig bleiben, esoterisch, für Normalsterbliche unerreichbar, und nur mit vielen Opfern und großer Hingabe zu erobern sein. Einmal für jedermann zugänglich, geht ihre Bedeutung verloren und damit ihre mögliche Wirksamkeit. Um seine Kraft zu bewahren, muss ein Mysterium ein Mysterium, ein Geheimnis ein Geheimnis bleiben.

Und doch kam das Qigong sehr gut an. Beim Hinausgehen hörte ich begeisterte Kommentare. »Ich habe schon Yoga und Reiki gemacht«, meinte eine Frau, »aber hier habe ich zum ersten Mal tatsächlich etwas gespürt.«

An einem Stand neben der Tür boten der PR-Assistent und die Koreanerin mit Yin-Yang-Symbolen bedruckte T-Shirts an, Videokassetten mit den aufgezeichneten Übungen oder auch Fläschchen mit Badesalzen, die mit Master Hus Energie geladen waren und bei Erkältungen und Stress helfen sollten. Gratis gab es Stöße von Handzetteln, die die Eröffnung einer Praxis des Meisters in SoHo ankündigten. Eine Sitzung hundertfünfzig Dollar.

Ich freute mich auf den Heimweg, rund sechzig Straßen zu Fuß, im Durchschnitt ein Block pro Minute, und darüber, mich am nächsten Morgen wieder in die Hände meiner Ärzte begeben zu können, die nicht den Anspruch erhoben, irgendetwas heilen zu können, sondern lediglich, es zu versuchen.

Die Chemotherapie war nötig geworden, weil der ursprüngliche Tumor, der nicht besonders aggressiv war und dessen Zellen sich nur langsam vermehrten, ganz plötzlich eine »Mutation« erfahren hatte. Und in dieser neuen Form war er sogar äußerst aggressiv und vermehrte sich rasend schnell. Die Chemotherapie sollte diese Mutation stoppen. Das Problem war nur, dass die Chemotherapie schon längst damit begonnen hatte, mich zu »mutieren«.

Nach einigen Wochen Behandlung war mein Körper nicht wiederzuerkennen, und jeden Tag stellte ich neue Veränderungen fest, zunächst kaum auffallend, dann immer markanter. Ich war ein Mutant, wie in einem billigen Science-Fiction-Film. Meine Sinnesorgane hatten ihren Sinn verloren: Mein Tastsinn war abgestumpft, und Gerüche und Düfte nahm ich kaum noch wahr. Meine Finger kamen mir empfindlich und zerbrechlich vor, wie aus Glas. Mit den Fingernägeln konnte ich keine Orange mehr schälen. Bald schon wurden sie bräunlich wie alte Fotos. Die Zähne und das Zahnfleisch waren so empfindlich, dass sich auch die weichste Zahnbürste wie ein Reibeisen darauf anfühlte. Meine Zehen kribbelten ständig und wurden zuweilen ganz taub. Die Nägel der großen Zehen färbten sich schwarz und lösten sich ab. Mein Gesicht war aufgequollen und mein Bauch ebenso.

Das Schlimmste aber war der Kopf: Ich hatte den Eindruck, er funktioniere einfach nicht mehr, ich könne nicht mehr denken. Eigentlich habe ich mich nie für besonders intelligent gehalten und immer Leute bewundert, die mit einem Argument oder einem Gedanken vier, fünf Saltos drehen konnten, während bei mir nach höchstens zwei Schluss war. Doch nun patzte mein Kopf schon bei den einfachsten Übungen: Ich vergaß, den Wohnungsschlüssel abzuziehen, die Gasflamme unter einem leeren Topf auszudrehen oder den heißen Kamillentee zu trinken, den ich mir vor dem Zubettgehen noch aufgebrüht hatte und der dann am anderen Morgen kalt im Becher auf dem Küchentisch stand.

Manchmal fühlte ich mich wie in Trance: Ich glaubte, etwas fest gegriffen zu haben, und schon entglitt es mir. Verschiedene Teller und Schüsseln gingen dabei zu Bruch. Ich dachte, vom Sofa zur Küche seien es drei Schritte, doch um sie zurückzulegen, brauchte ich drei Minuten. Mein ganzer Körper war langsamer geworden und verhielt sich, als habe er das Gleichgewicht verloren. Häufig hatte ich das Gefühl, im Wasser zu treiben, keinen festen Boden mehr unter den Füßen zu haben. Ich lebte auf wenig mehr als vierzig Quadratmetern und verlor unablässig meinen Stift oder die Brille.

Die Brille: Ich genoss es, eine gute Brille zu haben, mit der ich auf der Couch liegend lesen konnte, und die Furcht, sie zu verlieren, wuchs sich zu einer wahren Zwangsvorstellung aus. Von allen Dingen, die ich in meinem Leben erworben hatte – Teppiche, Möbel, Statuen, chinesische Handschriften, Gemälde –, schien sie mir jetzt das Einzige, an dem mir wirklich etwas lag. Aus irgendeinem Grund dachte ich jetzt häufiger an jenen alten, spindeldürren Eremiten, einen Jünger des Dalai Lama, den wir mit Folco in den nordindischen Bergen besucht hatten. Er lebte allein und unbeschwert in einer winzigen Steinhütte und las die heiligen Schriften, ausgestreckt auf einer Holzkiste, die ihm als Bett diente und später sein Sarg würde. Was, wenn er seine Brille verlegt hätte? Vielleicht wäre irgendwann einmal ein junger Mönch nach Dharamsala abgestiegen und hätte ihm eine neue besorgt. Doch der greise Eremit hätte Wochen, wenn nicht Monate warten müssen, vielleicht bis zum Winterende, wenn die verschneiten Pfade wieder gangbar waren: und das, ohne auch nur ein Mal seinem Verlangen nachgeben zu können, aber ohne sich darüber zu grämen, wohl wissend und anerkennend, dass nichts Bestand hat und alles vergänglich ist. Monate, um eine neue Brille zu bekommen und sich wieder voller Freude in die Lektüre seiner von Zeit und Rauch vergilbten Bücher versenken zu können.

Ich betrachtete meine Brille fast ehrfürchtig, wie einen Schatz. Ich las sehr viel, aber ohne das Gelesene zu verarbeiten, ohne mich daran zu erinnern. Rein für das Vergnügen des Augenblicks. Ich las Gedichte und – ähnlich wie damals mit achtzehn im Sanatorium, als ich in die Welt des *Zauberbergs* eingetaucht war – auch jetzt wieder Krankengeschichten: William Styron und seine Depressionen, Norman Cousins und seine tödliche Wirbelsäulenkrankheit, die er mit einer höchst eigenwilligen Therapie behandelt: viel Lachen und jeder Menge Vitamin C.

Die Sonne. Mein ganzes Leben habe ich es geliebt, mich in der Sonne aufzuhalten, auf Berggipfeln, am Strand, in den Tropen, am Ufer des Mekong. Nun wählte ich draußen automatisch die

Straßenseite, die im Schatten lag. Ich mied die Sonne wie die Pest. Meine Instandsetzerin Doktor Glücksbringer hatte mir auseinander gesetzt, dass die Chemotherapie das Pigmentsystem meiner Haut irreversibel schädigen würde. In diesem Punkt war sie kategorisch. »Sie dürfen in Ihrem Leben nie, wirklich nie mehr an die Sonne gehen.« Ich hatte gelächelt, woraufhin sie in der Annahme, ich wolle damit sagen: »Okay, das werden wir dann später sehen«, in ihrer auf den ersten Blick sadistischen, im Grunde aber bemühten Art hinzufügte: »Mister Terzani, wenn Sie an die Sonne gehen, brät Ihr Gehirn.«

Am seltsamsten aber war, dass sich auch mein Charakter zu verändern schien. Ich war zögerlich bei Entscheidungen, fühlte mich zerbrechlich, verwundbar. Jene chemischen Substanzen hatten es geschafft, in meine Psyche einzugreifen. Mein ganzes Leben lang hatte ich mir – Angela zum Trotz, die sie hasst – gerne Gruselfilme angesehen, solche mit knarrenden Türen und Mördern, die in Spukschlössern auf ihre Opfer lauern. Durch die Chemotherapie war es mit diesem Spaß vorbei: Sie machten mir jetzt einfach Angst, und es war mir unmöglich, solch einen Film auch nur ein paar Minuten anzuschauen.

Mein Geist schien immer stumpfer, aber auch ruhiger zu werden. Und das war wohltuend. Zu Beginn der Therapie war ich seelisch sehr labil: Ein negativer Gedanke, der mir in den Kopf kam, wuchs sich rasch zu einem Sturm aus, jede Stimme hörte ich als Schrei, und eine Treppenstufe zu nehmen schien mir so schwierig, wie einen Berg zu erklimmen. Schon eine gewöhnliche Unterhaltung mit irgendjemandem nahm mich mit, nicht durch ihren Inhalt, sondern weil ich mir wie ein halb volles Fass vorkam, in dem die Flüssigkeit, einmal angestoßen, in einem fort hin und her schwappt.

Durchs Meditieren hatte ich gelernt, dass man den Geist nur beruhigt, wenn man sich aufkommenden Gedanken nicht widersetzt, sondern sie bewusst wahrnimmt und als gegeben akzeptiert. So gehen sie eher vorüber, als wenn man versucht, sie zu vertreiben. Das Gleiche versuchte ich nun mit meiner neuen seelischen Verfassung, und nach und nach, vielleicht auch durch das Nachlassen der körperlichen Kräfte, gelang es mir tatsächlich, zu einem merkwürdigen, gefährdeten, aber auch sehr angenehmen inneren Gleichgewicht zu finden. Sogar meine Träume wurden leichter, gelassener, weniger angsterfüllt, so wie ich, der sie träumte, im Grunde auch.

Zuweilen spürte ich, wenn ich morgens aufwachte, den Schatten einer Depression, die mir auflauerte. Aber es war lediglich eine Eintrübung, die bald verflog, nicht jenes entsetzliche schwarze Loch, in das ich damals in Japan täglich zu stürzen drohte, nicht jenes Gefühl, die Last der ganzen Welt auf den Schultern zu tragen, jene Sinnlosigkeit. Jetzt war es mehr ein Gefühl der Distanz, durch das mir die Welt gleichgültiger wurde, nicht mehr so furchtbar interessant, dass man unbedingt in ihr hätte leben müssen. Und damit verlor auch die Krebserkrankung ihren Schrecken. Einmal hörte ich in einem Film im Fernsehen einen Satz, der mir zu anderen Zeiten gar nicht aufgefallen wäre: »Ich weiß, dass ich sterben werde, aber nicht, wann, und das bringt mich um.« Jetzt horchte ich auf und musste lächeln. Eine andere Version des berühmten Spruchs von Woody Allen: »Sterben? Damit hab ich kein Problem. Ich will nur nicht da sein, wenn es passiert.«

Ein weiterer interessanter Aspekt meines neuen Zustandes war mein verändertes Verhältnis zur Zeit. Schon immer fasziniert von den umfassenden Gewissheiten der Vergangenheit und verwirrt von der Unsicherheit der Zukunft mit ihren allzu vielen Möglichkeiten, hatte ich die Gegenwart lediglich als Material begriffen, das sich erst genießen ließe, wenn es zur Vergangenheit geworden war. Und so hatte ich das Jetzt oft ungenutzt verstreichen lassen. Nun nicht mehr. Ich genoss die Gegenwart, Stunde für Stunde, Tag für Tag, ohne große Erwartungen, ohne Pläne.

Wenn ich mich erschöpft fühlte, schlief ich, las ein wenig oder blickte einfach nur aus dem Fenster. Ich genoss meine reduzierte Existenz, so als hätte alles, was außerhalb dieser vier Wände geschah, Saft und Kraft verloren und einfach keine Bedeutung mehr. Ich las die *New York Times*, die jeden Morgen unter meiner Wohnungstür durchgeschoben wurde, mit der gleichen Distanz, wie eine Ameise oder Biene die Zeitung gelesen hätte. Die Welt, um die es da ging, hätte mir ferner nicht sein können.

In jedem Land hatte ich die Zeitung auf eine bestimmte Weise gelesen. In China begann ich mit dem Leitartikel, weil ich herausgefunden hatte, dass dort die wichtigsten Neuigkeiten zu finden waren. In Japan hatte ich mit Börsenspekulationen begonnen, und so befasste ich mich dort in erster Linie mit dem Wirtschaftsteil. In New York schaute ich mir, wie ich feststellte, neugierig jene Seiten an, die es in europäischen Tageszeitungen kaum noch gibt: die mit den Todesanzeigen und Nachrufen, jenen Artikeln, mit denen die Gemeinschaft täglich ihrer im Guten oder Schlechten bekannten Mitglieder gedenkt, die diese Welt verlassen haben. So machte ich mir klar, dass ich mit meinen neunundfünfzig Jahren von jenen, die »nach langer Krankheit«, »aufgrund eines Infarkts« oder »nach verlorenem Kampf gegen den Krebs« gestorben waren, nicht weit entfernt war. Manchmal gar nicht entfernt.

Mir fiel auf, wie hartnäckig in den Artikeln jeder Tod auf einen bestimmten Grund zurückgeführt wurde. Von keinem Menschen las ich: »Er ist gestorben, weil er geboren wurde.«

Auch an den Tagen größter Erschöpfung – der zehnte Tag nach der Bombardierung war der schlimmste – setzte ich alles daran, den Tagesablauf beizubehalten, den ich mir als Zeichen, dass ich mich nicht hängen ließ, auferlegt hatte. Mancher Kranke hört auf, sich die Zähne zu putzen, sich zu kämmen, zu waschen, so als habe das alles keinen Sinn mehr oder als könne dieser Körper, der so viel Leid und Schmerz verursacht, nicht mehr geliebt, nur verachtet und gehasst werden. So ein Kranker wollte ich nicht sein. Das hieß: ein Spaziergang zum Central Park, eine halbe Stunde reglos unter einem Baum sitzen, ein wenig Gymnastik, Frühstück, die Injektion in den Bauch. Und dann ein richtiger Fußmarsch, so lange wie möglich, bis zu fünfzig Straßen weit: hin und zurück, raschen Schritts, solange ich es schaffte. Denn letztendlich war dieser Körper, auch wenn ich ihn manchmal kaum wiedererkannte, der einzige, den ich besaß, und ich konnte nichts Besseres tun, als ihn ein wenig in Form zu halten.

An manchen Tagen kam ich dermaßen erledigt nach Hause, dass ich es nicht mehr schaffte, den Computer anzustellen und Angela jenen täglichen Brief zu schreiben, der noch meine unmittelbarste Verbindung zur Welt darstellte. Die einzige, an der mir wirklich noch etwas lag. Es hatte sich als kluge Entscheidung erwiesen, diese Zeit allein, getrennt von der Familie, zu verbringen, ohne jemanden an der Seite, an dessen Anwesenheit ich mich erfreut, auf den ich mich aber auch hätte einstellen müssen. So brauchte ich mich nicht um die Sorgen anderer zu kümmern und konnte alle meine Kräfte, meine ganze Aufmerksamkeit, besser auf das Wesentliche konzentrieren.

Ähnlich wie ein alter Segler, der, um im Sturm nicht zu sinken, seine ganze Ladung dem Meer überlässt – Pulverkisten, Rumfässer, all das eben, was zuvor noch unverzichtbar erschien –, reduzierte ich meine sozialen Beziehungen auf die wirklich wichtigen und kappte alle überflüssigen Bindungen, die ich noch aus Gewohnheit, Opportunismus oder reiner Höflichkeit aufrechterhalten hatte.

Meine Welt bestand jetzt aus Stille, unverplanten Stunden, kleinen Gesten, ziellosem Umherwandern, einem labilen Frieden, den ich mir bewahrte, indem ich noch jeden Lufthauch der Stürme, die vor meinen schönen Fenstern brausten, von mir fern hielt. Stunden brachte ich damit zu, die Veränderungen eines Wolkenkratzers auf der East Side zu beobachten: im Morgengrauen schwarz wie ein Kegel vor dem orangeroten klaren Himmel, dann grau im vollen Licht des Tages und schließlich hell leuchtend am Abend, wie eine brennende Altarkerze, wenn kurz nach Sonnenuntergang in den oberen Stockwerken die Lichter angingen, so als wolle er zu einer Fackel werden, um meine bisweilen schlaflosen Nächte zu erhellen.

Manche Tage gingen vorüber, ohne dass ich auch nur ein Wort gehört oder gesprochen hatte. Und manchmal gelang es mir kaum, dem Pförtner aus der Dominikanischen Republik auch nur »guten Tag« oder »guten Abend« zu sagen, wenn ich zu meinem Spaziergang aufbrach oder zum Einkaufen ging.

Ich genoss es, wie mein Kopf immer leerer wurde, mein Herz friedlicher und die Zeit so schnell wie nie zuvor verging. Und dies, ohne dass ich mir überflüssig vorgekommen wäre oder sich mein Pflichtgefühl geregt hätte. Ich hatte nichts zu tun, nichts zu träumen, nichts zu hoffen, außer einfach dort zu sein, wo ich war: schweigend. Und ich genoss es, mit niemandem sprechen, mit niemandem zu Mittag oder zu Abend essen, nicht mehr die Rolle spielen zu müssen, die ich mein ganzes Leben lang gespielt hatte. Eine enorme Erleichterung, auf das gewohnte Repertoire verzichten zu können! Was hatte ich erzählt in meinem Leben! Was hatte ich, wenn ich von Reisen zurückkam, beim Abendessen Leute unterhalten mit immer neuen Geschichten und Eindrücken, die flossen wie der Wein, den wir dazu tranken.

Jetzt haderte ich mit meiner Vergangenheit als Journalist, mit diesem ständigen Vorsprechen und sich in Erinnerung bringen bei einem Minister oder Präsidenten, um ein Interview zu bekommen, oder einem Botschafter, um ein Visum zu erhalten für sein ungastliches Land. Dieser Beruf hatte mich offenbar deformiert: unablässig dieses Den-Fuß-in-die-Tür-Stellen, Sich-Einschmeicheln, Präsent-Bleiben, Akzeptieren-Lassen, dieses Sammeln von Informationen, Anekdoten oder einfach einem Zitat, mit dem sich ein Artikel aufpolieren ließ. Damit war endlich Schluss. Jenen Tiziano Terzani (jenes Ich dort) gab es nicht mehr; er war endlich weggeätzt worden von jener schönen, rot phosphoreszierenden Flüssigkeit, die bei der Chemotherapie in meine Adern floss.

Ich musste keine Telefonate mehr führen, nicht mehr zu irgendeinem »Arbeitsessen« erscheinen! Welch eine absurde Sitte haben wir uns da angewöhnt: Wir knüpfen Kontakte, lernen Leute kennen oder arbeiten – während wir essen! Wieso muss man denn etwas zwischen den Zähnen haben, wenn man jemanden trifft oder mit jemandem Bekanntschaft schließt? Warum nutzt man dazu nicht einen langen Spaziergang an einem Flussufer oder spielt eine Partie Boccia dabei?

Meinem Buch *Fliegen ohne Flügel* hatte ich die Worte vorangestellt: »Gute Gelegenheiten bieten sich im Leben immer wieder. Die Schwierigkeit besteht nur darin, sie zu erkennen.« Damals, 1993, sah ich sie in der Weissagung, ich würde bei einer Flugzeugkatastrophe ums Leben kommen, wenn ich mich in die Lüfte begäbe – und blieb am Boden. Jetzt schien mir auch die Krebserkrankung eine Chance zu bieten. Im Scherz hatte ich häufiger geäußert, ich träumte davon, meinen Laden als Journalist dichtzumachen, das schwere Rollgitter herunterzulassen und ein Schild daran zu hängen: »Bin in der Mittagspause.« Jetzt hatte ich es endlich geschafft. Mittlerweile war ich sehr viel länger weg als nur zur

»Mittagspause«. Es war, als hätte ich mir die Krebserkrankung ausgesucht.

Bald schon glich ich äußerlich Marlon Brando in *Apocalypse Now*, und genau wie er fühlte auch ich mich wie eine »Schnecke, die über eine Rasierklinge gleitet«. Objektiv betrachtet sah ich grauenhaft aus, aber ich redete mir ein, so schlimm sei es gar nicht, ich sei doch noch ganz gut in Form. Und das half wirklich. Betrat ich die Klinik, hielt ich mich so gerade wie möglich und lächelte dabei. Jeder, der mich nach meinem Befinden fragte, bekam zu hören: »Wunderbar.« Und wenn der Betreffende mich dann amüsiert anlächelte, froh, sich die bemüht tröstlichen Mitleidsphrasen sparen zu können, fühlte ich mich gleich noch mal besser. Aber andererseits blieben mir auch wenige Alternativen. Ich konnte nur die Opferrolle spielen oder sie ablehnen. Und instinktiv wählte ich Letzteres.

Da ich ohnehin nichts daran ändern konnte, schien es mir noch das Beste, diese Erfahrung für mich zu nutzen. Um das nicht zu vergessen, hatte ich auf dem Tisch, an dem ich jeden Tag meine Gedanken im Tagebuch festzuhalten versuchte, einen Zettel mit den Versen eines koreanischen Zen-Mönchs aus dem 19. Jahrhundert befestigt:

> Verlange nicht nach vollkommener Gesundheit,
> Das wäre Gier.
> Verwandle dein Leiden in dein Heilmittel,
> Und erwarte dir keinen Weg ohne Hindernisse.
> Ohne jenes Feuer würde dein Licht verlöschen,
> Nutze den Sturm zu deiner Befreiung.

Und ich begann, meine Krankheit als ein Hindernis zu sehen, das man mir auf den Weg gelegt hatte, damit ich zu springen lernte. Die Frage war nur, ob ich es schaffte, in die Höhe und darüber zu springen, oder ob ich seitwärts landen würde oder gar, schlimmer noch, unten, in der Tiefe. Möglicherweise steckte ja eine geheime Botschaft in der Erkrankung: Ich war erkrankt, um etwas zu begreifen! Es kam so weit, dass ich dachte, mir den Tumor selbst ausgesucht zu haben. Seit Jahren versuchte ich, aus dem täglichen

Einerlei auszubrechen, meinen Tagesrhythmus zu verlangsamen, eine andere Sichtweise der Dinge zu entdecken: ein anderes Leben zu führen. Nun fügte sich das alles zusammen. Auch äußerlich war ich ein anderer geworden.

Im Trainingsanzug, mit Sportschuhen, Wollmütze und Handschuhen streifte ich durch die Stadt und machte mir ein Vergnügen daraus, mir all die Kollegen vorzustellen, die mir über den Weg hätten laufen können und mich niemals erkannt hätten. Ohne weiteres hätte ich mich auch an eine Straßenecke stellen können, die Hand ausstrecken und einen jener Sprüche ablassen, wie ich sie hier jeden Tag hörte: »He, Bruder, hast du mal ein bisschen Kleingeld?« – »Ich bin Vietnam-Veteran. Hilf mir doch!« Mit Sicherheit hätte mir der Chefredakteur des *Spiegels*, zufällig beim Weihnachtsshopping in New York, nur achtlos eine Vierteldollarmünze in die Hand gedrückt und wäre im Traum nicht darauf gekommen, wer ich war.

Ich? Was war das für ein Ich? Sicher nicht mehr jenes, das einer meiner ältesten Freunde – einer der wenigen, die über den Grund meines New-York-Aufenthalts informiert waren – gekannt und über dreißig Jahre regelmäßig gesehen hatte. Er war gerade aus Hongkong kommend in der Stadt eingetroffen und im Essex House, einem Hotel in derselben Straße und nur einen Steinwurf von meinem Apartment entfernt, abgestiegen. »Ich komme dir entgegen. Geh in Richtung Columbus Circus«, hatte ich am Telefon zu ihm gesagt.

Ich selbst sah ihn schon von weitem, erkannte ihn auf den ersten Blick. Er mich nicht. Er ging an mir vorüber, streifte mich und blickte weiter suchend geradeaus, um mich unter den Passanten, die ihm entgegenkamen, zu erkennen.

Das Zwielicht der Stadt

In Indien gilt es als die schönste Tageszeit, jenes Morgengrauen, wenn die Nacht noch in der Luft liegt und der Tag erst langsam heraufzieht, wenn sich Finsternis und Licht noch überlagern und der Mensch für einige Augenblicke, so er will, so er darauf achtet, spüren kann, dass all das, was ihm im Leben als Kontrast erscheint, Dunkelheit und Licht, Lüge und Wahrheit, nichts weiter als zwei Aspekte ein und derselben Sache sind. Verschieden, aber nur schwer zu scheiden. Sie sind unterschiedlich, aber »sie sind nicht zwei«. Wie Mann und Frau, die sich auf wunderbare Weise unterscheiden, in der Liebe jedoch eins werden.

Es ist jene Stunde, von der man in Indien sagt, dass nun die Rishis, »die Sehenden«, in ihren abgelegenen Höhlen im ewigen Eis des Himalaya meditieren und die Luft mit positiver Energie aufladen, so dass es auch Anfängern eben zu jener Stunde möglich ist, in sich hineinzuschauen, um sich einer »Erklärung für das allumfassende Ganze« zu nähern.

Ich weiß nicht, wo die amerikanischen Rishis meditieren, aber das Morgengrauen war auch für mich in New York die schönste Tageszeit, jene Stunde, in der auch mir die Luft mit etwas Gutem und Hoffnungsvollem geladen schien. Zum einen sicher, weil sich in den ersten tröstlichen Strahlen einer neuen Sonne, insbesondere für einen Kranken, die Ängste der Nacht auflösten. Zum anderen aber auch, weil sich die Stadt, noch in eine relative Stille getaucht, ohne das irrsinnige Treiben ihrer Bewohner von ihrer poetischsten Seite zeigte: Papierreste, die wie Möwen durch die breiten, schnurgeraden, jetzt menschenleeren Straßen flatterten, hin und wieder ein Taxi, das auf der Suche nach einem ersten Kunden gemächlich vorüberglitt, Stadtstreicher, die zusammengekauert in ihren Decken im wärmenden Atem der U-Bahn-Schächte lagen. Mysteriöse Löcher hier und dort im Asphalt stießen seltsam geformte weiße Dampfwolken aus, wie die Nasenlöcher von Drachen, die noch schliefen im warmen Innern dieses unvergleichlichen Herzens von New York, das Manhattan heißt.

Im Zwielicht jener Stunde schien die Stadt selbst zu meditieren, sich auf sich selbst zu besinnen, bevor sie wieder zum Schlachtfeld all der Kämpfe wurde, die tagtäglich auf den Schreibtischen und in den Betten ihrer Wolkenkratzer, an den Tischen ihrer Restaurants, in ihren Straßen und Parks ausgetragen wurden: Überlebenskämpfe, Machtkämpfe.

New York begeisterte mich. Ich liebte es – wenn ich bei Kräften war –, die Stadt zu Fuß, oft stundenlang in alle Richtungen zu durchstreifen. Und doch spürte ich in manchen Momenten ganz deutlich, für welches Ausmaß an Mühe, Schmerz und Leid jeder einzelne dieser Wolkenkratzer auch stand. Ich betrachtete das UN-Gebäude und überlegte, wie viele Lügen, wie viele vergeblichen Worte gesprochen, wie viel Sperma und wie viele Tränen schon sinnlos vergossen wurden in dem Versuch, eine Menschheit zu führen, die sich nicht führen lässt; weil sie nur einem einzigen Prinzip folgt – dem der Habgier. Und weil jedes Individuum, jede Familie, jedes Dorf und jede Nation nur an *die eigenen*, nicht an *unsere* Interessen denkt. Ich spazierte am Plaza, am Waldorf Astoria vorbei, den weltberühmten Hotels, in denen die Diktatoren der Welt abstiegen und immer noch absteigen, die Staats- und Regierungschefs, die Agenten und ehrenwerten Mörder der halben Welt. Und ich dachte an die dort ausgeheckten Pläne und Verschwörungen, die die Schicksale der verschiedensten Länder veränderten, wenn dann irgendwo auf der Welt Regime stürzten, Oppositionelle ermordet wurden oder inhaftierte Dissidenten spurlos verschwanden.

Ich betrachtete die Neonleuchtschriften der Banken, die Fahnen, die auf den Gebäuden der großen Konzerne flatterten – Unternehmen aus den unterschiedlichsten Ländern und Branchen, aber alle unweigerlich mit Vertretungen hier in der Stadt. Und ich stellte mir vor, wie irgendein Herr in edlem Zwirn – ein Mann, den niemand gewählt hat und dessen Name weitgehend unbekannt ist, ein Mann, der sich der Kontrolle aller Parlamente und aller Richter der Welt entzieht – gerade jetzt im Namen der Gewinnmaximierung beschloss, Milliarden von investierten Dollars aus einem Land abzuziehen und irgendwo anders arbeiten zu lassen, und so ganze Völker in die Armut trieb.

Der ganze rationale Wahnsinn der modernen Welt war dort konzentriert, auf jenen wenigen, aufregenden, so lebendigen Quadratmetern Beton zwischen East River und Hudson, unter einem klaren Himmel, dessen Blau sich auf der gekräuselten Wasseroberfläche spiegelte. Dies war das steinerne Herz des sich ausbreitenden extremen Materialismus, der dabei ist, die Welt zu verändern; dies war die Hauptstadt eines neuen undemokratischen Reiches, in dessen Arme wir getrieben werden, dessen Untertanen wir vielfach schon sind und dem ich mich, instinktiv, schon immer zu verweigern versucht habe: das Reich der Globalisierung.

Und ebendiesen Ort, das ideologische Zentrum all dessen, was mir nicht behagte, hatte ich mir ausgesucht, um hier um Hilfe zu bitten, gerettet zu werden! Und dies nicht zum ersten Mal. Mit dreißig war ich, frustriert von den fünf Jahren Arbeit in der Industrie, schon einmal hierher gekommen, um mir ein neues Leben nach meinem Geschmack aufzubauen. Nun war ich wieder da und versuchte, eine Fristverlängerung für dieses Leben zu erreichen. Auch während meines ersten Aufenthalts hatte ich bereits den Widerspruch empfunden zwischen einer natürlichen Dankbarkeit für das, was die USA mir gaben – zwei Jahre bezahlter Freiheit, um die chinesische Kultur und Sprache an der Columbia University zu studieren und dann als Journalist nach Asien zu gehen –, und andererseits Abscheu, Groll, ja zuweilen auch Hass wegen jener Dinge, für die die Vereinigten Staaten eben auch standen.

Als wir, Angela und ich, 1967 mit der *Leonardo da Vinci*, die uns eine Woche zuvor in Genua an Bord genommen hatte, voller Enthusiasmus in New York anlegten, waren die USA gerade in einem schmutzigen, ungleichen Krieg damit beschäftigt, einem kleinen asiatischen Land ihren Willen aufzuzwingen, das dem nur wenig mehr als Stolz und Sturheit entgegensetzen konnte: Vietnam. Und nun waren die USA mit einer sehr viel ausgefeilteren, subtileren und daher schwerer zu bekämpfenden Aggression dabei, der Welt – neben ihren Waren – auch ihre Werte und Wahrheiten aufzuzwingen, ihre Definitionen von richtig und falsch, von Fortschritt und – Terrorismus.

Manchmal, wenn ich die eleganten Herren mit ihren Köfferchen aus feinstem Leder die großen, berühmten Gebäude in der 5th Avenue oder der Wall Street betreten sah, kam mir der Verdacht, dass dies die Leute waren, vor denen man auf der Hut sein sollte. In diesen Köfferchen mochten sich die als »Entwicklungsprojekte« getarnten Pläne für oft so sinnlose Staudämme befinden, giftige Chemiefabriken, gefährliche Atomkraftwerke oder aber auch nur für neue Fernsehsender, die mit ihren verlogenen, »giftigen« Inhalten in den betreffenden Ländern mehr Schaden anrichten konnten als eine Bombe. Und wenn diese Herrn die eigentlichen »Terroristen« waren?

Wenn sich kurz nach Sonnenaufgang die Straßen bevölkerten, verlor New York in meinen Augen seinen Zauber und kam mir dann mitunter wie ein enormes Sammelbecken eines Heeres von Verzweifelten vor, die alle ihrem Traum nachjagten von traurigem Reichtum und ärmlichem Glück.

Um acht Uhr morgens war die 5th Avenue südlich des Central Park – einen Steinwurf von meinem Apartment entfernt – schon voller Menschen. Airport-Parfum wehte mir in die Nase, wenn Frauen mit den unvermeidlichen Frühstückskartons in Händen an mir vorüberhasteten, um gleich darauf in einem der Wolkenkratzer zu verschwinden. Was für eine ungesunde Art, den Tag zu beginnen! Ich dachte an die Florentiner, die sich morgens in der Bar Petrarca an der Porta Romana nicht einfach einen »Kaffee« bestellen, sondern einen *caffè alto* oder *macchiato*, im Glas oder im Becher, einen »cremigen Cappuccino ohne Schaum« oder *un cuore di caffè in vetro*, und ich dachte auch an den jungen Francesco, der sich so gut mit allen Geschmacksnuancen auskennt. In New York ist für die meisten Leute der Kaffee eine bittere Brühe in einem Pappbecher mit einem Plastikdeckel in Schnullerform, damit man auch im Gehen das noch heiße Gesöff schlürfen kann.

Um diese Tageszeit waren die meisten Leute auf der Straße jung, attraktiv, *tough*: eine neue Rasse, in Fitness-Studios aufgewachsen und von Vitamin-Shops ernährt. Einige der älteren Männer glaubte ich schon mal gesehen zu haben, damals in Vietnam, als Offiziere in Marines-Uniform, und heute, immer noch zackig und drahtig, in den Uniformen der Businessmen, weiter »Offiziere« desselben Imperiums und damit betraut, den Rest der Welt in ihr globales Dorf einzugliedern.

Mein Aufenthalt in New York lag noch vor dem entsetzlichen Anschlag des 11. September, und schlank und mächtig überragten die Twin-Towers das Panorama von Downtown. Aber deswegen waren die USA noch lange kein Land, das in Frieden lebte mit sich selbst und dem Rest der Welt. Obwohl von Schlachten auf heimischem Boden stets verschont, fühlen sich die USA seit mehr als einem halben Jahrhundert unablässig im Krieg mit irgendjemandem oder führen diesen tatsächlich: zunächst mit dem Kommunismus, mit Mao, mit den Untergrundkämpfern in Asien und den Revolutionären in Lateinamerika; dann mit Saddam Hussein und nun mit Osama bin Laden und dem islamischen Fundamentalismus. Niemals im Frieden. Stets mit erhobenem Schwert. Reich und mächtig, aber sorgenvoll und latent unzufrieden.

Einmal las ich morgens in der *New York Times* von einer Untersuchung der London School of Economics, die eine Rangliste des Glücks in den Ländern der Erde erstellt hatte. Das Ergebnis war kurios: Bangladesch, eines der ärmsten Länder überhaupt, stellte sich als das glücklichste heraus. Indien lag auf dem fünften Platz. Die USA lagen auf dem sechsundvierzigsten!

Manchmal hatte ich den Eindruck, dass nur wenige New Yorks Schönheit genießen konnten; außer mir, der ich nur nach Lust und Laune herumspazierte, und ein paar Bettlern, die sich mit sich selbst unterhielten, schienen alle anderen damit beschäftigt, den Kopf über Wasser zu halten, sich nicht von irgendjemandem oder irgendetwas zerquetschen zu lassen. Ständig im Krieg: in irgendeinem Krieg.

Einer davon, an den ich nach fünfundzwanzig Jahren in Asien gar nicht gewöhnt war, war jener der Geschlechter, der allerdings nur in eine Richtung geführt wurde: von Frauen gegen Männer. Unter einem mächtigen Baum im Central Park sitzend, schaute ich mir das Treiben an. Die Frauen: gesund, durchtrainiert, selbstsicher, roboterhaft. Zuerst zogen sie schwitzend an mir vorbei, auf der täglichen Joggingrunde im hautengen, provozierenden Laufdress, die Haare zum Pferdeschwanz gerafft; später dann in

Büro-»Uniform« – schwarzes Kostüm, schwarze Schuhe, schwarze Ledertasche mit dem Notebook drin –, die Haare noch feucht vom Duschen und jetzt offen. Schön und kalt, auch körperlich arrogant und verächtlich. All das, was meiner Generation noch als »weiblich« galt, ist verschwunden, gewollt ausgelöscht durch dieses absonderliche Bestreben, alle Unterschiede einzuebnen und Frauen zu hässlichen Männerkopien zu machen.

Mein Sohn Folco, in Asien aufgewachsen, erzählte mir einmal, wie er, frisch in New York eingetroffen, als Student der University Film School versucht hatte, einer Kommilitonin die Hörsaaltür zu öffnen. Die bedachte ihn mit einem eiskalten Blick und mokierte sich: »He, meinst du, ich krieg diese Scheißtür nicht alleine auf?« Damals hielt ich das für eine Ausnahme. Aber nein. Es ist die Regel. Und je mehr Muskeln und Arroganz die Frauen entwickeln, desto ängstlicher und zögerlicher werden die Männer. Soll ein Kind gezeugt werden, sind sie willkommen, werden nach Gebrauch aber wieder nach Hause verabschiedet. Und die Folge? Ein verbreitetes Unglücklichsein, so schien es mir wenigstens, besonders wenn das, was ich, unter dem großen Baum im Central Park sitzend oder von meinem Fenster aus, beobachtete, der zweite Akt der Geschichte war: viele Frauen so um die vierzig, fünfzig, offensichtlich allein, viele mit Zigarette im Mund und in Begleitung eines Hundes, der mir den Namen irgendeines Mannes zu tragen schien, der nicht mehr da war. »Bill, kommst du her!« – »Nein, Bill, nicht allein über die Straße laufen.« – »Komm, Bill, wir gehen heim.« Es waren dieselben Frauen, die einige Jahre zuvor noch durch den Park gejoggt waren, um ihre – jetzt dennoch gealterten – Körper zu perfektionieren; dieselben Frauen, die ihre Jugend in den anspruchsvollen Traum von einer wehrhaften Freiheit investiert hatten, führten ein Leben, das geprägt war von Einsamkeit, kleinen Schrullen, vielen Falten und, zumindest für mich als Beobachter, einer tief sitzenden Schwermut.

Häufig kamen mir die indischen Frauen in den Sinn, die so viel weiblicher sind, auf andere Weise selbstsicher und mit vierzig oder fünfzig noch mehr Frau als mit zwanzig. Nicht athletisch, sondern natürlich schön. Ja, sie sind tatsächlich das andere Gesicht des Mondes. Zudem sind indische Frauen, wie auch noch die Europäerinnen der Generation meiner Mutter, nie allein, sondern immer Teil eines familiären Gefüges, Teil einer Gruppe und niemals sich selbst überlassen.

Nicht selten verfolgte ich von meinem Fenster aus, wie Leute in ihre Apartments einzogen: etwa ein junges Mädchen aus irgendeinem Staat der USA, das mit seinem ganzen Leben in einer großen Tasche in New York eintraf. Ich stellte mir vor, wie es die Kleinanzeigen in einer Zeitung studierte, sich ein Zimmer zur Miete suchte, ein Fitness-Studio fürs Aerobictraining, einen Job vor einem Computerbildschirm. Ich stellte mir vor, wie es in der Mittagspause in eine Salat-Bar ging und dort im Stehen mit einer Plastikgabel Biogemüse verzehrte, das mit einer Zange in eine verschließbare Plastikbox gefüllt und nach Gewicht bezahlt wurde. Und am Abend? Ein Kundalini-Yoga-Kurs, der alle sexuellen Energien zu wecken verspricht für jenen einst potenziell göttlichen Akt, der heute, bestenfalls, zu einem sportlichen Wettkampf verkommen ist – nach Punkten: John schlägt Bob vier zu zwei.

Schließlich würde auch jenes Mädchen, wie ein Nachtfalter von den Lichtern der Großstadt angezogen, in jenem Feuer der Millionen verbrennen, das diese außerordentliche Stadt unablässig mit Lebensenergie versorgte. In zehn, zwanzig Jahren könnte es das Schicksal jener tieftraurigen Frauen teilen, die ich still und verängstigt, ohne einen Freund oder einen Familienangehörigen an ihrer Seite, auf den Stühlen des MSKCC sitzen sah, darauf wartend, operiert zu werden oder das Ergebnis irgendeiner Besorgnis erregenden Untersuchung zu erfahren.

Vielleicht verliert man durch das Alleinsein das Gefühl für das rechte Maß. Dafür wird man aber durch das lange Schweigen ein umso aufmerksamerer Zuhörer. So kam es, dass ich auf meinen Spaziergängen Gesprächsfetzen aufschnappte, Bemerkungen, die mir dann stundenlang nicht mehr aus dem Kopf gingen. Vornehmlich schienen die Leute über Geld zu reden, oder über Probleme und Konflikte. Die meisten Unterhaltungen schienen eher Streitereien zu sein, voller Spannungen und Aggressionen.

»Er ist widerlich, ganz einfach widerlich. Wie ein Kind«, hörte ich etwa eine Frau schimpfen. Vielleicht meinte sie ihren Ehemann. Auf alle Fälle wusste ich bis dahin nicht, dass Kinder an sich widerlich sind. Einmal kam ich mit dem Wort »grausam« im Kopf ins Apartment zurück: Ich hatte es in drei verschiedenen Gesprächen aufgeschnappt. Am nettesten war da noch, was ich einen der Gärtner im Central Park sagen hörte, nach einem kurzen Wortwechsel mit jemandem, der sich hinter einer Hecke meinem Blickfeld entzog. »... und bitte denk daran, pass gut auf den Kleinen auf!« Der »Kleine«, auf den jener aufpassen sollte, war das Hündchen, das er an der Leine hielt.

Auf den ersten Blick findet man etwas Gewinnendes, Liebenswürdiges im Charakter der Amerikaner. Der Beamte am Einreiseschalter des Flughafens, der meinen Reisepass und das Einreiseformular überprüfte, fragte mich, was mich in die USA führe. »Eine Krebsbehandlung«, antwortete ich. Er blickte mich mitfühlend an. »Viel Glück«, sagte er, stempelte mir freundlich ein reguläres Drei-Monats-Visum ab und reichte es mir mit einem verbindlichen Lächeln.

Rasch aber stellt man fest, dass diese spontane, freundschaftliche, fast vertrauliche Art des Umgangs bloß ein Trick ist. Jeder Amerikaner kennt ihn, und keiner staunt noch darüber. In Wahrheit ist jede Beziehung nämlich von Misstrauen durchsetzt und das Leben ein ständiges Sich-Schützen vor irgendetwas oder irgendjemandem. In den großen Warenhäusern ist noch jedes Taschentuch elektronisch registriert, so dass, wird es nicht an der Kasse entsichert, am Ausgang die Alarmglocken schrillen. In Buch- und Plattenläden wachen rund um die Uhr Detektive, die mit ihren Minihörern im Ohr wie Geheimagenten aussehen, die für nichts weniger als die Sicherheit des Präsidenten zu sorgen haben. Jedes Bezahlen geht mit akkuratesten Kontrollen einher, denn man unterstellt zunächst einmal jedem, dass er ein Betrüger und die Kreditkarte, mit der er zahlt, gestohlen ist. In manchen Läden machte ich auf der Stelle kehrt, weil man mich aufforderte, meine billige indische Stofftasche abzugeben, damit ich sie nicht, wie man wohl fürchtete, mit Diebesgut füllen konnte.

Eine Gesellschaft, deren Mitglieder ein tiefes Misstrauen gegeneinander hegen und in der es kein Bewusstsein verbindender, mehr noch verinnerlichter als schriftlich fixierter Werte gibt, ist fortwährend auf Gesetze und Gerichte angewiesen, um das alltägliche Miteinander zu regeln. So ist die Situation in den USA: Noch in den persönlichsten Beziehungen dominiert die Furcht vor gerichtlichen Schritten. Die Bedrohung ist allgegenwärtig, und Anwälte haben sich zum Schreckgespenst jeglicher Bindung aufgeschwungen, egal ob es um Freundschaft oder Liebe, berufliche oder geschäftliche Verhältnisse geht. Ein neuer, sehr amerikanischer Weg, Geld zu verdienen, besteht darin, ein großes Unternehmen wegen Rassendiskriminierung zu verklagen, oder auch den Chef wegen sexueller Belästigung, den Partner wegen Vergewaltigung, seinen Arzt wegen Fahrlässigkeit.

Im MSKCC hatte ich vor jeder Untersuchung Formulare auszufüllen, die die Klinik, falls etwas schief ging, von jeder Verantwortung befreiten. Vor der Endoskopie musste ich mir ein Video anschauen, in dem mir unter anderem erläutert wurde, wie groß der statistischen Wahrscheinlichkeit nach mein Risiko war, aus der Betäubung nicht mehr aufzuwachen. »Das haben Sie ja verstanden, unterschreiben Sie hier«, bat mich, sich der Absurdität bewusst, die junge italienischstämmige Krankenschwester, die mir dann, damit ich mich wohl fühlte, *Volare* vorsang, während mich schon die ersten Tropfen des magischen Schlafmittelgebräus glücklich einschlafen ließen, glücklich, auf diesem sauberen Bett zu liegen und von erfahrenen, fähigen, super ausgebildeten Fachkräften umgeben zu sein. Auch diese das Produkt jener Gesellschaft, über die ich manchmal, im Stillen, so sehr herziehen konnte und in deren Hände ich mich begeben hatte, um zu überleben.

Ich war nicht der Einzige, der in Amerika Rettung suchte. Wohin ich mich auch wendete, erblickte ich Gefährten auf diesem Weg der Hoffnung. Die Pförtner in meinem Haus waren alle Einwanderer: Die Älteren hatte es aus Santo Domingo hierher verschlagen, den Jüngsten aus dem Kosovo. Der Zeitungsverkäufer an der Ecke war Pakistani, der Gemüsehändler Koreaner, der junge Kerl, der draußen vor dem Laden in der Kälte Blumen verkaufte, kam aus Ecuador. Die Taxis, die ich mir nehmen musste, wenn »mein Körper« spät dran war für einen Termin in der Klinik oder weil es in Strömen regnete und »er« sich beim Spaziergang durch den Central Park keine Erkältung holen sollte, wurden fast ausschließlich von Einwanderern gefahren. Um das zu wissen, brauchte man sich nur das obligatorische Schild mit Foto und Namen im Wageninnern anzusehen. Viele waren Haitianer – und freuten sich riesig, wenn man sie als solche erkannte und auf Französisch ansprach –, andere kamen aus Bangladesch, einige aus Afrika – enorm wichtig, sie nicht für schwarze US-Amerikaner zu halten –, oder es waren russische Juden. Letztere interessierten mich weitaus am meisten. Irgendwie hing ich richtig an ihnen. Ich kannte russische Juden aus Zentralasien zur Zeit der zerfallenden Sowjetunion, als die verschiedenen Republiken unabhängig wurden und sie, auch jetzt wieder lediglich Bürger zweiter Klasse, erst recht nur ein Ziel kannten: nach Israel oder in die USA auszuwandern.

»Wann sind Sie denn aus Russland eingewandert?«, fragte ich einen.

»Nicht aus Russland, aus der Ex-Sowjetunion ... Ich komme aus Moldawien, wir sind Europäer.«

»Und wie geht's Ihnen hier? Gefallen Ihnen die Staaten?«

Er blickte mich über den Rückspiegel an, um sicherzugehen, dass er sich nicht verplapperte.

»Die USA? Für mich sind sie ein Gulag, ein Arbeitslager mit guter Verpflegung. Sage ich das zu Amerikanern, reagieren manche beleidigt. Aber ist ja klar, sie sind eben Amerikaner, und ich bin es jetzt auch.«

Schon 1979 habe er einen Ausreiseantrag gehabt, erzählte er, aber erst 1991 die Koffer packen können. Er lebe in Brighton Beach, Brooklyn, früher ein schwarzes Viertel, wo sogar McDonald's seine Filiale schließen musste; heute blüht es auf. Die Einwohner sind fast alle Juden russischer Herkunft; sie geben dem Viertel ihr Gesicht mit ihren Geschäften, Restaurants, Synagogen.

In der Sowjetunion war er, wie er berichtete, Businessman gewesen. »Ich habe Möbel gekauft, für zwanzigtausend Rubel, und sie für fünfzigtausend verkauft; ein Paar Schuhe für achtzig Rubel wurde ich für hundertzwanzig wieder los. Und das alles ohne Steuern auf den Verkauf, ohne Steuern auf den Gewinn. Das war ja das Schöne an der Sowjetunion: Es gab keine Steuern. Klar, das Ganze war nicht ungefährlich für mich, ich stand immer mit einem Bein im Gefängnis, aber ich hab mich nie erwischen lassen. Dort war ich frei. Hier sagt man mir, ich sei frei, aber in Amerika ist niemand frei, noch nicht mal der Präsident. Aber die finanzielle Freiheit, heißt es. Aber wo ist sie? Dieses Taxi gehört mir, heißt es. Dabei gehört es in Wirklichkeit der Bank. Wir sind alle abhängig – von den Managern, und die auch wieder von irgendwem.

Eine Frau, die in der Sowjetunion ein Kind zur Welt brachte, konnte monatelang zu Hause bleiben. Hier bekam meine Frau schon zwei Wochen nach der Geburt einen Anruf von ihrem Chef und musste wieder an die Arbeit! Nach zwei Wochen! Klar, ich bin den USA dankbar. Ich habe die Staatsbürgerschaft erhalten, und so blieb mir der Bürgerkrieg von 1994 erspart; mir blieb es erspart, zu töten oder getötet zu werden. Aber das ist doch kein Leben, das ich hier führe. Gestern bin ich um sechs Uhr morgens aus dem Haus und um halb zehn abends heimgekommen, und heute wieder so früh raus. Da hätte ich auch gleich im Auto schlafen können.

Und so geht es nicht nur mir: Alle leben hier so, auch die Reichen in der Park Avenue oder sonst wo. Ich weiß es, denn ich fahre sie ja ins Büro. Sie bestellen ein Taxi, und wenn sie einsteigen, schaffen sie es kaum, die Wagentür zu schließen, weil sie in der einen Hand ihren Kaffee, in der anderen einen Bagel haben. Und wenn sie mir sagen, wo sie hinwollen, haben sie den Mund voll, und ich verstehe kein Wort.

Und wenn sie aussteigen, haben sie immer noch beide Hände voll und kriegen die Tür wieder nicht zu. Damals in der Sowjetunion hatten wir Zeit, uns um die Familie zu kümmern, lange Spaziergänge zu machen, mit Freunden zusammenzusitzen und zu reden. Hier kann ich mir höchstens zehn Tage im Jahr Urlaub nehmen, aber auch dann entspanne ich mich nicht, weil ich an die Rechnungen denke, die sich zu Hause im Briefkasten stapeln.«

Seit dem Zusammenbruch der Sowjetunion 1991 sind über eine halbe Million Juden in die USA ausgewandert, viele davon nach New York. Überwiegend sind es qualifizierte Leute. Und eben hierin liegt das Geheimnis der großen Vitalität der USA und speziell New Yorks: stets neue Wellen von Einwanderern, die zu größten

Opfern bereit sind, um den Neuanfang zu schaffen. In den dreißiger und vierziger Jahren waren es die deutschen und europäischen Juden; dann die Chinesen, die Koreaner und Vietnamesen; heute wiederum Chinesen, Inder und erneut Juden, dieses Mal aus der früheren Sowjetunion.

Für ein Land von diesen Ausmaßen, dessen indianische Ureinwohner systematisch enteignet und dezimiert wurden, waren Einwanderer von Anfang an unverzichtbar; und das bunte Gemisch der Völker und Rassen war eine logische Konsequenz. Es ist schon kurios, dass diese Entwicklungen, die zum Teil in einem echten Völkermord begründet liegen, heute als beispielhaft verkauft werden, als Tugend. Und so propagieren die USA heute, auf der Grundlage dieser sehr speziellen Erfahrung, das Zukunftsmodell einer globalisierten, buntrassigen und multikulturellen Gesellschaft: ein globales Potpourri, das sich fortwährend erneuere und so Vitalität und Fortschritt garantiere.

In Wahrheit gibt es aber keine globalen Rezepte für die Probleme der Völker. Die besten Lösungen sind immer jene, die die lokalen Bedingungen im Auge behalten. Was in den USA richtig ist, muss nicht notwendigerweise anderenorts auch richtig sein. Und was in einer Region schädlich ist, kann anderswo durchaus nützlich sein.

Das gilt sogar für den Bereich Gesundheit und Medizin. Würde sich ein New Yorker wie ein Ladakhi ernähren, bekäme er schnell einen Herzinfarkt, denn dort in Nordindien werden ernorme Mengen Butter, aber praktisch kein Obst und Gemüse verzehrt. Dennoch sind in Ladakh Herzerkrankungen nahezu unbekannt. Die Menschen leben draußen und ernähren sich von sauberen Lebensmitteln und sind auch ohne Fitness-Studios in Form. Sie erledigen ihre *workouts*, indem sie weite Strecken zu Fuß zurücklegen und körperlich hart arbeiten. Was Stress ist, wissen sie nicht, und sie leben in einem großen inneren Frieden. Krankheiten werden auf ganz spezielle Art und Weise bekämpft: Einer Frau, die an Gelbsucht leidet, verschreibt der *amchi*, ihr Arzt und Schamane, als Behandlung »heftigen, intensiven Geschlechtsverkehr«. Das Resultat überraschte auch die englische Anthropologin Helena Norberg Hodge, die diese Geschichte in ihrem lesenswerten Buch

Faszination Ladakh erzählt. »Nach wenigen Tagen ging es der Frau schon erheblich besser«, schreibt sie.

So stark wie in den USA habe ich mich nie zuvor als Europäer gefühlt, in Europa verwurzelt, erfüllt von europäischen Hoffnungen. Ich war hergekommen, um meine gesundheitlichen Probleme zu lösen, und spürte bald, dass die Lösungen dieses Landes nicht immer die richtigen für die Probleme anderer sind.

Das Thema Einwanderung schien mir ein typisches Beispiel dafür. Zweifellos werden Einwandererströme zu den großen Zukunftsproblemen der westlichen Welt zählen, aber Europa mit seiner langen Geschichte, mit seinen ganz anderen gesellschaftlichen Voraussetzungen würde einen enormen Fehler machen, wenn es die amerikanischen Lösungen einfach übernähme.

Mein alter Freund Luciano fiel mir dazu ein, dessen florentinische Wurzeln Jahrhunderte zurückreichen. Er hatte einmal zu mir gesagt: »Ein paar Marokkaner, Senegalesen, Tunesier und Albaner, schön und gut, aber irgendwann reicht's auch. Wie soll das denn gehen? Stell dir vor, es gibt ein Referendum, um den Dom abzureißen und durch einen schönen Parkplatz zu ersetzen. Die stimmen doch glatt dafür.« Rassismus ist vor allem auch eine Frage der Quantität, und diese Reaktion war typisch.

Trotz all des schönen Geredes über die globale Gesellschaft ist auch in den USA selbst das Problem alles andere als gelöst. Was ist denn aus den Schwarzen geworden, die sich bei meinem ersten USA-Aufenthalt vor dreißig Jahren endlich von ihren Fesseln zu lösen schienen, die, wie es aussah, ihren eigenen Weg entwickelten und allmählich ihren Platz in der Gesellschaft fanden? Sie werden immer mehr in ihre Ghettos zurückgedrängt, lassen sich von Drogen betäuben, bleiben ausgegrenzt. Jede neue Einwanderungswelle wirft die schwarze Bevölkerung wieder ein Stück zurück.

Voller Hoffnungen, zu jedem Opfer, jeder Arbeit bereit, betreten die Einwanderer amerikanischen Boden. Die USA vermitteln ihnen den Eindruck, dass sie es schaffen können. Wenn nicht gleich in der ersten, so doch in der zweiten oder dritten Generation. Für die Schwarzen sieht das anders aus. Die Generationen kamen und gingen, ohne dass sich etwas grundlegend geändert hätte. Mittlerweile fühlen sie sich fast überall als Opfer. Die Hoffnungen schwinden. Wie Kranke, die nicht mehr an eine Heilung glauben, lassen sich viele gehen. Sie sind erschöpft. Anders als Einwanderer aus China, Indien oder Russland, die sich beim gesellschaftlichen und wirtschaftlichen Aufstieg auf das Netz ihrer festgefügten traditionellen Familienverbände verlassen können, müssen die Afroamerikaner auch ohne eine solche Unterstützung auskommen. Familie gibt es für sie nicht mehr: Fünfundsiebzig Prozent der neugeborenen Schwarzen sind unehelich, werden in keine intakte Familie hineingeboren.

Ich brauchte mich nur umzublicken, um zu erkennen, dass die US-Gesellschaft, aller großen demokratischen Ansprüche zum Trotz, immer noch zutiefst gespalten und ungleich ist. Manche Bilder erinnerten mich an Johannesburg während der Apartheid, wo ich zu Beginn der sechziger Jahre gelebt hatte. Dort war die Stadt tagsüber durch und durch weiß: Weiß waren die Menschen auf der Straße, in den Büros und Geschäften. Abends erst, wenn alles schloss und das Leben im Stadtzentrum erlosch, trat aus dem »Erdinnern« der Strom der Schwarzen an die Oberfläche, die das System in Gang gehalten, die gekehrt und sauber gemacht hatten und nun in die Busse »nur für Neger« stiegen, um in ihre Townships zurückzukehren. In New York war es ähnlich: Manche Stadtviertel, ganze U-Bahn-Abschnitte und -Bahnhöfe schienen dieser oder jener Ethnie vorbehalten, während ich aus den schweren Metalltüren, die längs der Gehwege zu den Kellern von Restaurants und Supermärkten hinunterführten, nur mit Müll beladene Schwarze und Hispanos ans Tageslicht treten sah. Sogar mein geliebter Central Park, wunderbar instand gehalten von einer privaten Gesellschaft unter der Leitung einiger wohlhabender Damen, wechselte, was die Besucher anging, je nach Tageszeit sein Gesicht: Es begann fast ausschließlich in Weiß, mit Joggern, Radfahrern, Hundebesitzern, Bird-Watchers oder morgendlichen Spaziergängern, und tönte dann zunehmend ab mit dem Auftauchen der ersten schwarzen Kindermädchen, die – nach neun – mit den Kindern der mittlerweile in ihren Büros eingeschlossenen weißen Eltern im Park ihre Runde drehten.

Zu den besonderen Fähigkeiten der USA zählt es, extrem positive Selbstbilder aufzubauen, selbst an sie zu glauben und dafür zu sorgen, dass auch andere dies tun. Die Filmindustrie spielte dabei schon immer eine entscheidende Rolle. Die amerikanische Bevölkerung – und mittlerweile auch ein Großteil der öffentlichen Meinung rund um den Globus – kennt die amerikanische Geschichte nicht mehr so, wie man sie in Geschichtsbüchern nachlesen kann, sondern nur noch in der Hollywood-Version. Da sind die Amerikaner immer »die Guten«, die im letzten Moment anstürmen und die Bedrohten in höchster Not vor »wilden Rothäuten« retten oder sich im Kampf gegen Nazis oder Kommunisten, Guerilleros, Terroristen oder Aliens behaupten.

Dabei scheut sich Hollywood gar nicht, die zahlreichen Probleme der amerikanischen Gesellschaft zu thematisieren. Aber mit dem Happy End, das ideologisch – und auch kommerziell – für jede Geschichte verbindlich ist, hat man eine spezielle Form entwickelt, sie zu präsentieren und zu lösen. Werte wie Demokratie, Gleichheit, Gerechtigkeit, in der Realität grob missachtet, werden in der filmischen Darstellung unablässig beschworen. Fiktion tritt an die Stelle der Nachricht. Propaganda an die der Wahrheit.

Die amerikanischen Werbe- und PR-Industrien haben die ausgefeiltesten Manipulationssysteme entwickelt. Mittlerweile wird wirklich radikal alles, von Gott über Elektrogeräte bis zum Krieg, hübsch verpackt in glitzernden Kartons oder vernebelnden Wortschöpfungen, auf den Markt und an den Mann gebracht. So lassen sich Wahrheiten abschirmen, manchmal auch ganz verdrängen oder vergessen. Wie etwa die Tatsache, dass die USA das erste und bisher einzige Land der Erde sind, das Atomwaffen eingesetzt hat. Jede noch so abstoßende Episode von Ungerechtigkeit, Ausbeutung, Gewalt wird so unweigerlich, nicht anders als im Film, mit einem Happy End versorgt. Ein mittelloser haitianischer Einwanderer wird eines Abends von New Yorker Polizisten aufgegriffen, zusammengeschlagen und mit einem Besenstiel schwer misshandelt. Na wenn schon: Ein renommierter Anwalt aus L. A. wird sich gewiss seiner annehmen, weil »sein Leiden nicht umsonst sein« und »sich Derartiges nie wiederholen« darf. Sehr viel wahrscheinlicher aber, weil es um viele Millionen Dollar geht, die die Stadt New York dem Opfer zahlen soll – und seinem Anwalt.

Jedes Land, das man als Fremder bereist, offenbart bald schon eine ganz spezielle Eigenart, die Menschen oder Dinge widerspiegeln. In Indien war dieser Charakterzug für mich die Absurdität. Und ich weiß noch, wie mich jene Geschichte beeindruckte, die ich an meinem ersten Morgen in Delhi, wo ich mich niederlassen wollte, beim Frühstück in der Morgenzeitung las. Es ging um einen in seiner Jugend berühmten Mann, der damals sogar ins *Guinness-Buch der Rekorde* Einlass fand – eine bei den Indern hoch im Kurs stehende Ehre –, weil er mehr Nägel, Glasscherben und Steine vertilgt hatte als jeder andere. Mittlerweile alt und vergessen, lebte er in einem Dorf im Bundesstaat Bihar und bat nun, da er Hunger litt, seine Regierung um eine Unterstützung.

In den USA waren es jetzt die Gewaltgeschichten, die mir den größten Eindruck machten: Ein ganz normaler vierzehnjähriger Junge mit nichts anderem als Familie, Schule, Computer und Videospielen im Kopf lernt übers Internet einen vierzigjährigen Mann kennen. Nachdem man einige Zeit über miteinander gechattet hat, lädt ihn dieser eines Tages zu einem gemeinsamen Spaziergang ein und vergewaltigt ihn dabei, zunächst allein, dann noch mit einer ganzen Bande von Freunden. Der Junge vertraut sich seinen Eltern an, und man kümmert sich um ihn, auch mit Hilfe eines Psychotherapeuten. Doch eines Tages, er ist allein zu Hause, klingelt ein elfjähriger Junge an der Tür, der für ein Schulfest sammelt. Den packt er und vergewaltigt ihn, erwürgt ihn dann und verstaut die Leiche in einem Koffer, den er nachts in einem Wald vergräbt.

In Kentucky kommt ein ebenfalls vierzehnjähriger Junge, blass und ausgezehrt, mit zwei Pistolen in die Schule, schießt blind um sich und tötet drei Mädchen. Ein Nachahmungstäter. Kurz zuvor hatte ein Gleichaltriger in Mississippi ebenfalls Mitschüler erschossen.

In einem Viertel am New Yorker Stadtrand wird ein junger Bursche verhaftet, weil er wissentlich »Dutzende« (wie die Zeitungen schrieben) von Partnerinnen, einige fast noch Kinder, mit dem

HIV-Virus infiziert hat. »Ich liebe ihn trotzdem noch«, erklärt eines der Opfer. Es ist dreizehn.

In den großen Zeitungen fragt man sich, was mit Amerika los ist, die Kommentatoren der Fernsehstationen machen betretene Gesichter, doch man braucht sich nur einmal anzusehen, was die verschiedenen Kanäle so senden, und die Sache liegt klar auf der Hand: Man schaltet den Fernseher ein, drückt ein-, zweimal auf die Fernbedienung und gerät unweigerlich in eine Szene, in der jemand zusammengeschlagen, zusammengetreten, niedergestochen, verbrannt, erwürgt oder vergewaltigt wird. Egal zu welcher Tages- oder Nachtzeit! Einer der üblichen Untersuchungen zufolge, über deren Wert man streiten kann, sieht ein amerikanisches Kind im Verlaufe eines Jahres im Fernsehen mehr als zweitausend Morde.

Aber das alles ist eben Teil des Fortschritts; der Preis, den wir für das allgemeine Vorwärtskommen zu entrichten haben. Aber wohin soll es gehen? Das wird nirgendwo so genau gesagt. Zuweilen hatte ich den Eindruck, hier in den USA in einer Welt am Rande einer Katastrophe zu leben, inmitten einer stets wunderlicher werdenden Gesellschaft, in der der gesunde Menschenverstand immer mehr verloren ging. Einmal las ich, man gehe jetzt dazu über, Fleisch, das die Amerikaner in ungeheuren Mengen verzehren, zu bestrahlen, um so mögliche Bazillen abzutöten. Aber würde es dadurch nicht noch gesundheitsgefährdender, nämlich Krebs erregend werden? Die Frage wurde nicht gestellt.

Ein andermal las ich, in einem Städtchen im Staat New York habe man jetzt Videokameras in Kindergärten installiert, über die die Mütter in ihren Büros am Computer verfolgen konnten, was ihre Kleinen so trieben, um so entspannter arbeiten zu können. Aber wäre es nicht eine bessere Lösung, dafür zu sorgen, dass die Mütter gleich bei ihren Kindern bleiben können? Ist das Fortschritt?

Auch Sigmund Freud fragte sich an seinem Lebensabend, ob die großen Erfindungen und Entdeckungen der Menschheit tatsächlich Zeichen des Fortschritts seien. In einer seiner letzten Abhandlungen, *Das Unbehagen in der Kultur*, preist der greise Psychoanalytiker die Fortschritte der Technik, die es ihm etwa ermöglichten, die Stimme eines Tausende von Kilometern entfernten Sohnes zu hören. Doch dann fügt er hinzu: Wäre die Eisenbahn nicht erfunden worden, die meinen Sohn von mir fortbringt, bräuchte ich auch kein Telefon, um seine Stimme zu hören; ohne die Entwicklung des Überseedampfers bräuchte ich keine Telegrafie, um etwas von meinem Freund jenseits des Ozeans zu hören.

Ich beobachtete die Rauchsäulen, die die gigantischen Schornsteine eines Elektrizitätswerks auf meinem Weg zur Klinik ausstießen, und dachte an diese immense »menschliche Dampfmaschine«, die von Generation zu Generation, von Immigration zu Immigration in diesem Land die unvergleichliche Lokomotive des Fortschritts, der Modernität – des Krebses antreibt. Denn es liegt klar auf der Hand: Die USA sind führend in der Krebsbehandlung; das aber nur, weil sie mit ihrer Industrie und ihrer Nahrung, ihren Düngemitteln und Waffen, ihrer ganzen Lebensweise auch am häufigsten Krebs verursachen. Mehr Kranke, mehr Ärzte, mehr Erfahrung. Deswegen war ich gekommen.

An manchen Tagen hatte ich den Eindruck, dass, egal wohin ich kam, nur noch Krebs das Thema war. Ein Reklamezettel in der Morgenzeitung warnte mich vor den kanzerogenen Substanzen der üblichen chemischen Reinigung und warb für ein neues Verfahren, bei dem die Krebsgefahr ausgeschlossen sei. Ich spazierte durch den Central Park und stieß auf eine Demonstration Tausender von Frauen, die auf einem »Marsch für die Behandlung von Brustkrebs« waren. Ich schaltete das Radio an und hörte eine Diskussion über Krebs erregende Stoffe in Luft und Wasser und über die Policen, mit denen man sich dagegen versichern konnte. Ich kam in die Klinik und erfuhr, dass ein namhafter amerikanischer Kollege, ein Jahr jünger als ich und ebenfalls Patient des MSKCC, gerade gestorben war. Seine Frau hatte mir eine Nachricht hinterlassen. Sie wollte mich treffen, um eine Sache mit mir zu bereden, denn sie glaubte erkannt zu haben, was die Korrespondenten, die, wie wir, innerhalb kurzer Zeit alle an Krebs erkrankt waren, miteinander verband: Wir hatten alle aus dem Vietnamkrieg berichtet und waren, wie sie glaubte, dabei alle Agent Orange ausgesetzt gewesen, jenem von den Amerikanern eingesetzten Entlaubungsmittel, das für die Missbildungen verantwortlich gemacht wird, mit denen auch heute noch, dreißig Jahre danach, in Indochina jährlich Hunderte von Kindern zur Welt kommen.*

Ich glaube nicht, dass ihre Annahme in meinem Fall zutrifft. Doch zweifellos gibt es einen entsetzlichen Zusammenhang zwischen Waffen und Krebs, ebenso wie zwischen Krebs und manchen elektronischen oder chemischen Produkten und natürlich auch Lebensmitteln. Die Nahrungsmittelindustrie hat den menschlichen Körper an eine extrem unnatürliche Ernährung gewöhnt – mit vollkommen unvorhersehbaren Folgen. Aber wer sollte sich daranmachen, das alles zu untersuchen? Die medizinische Forschung wird mittlerweile, wie alle anderen Grundlagenforschungen auch, von den großen industriellen Interessengruppen beherrscht. Und diese reißen sich sicher nicht darum, die wahren Ursachen für Krebserkrankungen aufzudecken. Ganz im Gegenteil. »Ein Mittel gegen Krebs ist leichter zu finden als die Ursache«, heißt es. Und sicher auch weniger kompromittierend. Und auf lange Sicht sehr viel einträglicher: Behandlung bedeutet Medikamente, also auch Profit für die Pharmaindustrie. Sehr ansehnlichen Profit. Und außerdem richtet sich die Suche nach einer effektiven Behandlungsmethode in die Zukunft, gründet sich auf Hoffnungen, wird getragen von einem Optimismus, der wiederum der große Katalysator der Wirtschaft ist.

Und so bleibt es dabei. Die Menschen essen, atmen, arbeiten und leben unter Bedingungen, die ganz sicher Krebs erregend sind. Aber nichts geschieht, was diese Bedingungen ändern könnte. Dafür hofft man aber umso mehr, dass irgendjemand irgendwo bald schon *das* Mittel entdeckt, mit dem sich Krebs heilen lässt. Natürlich sind die Nachrichten von dieser Front immer »gut«. Die Zeitungen verkünden regelmäßig eine »entscheidende Wende«, »einen

* Man rechnet, dass die US-Streitkräfte circa 100 Millionen Liter dieses Gifts über den Wäldern und Reisfeldern Vietnams und Laos niedergehen ließen. Es war das erste Mal in der Geschichte der Menschheit, dass ein solches chemisches Massenvernichtungsmittel im Krieg eingesetzt wurde. Die USA haben auch als erstes Land Atombomben eingesetzt: 1945 in Japan. Auf biologische Waffen griff man auch schon vorher zurück, als man an Indianer Decken verteilte, die mit Pockenviren getränkt waren.

großen Schritt nach vorn«. Wie der junge Mediziner aus der Forschungsabteilung des MSKCC sagte: Man spüre, »ganz knapp« vor einer großen Entdeckung zu stehen, »einen Schritt« von der Lösung entfernt zu sein. Beim oberflächlichen Lesen fiel ich manchmal selbst darauf herein. Eine Studie habe gezeigt, dass eine Ernährung mit ungekochten Nahrungsmitteln die Krebsrate um achtzig Prozent senken konnte. Schade, dass sich die Untersuchung nur auf Katzen bezog! Ein pharmazeutisches Institut verkündete die erfolgreiche Entwicklung eines neuen tumorhemmenden Präparats. Die Zahlen waren beeindruckend. Aber ich hätte eine Maus sein müssen, um davon zu profitieren. Alle Experimente waren lediglich mit Versuchstieren durchgeführt worden, und bekanntermaßen sind solche Ergebnisse nur bedingt auf den Menschen übertragbar.

Tatsache ist: Auch dreißig Jahre nach dem »Krieg gegen den Krebs«, den Präsident Nixon damals vollmundig ausrief – vielleicht auch, um den in Vietnam, bei dem Zehntausende junger Amerikaner ihr Leben ließen, ein wenig in den Hintergrund zu drängen –, ist Krebs generell alles andere als besiegt. Und trotz aller Fortschritte bei bestimmten Krebsarten ist die Zahl der Menschen, die jährlich in den USA an dieser Krankheit sterben, seit damals nicht zurückgegangen.

Aber auch dies waren Ergebnisse, von denen ich mich möglichst nicht beeinflussen ließ. Prozentzahlen zu Häufigkeiten, zu Überlebenschancen und Rückfallgefahren interessierten mich nicht. Bei Statistiken bin ich immer skeptisch und denke daran, was de Gaulle sagte: »Wenn du zwei Hühnchen isst und ich keines, haben wir statistisch gesehen jeder eins gegessen.«

Ich sah mich lieber als ganz subjektiven Einzelfall und nicht als eine mathematisch berechnete, theoretische Möglichkeit.

Während jener einsamen Monate in New York kam mich Angela zweimal besuchen. Ich freute mich sehr, aber wie so häufig war auch diese Freude nicht ungetrübt. Ich machte mir Gedanken, weil wir trotz allem, was wir teilten, mittlerweile in zwei vollkommen verschiedenen Welten lebten. Ich in der der Kranken, mit ihrer eigenen Logik, ihren Prioritäten, Schmerzen und vor allem einem ganz eigenen Verhältnis zur Zeit. Sie in der Welt aller anderen, in der Welt der Gesunden mit ihren Plänen, Wünschen, Terminen und Gewissheiten, was die Zukunft betraf.

Eine Sache war es, sich täglich über E-Mails auszutauschen, eine ganz andere aber, in einem wenige Quadratmeter großen Raum zusammen zu sein. Ich wurde nervös, als sie mir ihren Besuch ankündigte. Das Telefon hatten wir aus unserer Beziehung verbannt; weil wir es als zu direkt, zu aggressiv empfanden und weil es die Illusion einer Nähe aufkommen ließ, die dann nach dem Auflegen die Leere nur noch spürbarer machte. E-Mail-Botschaften waren ideal; die von Angela mit ihren Berichten vom Alltag in Florenz waren für mich wie das Bordtagebuch eines Schiffes, das bereits vor langer Zeit in der Weite des Meeres verschwunden war. Sie erzählten von Dingen und Menschen, die mir wie Schatten vorkamen, Geister, von denen ich kaum noch wusste, wie sie aussahen. Und gleichzeitig waren diese Briefe auch mein Rettungsanker. Auch dies übrigens eine Sache, die die Wissenschaft nicht begreifen kann: Allein schon der Gedanke an einen Menschen, dessen Existenz die eigene rechtfertigt, ist bereits ein Medikament, das das Leben verlängert. Das weiß ich.

Es war großartig, wie gut Angela die Gründe verstanden hatte, für meinen Wunsch, allein zu sein, sogar zu ihr eine Distanz zu schaffen, die aber, wie wir beide wussten, nur räumlich sein würde. Nun hatte ich mein Gleichgewicht gefunden und fürchtete, der schwächste Windhauch könne es bereits gefährden. Ich wusste ja, dass sie für mich da war; dass ich mich auf sie verlassen konnte. Es war ein großes Glück!

Von den Krankengeschichten, die ich in jener Zeit las, hatte mich eine zutiefst erschüttert. Und zwar die kurz nach seinem Tod erschienene Autobiografie Paul Zweigs. Der Schriftsteller erkrankt, und nach wochenlangen Untersuchungen, die er voller Ängste erlebt, konfrontiert ihn der Arzt mit der Diagnose: Krebs. Zu Hause zieht er seine Frau ins Vertrauen, und dieser fällt nichts anderes ein, als ihm die Scheidungspapiere vorzulegen. »Sie sah in der Diagnose einen Nagel zu meinem Sarg und wollte nur noch fort, um ihr eigenes Leben zu führen«, schreibt Zweig. Und was war mit ihrer Liebe? Mit Verantwortung? Loyalität? Dies ist ebenfalls eine Geschichte »unserer Zeit«. Eine sehr amerikanische Geschichte.

Die Distanz, die zwischen Gesunden und Kranken entsteht, wird für die Betroffenen zu einer Bewährungsprobe. Die Krankheit bricht mit einer gewohnten Ordnung und stellt dafür ihre eigene her, einen eigenen Kosmos, aus dem heraus dem Kranken die Logik der Welt draußen, die der Gesunden, irrelevant erscheint, absurd, zuweilen auch kränkend.

Das wurde mir ganz deutlich, als ich einmal in der Klink auf eine Untersuchung wartete. Während wir Kranken so dasaßen in unseren Trainingsanzügen, den Mützen auf dem Kopf, den Plastikarmbändern mit unseren Namen und Aufnahmenummern am Handgelenk, betrat ein eleganter Herr, gut gekleidet, braun gebrannt und mit Sonnenbrille, der wahrscheinlich jemanden abholen wollte, den Raum. Er war mir sofort ein Dorn im Auge, allein seine Gegenwart empfand ich als unfair. »Geh, geh, hau ab«, dachte ich bei mir.

Eine angenehme Folge des Krankseins ist das Nachlassen der Wünsche, jene unbewusste Erkenntnis, dass es sich nicht lohnt, sich noch ein weiteres Paar Schuhe zu kaufen oder eine Teppichauktion zu besuchen. Ein Gesunder kann einen Kranken nie richtig verstehen, und das ist auch ganz gut so. Egal wie er nun mit seinem Schicksal umgeht, findet man beim Kranken eine Trägheit, die aus Schwäche resultiert, aber auch eine Gelassenheit, die ein Gesunder mit all seinem Mitgefühl nicht nachempfinden kann. Ganz im Gegenteil. Er wird diese Haltung als Resignation werten und glaubt sich dazu verpflichtet, dem Kranken zu helfen, dagegen anzugehen. Doch die Krankheit hat ihre eigene Logik, und dazu gehört vielleicht auch, dass sie den Betroffenen psychisch auf sein mögliches Ende vorbereitet.

Angela kam von draußen und betrat eine Welt, in der ihr nichts vertraut war, in der sie nichts wiedererkannte, angefangen bei mir. Der Mann, den sie zurückgelassen hatte, trug immer Weiß, hatte lange Haare und einen Schnurrbart, und nun erwartete ich sie am Flughafen: ganz in Schwarz, mit Glatze und einem Käppchen auf dem kahlen, roten Schädel. Mittlerweile gehörte ich schon zu einem anderen Stamm.

Unter Kranken findet man so etwas wie ein spontanes Einverständnis. Das »Ich«, anderswo stets unter dem Zwang, sich zu behaupten, sich zu rechtfertigen, konnte in der Klinik gelassen bleiben. Hat man deren Schwelle überschritten und den warmen Luftschwall passiert, der die Kälte der anderen Welt draußen hält, entfällt die Notwendigkeit zu erklären, wer man ist oder, besser, wer man war, welchen Beruf man ausübt oder ausgeübt hat. Die Krankheit ist ein großer Gleichmacher. Folco sagte einmal zu mir: »Wenn mir etwas fehlt, denke ich an Indien. Dort fehlt jedem etwas: dem einen das Essen, dem anderen eine Hand, wieder einem anderen die Nase. Das, was mir gerade fehlt, kann niemals so schlimm sein.« Dasselbe empfand ich, als ich das MSKCC betrat. Jedes Stockwerk der Klinik war für eine bestimmte Krebsart eingerichtet. Am erschütterndsten war das Stockwerk mit der Kinderstation. Ich konnte mich glücklich schätzen: Mein Leben hatte ich schon gelebt, sie ihres nicht. Aber vielleicht stimmte das auch nicht ganz. Vielleicht war das, was ich hier sah, das Resultat anderer Leben, der Ausdruck eines in anderen Leben verursachten Karmas. Angesichts dieser ausgezehrten, fast durchsichtigen, manchmal schon nicht mehr menschlich wirkenden Kinderkörper schien mir der Hinduismus von allen Religionen noch die tröstlichste Erklärung für diese himmelschreiende Ungerechtigkeit zu liefern.

In den Wartezimmern der verschiedenen Abteilungen beobachtete ich die anderen Patienten und versuchte, ihre Geschichten zu erraten: Da saßen jene, die zum ersten Mal da waren, noch verankert in der Welt draußen, und sich so verhielten, als seien sie versehentlich hier hineingeraten; andere wirkten eher verängstigt, standen vielleicht am Beginn der Chemotherapie; wieder andere schienen sich bereits an die »Mutationen« gewöhnt zu haben. Den einen glaubte ich anzusehen, dass sie sich aufgegeben hatten, bei anderen ahnte man, dass sie es schaffen könnten.

Aber was war es eigentlich, das uns alle, auf verschiedenen Wegen, mit der gleichen Krankheit hier an diesem Ort zusammengeführt hatte? Gab es da etwas, was uns allen gemein war?

An einem Tag saß ich neben einem vielleicht fünfzigjährigen Mann, groß gewachsen, furchtbar abgemagert, von gelblicher Gesichtsfarbe und vollkommen kahl. Er beobachtete mich, und ich spürte, dass er mir etwas sagen wollte. Irgendwann deutete er auf die Uhr an meinem Handgelenk und erklärte in einem unsicheren Englisch mit starkem russischem Akzent: »Die stammt aus Russland. Sind Sie auch geflohen?«

»Ja, gewissermaßen ... Und Sie haben Recht: Die Uhr stammt aus Russland. Genauer, aus der Sowjetunion. Sie gehört mit zu den letzten Dingen, die man dort, 1991, noch herstellte, und zwar für die Buriaten, die damals den zweihundertfünfzigsten Jahrestag ihrer Bekehrung zum Buddhismus feierten. Ich habe sie einem Mongolen auf einem Bahnhof an der Grenze zu China für fünf Dollar abgekauft«, antwortete ich, indem ich die Uhr vom Handgelenk löste, um ihm die kyrillische Inschrift zu zeigen.

Es handelt sich um eine ganz einfache Uhr, nicht automatisch, eine von der Sorte, die man jeden Morgen und vor dem Schlafengehen aufziehen muss. Aber sie fällt auf, weil sie nicht zu denen zählt, die man in der Werbung sieht, die ein Vermögen kosten und von Polarforschern am Handgelenk getragen werden oder von James Bond in seinem letzten Film. Dafür erkennt man jedoch in der Mitte des weißen Zifferblatts einen meditierenden Buddha in seinem orangefarbenen Gewand. Sogar der Dalai Lama konnte bei unserer letzten Begegnung in Dharamsala nicht den Blick davon wenden. Und da ich wusste, dass er als Hobby gern Uhren repariert, sagte ich irgendwann zu ihm: »Nichts zu machen, Eure Heiligkeit, die funktioniert bestens!«, worauf er mit seinem herrlichen, unvergleichlichen Lachen reagierte.

Die Frau meines Stuhlnachbarn, gesund, aufdringlich und vorlaut, mischt sich in unser Gespräch ein und versucht es, in ihrem sehr viel flüssigeren Englisch als dem ihres Mannes, an sich zu reißen.

»Sind Sie Juden?«, frage ich.

»Ich bin Jüdin«, antwortet sie voller Stolz. »Er nicht, er ist Russe, aber in Usbekistan hieß es, die Russen müssten fort, sie hätten dort nichts mehr zu suchen, und nur weil ich Jüdin bin, durften wir als Flüchtlinge in Amerika einreisen; also wir beide, er auch.«

»Er« hat einen warmherzigen, sanften Blick, und man spürt, wie verunsichert er ist, dass er leidet, während sie mit tönender

Stimme, so dass alle sie hören können, ihre Geschichte erzählt. In Usbekistan war er Ingenieur, arbeitete in den Goldminen, aber in New York konnte er nur eine Stelle als Nachtwächter in einem Lagerhaus finden.

»Nicht gut«, sagt er.

»Aber es geht ja nicht anders«, verbessert sie ihn. »Wenn man als Flüchtling irgendwo hinkommt, kann man nicht groß was verlangen. Man muss von unten neu anfangen, als Fahrer, Pförtner, Nachtwächter.«

Er lächelt und sagt: »Nicht gut. Nachtwächter.«

Acht Monate war er dabei, dann ist er krank geworden. Lungenkrebs.

»Es war der Stress«, sagt seine Frau.

»Nicht gut. Stress«, wiederholt er.

Gewiss, der Stress. Der Stress, mit solch einer Frau verheiratet zu sein, Russe zu sein in einem Land, dessen Sprache man nicht beherrscht, dessen Kultur einem fremd ist und wo man mit nichts mehr von dem, was man zuvor mühsam erlernt hat, noch etwas anfangen kann. »Stress. Stress«, wiederholt er, als wolle er uns zum Lachen bringen. Einen Lungenflügel haben sie ihm schon rausgenommen, jetzt ist auch der andere befallen. Die beiden sind überzeugt, dass auch ich Flüchtling bin, aber sie fragen mich nicht, aus welchem Land und aus welchem Grund. »Hier in Amerika geht's uns allen so«, sagt die Frau. »Wir sind alle Flüchtlinge.«

Da hatte sie nicht Unrecht. Unter den Wartenden war ein sehr großer Anteil von Einwanderern: Chinesen, Vietnamesen und weitere Russen. Vielleicht hat Krebs tatsächlich auch mit Stress zu tun, mit Entwurzelung, fehlendem inneren Frieden. Für diesen Mann jedenfalls traf es zu. Er fühlte sich allein gelassen, die USA hatten ihm nicht viel zu bieten, und die einzigen Worte, die er ständig wiederholte, während seine Frau schon andere Geschichten zum Besten gab, waren: »Nicht gut. Nachtwächter. Stress.«

Als ich die Klinik verließ, ängstigte auch mich diese große Leere, die ich um mich herum spürte. Ich bestieg ein Taxi, und in dem Augenblick, da das Taxameter eingeschaltet wurde, startete ein Band mit der entsetzlichen Stimme einer berühmten Schauspielerin:

»Wow ... Katzen haben sieben Leben, du leider nur eins ...«
Daran brauchte sie mich nicht zu erinnern!
»... deshalb sei schön artig und schnall dich an!«
Und schon hatte man erst recht keine Lust mehr dazu.

New York war »nichts« und bot doch von allem etwas. Hielt man die Augen offen, stieß man jeden Tag auf etwas Interessantes. Zufällig las ich, dass Robert Thurman, Professor für asiatische Religionen an der Columbia University, häufiger Gast in Indien und Vater einer berühmten Hollywood-Schauspielerin, die nicht zufällig Uma heißt – wie Shivas Frau, bevor er sie heiratet –, in einem alternativen Kulturzentrum in The Bowery einen Vortrag halten würde.

Der Saal war voll. Vor allem Frauen waren gekommen. Sie sind ja im Allgemeinen empfänglicher als Männer für die Verlockungen des Neuen mit all seinen Gefahren, spüren aber auch eher, ob etwas wahr und echt, ja sogar, wenn etwas menschlich nicht mehr vertretbar ist. Thurmans Thema war eigentlich der tibetische Buddhismus, doch er sprach hauptsächlich über die USA.

»Der Westen ist zurzeit der beste Ausgangspunkt, um zur Erleuchtung zu finden. Niemals zuvor war der Mensch irgendwo auf der Welt dem Nirwana näher als heute in den Vereinigten Staaten. Hier versteht man die Bedeutung solcher Begriffe wie ›Leere‹ oder ›Nichts‹, denn wir leben hier schon im Nichts; wir sind nichts, unsere menschlichen Beziehungen sind nichts, alle anderen bedeuten uns nichts. ›Hello, Jim, hey, John.‹ Ja, herzlich begrüßen können wir uns, doch in Wirklichkeit ist uns der andere völlig gleichgültig, so als sähen wir ihn dieses eine Mal und dann nie mehr. Wenn wir wüssten, dass wir hingegen immer zusammen waren und dazu bestimmt sind, bis in alle Ewigkeit zusammenzubleiben!«

Mir gefiel seine Ironie.

»Wer von Ihnen weiß schon etwas über den Buddhismus?«, fragte er in die Menge. Viele hoben die Hand.

»Wer von Ihnen hat schon die Erfahrung gemacht, den eigenen Körper zu verlassen, sich irgendwo anders aufzuhalten, sich zu vergessen und dann den Schock der Rückkehr zu erleben?«

Ein gut aussehender junger Mann in Begleitung einer Frau mit kupferrotem Haar, älter als er, deren Geliebter er aber offensichtlich war, stand auf und erzählte eine unglaubliche Geschichte. Die Frau war so bewegt, dass sie ihn noch fester in die Arme nahm, als er sich danach wieder setzte. Er gehörte zu den Leuten, die von »Astralwanderungen« berichten.

»Nein, nein«, rief Thurman. »Ich meine etwas anderes. Etwas viel Gewöhnlicheres. Sie alle machen ständig die Erfahrung, den Körper zu verlassen. Und zwar jeden Abend: wenn Sie einschlafen.«

Er deutete an, dass auch der Tod vielleicht so beschaffen sein könnte – ein Einschlafen und nicht das Ende des Bewusstseins, wie man sich im Westen zu glauben angewöhnt habe: »Yama, der Dämon mit dem Büffelkopf, überfällt uns und verschleppt unseren Körper. Aber wir sind nicht eins mit unserem Körper, auch wenn wir uns noch so sehr mit ihm identifizieren und viel Zeit darauf verwenden, ihn in Form zu halten, zu glätten und zu straffen. Für unseren Körper geben wir ein Vermögen aus, obwohl wir wissen, dass er irgendwann, früher oder später, verfaulen wird und in neue Erde übergeht.« Das Publikum hörte gebannt zu.

»... aber wir sind Amerikaner«, fuhr Thurman fort, »und das Streben nach Glück ist für uns nicht nur ein von der Verfassung garantiertes Recht, sondern auch unser liebster Zeitvertreib. Und das ist wunderbar so. Denn auch Glück kann einen dazu bringen, sich Gedanken zu machen: Leute, die eine Million Dollar im Lotto gewinnen, stellen plötzlich fest, dass sie keine Freunde mehr haben. Warum?«

Worum es Thurman mit seinem unterhaltsamen Geplauder eigentlich ging, war, darzulegen, dass das Leben jedem die Chance biete, sein wahres Selbst zu finden, dass die Gesellschaft, in der wir leben, blind sei, weil sie in ihrem auf die Spitze getriebenen Materialismus genau das negiere, was wir alle doch eigentlich seien: die Relikte vieler anderer Leben.

»Sehen Sie hier meinen Unterkiefer: Auch der ist die Folge vieler vorheriger Leben, das Ergebnis von Toleranz, Mitgefühl und Selbstkontrolle, die meinen ursprünglichen Kiefer umgeformt haben. Früher war er mit gefährlichen Reißzähnen besetzt, mit denen ich mich schützte und andere angriff, heute nicht mehr ...«

Im Publikum lächelte man, und einige Samen des Neuen schienen mir auf fruchtbaren Boden zu fallen. Auch mir tat es gut, mal wieder eine Glocke zu hören, die anders klang als das Gebimmel, das einem hier sonst den Kopf voll dröhnte.

Angenehm beschwingt von Thurmans Vortrag, machte ich mich auf den Heimweg. Eben in jenen Tagen hatte mir ein enger Freund geschrieben, der gerade einen totalen Schiffbruch – persönlich wie beruflich – erlebte, und berichtet, in dieser Situation zum ersten Mal in seinem Leben an Selbstmord gedacht zu haben. Zurück im Apartment, fand ich endlich die passenden Worte, um ihm zu antworten: Die Gewichte und Maße, die Werte, von denen wir glauben, von ihnen hänge unser Leben ab, sind nichts als Konventionen. Sie dienen uns dazu, unser Leben zu regeln, aber sie belasten uns auch. Genauer betrachtet, hängt unser Leben keineswegs von ihnen ab. Erfolg oder Misserfolg sind extrem relative Kriterien zur Beurteilung von aktuellen Geschehnissen, von Lebensphasen, die ja immer nur temporär, vergänglich sind. Was uns im Moment unerträglich ist, wird uns in zehn Jahren irrelevant erscheinen. Wahrscheinlich werden wir es bereits vergessen haben. Darum sollte man sich vielleicht darin üben, den Schrecken des Heute mit dem Blick, den wir in zehn Jahren haben werden, zu betrachten. Ich fühlte mich erleichtert, auch wenn es mir vermessen vorgekommen wäre, mir selbst das Gleiche anzuraten. Zehn Jahre …?

Thurmans Vortrag hatte ich als eine frische Brise unkonventioneller Ideen und intelligenter Provokationen erlebt. Auch das war New York: das Nichts und das Gegenteil von »nichts«. Thurman hatte sich über diese aufs Glück versessene amerikanische Gesellschaft lustig gemacht, die ihren eigenen Absolutheitsanspruch nie wird erfüllen können (»was ich persönlich empfinde, kann nie absolut sein, und was mir absolut erscheint, wird dennoch immer nur relativ sein«). Aber innerhalb dieser Gesellschaft gab es eine ganze Reihe von Leuten, die den banalen Materialismus des täglichen Lebens so nicht hinnahmen, die nach anderem strebten, die, manchmal auch auf absurde Weise, nach anderen Wegen suchten: Leute, die sich in irgendeiner Weise »widersetzten«.

Es fiel mir nicht schwer, eins der Hauptzentren dieses »Widerstands« ausfindig zu machen. Der Geruch führte mich hin. An einem Morgen spazierte ich die Spring Street entlang. Ein Metalltor, an dem ich gerade vorüberkam, öffnete sich vor mir, aufgestoßen von einer jungen Frau, die auf die Straße trat, und eine Wolke des vertrauten Räucherstäbchendufts wehte mir entgegen. Neugierig warf ich einen Blick hinein, und bevor sich das Tor wieder schließen konnte, war ich schon eingetreten. Ich hatte das New York Open Center gefunden, eine Kombination von offener Universität, Begegnungsstätte und alternativem Supermarkt. An den schwarzen Brettern hingen detaillierte Erläuterungen zum umfangreichen Kursangebot: von Heilpflanzenkunde bis Ernährungslehre, von Reflexologie über die verschiedensten Methoden und Therapien der alternativen Medizin bis zu allen Spielarten des Yoga. Der Laden, aus dem der Räucherstäbchenduft und eine konstante Berieselung mit »Meditationsmusik« drang, war bestens bestückt mit New-Age-Literatur, CDs, Kassetten und anderem »alternativen« Material. Bei den Vortragssälen ein Kommen und Gehen der üblichen Gesellschaft der »Anderen«, wiederum hauptsächlich Frauen, beleibte, doch aufgeräumt wirkende Mädchen, Damen mittleren Alters, unverkennbar wohlhabend und dennoch »spirituell«. Die Atmosphäre war entspannt, angenehm.

Ich trat auf den Anmeldungstresen zu, um ein paar Informationen einzuholen, doch noch bevor ich den Mund aufmachen konnte, lächelte mich die Frau dahinter begeistert an und rief: »Wow ...«

»Was ist denn?«, fragte ich, ein wenig verwirrt.

»Du hast eine phantastische Aura.«

»Tatsächlich?«

»Ja, ich erkenne die Aureole um deinen ganzen Körper. Man sieht, dass du glücklich bist!«

Der abgehärmte, blasse Junge neben ihr, der alles verfolgt hatte, schaltete sich nun auch noch ein: »Ja, sie hat Recht. Dein Lächeln ist faszinierend. Man spürt deine Aureole.«

Es mochte ihre Verkaufstechnik sein; vielleicht bekamen das alle zu hören, die mit dem Gedanken spielten, sich für irgendeinen Kurs anzumelden und zu bezahlen. Aber in jenem Augenblick kam es mir tatsächlich so vor, als besäße ich sie, diese Aureole. Ich meldete mich für einen Tarot-Kurs an. Über zwei Monate ging ich zweimal die Woche hin. Die Kursleiterin war eine nette Italo-Amerikanerin. Die anderen »Studenten«: wieder in erster Linie Frauen, aber auch ein etwas eigenartiger Herr, der wie ein normaler Bankangestellter oder Anwalt gekleidet dort auftauchte, unter seiner Business-Uniform aber bereits seine zweite Haut trug, einen weißen Trainingsanzug. Bevor es losging, zog er sich in ein Eckchen zurück und legte Hose, Jackett, Hemd und Krawatte ab wie jemand, der, getarnt, um zu überleben, jetzt endlich sein wahres Gesicht zeigen kann. Denn zu diesem merkwürdigen, in gewisser Hinsicht auch subversiven, nach etwas »Anderem« suchenden Völkchen zählten nicht nur Jüngere, die früher Hippies gewesen wären, befreite oder geschiedene Frauen, die nach einem neuen Ankerplatz Ausschau hielten: Nein, es waren auch Leute darunter, die man völlig anders eingeschätzt hätte.

Vor meiner Operation hatte ich ein Treffen mit dem zuständigen Anästhesisten. Während er mir noch die üblichen Fragen nach vorherigen Operationen und eventuellen allergischen Reaktionen auf bestimmte Pharmazeutika stellte, fiel sein Blick plötzlich auf meine Uhr. »Sind Sie Buddhist?«, fragte er mich.

»Nein. Und Sie?«

»Nein«, antwortete er und überlegte dann einen Moment, bevor er gestand: »Ich bin Sufi, ein Kaschmir-Sufi.«

Mein Gott, Kaschmir! Viele Wochen hatte ich dort verbracht und von jenem schmutzigen Krieg berichtet, in dem eine der schönsten Gegenden der Welt, die sich Indien und Pakistan streitig machen, immer mehr verheert wird. Ich stand in den noch rauchenden Trümmern einer ganz besonders schönen, ganz aus Holz errichteten Moschee, in der einstmals Sufis, jene islamischen, stark vom Hinduismus und Buddhismus beeinflussten Mystiker, ihren Gott verehrt hatten. Aber einen Sufi traf ich in Kaschmir nicht. Vielleicht haben sie dort, falls es noch welche gibt, nicht mehr den Mut, sich offen zu erkennen zu geben, denn immer schon waren sie Verfolgungen durch orthodoxe Moslems ausgesetzt, in deren Augen ihnen etwas Ketzerisches anhaftet. Aber hier in New York war plötzlich mein Anästhesist ein Sufi und sehr glücklich damit.

Er saß mir gegenüber in einem weißen Hemd, korrekt und ganz normal, wie man es eben von einem Arzt erwartet. Aber ich musste ihn mir mit einem langen Wollgewand bekleidet (*suf* bedeutet im Arabischen »Wolle«) und erhobenen Armen vorstellen, wie er sich drehte und drehte und drehte in einem der Derwisch-Tänze, die durch dieses ständige Rotieren in Ekstase versetzen und den Menschen dem Göttlichen näher bringen sollen. Ich konnte ihn verstehen: Wahrscheinlich fühlte er sich isoliert, nicht dazugehörig in dieser nur aufs Materielle ausgerichteten Gesellschaft, und hatte nach etwas Höherem gesucht, nach einem über die reine Existenzsicherung hinausgehenden Ziel, und in dem Motto der Sufis, »in der Welt sein, aber nicht Teil der Welt sein«, seine Antwort gefunden.

»Auf tausenderlei Weise können wir niederknien und die Erde küssen«, schreibt einer der größten Sufi-Poeten, Dschalal ad-Din Rumi, der im Jahr 1207 im heutigen Afghanistan zur Welt kam. »Jenseits der Ideen, jenseits dessen, was richtig und falsch ist, gibt es einen Ort. Treffen wir uns dort.«

Für meinen Anästhesisten vom MSKCC war jener ideale Ort eine Gegend, die es als solche gar nicht mehr gibt: Kaschmir, ein exotischer Name, ein unerreichbares Land. Von dort holte er sich, in der Form des Tanzes, jene Hoffnung auf etwas »Darüber-Hinausgehendes«, ohne das das Leben unlebbar wird. Und so traf er sich nun jedes Wochenende mit weiteren »unseren Freunden« – wie die Sufi sich selbst bezeichnen – in irgendeinem New Yorker Loft oder einem Haus auf dem Land, um Gedichte zu lesen und sich im Rhythmus der Musik, deren Crescendo den »Aufstieg« begleitet, Stunde um Stunde um die eigene Achse zu drehen, in einem mystischen Ritus, der das Leben symbolisiert. Denn die Rotation ist die grundlegende Bewegung des Lebens: Im Atom rotieren Neutronen und Elektronen, im Weltall rotieren die Gestirne, Planeten, Sterne; und wir selbst drehen uns auf Erden im Kreislauf des Lebens, in dem wir entstehen und wieder zum Staub der Erde vergehen. Jener Tanz, so sagte ich mir, schuf in ihm einen Raum, in dem er sich wirklich frei fühlte, der es ihm ermöglichte, sich aus seinem normalen Leben zurückzuziehen und dem Göttlichen anzunähern.

Ach ja, das Göttliche. Auch mir fehlte es, obwohl ich bis zu diesem Zeitpunkt in meinem Leben kein großes Verlangen danach verspürt hatte. Ich lief durch die Straßen und konnte nirgendwo einen Hinweis auf Göttliches spüren oder erblicken: keine Prozession, kein Fest, kein Gott, den Gläubige auf Schultern vorbeigetragen hätten. Nie eine Anspielung auf etwas, das über das sinnlich Wahrnehmbare hinausging.

Abgesehen vom kommunistischen China ist in Asien hingegen überall, wo ich gelebt habe, der Verweis auf das Göttliche stets gegenwärtig: in der Sprache, den Gesten der Menschen und erst recht natürlich in Zeremonien und Riten. Ein Fischhändler in Japan streut, bevor er morgens seinen Laden aufmacht, eine kleine Hand voll Salz auf den Gehweg; in Singapur, Thailand und Malaysia ziehen unablässig Weihrauchschwaden durch die Tempel, entzündet von Gläubigen, um sich eine Gottheit gewogen zu machen. Auch in Indien ist das Göttliche allgegenwärtig. Allein schon die übliche Begrüßung, bei der die Handflächen auf Brusthöhe zusammengelegt werden, der Kopf leicht geneigt und *namaste* gemurmelt wird, bedeutet: »Ich grüße das Göttliche, das ich in dir erkenne.«

Ich dachte häufig an Indien, an unsere Wohnung in Delhi, unter deren Fenster wir Kamele in langen Reihen vorbeiziehen sahen, oder einen Elefanten, der mit seinem Rüssel seine Grasration für den Tag transportierte; und wo wir nachts schon mal vom Geklingel einer Prozession von Sikhs oder Moslems geweckt wurden. Zuweilen blickte ich in der New Yorker Menschenmenge in das Gesicht eines Inders und hatte das Gefühl, fast einen Verwandten wiederzusehen. Jedenfalls war er mir viel vertrauter als jeder Durchschnittsamerikaner.

Einmal, als es in Strömen regnete und mein Körper zu spät zu seinem Termin bei den Instandsetzern zu kommen drohte, nahm ich mir ein Taxi. Der Fahrer war ein Sikh mit einem mächtigen dunklen Bart und einem blauen Turban.

»Bitte zum Memorial Sloan-Kettering, *Sardar-ji.*« Und jene Anrede als *sardar* – Chef – mit dem respektvollen Zusatz *ji* ließ sofort eine gewisse Nähe entstehen. Wie er mir erzählte, kam er aus einem Dorf unweit von Amritsar, der Stätte des Goldenen Tempels, dem »Vatikan« der Sikhs sozusagen. Seit zehn Jahren lebe er in New York und verdiene um die dreitausend Dollar im Monat. Die Hälfte davon könne er nach Hause schicken. Er sei siebenundvierzig und habe »noch weitere dreizehn Jahre zu leben«.

»Dreizehn? Woher wissen Sie das so genau?«

»Von meinem Gott. Er hat es mir schon vor zwanzig Jahren mitgeteilt, damals, noch in Indien. Und ich bin zufrieden damit. Denn ein Sechzigjähriger sollte sich nicht grämen, wenn er sterben muss. Klar, wer will schon sterben? Aber wir sind so viele auf der Erde, dass wir auch anderen Platz machen müssen – und sechzig scheint mir ein gutes Alter dafür zu sein.«

»Aber, *Sardar-ji*, ich bin neunundfünfzig und habe Krebs. Deswegen fahre ich zu dieser Klinik. Glauben Sie, dass ich wirklich mit sechzig sterben sollte?«

»O nein, Mister, Sie haben so eine gesunde Ausstrahlung. Aber was sagt denn Ihr Gott dazu?«

»Ich weiß es nicht, ich habe keinen bestimmten. Aber mir wurde mehrmals geweissagt, dass ich alt würde.«

»Aber sicher. Bei der gesunden Ausstrahlung.«

Wir sind angekommen. Der Sikh hält, wendet mir das Gesicht zu, legt die Hände vor der Nase zusammen und verabschiedet sich mit einer Verneigung vor mir und seinem Gott, den er in mir erkennt: »*Namaste*. Viel, viel Glück.«

»*Namaste, Sardar-ji*.«

Und schon einen Augenblick später tauchte ich wieder ein in die weiße Klinikwelt zu meinem Termin mit der roten, phosphoreszierenden Flüssigkeit.

Den Heimweg legte ich zu Fuß zurück. Ganz langsam. In meiner Höhle angekommen, fühlte ich mich vollkommen erschöpft und setzte mich ans Fenster. Die Luft, die der Regen gesäubert hatte, war kristallklar, der Ausblick wunderschön, die Wolkenkratzer auf der einen Fensterseite vergoldet durch das warme Licht der untergehenden Sonne, die auf der anderen Seite kalt, aus Stahl. Auf der Straße unter mir wimmelte es von Menschen aller Farben, aller Ethnien und in allen nur möglichen Aufmachungen. Da, ganz plötzlich, tauchten am Himmel direkt über meinem Haus, auf der Höhe der Dächer, zwei große Militärhubschrauber auf. Ein Angriff? Eine Invasion? Außerirdische? Auch wenn es so gewesen wäre, niemand hätte sich darüber gewundert. Die Amerikaner leben mittlerweile in der Realität ihrer Science-Fiction-Filme, in denen nichts unmöglich ist. Außerirdische? Die waren doch schon da. Die Zukunft kann auch nicht anders sein als die von den Drehbuchautoren Hollywoods erfundene Vergangenheit. Meldeten die Fernsehsender, der Präsident sei entführt worden, würde auch das normal erscheinen: Es ist ja bereits passiert, in einigen Filmen, die alle Leute gesehen haben.

Die Hubschrauber kreisten weiter über dem Dach. Die Menschen, unter denen ich lebte, waren bereits wie die vom »Tag danach«. Und ich, etwas verwirrt vom langen Alleinsein, in einem prekären inneren Gleichgewicht, ohne Wünsche, ohne Pläne, war wie ein Telefongespräch in der Warteschleife, während eine absurde Hintergrundmusik läuft.

Manchmal fühlte ich mich tatsächlich völlig fremd in New York. Die banalen Gespräche, die stereotype Höflichkeit der Leute und der Computerstimmen am Telefon waren mir unerträglich. Und ebenso die zwei Kilo Werbeanzeigen, die ich bei jeder Sonntagsausgabe der *New York Times* wegwerfen musste, oder die Standardaufforderung aller Kellner in allen Restaurants und Cafés, *enjoy it*, es zu genießen, egal, um was es sich bei diesem *it* nun tatsächlich handelte. Um Weihnachten mischte sich in die übliche Kakophonie der Stadt überall die Melodie eines billigen Ohrwurms: *Jingle Bells* – in den Straßen, in den Geschäften, in den Fahrstühlen.

Nach einem langen Fußmarsch hatte ich einen Buchladen betreten, aber ich hielt es nur wenige Minuten darin aus. *Jingle Bells* verfolgte mich. Auch dort rieselte es von allen Stockwerken, waberte es in jeder Ecke: *Jingle Bells … Jingle Bells.* Unerträglich, zwanghaft. Ich flüchtete auf die Straße. Dort stand ein verfrorener Mann, der, nur notdürftig von einer an seinem Wagen befestigten Plastikplane geschützt, Hot Dogs verkaufte.

»Wo ist die nächste U-Bahn?«, fragte ich ihn.

»Hinter dem nächsten Block, gleich links.«

Am Akzent erkannte ich, dass er zu den von mir so geschätzten russischen Juden zählte, mit denen ich vor Jahren in Zentralasien, als ich *Gute Nacht, Herr Lenin* schrieb, so viel diskutiert, gelacht und Tee getrunken hatte.

»*Spasibo*«, bedankte ich mich.

Er starrte mich an wie eine Erscheinung. Mit einer Wärme, die ich den ganzen Tag noch nicht gespürt hatte, antwortete er fast zögerlich: »*Paschalujsta.*«

Und wie durch ein erfreuliches Wiedersehen gestärkt, setzten wir beide, jetzt mit einem Lächeln im Gesicht, unsere gleichermaßen seltsamen Wege fort, unser Leben in diesem Flüchtlingslager, dieser »menschlichen Dampfmaschine«, diesem rettenden Hafen, diesem Gulag mit guter Verpflegung, kurz, in all dem, was New York für uns beide bedeutete.

Die Teile des Ichs

Zu den verschiedenen, mindestens zweitausend Jahre alten Exerzitien, denen sich die jungen Tibeter, die das Mönchtum anstreben, in der »Buddhistischen Schule der Dialektik« in Dharamsala zu unterziehen haben, zählt auch eine, die wir alle hin und wieder im Leben machen sollten, nämlich festzustellen, wo wir das finden, an dem uns allen so sehr viel liegt: unser Ich.

»Im Namen vielleicht?«, schlägt der betagte Lama vor, der vor zwei langen Reihen von Tischchen sitzt, hinter denen die Schüler auf dem Erdboden hocken. Nein, denn mein Name kann sich ändern, ohne dass sich mein Ich verändert. Dennoch identifizieren sich viele Menschen mit ihrem Namen! Und mehr noch mit dem Titel, der ihm vielleicht vorangestellt ist! Aber es ist offensichtlich: Das Ich kann nicht im Namen stecken.

»Im Körper?«, fragt der alte Mönch weiter. Gewiss, das Ich hat mit dem Körper sehr viel zu tun, und man kann sagen: Ohne Körper kann es auch kein Ich geben.

»Doch wo genau könnte es sich im Körper befinden?«, fragt der Lama weiter und beginnt amüsiert nachzumachen, auf welche verschiedenen Körperteile man in unterschiedlichen Kulturen deutet, wenn man von sich selbst redet. Die Chinesen sagen »ich« und legen den Zeigefinger der rechten Hand auf die Nasenspitze. Aber kann das Ich in der Nase sein? Kann es im Herzen sein, auf das man in den USA üblicherweise die Hand legt, wenn man sich selbst meint? Oder vielleicht in der Stirn oder im Kopf, auf die andere deuten, die damit zu erkennen geben, dass sie den Verstand höher einschätzen als die Gefühle?

Die Schüler hören zu, einige melden sich zu Wort. Eine Zeit lang wird diskutiert. Dann holt der Lama unter einem Tischchen, hinter dem er auf einem niedrigen Holzpodest sitzt, eine Rose hervor und hält sie hoch. »Das ist eine Blume. Da sind wir uns alle einig.« Er löst ein Blütenblatt. »Und ist das auch eine Blume?«, fragt er. »Nein, ein Blütenblatt. Und dies?«, fragt er rhetorisch weiter, indem er erneut auf die Rose deutet. »Das ist eine Blume.« Er zupft nochmals ein Blütenblatt ab, dann wieder eins und noch eins und fragt dabei jeweils: »Und was ist das?«

Zum Schluss befindet sich auf seinem Tisch ein Häuflein Blütenblätter und in seiner Hand der kahle Rosenstängel. Der greise Lama zeigt ihn herum und fragt: »Und das, ist das eine Blume? Nein, das ist keine Blume mehr – nun, das Gleiche gilt auch für eine Hand«, sagt er, indem er seine Linke anhebt. »Begänne ich, mir einen Finger auszureißen, dann einen zweiten, dritten und so fort, wäre keiner dieser Finger meine Hand, und meine Hand wäre bald nicht mehr meine Hand. Und genauso verhält es sich mit unserem ganzen Körper. Bestehen nicht auch wir aus vielen Teilen, von denen aber keiner wirklich wir ist?«

Als mich frühmorgens in der Klinik eine liebenswürdige ältere Dame aufsuchte, eine jener, die zum Wohle ihrer Mitmenschen freiwillig in Krankenhäusern mitarbeiten, und mich fragte, ob ich mit ihr ein Gebet sprechen wolle, damit die Hand des Chirurgen eine Stunde später entschlossen und sicher ihr Ziel finden und exakt das herausschneiden würde, was herauszuschneiden war, frischte mein Geist die Erinnerung an einen Besuch im nordindischen Dharamsala, wo der Dalai Lama im Exil lebt, wieder auf und begann unwillkürlich, ohne dass ich Einfluss darauf gehabt hätte, mit jener Übung. Wo war ich wirklich? Und wie viele Teile meines Körpers konnte der Chirurg, der bei mir nur *The Lord* hieß, von mir entfernen, ohne dass ich selbst verschwinden würde?

Doch meinem Geist blieb nicht viel Zeit für seine Spielchen. Schon kam eine Krankenschwester und legte mir die Frage vor, ob ich im Falle eines längeren Komas meine Frau dazu ermächtigen wolle, darüber zu entscheiden, wann die Geräte abzuschalten seien (»So sind die Gesetze im Staat New York, das müssen Sie verstehen ...«), und der Kaschmir-Sufi erschien und injizierte mir das erste Anästhetikum. Sofort wurde mein Geist ruhiger und verlor dann vollkommen das Bewusstsein seiner selbst.

Sechs Stunden dauerte die Operation, wie man mir nachher erzählte. Wo mein Ich in dieser ganzen Zeit war, kann ich wirklich nicht sagen. Befand es sich bereits außerhalb meines Körpers? Oder noch in mir, ebenfalls schlafend, so wie im Traum oder im

Tod? Als ich wieder zu mir kam, fehlten mir diverse Teile, doch der größte Teil meiner selbst, wenn auch etwas verunstaltet durch die verschiedenen Schläuche, die hier und dort eingeführt waren oder austraten, war noch da und mit ihm auch ich selbst.

Das Problem mit mir und meinen Teilen hatte bereits in der Klinik in Bologna begonnen, wo ich zum ersten Mal den Eindruck hatte, dass sich die Medizin, mit der ich viele Jahre lang nicht in Berührung gekommen war, erheblich verändert hatte und nicht mehr so war, wie ich sie in Erinnerung hatte. Das heißt, nicht mehr ich selbst als Mensch war ihr Objekt, sondern vielmehr meine Krankheit. In New York war dieses Problem noch offensichtlicher.

Ich wurde von einem Stockwerk zum nächsten geschickt, häufig im Rollstuhl sitzend, wie unter Drogen durch ein Zeug, das nach seiner eigentlichen Aufgabe, mich einige Stunden schlafen zu lassen, bewirkte, dass ich einen ganzen Tag lang wach und aufmerksam alles registrierte, was um mich herum geschah, mich dann aber nicht mehr daran erinnern konnte. Papiere in der Hand, eine Plastikkarte mit all meinen Daten, die bei allen Stationen zu präsentieren war und anhand derer andere Papiere abgestempelt wurden – »die Kreditkarte für mein Leben« nannte ich sie –, Gläser mit bunten Flüssigkeiten, die zu schlucken waren, Injektionen, die einen heftigen Wärmeschwall im Mund verursachten, Schläuche, Kabel, Warten ... Ich wurde vor Geräte gestellt – Bildschirme, Ultraschallvorrichtungen – oder in eine Röhre mit phosphoreszierenden Lichtern geschoben, in der ich, unter Sturmrauschen, hin und her bewegt wurde, während ich, vollkommen reglos auf der schmalen Liege, die Aufforderung zu beherzigen versuchte, so lange wie möglich den Atem anzuhalten. All das, um herauszufinden, was in mir nicht so funktionierte, wie es sollte. Bei jeder Station untersuchte man einen bestimmten Teil meines Körpers: Leber, Nieren, Magen, Lunge, Herz. Doch nie trat der jeweilige Spezialist an mich heran, um mich zu betasten oder abzuhorchen. Die Aufmerksamkeit der Ärzte war ausschließlich auf meine Einzelteile gerichtet, und das auch nicht auf die Teile selbst, sondern auf ihre bildliche Darstellung, die etwa auf dem Computerbildschirm erschien, und mehr noch auf die Auswertung der Daten, die ein Drucker am Ende der Untersuchungen ausspuckte.

Ich selbst sah zum Beispiel meine Leber als einen flimmernden rotgrünen Fleck auf einem Bildschirm; ich sah sie abgetrennt, herausgelöst aus meinem Bauch, in dem sie sich doch sechzig Jahre aufgehalten und alle Schläge eingesteckt hatte, von denen man im Übermut des Lebens nicht glaubt, dass sie einmal Konsequenzen haben könnten. Doch ich selbst, Ich-alles-zusammen, Ich-als-Ganzes-dieser-verschiedenen-Teile tauchte nie auf. Von mir wollte man gar nichts wissen.

Der Arzt, der im Verlauf einer dieser Untersuchungen den dritten Tumor entdeckte und dessen Umsicht ich zweifellos eine Verlängerung meines Lebens verdanke, war, wie ich erst später erfuhr, eine Frau und hatte rote Haare. Doch ich konnte mich nie bei ihr bedanken, weil ich sie nie zu Gesicht bekam (vergeblich versuchte ich, sie unter den vielen Rothaarigen in der Cafeteria auszumachen). Ihr genügte es, sich einen Fleck genauer anzuschauen, der sich auf dem Bildschirm eines ihrer Geräte in kurzer Zeit verändert hatte, und sich zu erinnern, dass es einen unerklärlichen, aber statistisch erwiesenen Zusammenhang zwischen der eigentlichen Erkrankung und jener neuen gab, um daraus ihre Schlussfolgerungen zu ziehen. Sie brauchte mich nicht abzutasten, nicht mit mir zu reden oder mich zu fragen, wie ich mich fühlte.

Ja, hätten wir uns getroffen, wäre möglicherweise auch von ihr zu hören gewesen, was heutzutage immer mehr Ärzte behaupten: dass die Eindrücke des Patienten eher wertlos sind und die Bilder, Zahlen, Kurven, die die Geräte bei den verschiedenen Untersuchungen liefern, sehr viel zuverlässiger über seinen Zustand Auskunft geben. Die moderne Medizin interessiert nur eins: die Objektivität dieser Daten, nicht aber die Subjektivität des Kranken; sie sind ihre einzige Realität. Und mein Fall war sicher ein Beweis für den Erfolg dieses Vorgehens. Denn der Tumor, den jene Ärztin entdeckte, hatte mir keinerlei Beschwerden verursacht, hatte keinerlei Symptome hervorgerufen, und wenn ich, subjektiv, etwas von ihm bemerkt hätte, wäre es vielleicht schon zu spät gewesen. Sehr viel früher und genauer als ich wusste die Maschine, wie es mir ging.

Zweifellos hatte dieser Ansatz, der ganz vom Patienten und seinen Reaktionen abstrahiert, etwas extrem Positives und Effizientes. Aber die Tatsache, dass ich immer mehr wie ein zufälliger Inhaber verschiedener Körperteile und nie als Einheit behandelt wurde, machte mich skeptisch. Ich fragte mich, ob jene Medizin, in deren Hände ich mich begeben hatte, im Grunde nicht ebenso blind war wie in einer alten indischen Geschichte die fünf Blinden, die aufgefordert werden, einen Elefanten zu beschreiben. Der erste Blinde tritt an das Tier heran und betastet seine Beine: »Ein Elefant ist wie ein Tempel, und dies sind die Säulen.« Der zweite fährt den Rüssel entlang und verkündet, ein Elefant sei wie eine Schlange. Der dritte Blinde streicht über den Bauch des Dickhäuters und behauptet, ein Elefant sei wie ein Berg. Der vierte betastet ein Ohr und erklärt, ein Elefant sei wie ein Fächer. Der letzte Blinde nimmt den Schwanz des Tieres in die Hand, wedelt mit ihm herum und urteilt: »Nein, ein Elefant ist wie eine Peitsche.«

An jeder Definition ist etwas Wahres dran, und doch bleibt unerkannt, was ein Elefant eigentlich ist. Waren meine tüchtigen Ärzte nicht jenen Blinden vergleichbar? Aber ja! Und zwar eben weil sie Wissenschaftler waren. Denn jede Wissenschaft hat ihre Grenzen, und eine *wissenschaftliche* Beschreibung des Elefanten – durch einen Physiker, einen Chemiker, einen Biologen, ja selbst einen Zoologen – ist im Grunde so lächerlich und parteiisch wie die der fünf Blinden.

Dies ist das Problem der Wissenschaften; sie sind exakt, sie sind korrekt, sie sind frei, und vor allem sind sie auch flexibel, wenn es darum geht, sich zu korrigieren und eine Theorie durch eine andere zu ersetzen, eine alte Wahrheit durch eine neue Wahrheit; und doch wird ihr Verständnis der Realität, eben wegen ihrer wissenschaftlichen Verfahren, unweigerlich beschränkt bleiben.

Betrachtet man die Wirklichkeit nur durch die Brille der exakten Wissenschaften, macht man es ähnlich wie der Betrunkene bei Mullah Nasruddin, dem mystischen, legendären Protagonisten vieler netter, ironischer Geschichten, die eigentlich aus dem Nahen Osten stammen, aber längst zur asiatischen Volkskultur gehören. Nachdem der Mann die ganze Nacht mit Freunden gezecht hat, stellt er auf dem Heimweg fest, dass er den Hausschlüssel verloren hat, und beginnt kurzerhand, ihn im Lichtkegel der einzigen Laterne weit und breit zu suchen. »Warum denn ausgerechnet dort?«, fragt ihn ein Vorüberkommender. »Na, weil das die einzige Stelle ist, wo ich was sehen kann!«

Wissenschaftler verhalten sich ebenso. Die Welt, die sie uns mit ihrem Instrumentarium beschreiben, ist nicht die wirkliche Welt, sondern lediglich eine äußerst einseitige Darstellung, eine Abstraktion, die es in Wahrheit gar nicht gibt. Ebenso wenig wie Zahlen: Sie sind zwar ausgesprochen nützlich für wissenschaftliche Zwecke, kommen in der Natur aber nicht vor.

Die Welt, in der der Mensch morgens erwacht, besteht aus Bergen, aus Wellen, die schäumend gegen Klippen schlagen, aus Wiesen mit saftig grünem Gras, aus Vögeln und Tieren mit ihrem Gesang, ihren Rufen und unzähligen Menschen mit ihrem je eigenen Leben. Und was machen Wissenschaftler mit alldem vor Augen? Sie messen, wiegen, entdecken Gesetze, analysieren die verschiedenen Aspekte der verschiedenen Erscheinungen der Welt und können uns jede einzelne genau erklären, ohne aber letztendlich überhaupt etwas erklären zu können. Zumindest wird nur das in Betracht gezogen, was erkennbar ist, auf der Hand liegt, mit den Sinnen erfahren werden kann. Unberücksichtigt bleiben Stimmungen, Gefühle, all das eben, was unmerklich, wie in der Liebe, das Leben von Menschen verändert oder gar, wie bei der Habgier, die ganze Welt.

Wie gehen zum Beispiel Wirtschaftswissenschaftler vor? Sie untersuchen weltweit die Nachfrage für ein bestimmtes Produkt, prognostizieren die Kursentwicklung an der Hongkonger Börse oder kalkulieren, welcher Zinssatz für die Banken rentabel ist. Aber was sagen sie uns zum Thema »Habgier«, die dabei ist, im Namen dessen, was Ökonomen selbst vielleicht »Fortschritt« nennen, die Welt zu zerstören? Begriffe wie »Gewinnsucht«, »Profitgier«, »Egoismus« sucht man in wirtschaftswissenschaftlichen Publikationen vergeblich, und die Ökonomen selbst gehen in ihrer Arbeit ungerührt weiter so vor, als hätten ihre Erkenntnisse mit dem Schicksal der Menschheit rein gar nichts zu tun.

Ein früherer Kommilitone, den ich vor Beginn der Chemotherapie in Chicago besuchte, wo er heute die nuklearmedizinische Forschungsabteilung der Northwestern University leitet, hatte in unserem Gespräch die Frustration eines nachdenklichen Wissenschaftlers gut auf den Punkt gebracht. Sich mit dem Zeigefinger an die Stirn tippend, erklärte er: »Ich weiß, wie hier drin jeder einzelne Zelltyp funktioniert. Aber wie das Gehirn funktioniert, weiß ich nicht.« Seit unseren gemeinsamen Studienzeiten an der Uni Pisa hatte sich Enrico Mugnaini dreißig Jahre lang, zunächst als Physiologe, dann als Molekularbiologe, ausschließlich der Erforschung jenes Körperteils gewidmet. Doch indem er bis zu den kleinsten Teilchen jener verschiedenen Teile vordrang, die zusammen das Gehirn bilden, hatte er irgendwann die Orientierung verloren. »Medizin ist doch eigentlich Biologie und keine Mathematik«, meinte er.

Bei meinem Umgang mit den Ärzten vom MSKCC, alles hoch qualifizierte Spezialisten, die in einem harten Ausleseverfahren aus den Besten ihres Faches für diesen Job ausgesucht worden waren, musste ich häufig an Doktor Macchioni denken, der, wenn ich als Kind krank war, zu uns auf Hausbesuch kam: unseren Hausarzt.

Während sie auf ihn wartete, stellte meine Mutter schon eine gefüllte Waschschüssel auf einem Stuhl zurecht, daneben ein Tellerchen mit einer neuen Seife, und hängte ein frisch duftendes Handtuch über die Lehne. Er trat ein, ein eleganter Mann mit einer Brille mit goldenem Gestell, stellte sein Lederköfferchen aufs Bett, ließ sich erzählen, wie es mir ging, hörte mich mit dem hölzernen Stethoskop auf Brust und Rücken ab, forderte mich auf, tief durchzuatmen, *trentatré* zu sagen, schaute mir in die Augen, ließ mich die Zunge rausstrecken, fühlte meinen Puls, wusch sich die Hände, trocknete sie sehr sorgfältig, Finger für Finger, ab und erklärte dann, was zu tun sei. Für mich als Kind lag etwas Magisches in seiner ruhigen, sicheren Art, wie er sich bewegte, wie er sprach. Er selbst war schon eine Medizin. Er hatte mich auf die Welt kommen und zwei Tanten von mir, ganz jung noch, an Tuberkulose und meine Großmutter an Altersschwäche sterben sehen. Er kannte seine Patienten und wusste alles über sie, und ich fühlte mich bereits besser, wenn meine Mutter ihn zur Tür brachte und dann wartete, bis er unten an der Treppe angekommen war, um noch einmal zu rufen: »Danke, Herr Doktor, vielen Dank.«

In meinem Leben habe ich verschiedentlich mit Ärzten zu tun gehabt, und mein Glück war es, dass es sich meistens um Menschen vom Schlage unseres Hausarztes handelte. Als ich als Achtzehnjähriger mit einem entzündeten Lungenflügel im Krankenhaus lag und es nach monatelangen wirkungslosen Behandlungen unabwendbar schien, mir die halbe Lunge zu entfernen, zog mich der alte Chefarzt eines Florentiner Krankenhauses beim Schopf aus dem Sumpf und rettete, mit Hilfe seiner ganzen Erfahrung und eines gerade neu auf den Markt gekommenen Medikaments, meine Lunge und all die Pläne, die ich für meine berufliche Zukunft geschmiedet hatte.

Jahre später war es ein anderer Arzt, diesmal ein Schweizer, der Angela vor den bösen Folgen einer Behandlung bewahrte, die medizinisch unvermeidlich schien. Angela war dreiunddreißig, als man Brustkrebs feststellte; sie war operiert worden und hatte einen Zyklus Kobalttherapie durchgestanden, die damals noch in den Kinderschuhen steckte und zudem noch in Singapur durchgeführt wurde. Nun ging es darum, zu entscheiden, ob sie damit anfangen – und ihr ganzes weiteres Leben fortfahren – sollte, eine Reihe tückischer Substanzen einzunehmen, die nicht mehr von ihrem Körper produziert wurden, weil der Chirurg die dazu nötigen Teile hatte entfernen müssen. Alle Ärzte, die wir konsultierten, vertraten die Ansicht, diese Ersatzstoffe seien unverzichtbar, obwohl man allgemein um die erheblichen Nebenwirkungen wusste. Einer dieser Ärzte sprach zum Beispiel von der Entwicklung einer Gesichtsbehaarung und sagte mir, dass Angela sehr wahrscheinlich ein Schnurrbart wachsen würde.

Die Vorstellung, von solch einem Medikament abhängig zu sein, behagte uns nicht. So setzten wir alles daran, dies zu verhindern, und landeten irgendwann auch in einer Schweizer Klinik. Nach tagelangen Untersuchungen stellte der achtzigjährige Endokrinologe Angela dort eine seltsame Frage: »Sind Sie glücklich in Ihrem Leben? Fühlen Sie sich geliebt?«

Ich weiß nicht genau, was Angela ihm antwortete, denn er hatte mich gebeten, draußen vor der Tür zu warten. Doch als er mich wieder hereinbat, erklärte er uns, seiner Auffassung nach brauche Angela gar nichts einzunehmen und wir sollten doch unbesorgt unser normales Leben mit unseren damals noch sehr kleinen Kindern wieder aufnehmen. Ein Genie! Ein Mann, der das Problem nicht auf eine chemische Frage reduzierte und ganz offensichtlich Geist und Seele eine wichtige, wenn nicht die tragende Rolle bei der Gesunderhaltung des Körpers zuerkannte. Streng wissenschaftlich gesehen, hätten wir uns auf jenen chemischen Ersatz verlassen müssen. Doch er setzte darauf, dass die Rückkehr zu einem unbeschwerten, von Liebe und Zuneigung getragenen Familienleben die gleiche Wirkung wie die Medikamente haben würde, und das wohlgemerkt ohne die erheblichen Nebenwirkungen. Dreißig Jahre sind seither vergangen – und einen Schnurrbart hatte in unserer Familie bislang immer nur ich.

Leider sind solche Ärzte, die sich nicht nur in ihrem Fach auskennen, sondern auch im Leben, die eine solide wissenschaftliche Ausbildung genossen haben, aber die Medizin immer noch als eine Kunst verstehen, heute nicht mehr zu finden und werden auch nicht mehr ausgebildet. Für die Mediziner, die heute unsere Universitäten verlassen, dreht sich alles um Krankheiten, aber nicht mehr um die Kranken. Der Patient ist der »Träger« einer Krankheit; kein in seine Welt integriertes Wesen, mit oder ohne Familie, glücklich oder unglücklich in seinem Job. Kein Arzt sucht seinen Patienten heute noch zu Hause auf, sieht ihn in seinem Alltag, in seinen Beziehungen zu ihm nahe stehenden Menschen. Dazu hat er keine Zeit mehr. Dazu fehlt ihm die Neugier, die Einstellung.

Deshalb fühlen sich Kranke in Europa wie in den USA immer weniger verstanden von dem neuen Typ Arzt-Funktionär, der hauptsächlich Fragen stellt, um seine Formulare auszufüllen, oder vom Arzt-Spezialisten, der lediglich für einen bestimmten Körperteil Experte ist und sich so verhält, als gehöre der zu niemandem.

So kommt es, dass sich immer mehr Menschen dieser oder jener »alternativen« Medizin zuwenden und dass in einem Land wie den USA, wo die Spezialisierung am weitesten fortgeschritten ist, heute schon mehr Leute »alternative« Ärzte aufsuchen als normale »Schulmediziner«.

Die alternative Medizin verspricht dem Patienten einen persönlicheren Kontakt, vermittelt ihm den Eindruck, in seiner Gesamtheit betrachtet zu werden, sucht also vielleicht die Gründe für seine Kopfschmerzen bei seinen Fußsohlen, und bereichert so die Beziehung Arzt–Patient wieder um jenes Element von Magie und Mysterium, das schon an sich Heilkraft zu besitzen scheint. Kurzum, die ganze Behandlung ist viel angenehmer.

»Sagen Sie mir, Madam, wenn Sie zur Toilette gehen, schwimmt dann Ihr Stuhl oder geht er unter?« – »Was essen Sie lieber, Pralinen oder Zitronen?« – »Stellen Sie sich vor, Sie stoßen im Wald auf ein wildes Tier, wie reagieren Sie? Klettern Sie auf einen Baum oder versuchen Sie wegzulaufen?« Angela lächelte amüsiert und antwortete, so gut sie konnte.

Wir lebten seit ein paar Jahren in Indien, sie hatte sich einen Zeh verletzt, und all die Salben, Antibiotika und Kompressen, die ihr ein nach westlichen Kriterien ausgebildeter und von der Botschaft empfohlener Arzt verschrieben hatte, waren wirkungslos geblieben. Ja, die Verletzung war sogar noch schlimmer geworden. Ein indischer Freund schlug uns vor, es bei einem Ayurveda-Arzt zu versuchen; ich rief den Vorsitzenden ihres Verbandes an, und dieser empfing uns sehr herzlich in seinem Haus im Zentrum Delhis. Das Ambiente war bescheiden, die Atmosphäre sehr entspannt. Der Arzt interessierte sich für Angelas Träume, fragte sie nach dem Leben, das sie führte, was sie als kleines Mädchen einmal hatte werden wollen, ließ sie ein Haus und ein Boot zeichnen und fühlte ihr den Puls an beiden Handgelenken. Den Fuß schaute er sich praktisch gar nicht an. Am Ende der vielleicht einstündigen Sitzung reichte er uns ein Rezept. Wir begaben uns in die alte Ayurveda-Apotheke am Connaught Place, wo, vor unseren Augen, eine ganze Reihe weißer Papierröllchen, ähnlich jenen, die wir bereits aus China kannten, mit verschiedenen Pülverchen gefüllt wurden, die in Wasser aufgelöst einzunehmen waren.

Angela trank sie alle zu den vorgeschriebenen Zeiten, aber der Zeh wollte nicht heilen. So gestaltete sich unsere erste Erfahrung mit Ayurveda nicht eben ermutigend, und Angela plagte sich noch einige Wochen mit der Verletzung herum. – Bis eines Abends ein alter Kollege von *Newsweek* zum Abendessen kam und eine wirklich außergewöhnliche Frau mitbrachte: vierzigjährig, groß gewachsen, hager, schön, aber kantig, wie verhärtet durch ein schweres Leben, was sich auch an ihren auffallend schlechten Zähnen zeigte. Sie war Australierin. Rund zehn Jahre zuvor war sie noch als Journalistin in Hongkong tätig gewesen, hatte dort einen jungen Indonesier kennen gelernt, ihn geheiratet und war, um mit ihm in sein Heimatdorf auf Borneo ziehen zu können, zum Islam übergetreten. Sie lernte Indonesisch und passte sich an das eigenartige Leben in diesem – wie ganz Indonesien – von einer starken Magie beherrschten Dorf an.

Die Geschichten, die Nur – »Licht«, so ihr neuer Name im Arabischen – erzählte, wirkten tatsächlich wie aus einer anderen Welt. Sie lebte noch nicht lange in diesem Dorf – als erste weiße Frau, die man dort jemals gesehen hatte –, als eines Tages der Gemüsehändler auf dem Markt, bei dem sie regelmäßig kaufte, zu ihr sagte: »Heute Abend komme ich dich besuchen. Erblickst du einen silbernen Käfer, so töte ihn nicht. Denn ich bin es.« Am Abend jenes Tages beobachtete Nur, wie ein Insekt durchs Fenster in ihr Zimmer flog, eine Runde durchs Haus drehte und wieder verschwand, aber sie glaubte an einen Zufall. In der Woche darauf lieferte ihr der Gemüsehändler jedoch eine exakte Beschreibung der verschiedenen Räumlichkeiten und warnte sie: »Sei auf der Hut. In deinem Haus wirken böse Geister.« Der Mann hatte Recht: Bald schon knirschte es in Nurs Ehe, und der *Bomoh*, der örtliche Schamane, und die Familie, in die sie eingeheiratet hatte, begannen sie zu bekriegen, um sie aus dem Dorf zu vertreiben. Nurs Hühner, durch die schwarze Magie des *Bomohs* verhext, legten keine Eier mehr, die frisch erblühten Blumen in ihrem Garten welkten, Haushaltsgeräte verschwanden spurlos, während auf mysteriöse Weise rostige Nägel in den Schubladen auftauchten.

Doch so leicht wollte sich Nur nicht geschlagen geben. Mit Hilfe des Gemüsehändlers (und Käfers) erlernte sie die weiße Magie und verstand es schon bald, die Attacken des *Bomohs* Schlag für Schlag zu parieren. Auch nach der Trennung von ihrem Mann war sie im Dorf geblieben und dank der erlernten magischen Fähigkeiten zu einer geschätzten Heilerin geworden. Seit kurzem lebte sie nun in Jakarta, wo sie sich auch schon einen gewissen Namen gemacht hatte als Heilerin verschiedener Erkrankungen.

Auch einer Verletzung am Fuß? Gewiss. Nun kam Nur täglich zu uns, bat Angela, sich auf einer Couch im Wohnzimmer niederzulegen, zog die Vorhänge vor, legte indonesische Musik auf, entzündete Räucherstäbchen und streichelte Angelas Fuß, während sie von ihrem Leben auf Borneo erzählte und sich von Angelas Leben erzählen ließ. Nach einer Woche war von der Verletzung kaum noch etwas zu bemerken.

Das hätte mir auch gefallen, mich von Nur behandeln zu lassen, einfach nur in einem schönen, abgedunkelten, nach Weihrauch duftenden Raum zu liegen, Gamelan-Musik zu hören, von Geschichten anderer zu erfahren und meine eigenen zu erzählen. Doch mein Problem war nun doch ein etwas anderes Kaliber als ein wunder Zeh, und zu Experimenten blieb mir einfach keine Zeit.

»Versuch's einfach mal. Die alternative Medizin kennt keine Nebenwirkungen. Schlimmstenfalls bringt es dir nichts«, wird Menschen in meiner Situation häufig geraten. Aber das kann zu einer tödlichen Falle werden. Um den Verstümmelungen der Chirurgie, den Verwüstungen der Chemotherapie oder den inhärenten Gefahren von Bestrahlungen aus dem Weg zu gehen, setzen immer mehr Kranke auf scheinbar einfachere und vielversprechendere Lösungen. Die fünfzigjährige, an Brustkrebs erkrankte Mutter eines Freundes hatte bei einem »Heiler« Hilfe gesucht. Dieser behandelte sie mit den verschiedensten Kräuteraufgüssen und beurteilte die Heilungsfortschritte mittels eines Pendels. Als die Frau nach Monaten wieder bei dem Chirurgen vorstellig wurde, der ihr zu einer Brustamputation mit guten Überlebenschancen geraten hatte, war es bereits zu spät. Sie hatte kostbare Zeit verloren. Und verstarb.

Gerade in den letzten Jahren ist dies zu einem besonders ernsten Problem geworden. Denn waren gewisse Praktiken früher lediglich einem kleineren Kreis von Leuten bekannt, die irgendwie den Modeströmungen von kalifornischem New Age oder fernöstlicher Esoterik ausgesetzt waren, so kommt heute über Medien und Publikationen jedermann mit ihnen in Berührung, und folgerichtig breiten sie sich in jeder Stadt und fast jedem Viertel Europas wie Unkraut aus. In Florenz erlebte ich, wie ein einfacher Handwerker, ein Polstermacher, der bei uns das Sofa richten sollte, mir plötzlich von »Chakras« zu erzählen begann und von »Energieflüssen«, die ihn, wie ihm ein »Prana-Heiler« glauben gemacht hatte, von seinem Darmkrebs heilen und ihm eine Operation ersparen sollten. Sogar in Orsigna, einem Nest von hundert Seelen im Apennin zwischen der Toskana und der Emilia, wo ich gern die Sommermonate verbringe, erzählte mir ein befreundeter Schäfer kürzlich, er lege jede Woche einige hundert Kilometer im Wagen zurück, um sich von einer »tibetischen Magierin« behandeln zu lassen. Bei ihm ging es glücklicherweise nur um Schmerzen im Bein, die ihn beim Gehen behinderten. Ihm konnte nicht viel mehr passieren, als dass diese Frau – ihn heilte.

Das Problem ist, dass es keine Filter gibt, keine Kontrollen. Alle glauben, alles zu wissen, alle fühlen sich berechtigt, alles zu beurteilen. Die Gesetze sind dem nicht mehr angemessen, und die chaotische, wahllose Informationsflut übers Internet hat für die unglaubliche Verbreitung jenes Halbwissens gesorgt, das die schlimmste und gefährlichste Form der Ignoranz darstellt. Wo es an echtem, redlich erworbenem Wissen fehlt, ist auch auf den gesunden Menschenverstand kein Verlass mehr, und Scharlatane haben leichtes Spiel.

Früher einmal hängten Ärzte, Anwälte, Ingenieure als Garantie ihres Könnens ihre von den Uni-Rektoren unterzeichneten Examensurkunden im Büro auf. Abgesehen davon, dass dies heutzutage auch immer weniger eine besondere Garantie ist, interessiert sich niemand mehr dafür. Die Geschichte einer Heilung, ein Gerücht, manchmal bereits ein exotisch klingender Begriff ersetzen die traditionellen Garantien. Weder Richter noch Berufsverbände sind heute noch in der Lage, den Bürger vor Pfuschern zu schützen. Ja, im Grunde will der Bürger, »befreit«, wie er sich fühlt, gar nicht mehr geschützt werden. Letztlich ist es auch hier wie mittlerweile in allen Bereichen des »modernen« Lebens der Markt, der entscheidet, und Hoffnung ist die Ware, bei der dort anscheinend nie eine Sättigung eintritt. Wer Hoffnung feilbietet, findet seine Kunden. Und wenn diese dann zu Opfern werden, ist das ihre Sache. Mehr noch, ihre Schuld!

Eine der verlockendsten Seiten alternativer Therapien besteht darin, dass der Patient am Heilungsprozess aktiv mitwirken muss und dass viel von ihm und seinem Willen abhängt. Andererseits kann man es dadurch aber auch nicht der Behandlung anlasten, wenn sich keine Fortschritte zeigen. Man selbst ist es dann, der nicht alles gegeben hat. Und diese Logik bietet Scharlatanen eine perfekte Rechtfertigung für ihre Unfähigkeit.

Zweifellos wird der Rat, sich an die alternative Medizin zu wenden – und schon die Bezeichnung »Medizin« ist in den meisten Fällen Hochstapelei –, in der Regel in gutem Glauben erteilt. So verhielt es sich gewiss auch mit jenem, den ich von Dan Reid erhielt, einem alten Freund aus gemeinsamen Sinologiestudientagen in den USA, der sich später dann zum Spezialisten für Taoismus, Buddhismus, Qigong, fernöstliche Medizin und viele weitere Aspekte des Okkulten entwickelte, die er praktiziert und in einer Reihe in viele Sprachen übersetzter Bücher beschrieben hat.

Noch während ich in New York in der Chemotherapie steckte, hatte ich ihm gemailt, um ihm von meiner »großen Story« und meinen Erlebnissen zu berichten und mich beraten zu lassen, wie ich danach mein inneres Gleichgewicht wiederherstellen, mein Immunsystem stärken und vielleicht einen jener kleinen Juwelen finden könnte, die, wie ich wusste, in den Praktiken versteckt waren, mit denen er sich beschäftigte. Seine Reaktion hätte barscher nicht ausfallen können. Ein paar Stunden später schon schlug mir seine Antwort auf dem Bildschirm entgegen: Ich sei wohl wahnsinnig geworden, mich in die Hände dieser »Mörder in Weiß« zu begeben! Die versuchten doch nur, den Tumor durch Gift zu beseitigen. Aber damit vergifteten sie letztlich auch mich. Natürlich gehe es hier um Leben und Tod, aber auch um die Lebensqualität danach! Das Allerletzte, was ich mit mir machen lassen dürfe, sei eine Chemotherapie; ich solle sofort damit aufhören, meinen Organismus zu zerstören. Angesichts der dadurch verursachten Folgeschäden, speziell der Leber und des Bluts, würde ich aus dem Teufelskreis dieser Behandlungen nie mehr herauskommen. Was mir denn einfalle, mich auf all das einzulassen, ohne zuvor seinen Rat einzuholen. Was denn in mich gefahren sei, mich nach meinen langen Jahren in Asien dieser »beschissenen westlichen so genannten medizinischen Wissenschaft« auszuliefern.

Zu was riet mir Dan? Ich solle *auf der Stelle* eine Nummer in San Francisco anrufen und einen Telefontermin mit einer Seherin ausmachen, einer großen »Heilerin«, die fähig sei, auch über weite Entfernungen zu »sehen«. »In den dreißig Jahren meiner Pilgerfahrten durch Asien, von Indien über China bis nach Tibet, auf der Suche nach spirituellen Meistern und großen Heilkundigen habe ich niemanden getroffen, der sich an Kräften und Einblick auch nur annähernd mit dieser Frau messen könnte«, schrieb Dan. »Du wirst es selbst bald feststellen. Und wenn du mehr darüber erfahren willst, was deine Freunde vom MSKCC so mit ihren Krebspatienten anstellen, so lies doch mal ...« Und hier folgten eine kleine Bibliografie entsprechender Literatur, die ich zum Teil bereits kannte, sowie die Adressen einiger Internetseiten, auf denen ich weiteres Material gegen meine unter diesen Umständen »geliebte« Klinik finden würde.

Dans Nachricht ließ mich kalt. Ich war auf dem Laufenden über die Theorien, nach denen das MSKCC mit den Pharmakonzernen unter einer Decke steckte und deshalb alternativen Heilmethoden, von denen diese Industrie nicht profitierte, jeglichen Wert absprach; ich hatte gelesen, dass in der Vergangenheit an der Spitze dieser Klinik, die doch Krebs bekämpft, unerklärlicherweise ein Mann gestanden hatte, der mit der Tabakindustrie verflochten war, die bekanntlich in beträchtlichem Maße für das Auftreten von Krebs mitverantwortlich ist. Aber das änderte nichts an meiner Überzeugung, dass ich den für mich besten Weg beschritten hatte.

Sicher wäre eine Kontaktaufnahme zu dieser Dame eine interessante Erfahrung gewesen. Sie hätte mein ganzes Ich mit seinen sieben Schichten und der vielfarbigen Aura um meinen Körper herum »gesehen«; sie hätte mir eingeschärft, »positiv zu denken«, und mich an »meiner Heilung teilhaben« lassen. Alles Dinge, von denen am New Yorker MSKCC niemand etwas wissen wollte.

Bei Scharlach oder Heuschnupfen hätte ich sie angerufen, und sei es auch nur, weil ich noch nie von einer Seherin mit einem passenderen Namen gehört hatte: Übersetzt bedeutete er »Heilige Klarheit«.

Ich war überzeugt, die richtige Wahl getroffen zu haben. Doch gleichzeitig wurde mir immer mehr bewusst, dass die Medizin, der ich mich anvertraut hatte – eben weil sie eine Wissenschaft und keine Magie ist, eben weil sie in der Physik und nicht in der Metaphysik wurzelt, eben weil sie sich auf Vernunft und Experiment und nicht auf die Intuition stützt –, nicht hinausgehen kann über die Erscheinungsform der Dinge, über die Fakten, über das, was sinnlich erfahrbar ist. Ich empfand dies als Manko, war ich doch immer mehr überzeugt davon, dass noch etwas anderes in den Dingen steckte, etwas, das die Naturwissenschaften – so, wie ihre Netze geknüpft sind – nicht aus dem Meer der Wirklichkeit herauszufischen vermögen. Etwas, auf das es ankommt. Vielleicht mehr noch als auf alles Übrige.

Die Tatsache, dass sich dieses Andere nicht fassen lässt, beweist noch überhaupt nichts, außer dass die Netze ungeeignet sind. Um die Welt zu begreifen und zu crklären, zerlegen die Naturwissenschaften sie in Einzelteile, messen, wiegen, beobachten und – wenn möglich – reproduzieren sie. Aber wie wollen sie auf diese Weise das Feuer erfassen, das in einem Stück Holz steckt? Den Baum in einem Samenkorn, die Freude und die Trauer, die im Herzen aller Menschen wohnen?

Aber das war es ja auch nicht, was ich von meinen Ärzten verlangte. Mir war klar: Wissenschaftlich konnten sie mir nicht erklären, warum ein Ziegelstein gerade dann von einem Dach fällt, wenn jemand darunter vorbeigeht; warum eine Kugel nicht mich, sondern meinen Nebenmann trifft. Aber warum erwogen sie nicht die Möglichkeit einer Kausalbeziehung zwischen meinem Leben, den Dingen, die ich getan und gesehen habe, meinen Enttäuschungen, meinen Depressionen auf der einen und dem Außer-Kontrolle-Geraten meiner Zellen auf der anderen Seite?

Wenn es zutrifft, dass das Gesicht eines Menschen ein Spiegelbild seines Lebens ist, dass sich seine Enttäuschungen und Freuden darin ablesen lassen, warum sollte dieses Leben dann nicht irgendeine Spur in den Tiefen seiner Materie hinterlassen, in den Zellen? Was ich nicht zuletzt mir selbst beweisen wollte, war, dass der Krebs, an dem ich erkrankt war, *mein* Krebs war. Dies aber gewiss nicht, um mir irgendeine Schuld zuzuweisen. Sondern die Überlegung war: Hatte ich eine Rolle beim Wachstum des Tumors gespielt, so müsste ich doch auch eine bei seiner Eindämmung spielen können. Vielleicht war es nur eine Frage der Einstellung, aber für mich war es wichtig.

Ramakrishna, der große indische Mystiker des 19. Jahrhunderts, dessen Erzählungen und Parabeln noch heute vielen, vielen Menschen geläufig sind, sprach von zwei grundsätzlichen Wegen, in Sicherheit zu gelangen: der Art des Kätzchens, das sich, ohne etwas dafür tun zu müssen, von der Mutterkatze im Nacken packen und herumtragen lässt, und des Äffchens, das gleich nach der Geburt lernen muss, sich mit aller Kraft im Fell der Mutter festzukrallen. Es gibt immer eine *Mama* – ein Schicksal –, das uns retten kann. Ich wollte meinem mit all meinen Kräften zumindest die Hand entgegenstrecken.

»Sie nehmen sich zu wichtig, wenn Sie glauben, der Grund für Ihre Erkrankung zu sein«, sagte Lucio Luzzatto zu mir – ein sechzigjähriger, klein gewachsener, sehr schlanker Genueser mit langer Afrikaerfahrung, bevor er die Leitung der Genforschungsabteilung am MSKCC übernahm –, als ich ihn aufsuchte, um mir genau erklären zu lassen, wie Krebs entsteht.

Wie es nur wahren Intellektuellen gelingt, die es nicht nötig haben, andere zu beeindrucken, indem sie Einfaches kompliziert machen, vereinfachte Luzzatto die komplizierten Zusammenhänge für mich. Wenn ich ihn richtig verstanden habe, verhält sich die Sache so: Krebs ist eine genetische Erkrankung der Körperzellen. Genetische Erkrankung heißt, dass sie in den Genen entsteht. Gene sind die Grundlage der DNA, unseres Identitätscodes. Jeder Mensch hat seinen ganz persönlichen. Jede DNA setzt sich aus rund hunderttausend Genen zusammen. Diese Gene entscheiden darüber, was wir sind und was wir sein werden. Hier ist unsere Haarfarbe in der Jugend und im Alter festgelegt, die Länge unserer Nase und die unseres Lebens. In gewisser Weise sind die

Gene unser »Schicksal«. Diese Gene vermehren sich, indem sie sich verdoppeln, also exakte Kopien ihrer selbst herstellen. Und hier wird es kritisch, hier kann Krebs entstehen. Denn es ist praktisch unmöglich, dass sich die Gene bis in alle Ewigkeit vollkommen exakt reproduzieren. Die Möglichkeit, dass sich hier Fehler einschleichen – und sei es auch nur ein einziger bei einer Million Kopien –, ist so natürlich, wie wenn ein Kopist beim Abschreiben der gesamten Bibel einen Buchstaben falsch überträgt. Der Fehler kann also minimal sein. Doch da er vererbt wird, stellt er eine Mutation dar, die sich in der nächsten Kopie wiederholt, in der übernächsten erneut und so fort.

Unter diesen Mutationen gibt es nun solche, die folgenlos bleiben; andere legen die Zelle lahm, so dass sie sich nicht mehr vermehren kann, und damit ist das Problem aus der Welt. Einige aber bewirken Zellveränderungen. Und dies sind die gefährlichen Mutationen.

Eine Mutation ist, wie Luzzatto noch einmal betonte, ein zufälliger Fehler, an sich nicht »bösartig«, sondern im Gegenteil vollkommen natürlich. »Ohne Mutationen könnte es keine Evolution geben«, erklärte er. Eine Mutation allein verursache noch keinen Krebs. Erst wenn aus einer Mutation eine weitere hervorgehe und aus dieser wiederum eine neue, werde die Sache ernst. »Bei Ihnen waren es zum Beispiel mindestens fünf aufeinander folgende Mutationen, die dann erst verhängnisvoll wurden, und alle, wirklich alle, waren zufällig! Zufällig!«

Ebenso wie der junge Chef der Forschungsabteilung, der sich kurz vor der Entdeckung der Geheimkombination der Zelle wähnte, war auch Luzzatto überzeugt, dass es der Medizin bald gelingen werde, solche Mutationen zu verhindern.

»Sie sehen also: Auf jene Mutationen hatten Sie selbst keinerlei Einfluss«, schloss er. »Wenn Sie aber gern für etwas Verantwortung übernehmen wollen, so kümmern Sie sich um Ihr Immunsystem. Das ist nämlich ganz und gar persönlich: Sogar eineiige Zwillinge weisen vollkommen unterschiedliche Immunsysteme auf. Das ist so, wie Sie es sich wünschen: allein *Ihres*! Für die Immunreaktion sind Sie in gewisser Weise mitverantwortlich, also für das, was nun mit Ihrem Krebs und darüber hinaus mit Ihnen selbst geschieht.«

Endlich! Darauf hatte ich gewartet. Nun brauchte ich nicht mehr länger bloß passiver Zuschauer meiner Krankheit zu sein und dessen, was sie aus mir machte. Es gab etwas, das ich selbst tun konnte! Ich hatte eine Rolle, eine Verantwortung. Meine Zukunft hing auch von mir selbst ab.

Stundenlang hätte ich ihm, wie ein braver Schüler seinem Lehrer, zuhören können. Luzzatto war ein Wissenschaftler, der auch für mich jeden Schamanen überflüssig machte. Als wir uns verabschiedeten, stellte ich ihm noch eine Frage, die mir in jenen Tagen nicht aus dem Kopf ging: Was genau ist eigentlich Krankheit?

Er schaute mich an, wie nur jemand schauen kann, der sich auf eine jahrhundertealte, auf die geistigen Höhenflüge ihrer besten Köpfe zurückgehende Bildung stützen kann, und antwortete mit einem entwaffnenden Lächeln: »Das ist sicher ein faszinierendes Thema, aber mir fällt es leichter, über Krebs zu sprechen. Dazu zumindest habe ich ein paar klare Vorstellungen.«

Das Gespräch mit Luzzatto gab mir zu denken. Bei den Vorarbeiten zu *Fliegen ohne Flügel* hatte ich – mit beträchtlicher Skepsis, wie ich gestehen muss – herauszufinden versucht, ob das Schicksal eines Menschen tatsächlich festgeschrieben sein kann, in seinen Handlinien etwa, und dort für bestimmte Leute lesbar ist. Aber die Skepsis ist eigentlich gar nicht angebracht. Wenn das Schicksal, wie Luzzatto erklärte hatte, definitiv in den Genen jedes Individuums festgelegt war und von Leuten wie ihm heutzutage gelesen werden konnte, wieso sollte es dann nicht auch in der Handfläche zu lesen sein? Der Unterschied ist nur: Das Lesen in den Genen ist moderner, es ist von keinem Geheimnis umgeben. Es ist wissenschaftlich. Und damit aber auch sehr viel beunruhigender. Dass in den Genen eines Menschen buchstäblich seine *Zukunft zu lesen* ist, eröffnet ungeheure Möglichkeiten der Manipulation, die gewiss nicht alle derart zu begrüßen sind wie das Ausknipsen jenes Schalters, der Krebs verursacht. Bald schon, wenn es auf der Landkarte des menschlichen Genoms keinen weißen Fleck mehr gibt, werden die Wissenschaftler – oder genauer, die wenigen Unternehmen, die diesen Forschungszweig an sich gerissen und sich die dazugehörigen Patente gesichert haben –

das Exklusivrecht für die genetischen Baupläne unserer Spezies besitzen und alle Mittel der genetischen Manipulation bis hin zum Klonen in ihren Händen haben. Einige Unternehmen werden sich auf die Produktion von Embryos spezialisieren, die den jeweiligen Trends eines neuen Marktes entsprechen: Kinder auf Bestellung (männlich, langlebig, blonde Haare und blaue Augen); während andere ihre Dienste solchen Arbeitgebern anbieten werden, die unter den Bewerbern für einen Job jene aussuchen wollen, die, wie man nach der Lektüre ihrer Zukunft im genetischen Code erfährt, die geringste Veranlagung zu Prostata- oder Brustkrebs aufweisen.

Die vorstellbaren und unvorstellbaren Folgen der Verflechtung all dieser »Errungenschaften« der Biotechnologie mit dem immer raffinierteren Einsatz leistungsstarker Computer machen mir Angst. Wie es aussieht, fühlt sich der Mensch jetzt tatsächlich so weit, die Rolle Gottes übernehmen und seine persönliche Minischöpfung ins Werk setzen zu können. Aber wird Gott ihm da freie Hand lassen?

Ich weiß nicht mehr, in welcher Sprache wir uns unterhielten. Wahrscheinlich eher Englisch. Denn obwohl Luzzatto in Italien studiert hatte, war er eigentlich kein italienischer Arzt mehr. Einer jenes Schlages also, die sich, oben angelangt, nicht mehr den Kittel zuknöpfen – das Zeichen ihrer Weihe wie für Schamanen die um den Hals hängenden Tierschädel und -knochen –, sondern absichtlich die Schöße flattern lassen, wenn sie mit ihren Assistenten im Gefolge die Klinikflure durchschreiten, und die zu allen, einschließlich der Patienten, ein patriarchalisches Verhältnis haben. »Baroni« werden sie genannt, dabei halten sie sich selbst mehr noch für Gottvater.

Auf amerikanische Ärzte trifft das Gegenteil zu: Sie begreifen sich höchstens als hoch spezialisierte Mechaniker. In der großen Cafeteria im Erdgeschoss des MSKCC, wo alle beim Frühstück wie beim Mittagessen mit dem Tablett in Händen an den Self-Service-Buffets anstanden, konnte man unmöglich unterscheiden, wer hier Arzt, Schwester, Pfleger oder Techniker war.

Durch mein Leben in der Welt der Kranken erkannte ich einen

weiteren Grund dafür, warum sich viele Menschen von der klassischen Medizin ab- und alternativen Heilmethoden zuwenden: das Verhalten der Ärzte, ihre Taubheit gegenüber den Gefühlen der Patienten, ihr manchmal – sei es aus Stress oder gar aus juristischen Gründen – schlicht brutales Vorgehen.

Ludovicos Geschichte ist in diesem Zusammenhang besonders bezeichnend. Zudem verblüfft sie mich in einem Aspekt noch heute, wenn ich daran zurückdenke.

Ludovico zählte nicht zu den üblichen Freunden von Freunden, die mal anrufen, um zum Essen eingeladen zu werden und Tipps einzuholen, was man in Indien gesehen haben oder kaufen sollte. Er hatte ein Buch von mir gelesen, war auf der Durchreise in Delhi und hatte einfach mal die Nummer gewählt, die er sich von der Italienischen Botschaft hatte geben lassen. Und *ich* hatte Glück, denn als ich schon drauf und dran war, meine übliche Platte aufzulegen: »Danke für Ihr Interesse. Aber ich breche morgen zu einer längeren Reise auf. Schade! Vielleicht das nächste Mal«, fragte ich ihn noch beiläufig: »Mit was beschäftigen Sie sich denn beruflich?«

»Ich? Ich bin ein erfahrener Kranker.«

Eine ungewöhnliche Antwort, und ungewöhnlich waren auch der Mann sowie die folgenden Ereignisse, die, im Nachhinein betrachtet, den Gedanken nahe legen, dass es in unserem Leben vielleicht tatsächlich etwas gibt, das sinnlich nicht fassbar ist und sich dem Augenschein und der Vernunft entzieht.

Als er damals anrief, war Ludovico siebenundvierzig Jahre alt: Er war in mehreren Berufen tätig gewesen und hatte zu jenem als »erfahrener Kranker« gefunden, nachdem ihm italienische Ärzte einen Tumor diagnostiziert und eine Chemotherapie verordnet hatten. Eine traumatische Erfahrung. Während der gesamten Therapie hatte er sich wie eine Nummer gefühlt, die Ärzte hatten ihm kaum etwas gegeben, um die negativen Begleiterscheinungen des Cocktails erträglicher zu machen, und als er nach Abschluss der verschiedenen Zyklen den verantwortlichen Arzt aufsuchte, um ihn zu fragen, ob er sich nun als geheilt betrachten dürfe, zögerte dieser zunächst mit einer Antwort, erklärte dann aber ganz trocken: »Von Krebs kann man nicht geheilt werden. Merken Sie sich das ein für alle Mal.«

Für Ludovico war dieses Urteil inakzeptabel. Und von da an machte er sich auf die Suche nach irgendetwas oder irgendjemandem, das oder der ihm nicht so brutal jede Hoffnung nahm. Eine kanadische Freundin riet ihm, Caisse Formula zu versuchen, ein von einem Indianerstamm verwendeter Kräutertrank gegen verschiedene Krankheiten, darunter auch Krebs. Ludovico ließ sich darauf ein, nahm den Trank bald schon täglich zu sich und entwickelte sich langsam zu einem offensiven Verfechter dieses Mittels. Über jenen unzerstörbaren Kettenbrief, der Hoffnung heißt, in Kenntnis gesetzt, hatten sich zunächst einige wenige, dann Dutzende von Menschen, die der traditionellen Medizin gegenüber von vornherein skeptisch eingestellt waren oder von ihr verprellt wurden, an ihn gewandt, um zu erfahren, wie an diesen »Wundertrank« heranzukommen wäre. Nach Indien war er dann gekommen, um ein wenig indische Medizin zu studieren und mit Ayurveda-Ärzten Kontakt aufzunehmen, die man eventuell nach Italien einladen konnte.

Angela und ich hörten ihm ein paar Stunden zu. Mir gefielen seine klaren Augen, sein Eifer und seine Offenheit. Aber zu jener Zeit hatte ich keinerlei Interesse an seiner Geschichte, weder an der als Kranker noch an der als Experte für alternative Heilmethoden. Mir ging es hervorragend, Krebs bekamen »andere«, und ich hatte absolut nicht vor, über indianische Medizin zu schreiben, mittlerweile ein journalistisches Modethema, über das sich schon so viele verbreitet hatten. Als Ludovico sich verabschiedet hatte, ging ich dann mal aus reiner Neugier ins Internet, um zu sehen, was zu diesem »Wundertrank«, von dem ich noch nie gehört hatte, zu finden sei. Ich stieß auf Hunderte von Seiten, las auch einige, und damit war die Geschichte für mich erledigt – bis einige Monate *nach* jenem Treffen auch bei mir Krebs diagnostiziert wurde, und zwar der gleiche Tumor wie bei Ludovico. Reiner Zufall, wird man sagen. Vielleicht, sage ich, der ich im Moment keine andere Erklärung habe. Dennoch: Was für ein eigenartiger Zufall.

Seit damals blieben unsere Lebenswege verflochten. Seine Erfahrung und seine Nähe waren mir eine große Hilfe. Noch während ich mich in New York aufhielt, erlitt Ludovico, trotz des »Wundermittels«, einen Rückfall in sein altes Leiden. Nach Monaten des Zweifels und der Unsicherheit, entweder an dem festzuhalten, von dem er auch so viele andere überzeugt hatte, oder das Scheitern einzugestehen und sich wieder in die Hände der Schulmedizin zu begeben, vor der er geflüchtet war, ließ er sich auf eine Chemotherapie ein und unterzog sich einer Knochenmarkstransplantation. Mittlerweile hat er gelernt, nicht mehr danach zu fragen, wie es um ihn steht und ob er geheilt ist. Als Unterstützung, um den »Glauben« nicht zu verlieren, nimmt er aber auch weiterhin seinen Trank zu sich.

Ich hingegen frage mich immer noch, was uns tatsächlich damals in Delhi zusammenführte, und mir fällt es schwer zu glauben, dass es bloßer »Zufall« war.

Eines Tages fand ich vor der Tür meiner Höhle in New York ein Päckchen, das der Zusteller dort niedergelegt hatte. Darin befand sich, eingewickelt in gelbes Seidenpapier, eine Kata, eines jener schmalen, langen Tücher aus weißer Seide, die sich die Tibeter nach der Berührung – und damit auch Segnung – durch einen bedeutenden Lama als Schutz umlegen oder im Haus an einem Thanka, einem heiligen Gemälde, befestigen oder einer Buddhafigur umhängen. Diese hier kam direkt vom Dalai Lama.

Ein Freund und Kollege beim *Spiegel* war von Hamburg nach Dharamsala geflogen, um ihn zu interviewen. Zum Ende der Begegnung war man wohl auch auf mich zu sprechen gekommen und den Umstand, dass ich mich nicht mehr in Asien, sondern im Memorial Sloan-Kettering Cancer Center in New York aufhielt. Der Dalai Lama hatte die Kata in beide Hände genommen, sie feierlich zur Stirn geführt, sich einige Sekunden konzentriert und sie dann meinem Freund gereicht, damit er sie mir zukommen ließe, wobei er ihm auftrug: »Sollte mein Segen nicht ausreichen, so sagen Sie ihm, dass er alle Medikamente nehmen soll, mit denen man ihn versorgt.«

So ist er, der Dalai Lama: großartig in seiner Einfachheit, ironisch auch sich selbst gegenüber und mit jener Eigenschaft gesegnet, die im Englischen *common sense* heißt, obwohl sie ganz und gar nicht gewöhnlich ist und im Italienischen deswegen vielleicht auch *buon senso* und im Deutschen »gesunder Menschenverstand« genannt wird.

Als ich den Dalai Lama, den »Ozean an Weisheit«, das letzte Mal traf, war er stark erkältet und litt seit Wochen unter einer hartnäckigen Heiserkeit, was seinen Bruder, bei dem ich untergekommen war, nicht wenig besorgte. »Eure Heiligkeit, lassen Sie sich mit tibetischer oder westlicher Medizin behandeln?«, fragte ich ihn. Damit erinnerte ich ihn an etwas, das er fast vergessen hätte. »Mit beiden«, antwortete er mit seinem erfrischenden, ansteckenden Lachen. Und er beeilte sich, ein sehr westliches Antibiotikum zu schlucken und mit einem tibetischen Trank nachzuspülen, den ihm ein Mitarbeiter kurz zuvor noch dampfend heiß auf das Tischchen gestellt hatte, an dem wir in seinem Arbeitszimmer in Dharamsala saßen.

Die Kata hing nun um die Schultern des kleinen Buddhas auf der Fensterbank meines »Aquarienfensters« mit Blick auf den Central Park. Und so dachte ich jeden Tag, wenn ich meine Medikamente einnahm, an die hochwillkommene Segnung durch den Dalai Lama, von der dieser Streifen weißer Seide – vielleicht – erfüllt war.

Im Jahr 1993 weilte ich zehn Tage im Norden Thailands zu einem Vipassana-Meditationskurs bei John Coleman, einem sehr netten Amerikaner und früheren CIA-Agenten, der dann zum Buddhismus fand. Damals war »Meditation« noch kein sehr gebräuchlicher Begriff, und ich selbst, obwohl in Asien lebend, hatte gerade mal so davon gehört, als etwas für Leute, die zu viel Zeit haben, oder als Ablenkung, als Experiment in Sachen Spiritualität für Hippies auf Urlaub.

Das sieht heute ganz anders aus, speziell in den westlichen Ländern. Der Begriff »Meditation« ist in den normalen Sprachgebrauch eingegangen, und viele Leute üben sich darin, oder zumindest glauben sie es. Die Friseuse an der Ecke meditiert; es meditiert der Busfahrer, es meditieren die Sekretärinnen in der Firma ebenso wie die Angestellten in der Bank; es meditieren die von der Leere in ihrem Leben frustrierten Frauen mittleren Alters, es meditieren die Yuppies an der Börse, damit sich ihr Geist – so hoffen sie – noch besser zu konzentrieren lernt und sie erfolgreicher macht.

Aufgrund jenes ungeheuren, traurigen Trivialisierungsprozesses, in dem jeder Einfall zur Mode, jedes kleine Geheimnis zur Ware gemacht und vermarktet wird, hat Meditation mittlerweile schon im Supermarkt Eingang gefunden. Aushänge für neue Meditationskurse hängen dort neben solchen, die über die Abgabe eines kleinen Hundes oder eines Pärchens Siamkatzen informieren. In den Buchläden liegen die Bände über Meditation neben Büchern über Yoga und Reiki aus, über Okkultismus, Tarot und tibetanischen Buddhismus, über Qigong, Taoismus, I Ching, indianische Medizin und Astralreisen. In der amerikanischen Buchhandelskette Barnes & Noble findet man neben den jeweiligen Abteilungen für Geschichte, Literatur, Naturwissenschaften und Biografien noch eigene Segmente für die Themen Selbsthilfe, New Age, Astrologie und Gesundheit. Wer keine Lust zum Lesen hat, kann das Meditieren auch mittels Hörbücher erlernen, die sich etwa für längere Autobahnfahrten anbieten. Alles ist heute jedermann zugänglich und hat eben dadurch den ihm innewohnenden Wert verloren, der, speziell im Fall spiritueller Praktiken, an die Schwierigkeit des Entdeckens gekoppelt war, an den »geheimen« Sinn des Unterrichts.

Ein Schüler hatte seinem Lehrmeister jahrelang zu dienen, hatte ihm Wasser zu holen, Holz zu hacken, die Hütte auszukehren, bevor dieser ihn etwas lehrte, ihn an einem Teil des »Geheimnisses« teilhaben ließ. Heute ist alles wie Pulverkaffee geworden, *instant*, und damit nichts wirklich Besonderes oder Kostbares mehr.

Manchmal kommt es mir so vor, als wäre auch unsere Sprache von einem Virus befallen, das ihr die Kraft raubt. Manche Wörter, die wieder und wieder – häufig auch noch falsch – verwendet werden, haben ihre Bedeutung fast eingebüßt. Wir reden immer häufiger in Klischees, wiederholen Gemeinplätze, schwafeln unkonzentriert drauflos, nur um ein Gespräch in Gang zu halten. »Lieben«, zum Beispiel, ist ein schönes, starkes Wort. Aber man kann nicht jeden Tag etwas oder jemanden lieben; und man kann nicht auf die gleiche Weise einen Menschen und eine Sache lieben. Deshalb wird der, der wirklich meditiert, nicht darüber reden.

Nach dem Meditationskurs bei John Coleman hatte ich versucht, das Erlernte in meinem Alltag beizubehalten, was mir aber nicht immer gelang. Rückt der spirituelle Aspekt der Meditation in den Hintergrund, verliert sich auch etwas das Bedürfnis nach ihr, und man kommt aus dem Rhythmus. Es bringt nichts, sich das Meditieren als tägliche Pflicht aufzuerlegen. Für mich war der Kurs ein wenig so wie Radfahren-Lernen. Ich hatte die Möglichkeit erahnt, über den Geist auf den Körper einzuwirken, und betrachtete dies als Kunst, die ich mir immer bewahren wollte. In der Tat war sie mir später von großer Hilfe.

Bereits während der verschiedenen, zum Teil schmerzhaften Untersuchungen in Bologna griff ich auf das zurück, was ich bei John gelernt hatte: sich auf den Atem zu konzentrieren, den Geist zur schmerzenden Stelle hinzulenken, sich den Schmerz als einen zu lösenden Knoten vorzustellen, zu versuchen, seine Farbe zu erkennen, seine Form (ist er rund oder eher quadratisch), seinen Umfang, seine Schläge zu zählen. All das, um den Ich-Körper von seinem Leiden abzulenken, vor allem aber, um sich bewusst zu bleiben, dass alles, wirklich alles, vergänglich ist, dass alles kommt und geht: auch dieser Schmerz.

Als mich einmal eine Krankenschwester, eine Nonne, mit geschlossenen Augen auf den Fersen sitzen sah, fragte sie mich, was ich täte. Im Grunde nichts anderes als das, was man auch Frauen wie ihr über Jahrhunderte gelehrt hat – Kontemplation nannte man es –, was in den Klöstern aber heute in Vergessenheit geraten ist. Wir verfügen über einen Geist, aber wir lassen ihn verkümmern, wir verfügen über einen Verstand, aber wir wenden ihn nicht zu unserem Nutzen an. Im Gegenteil, wir setzen alles daran, eine künstliche Intelligenz zu schaffen. Wie entsetzlich!

Unser Geist zählt zu den höchstentwickelten Instrumenten, über die wir verfügen, aber das interessiert uns nicht, und in der typischen Haltung unserer »modernen« Zeit überlassen wir der Chemie das, was wir, zumindest teilweise, auch mit unserem Geist schaffen könnten. Die Chemie wird immer mehr zum Problemlöser in allen Lebenslagen. Ist man depressiv oder erschöpft, unfruchtbar, zu dick oder zu dünn? Na, wenn schon. Für alles wurde eine Pille erfunden und eben auf den Mark gebracht, die die Sache rasch zu regeln verspricht. Ein Kind ist zappelig? Wozu noch die Gründe dafür herausfinden? Prozac wird es beruhigen, egal ob der Hintergrund seiner Nervosität die geschiedenen Eltern sind, die es wie ein Postpaket ständig hin und her schicken, oder die Schule, wo man es zu etwas zu formen versucht, was ihm nicht entspricht. Prozac wird heute schon in Kinderpackungen angeboten, und in den USA sind mittlerweile bereits Zehntausende von Kindern auf ihre tägliche Dosis dieses Beruhigungsmittels angewiesen, um »normal« funktionieren zu können.

Ganz genauso sieht es beim Umgang mit Schmerzen aus. Die erfolgreiche Schmerzbekämpfung gilt als einer der größten Siege des modernen Menschen. Dennoch ist auch dieser Sieg nicht in jeder Hinsicht ein Gewinn. Vor allem, weil der Schmerz eine wichtige natürliche Funktion erfüllt: und zwar als Warnsignal. Schmerzen zeigen an, dass irgendetwas im Organismus nicht in Ordnung ist, und es gibt Situationen, in denen das Ausbleiben schlimmer ist als das Empfinden von Schmerzen. Lepra ist auch deswegen so entsetzlich, weil die Nerven der befallenen Glieder zerstört werden und der Kranke nicht merkt, wenn etwa seine Finger irgendwo anschlagen und brechen oder gar, wie man es von Leprastationen der ärmsten Länder gehört hat, die Finger nachts im Schlaf von Ratten abgefressen werden.

Hinzu kommt noch: Indem er den Schmerz beim ersten Auftreten beseitigt, bringt sich der moderne Mensch um die Chance, ihn bewusst zu erleben – und damit auch sein herrliches Gegenteil: das Nachlassen des Schmerzes. Warum gilt Schmerz in allen großen religiösen Traditionen als etwas Natürliches, als Teil des Lebens? Liegt im Leid vielleicht noch eine tiefere Bedeutung, die wir übersehen, die wir vergessen haben? Doch auch wenn es so wäre, wir wollten es gar nicht wissen. Wir leben mit der Einstellung, das Gute müsse das Böse beseitigen, damit auf der Welt das Positive herrsche. Von einer Harmonie der Gegensätze wollen wir nichts wissen.

In diesem Weltbild ist für den Tod kein Platz, und erst recht nicht für den Schmerz. Den Tod leugnen wir, indem wir ihn verdrängen, von unserem Alltag fern halten und dorthin verbannen, wo so wenig wie möglich von ihm zu sehen ist. Beim Schmerz waren wir sogar noch erfolgreicher: Wir haben ihn besiegt. Wir haben Mittel gegen alle Beschwerden entwickelt und sogar den natürlichsten, ältesten Schmerz aus der menschlichen Erfahrung getilgt: die Geburtsschmerzen, auf die sich seit Anbeginn der Welt der Stolz der Mutterschaft gründete und die Einzigartigkeit jener vielleicht gerade durch den Schmerz zusammengeschweißten Bindung zwischen Mutter und Kind. Aber so ist eben unsere Zivilisation. Wir gewöhnen uns immer mehr daran, unsere Probleme mit Mitteln von außen zu lösen, und verlieren so zunehmend unsere natürlichen Kräfte. Wir verlassen uns auf das Gedächtnis des Computers, während unser eigenes verkümmert. Wir schlucken Medikamente und schwächen so die Fähigkeit des Körpers, seine eigenen Heilmittel zu produzieren.

Aber lassen sich Schmerzen tatsächlich mit dem Geist in den Griff bekommen? Wer in Indien lebt, hört viele Geschichten – oder Legenden –, denen zufolge man es so weit bringen kann. Der Gedanke dahinter ist folgender: Alle unsere Empfindungen sind an unser Bewusstsein gekoppelt; wenn wir etwas sehen oder hören, sind es genau genommen nicht unsere Augen oder Ohren, die etwas wahrnehmen, sondern unser Bewusstsein, das registriert, dass die Augen sehen und die Ohren hören. Daher müsste es genügen, mit unserem Geist das Bewusstsein von den Empfindungen abzukoppeln, um keinen Schmerz mehr zu verspüren. Im Grunde ist es genau das, was beim Einschlafen geschieht: Das Bewusstsein entfernt sich, und wir verspüren keinerlei Schmerz mehr. Doch wie schafft man das, wenn man wach ist?

In der Yoga-Tradition verspricht man diese *Kraft* und deutet eine weitere, noch interessantere an: die Fähigkeit, den Schmerz nach außen, eventuell auf ein Objekt zu übertragen. Eine jener Geschichten aus der mündlichen Überlieferung, die sich um diese Fähigkeit drehen, ist fast tausend Jahre alt. Die Hauptfigur darin ist Milarepa, ein Tibeter, der tatsächlich gelebt hat und dann als einer der großen Yogis zur Legende wurde. Milarepa sieht man auch heute noch häufig auf Thankas dargestellt: Da hat er die geöffnete Handfläche hinters Ohr gelegt und lauscht dem Leid der Welt.

In der Mitte des 11. Jahrhunderts als Spross einer reichen Familie von Wollhändlern in Tibet geboren, will Milarepa nach dem Tod des Vaters seine von der Verwandtschaft um Hab und Gut gebrachte Mutter rächen. Er erlernt die schwarze Magie und bringt Tod und Verwüstung über seine Feinde. Irgendwann bereut er seine Taten und wird Schüler eines der großen Meister seiner Zeit, Marpas des Übersetzers. Mit diesem führt er ein asketisches Dasein im Wald und ernährt sich nur noch von im Tontopf gegarten Brennnesseln. Mit der Zeit entwickelt sich Milarepa zu einem bedeutenden Lehrer, den die Menschen wegen seiner großen Weisheit hoch verehren, einer Weisheit, die er aber nicht aus auswendig gelernten heiligen Schriften bezieht, sondern aus persönlicher Erfahrung herleitet.

Ein anderer Mönch seiner Zeit, ein sehr belesener, von sich selbst überzeugter Mann, verzehrt sich aber nun vor Neid auf Milarepas Ruf und beschließt, ihn zu töten. Er schickt eine Konkubine zu ihm aus, mit dem Auftrag, ihm vergifteten Joghurt zu reichen. Doch Milarepa hat durch Yoga auch die Fähigkeit des Gedankenlesens entwickelt. Und so erkennt er sofort, was die Frau im Schilde führt. Da er nun aber schon alt ist und weiß, dass er früher oder später sterben muss, nimmt er die Joghurt-Schale an und leert sie.

Als Milarepa im Sterben liegt, überkommt den heimtückischen Mönch die Reue. Er eilt zu dem greisen Yogi und fleht ihn an, ihm als Sühne für seinen Anschlag alle Schmerzen des Todeskampfes zu übertragen. »Käme ich deinem Wunsch nach, würdest du keine Minute widerstehen«, antwortet Milarepa, der seine Schmerzen vollkommen unter Kontrolle zu haben scheint. Der Mönch aber dringt weiter in ihn, bis Milarepa schließlich erklärt, gut, so werde er nun, zum Beweis, dass der andere die Schmerzen unmöglich ertragen könne, bloß einen kleinen Teil davon auf die Tür seiner Kammer übertragen. Und schon knirscht und windet sich die Tür, und das Holz zersplittert. Der neidische Mönch wirft sich vor Milarepa nieder, fleht ihn um Vergebung an und wird im letzten Augenblick noch sein Schüler, bevor der greise Yogi »seinen Körper verlässt«.

Erwacht man nach einer Operation, gehört Schmerz zu den ersten Wahrnehmungen, zu den ersten tröstlichen Anzeichen, dass man sich noch auf dieser Welt befindet. Mein Bauch schmerzte, wie von tausend Lanzen durchbohrt, aber bald schon lernte ich, damit umzugehen. Durch Meditation? Indem ich die Qualen auf die Zimmertür übertrug? Keineswegs; sondern indem ich die Taste eines kleinen Schalters drückte, den man mir in die Hand gelegt hatte, wodurch aus einer der vielen Apparaturen, die mein Bett umstanden, durch eine Nadel, die irgendwo in meinem Körper steckte, etwas Wunderbares in meine Adern rann. Die Schmerzen legten sich, und ich wurde wieder ruhig. Sobald sie wiederkamen, drückte ich die Taste. Eine elektronische Vorrichtung zählte mit, wie viel ich mir von dem Zeug injiziert hatte. Und damit es nicht zu viel wurde, blockierte sie, wenn ich übertrieb, ohne dass ich es merkte, für eine gewisse Zeit den Nachschub. Dann drückte ich also die Taste und – hatte dennoch den Eindruck, dass die Schmerzen nachließen. Die Ärzte nennen das »Placebo-Effekt«; also die überraschend heilsame Wirkung eines Vorgehens, das eigentlich gar keine Wirkung haben sollte, wie etwa ein Glas bloßes Wasser statt eines Medikaments zu trinken oder eine Mehltablette ohne chemische Wirkstoffe zu schlucken.

Für den Apparat mit der Taste waren zwei junge Ärzte der »Abteilung für Schmerzbehandlung« zuständig, die jeden Morgen zur Visite kamen. Ich weiß nicht, mit welchen Substanzen sie mich versorgten, aber sie schafften es, dass ich mit den Schmerzen umgehen konnte. Vielleicht handelte es sich um die gleichen Wirkstoffe, die der Körper, wenn es absolut unerlässlich ist, selbst automatisch produziert. Der Körper weiß, was er tut. Bei ungeheuren Schmerzen, die ihn umbringen würden, schüttet er noch im selben Moment ein Anästhetikum aus, mit dem er sie aushalten kann. Und so kommt es, dass etwa ein Soldat, dem ein Granatsplitter einen Arm weggerissen hat, noch eine Weile, als sei nichts geschehen, weiterrennen kann.

Vielleicht erklärt sich so auch die schöne Geschichte von Sarmad, einem Mystiker aus dem 17. Jahrhundert, die die Fremdenführer den Touristen noch heute an seinem Grab unweit von Jama Mashid erzählen, der großen Moschee vor dem Roten Fort in

Delhi. Sarmad, ein armenischer Jude, vielleicht auch Christ, der in Indien zum Islam übertrat, wurde berühmt durch seine große Weisheit, seine Gedichte in persischer Sprache und weil er, »berauscht von seiner Liebe zu Gott«, nackt in der Öffentlichkeit tanzte, »endlich befreit von aller Last, auch der seiner Gewänder«. Er war Sufi – ein Sufi wie mein Anästhesist in New York –, und als die orthodoxen Hofmullahs ihn der Ketzerei bezichtigten, gab der Herrscher Aurangzeb Befehl, ihn zu enthaupten.

»O großer Freund, heute trittst du mir im Gewand des Henkers entgegen, aber ich erkenne dich. Sei willkommen«, sprach Sarmad, sich an Gott wendend, als er den Henker, den blitzenden Krummsäbel in Händen, auf sich zutreten sah, und bot ihm lächelnd den Hals dar. Der Henker tat, was er zu tun hatte, doch Sarmad nahm sein abgeschlagenes Haupt in die Hände und tanzte noch ein paar Schritte vor der entgeisterten Menge. Es war das Jahr 1659.

Ähnlich ist die Geschichte von al-Hallaj, ebenfalls ein Mystiker, jedoch aus dem 9. Jahrhundert, dem seine Lehre zum Verhängnis werden sollte, Gott und die *Wahrheit* seien ein- und dasselbe und der Mensch selbst sei Teil jener *Wahrheit*. Man schleifte ihn vor den Sultan, und der verlangte, er solle widerrufen. Hallaj weigerte sich. Da ließ der Sultan ihm eine Hand abschlagen, doch der Mystiker wiederholte seine Gotteslästerung: »Ich bin die Wahrheit.« Der Sultan befahl, ihm einen Arm abzuschlagen, doch Hallaj wiederholte dasselbe. Als Nächstes ein Bein, und Hallaj sprach wieder: »Ich bin die Wahrheit.« Da gab der Sultan Befehl, ihn zu enthaupten, und als Hallajs Kopf zu Boden rollte, bewegten sich immer noch die Lippen und verkündeten: *»Ana 'l-haqq.«* – »Ich bin die Wahrheit.«

Reglos im Bett liegend, hatte ich nichts weiter zu tun, als die Zeit verstreichen zu lassen. Und die Erinnerung an jene Geschichten leistete mir Gesellschaft bei dem Spiel, das ich mit mir selbst spielte, nämlich zu versuchen, so selten wie möglich die Taste zu drücken. Um den Schmerz im Zaum zu halten, meditierte ich, lenkte meinen Geist davon ab und zwang ihn, sich etwas Angenehmes vorzustellen, etwa in warmem, ruhigem Meerwasser zu treiben. Und ich sagte mir, jenes tatsächlich so häufig erlebte Wohlbehagen finde nun eben darin, dass es mir jetzt so schlecht ging, seinen vielleicht gerechten Ausgleich.

Ich fragte mich, wieso wir uns auch an entsetzliche Schmerzen, sind sie erst einmal vorüber, kaum noch erinnern können. Wir wissen zwar noch, dass wir sie hatten, können aber die Intensität nicht mehr nachempfinden und sie kaum noch beschreiben. Und ich überlegte, warum in vielen Sprachen, wie auch im Italienischen, das Wort »Schmerz« nicht nur für körperliches Leid, sondern auch für Kummer aller Art steht. Ich überlegte weiter, dass die Psychoanalyse wohl so etwas wie die Abteilung zur Behandlung von Schmerzen jener anderen Art war und wie glücklich ich mich schätzen konnte, diese Taste immer in Reichweite zu haben. Und manchmal, wenn ich nicht mehr dagegen ankam, drückte ich sie.

Meinen Heimweg von der Klinik in meine Höhle unterbrach ich mindestens einmal in der Woche an der Ecke 67th Street/Madison Avenue. In einem alten quietschenden Fahrstuhl fuhr ich zwölf Stockwerke hinauf und betrat, ohne läuten zu müssen, denn die Tür war immer offen, ein kleines sonnendurchflutetes Apartment.

Hier wohnte seit einigen Jahrzehnten ein alter, hoch geschätzter Freund von mir, ein Mann aus einer anderen Welt, ein in vielen Kulturen bewanderter Schriftsteller, einer jener Menschen, die man, wie ich manchmal dachte, irgendwie »konservieren« müsste, um den kommenden Generationen eine Vorstellung davon zu geben, wie Menschen einmal sein konnten. Seine Zeit neigte sich dem Ende zu. Seit Monaten war der mittlerweile neunzigjährige Niccolò Tucci ans Bett gefesselt. Da lag er, ohne zu klagen, immer noch elegant mit seinem schönen grauen Bart und den langen Haaren, die ihm etwas von einem Revolutionär aus dem 19. Jahrhundert gaben.

Nica, halb Russe, halb Florentiner, war Ende der dreißiger Jahre nach New York gekommen. Von hier aus kämpfte er mit anderen Italienern gegen den Faschismus und war auch nach Kriegsende nicht in die Heimat zurückgekehrt. Als Schriftsteller, Verfasser von Streitschriften und literarischer Don Quichotte in vielen Auseinandersetzungen hatte er stets ein hübsches Bonmot oder eine unkonventionelle Interpretation zum alten und neuen Treiben der Menschheit parat. Wir kannten uns seit mehr als dreißig Jahren.

Neben vielem anderen hatte ich von ihm zum Beispiel gelernt, Dante mit toskanischem Akzent zu lesen, ohne Theatralik, bodenständig, so als handele es sich bei der *Göttlichen Komödie* um eine unglaubliche Geschichte, die ein Gast in einer florentinischen Taverne seinem Kumpan erzählt. Nica verdankte ich auch den amüsanten Rat, dem Portier im Hotel das Trinkgeld bei der Ankunft und nicht bei der Abreise in die Hand zu drücken, sowie ein Wort von Gaetano Salvemini, mit dem ich mich tröstete, wenn ich mich wieder einmal daranmachte – im Laufe der Jahre mit immer größerer Mühe –, eine neue Sprache zu erlernen. Salvemini lebte erst seit kurzem in den Staaten und kämpfte sich durch die ersten Englisch-Lektionen. »Und wie kommst du voran?«, fragte man ihn. »Ganz gut«, antwortete er, »ich beginne zu begreifen … was ich sage!«

Von Nica kam auch eine besondere Anregung, die ich mir mehr und mehr zu Herzen nahm. »Du solltest vielleicht endlich mal mit dem ›Jour-nalismus‹ aufhören«, sagte er, »und dich mehr auf ›Peren-nalismus‹ verlegen.« Er wusste sehr gut, dass nichts *perenne,* also »ewig« ist, aber er wollte mich dazu ermuntern, nicht länger nur von Tag zu Tag oder von Woche zu Woche zu denken. Damit gab er mir den Anstoß, einiges von meinen Erfahrungen in Buchform zu veröffentlichen. Er selbst hat wunderbare Bücher geschrieben; einige erschienen auf Englisch*, andere auf Italienisch**, aber von ihm selbst stammte das Wort: »Überquert man den Atlantik, ist man immer auf der falschen Seite«, und so verblasste sein literarischer Ruhm »zwischen den beiden Kontinenten«.

Noch im Sterben fühlte er sich auf der falschen Seite des Ozeans. Sein Apartment hätte er sich eigentlich nicht schöner wünschen können: zwei kleine Zimmer, viel Licht, ein schöner Tisch, viele Bücher, ein altes Telefon, aber auch ein vergrößertes Schwarz-Weiß-Foto seiner Eltern am Strand von Forte dei Marmi und ein paar Farbaufnahmen von der Toskana, mit Tesafilm an die Wand

* *The Sun and the Moon; Before my Time.*

** *Il segreto; Gli atlantici.*

geheftet, neben seinen schönen Nachruf auf Gaetano Salvemini, den er aus der *New York Times* ausgeschnitten hatte. Nica wusste, dass er diese vier Wände nicht mehr lebend verlassen würde. »Weißt du, ich würde mich freuen, wenn ich tot wäre«, sagte er einmal zu mir.

»Dann könntest du dich aber nicht mehr freuen.«

»Woher willst du das wissen? Wer weiß schon, wie der Tod ist.«

»Macht er dir Angst?«, fragte ich.

Er riss seine verschmitzten Augen unter den schönen, dichten, noch dunklen Augenbrauen auf: »Mamma mia, und ob!«

»Ach komm, Nica, so viele, viele Milliarden von Menschen haben es vor uns gepackt. Da werden wir zwei es doch wohl auch schaffen!«

»Schon, aber wenn ich doch wenigstens irgendwo anders sterben könnte! In Florenz zum Beispiel, da ist es doch viel ... viel ...« Er suchte nach dem passenden Adjektiv.

»Kultivierter?«, schlug ich, aufs Geratewohl, vor.

»Ja, kultivierter. Und außerdem ...« Seine Gedanken schweiften ab, und er redete nun, fast zu sich selbst, von dem Rosmarinbrot, das man in seiner Kindheit in Florenz nur am Karfreitag aß.

»Heute kann man es jeden Tag kaufen«, sagte er. »Ist das nicht absurd? Und ich glaube, der Rosmarinduft wird sogar auf das Brot gesprayt! Jetzt gibt es ja auch in Florenz schon Bäckereiketten, da meint man, wenn man reinkommt, der Backofen stehe direkt hinter der Kasse. Aber weit gefehlt. Das ist alles künstlich! Das Brot wird ganz woanders gebacken, in einer Fabrik, und für den Duft im Laden haben sie ihre Sprays.« Ich erzählte ihm von einem französischen »Duftingenieur«, den ich ein Jahr zuvor in Kalkutta kennen gelernt hatte. Der versuchte, der indischen Autoindustrie jenen charakteristischen Geruch – eine Mixtur aus Plastik, Reifen und Männlichkeit – zu verkaufen, den man von Neuwagen kennt.

Aber Nica wollte sich über Florenz unterhalten, und irgendwann, ich weiß gar nicht mehr, wieso, begann ich ihm einen Spaziergang zu beschreiben, den wir in Florenz zusammen hätten machen können. Es ging los beim Ponte Vecchio, dann die Via dell'Erta Canina hinauf und weiter durch die Via San Leonardo; bei dem Haus, in dem Ottone Rosai gelebt und gemalt hatte, rasteten wir und spazierten dann weiter bis zur Viale dei Colli. Ich erzählte, erklärte, wo wir abbiegen mussten und was wir vor uns sahen, und er hatte die Augen halb geschlossen und lächelte. Dieses so zufällig begonnene Spiel wurde zu einem echten Ritual für uns.

»Wohin gehen wir heute?«, fragte er, sobald ich ins Zimmer trat. Und schon waren wir auf unserem Spaziergang durch Florenz. Einmal schlenderten wir von der Piazza Torquato Tasso zum Torre di Bellosguardo und genossen dort einen der schönsten Ausblicke der Welt. Ein andermal vom Torrione di Ponte alle Grazie die »Rampe« hinauf zum Piazzale Michelangelo. Aber der Platz stand voller Reisebusse, und so gingen wir in die Bar Colonne, um dort etwas zu trinken. »Was nimmst du, Nica?«

»Ach, du weißt schon ...«

»Einen Campari? Einen Wermut?«

Nein. Er wollte einen Schluck Weißwein, aber in einem jener niedrigen, gedrungenen Gläser, wie man sie früher hatte und die der Wirt immer bis zum Rand füllte, weswegen man beim Bestellen nur *un raso*, »einen Gestrichenen«, verlangte.

Es war schön, mit Nica zusammen zu sein. Man muss nur ein wenig Zeit haben, dann kann einem auch solch ein ausklingendes, schon verblasstes und entferntes Leben sehr viel geben. An meiner Chemotherapie hatte er nichts zu beanstanden, doch als ich ihm eines Tages von der bevorstehenden Operation erzählte, wurde er ärgerlich. »Den Ärzten darfst du nicht trauen. Das sind doch alles Hornochsen. Und außerdem ... einfach so Körperteile wegschneiden – das geht doch wohl zu weit.« Ich sollte ihm Papier und Stift geben, damit er einen Beschwerdebrief an die Klinik verfassen konnte.

»Nica, du bist ja noch schlimmer als die Japaner am Kaiserhof«, und ich brachte ihn zum Lachen, als ich erzählte, wie die hohen Hofbeamten festzustellen hatten, dass die Verlobte des Kronprinzen – und damit künftige Kaiserin – völlig unversehrt war, ihr Leib also keinerlei Veränderungen, egal welcher Art, erfahren hatte. Während des letzten Auswahlverfahrens, schon zu der Zeit, als wir in Tokio wohnten, sortierten die Höflinge ein Mädchen nur deshalb aus, weil es sich die Ohrläppchen hatte durchstechen lassen, um Ohrringe zu tragen!

Nica hatte Glück gehabt. In seinem ganzen Leben war sein Körper nicht ein Mal geöffnet worden, und nun konnte er sterben, ohne dass ihm irgendein Körperteil fehlte. Doch das Bett, in dem er versorgt und behütet sterben würde, ein Wasserbett, damit er sich nicht wund lag, stand leider in einer Stadt, die er nicht für ausreichend »kultiviert« hielt und in der er, der viele Sprachen hervorragend beherrscht und viele, viele Menschen zum Lachen gebracht hatte, indem er den Akzent einer Sprache in einer anderen nachmachte, jetzt zum Schluss nur noch Italienisch zu verstehen schien.

Und ich? Hätte ich dort sterben wollen?

Nein. Im Grunde verband mich kaum etwas mit diesem Land. Alles, was mich ausmachte, hatte mit anderen Orten zu tun, in Asien etwa und vielleicht auch, wie ich nicht leugnen kann, in Europa.

Angeregt durch diese Gedanken, erzählte ich Nica, dass sich die Chinesen in früheren Zeiten dort begraben ließen, wo die Frauen gebaren, so dass auch symbolisch eine Kontinuität zwischen den Generationen gegeben war – die Grundlage des Ahnenkults –, und dass die Menschen im Grunde ihren Leib nicht als ihnen selbst zugehörig betrachteten, sondern ihrem Land, China. Jener Erde entstammte er, und dorthin sollte er auch wieder zurückkehren. Und nicht nur der Körper selbst, sondern auch all das, was er produzierte! Um Nica zum Lachen zu bringen, erzählte ich ihm von der ersten diplomatischen Mission des Reichs der Mitte in die USA, als jeder Mandarin, der der Delegation angehörte, mit speziellen Kisten anreiste, um darin seine Fäkalien aufzubewahren und dann wieder mit in die Heimat zu nehmen. Noch nicht einmal chinesischer Kot sollte in jenem Barbarenland verbleiben! Und Nica lächelte.

Jene Spaziergänge durch Florenz waren seine letzten.

Das Gedächtnis des Wassers

Das Gedächtnis spielt uns – was wir häufig vergessen – seltsame Streiche. Es speichert und vergisst, was es gerade will. Und das ohne ersichtlichen Grund; zumindest ohne einen für uns ersichtlichen, denn wir glauben häufig, das Gedächtnis zu sein oder es zu besitzen oder wenigstens unter Kontrolle zu haben.

Alte Leute ärgern sich, verzweifeln manchmal geradezu, wenn ihnen der Name eines Menschen oder die richtige Bezeichnung für einen Gegenstand partout nicht einfallen will. Sie nehmen das als Zeichen, dass es bergab geht, dass irgendetwas nicht mehr so funktioniert, wie es sollte. Aber genauer betrachtet ist das keine reine Alterserscheinung: Schon in der Kindheit spielt das Gedächtnis sein eigenes Spiel, speichert ab, was ihm wichtig erscheint, und holt es, möglicherweise verzerrt und verfälscht, wieder hervor, wenn wir uns aus irgendeinem Grund daranmachen, in seinen verborgensten Winkeln danach zu kramen.

Im Laufe von sechzig Jahren hatte mein Gedächtnis in der Rubrik »Homöopathie« kaum etwas gesammelt; nur den Grundgedanken, dass etwa eine Erkältung durch Kälte zu heilen sei, sowie zwei eigenartige, irgendwo und irgendwann abgeheftete Geschichten.

Hier die erste: Eine junge Frau leidet an Depressionen und klagt, wie unwohl sie sich unter Menschen fühle; sie will allein sein, und das am liebsten an Orten, die besonders hoch liegen. Häufig entflieht sie auf das Dach ihres Wohnhauses und stellt sich vor, einfach »wegfliegen« zu können. Die Ärzte wissen sich keinen Rat mehr. Man begleitet sie zu einem Homöopathen, der sich lange mit ihr unterhält und so in dem Symptom des »Wegfliegens« einen Wesenszug erkennt, den sie nicht ausleben kann: das Wesen eines Adlers. Im Zoo besorgt er sich einen Tropfen Adlerblut, löst ihn in einem Liter Wasser auf, schüttelt lange, löst dann einen Tropfen dieser Mixtur in einem weiteren Liter Wasser auf, schüttelt wieder lange, löst erneut einen Tropfen davon in einem weiteren

Liter Wasser auf, schüttelt gut durch und weist schließlich die Frau an, jeden Tag ein paar Tropfen jener Lösung zu trinken, in der vom Adlerblut praktisch nichts mehr übrig ist, außer vielleicht … die Erinnerung. Binnen einiger Wochen hat die Frau ihr inneres Gleichgewicht wiedergefunden.

In der zweiten Geschichte geht es – zumindest erinnere ich mich so daran – um einen kleinen Jungen, der in einem Dorf auf dem Land von einer Biene gestochen wird. Sein Gesicht schwillt fürchterlich an, und es geht ihm sehr schlecht. Die Eltern wenden sich telefonisch an einen Homöopathen, der ihnen aufträgt, sich umgehend eine Apis 200 genannte Substanz zu besorgen; diese sollen sie in eine Flasche Wasser geben, gut durchschütteln und dann dem Jungen ein paar Tropfen davon verabreichen. Aber das geht nicht. Die nächste Apotheke liegt zu weit entfernt, und die Zeit drängt: Dem Jungen geht es zusehends schlechter. Und so schlägt der Arzt am Telefon vor, »Apis 200« auf einen Zettel zu schreiben und diesen Zettel in die Wasserflasche zu stecken, gut zu schütteln und dem kranken Jungen von dem Wasser zu trinken zu geben. Gesagt, getan. Die Schwellung geht, langsam, zurück, und der Junge erholt sich.

Als mir mein Freund Ludovico erzählte, er sei auf einen hervorragenden Arzt gestoßen, der uns vielleicht beiden helfen könne, wusste ich fast nichts über Homöopathie. Doch diese beiden Geschichten hatten mir irgendwie Eindruck gemacht – deswegen hatte mein Gedächtnis sie aufbewahrt –, und mir gefiel auch der Gedanke, nach den langen Monaten in New York einen Homöopathen aufzusuchen. Nach der Chemotherapie und der Operation hatten mir meine Instandsetzer zwei Wochen Heimaturlaub gewährt. Und so hatte ich mich mit meinem Rollkoffer – weil ich absolut nichts heben durfte – und immer noch nicht ganz vernähtem Bauch – so dass ich aus Angst, auch nur gestreift zu werden, ständig auf der Hut war und allen Entgegenkommenden auswich – auf den Weg zum Flughafen gemacht und war nach Florenz geflogen.

Der Arzt wohnte sehr abgelegen in der Provinz Modena; er empfing nur nach telefonischer Vereinbarung, und sein Terminkalender war für die nächsten zwei Monate voll. Aber schon auf die Distanz, am Telefon, gefiel er mir. Ob ich denn auch am Spätnachmittag des Heiligabend kommen könne? Warum nicht, und ich machte mich auf den Weg.

Nach der Autobahnabfahrt ging's zunächst über eine Provinzstraße weiter, dann über eine Nebenstraße, und schließlich rumpelten wir über ein Sträßchen, das geradewegs in die Vorhölle zu führen schien. Extrem dichter Nebel hatte sich über die Ebene gelegt, doch die Wegbeschreibung, die mir der Arzt zugefaxt hatte, stimmte, und wir verfuhren uns nicht. Noch bevor wir uns trafen, hatte ich seinen Namen, der im Italienischen ohnehin schon etwas seltsam klang, Mangialavori (»Arbeitsfresser«), für mich etwas verändert und *Mangiafuoco*, »Feuerschlucker«, daraus gemacht.

Äußerlich hatte er allerdings nichts davon: Er war klein, blond und hatte grüne Augen. Er wohnte in einem alten, ausgebauten Bauernhaus inmitten der zahlreichen stil- und anspruchslosen Häuschen, die in der eintönigen, trostlosen Ebene verstreut lagen. Alles wirkte wie im Winterschlaf: die Felder, die Wiesen, die Obstbäume. Auch die Menschen, denn längs der Straße war niemand zu sehen.

Mangiafuoco empfing mich in einem kleinen Sprechzimmer. Es war – gewiss gewollt – nur schwach beleuchtet, aber es lag ein guter Duft in der Luft. An der Wand bemerkte ich einen tibetischen Thanka, auf seinem Schreibtisch, nur zur Dekoration, ein schönes Gingkoblatt. Er gab sich liebenswürdig und aufmerksam. Ich sollte ihm von mir erzählen: wer ich war, was ich im Leben so gemacht hatte, was ich noch vorhatte, wie ich mich sah, wovon ich träumte. Ich fühlte mich wohl und erzählte ohne Bedenken. Erst nach einer Weile fiel mir auf, dass er, obwohl sein Blick ständig auf mich gerichtet war, seine Hände unter dem Tisch auf der Tastatur eines diskret verborgenen Computers liegen hatte und sich Notizen machte. Von meiner derzeitigen schweren Erkrankung wollte er gar nicht viel wissen. Was ihn interessierte, waren meine Kinderkrankheiten und meine ... Hämorrhoiden. Davon wollte er alles hören, woran ich mich erinnern konnte.

Neugierig machte ihn auch der Umstand, dass ich in New York

stets mit Stift und Papier neben dem Bett geschlafen hatte, um sogleich nach dem Aufwachen meine Träume festzuhalten. Neben meinem üblichen Tagebuch über mein Leben im Wachzustand hatte ich ja noch ein weiteres über meine Nächte als Schlafender geführt, und darüber sollte ich Mangiafuoco nun ausführlich berichten.

Schließlich bat er mich, mich frei zu machen und auf der Liege auszustrecken, und untersuchte mich von Kopf bis Fuß, so wie man es früher von Ärzten gewohnt war, indem er mich bei jeder Stelle, die er berührte, fragte, ob es mir dort wehtue. Meinen Bauch sparte er aus.

Als wir wieder am Schreibtisch saßen, er dahinter, ich davor, stellte er mir eine, wie ich fand, sehr subtile Frage.

»Was haben Sie von Ihrem Besuch bei mir erwartet?«

Es fiel mir nicht schwer, ehrlich zu antworten. Ich erwartete nicht, so sagte ich, dass er mein Krebsleiden heile. Ohnehin sei ich überzeugt, dass diese beiden Begriffe, »Krebs« und »Heilung«, nur schwer zusammenzubringen seien, und um in dieser Hinsicht das Möglichste zu tun, hätte ich mir ja schon meine Instandsetzer vom Sloan-Kettering Center ausgesucht. Von ihm erhoffte ich hingegen, dass er mir bei einer Sache helfe, die mir gleichermaßen am Herzen liege: meinen Gefühlshaushalt in Ordnung zu bringen. Die Welt um mich herum übe einen zu starken Einfluss auf meine Stimmungen aus. Ich sei reizbar, labil, ständigen Stimmungsschwankungen unterworfen. Ich hätte den Eindruck, so erklärte ich ihm, die Welt wie durch ein Kaleidoskop zu betrachten: eine leichte Bewegung, und alles erscheine grün; eine weitere leichte Berührung, und alles sei rot, dann schwarz und schließlich gelb. Ich wolle dem Kaleidoskop entkommen, so dass alles seine Farbe behielt. Ich wolle das Auf und Ab beenden und zu einem neuen Gleichgewicht finden. Ich wolle *Jingle Bells* hören können, ohne aus dem Laden fliehen zu müssen.

Wir unterhielten uns länger als eine Stunde, und ich gewann einen sehr guten Eindruck von ihm. Er war offen, direkt. Zudem gebildet, intelligent und beseelt von einer großen Leidenschaft für seine Arbeit. Keinesfalls hatte er den Anspruch, »Krebs heilen zu können«. Seiner Einschätzung nach war mein Zustand die Folge eines Ungleichgewichts irgendwo in meinem System. Er werde versuchen, die »Vitalkraft«, die jeder Mensch besitze – und ich hätte seiner Meinung nach sehr viel davon –, dabei zu unterstützen, jenes Gleichgewicht wiederherzustellen. Mir fiel auf, dass er im Zusammenhang mit Krebs und Ähnlichem ungern das Wort »Krankheit« benutzte, und ich machte ihn darauf aufmerksam.

»Da haben Sie Recht. *Malattia*, Krankheit, suggeriert die Vorstellung von etwas Bösem (*male*), und das führt in die Irre; das englische Wort *disease*, von *dis-ease* für Unwohlsein, scheint mir da viel passender«, erklärte er. »Dem Körper ist unwohl, und die Symptome dieses Unwohlseins zeigen an, dass er daran arbeitet, wieder zum Wohlsein zurückzufinden. Unsere Aufgabe, meine und Ihre, besteht darin, ihn in dieser Anstrengung zu unterstützen.«

Ich hörte ihm zu. Wir verstanden uns. Es gab keine Missverständnisse. Und wie immer ein wenig neugierig, brachte ich ihn dazu, auch etwas von sich selbst zu erzählen.

In jungen Jahren hatte er sehr viel musiziert, war dann jedoch einer Familientradition gefolgt und hatte Medizin studiert, mit dem Ziel, Kinderchirurg zu werden. Doch seine wahre Leidenschaft war die Anthropologie, und im Verlaufe einer Lateinamerikareise hatte er dann zu seiner wahren Bestimmung gefunden. Bei peruanischen Indios traf er einen Schamanen, war beeindruckt von der Art, wie er die Kranken behandelte, und hatte seinen »Ruf« vernommen – »wie man es von Heiligen und Priestern kennt«, warf ich ein.

Was als kurzer Urlaub geplant war, entwickelte sich zu einem langen Aufenthalt. Der Schamane nahm ihn bei sich auf und lehrte ihn seine Heilkunst. Nach Europa zurückgekehrt, war es Mangiafuoco unmöglich geworden, als normaler Arzt zu arbeiten. Homöopathie war die Lösung. »Es ist große Medizin«, sagte er, »auch wenn sie in unserer Kultur nicht diesen Stellenwert besitzt. Doch die Vorstellungen der dominanten Kultur müssen nicht notwendigerweise die besten sein, besonders dann, wenn es um den Menschen geht, der, Gott sei Dank, nicht nach strikten Gesetzmäßigkeiten funktioniert – falls es diese überhaupt gibt.«

Das sah ich genauso. Mich interessierte, was er da erzählte, und das spürte er. »Unsere Gegner werfen uns vor, Homöopathie sei eine Art Magie«, fuhr er fort. »Na wenn schon? Magie ist eine sehr ernst zu nehmende Sache. Häufig bezeichnen wir als Magie das, was wir noch nicht begreifen. Aber die Magie ist sehr viel mehr. Man kann sagen, dass sie auf einer Ebene mit Religion und Wissenschaft liegt.« Einmal habe er seinen Schamanen gefragt, was für diesen Magie sei. »Eine Haltung des Geistes«, habe er geantwortet.

»Für mich«, sagte Mangiafuoco, »ist Magie ein anderer Weg, Dinge zu interpretieren; ein sehr viel interessanterer und kreativerer Weg als die üblichen, weil hier ein bestimmtes Wissen und das Vergnügen, mit der Materie zu spielen, verknüpft sind. Magie verändert uns, sie verleiht uns die Fähigkeit, anderen dabei zu helfen, sich zu verändern.« Er hielt inne und fügte dann hinzu: »Sie bewirken das Gleiche durch Ihr Schreiben. Vielleicht haben Sie bereits mit einem einzigen Satz in einem Ihrer Bücher jemanden angeregt, mehr aus seinem Leben zu machen. Ist das nicht auch Magie? Mit einem einzigen Satz! Es genügt schon, dafür zu sorgen, dass die natürlichen Energien frei zirkulieren können.«

Nach den langen Monaten in New York mit ihrer Logik der Ich-die-zu-reparierende-Körper-Maschine war dies Musik in meinen Ohren. Wie eine Stimme aus einer anderen Welt. Und dieser Klang weitete mir das Herz, erleichterte mir die Last meiner Materie.

»Ja, es stimmt, wir Homöopathen arbeiten mit Tröpfchen, um unseren Patienten zu helfen«, fuhr er fort. »Ja, es ist eine Sache von nur wenigen Tröpfchen. Aber wenn wir von einem Weisen erfahren, was uns fehlt, ist das auch nur eine Sache von wenigen Worten. Und außerdem, überlegen Sie mal, ein Tröpfchen Sperma schafft ein ganzes Leben – egal wie es nun aussehen mag, aber es ist ein ganzes Leben!«

Das Problem sei, erklärte er mir, den Menschen, der sich krank fühle, sein Gleichgewicht wiederfinden zu lassen. »*Sein* Gleichgewicht«, betonte er noch einmal, »und nicht das, was man in der Gesellschaft unter Gleichgewicht versteht. Häufig geht es nur darum, die Beschwerden des Patienten zu beseitigen, aber nicht darum, alles um jeden Preis zu heilen. Wäre immer alles geheilt worden, hätte sich keine Kunst entwickeln können.«

Die Homöopathie versuche, jedem Menschen den richtigen Anstoß zu geben, der die natürliche Wiederherstellung des Gleichgewichts in Gang setzt. Dazu seien die Tröpfchen da. Und deswegen nenne man diese in der Homöopathie auch nicht »Medikamente«, sondern »Mittel«.

Während unseres langen Gesprächs wandte sich Mangiafuoco an keiner Stelle gegen die übliche allopathische* Medizin und kritisierte nicht meine Entscheidung, mich in New York behandeln zu lassen. Im Gegenteil; da ich die Behandlung bereits begonnen hatte, sollte ich sie auch zu Ende führen. Er selbst würde mir dabei zu helfen versuchen, die Schäden in Grenzen zu halten, die mein Körper von diese Art »Heilung« davontrug.

Während er das Rezept ausstellte, erklärte er mir, das für mich passende Mittel sei *Calcium phosphoricum*, ein aus Calciumphosphat gewonnenes mineralisches Extrakt. Die Verdünnung, die ich nehmen sollte, war die ersten Grades, Q1, also ein Tropfen dieses Extrakts auf fünfzigtausend Tropfen Wasser. Die genaue Anweisung lautete: das Fläschchen gut schütteln, fünfundzwanzig Tropfen in ein halbes Glas Wasser geben, verrühren, gut schütteln und abends vor dem Schlafengehen trinken. Ein wichtiger Hinweis: Ich solle die Tropfen nicht neben Parfum aufbewahren und nur mit sauberem Mund trinken.

Das Mittel sei so lange einzunehmen, bis ich das Wiederauftreten irgendeines älteren Symptoms bemerkte oder mir etwas anderes auffalle. Dies sei das Zeichen, dass mein »System« ausreichend stimuliert sei. Danach beginne die eigentliche Heilungsphase. Würde ich nach vierzig Tagen noch keinerlei Verbesserung feststellen, sollte ich das Mittel weiter nehmen, aber in stärkerer Form, also mit noch mehr Wasser verdünnt: die Verdünnung dritten Grades, Q3.

Neben diesem Mittel verschrieb mir Mangiafuoco Präparate der Vitamine A und E und trug mir auf, wenn ich wieder zurück in New York sei, mir sofort flüssiges Chlorophyll zu besorgen (in Europa sei es nur schwer zu bekommen) und davon dreimal täglich fünfundzwanzig Tropfen zu nehmen. Darüber hinaus solle ich mit

* Allopathisch ist das Gegenteil von homöopathisch; Allopathie bedeutet eine intensive Behandlung mit Medikamenten, um Wirkungen zu erzielen, die den von der Krankheit hervorgerufenen entgegengesetzt sind.

meinen meditativen und sonstigen Übungen fortfahren, viel an die frische Luft gehen und darauf achten, gut durchzuatmen. Mein Körper brauche sehr viel Sauerstoff.

Mir gefiel das alles sehr gut, was ich von ihm erfahren hatte, und auch ihn selbst empfand ich als Bereicherung für den Kreis an Bekannten und Freunden, die jeder im Laufe seines Lebens so zusammenbringt. Mir fielen verschiedene ein, denen er mit seiner »Magie« würde helfen können.

Ich sei froh, sagte ich, als wir uns verabschiedeten, als Patient den richtigen Arzt gefunden zu haben. Und er antwortete lächelnd, indem er einen berühmten Kollegen aus der Vergangenheit zitierte: »Auch der Arzt kann sich glücklich schätzen, wenn er den richtigen Patienten findet.«

Wir unterhielten uns noch ein wenig über das so wichtige Verhältnis zwischen Patient und Arzt und stimmten überein, dass es nicht patriarchalisch, nach dem Schema Retter–Geretteter, sondern kooperativ sein müsse.

Mangiafuoco war klar geworden, dass ich keinerlei Vorurteile gegen seine »Magie« hegte, sondern im Gegenteil Interesse an seinem Arbeitsfeld hatte. Und so erzählte er mir, er werde bald schon nach Boston fliegen, um dort ein Seminar über homöopathische Meeresheilmittel abzuhalten, auf die er sich spezialisiert habe. Wenn ich Lust hätte, könne ich daran teilnehmen.

Es war spät geworden. Draußen war es schon früh dunkel geworden, und der Nebel verstärkte noch mein Gefühl, ein wenig die Orientierung verloren zu haben und doch tatsächlich, wie durch Magie, irgendwo in einer anderen Welt gelandet zu sein. Zum Glück hatte Mangiafuoco beim Dorfapotheker angerufen, damit er auf mich warte, um mir das »Mittel« zu geben. Und allein schon die Fahrt dorthin, fast blind, auf der Suche nach einem erleuchteten Neonkreuz, um ein braunes Fläschchen mit dazugehörigem Tropfenzähler abzuholen, war abenteuerlich.

Exakt nach Vorschrift schüttelnd und zählend, nahm ich täglich meine Tropfen ein und achtete genau auf meine Stimmungen, um festzustellen, ob sich die »Symptome« verstärkten oder nicht. Das war gar nicht so einfach: Wie kann man mit Sicherheit sagen, ob ein Schmerz wirklich abklingt oder zunimmt? Ob man mehr oder weniger reizbar ist? Mehr oder weniger sensibel auf ein Lied reagiert oder die Blödheit einer Werbeanzeige? Aber vielleicht trug allein schon das Achten auf jede Stimmung zur Veränderung bei. Nach einigen Tagen begann ich, mehr als gewöhnlich zu träumen. Viele Träume hatten mit meiner Kindheit zu tun, ein Zeichen, wie Mangiafuoco gesagt hatte, dass das Mittel wirkte. Dann spürte ich, langsam, aber ganz eindeutig, dass ich wieder ins Gleichgewicht kam; mir ging's immer besser, ich war nicht mehr gereizt und stellte fest, dass ich immer häufiger lachte, und immer mehr aus echter Freude. Es war genau das, was ich mir gewünscht hatte. Mangiafuoco hatten seinen Job großartig erledigt, und ich den meinen, mit ihm.

Was er mir über Magie oder die »Vitalkraft« erzählt hatte, klang wie das Echo von mir bereits vertrauten Gedanken. Der Ansatz, dass ich mich auch selbst behandeln musste, anstatt darauf zu warten, dass andere meine Krankheit heilten, traf genau meine Einstellung. Ich spürte sehr intensiv, dass dieser Sichtweise eine Wahrheit zugrunde lag, die in der Logik der Instandsetzer in New York keine Berücksichtigung fand. Und doch war es eine Wahrheit, die nicht ignoriert werden durfte.

Die Geschichte, wie Norman Cousins, ein erfahrener amerikanischer Journalist und Chefredakteur der *Saturday Review*, gesund wurde, dreht sich ganz um jene Wahrheit, die die Römer bereits kannten und *vis medicatrix naturae* nannten, die Selbstheilungskraft der Natur. Bei Cousins wird eine Krankheit diagnostiziert, für die die allopathische Medizin keinerlei Therapie kennt. Aber mit Mut, Ausdauer und vor allem einer positiven, lebensbejahenden Einstellung mobilisiert er all seine Abwehrkräfte, entdeckt den therapeutischen Wert des Lachens neu und stimuliert jenen Lebenswillen, den jeder Mensch in sich trägt.

Diese Einstellung ging auf eine Begegnung mit dem alten Albert Schweitzer zurück. Cousins war nach Gabun in Afrika gereist, um den berühmten deutschen Philosophen, Musiker und vor allem Arzt kennen zu lernen und über ihn zu schreiben. Es war sicher als Kompliment für diesen außergewöhnlichen Europäer gemeint, der die Wissenschaft in den Dschungel gebracht hatte, als er eines Abends beim gemeinsamen Essen zu ihm sagte: »Was ein Glück für die Menschen hier, einen Arzt wie Sie zu haben. So sind sie nicht mehr auf ihre Medizinmänner angewiesen.«

Schweitzer stieß diese Bemerkung sauer auf. »Was wissen Sie schon über Medizinmänner?«

Nicht sehr viel, musste Cousins einräumen. Am Tag darauf führte ihn der große Arzt zu einer Lichtung im Wald unweit seiner Klinik, um ihn mit jemandem bekannt zu machen, den er als seinen »Kollegen« vorstellte, einen Medizinmann. Schweitzer nötigte Cousins zwei Stunden lang, die Arbeit des Medizinmannes zu beobachten: Einigen Patienten gab er, nachdem sie von ihren Beschwerden berichtet hatten, ein Tütchen mit Kräutern; bei anderen blies er lediglich auf die bezeichneten Stellen und sprach magische Formeln; bei wieder anderen aber zeigte er nur auf Doktor Schweitzer neben ihm.

Schweitzer erklärte Cousins, dass die Patienten der ersten Gruppe an Beschwerden litten, die der Medizinmann mit seinen Kräutern glaubte lindern zu können; die der zweiten an Störungen, bei denen er seelische Ursachen erkannte und die er folglich auch mit seinen psychotherapeutischen Mitteln zu heilen versuchte. Patienten mit schwereren körperlichen Problemen hingegen, wie etwa einem Eingeweidebruch, einer Eileiterschwangerschaft, einem Tumor oder einem Knochenbruch, schickte er ins Krankenhaus zu Doktor Schweitzer.

Doch Cousins war noch nicht überzeugt. »Wie kann man nur erwarten, von einem Medizinmann geheilt zu werden?«

»Sie fragen mich nach dem Geheimnis, das alle Ärzte von Hippokrates an für sich behalten haben.«

»Welches Geheimnis?«

»Medizinmänner heilen auf die gleiche Weise wie wir anderen Ärzte auch. Der Patient weiß es nicht, aber sein wahrer Arzt ist in ihm. Und wir haben Erfolg, wenn wir diesem Arzt Gelegenheit geben, seine Arbeit zu tun.«

Wenige Jahre später sagte Erich Fromm etwas Ähnliches zu einem seiner Schüler, der ihm von einem schwierigen Fall berichtete. »Mach dir nicht zu viele Gedanken. Nicht wir sind es eigentlich, die unsere Patienten heilen. Wir stehen ihnen nur bei und halten zu ihnen, während sie sich selbst helfen.«

Es stimmt tatsächlich: Genauer betrachtet heilen nicht Medikamente den Körper, sondern dieser heilt sich selbst, indem er sich der Medikamente bedient. Ein Orthopäde bringt gebrochene Knochen wieder in die richtige Stellung und gipst sie sorgfältig ein, aber die Heilung ist Aufgabe des Körpers selbst oder seiner »Vitalkraft«, um es mit einem eher magischen Begriff auszudrücken. Tatsache ist aber, dass sich Ärzte heute allein das Verdienst an einer Genesung anrechnen und sehr viel weniger Respekt vor Medizinmännern haben, als noch der alte Albert Schweitzer es hatte.

Entschieden ruhiger und gelassener kehrte ich nach New York zurück. Das Kaleidoskop zeigte zwar noch nicht ständig alles in goldgelben Farben, aber häufig. Die Tröpfchen hatten eine magische Wirkung gezeigt, und mein Interesse an der Homöopathie war gewachsen. Alles, was mit diesem Heilverfahren zu tun hatte, schien der Vernunft, dem gesunden Menschenverstand zu widersprechen. Aber es war faszinierend, und vor allem nicht aggressiv.

Und wie selbstverständlich tauchten Fragen auf. Konnte dieses Mittel, das so positiv auf meine Stimmung gewirkt hatte, nicht doch bei meinem Krebsleiden helfen? Konnten diese Tröpfchen meine Vitalkraft stimulieren und mein verrückt spielendes Immunsystem wieder zur Vernunft bringen? Sämtliche von den Instandsetzern angewandten Behandlungsmethoden hatten gefährliche, zerstörerische Nebenwirkungen. Die der Homöopathie waren vollkommen unschädlich.

Ich wusste, ich hatte keine Zeit für magische Experimente, und doch regten sich Zweifel, gerade hinsichtlich der bevorstehenden Strahlentherapie. Würden vielleicht in zweihundert Jahren die Instandsetzer vom MSKCC auch als Primitive gelten und ihre Therapien als Tortur, die mehr Patienten zu Opfern machte als rettete?, fragte ich mich. Ich hatte nämlich über Homöopathie zu lesen begonnen, und es machte mich stutzig, dass sie gegen Ende des 18., Anfang des 19. Jahrhunderts gerade aus der Ablehnung gegen den damals üblichen Umgang mit Kranken entstanden war: Ans Bett gefesselt, hatten diese eine wahre Folter mit Aderlässen und Klistieren zu erdulden gehabt.

Fast fünfzehn Jahrhunderte lang gründete die Medizin auf der Überzeugung, Krankheiten würden durch Gifte verursacht, häufig als »Säfte« bezeichnet, die um jeden Preis aus dem Körper herauszuschaffen seien: und das nicht allein über die natürlichen Ausscheidungsorgane, sondern auch durch Eingriffe. Am häufigsten angewendet wurde der Aderlass, den an verschiedenen Körperstellen angesetzte Blutegel besorgten. Heute bekommt man eine Gänsehaut, wenn man sich das vorstellt, aber das war noch vor zweihundert Jahren der Stand der medizinischen Wissenschaft. George Washington erlitt in seiner letzten Nacht sieben Aderlässe. Wenig noch, verglichen mit dem bedauernswerten König Ludwig XIII., der siebenundvierzig erdulden musste. In einem Jahr, 1827, importierte Frankreich allein dreiunddreißig Millionen Blutegel, denn durch die ständigen Aderlässe an den Patienten waren die heimischen Ressourcen erschöpft.

»Er hatte so viel schlechtes Blut, dass er, obwohl unablässig zur Ader gelassen, verstarb«, erklärten die Leibärzte König Leopolds II. von Österreich, bei dem sie ein rheumatisches Fieber diagnostiziert hatten.

Es war zu jener Zeit, als sich Samuel Hahnemann, ein 1755 im sächsischen Meißen geborener Arzt mit einer Ausbildung als Chemiker, empört über die Behandlung der Patienten durch seinen Berufsstand, daranmachte, das gesamte Verständnis von Krankheit auf den Kopf zu stellen und ein Heilverfahren zu entwickeln, das ... die Kranken nicht umbrachte. Allein schon dadurch, dass er den mörderischen Methoden der überkommenen Medizin Einhalt gebot, rettete er vielen, vielen Menschen das Leben, was, seinen Kritikern zufolge, auch das einzige Verdienst der Homöopathie bleiben sollte. Aber natürlich steckte sehr viel mehr dahinter.

Hahnemann war ein wacher Beobachter der Natur, ein wahrer Naturwissenschaftler. So fiel ihm zum Beispiel auf, dass bei manchen Patienten das Auftreten einer neuen Krankheit mit der Genesung von einer älteren Erkrankung einherging. Und so kam er darauf, sich genauer mit einem Prinzip zu befassen, das vielen alten Völkern bereits bekannt war: nämlich Ähnliches mit Ähnlichem zu heilen. Hippokrates im Griechenland des 4. Jahrhunderts vor Christus kannte es, Paracelsus in der Renaissance entdeckte es neu, die alten Chinesen hatten es angewandt, ebenso die Mayas oder auch die Indianer Nordamerikas. In Indien zählt es heute noch zur ayurvedischen Tradition, und jeder Inder kennt die Geschichte von Bhima, einem der Protagonisten des *Mahabharata*, der nach einer Vergiftung sein Leben rettet, indem er sich von einer Giftschlange beißen lässt.

Das erste Experiment führte Hahnemann an sich selbst durch. Er entdeckte, dass Chinin, ein Extrakt aus der Rinde des Cinchonabaums, bei einem gesunden Menschen die gleichen Symptome wie Malaria hervorrief. Als er daraufhin winzige Dosen dieses Extrakts einem Malariakranken verabreichte, erlebte er, wie dieser tatsächlich genas. Die Schlussfolgerung lag auf der Hand: Die Verabreichung kleiner Mengen der »Krankheit« ruft deren Symptome hervor und stimuliert so den Körper, sich zu wehren und schließlich zu gesunden. Daran ist nichts Unseriöses: Alle Impfungen, die für uns heute so selbstverständlich sind, funktionieren nach diesem Prinzip. Vielleicht auch jene eigenartige Methode, mit der ein Volksstamm im indischen Bundesstaat Gujarat Tollwut behandelt: Man gibt Zecken aus dem Fell des Hundes, von dem man gebissen wurde, in etwas Wasser und schluckt sie.

Für Hahnemann, der aus einem grenzenlosen pharmazeutischen Angebot der Natur schöpfen konnte, ging es nun darum, herauszufinden, welche »Symptome« die vielen möglichen tierischen, pflanzlichen oder mineralischen Substanzen beim Menschen hervorriefen. Jeder festgestellte Zusammenhang konnte die Entdeckung eines neuen Heilmittels bedeuten.

Seine Familie, dann auch Freiwillige halfen Hahnemann bei diesem Unterfangen. Alle hatten nach der Einnahme einer winzigen Dosis irgendeines Extrakts über alle nicht nur körperlichen, sondern auch psychischen Reaktionen genau Buch zu führen. Aus diesem Material gewann Hahnemann die wichtige Erkenntnis, dass jeder Mensch anders auf einen Reiz, auch eine Erkrankung, reagiert, sei diese nun spontan entstanden oder durch irgendeine Substanz künstlich herbeigeführt. Es stimmt zwar, jede Krankheit geht mit einigen Symptomen einher, die für alle Menschen gleich sind. Aber nicht alle Symptome einer Krankheit treten bei allen Menschen in der gleichen Weise auf. Denn jeder reagiert auf seine persönliche, unverwechselbare Art.

»Jeder Kranke leidet an einer Erkrankung, die keinen Namen hat, einer Erkrankung, die nie zuvor aufgetreten ist und nie wieder auf dieselbe Weise und unter denselben Umständen auftreten wird«, schrieb Hahnemann. So entstand der homöopathische Grundsatz, sich um den Kranken, seine Symptome sowie seine Wahrnehmung der Krankheit zu kümmern, nicht aber um die Krankheit selbst. Viele Menschen haben Kopfschmerzen, aber bei jedem liegen die Gründe dafür anders. Aspirin kann bei allen die Symptome beseitigen, wird aber an den Gründen für die Schmerzen nichts ändern. Und diese Gründe werden sich früher oder später auf anderem Wege Ausdruck verschaffen.

Für den Homöopathen kommt es vor allem darauf an, den Patienten zu verstehen. Dazu muss er ihn aufmerksam beobachten, ihm zuhören. Die Worte, mit denen ein Patient sein Befinden, seine Symptome – vor allem die ungewöhnlichen – beschreibt, sind sehr viel wichtiger als die objektiven Zeichen, die die Krankheit bei ihm hinterlassen hat. Das Aussehen eines Menschen, seine Gewohnheiten, seine Vorlieben beim Essen, seine Stimmungen sind entscheidend für seine homöopathische Einstellung.

Während ich über Hahnemann las, wurde mir auch klar, welche Überlegungen Mangiafuoco zu meiner Person angestellt hatte. Als besonders bezeichnend hatte er meine Erklärung eingeschätzt, ich sähe die Welt wie durch ein Kaleidoskop, wonach er mich als labilen Charakter eingeordnet hatte, der sich schnell begeistert und auch schnell wieder abkühlt, das heißt leicht entflammbar wie Phosphor, um danach zu erlöschen. Er hatte jedoch auch meinen Wunsch ernst genommen, dieses Kaleidoskop unter Kontrolle zu bekommen. Daher war ich für ihn eine »phosphorische«, aber auch eine »bodenständige«, homöopathisch ausgedrückt, »kalkige« Persönlichkeit. So kam er auf das verschriebene Mittel. Nach Hahnemanns System, der jeden Patienten nach dem Namen des für ihn geeignetsten Mittels einordnete, führte er mich in seiner Kartei als einen Calcium phosphoricum.

Dies ist ein wichtiger Punkt in der Homöopathie; der Patient wird nicht nach seiner Erkrankung, sondern nach seinen Symptomen und seinem Mittel definiert. Zum Beispiel: Ein Kranker zeigt sowohl körperlich als auch seelisch jene Symptome, die bei einem gesunden Menschen etwa das Mittel Belladonna hervorruft, und ist damit für den Arzt ein »Belladonna-Patient«. Das heißt in den meisten Fällen: Wurde einmal das passende Mittel für einen Patienten herausgefunden, so bleibt es das für alle Zeiten, egal welche Krankheiten er später entwickelt.

Also: jedem Patienten sein persönliches homöopathisches Mittel. Dies war eine weitere bemerkenswerte Errungenschaft der Homöopathie. Die traditionelle Medizin verwendete Mixturen aus Dutzenden, manchmal Hunderten verschiedener Substanzen, eine jede mit ihren spezifischen Wirkungen; aber man wusste nicht, wie sich diese Substanzen vertrugen, oder jedenfalls kümmerte man sich nicht darum, welche Folgen ihre Kombinationen zeitigen konnten. Das Problem besteht auch heute noch: Man nimmt gleichzeitig verschiedene Medikamente ein, die ohnehin schon Kombinationen sind, ohne genau zu wissen, welche Reaktionen sie im Zusammenspiel auslösen können.

Hahnemann räumte damit auf, durch den Grundsatz, immer nur ein Mittel auf einmal einzunehmen. Funktioniert das erste nicht, versucht man es mit einem zweiten und vielleicht auch noch mit einem dritten. Aber jedes Mal nur eins, so dass man alle Effekte, das heißt die beim Patienten ausgelösten Symptome, genau beobachten kann.

Die Summe dieses Wissens, das durch Experimente mit den verschiedensten Substanzen an gesunden, nicht kranken* Menschen gewonnen wurde, findet sich zusammengefasst in der *Materia Medica,* der Bibel jedes Homöopathen.

Ein weiterer enormer Vorteil homöopathischer Mittel besteht darin, dass Angst vor Nebenwirkungen unnötig ist. Sie haben

* Hahnemann hatte etwas Wichtiges herausgefunden: und zwar nicht nur, dass kranke Menschen anders als gesunde auf dieselbe Substanz reagieren und Tiere anders als Menschen, sondern auch, dass es zwischen den Tierarten selbst große Unterschiede gibt. Morphium etwa führt beim Hund zu Erbrechen, wirkt aber auf Katzen stimulierend; Eisenhut führt beim Schaf zum Tode, einer Ziege macht er aber gar nichts; Antimon ist für Menschen und für viele Tiere tödlich, nicht aber für Elefanten oder Murmeltiere.

einfach keine. Die Verdünnungen sind absolut unschädlich. Anders als allopathische Medikamente, die, um Schadensersatzansprüche auszuschließen, alle mit dem Hinweis »von Kindern fern zu halten« versehen werden, stellen homöopathische Mittel auch in größeren Mengen keinerlei Gefahr dar. Selbst bei einem Kind, das ein ganzes Fläschchen leert, wäre keine Magenspülung notwendig.

Hahnemann hatte ein antikes und daher in gewissem Sinne auch wieder New-Age-nahes Bild vom Menschen und seinem Dasein in der Welt. Er sah ihn als vielschichtiges Wesen, das nicht allein aus Materie besteht, sondern auch aus Intelligenz und Bewusstsein. »Der Geist ist der Schlussstein des Menschen«, schrieb er. Daher war für ihn Krankheit auch als biologisches Phänomen eines von vielen Einflüssen bestimmten Lebens im Zusammenhang mit dem ganzen Menschen zu sehen. »Der Patient ist krank, nicht seine Organe.« Das wusste schon Hippokrates, ebenso wie heutzutage alle Vertreter der so genannten »alternativen« oder ganzheitlichen Medizin.

Hinzu kommt noch, dass die Medizin, laut Hahnemann, ein höheres Ziel verfolgt als die bloße Wiederherstellung körperlicher Gesundheit. »Beim Menschen im Normalzustand«, schrieb er 1810, »beseelt die spirituelle Vitalkraft die Materie des Leibes. Diese Kraft lenkt die Gesamtheit des Organismus und hält die verschiedenen Teile in einem bewundernswerten Gleichgewicht, damit sich der Geist frei dieses gesunden, vitalen Werkzeugs bedienen kann, um die höheren Ziele unseres Daseins zu erreichen.« Kurzum, der menschliche Körper war für ihn sehr viel mehr als nur eine Maschine.

Ein weiterer wichtiger Aspekt der Homöopathie ist seit Hahnemanns Zeiten die Verwendung nur winziger Dosen oder starker Verdünnungen – die so genannten »Potenzen« – der Substanzen, aus denen die Mittel bestehen.

Anfangs ging es darum, dass mit richtigen Giften wie Zyanid oder Arsen experimentiert wurde und diese natürlich nur in kleinsten Mengen verabreicht werden durften. Doch mit der Zeit erkannte Hahnemann, dass die Substanzen, auch wenn er sie noch so oft verdünnte, ihre stimulierende Wirkung auf den Körper nicht verloren. Ganz im Gegenteil sogar. Die Wirksamkeit des Mittels erhöhte sich noch, wenn es weiter verdünnt und hundert Mal geschüttelt – also »dynamisiert« wurde, wie er sagte – und dann noch einmal verdünnt und wieder geschüttelt wurde. Daraus zog Hahnemann in seinen letzten Lebensjahren den Schluss: Ein Mittel ist umso wirksamer, je stärker es verdünnt wurde, selbst wenn im Wasser keine Spuren des ursprünglichen Stoffes mehr nachzuweisen sind.

Was bleibt dann noch erhalten? Vielleicht nur die Erinnerung?

Die Gegner der Homöopathie haben diesen Umstand häufig als Argument benutzt und behauptet, homöopathische Mittel seien nichts als kaltes Wasser und ihre angebliche Heilkraft auf den Placebo-Effekt zurückzuführen.

Aber diese Argumentation ist nicht überzeugend. Ein kürzlich in der medizinischen Zeitschrift *Lancet* veröffentlichter Artikel berichtet von einem Experiment, das an zwei verschiedenen Patientengruppen ohne deren Wissen durchgeführt wurde. Dabei konnten in der ersten Gruppe, die mit homöopathischen Mitteln behandelt wurde, sehr viel mehr Fälle völliger Genesung registriert werden als in der zweiten, mit Placebos versorgten Gruppe, und zwar rund zweieinhalb Mal so viele.

Dennoch ignorieren die Schulmediziner weiterhin all das, was sich außerhalb des engen Raums ihrer Wissenschaft abspielt, und reden hartnäckig vom »Placebo-Effekt«. Und das ist verächtlich gemeint, obwohl es sich doch um ein erstaunliches Phänomen handelt: Ein Mensch glaubt, behandelt zu werden, und behandelt sich dadurch selbst! Er schluckt eine vollkommen unschädliche Substanz, und weil er glaubt, es handele sich um ein wirkungsvolles Medikament, wird er wieder gesund! Und genau das ist doch ein schlagender Beweis für die Macht des Geistes über die Materie! Natürlich ist kein Wissenschaftler bereit, dies einzugestehen, denn damit würde sein Bild von der Welt, vom Menschen und seinem Körper arg ins Wanken geraten.

Und außerdem – wie könnte man bei Säuglingen oder gar bei Tieren von Placebo-Effekt sprechen? Ja, es gibt nämlich auch homöopathische Veterinäre. Mangiafuoco selbst erzählte mir von den Käseproduzenten seiner Gegend: Um einen guten Parmesan herstellen zu können, müssen die Milchkühe eine Form subklinischer Mastitis entwickeln, und damit diese Bakterien in ihrer Milch nicht abgetötet werden, sollte man die Tiere möglichst nicht mit Antibiotika behandeln.

Die Entwicklung der Homöopathie nach Hahnemanns Tod im Jahr 1843 ähnelt sehr der der »alternativen« Heilmethoden heute.

Die Leute waren enttäuscht von den traditionellen Ärzten und fanden es barbarisch und wenig vertrauenerweckend, wie diese ihre Patienten behandelten, nämlich als Objekte, die man beliebig zerschneiden, ausbluten lassen und mit hoch komplizierten Arzneien voll stopfen konnte. Da bot sich die Homöopathie als echte Alternative an, ähnlich wie viele Praktiken, die heute immer mehr Zulauf finden (darunter die Homöopathie selbst). Die Homöopathen befassten sich ausgiebig mit ihren Patienten, und ihre Mittel waren weder aggressiv noch in irgendeiner Form schädlich. Während der Choleraepidemien, die in der ersten Hälfte des 19. Jahrhunderts in Europa zahlreiche Opfer forderten, konnte die Homöopathie ihren guten Ruf weiter festigen. Es stellte sich nämlich heraus, dass es Hahnemanns Schülern gelungen war, achtzig Prozent ihrer Patienten zu retten, gegenüber lediglich fünfzig Prozent der konventionellen Medizin.

Hahnemann starb als berühmter Mann. Er hatte zahlreiche Anhänger und durfte sich rühmen, eine neue medizinische Praxis begründet zu haben, die nicht auf der Diagnose der Erkrankung basierte, sondern auf der des Patienten, die schwieriger war und großes Einfühlungsvermögen erforderte. Ein Heilverfahren, das nicht nur einigen Symptomen Beachtung schenkte, sondern allen. Er hatte damit den Grundstein gelegt zu einer Medizin, mit der sich potenziell auch damals noch unbekannte Krankheiten, vielleicht sogar Aids, erfolgreich behandeln lassen würden.

Auf den fruchtbarsten Boden fiel die Homöopathie zunächst in den USA. Dort war die Medizin von Leuten wie Benjamin Rush geprägt worden, einem Mann, der absolut nichts von den Selbstheilungskräften der Natur wissen wollte und sich unerschütterlich für chirurgische Eingriffe, Rosskuren mit Klistieren und vor allem Aderlässe stark machte. Über ihn hieß es, er habe »mehr Blut vergossen als irgendein Feldherr der Weltgeschichte«. Die Homöopathie warf diese Praktiken, damals die Regel, nun komplett über den Haufen und wurde dadurch immer populärer. Bereits zu Beginn des 20. Jahrhunderts wurde sie an zweiundzwanzig Universitäten gelehrt, Hunderte von Krankenhäusern wandten sie an, mehr als tausend Apotheken verkauften homöopathische Mittel, und circa zwanzig Prozent der amerikanischen Ärzte arbeiteten mit diesem neuen Heilverfahren.

In den USA war die Homöopathie irgendwann so verbreitet und angesehen, dass die Krankenversicherungen ihren Versicherten, die sich homöopathisch behandeln ließen, die Beiträge um zehn Prozent senkten. Aber gerade dieser Erfolg war es, der den Niedergang der Homöopathie einleitete. Die traditionellen Ärzteverbände sahen, wie ihre Mitglieder Kunden verloren, die Pharmaindustrie, wie ihre Gewinne schrumpften – die Mittel waren billig und wurden häufig von den Ärzten selbst hergestellt –, und so baute man die Homöopathie zu einem gefährlichen Rivalen auf, der baldmöglichst aus dem Weg zu räumen war. Pausenlos erfolgten die Angriffe, und schon nach kurzer Zeit war die Homöopathie als Pseudo-Wissenschaft geächtet. An den Universitäten wurden die Homöopathievorlesungen gestrichen, die Homöopathen als Scharlatane verunglimpft. In Europa sah die Entwicklung ähnlich aus, auch wenn sich große Namen, von Mark Twain bis Papst Pius X., von Dickens bis Goethe, William James oder Nathaniel Hawthorne, ihrer Mittel bedienten und sich sogar die englische Königsfamilie von 1830 an homöopathisch behandeln ließ.

Die Fortschritte der traditionellen Medizin waren ein weiterer Grund für den Niedergang der Homöopathie in der westlichen Welt. Das Mikroskop und die Entdeckung der Bakterien machten es möglich, die Ursachen einer jeden Krankheit genauer zu erforschen und damit das Augenmerk immer mehr auf Details, auf Teile des Körpers anstatt auf den Körper als Ganzes zu verlagern.

Nur in Indien hatte die Homöopathie, bereits zu Hahnemanns Lebzeiten durch deutsche Missionare dort bekannt gemacht, eine eigene Geschichte und nahm dort eine fast autonome Entwicklung. Gandhi bezeichnete sie als »raffinierteste, preiswerteste und gewaltloseste Methode, Kranke zu behandeln«, und schlug der

Regierung vor, ihre Verbreitung zu fördern. Und das geschah. 1973 wurde die Homöopathie als eine offizielle medizinische Therapieform anerkannt; hundertzweiundsechzig indische Universitäten bieten heute Studiengänge in Homöopathie an, und hundertfünfzigtausend Ärzte praktizieren sie noch im hintersten Winkel des Landes: und zwar nicht als eine Art Spielzeug für Wohlhabende oder Alternative, sondern als preiswerteste und am leichtesten zugängliche Lösung bei gesundheitlichen Problemen der Armen.

Im Westen, wo man die Wissenschaft zur neuen Religion erhob, leidet die Homöopathie besonders darunter, dass sich ihre Wirksamkeit wissenschaftlich nicht nachweisen lässt. Kein Biologe oder Chemiker ist in der Lage, den Kausalzusammenhang zwischen der Menge einer Substanz, die sich in einem homöopathischen Mittel befindet – oder eben auch nicht mehr befindet –, und ihrer Heilkraft zu beschreiben. Dabei ist es ja gerade diese mechanistische, molekulare Interpretation biologischer Zusammenhänge, die die Homöopathie in Frage stellt. Naturwissenschaft und Homöopathie sprechen zwei verschiedene Sprachen. Wie könnten sie sich verstehen?

Nach dem Zweiten Weltkrieg ist dieser Dialog zwischen Tauben noch komplizierter geworden. Nach weiteren enormen wissenschaftlichen Fortschritten hat man in der medizinischen Praxis endgültig als unhinterfragte Tatsache akzeptiert, dass Erkrankungen durch Alterationen molekularer Mechanismen verursacht werden und die Therapie darin zu bestehen hat, auf diese Moleküle einzuwirken oder sie zu ersetzen – durch Medikamente, die in den Körper des Patienten eingebracht werden: egal, wer dieser nun sein mag, was er empfindet, denkt, glaubt ... oder träumt. Also gerade eben das Gegenteil des homöopathischen Ansatzes!

Dem Homöopathen geht es nicht um die Krankheit, sondern um den Patienten. Und er versteht seine Behandlung nicht als Eingriff von außen in den Körper. Im Gegenteil. Sein Mittel gibt dem Körper lediglich den Anstoß, sich von innen heraus selbst zu heilen. Im homöopathischen Verständnis wirkt die Behandlung von innen nach außen, von oben nach unten, von den wichtigsten Organen zu den weniger wichtigen, vollzieht sich also in der umgekehrten Richtung des Auftretens der Symptome. Mit dem richtigen Mittel verschwinden also zunächst die zuletzt aufgetretenen Symptome und dann die weiteren in umgekehrter Reihenfolge. Deswegen gilt das Auftreten älterer Symptome als gutes Zeichen; es bedeutet, dass die Behandlung funktioniert und der Genesungsprozess in seine abschließende Phase eingetreten ist.

All das ist schon eigenartig und faszinierend, aber auch inakzeptabel für einen normalen wissenschaftlichen Geist. Ein klassischer, an seine Verfahren gewöhnter Arzt wird die folgende Geschichte für absurd halten, von der ein Homöopath als Beispiel einer Genesung berichtet, die nur durch die Betrachtung der Patientin in ihrer Gesamtheit, und nicht auf ihre Krankheit reduziert, möglich wurde: Eine siebzigjährige Frau leidet an einer schweren Osteoporose und lebt im Rollstuhl. Im Gespräch mit dem Homöopathen erzählt sie, sie habe fast jede Nacht den gleichen Traum: und zwar erlebe sie, wie sie aus großer Höhe in die Tiefe stürze. Der Arzt konzentriert sich ganz auf die häufige Wiederkehr des Traums und gibt ihr schließlich ein Mittel, das mit diesem »Symptom« und nicht mit ihrem körperlichen Zustand zu tun hat. Nach einiger Zeit kann die Dame ihren Rollstuhl verlassen und beginnt wieder zu gehen.

Eine Genesung dank der Verdünnung irgendwelcher eigenartigen Substanzen, die in Tröpfchen vor dem Zubettgehen eingenommen werden? Unmöglich, sagen die Ärzte-Wissenschaftler und werfen die Homöopathie – ungerechterweise – in einen Topf mit pseudotherapeutischen Überspanntheiten wie Pyramidologie, Selbstmassage oder Psychogymnastik.

Zweifellos leidet die Homöopathie unter ihrem Ruf als Magie oder, schlimmer noch, Hexerei. Bestenfalls werden ihre Methoden belächelt, weil ihre Verdünnungen doch letztlich nichts anderes als kaltes Wasser seien.

Aber was wissen wir eigentlich vom Wasser? Positivisten, die wir sind, scheint es uns absurd, dass Wasser noch Informationen von Elementen oder Substanzen enthalten könnte, die einmal darin aufgelöst waren, aber jetzt nicht mehr nachweisbar sind. Wissen wir vielleicht, welche unsichtbaren Spuren ein Ereignis an dem Ort, an dem es sich zutrug, hinterlassen hat? Oder was uns

Dinge, Substanzen oder die Moleküle jener Substanzen mitteilen können?

Trotz unseres Anspruchs, alles zu verstehen, und der hochmütigen Verachtung dessen, was nicht wissenschaftlich beweisbar ist, stützen wir uns aber auch, wenn es uns nützt, auf Dinge, von denen wir nicht wissen, wie sie funktionieren. In der Psychiatrie zum Beispiel ist man bei einigen Geisteskrankheiten wieder zur Elektroschockbehandlung zurückgekehrt, obwohl man bis jetzt keine Ahnung hat, wodurch eigentlich die gewünschten Wirkungen hervorgerufen werden. Dennoch geschieht dies mit dem gleichen Vertrauen, mit dem Bäuerinnen in Vollmondnächten ihre Betttücher auf der Wiese ausbreiten, wohl wissend, dass sie so weißer werden als mit jedem Waschmittel. Ähnlich ist es bei den Indern, die morgens regelmäßig ein Glas Wasser trinken, das die Nacht über in einem Kupfergefäß stand, aus dem es eine wohltuende »Energie« bezogen haben soll. Ein Brauch, der vor vielen Jahrhunderten entstand, als man vielleicht den Grund dafür noch besser kannte.

Der erste Schritt zu jeder großen Erkenntnis besteht in dem Wissen, nicht zu wissen. Ein Schritt, den die modernsten, unvoreingenommensten Wissenschaften auf ihre Weise vollziehen, indem sie zum Beispiel Chaostheorien akzeptieren, denen zufolge ein unbedeutendes Ereignis in einem Teil der Welt katastrophale, unvorhersehbare Erschütterungen in einem anderen Teil auslösen kann. In der Wissenschaft erkennt man sogar immer mehr an, dass es im Gegensatz zur bisherigen Auffassung keine objektive Beobachtung gibt, da auch die seelenlosesten Objekte von wissenschaftlichen Beobachtungen nicht unberührt bleiben: Sie reagieren!

Was wir von unserer Welt wissen, ist nur ein unendlich kleiner Teil all dessen, was wir nicht wissen. Genauer betrachtet, sind wir trotz aller gigantischen Fortschritte in den verschiedenen Wissenschaften immer noch umgeben von Phänomenen, bei denen wir nicht die leiseste Ahnung haben, was sie bedeuten oder was sich hinter ihnen verbergen könnte.

Bücher. Bücher. Auch in dieser Hinsicht ist New York phänomenal. Egal, was man lesen will, es ist zu haben, und häufig entdeckt man etwas, von dem man noch nicht mal wusste, dass es so etwas gibt. Mein Jagdrevier waren die kilometerlangen Regale voller Bücher des Strand Bookstore an der Ecke 12th Street/Broadway. Dort findet man zum halben Preis die druckfrischen Exemplare gerade erschienener Werke, die an Rezensenten verschickt und von diesen weiterverkauft wurden, sowie ältere, sonst ausverkaufte Titel.

Eines Tages fiel mir, nicht weit von den Bänden zur alternativen Medizin eingeordnet, das Buch eines englischen Biologen auf. Dem Klappentext entnahm ich, dass der Autor, Rupert Sheldrake, nach seinem Studium in Cambridge im Ashram von Bede Griffiths gelandet war, einem Benediktinermönch und Schüler von C. S. Lewis, der einige lesenswerte Bücher über den Niedergang des modernen Menschen im Materialismus und seine mögliche Erlösung im spirituellen Leben veröffentlicht hat. In jenem Ashram in Shantivanam im indischen Bundesstaat Tamil Nadu schrieb der junge Sheldrake nun seine interessante Abhandlung *A New Science of Life**, in der er seine Erfahrungen und Erkenntnisse als Wissenschaftler mit den Erfahrungen und Ungewissheiten eines Menschen verknüpft, der einen spirituellen Weg eingeschlagen hat.

Sheldrake zufolge besitzen alle Lebewesen und sehr wahrscheinlich auch Mineralien die Fähigkeit, auf irgendeine Weise Dinge zu speichern, die zuvor Artgenossen erlebt haben, ohne dass zwischen ihnen eine Kommunikation stattgefunden hätte – jedenfalls keine uns bekannte Form der Kommunikation. Mit anderen Worten: Nimmt ein Mitglied einer bestimmten Art eine neue Verhaltensweise an, so prägt sich dieses neue Verhalten, wenn es oft genug wiederholt wird, der ganzen Art ein, woraus abzuleiten wäre, dass viele der so genannten unwandelbaren Naturgesetze nichts anderes sind als höchst wandelbare Gewohnheiten. Gewohnheiten, die davon abhängen, was zuvor und wie häufig es zuvor passiert ist.

Sheldrake erzählt zum Beispiel von einem über mehrere Jahre

* Sie erschien in Deutschland unter dem Titel *Das schöpferische Universum*, München 1983. (Anm. d. Übers.)

in London durchgeführten Experiment, in dem Ratten verschiedener Generationen in eine Wanne gesetzt wurden, die sich langsam mit Wasser füllte und aus der es nur einen Ausgang gab. Mit jeder Generation lernten die Ratten besser, sich in Sicherheit zu bringen. Das heißt, ertranken von der ersten Generation noch mehr als die Hälfte der Ratten, so waren es bei den nachfolgenden Generationen schon sehr viel weniger, bis sich zum Schluss alle in Sicherheit bringen konnten.

Vollkommen überraschend ist aber, was sich bei der Wiederholung des Experiments in Australien zeigte. Hier fanden fast alle Ratten der ersten Generation den Ausgang, so als habe sich die Erfahrung der Londoner Ratten in irgendeiner Weise auf die australischen übertragen. Das Gleiche geschieht Sheldrake zufolge bei den Reaktionen von Mineralien und Metallen, die bestimmten Prozessen unterworfen sind. Zum Beispiel kristallisierten in London, bei einem Versuch, ein neues Kristall herzustellen, die Zutaten erst nach mehreren Anläufen. Jedoch gleich beim ersten Mal, wenn später irgendwo auf der Welt das Experiment wiederholt wurde.

Sheldrake zieht daraus den Schluss, dass es eine Art von Erfahrungsanhäufung auf Distanz gibt, ein »Gedächtnis« der Materie, das sowohl Raum als auch Zeit überbrückt. Dies bezeichnet er als »morphische Resonanz«.

Ob es beim Wasser ähnlich ist? Erinnert es sich vielleicht an den Kontakt, die Informationen von Dingen, die einmal durch seinen Körper hindurchgingen? Eine verrückte Vorstellung, möchte man meinen. Und doch könnte diese Verrücktheit plausibel erscheinen, wenn man die biologischen Zusammenhänge unvoreingenommen betrachtet, also nicht nur in den Molekülen die entscheidenden Faktoren für das Funktionieren eines lebenden Organismus sieht, sondern auch die Möglichkeit in Betracht zieht, dass andere Faktoren eine gleichermaßen tragende Rolle spielen: etwa Energie oder bestimmte Informationen biologischer, magnetischer oder elektrischer Art.

Jüngere Experimente belegen, dass Wasser durch die Einwirkung elektromagnetischer Wellen physikalisch-chemische Eigenschaften annimmt, die sich dann auf andere biologische Systeme übertragen lassen. Mit anderen Worten, dem Wasser prägt sich etwas ein, ähnlich wie eine Schrift einem Blatt Papier. Das hieße, das Wasser erinnert sich. Es hätte ein Gedächtnis.

Die homöopathische Ausrichtung der Medizin faszinierte mich, bot sie mir doch zumindest einmal eine Alternative zum rein mechanistischen Ansatz meiner tüchtigen Instandsetzer vom MSKCC. Und meine Zweifel wuchsen.

Ich war unterwegs zwischen meinem Apartment und der Klinik, unterzog mich weiteren Untersuchungen, weiteren Eingriffen, neuen Totalanästhesien und dachte – an das Gedächtnis des Wassers, an das Mittel von Mangiafuoco, an die Möglichkeit, auf die Strahlenbehandlung und ihre therapeutischen Verheerungen zu verzichten.

Schon während der Chemotherapie hatte ich sehr stark den Widerspruch empfunden zwischen meiner Haltung zu den USA, deren Werte ich nicht teilen konnte, und der Tatsache, eben hierher gekommen zu sein, um Rettung zu finden. Und dieser Widerspruch forderte mich jetzt, da ich in gewisser Weise eine Alternative, eine nicht amerikanische Alternative erspäht hatte, umso mehr heraus.

Es liegt auf der Hand, dass das Wesen einer Kultur in allen Erscheinungsformen Ausdruck findet, und die amerikanische Medizin, gewiss die fortschrittlichste der Welt, spiegelte jene imperiale Aggressivität des Landes wider, die mich zunehmend abstieß. Mit dem Fall der Berliner Mauer und ihrem Triumph im Kalten Krieg haben die Vereinigten Staaten nun die letzten Skrupel abgelegt, sich auch so zu zeigen, wie sie sich tatsächlich fühlen: als Krone der menschlichen Schöpfung, als stärkste Macht, die es je auf Erden gab. Diese konzentrierte Arroganz ließ eine Gesellschaft entstehen, die keine Grenzen mehr anerkennen will, die es als ihr natürliches Recht empfindet, über andere zu herrschen, und nicht davor zurückschreckt, »zu zerstören, um zu retten«, wie es ein amerikanischer General in Vietnam ausdrückte, nachdem man ein ganzes Dorf dem Erdboden gleichgemacht hatte, um es vom Vietkong zu befreien.

Auch die amerikanische Medizin, der ich mich anvertraut hatte, zeigte diese Eigenschaften: interventionistisch, aggressiv, zerstörerisch. Sie war es seit der Zeit der Unabhängigkeit. Das Selbstbild als ein grenzenlos offenes Land, das sich in seinem stetigen Drang nach Westen immer weiter ausdehnt, führte zu der Vorstellung, dass auch Krankheiten, wie feindliches Gelände, nach und nach zu erobern seien, ohne Rücksicht auf Verluste, auch wenn es auf dem Weg Massaker geben sollte: Massaker an Indianern oder an Patienten. Einmal las ich, dass vierzig Prozent aller jährlichen Operationen in den USA unnötig seien und mehr Amerikaner unter dem Skalpell sterben, als in einem Jahr im Korea- oder Vietnamkrieg gestorben sind.

Andererseits war es die Medizin in den USA mit ihrem Drang, zu experimentieren, neue Geräte auszuprobieren, neue Techniken und neue Arzneimittel zu entwickeln, die die alten Krankheiten besiegt und das Durchschnittsalter der Menschen beträchtlich erhöht hatte, sagte ich mir. Gewiss: Aber das konnte sie nur dank der beträchtlichen finanziellen Mittel, zu denen man durch eine systematische Ausbeutung der übrigen Welt und der Ressourcen anderer Länder gekommen war, eine Ausbeutung, von der im Grunde auch ich profitierte.

Dies waren also die Gedanken, die mir im Kopf herumschwirrten, während ich mich auf die Strahlentherapie vorbereitete. Die Untersuchungen waren abgeschlossen, und es waren auch einige Simulationsproben gemacht worden. Ein letztes freies Wochenende blieb mir noch. Und es war genau jenes, an dem Mangiafuoco sein homöopathisches Seminar in Boston abhalten würde.

Meine Beziehung zu Amerika war gestört, und auch das alte Boston, das ich noch aus den Zeiten kannte, als ich dort gegen den Vietnamkrieg marschiert war, enttäuschte mich. Die Stadt war nett, anständig, rechtschaffen, aber ohne Größe, ohne irgendetwas, das mich hätte mitreißen können. Ich war mit einem jener kleinen Flugzeuge geflogen, die im Stundentakt zwischen New York und Boston hin und her pendeln, so wie in Florenz die Busse zwischen der Porta Romana und dem Dom unterwegs sind. Bei der Landung schwebten wir über einem Meer von Häuschen, die alle gleich aussahen und zum Glück mit Schnee bedeckt waren.

Alles lief glatt, pünktlich, wie geschmiert. Erst wenn man genau hinschaute, merkte man, dass die große Effizienz des *american way of life* auf einem modernen Kastensystem aufbaut. Schwarze, Puerto-Ricaner und Latinos kümmern sich, so wie früher in Indien die Unberührbaren, um alles, was sich unten, auf dem Boden, befindet, was »schmutzig« ist, vom Kehricht bis zum Gepäck, von den Toiletten bis zu den Busfahrkarten. Sie bekommen wenig – durchschnittlich verdienen sie um die sieben Dollar die Stunde –, doch das Geheimnis liegt darin, dass sie alle überzeugt sind, frei und Bürger der besten aller Welten zu sein.

Nur wenig über den Unberührbaren steht eine typisch amerikanische Kaste: die Gescheiterten, üblicherweise Weiße mit einer normalen Schulbildung. Aus irgendeinem Grund haben sie es nicht geschafft. Und das gnadenlose System ständigen Wettbewerbs, das Aggressivität und Machtmissbrauch belohnt, drängt sie an den Rand. Frustriert, klagend. Opfer. Die drei Taxifahrer, mit denen ich an meinem ersten Tag in Boston zu tun hatte, gehörten dieser Kaste an. Alle drei erzählten mir, kaum dass sie sich hinters Steuer gesetzt hatten, sie seien eigentlich keine Taxifahrer, sondern Drehbuchautoren. Ach, Amerika!

Das Seminar fand rund sechzig Kilometer außerhalb Bostons statt, in einem jener typischen Hotels mit Teppichböden aus Kunstfasern, Möbeln aus Furnierholz und einem großen Schwimmbecken inmitten eines weiten Niemandslandes. Von jeder menschlichen Siedlung meilenweit entfernt, hatte man es nur deshalb dort hingesetzt, weil hier Grund und Boden billig war und man Tagungen zum Schutz der Wale abhalten konnte, Weiterbildungskurse für Kosmetikerinnen oder eben homöopathische Seminare.

Mangiafuocos Seminar verzauberte mich. Es war, als wäre ich auf dem Mars gelandet und entdeckte jetzt, dass die Marsmenschen freundlicher, intelligenter und warmherziger waren als viele Erdenbewohner. Eine Sache war es, über Homöopathie zu lesen, eine ganz andere aber, sich inmitten von vielleicht fünfzig Seminarteilnehmern zu bewegen, die während und zwischen den einzelnen Veranstaltungen über ihre berufliche Praxis diskutierten, ihre Patienten und ihre so mysteriösen Heilmittel.

Auch die »Marsmenschen« gehörten, wie mir bald klar wurde,

zu einer eigenen Kaste: zu der der *drop outs*, wie in den USA jene Leute genannt werden, die vom Zug Richtung Modernität abgesprungen sind, die Zweifel haben, die etwas Höheres anstreben als die üblichen materiellen Ziele der Konsumgesellschaft.

Die Seminarteilnehmer – darunter viele Frauen – waren ausschließlich Leute mit einer, häufig erfolgreichen, Vergangenheit, die sie hinter sich lassen wollten. Einige waren Ärzte gewesen, andere Psychologen. Künstler und Ex-Hippies waren darunter. Viele Männer trugen einen Bart, so als gelte es, ihre »früheren« Gesichter zu verbergen.

Ich hatte den Eindruck, für die meisten war die Hinwendung zur Homöopathie keine nur berufliche, sondern eine Lebensentscheidung. »Um meinen Patienten zu helfen, muss ich sie verstehen, und um sie zu verstehen, muss ich erst mal wissen, was mit mir selbst los ist«, erklärte mir eine Frau um die vierzig, die zuvor als Universitätsbibliothekarin gearbeitet hatte. Eine frühere Malerin hingegen meinte, die Homöopathie sei für sie die »künstlerischste Ausdrucksform«, die sie habe finden können. Viele sahen auch in der wachsenden Popularität der Homöopathie ein Zeichen für eine großc Wende in der Geschichte der Menschheit. Und alle wirkten extrem motiviert. Alle hatten sich eine besondere Aufgabe gestellt.

Die Aufgabe Mangiafuocos ging klar aus seinen Worten hervor: Sein Ziel sei es, der Homöopathie zu größerer wissenschaftlicher Glaubwürdigkeit und seinem Berufsstand wieder zu mehr Würde zu verhelfen. »Wir sind Ärzte, aber wenn man uns als solche ernst nehmen soll, müssen wir selbst etwas dafür tun«, betonte er mehrere Male. »Sicher dürfen wir unseren intuitiven Ansatz nicht aufgeben, der der Menschheit über Jahrtausende das Überleben ermöglichte; aber auch der wissenschaftliche Ansatz, obwohl natürlich sehr viel jünger, ist deswegen nicht von vornherein abzulehnen. Wir müssen versuchen, die Kräfte zu bündeln.«

Er machte keinen Hehl aus der Tatsache, dass die Homöopathie am Scheideweg stehe. Eben weil sie immer populärer werde und als »in« gelte, leide ihr Ruf zunehmend unter einer wachsenden Anzahl von Scharlatanen, die sich nur anmaßten, homöopathisch zu behandeln. Eine weitere Gefahr, so sagte er, gehe von den großen Pharmakonzernen aus. Früher hätten sie die Homöopathie bekämpft, heute aber, mit deren Erfolg vor Augen, versuchten sie, auf dem expandierenden Markt Fuß zu fassen: Sie produzierten homöopathische Mittel gegen diese oder jene Erkrankungen und verstießen damit gegen einen der Grundsätze der Homöopathie: nicht die Krankheit, sondern den Kranken zu behandeln.

Mangiafuocos Pläne sahen eine komplette Revision der homöopathischen Praxis vor; es sollten neue Ärzte gewonnen – etwa unter unzufriedenen allopathischen Medizinern – und neue Mittel entwickelt werden, um so die zur Verfügung stehenden therapeutischen Möglichkeiten auszuweiten.

Die *Materia Medica*, die noch zu Hahnemanns Lebzeiten entstandene Zusammenstellung der homöopathischen Heilmittel, müsse aktualisiert und nach moderneren Kriterien, auch mit Mitteln der elektronischen Datenverarbeitung, neu geordnet werden. Es sei absurd, weiterhin nur die alten Mittel zu verwenden, da es heutzutage doch so einfach sei, mit neuen zu experimentieren. Die Meere zum Beispiel seien eine Schatzkammer möglicher neuer Produkte, aus der man bislang viel zu wenig geschöpft habe. Eben das war das Ziel seine Seminars: die Vorstellung von Homöopathika aus Meeressubstanzen, die er selbst entwickelt und, wie er sagte, mit Erfolg angewendet habe.

Und so dozierte Mangiafuoco mit Hilfe von Grafiken, Lichtbildern und kleinen Zetteln, auf denen er Stichpunkte notiert hatte, über die Tinte der Sepien, über den Panzer des Homarus gammarus (Hummer), das Liebesleben der Quallen, deren Gifte und ganz ausführlich über Seesterne. Allein schon der Name! Er komme daher, dass die Menschen in grauen Vorzeiten diese Meerestiere tatsächlich für vom Firmament gefallene Sterne hielten. Epileptikern habe man geraten, sie zu suchen, weil sie etwas Himmlisches, Göttliches in sich trügen.

Von jedem Tier, jeder Pflanze kannte Mangiafuoco die Mythen, in denen sie vorkamen, die Literatur, in der von ihnen die Rede war, und das verlieh seiner Präsentation jenen Hauch von Magie, deren Bedeutung er ja selbst eingeräumt hatte. Mehrmals wiederholte er, wie wichtig es sei, bei der Untersuchung der Wirkungsweise eines Mittels das Verhalten des Lebewesens zu beobachten, von dem es stammt. Jedes Wesen – sagte er – habe seine eigenen Überlebenstechniken entwickelt; und diese spiegelten sich in der Reaktion des Patienten auf das Homöopathikum wider.

So erzählte er vom Hummer, einem Meeresbewohner, der ohne Beziehung zu anderen Tieren lebt. In seinem Kopf befindet sich ein Organ, ähnlich unserem Ohr, mit einer Art Steinchen darin: sein Gleichgewichtsorgan. Wenn der Hummer wächst und ihm sein Panzer zu eng wird, legt er ihn ab. Da er nun aber schwach und schutzlos ist, gräbt er sich im Sand ein und versteckt sich dort, bis ihm ein neuer Schutzpanzer gewachsen ist. In seinem Magen produziert der Hummer eine milchähnliche Flüssigkeit. Und daraus lasse sich, erklärte Mangiafuoco, ein homöopathisches Mittel extrahieren, das bei Patienten, die unter einer Allergie gegen Milchprodukte leiden, angewendet werden könne.

Er berichtete von seinen Erfahrungen damit: Ein neunjähriger Junge kommt in seine Praxis, in Begleitung seiner Mutter, einer dominanten Frau, Sportlehrerin und Fitnessfanatikerin. Ihr Sohn hingegen ist fett und an Sport vollkommen desinteressiert. Er ist allergisch gegen Milch und alle daraus hergestellten Produkte. Sein Problem sind aber seine immer häufiger werdenden Asthmaanfälle; mittlerweile kommt er nicht mehr ohne Bronchodilatator aus. Verschiedene allopathische Ärzte haben ihm nicht helfen können, und so versucht es die Mutter nun bei einem Homöopathen. Nach einer Mandeloperation ist der Junge unnatürlich schnell gewachsen und dick geworden. Zudem leidet er unter starken Knochenschmerzen. Seine Lieblingsspeise sind Shrimps. Die verdrückt er sogar zusammen mit Obst. Sein Held ist Peter Pan, und als er den Film sah, ließ ihn besonders jene Szene nicht mehr los, als dieser seinen Schatten verliert und ihm ein neuer angenäht werden muss. Der Junge fürchtet sich im Dunkeln.

Während des Gesprächs führt die Mutter das Wort. Sie trägt aus einem Heft vor, in dem sie notiert hat, was sie dem Arzt erzählen will. Der Junge wirkt verschüchtert, und wenn er etwas sagen will, fällt ihm die Mutter schnell ins Wort. Mangiafuoco bringt ihn jedoch dazu, von etwas zu erzählen, das seine Mutter nicht wissen kann: von seinen Träumen. Und dort findet er den Lösungsschlüssel. In seinen Träumen, so berichtet der Junge, begleite ihn häufig ein großer Schatten. Dieser Schatten jedoch macht ihm keine Angst, im Gegenteil fühlt er sich durch ihn beschützt. Mangiafuoco verschreibt ihm Homarus gammarus. Und warum?

»Auf körperlicher Ebene«, erläuterte Mangiafuoco, »ist sein Problem mit der Milchallergie evident. Auf der seelischen hingegen fällt auf, dass ihm seine Mutter keinerlei Stütze ist. Deshalb versucht er, um der Welt gewachsen zu sein, immer dicker zu werden, so als könne er dadurch festeren Halt finden. Shrimps isst er so gern, weil er in diesem Meerestier instinktiv etwas sucht, das ihm vielleicht helfen kann. An seiner Vorliebe für Peter Pan ist vor allem die Tatsache interessant, dass die Frauenfigur, die dem Helden den Schatten wieder annäht, kein mütterlicher Typ ist, sondern ein kleines Mädchen, Wendy. Für den Jungen ist es also nicht die Mutter, die ihn vor der Dunkelheit schützt, sondern sein eigener Schatten. Von daher die Verbindung zu seinem Heißhunger auf Shrimps, und weiter zum Hummer und dessen Panzer, von dem er sich beschützt fühlt.«

Mangiafuoco verschrieb dem Jungen also einen Homarus-gammarus-Extrakt. Der Junge nahm das Homöopathikum ein, und nach ein paar Wochen verlor sich seine Milchallergie, er begann abzunehmen, und die Asthmaanfälle blieben aus.

Ist das noch Medizin? Warum nicht. Arzt ist der, der seinen Patienten hilft, gesund zu werden. Und nicht, wer bloß ein Examen in der Tasche hat. Und ich hatte keinerlei Veranlassung, an der Geschichte des Jungen und seinem Heilungsverlauf zu zweifeln. War es Suggestion? Der Placebo-Effekt? Na wenn schon! Wenn er hilft, dass es den Menschen besser geht, so sei er willkommen!

Wer wissen will, ob ein Brot schmeckt, muss davon essen. Wer wissen will, ob ein Mittel wirkt, muss es ausprobieren. Drei Tage lang erzählte Mangiafuoco von seinen Quallen-, Sepia-, Hummer- und anderen Patienten, die mit Extrakten der jeweiligen Meeresbewohner behandelt wurden. Seine Beschreibungen der verschiedenen homöopathischen Persönlichkeiten mit ihren Gewohnheiten, ihren Handlungsmustern, ihren Vorlieben in Sachen Essen, Wohnen und – Musik empfand ich als anregend; ja, auf die menschliche Natur im Allgemeinen fiel ein anderes, sehr interessantes Licht vor dem Hintergrund der höchst seltsamen Wechselwirkungen zwischen Personen, Tieren und Pflanzen oder zwischen Krankheiten und Heilmitteln, von denen Mangiafuoco berichtete.

Die Teilnehmer hingen an seinen Lippen, und ich mit ihnen. Nicht allem, was er sagte, konnte ich folgen; häufig verstand ich den logischen Zusammenhang zwischen den Dingen nicht (vielleicht gab es da auch gar keinen), erkannte nicht die Beziehung zwischen Ursache und Wirkung (und er warnte sogar davor, sie um jeden Preis zu suchen), aber ich war fasziniert. Es war, als hätte sich ein Spalt geöffnet, und ich könnte einen Blick auf einen unbekannten Planeten werfen. Ein Gefühl, als trüge ich wieder die Brille auf der Nase, die mir, damals als Kind im Kino, die Welt in drei Dimensionen gezeigt hatte.

Aber ich blieb doch Florentiner, das heißt bodenständig, vernünftig. Viele seiner wundersamen Geschichten ließen mich eher ratlos zurück. Ich glaubte zu verstehen, aber ich verstand nicht. Offensichtlich war es auf diesem dermaßen unsicheren Terrain voller esoterischer, mystischer Bezüge weniger die Botschaft, die mitriss, als vielmehr der Bote. Und in dieser Rolle war Mangiafuoco perfekt: intelligent, gebildet, geistreich und voller Charisma. Er war überzeugend, manchmal ganz einfach brillant.

Ein großer Verführer mit einer magischen Flöte.

Ich genoss sie wirklich, diese drei Tage auf dem Mars. Andere Leute, andere Themen, eine andere Logik. Ich überlegte, wie seltsam es war, was mir da widerfuhr – oder ich mir widerfahren ließ? Als ich 1993 die Prophezeiung eines Wahrsagers ernst genommen hatte, hatte ich meinen Lebensrhythmus verlangsamt und begonnen, die Welt mit anderen Augen zu sehen. Nun war es die Krebserkrankung, die mich in ein solches »Seminar« führte und mit solch ungewöhnlichen Leuten zusammenbrachte. Gewiss, meine Erkrankung, mein »Unwohlsein«, wie Mangiafuoco es nannte, hatte seine finstere, lebensbedrohliche Seite; aber auch eine helle, im Sinne einer Erneuerung, der Eröffnung neuer Chancen. Durch jenes »Unwohlsein« hatte ich die Homöopathie entdeckt, an die ich andernfalls keinen Gedanken verschwendet hätte. Vielleicht wollte etwas in mir wachsen, und so hatte der

Tumor zu wachsen begonnen – damit ich weiter wachsen konnte. Mein Gott, ich dachte schon wie ein Homöopath!

Gewiss, diese Nichtlogik der Homöopathen, jenes Denken in der umgekehrten Richtung, nicht im Kleinen, sondern im Großen, war mir unter die Haut gegangen. In gewisser Hinsicht war es das, was ich gesucht hatte, auch wenn ich mich manchmal des Gefühls nicht erwehren konnte, dass in ihrer Argumentationskette ein Glied fehlte. Ich hatte den Eindruck, den phantastischen Saltos eines Trapezkünstlers beizuwohnen, der in der Zirkuskuppel hin und her schwingt – bis er plötzlich eine Stange verfehlt. Und mir war, als stürze mein Geist ins Leere.

Mir wurde klar, dass ich trotz aller Begeisterung für die paradoxe »Vernunft« der Homöopathen nicht ernstlich daran denken konnte, auf die Strahlenbehandlung zu verzichten und stattdessen auf die Magie eines homöopathischen Mittels zu vertrauen. Vielleicht waren es Vorurteile, aber so war ich eben: neugierig, aber rational, wissbegierig, aber nicht tollkühn. Ich zweifelte nicht daran, dass das Calcium phosphoricum mir geholfen hatte, meine Ausgeglichenheit wiederzufinden. Aber ich konnte mich nicht zu der Überzeugung durchringen, dass es auch dem verrückten Treiben meiner Körperzellen ein Ende setzen würde. Und wenn ich selbst nicht daran glaubte, erhöhte sich dadurch das Risiko, dass ein homöopathisches Mittel wirkungslos bleiben würde.

Mit dem schon vertrauten Bus-Flugzeug, das ich in letzter Minute erreichte, als man schon dabei war, die Tür zu schließen, flog ich nach New York zurück und verkroch mich wieder, glücklich, in meiner Höhle.

»Vier von zehn Amerikanern bekommen einmal Krebs«, meldete ein großer Fernsehsender in den Abendnachrichten und berichtete, viele Bürger der Vereinigten Staaten würden immer noch unnötigerweise daran sterben, weil die Versicherungen nicht die Kosten für die neuesten, sündteuren Behandlungsmethoden übernähmen, und das oft mit der Rechtfertigung, dass sie sich noch im »Versuchsstadium« befänden.

So war es auch mit der Strahlenbehandlung, die ich am nächsten Morgen beginnen sollte: ein Experiment, von dem ich wusste, dass es per se Krebs erregend war.

Aber ich hatte mich entschieden.

In der Nacht hatte ich zwei Träume. In einem flog ich über eine Welt, die so entfernt von mir war, dass sie mich nicht mehr interessierte. In dem anderen spazierte ich hingegen am Strand entlang, und die leblosen Objekte, die dort herumlagen, erwachten zum Leben, wenn ich vorüberkam. Es entsprang ein Funke, ein kleines Licht, das zu einem Vogel wurde, der sich frei in die Lüfte erhob und davonflog.

Dieses viele Fliegen deutete ich als gutes Vorzeichen.

In den Fängen der Spinne

»Mister Terzani, sind Sie bereit?«

»Ja«, antwortete ich, und alle suchten das Weite und verschanzten sich hinter den gepanzerten Türen. In der Mitte eines halbdunklen Raumes lag ich mit entblößtem Oberkörper völlig reglos da, darauf bedacht, noch nicht einmal einen tieferen Atemzug zu tun. Vollkommen exakt hatte ich in der Position liegen zu bleiben, in der mein Körper fixiert worden war; die schwarzen Punkte, die man mir auf die Brust tätowiert hatte, mussten sich genau mit den roten Lichtpunkten decken, die die Feueraugen der Höllenmaschine ausstrahlten. »Die Spinne« hatte ich sie getauft, denn ich war nichts anderes mehr als ein kleines Insekt, das sich in dem mysteriösen Netz, das sie um mich spann, verfangen hatte.

Die Spinne hatte einen großen runden Kopf, der mich zunächst von oben aus anblickte, sich dann langsam drehte, seitlich von mir, ohne die Distanz zu verändern, anhielt, sich dann unter mir platzierte, um mich schließlich wieder von oben zu beobachten, wobei sie bei jeder Bewegung ein beunruhigendes Zischen von sich gab, das jetzt wie eine Tierstimme klang, dann wie Stöhnen oder Seufzen. Gefangen in ihrem magischen Netz, fühlte ich mich wie das Opfer einer Umgarnung, der zu widerstehen ich keinerlei Absicht hatte. Denn ich hatte beschlossen, dass mir diese Umarmung das Leben retten würde.

Ich hatte mich auf das gewagte Spiel eingelassen, ähnlich wie früher häufiger im Spielcasino von Macao, wenn ich den ganzen Abend am Black-Jack-Tisch verloren hatte und am Schluss alles, bis auf die Rückfahrkarte im Schnellboot nach Hongkong, beim Roulette auf Schwarz oder Rot setzte, um dann in banger Erwartung das Kullern der Kugel zu verfolgen.

Hinter dem Panzerglas eines großen Bullauges sah ich, wie Krankenschwestern und Techniker das Drehen der Spinne verfolgten, deren Kopf mich nicht enden wollende Minuten lang zielsicher mit tödlichen Strahlen bombardierte. Ich konzentrierte mich auf meinen Atem, versuchte, ihn regelmäßig zu halten – kurzes Ein-, kurzes Ausatmen –, damit sich mein Brustkorb nicht hob, sich nicht weitete, und die Strahlen ins Ziel trafen. Schmerzen hatte ich nicht. Eigentlich fühlte ich gar nichts, außer dass ich einer Macht ausgesetzt war, einer echten *Autorität*, wie ich noch keine getroffen hatte.

Es gehört mittlerweile zum Allgemeinwissen, dass zu viele Röntgenaufnahmen gesundheitsschädlich sind, dass Schwangere nur in absoluten Notfällen den Strahlen ausgesetzt werden dürfen und auch der Zahnarzt dieses einfache Verfahren, Karies festzustellen, nur sparsam einsetzen sollte. Das Risiko besteht darin, dass diese Strahlen, auch bei kleineren Mengen, die Bildung eines Tumors fördern können. Wenn nun aber bereits bei einer Röntgenaufnahme, sagen wir, vom Brustkasten, drei Einheiten jenes Maßes, mit dem man die Strahlen misst, abgegeben werden – und diese schon als gesundheitsgefährdend gelten –, so verpasste mir die Spinne im Verlaufe unserer Treffen (fünf in der Woche, anderthalb Monate lang) mehr als dreitausend davon.

Der »Strahler«, Meister und Dompteur der Spinne, wusste, was er tat. Sehr genau hatte er bei mir, wie in den siebzehn Fällen zuvor, die Pros und Kontras der Bombardierungen kalkuliert und verließ sich auf das Funktionieren eines ganz speziellen Schirms, der, um die Schäden zu begrenzen, genauestens sowohl die Streuung als auch die Tiefe der Strahlungen kontrollierte. Ein Computer zeigte eine dreidimensionale Darstellung des Organs, das beschossen wurde; ein anderer Computer hatte das Modell jenes speziellen Schutzschirms entworfen, der, nach einer Reihe von Versuchen, in einer speziellen, besonders schweren Legierung hergestellt und am Kopf der Spinne angebracht wurde; wieder ein anderer zeichnete die Bombardierungen auf, als wäre er eine Art »Jagd-Computer«, der auf einer Landkarte die Schussbahn verfolgt. Damit ich mich so wenig wie nur irgend möglich bewegte, hatte man mir einen halben Gipspanzer nach Maß angefertigt, in den ich eingepasst und fixiert wurde.

Die noch im Versuchsstadium steckende Therapie, auf die ich mich eingelassen hatte, sah vor, mit starken Strahlendosen die Konzentration außer Kontrolle geratener Zellen an einer bestimmten Stelle des Körpers zu zerstören, ohne dass dadurch »Kollateralschäden« entstanden, wie die Zerstörung einer Schule oder die Tötung von Zivilisten bei einem Luftangriff im Militärjargon genannt werden. In meinem Fall ging es darum, ein Organ zu bombardieren, ohne dass all die anderen darum herum dabei draufgingen.

Meine Love-Affair mit der Spinne war die schwierigste Phase der gesamten Behandlung. Vielleicht, weil ich der Klinik zwei Wochen ferngeblieben war, ging ich jetzt nicht mehr mit dieser gelassenen Neugier wie früher hin. Und vielleicht, weil ich die kunterbunte Schar der Homöopathen so viel von der Natur und natürlichen Heilmitteln hatte reden hören, kam mir nun die weiße Einfarbigkeit der Ärzte und ihrer Medikamente extrem unnatürlich vor. Und die Bestrahlung ganz besonders.

Obwohl sie mich nicht berührte, war ich nach den Rendezvous dermaßen kraftlos, dass ich mich kaum noch auf den Beinen halten konnte. Eine Stunde nach dem Treffen mit der Spinne verbrannte mir ein seltsames Feuer die Eingeweide. Atmete ich tief ein, war es, als inhalierte ich einen Großbrand. So ein Gefühl hatte ich noch nie erlebt, aber es war in keiner Weise unerträglich. Ich nahm es bewusst wahr, dachte darüber nach, und bald schon hatte ich den Brand unter Kontrolle. Häufig wird ja erst dann etwas wirklich unerträglich, wenn man sich sagt, dass es unerträglich sei.

Eine Broschüre klärte mich darüber auf, dass ich durch die Bestrahlungen nicht »radioaktiv« würde. Aber in gewisser Weise tat mir die Spinne mehr Gewalt an als die Chemotherapie, und mehr als die Chemotherapie schwächte sie meine Lebensfreude.

Ich ging seltener aus dem Haus, nahm weniger auf, was um mich herum geschah, konzentrierte mich mehr auf mich selbst und war dadurch weniger dort, wo ich eigentlich sein wollte: über den Dingen.

Ich wusste, es war eine Frage der Perspektive. Ist unser Blick auf die Welt eingeschränkt, kommen uns unsere Probleme, unsere Leiden extrem wichtig vor, und unser Tod entsetzlich, undenkbar. Weitet sich der Blick und sieht man die Welt in ihrer Gesamtheit, ihre Großartigkeit, wird unser Zustand, so erbärmlich er sein mag, Teil dieser unendlichen Weite und des ewigen, natürlichen Auf und Ab des Menschen in dieser Welt.

Ich merkte das an mir selbst, wenn ich den Fernseher einschaltete oder ins Kino ging: Sah ich einen geistlosen Film, wurde ich schwermütig, und die Schmerzen im Unterleib schienen mir entsetzlich. War es ein schöner Film, so wie die restaurierte Fassung von Fellinis *Nächte der Cabiria*, kam mir alles, was mir widerfuhr, wie ein Ausdruck jener »großen und schrecklichen Welt« vor, von der der greise tibetische Mönch Kiplings jungem Kim erzählt – wie eine Episode einer schönen Geschichte. Und ich? Eine Randfigur.

Deswegen ist Kunst, jene wahre, von der Seele geschaffene, so wichtig in unserem Leben. Kunst tröstet uns, erhebt uns, gibt uns Orientierung. Kunst heilt uns. Wir sind nicht nur das, was wir essen, und die Luft, die wir atmen. Wir sind auch die Geschichten, die wir gehört haben, die Märchen, über denen wir als kleine Kinder eingeschlafen sind, die Bücher, die wir gelesen, die Musik, die wir gehört, und die Gefühle, die ein Gemälde, eine Statue, ein Gedicht ins uns geweckt haben.

An einem Tag, als mich das Treffen mit der Spinne mehr angestrengt hatte als gewöhnlich, machte ich mich, in der Hoffnung, auf diese Weise meine Stimmung heben zu können, auf den Weg ins Metropolitan Museum. Aber ich merkte gleich, dass ich mir, trotz aller erfahrenen Mutationen, eine Eigenart bewahrt hatte: meine Abneigung gegen Museen. Besonders jene riesigen, überdimensionalen wie das Metropolitan. Von allem gab es zu viel: zu viele Gemälde, zu viele Besucher, zu viele Statuen, zu viel Hektik, zu viele Läden, zu viele Wärter, zu viel Licht, zu viele Postkarten, Stifte und T-Shirts. Im Metropolitan war es mit der Kunst wie in Balduccis Delikatessenladen in Downtown mit dem Essen. In beiden fand man das Beste aus allen Teilen der Welt: Renaissancegemälde ebenso wie die unterschiedlichsten Pastasorten; griechische Skulpturen und Miniaturen aus der Mogulzeit ebenso wie die ganze Bandbreite der unterschiedlichsten Käse-, Oliven- oder Lachsvariationen. Ich empfand es als erstickend, unverdaulich, und machte, dass ich fortkam.

Die einzigen Museen, in denen ich mich aufhalten kann, sind jene kleinen, nach menschlichem Maß konstruierten wie das Mauritshuis in Den Haag, wo ich in jungen Jahren fast täglich Halt machte auf dem Heimweg von einer Arbeit, die ich nicht mochte, und mir, um mir etwas Gutes zu tun, etwa Saskia anschaute, Rembrandts Frau, jene reife Schönheit mit dem Glas Wein in der Hand; oder das Museum in Lahore, in dem man das Gefühl hat, es werde noch von Kiplings Vater geleitet; oder das kleine Museum in Peshawar, wo einen schon ein in den nahen Bergen gefundener und ohne großen Anspruch auf einen x-beliebigen Sockel gestellter Gandhara-Buddha mit einer Freude erfüllen kann, die den ganzen Tag anhält.

Ich setzte das Metropolitan Museum auf die Liste der Orte, die mich deprimieren. Zum Glück lief im Paris, dem Kino fast vor meiner Haustür, gerade eine Retrospektive aller Filme des Gespanns Merchant / Ivory einschließlich derer, die in Indien spielen. Einige sind wirklich wunderschön. Sie waren meine Rettung. Mit großem Genuss und Erleichterung sah ich sie mir alle an, egal ob zum ersten oder zum wiederholten Mal. Meine Stimmung hob sich und blieb stabil. Die Spinne schreckte mich immer weniger, und ich begann schon darüber nachzudenken, wie ich mich von ihren Strahlen entgiften könnte.

Jahrelang stand auf einem alten Pappkarton, in dem ich alles sammelte, von dem ich glaubte, es könnte mir einmal bei irgendeiner Reise nützlich sein, jener Denkspruch:

> Heilung bringen Pflanzen
> Und das Messer
> Ein Mensch, der aufrecht ist und heilig
> Und die Mantras, die wir singen.

Es waren Worte aus dem 6. Jahrhundert vor Christus, als im heutigen Iran ein Mann lebte, von dem nur wenig bekannt ist. Zarathustra hieß er und war der Begründer – vielleicht auch nur der Erneuerer – einer Religion, in der sich alles ums Feuer drehte: Feuer, das reinigt und selbst immer rein bleibt; Feuer, das unparteiisch ist, weil es gleichermaßen den Weisen wie den Narren wärmt; Feuer, das Licht und Leben spendet; Feuer, das, indem es alles in Asche verwandelt, den Menschen an die Vergänglichkeit der gesamten Schöpfung gemahnt. Und in der Tat zerstörte das Feuer einen großen Teil dessen, was Zarathustra geschrieben, gesagt und gewirkt hatte.

Die Originale jener heiligen Schriften verschwanden im Jahr 330 vor Christus, als bei der Zerstörung von Persepolis durch den Mazedonier Alexander – den wir im Abendland trotz seiner Untaten beharrlich weiter den »Großen« nennen – auch die dortige Bibliothek mit all ihren Schätzen ein Opfer der Flammen wurde. Der Rest ging im 7. Jahrhundert nach Christus verloren, als die Araber, durch Mohammed frisch zum Islam bekehrt, Persien mit Feuer und Schwert eroberten, die Tempel des Landes dem Erdboden gleichmachten, die gesamte Bevölkerung zu Moslems zwangsbekehrten und systematisch jede Spur der toleranten Religion des Feuers auslöschten.

Von Zarathustra und seiner Religion, dem Zoroastrismus, blieb nur das, was einige Gläubige, die die Massaker überlebten, auswendig gelernt hatten, sowie jene wenigen Dinge, die von den rasenden islamischen Bilderstürmern nicht zerstört werden konnten, wie etwa auch jener in den Fels einer unzugänglichen Bergregion eingemeißelte Sinnspruch. Das aber reichte aus, um den Zoroastrismus mit seinen »Feuertempeln« und seinen »Türmen des Schweigens«, auf denen die Verstorbenen nach den Bestattungsfeierlichkeiten den Geiern zum Fraß vorgeworfen werden, als Religion für einige zehntausend Gläubige, die so genannten Parsen, bis heute zu bewahren. Ihre größte Gemeinde findet man in Bombay, also in Indien, einem Land, in dem die Verfolgten aller Religionen – zuletzt die tibetischen Buddhisten – immer eine Zuflucht fanden.

Kurz nach meinem Umzug von Bangkok nach Delhi begann ich mich für die Parsen zu interessieren; ich suchte sie auf, und so landete schließlich jener Satz, »Heilung bringen Pflanzen und das Messer, ein Mensch, der aufrecht ist und heilig, und die Mantras, die wir singen«, als eine Art Wegzehrung auf meinem Pappkarton.

Damals konnte ich nicht ahnen, dass ich selbst eines Tages einmal in jedem einzelnen dieser Mittel meine persönliche Heilung zu finden hoffte. Zu jener Zeit hatte ich mich lediglich für die Pflanzen interessiert, oder besser, für die eine »Pflanze aller Pflanzen«: jenes mythische Gewächs, aus dem – im Glauben vieler Völker – das Lebenselixier gewonnen wird.

Zu allen Epochen schon galt die Natur dem Menschen als eine Art Schatzkammer, und so machte der Mensch sich auf, um im Dunkel der Wälder oder an den Steilhängen eines Gebirges jene Blume zu suchen, jene Wurzel, jenes Kraut, das ihm Rettung verhieß: vor Krankheit, Alter, Tod. Ich selbst plante damals, mich auf eine ganz ähnliche Suche zu begeben, wenn auch mit moderneren Mitteln, um anschließend ein Buch zu schreiben über jene Recherche nach etwas, das es wahrscheinlich gar nicht gibt. Oder vielleicht doch? Eine Pflanze, die körperliche Süchte heilt.

Die Idee dazu kam mir durch das eigenartige Buch eines gewissen James S. Lee – wahrscheinlich ein Pseudonym –, das 1935 in England erschien. Es trägt den Titel *The Underworld of the East* und beschreibt die achtzehn höchst abenteuerlichen Jahre, die der Autor um die Wende zum 20. Jahrhundert als Bergbauingenieur in Diensten eines englischen Unternehmens in den Kohlenbergwerken Chinas, Indiens und des Malaiischen Archipels verbrachte. Was die Geschichte so interessant macht, ist die Schilderung, wie er, nach den unglaublichsten Erfahrungen mit allen Sorten von Rauschgiften, von Morphium bis Kokain, von Opium bis Haschisch, mittlerweile vollkommen abhängig und gesundheitlich stark angegriffen, nun einen Weg findet, sein Leben zu retten. Eines Abends sitzt er in einer kleinen Siedlung an einem Flusslauf im Dschungel Sumatras auf einer Veranda am Ufer, als ein Sampan mit einigen Malaien an Bord vor ihm anlegt. Die Männer, die aus dem tiefsten Dschungel kommen, schlagen ihm einen Tauschhandel vor: ein Bund mit Kräutern und Wurzeln gegen etwas Opium. Lee schlägt ein, weil er in dem Bund eine faszinierende Pflanze entdeckt hat, die ihm völlig unbekannt ist: ein kleiner Strauch mit Knospen übervoll mit Samen.

Lee löst die Samen aus den Knospen, kocht sie in Wasser auf und lässt die Flüssigkeit verdampfen. So erhält er ein weißes Pulver, das er an Mäusen testet, denen er es unter etwas Futter als Köder mischt. Als er feststellt, dass die Nager überleben, probiert er es an sich selbst aus. Mit einem überraschenden Ergebnis: Das aus den Samen gewonnene weiße Pulver beseitigt die Wirkung jeder Droge und verleiht eine große – sowohl mentale als auch körperliche – Vitalität. Mit diesem Pulver bekämpft er nun seine Sucht und schafft es, dass er irgendwann alle Spritzen, Pfeifen und sonstigen Utensilien, die ihm über Jahre unentbehrlich waren, vernichten kann. Er hat ein Wundermittel gefunden und nennt es: Lebenselixier.

Ob die Geschichte wahr ist? Schwer zu sagen. Aber bereits die Möglichkeit faszinierte mich. Wie viele junge Menschen könnten sich am eigenen Schopf aus dem Drogensumpf ziehen, würde es irgendwo auf Sumatra tatsächlich solch eine Wunderpflanze geben! Und so plante ich nun, sie anhand von James Lees Erzählung und seiner Ortsbeschreibungen zu suchen. Ich würde ja sehen, wohin mich diese Spur führte!

Der Autor selbst war bereits ein Mysterium: Der englische Verlag, der *The Underworld of the East* veröffentlicht hatte, antwortete nicht auf mein mehrmaliges Bitten nach näheren Informationen, so als wollte man dort mit der Geschichte nichts mehr zu tun haben; und das von James Lee angekündigte zweite Buch mit weiteren Abenteuern seines Lebens war unauffindbar und vielleicht niemals erschienen.

Dennoch glaubte ich nicht, dass der Mann pure Fiktion war. Zu authentisch klang seine Erzählung, wie er in einer verlassenen Gegend im indischen Assam an Malaria erkrankt, dort seine erste Morphiumspritze erhält und dann, bereits süchtig, auf Kokain und die anderen Drogen umsteigt. Und ebenso echt klang seine Enttäuschung über die Zeit, in der er lebte. Durch seinen Beruf gezwungen, sich immer wieder ins Erdinnere hinabzubegeben, wo er auch einige Gefährten bei Gasexplosionen oder Stolleneinstürzen sterben sieht, entwickelt James Lee ein Weltbild, das man heute als »New Age« bezeichnen würde. Die Erde ist für ihn – der die Gaia-Theorie um einige Jahrzehnte vorwegzunehmen scheint – ein großes, vielschichtiges Lebewesen, dem der Mensch in seiner Habgier aber keinerlei Respekt zollt. Ganz im Gegenteil.

Mit allem, was er tut, fügt er ihm, diesem Wesen, entsetzliche Wunden zu. Und die Erde, schreibt Lee, wehrt sich gegen diesen Parasiten, den Menschen, mit Erdbeben und Krankheiten, mit Dürren und Überschwemmungen, Hungersnöten, Explosionen, Taifunen und Feuersbrünsten.

Der Mensch wird mit seinen Wissenschaften große Fortschritte erzielen, schreibt unser Autor. Er wird künstliches Essen erfinden, in unterirdischen, aufwendig beleuchteten und belüfteten Städten wohnen und immer tiefer ins Erdreich vorstoßen, um Brennstoffe zu finden und die Sonne zu ersetzen, die langsam immer mehr verlöschen wird. Zudem werde er versuchen, sein Leben immer weiter zu verlängern, diesen Kampf am Ende aber verlieren. In dieser ganzen Sorge des Autors als Grüner *ante litteram* spürte man die Aufrichtigkeit. Sollte er da bezüglich der »Wunderpflanze« gelogen haben?

Gesteigert wurde meine Neugierde noch durch die Reaktion eines Experten. Ich hatte Fotokopien des Buches an einen italienischen Chemiker gesandt, der sich, wie ich wusste, lange Zeit mit der Materie beschäftigt hatte, und ihn gefragt, was er von der Sache halte und ob er schon einmal von der Existenz dieses Strauches gehört habe. Die Antwort war überraschend: Ja, es könne sich um eine Mitragyna handeln, niedrig wachsende Bäume, deren Holz nicht sehr geschätzt sei. Sie brächten Früchte hervor, die wie kleine Melonen aussähen und voller schwarzer Samen seien. Man kenne davon zwölf verschiedene Arten. Ein Amerikaner namens Shellard habe in den siebziger Jahren lange darüber geforscht und herausgefunden, dass sie Alkaloide enthielten, die genau die von James Lee beschriebenen Wirkungen hervorrufen könnten. »Mich überrascht nur«, schrieb mir der Chemiker zum Schluss, »dass noch kein Pharmaunternehmen diese Forschungsergebnisse für sich genutzt hat. Warum, weiß ich auch nicht.« Donnerwetter! Dieses Warum war der perfekte Beginn einer Geschichte, der erste Schritt der Reise, die ich im Kopf bereits plante.

Von dem Chemiker erhielt ich noch verschiedene E-Mails mit weiteren Informationen, die alle in den erwähnten Pappkarton zu den anderen Notizen, Zeitungsausschnitten und alten Landkarten von Sumatra wanderten. Mich reizte es nachzuforschen, inwieweit Zarathustra und zweitausendsechshundert Jahre nach ihm James Lee Recht hatten mit ihrer Einschätzung bezüglich der Heilkraft von Pflanzen, und natürlich auch, wieso solche bedeutenden Erkenntnisse in Vergessenheit geraten oder bewusst unterdrückt worden waren.

Leider zerschlugen sich dann meine Pläne; ich fand einfach keine Gelegenheit, den Spuren James Lees und seines »Wunderstrauchs« nachzugehen. Doch natürlich dachte ich zuallererst an Kräuter, als ich mich jetzt auf eine andere Suche begab: vielleicht weniger nach einem Mittel, das mich »heilte«, so aber doch nach einer natürlichen Möglichkeit, mich von all den aggressiven Substanzen zu entgiften, mit denen mich die höchst unnatürliche medizinische Behandlung so reich versorgt hatte.

Eines Tages entdeckte ich am schwarzen Brett des Open Center – ich war zu einer meiner letzten Tarot-Stunden gekommen – die Ankündigung eines Kurses, den eine bekannte Kräuterkundlerin anbot. Genau das, was ich jetzt brauchte. Ich rief sie an, erzählte ihr von meiner Situation und bat sie um ein Treffen. Sie gab mir einen Termin, und eines Morgens machte ich mich auf die Reise: nicht nach Sumatra, sondern nach New Jersey.

Es regnete, und New York wirkte so trist, wie nur Städte im Regen wirken können, wenn die Passanten, besonders jene ohne Schirm, geduckt vorüberhasten, um weniger nass zu werden, und wo vor allem der Duft des Wassers auf der ausgedörrten Erde fehlt und jenes freudige Aufatmen, das in der Natur jede erste Regenflut begrüßt: ein perfekter Tag, um sich klar darüber zu werden, wie einseitig der Eindruck war, den ich von meinem privilegierten, geschützten Observatorium im wohlhabenden Zentrum Manhattans aus vom New Yorker Leben gewonnen hatte.

Schon der riesengroße sterile Busbahnhof wirkte deprimierend: viele Menschen, aber jeder für sich, jeder mit *seiner* Tüte, *seiner* Tasche oder vor *seinem* Plastikteller mit irgendeinem Plastikessen. Viele Menschen und doch ein großes Schweigen, nur unterbrochen von den Stimmen der Lautsprecheransagen.

Die Fahrt durch den Lincoln-Tunnel glich einer Grenzüberschreitung. Wir tauchten aus dem Dunkel auf und waren in einem anderen Amerika: weite Flächen mit Parkplätzen, niedrige Häuser, Imbissbuden, billige Hotels, alles provisorisch, alles dazu gedacht, gerade mal eine Saison zu halten. Wohin ich auch blickte, überall amerikanische Flaggen: gigantisch an den Tankstellen, Postämtern, Feuerwehrwachen; groß vor den Fenstern und in den Vorgärten; klein an jedem einzelnen der Gebrauchtwagen, die zu Hunderten und Aberhunderten längs der Straße zum Verkauf angeboten wurden.

Auch der Busfahrer, ein freundlicher Roboter von unglaublicher Leibesfülle, trug die *Stars and Stripes* aufgestickt auf seinem akkurat gebügelten weißen Hemd. Ich wurde schläfrig und bat ihn, mich an meiner Haltestelle zu wecken.

Während ich so vor mich hin döste, musste ich innerlich lächeln über die Fahrt, die ich hier machte, weil ich an Kräuter dachte und daran, wie vertraut noch meine Großeltern, die jeweils Bauernfamilien entstammten, mit allem waren, was die Natur Heilsames anbietet. Hatte man Bauchweh, Schnupfen oder Durchfall? Nun, dann ging irgendjemand raus aufs Feld und kam mit einem Kraut zurück und sagte: »Koch das und trink es heute Abend.« Die Natur war der erste Arzt, an den sich alle wandten. Dazu reichte es, die Blätter und Blüten, Samen oder Rinden der Pflanzen zu kennen. Dieses ganze Wissen habe ich selbst, im Laufe meines Lebens, vor meinen Augen verschwinden sehen. Schon meine Mutter wollte nichts mehr von den Brustwickeln wissen, die Großmutter zubereitete, wenn ich Husten hatte. Sie ging lieber zur Apotheke und ließ sich etwas Moderneres, Chemisches geben. Das war teurer, also musste es besser sein.

In allen antiken Kulturen findet sich, in der einen oder anderen Weise, die Vorstellung, dass es neben dem, was die Natur für jeden erreichbar anbietet, noch etwas Besonderes gibt, etwas Seltenes, Wundermächtiges, das sich in finsteren Wäldern und unzugänglichen Gebirgsschluchten verbirgt. So war Ginseng für die Chinesen, bevor es massenhaft angebaut und zum Industrieprodukt wurde, die Essenz der Erde selbst in Menschengestalt, eine Fee – und die Umrisse waren unverkennbar –, die nur in großen Höhen gedieh, um so zum Allheilmittel gegen tausend Beschwerden zu werden; besonders gegen Alterserscheinungen.

Den Indern galt Soma, das sogar in den Veden, den heiligen Schriften, Erwähnung findet und das die Yogis, wie es heißt, benutzt haben sollen, um bis zu zweihundert Jahre alt zu werden, als Kraut der Unsterblichkeit, das nur im Himalaya in einer Höhe über viertausend Metern wuchs. Heutzutage sucht niemand mehr danach, so als sei nicht nur die Pflanze selbst, falls es sie je gegeben hat, sondern auch das Wissen um sie verschwunden.

Aber wissen wir heute vielleicht, wieso die Mistel seit Jahrhunderten als Glücksbringer gilt? Wieso die keltischen Druiden sie nur mit einer goldenen Sichel ernteten? Warum sie ins kollektive Gedächtnis vieler verschiedener Völker als ein Gewächs Eingang fand, um das sich viele Geheimnisse ranken, als heilige Pflanze, die bei den unterschiedlichsten, besonders seelischen Beschwerden helfen sollte? Nein, das wissen wir nicht. Aber dennoch hängen wir uns weiterhin, speziell vor Weihnachten, als Glücksbringer einen Zweig jenes eigenartigen Parasiten an die Haustür, der sich an Eiche, Pinie oder Birke anklammert und grün bleibt, während die Bäume, von denen er sich durch Absaugen des Pflanzensaftes ernährt, ihre Blätter verlieren und in den Winterschlaf fallen.

Die Mistel an sich ist ohne Nutzen. Sowohl das Holz als auch die Blätter sind zu nichts zu gebrauchen. Wissenschaftlich ausgedrückt, haben ihre Beeren keine besonderen Eigenschaften. Und doch dienen sie den Waldtauben im Winter als überlebenswichtige Nahrung. Und in Deutschland wurde kürzlich eine Klinik eröffnet, in der man bestimmte Krebsformen mit Mistelbeerenextrakt behandelt.

Der Busfahrer hatte nicht vergessen, mir Bescheid zu sagen. Ich stieg aus und fand mich auf der Hauptstraße eines Städtchens wieder, das aussah, als sei es erst am Vorabend als Kulisse für einen Horrorfilm hochgezogen worden. Vielleicht wurde der Film auch gerade in diesem Moment gedreht, hätte man meinen können, wenn man die schlecht gekleideten, leichenblassen Frauen auf den Gehsteigen sah. Es war zwar erst zehn Uhr morgens, doch einige waren ganz offensichtlich schon betrunken. Die Häuser waren alle winzig, einstöckig, aus Holz und größtenteils unbewohnt, viele mit dem Schild »zu verkaufen« an der Haustür. Dennoch kam ich auf den zweihundert Metern, die ich von der Bushaltestelle bis zu meinem Ziel zurücklegen musste, an einem »Ganzheitlichen Wellness-Center«, einem »Meditations- und Yoga-Center« und der Praxis eines Chiropraktikers vorbei.

Meine Herbalistin hatte sich in einem alten Gebäude, ebenfalls aus schon faulendem Holz, niedergelassen, von dessen himmelblauer Fassade die Farbe abblätterte. Ich war ein wenig zu früh dran, und so nahm ich auf einem Plastikstuhl vor ihrer Tür Platz und beobachtete, wie das Regenwasser ungestört vom Speicher auf den Teppichboden im Eingangsbereich tröpfelte. Hinter der Tür hörte ich, wie die Kräuterexpertin der Patientin vor mir zum Abschluss ihres Termins noch einmal die Bedeutung der »Karma-Bindung« klar machte und ihr versicherte, wie sehr sich auch ihr Leben dank dieser Bindung zum Positiven gewandelt habe. Eine Frau habe ihr geraten, ihrer Karriere einen Schub zu geben, und sie sei jetzt endlich eine »selbstverwirklichte« Frau: als Kursleiterin am Open Center in New York!

Und meine »Karma-Bindung«? Seit Jahren plante ich eine Expedition auf den Spuren des Lebenselixiers, und nun fand ich mich, statt im Dschungel Sumatras, unter dem lecken Dach des Wartezimmers einer unbekannten Kräuterkundlerin in einem Arbeiterstädtchen New Jerseys wieder!

Die Begegnung war sehr nett und fruchtlos. Die Herbalistin war eine schöne Frau um die vierzig, natürlich und ungeschminkt, schlicht gekleidet mit einem langen, weiten Rock, der eine beginnende Fettleibigkeit kaschierte. Ihr blondes Haar war im Nacken zu einem Pferdeschwanz zusammengefasst, der ihr bis zur Taille reichte. Sie empfing mich überaus freundlich, bat mich, auf dem Fußboden Platz zu nehmen, setzte sich selbst im Lotussitz auf einen schmalen Teppich und entzündete, eigens für mich, wie sie sagte, ein Räucherstäbchen vor einem einfachen hölzernen Buddha auf einem Altärchen. Der kleine Raum war weiß gestrichen und mit dem ganzen Schnickschnack ausgestattet, den man in Orient- und New-Age-Lädchen kaufen kann. Für mich war es natürlich, auf der Erde zu sitzen – seit Jahren schrieb und las ich schon so –, aber ich fragte mich, wie sich ihre anderen Patienten dabei fühlten.

Ihre erste Feststellung klang feministisch: In früheren Zeiten sei jeder, der sich ein wenig mit den Kräften der Natur auskannte, misstrauisch beäugt worden, und viele Frauen, die mit Kräutern heilten, habe man der Hexerei bezichtigt und auf den Scheiterhaufen geschickt. Dann ging es antimodernistisch weiter: Die dogmatischen Religionen und die modernen Wissenschaften hätten alle animistischen Religionen, wie die der amerikanischen Ureinwohner, unterdrückt und damit all unsere Verbindungen zur Welt, die uns umgibt, gekappt. »Damit haben wir jenen Teil unseres Selbst verloren, der intuitiv war und uns mit der Natur und ihren Kräften verband. Und den will ich wiederentdecken und zu neuem Leben erwecken«, erläuterte sie mir ihre Berufung. »Pflanzen sind eine Möglichkeit, den Kontakt zum Göttlichen wiederherzustellen.«

Sie gefiel mir. Was sie mir sagte, war mir vertraut; größtenteils war es auch meine Einstellung. Aber offensichtlich war auch, dass meine Expedition fehlgeschlagen war. Nicht in richtigen Worten oder einem ehrlichen Menschen würde ich das finden können, was ich suchte. Das spürte sie selbst auch, aber wir machten tapfer weiter. Wir unterhielten uns über Krebs, über das Immunsystem und die Dinge, die sie mir raten konnte. Sie verschrieb mir tägliche Dosen Chlorophyll, wie es auch Mangiafuoco getan hatte, dann die Extrakte zweier chinesischer Kräuter sowie Algenextrakte, die ich bei einer Adresse in New Hampshire bestellen sollte. Sie riet mir, viel Karottensaft zu trinken und häufig Pilze, speziell Shiitake, zu essen. Zum Schluss erklärte sie dann noch, mehr verunsichert von der absurden Situation als ich selbst, der wichtigste Teil ihrer Behandlung aber sei die »positive Energie«, die sie zu mir aussende, auch wenn ich fern sei. Ich musste mir das Lachen verkneifen, und um sie nicht zu beleidigen, gab ich ihr schließlich mehr, als ich ihr schuldig war.

Bei der Rückfahrt war es ein hübsches schwarzes Mädchen, das den Bus fuhr, sie ebenfalls mit den *Stars and Stripes* auf dem Ärmel. Die Fahrgäste waren schweigende Zombies, und ich war einer von ihnen.

Den Weg vom Busbahnhof zu meiner Höhle sollte man eher meiden, wenn man vorhat, sich mit den USA auszusöhnen: Er führt durch ein hässliches Viertel mit billigen Bekleidungsgeschäften für Arme, Cafés für Singles und reichlich Pornoläden »nur für Erwachsene«. Um die Tristesse abzuschütteln, lief ich Richtung 5th Avenue, und dort ändert sich schlagartig das Bild: elegante Boutiquen, Buchläden, schicke Restaurants, große Apotheken. Dennoch schienen, wie die Inder sagen, meine Augen nur den Schatten wahrzunehmen, den jede Lampe wirft.

Während ich an einer Ampel auf Grün wartete, fesselte mich der Anblick, den mir das Zwischengeschoss des gegenüberliegenden Gebäudes bot: Dutzende Männer und Frauen im Rechteck großer Fenster rannten und rannten, ohne von der Stelle zu kommen, schwitzend und mit hochroten Köpfen, den Blick zur Straße gerichtet. Nicht zum ersten Mal sah ich ein Fitness-Center, aber der Anblick all dieser jungen Leute, die nach Büroschluss dorthin geeilt waren, um hier Frust und Fett loszuwerden, schien mir wie ein Sinnbild dieser Gesellschaft: laufen, um zu laufen, ständig in Bewegung, ständig auf Achse, um nirgendwo anzukommen.

Ich kam mir vor wie einer jener Tibeter in der Geschichte, die mir einmal der Bruder des Dalai Lama erzählt hatte. Im Jahr 1950 wurde eine Delegation von Mönchen und hohen Beamten, die nie aus Tibet herausgekommen waren, nach London eingeladen, weil man von ihnen hören wollte, was England für ihr Land tun könne. Sie kamen aus einer armen, rückständigen, aber wunderschönen Welt. Sie waren gewöhnt an leere Weiten, eine Natur in den schillerndsten Farben, und auch sie selbst waren eine kunterbunte Schar in ihren Gewändern, Mänteln und Kopfbedeckungen. Überaus höflich wurden sie in London aufgenommen. Man zeigte ihnen die Stadt, und so fanden sie sich auch mit ihren Begleitern in der Londoner U-Bahn wieder. Die Gäste waren entgeistert: diese vielen, vielen Leute unter der Erde! Schwarz gekleidete Männer mit der Melone auf dem Kopf die Zeitung lesend auf den Rolltreppen, Trauben von Menschen, die sich drängelnd durch die Gänge schoben, um einen abfahrenden Zug noch zu erwischen; und niemand unterhielt sich, niemand lächelte. Da wandte sich der Leiter der tibetischen Delegation an den englischen Begleiter und fragte ihn voller Mitleid: »Was können wir für euch tun?«

Ich weiß: Solche Tibeter gibt es heute auch nicht mehr. Auch sie träumen heute davon, in London zu leben und zu rennen, ohne von der Stelle zu kommen. Doch die grundsätzliche Frage bleibt: Wer ist hier rückständiger?

Mit dem Rezept der Herbalistin in der Tasche betrat ich einen Vitamin-Shop, in der Annahme, dort etwas von dem zu finden, was sie mir verschrieben hatte. Doch das Erste, was ich sah zwischen den riesengroßen Plastikdosen mit allen nur denkbaren Kombinationen von Vitaminen in Pillenform und Knoblauch-, Zwiebel- und Ginkgoextrakten, war ein *Homeopathic Kit*: eine hübsche Schachtel mit fünf Reihen von Fläschchen, ein jedes mit einem bunten Schildchen mit dem Namen des Mittels darauf. Sogar meines war darunter! Resigniert ließ ich die Arme sinken. *Mein* Mittel besaß seinen Wert und hatte geholfen, weil ich nur über eine ganze Reihe von Personen an es herangekommen war, weil ich dazu eine vom Nebel verschluckte Ebene hatte durchqueren müssen und es in einer an einen Fellini-Film erinnernden Apotheke, die nur für mich geöffnet war, gekauft hatte. Dort drin, in dieser Verpackung mit den langen »Anwendungshinweisen« in einem x-beliebigen Vitamin-Shop Manhattans zum Verkauf angeboten, war es nichts mehr wert. So wie alles Übrige auch, dachte ich bei mir: vom Qigong Master Hus über Kundalini-Yoga im Open Center bis zu den Meditationen und Kräutern der schönen Hexe in New Jersey.

Alles, was ich hier sah, kam mir pervers vor: eine Gesellschaft, in der nichts und niemand respektiert wird, in der aber alle überzeugt sind, frei zu sein und auf alles ein Recht zu haben, einschließlich dem, in Einsamkeit und Traurigkeit zu enden.

Auf der Höhe der 50th Street fiel mir ein nicht mehr ganz junger Mann auf, unvorteilhaft gekleidet, kränklich – wahrscheinlich ein Provinzler auf Besuch in New York –, der sich von seiner Frau vor dem Schriftzug eines vietnamesischen Restaurants fotografieren ließ. Ich stellte mir vor, wie er das Foto neben einem anderen aufstellte, einem älteren, aufgenommen damals, als er in

Vietnam diente. Ich hätte ihn umarmen können. Mit ihm verband mich etwas: unsere Sehnsucht nach Saigon, nach dem Geruch faulenden Gemüses und einer Zeit, in der in unserem Leben noch alles mehr auf das Wesentliche konzentriert war.

Wochen und Monate waren vergangen, und es kam der Tag, den viele Krebskranke, aus einem der seltsamen Widersprüche des Lebens heraus, am meisten fürchten: der letzte Tag des Krankseins. Jene bedrückt die Angst vor einem Rückfall in die Krankheit. Bei mir war es die Angst vor einem Rückfall ins frühere Leben.

»Wir haben alles getan, was wir tun konnten. Sie können beruhigt gehen. Führen Sie ein normales Leben, und in drei Monaten wollen wir Sie wiedersehen«, gab mir Doktor Glücksbringer, meine wunderbare Ärztin, mit auf den Weg, mit dem zufriedenen Lächeln eines Mechanikers, der dem Kunden die Schlüssel seines reparierten Wagens zurückgibt.

»Ein normales Leben«? Das war das Letzte, wonach es mich drängte. Wieder so leben wie zuvor? In die alte Tretmühle zurückfallen? Mit den Zeitungen, Interviews, Abendessen mit Diplomaten, angeforderten Artikeln, dem vielen überflüssigen Geplapper, wie etwa im Fahrstuhl, wenn man zum dreißigsten Stock hinauffährt und sich trotzdem sehnlichst wünscht, die Treppe genommen zu haben? Konversation? Nein, bitte nicht!

War ich dazu »instand gesetzt« worden? Das hätte sich nicht gelohnt. Zudem war ich ja überzeugt, dass meine Krebserkrankung auch irgendwie mit dem Leben zusammenhing, das ich geführt hatte, und ich hatte für mich beschlossen, anders zu leben. Anders war allein schon mein Körper: Ein dicker Bruch wölbte meine vom Assistenten des Chirurgen schlecht zusammengenähte Bauchdecke, meine Haare wuchsen mehr schlecht als recht nach, und alle meine Bewegungen waren langsamer geworden. Und anders war auch ich selbst: Mir war wie nie zuvor meine Sterblichkeit bewusst. Ich dachte anders, fühlte anders. Meine Beziehung zur Welt überhaupt war anders geworden.

All das lag für mich klar auf der Hand. Für meine Mitmenschen aber nicht. Anders leben zu wollen, dafür musste ich hart kämpfen, mehr als in der Chemotherapie oder bei den Bestrahlungen. Denn um den Kranken herum formiert sich so etwas wie eine wohlmeinende Verschwörung all jener, die ihn davon überzeugen wollen, die Krankheit sei nur ein vorübergehender Zustand gewesen und die Rückkehr zum Leben davor das Schönste, was man sich wünschen kann. Und Verschwörer sind sie alle: die Ärzte, die Familie, die Freunde. Alle in bester Absicht. Alle in tiefer Sorge, weil da einer nicht wieder »normal« werden will. Und von allen hört man, so oder mit anderen Worten: »Auf, nur Mut, du wirst sehen, es wird alles wieder so sein wie früher.«

Zufällig ergab es sich, dass ich am Abend nach dem Abschied von der Klinik bei Kofi Annan und seiner Frau zu Gast war. Ein alter Freund von mir, der ein Buch über den UN-Generalsekretär schrieb, war nach New York gekommen, hatte ihm von mir erzählt und ihn, als Überraschung für mich, gebeten, auch mich zum Abendessen einzuladen, um meine »Rückkehr in die Normalität« zu feiern.

Da konnte ich nicht Nein sagen. Es war ein sehr angenehmer Abend, und meine Gastgeber zeigten sich außerordentlich interessiert und liebenswürdig. Erst als ich ihr Apartment auf der East Side verließ, wurde mir ganz bewusst, dass es mich als Journalisten tatsächlich nicht mehr gab. Anstatt Fragen zu stellen, anstatt mich zu erkundigen, wie der UN-Generalsekretär in diesem oder jenem Punkt dachte, hatte hauptsächlich ich geredet – vielleicht, weil ich so lange meist still gewesen war – und ihm unter allen nur möglichen Gesichtspunkten immer wieder eine Sache auseinander gesetzt. Und das den ganzen Abend lang.

Ich sagte, seine Aufgabe sei es, der Moral wieder den ihr gebührenden Platz vor Politik und Wirtschaft einzuräumen; an ihm sei es, seine herausragende Position vor den Augen der Welt zu nutzen, um einer Stimme Gehör zu verschaffen, auf die die Menschen schon lange, lange warteten. Es dürfe nicht länger geschehen, dass nur das Gewinnstreben und die Interessen einzelner Länder die Geschicke auf dem Globus bestimmten. Es müsse endlich wieder jemand auf eine Verantwortung hinweisen, die über jene gegenüber der eigenen Familie, dem eigenen Unternehmen, dem eigenen Land hinausgehe. Und er sei in der einzigartigen Position, diese Aufgabe zu übernehmen. Alles spreche für ihn: seine Herkunft, seine Bildung, seine Hautfarbe, der Umstand, auf keine Wählergruppen schielen zu müssen. Eine außergewöhnliche Kombination und ein einmaliger Glücksfall für die Welt. Die Menschheit warte auf das Wort eines »großen Mannes«. Er sei am Zug.

Wir stellten fest, dass wir alle beide im Jahr des Tigers geboren waren und bald sechzig würden. Und wir stimmten darin überein, dass dies der richtige Zeitpunkt sei, um sich aus dem Gedränge zu lösen und die Dinge von einer höheren Warte aus zu betrachten. Es ist der Zeitpunkt, da jeder Mensch das tun muss, was richtig, und nicht das, was opportun ist. Wir sprachen auch über den Tod, und ich fragte ihn, ob wir es uns denn wünschen könnten, dass man unserer, danach, einmal als »vorsichtiger« Männer gedenke. Er lachte amüsiert und meinte dann, als verrate er ein Geheimnis, auf der Hut zu sein, sei genau das, was seine Berater fortwährend anmahnten.

»Schmeißen Sie sie alle raus«, forderte ich ihn auf.

Ich glaube nicht, dass er mich für übergeschnappt hielt. Im Gegenteil, ich hatte den Eindruck, dass wir uns ganz gut verstanden.

Zu Fuß machte ich mich auf den Heimweg. Es nieselte, aber ich fühlte mich wohl in meiner neuen Haut.

Indien

Zurück zu den Quellen

Wer Indien liebt, weiß es: Man kann nicht genau sagen, warum man es liebt. Das Land ist schmutzig, arm, verseucht; zuweilen auch diebisch und verlogen, häufig stinkend, korrupt, unbarmherzig und gleichgültig. Dennoch, hat man es einmal kennen gelernt, kommt man nicht mehr ohne es aus. Weilt man in der Ferne, sehnt man sich nach ihm. Aber so ist eben die Liebe: instinktiv, unerklärbar, bedingungslos.

Einmal verliebt, ist man keiner Vernunft mehr zugänglich; vor nichts hat man Angst, ist zu allem bereit. Man ist berauscht von einem Gefühl der Freiheit, könnte die ganze Welt umarmen und glaubt sich umarmt von der ganzen Welt. Und Indien, es sei denn, man hasst es auf den ersten Blick, löst bald schon solch einen Gefühlsüberschwang aus: Hier empfindet man sich deutlicher als irgendwo sonst als Teil der Schöpfung. In Indien fühlt man sich nie allein, nie ganz von allem anderen getrennt. Und das macht die Faszination des Landes aus.

Schon vor einigen Jahrtausenden haben die Weisen des Landes, die *Rishis*, »die Sehenden«, jene große Eingebung formuliert: Das Leben ist *eins*. Und diese Erfahrung, in der Religion von Generation zu Generation erneuert und weitergegeben, ist der Kern des großen indischen Beitrags zur Zivilisierung des Menschen und zur Entwicklung seines Bewusstseins. Jedes Leben, mein eigenes genauso wie das eines Baumes, ist Teil eines Ganzen, das uns in Tausenden von Formen begegnet: Es *ist* das Leben.

In Indien braucht dieser Gedanke nicht mehr gedacht zu werden. Jeder Inder hat ihn verinnerlicht. Er liegt in der Luft, die man in diesem Land atmet. Es reicht, dort zu sein, und schon stellt sich ein unbewusster Gleichklang mit dieser antiken Lebensanschauung her. Mühelos schwingt man mit in neuen Klängen, tritt ein in neue Dimensionen. In Indien ist man anders als sonst irgendwo auf der Welt. Man fühlt anders, denkt anders.

Vielleicht, weil in Indien die Zeit nicht als gerade, sondern kreisförmige Linie empfunden wird, misst man hier Vergangenheit, Gegenwart und Zukunft nicht eine solche Bedeutung wie im Westen zu; hier ist Fortschritt nicht das Ziel menschlichen Strebens; denn alles wiederholt sich, und so wird das Fortschreiten selbst als reine Illusion aufgefasst.

Vielleicht, weil hier die von den Sinnen wahrgenommene Wirklichkeit nicht als die allein wahre gesehen wird – es ist nicht die *Letzte Realität* –, stellt sich in Indien, auch bei Leuten, die an all das nicht glauben, ein Gemütszustand gelassener Distanz ein, der dieses Land so besonders und seine zuweilen so entsetzliche Realität akzeptabel macht. Akzeptabel, weil das Leben so ist; es ist alles und das Gegenteil von allem, es ist phantastisch und grausam. Weil Leben auch Tod bedeutet, weil es keine Freude gibt ohne Schmerz und kein Glück ohne Leid.

Nirgendwo sonst auf der Welt stehen sich die großen Gegensätze wie Schönheit und Hässlichkeit, Reichtum und Elend so dramatisch, so unverhüllt gegenüber wie in Indien. Aber es war gerade diese unabänderliche Dualität des Lebens, die die Rishis dazu anhielt, nach dem darin verborgenen Sinn zu suchen, und ihre Erkenntnis wirkt heute noch wie ein spiritueller Katalysator für alle, die sich auf das Abenteuer Indien einlassen.

Man braucht nur einen Fuß auf indischen Boden zu setzen, um diese innerliche Veränderung zu spüren. Vor allem fühlt man sich in größerem Frieden. Mit sich selbst und der Welt. In Indien hatte ich keine homöopathischen Mittel mehr nötig, um ausgeglichen zu sein. Mein sonst labiles inneres Kaleidoskop zeigte beständig alles in einer mir angenehmen Farbe. Mein »Mittel« war alles, was mich umgab. Nichts Spezielles, aber in jedem Detail zu finden.

»Indien ist eine Erfahrung, die dein Leben verkürzt«, hatte Dieter Ludwig, ein Fotograf, damals zu mir gesagt, als ich in Delhi eintraf, um dort definitiv meine Zelte aufzuschlagen. Und dann hinzugefügt: »Aber es ist auch eine Erfahrung, die dem Leben Sinn verleiht.«

Dieter, ein alter, sehr lieber Freund von mir, hatte ein Fest organisiert, um mich willkommen zu heißen und mir einige Kollegen vorzustellen, die bereits in Delhi lebten. In gewisser Weise wollte er mich warnen, mir aber gleichzeitig auch zu meiner Entscheidung gratulieren, meine journalistische Laufbahn in einem Land wie Indien ausklingen zu lassen, wo sonst üblicherweise solche Karrieren ihren Anfang nehmen. Von seinem *barsati* aus, einer Art Mansarde mit einer Terrasse voller Topf- und Kletterpflanzen, die Dieter umsorgte und über die er sprach, als seien sie seine Familie, fiel der Blick auf die Kuppel der alten Mogul-Grabstätte. Vor dem türkisblauen Himmel, an dem die Sonne gerade unterging, zeichnete sie sich in einer atemberaubenden Schönheit ab, die eigens dazu gedacht schien, die armselige Menschheit, die zu ihren Füßen herumwuselte, zu trösten. Dieter und ich hatten uns während des Vietnamkriegs in Indochina kennen gelernt, und sehr viel früher als ich hatte er beschlossen, sich hier auf die Suche nach dem Sinn des Lebens zu machen, auch um den Preis, es damit vielleicht zu verkürzen.

Als ich nun nach den langen Monaten in der hygienischen Sicherheit New Yorks in Delhi endlich wieder indischen Boden betrat und ihn als Erstes in seinem Pflanzenreich aufsuchte, erinnerte ich ihn an diesen Satz, der mir damals solchen Eindruck gemacht hatte. Für mich galt er nun mehr als je zuvor.

Chemotherapiert, operiert und bestrahlt, wie ich war, musste ich nun noch mehr auf der Hut sein, mir nichts einzufangen, und mich noch sorgfältiger an die Grundregeln halten, die jeder umsichtige Indienbesucher beherzigen sollte: niemals Wasser trinken, das nicht abgekocht wurde (also nicht trinken, was einem angeboten wird); niemals rohes Gemüse und nichts Gebratenes essen, das in Öl zweifelhafter Herkunft gegart wurde. Ich war schwach, verwundbar. Doch mochte mein Körper noch so sehr aufpassen, was er aß und trank, mein Geist, oder jener Teil von uns, der sich um so etwas nicht kümmert – vielleicht, weil er sich von anderem ernährt –, bekam Flügel.

Nach der langen Zeit in den USA erfüllte mich die Rückkehr nach Delhi mit einer schier unermesslichen Freude. Es war, als hätte ich eine alte Liebe wiedergetroffen. Ich kam aus der Welt der ach so gepriesenen Vernunft, die alles erklärt, aus der Welt der Effizienz, der perfekten Organisation, und war heimgekehrt in ein Land, in dem die Vernunft sehr schnell schon aussetzt, um dem Absurden und gleich darauf dem Wahnsinn Platz zu machen; ein Land, in dem die einzige Gewissheit eine umfassende Ungewissheit ist.

In Indien ist nichts selbstverständlich: Ein Telefonanschluss ist fast immer tot (deshalb verfügt, wer es sich leisten kann, über mindestens zwei); der Strom fällt oft stundenlang aus; das Faxgerät geht ständig kaputt, weil die Stromspannung schwankt, und es kann vorkommen, dass in dem öffentlichen Pissoir unten vor dem Haus das Wasser aus der Wand schießt, weil jemand den Plastikwasserhahn abmontiert hat, so dass alle Wohnungen tagelang ohne Wasser sind. Aber in Indien passt man sich an, nimmt die Dinge hin, und bald schon verinnerlicht man diese Logik, nach der nichts wirklich tragisch, nichts so ungeheuer wichtig ist. Im Grunde ist alles schon viele Male in ähnlicher Weise geschehen, und man weiß, es wird sich noch unendlich oft wiederholen. Indien bleibt sich selbst treu, und irgendwie ist das tröstlich. In Indien fühlt man sich ganz einfach menschlich – und sterblich; man begreift, dass man auch nur Statist ist in einem großen, absurden Schauspiel. Einem Stück, bei dem nur wir aus der westlichen Welt glauben, die Regisseure zu sein und entscheiden zu können, wie es ausgeht.

Ich kam aus einem Luxuswohnhaus im Herzen Manhattans, mit Portier in Livree, eigenem Waschsalon und einem Handwerker, der nur darauf wartete, wieder in Gang zu bringen, was gerade nicht funktionieren wollte; und fand mich nun in einer Wohnung in einem alten Haus im Zentrum Delhis wieder, wo der Putz von den Wänden blätterte und dessen Eingangsbereich sich eine der vielen Kühe, die dort friedlich mitten im Straßenverkehr weiden, zu ihrem Stall erkoren hatte.

Auch hier gab es Hunde, genau wie in New York, aber keine reinrassigen, gepflegten Tiere, wie ich sie im Central Park beobachtet hatte, ein jeder an der Leine seines Besitzers, ein jeder mit seiner Hundemarke, manche mit eingeprägtem Namen, Anschrift und Telefonnummer auf dem Halsband. Hier waren es Rudel ausgemergelter, streunender Bastarde. Um sie kümmerte sich mein Nachbar Bhim Devvarma, ein Mann in meinem Alter, klein und liebenswürdig, und Enkel des Maharadschas von Kuchlehar. Aufgewachsen war er in einem Gebäude mit Hunderten von Zimmern und Hunderten von Elefanten. Heute verließ er jeden Morgen seine kleine Wohnung, um in Begleitung seines Kochs/Dieners einigen hundert Straßenkötern ihr Fressen zu bringen, die in unserem Viertel herumstreunten; jeden Morgen, bei jedem Wetter, pünktlich auf die Minute, in seinem klapprigen Wagen, in dem er immer wieder auch mal ein verletztes oder sterbendes, auf der Straße aufgelesenes Tier mit nach Hause nahm.

Roberto Rossellini hat vor vielen Jahren in einem meisterhaften Dokumentarfilm über Indien gezeigt, wie dort auf dem Land Mensch und Tier einträchtig, in harmonischer Symbiose zusammenleben. Das ist heute immer noch so, sogar im Zentrum der Hauptstadt: eine immer währende, natürliche Mahnung, dass Menschen, Tiere und Pflanzen verschiedene Erscheinungsformen derselben Sache sind, verschiedene Phasen derselben Existenz.

Trotz des Jetlags weckte mich meine innere Uhr pünktlich zum Sonnenaufgang, und so machte ich mich schon an meinem ersten Morgen wieder auf zu den Lodhi Gardens, einem der schönsten Parks von Delhi, nur einen Kilometer von meiner Wohnung entfernt. Über Jahre hatte ich hier schwitzend meine langen Joggingrunden gedreht. Nun konnte ich nur stramm spazieren gehen, aber es war ebenso schön. Alles war noch so, wie ich es verlassen hatte; der Schwarm Geier auf der Kuppel der kleinen aufgegebenen Moschee; die mit ihren Yoga-Übungen beschäftigten Menschen auf ihren kleinen, auf dem Rasen ausgebreiteten Teppichen; andere, die mit erhobenen Armen im Kreis standen und sich ausschütteten vor Lachen (eine gute »therapeutische« Übung, hört man, zumindest aber eine schöne Art, den Tag zu beginnen!). Hunderte von Krähen, Tauben, Papageien und Eichhörnchen machten sich wie immer die Brotkrusten streitig, die Passanten auf den Grabruinen für sie ausgelegt hatten. Und der abgemagerte Greis mit dem weißen Bart, der auf den Rasenflächen umherstreifte und hier und dort aus einer Tüte eine Mischung aus Mehl und Zucker in Erdlöcher füllte, war auch noch da. Wie vor meiner Abreise fütterte er immer noch täglich die Ameisen! So etwas erlebt man nur in Indien.

Überall sonst auf der Welt kennen die Leute, wenn sie Ameisen entdecken, nur eins: sie vernichten. Feuer, DDT, kochendes Wasser sind die gebräuchlichsten Mittel. Und jedes Mal ein Massensterben. Die Inder dagegen gehen mit Ameisen ähnlich um wie Lakshmana, einer der Helden des *Ramayana* mit seiner Schwägerin Sita, als er sie einmal allein zu Hause zurücklassen musste. Um sie zu beschützen, zog er mit der Spitze seines Bogens einen Strich vor ihrer Hüttentür und sagte zu ihr: »Diese Linie darfst du nie überschreiten.« Anstelle der Bogenspitze nehmen die Inder heute eine mit verschiedenen Kräutern hergestellte Kreide, mit der sie ihre Hausschwelle markieren und weiße Kreise um Bettpfosten und Tischbeine ausstreuen. Die Substanzen der Kreide schrecken die Ameisen ab, und so werden die damit gezeichneten Linien nie überschritten. In Erinnerung an die Geschichte nennt man sie Lakshmana-Linien.

In Indien scheint fast alles, was geschieht, auf etwas anderes Bezug zu nehmen. Üblicherweise handelt es sich um Bezüge auf einen Mythos, eine Legende oder eine der zahlreichen alten Geschichten aus jener Welt der Phantasie, in der die Inder sehr viel eher zu Hause zu sein scheinen als in der des Alltags. Manchmal ist der Hintergrund auch nur der gesunde Menschenverstand. Die Ameisen sind einfach da, aber warum sollte man sie töten? Bei dieser Einstellung ist es gar nicht nötig zu glauben, die Reinkarnation eines Onkels oder Großvaters könnte unter ihnen sein. Es reicht, sich bewusst zu machen, dass die Ameisen ebenso Teil der Schöpfung sind wie wir selbst. Welchen Grund gibt es also, sie auszurotten? Auch dies ist eine wichtige Dimension Indiens.

Die Annahme, der Mensch sei den Tieren überlegen und habe daher das Recht, sie nach Belieben zu nutzen und zu töten, ist in Indien schlicht undenkbar. Die Natur ist hier nicht dazu da, dass der Mensch damit anstellt, was ihm gerade gefällt. Sie gehört ihm nicht. Nichts gehört ihm. Und wenn er sich von dem bedient, was die Natur hervorbringt, muss er dafür eine Gegenleistung erbringen: zumindest einen Dank an die Götter, die sie erschaffen haben. Zudem ist der Mensch selbst Teil der Natur, und in Indien weiß man: »Ein Frosch trinkt nicht den Teich leer, in dem er lebt.«

Irgendwie begreifen auch wir in der westlichen Welt so langsam, dass da etwas verkehrt läuft in unserem Umgang mit der Natur. Manchmal können wir uns sogar des Eindrucks nicht erwehren, dass uns unsere ach so gelobte Zivilisation, die ganz auf Vernunft, wissenschaftlicher Erforschung und Beherrschung all dessen gründet, was uns umgibt, in eine Sackgasse geführt hat. Aber trotz allem glauben wir im Grunde immer noch daran, ausgerechnet Vernunft und Wissenschaften würden uns auch wieder hinaushelfen können. Und so machen wir ungerührt weiter, holzen Wälder ab, vergiften Flüsse, legen Seen trocken, fischen Ozeane leer, mästen und schlachten alle Arten von Tieren, weil das alles, wie uns die Volkswirtschaftler sagen, Wohlstand schaffe. Und in der Illusion, dass mehr Wohlstand auch größeres Glück bedeute, verwenden wir alle unsere Kräfte darauf, immer mehr zu kaufen und zu konsumieren, so als sei das Leben ein ewiges römisches Gelage, wo gefressen wird und dann gekotzt, um immer noch weiter fressen zu können.

Es ist schon eigenartig, wie selbstverständlich uns diese Haltung geworden ist. Das ist mein gutes Recht, denkt jeder, und keiner fühlt sich als Teil des Ganzen. Ganz im Gegenteil. Jeder sieht sich als eigenes, für sich selbst existierendes Wesen; jeder rühmt sich seiner eigenen Kreativität, seines Könnens und vor allem seiner Freiheit. Aber gerade dieses Gefühl, frei zu sein, losgelöst vom Rest der Welt, lässt auch jene latente Verlassenheit und Schwermut aufkommen, unter der heute viele Menschen leiden. Das Wenige, was wir um uns herum wahrnehmen, gilt uns als Wirklichkeit, und durch diesen eingeschränkten Blick ist es uns verwehrt, die Großartigkeit auch all des anderen zu erkennen, dessen Teil wir sind. Die Rishis würden sagen, wir haben unsere »kosmische Bindung« verloren, wir verhalten uns wie der Brunnenfrosch Kup-Manduk in einer alten indischen Geschichte.

In den kleinen Brunnen, in dem ein Frosch sein ganzes Leben zugebracht hat, springt eines Tages ein anderer Frosch und erzählt, er komme vom Ozean.

»Ozean? Was ist das?«, fragt der Brunnenfrosch.

»Ein Ort, ein großer Ort«, erhält er zur Antwort.

»Wie groß?«

»Sehr, sehr groß.«

Der Brunnenfrosch zeichnet mit dem Fuß einen kleinen Kreis auf die Wasseroberfläche. »So groß?«

»Nein. Sehr viel größer.«

Der Frosch zeichnet einen größeren Kreis. »So groß?«

»Nein. Noch größer.«

Da zeichnet der Frosch einen Kreis, so groß wie der Brunnen, also seine ihm bekannte Welt. »So groß?«

»Nein. Viel, viel größer«, antwortet der Frosch vom Ozean.

»Lügner!«, ruft da der Brunnenfrosch und will fortan nichts mehr von dem anderen wissen.

Die Inder fühlen sich frei. Nicht frei im Spinnennetz der kosmischen Existenz, in dem wir alle hängen, aber frei im Denken. Nach den Jahren in China, wo noch alle bei jedem freien Gedanken als Strafe den »Tod der tausend Schnitte« zu befürchten schienen, empfand ich die gedankliche Freiheit, die die Inder sich nehmen, als echte Erleichterung. In Indien kannte man es praktisch nie anders. In der ganzen indischen Geschichte ist niemand wegen seiner Ideen auf den Scheiterhaufen geschickt worden. Niemandem war es verboten, über das nachzudenken, wozu er Lust hatte. Die Inder kannten keine Tabus, keine Beschränkungen, wenn sie sich im Streben nach Erkenntnis das Hirn zermarterten. Und zwar deshalb, weil von frühesten Zeiten an nicht die weltliche Herrschaft von Königen oder Kriegsherren als wahre Macht galt, sondern die der Weisen. Wie in keiner anderen Kultur wimmelt es in der indischen von Geschichten, in denen Weise und Eremiten von demütigen Königen irgendwo in den Wäldern aufgesucht und respektvoll um Rat gefragt werden. Mochten die Könige noch so reich und mächtig sein, die Weisen »sahen« (daher die Bezeichnung *rishi*), was hinter den Erscheinungsformen der Dinge lag, und dieses Wissen galt mehr als alles Gold und alle Macht der Welt.

Die Rishis, jene mythischen, aber auch historischen Gestalten – von manchen kennt man die Namen –, interessierten sich weniger für die Welt, die sie umgab, als vielmehr für das Sein. Und dieses Sein erforschten sie an sich selbst, aber nicht als leiblichem, sondern spirituellem Wesen. Der Geist war ihr Forschungslabor, in dem all ihre Experimente stattfanden. Sie versuchten herauszufinden, wie der Geist funktionierte, zu was er fähig und wie er zu kontrollieren sei. Sie sannen nach über die verschiedenen Zustände des Geistes – wach, schlafend oder träumend – und fragten sich zum Beispiel, was der Unterschied sei zwischen jenem Tiger, dem wir im Wald begegnen, und jenem, von dem wir träumen, da uns doch alle beide gleichermaßen in Angst und Schrecken versetzen und unser Herz schneller schlagen lassen.

Der große indische Mystiker Ramakrishna, der selbst als moderner Rishi gilt, erzählte die Geschichte von dem Holzfäller, der träumt, ein König zu sein, als er von seinem Freund geweckt wird. Er ist verärgert: »Ich saß auf meinem Thron und kümmerte mich um die Staatsgeschäfte; meine sieben Söhne, hervorragende Krieger und in allen Künsten bewandert, waren an meiner Seite. Und da kommst du und weckst mich!«

»Aber es war doch nur ein Traum«, wehrt sich der Freund.

»Ja, aber verstehst du denn nicht?«, entgegnet da der Holzfäller. »Im Traum König zu sein ist genauso wahr, wie im Leben ein Holzfäller zu sein.«

In China verdeutlicht den gleichen Gedanken die alte Geschichte von dem Mönch, der sich im Traum als Schmetterling sieht und, als er erwacht, nicht mehr weiß, ob er ein Mönch ist, der geträumt hat, ein Schmetterling zu sein, oder ein Schmetterling, der träumt, ein Mönch zu sein.

Von der Erforschung der Funktionsweise des Geistes gingen die Rishis dazu über, sich zu fragen, was hinter ihm steckte, worauf er sich gründete, und gelangten so immer weiter bis zu der Frage, was alles Sein verbindet und trägt und so dem Leben Sinn und Bedeutung verleiht.

Andere Völker hatten andere Ziele: zu erobern, Reichtümer zusammenzutragen, die Meere zu befahren, Fremdes zu entdecken. Für die Inder, die in den letzten zweitausend Jahren kein Land überfallen und keine Gebiete erobert haben, war das Ziel immer die Erkenntnis. Nicht die Erkenntnis der äußeren Welt, sondern die Erkenntnis des Selbst. Wer dieses Selbst erkennt, erkennt alles, denn der Kern des Selbst ist nach indischer Anschauung das, was unwandelbar bleibt im ewigen Wandel der Schöpfung.

Deswegen hat man sich in Indien nie für Historie interessiert. Die Inder haben ihre Geschichte nicht aufgeschrieben, sich keine großen Gedanken darüber gemacht. Für sie ist diese Kette von Fakten wie Sand, den der Wind aufwirbelt; unbeständig und unerheblich. Und eben weil diese Welt, die wir Wirklichkeit nennen, für einen Inder der Traumwelt so nahe steht, hat man sich hier nie sonderlich engagiert, sie zu ändern und zu verbessern. Diese Welt gilt Indern nur als Teil der Wirklichkeit, deswegen kann ihre Erkenntnis auch immer nur einen Teil umfassen. Sie aber interessiert die Erkenntnis des Ganzen, der Totalität. Sie ist das höchste Ziel. Und darüber haben sie sich unablässig Gedanken gemacht.

Sind die Inder dadurch große Philosophen geworden? In unserem Sinne nicht. In der langen, langen Geschichte des indischen Denkens taucht kein Aristoteles oder Platon, kein Kant oder Hegel auf. Und zwar deshalb, weil die Philosophie in ihrem eigentlichen Sinn als »Liebe zur Erkenntnis« in Indien nie darauf abzielte, abstrakte Wertesysteme zu schaffen, sondern dem Leben Halt und Richtung zu geben.

Ich selbst lernte drei Jahre Philosophie am Gymnasium und war auch ziemlich gut darin. Jedenfalls bekam ich sehr gute Noten. Aber heute weiß ich, dass ich damals absolut nichts begriffen habe. Es war eine intellektuelle Übung, ein »Fach« eben, wie Chemie oder Physik, etwas, das man lernen konnte, um gut dazustehen, wenn man abgefragt wurde, oder um eine gute Arbeit zu schreiben – der reine Selbstzweck also. Keiner meiner tüchtigen Lehrer, die Philosophie so unterrichteten, als handele es sich dabei um eine Abfolge abstrakter Ideen – wobei die eine die andere auch noch widerlegte –, konnte mir vermitteln, dass dieses »Zeug« etwas mit meinem Leben zu tun haben sollte.

In Indien aber scheinen es alle zu wissen. Hier ist die Philosophie kein Denksport, kein Monopol der Gebildeten, ist nicht den Akademien, den Schulen oder den »Philosophen« vorbehalten. In Indien ist die Philosophie Teil des Lebens. Sie ist der Ariadnefaden, der aus dem Labyrinth der Unwissenheit hinausführt.

Philosophie ist die Religion, von der sich die Inder ihre Erlösung erwarten, die in ihrem Falle Erkenntnis bedeutet. Nicht die »nützliche« Erkenntnis, die dazu dient, die Welt zu manipulieren, zu besitzen, zu verändern, zu beherrschen (die Naturwissenschaften waren nie ihre Stärke); sondern, wie es in den heiligen Schriften heißt, »jene Erkenntnis, die, einmal erkannt, nichts mehr zu erkennen offen lässt«: die Erkenntnis des Selbst.

Für uns aus dem Westen hört sich das alles ziemlich komisch an, vielleicht auch überholt. Anerkannt ist bei uns nur jenes »nützliche«, anwendbare Wissen, das zu etwas dient, vielleicht um einen Job zu finden oder sich einen Genuss zu verschaffen. Wir fragen uns nicht mehr, wer wir sind, und beurteilen uns und andere meist nur noch nach Kriterien der Zweckmäßigkeit.

Zu Beginn der dreißiger Jahre unternahm ein englischer Abenteurer namens Paul Brunton eine lange Reise durch Indien. Er suchte nach Zeugnissen jener Weisheit des Landes, die er durch die scheinbar unaufhaltsame Ausbreitung der westlichen Mentalität gefährdet sah. Eine der imponierendsten Persönlichkeiten, mit denen Brunton dabei zusammenkam, war ein greiser Yogi, der im Verlaufe ihres Gesprächs zu ihm sagte: »Erst wenn die Gelehrten im Abendland davon ablassen, Fahrzeuge zu entwickeln, die noch schneller laufen als jene, die es bereits gibt, und sich der Aufgabe zuwenden, in sich hineinzublicken, werden die Menschen bei Ihnen ein wenig wahres Glück erfahren. Oder glauben Sie, dass die Möglichkeit, immer schneller irgendwohin zu reisen, glücklich macht?«

Mehr als siebzig Jahre sind seither vergangen. Vielen Indern ist diese Frage noch heute durchaus geläufig. Aber was ist mit uns? Haben wir sie uns jemals ernsthaft gestellt?

Anscheinend nicht, angesichts der Tatsache, dass »immer schneller, immer schneller« heute unsere übliche Lebensweise ist. Alles ist ein Wettlauf. Wir leben, ohne auf das Leben zu achten. Wir träumen und fragen uns nicht mehr, was wir geträumt haben. Wir schauen gleich auf die Uhr. Interessiert sind wir nur an der verstreichenden Zeit oder daran, sie verstreichen zu lassen, und verschieben auf später, was tatsächlich wichtig wäre. Auf das »Danach«, nicht auf das »Jetzt« richtet sich unsere Aufmerksamkeit.

Speziell in den Städten rast das Leben ohne einen Moment des Innehaltens, der Ruhe, des Nachdenkens über das Ziel der ständigen Hast. Niemand hat mehr Zeit für irgendetwas. Noch nicht einmal, um zu staunen oder zu erschaudern, zu weinen oder sich zu verlieben, einfach bei sich selbst zu sein. Rechtfertigungen, nicht innezuhalten und uns zu fragen, ob uns dieses Gerenne wirklich glücklicher macht, gibt es zuhauf, und wenn keine zur Hand ist, sind wir Meister darin, uns eine auszudenken.

In meiner Jugend habe ich Menschen kennen gelernt, die wirklich noch Zeit hatten. Und zwar die Schäfer in Orsigna oben im toskanischen Apennin, wo wir unsere Ferien verbrachten. Mit einem Grashalm im Mund lagen sie auf einer Wiese am Berghang und beobachteten ihre Herde, ließen die Gedanken schweifen, träumten oder dachten sich Verse aus, die sie zuweilen in die Felsen bei der Quelle ritzten oder sonntags bei einem Gedichtwettbewerb, im Kreis um eine große Korbflasche Wein herum sitzend, vorsangen. In Indien hat jeder Zeit, und häufig auch irgendeinen einfachen Gedanken, der mit einem Vorübergehenden geteilt werden will, wie etwa der Mann, der in einer armseligen Bude an einer Landstraße steht und Tee zubereitet. Er reicht dir etwas davon in einer Tonschale und fordert dich auf, diese nach dem Trinken auf den Boden zu werfen, um dich darauf aufmerksam zu machen, dass so die Schale wieder zu Erde wird – damit neue Schalen daraus entstehen. Der ewige Kreislauf, dem auch wir unterworfen sind.

Die alten Griechen, die auf kleinasiatischen Märkten mit Indern in Berührung kamen, waren beeindruckt von deren Neigung, über das Leben nachzudenken, und sagten: »Das sind keine Kaufleute. Das sind Philosophen.« Denn in Indien ist ein Weiser, heute genauso wie vor vielen Jahrhunderten, nicht notwendig ein Brahmane, der einem Tempel vorsteht, oder ein Pandit, der die Veden auswendig kennt: Jeder kann ein Weiser sein.

Einige der bedeutendsten Weisen – oder »heiligen Männer« oder Rishis – der letzten hundertfünfzig Jahre waren Menschen einfachster Herkunft und Autodidakten. Nisargadatta Maharaj*, der

* Seine wichtigsten Gedanken finden sich in zwei Büchern zusammengefasst; das eine, dreibändige, trägt den deutschen Titel *Ich bin*, das andere, das auf Gesprächen mit einem Schüler basiert, *The Ultimate Medicine*.

erst kürzlich, hoch verehrt, verstarb, war einer jener Zigarettenverkäufer, die in einem Holzverschlag am Straßenrand den Tabak in ganz speziellen Blättern zu jenen dünnen Zigaretten rollen, die die Inder *Bidi-Bidi* nennen.

Ramakrishna, der große Rishi des 19. Jahrhunderts, über den Leute wie Max Müller und Romain Rolland schrieben, kam als Bauernjunge zur Welt, so wie ein Jahrhundert nach ihm Ramana Maharishi, jener Mann, für den Schweigen zu den effektivsten Kommunikationsweisen gehörte. Mit seinem Schweigen veränderte Ramana das Leben vieler Tausender von Menschen. Und sein Einfluss ist auch heute noch nicht erloschen.

Ein weiterer großer »Einfacher« war Kabir, einer der beliebtesten indischen Dichter, ebenfalls ein Rishi, der im 16. Jahrhundert als Weber in Benares lebte. Zu seinen Schülern zählten viele Reiche und Mächtige seiner Zeit. Mehrmals bot man ihm einen Lebensunterhalt an, damit er seine Arbeit und den Verkauf der Stoffe auf dem Markt aufgeben konnte, doch davon wollte Kabir nichts wissen. »Weben ist meine Art zu beten«, sagte er.

Als Kabir starb, stritten sich Hindus und Moslems um die Ehre, die Bestattung nach den jeweiligen Riten ausrichten zu dürfen. Doch er hatte ihnen aufgetragen: »Verhüllt mich nur mit einem Schleier; so werdet ihr die Entscheidung finden.« Und das tat man. Als man aber den Schleier anhob, war Kabir verschwunden. Statt der Leiche fand man nur einen Berg von Blumen vor, und so blieb den beiden Gemeinschaften nichts anderes übrig, als sich diese zu teilen.

Auch ich hatte in Delhi meinen persönlichen Weisen, ebenfalls einen Mann vom Basar: und zwar den Juwelier aus Sundarnagar in seinem stets düsteren, wohl seit Jahrzehnten unveränderten Laden voller Bilder von Vorfahren und Göttern an den Wänden, in dem immer der dezente Wohlgeruch von Räucherstäbchen in der Luft lag. Dieser alte Mann war der Einzige, mit dem ich über mein Befinden und das, was mir dazu durch den Kopf ging, reden konnte, ohne Mitleid zu erwecken. Wie einfühlsam hatte er doch reagiert, als ich ihm zum ersten Mal von meiner Krankheit berichtete, mit der Geschichte von dem Moslem, der aus der

Moschee geworfen wird und, während er die Freitreppe hinunterfällt, bei jedem Schlag an Gott denkt und so schließlich bedauert, am Fuß der Treppe angekommen zu sein.

Hin und wieder schaute ich bei ihm vorbei. Eines Morgens traf ich gerade bei ihm ein, als die Gattin eines europäischen Diplomaten in pompöser Aufmachung aus dem Laden trat; der Wagen davor trug das Kennzeichen »01« und der Chauffeur Livree mit den Farben der Nationalflagge an den Kragenspiegeln. Ich konnte mich einer spitzen Bemerkung zur Arroganz mancher Staatsdiener und ihrer Gemahlinnen nicht enthalten, die, anstatt ihr Land zu repräsentieren, die Gelegenheit zur Selbstdarstellung nutzten.

Mein Juwelier ging nicht darauf ein. Er fragte mich lediglich, ob ich jene Geschichte des Gottes Indra kenne, und begann im Ton eines Märchenerzählers …

Indra hatte im Auftrag der anderen Götter den Riesendrachen getötet, in dessen Schlund alle Wasser der Welt gefangen waren. Damit hatte er der Erde Leben und den Menschen ihr Glück zurückgegeben. Doch die Sache stieg ihm zu Kopf. Stolz auf seine Tat, bat er den Gott der Künste, ihm einen Palast zu errichten, der eines Helden würdig sei. Dieser erbaute ihm ein wunderschönes Schloss, doch Indra war nicht zufrieden, verlangte immer mehr Gemächer und immer mehr Gärten. Da wandte sich der göttliche Baumeister an Brahma und beschwerte sich. Dieser besprach sich mit Vishnu, und der beschloss, sich der Sache anzunehmen. In der Gestalt eines Kindes kam er in Indras Stadt und bat, zum König vorgelassen zu werden. Zunächst lachte Indra über die Ungehörigkeit dieses kleinen Bittstellers, doch schließlich ließ er sich dazu herab, das Kind zu empfangen. Von seinem hohen Thron herab fragte er es, was es wolle. Das Kind trat an ihn heran und begann zu lachen, denn hinter dem Thron war ein ganzes Heer von Ameisen aufgetaucht, die sich anschickten, den Thronsaal zu erobern.

»Wer sind die?«, rief Indra besorgt.

»Die?«, antwortete das Kind. »Die waren alle einmal Indra, in ihren vorherigen Leben.«

Indra verstand.

Und ich auch: Er, der Juwelier, war der wahre Diplomat.

Ein andermal unterhielten wir uns über unsere Kinder. Auch er hatte zwei, und ich fragte ihn, was wir ihnen noch geben könnten.

»Geben Sie ihnen alles, was Sie haben. Sie brauchen es dringender als Sie. In unserem Alter müssen wir das hegen und pflegen, was nicht stirbt. Der Rest? Weg damit! Kennen Sie die Geschichte von Guru Nanak?«

Ich wusste, dass Guru Nanak der große Heilige der Sikhs ist. Doch welche Geschichte?

»Guru Nanak war ständig auf Reisen ...«, begann der Juwelier.

Eines Tages kam er in ein Dorf und sah dort ein schönes Haus, vor dessen Eingang viele bunte Fahnen flatterten. Man erklärte ihm, hier wohne der reichste Mann des Ortes, ein Geldverleiher. Jedes Mal, wenn er eine neue Kiste voller Münzen einlagern könne, hisse er eine neue Fahne und feiere ein Fest. Guru Nanak klopfte dort an und fragte, ob man ihm etwas zu essen geben könne. Der Hausherr erkannte in ihm einen heiligen Mann und ließ ihm zu essen und zu trinken auftragen.

Als er fertig gespeist hatte, fragte Guru Nanak den Geldverleiher, ob er ihm einen Gefallen tun könne.

»Gewiss«, antwortete dieser, glücklich über die Gelegenheit, durch ein gutes Werk Verdienste für sein Karma erwerben zu können. »Ich tue, was Ihr wollt.«

Da nahm Guru Nanak eine Brosche aus seinem Säckel, die ganz verrostet war, und sagte: »So bewahre diese für mich auf. Und gib sie mir zurück, wenn wir uns im nächsten Leben wiedersehen.«

»Das verspreche ich«, sagte der Geldverleiher. »Und ich verlange auch nichts dafür.«

Guru Nanak machte sich wieder auf den Weg, und der Geldverleiher ging zu seiner Frau und erzählte ihr die Geschichte.

»Du Narr«, lachte sie. »Wie willst du dein Versprechen halten? In den Tod kannst du nichts mitnehmen, noch nicht einmal diese rostige Brosche!«

Dem Geldverleiher gingen die Augen auf. Er lief dem heiligen Mann nach, warf sich vor ihm in den Staub und bat ihn, ihm als sein Schüler folgen zu dürfen.

Mein Juwelier freute sich ebenso wie ich an seinen Geschichten, und als er jetzt fertig war, fuhr er, mehr an sich selbst gewandt, fort:

»Der Tod nimmt uns alles. Gelänge es uns, vorher schon etwas Ballast abzuwerfen, würden wir uns freier fühlen.«

Eben! Warum bis zum letzten Moment warten, um reinen Tisch zu machen, den Ballast an Dingen und Emotionen ins Meer zu werfen, den wir mit uns herumschleppen? Man sollte es gleich tun, ganz bewusst, solange man noch die Kraft dazu hat. Ja, das wäre eine echte Befreiung!

»Gewiss«, sagte der Schmuckhändler. »Der Tod wird kommen. Warum sich von ihm überraschen lassen? Ist er nicht auf dem Markt, so ist er in Samarkand. Kennen Sie die Geschichte?«

Ja, die kannte ich. Erst kürzlich hatte ich sie noch einmal bei Robert Musil gelesen. Es ist eine alte Geschichte aus Zentralasien, aber ich tat so, als kennte ich sie nicht, um sie mir noch einmal von ihm erzählen zu lassen.

Eines Tages schickt ein Kalif seinen Wesir aus, um zu hören, was die Leute auf dem Basar so erzählen. Der tut, wie ihm geheißen, und bemerkt plötzlich in der Menge einen hageren, groß gewachsenen Mann in einem schwarzen Umhang, der ihn unablässig anstarrt. Von Schrecken gepackt, sucht der Wesir das Weite, eilt zu seinem Kalifen und fleht ihn an:

»O Herr, helft mir! Auf dem Basar habe ich den Tod gesehen. Er ist gekommen, um mich zu holen. Ich muss fort. Gebt mir Euer bestes Pferd. So kann ich mich in Sicherheit bringen und heute Abend noch, ohne zu rasten, Samarkand erreichen.«

Der Kalif ist einverstanden und lässt sein schnellstes Pferd satteln. Und schon springt der Wesir auf und galoppiert spornstreichs davon.

Neugierig geworden, begibt sich der Kalif selbst zum Marktplatz. In der Menge erkennt er den Mann mit dem weiten schwarzen Umhang und tritt auf ihn zu.

»Warum habt Ihr meinen Wesir so erschreckt?«, fragt er ihn.

»Das war nicht meine Absicht. Ich habe ja noch nicht einmal mit ihm gesprochen«, antwortet der Tod. »Ich war nur überrascht, ihn hier zu sehen, sind wir doch für heute Abend in Samarkand verabredet.«

So sahen die Unterhaltungen mit meinem Juwelier aus: meinem so indischen Juwelier.

Und wo, wenn nicht in Indien, findet man einen Zahnarzt wie meinen Doktor Siddhartha (ein Beiname Buddhas) Mehta am Khan Market? Er sollte mir einen Zahn ziehen, betäubte ein wenig die Stelle, nahm die Zange zur Hand, warnte mich, ich würde ein Knirschen hören, konzentrierte sich, zog kräftig, und der Zahn löste sich ohne großen Widerstand. Während er die Zange zurücklegte, hob er den Blick zum Himmel.

»Danke, o Herr«, sagte er, an seinen Gott gewandt. Dann zu mir: »Wissen Sie, der hilft mir immer ...«

Das Licht in Händen

Das Wort *Reiki* hatte ich, zusammen mit den beiden dazugehörigen Schriftzeichen, zum ersten Mal am schwarzen Brett des Open Center in New York gesehen. Der Aushang lud dazu ein, sich für einen Reiki-Kurs des 1. Grades am Wochenende anzumelden.

Besonders die beiden Schriftzeichen erregten meine Aufmerksamkeit. Im Chinesischen bedeuten sie nämlich »universale Energie«, doch in der Ankündigung hieß es, in dem Kurs gehe es um die »Heilkräfte spiritueller Energie«. Und schon das allein machte mich skeptisch. Weiter las ich, diese Praxis, »sich selbst und andere zu heilen«, sei vor rund hundertfünfzig Jahren von einem Japaner entwickelt worden, und ließ daraufhin den Gedanken fallen, dort einmal, und sei es aus bloßer Neugier, vorbeizuschauen. Ich hatte lange in Japan gelebt und wusste, wie geschickt es die Söhne Nippons verstanden, sich Errungenschaften anderer anzueignen und als *made in Japan* zu vermarkten. Auf Hokkaido hatte ich die »erste Pyramide der Welt« gesehen – natürlich japanisch! –, das »Grab Christi« und das »Haus des Weihnachtsmanns«. Daher verspürte ich keine große Lust, mir anzuschauen, was ein japanischer Herr während der Meiji-Dynastie, zu einer Zeit also, als Japan alles Mögliche kopierte, um ein »modernes« Land zu werden, mit der antiken, urchinesischen Idee des *Qi* (auch *Ki* geschrieben), der Lebensenergie, angestellt hatte. Ich hatte Master Hu erlebt, und das reichte mir.

Aber ein Reiki-Kurs in Delhi, den zwei indische »Meister« abhalten würden? Die Kombination war zu ungewöhnlich, als dass ich hätte widerstehen können. Ich wählte die Nummer, meldete mich an und erhielt schon gleich darauf per Fax meine Instruktionen: in bequemer Kleidung aus reiner Baumwolle oder Wolle zu erscheinen und keinesfalls Parfum aufzulegen, weil dies »den freien Energiefluss behindern würde«.

Der Kurs fand in einer Schule am Stadtrand Delhis statt, unweit des Quatab Minar, des alles überragenden Minaretts aus rotem Stein, das die afghanischen Eroberer vor neunhundert Jahren als Symbol ihrer islamischen Herrschaft über Indien errichtet hatten. Das Ambiente wirkte sauber und einladend. Große leere Räume gingen auf einen in der Sonne liegenden Garten hinaus. In unserem Saal lag nur eine mit weißen Tüchern bezogene Matte. Wir Schüler, oder besser: »Kunden« – schließlich hatten wir einen ansehnlichen Betrag für die drei Tage bezahlt –, hockten in einer Reihe auf dem Fußboden. Die beiden »Meister«, ein Mann und eine Frau um die fünfzig, beide aus irgendeiner anderen Vergangenheit – vielleicht als Lehrer – recycelt, saßen auf einem niedrigen hölzernen Podest, ebenfalls im Lotus- oder, wie man früher in Europa sagte, Schneidersitz, eine natürliche, elegante Sitzhaltung, wenn man sie beherrscht. Zudem gesund. Ich selbst bin durch diese Position, in der ich sogar lese und schreibe, meine Rückenschmerzen losgeworden.

Wir waren vielleicht dreißig Teilnehmer, überwiegend Frauen, und jeder musste sich vorstellen. Ich sei Rentner, erklärte ich und hütete mich, Weiteres hinzuzufügen. Mir fiel auf, dass sich die Schülerschar, abgesehen von mir durchweg indisch, aus ganz ähnlichen Leuten wie im New Yorker Open Center zusammensetzte. Es waren Menschen, die ihren Weg gemacht hatten, nun aber in einer Krise steckten; gebildet, aber unzufrieden, ein jeder auf der Suche nach etwas »Anderem«, einem Trost, einem Ausweg. Frauen mittleren Alters mit Eheproblemen, andere, jüngere, die »frei«, aber einsam waren. Unter den Männern ein Radiologe, ein PR-Fachmann und ein Fotograf.

Sie waren alle Opfer ebenjener Konsumgesellschaft, die in den USA und Europa die Menschen auf der Suche nach einem Ausgleich scharenweise in Yoga-, Meditations-, Tarot- oder Qigong-Kurse treibt und die meinen New Yorker Anästhesisten dazu bewogen hatte, ein »Kaschmir-Sufi« zu werden. Dies hier waren zwar Inder, aber aus jenem »neuen«, städtischen, wohlhabenden Indien, das seit Jahren von westlicher Modernität träumt und bereits unter den gleichen seelischen Beschwerden zu leiden beginnt, die in der westlichen Welt so verbreitet sind.

Dieses »neue Indien« ist mit Abstrichen jenes, das in der Vergangenheit von der verächtlich herablassenden englischen Herrschaft kolonisiert und, wie V. S. Naipaul schreibt, »verwundet« wurde. Und nun versucht es, erneut fasziniert von einem nicht indischen Weg, mit der Herrschaft der neuen Weltmacht, der USA, Schritt zu halten. Es ist jenes Indien des aufstrebenden Bürgertums Delhis, Bombays und Kalkuttas; jenes Indien, das sich abkehrt von den Millionen von Dörfern, in denen weiterhin die übergroße, nie kolonisierte Mehrheit der indischen Bevölkerung lebt. Ein Indien, das nicht mehr vegetarisch isst, Alkohol trinkt, Blue Jeans trägt, seine Kinder zum Studieren ins Ausland schickt und stolz seine Verwestlichung zur Schaut trägt. Das Indien, das sich für die Atombombe entschied: sein gutes Recht, gewiss, aber auch eine Absage an die traditionelle Suche nach einer Macht, dic sich nicht ganz banal aus Waffenbesitz herleitet. Das Indien, das sich von Gandhi abwandte.

Die beiden Meister wussten, mit wem sie es hier zu tun hatten, und der Vortrag, mit dem sie Reiki vorstellten, hätte wohl in New York nicht anders geklungen: Die gesamte Menschheit leide unter den gleichen Problemen; die menschlichen Beziehungen verarmten zusehends; immer mehr Menschen lebten allein und isoliert; die Erde sei in Gefahr aufgrund der fortschreitenden Umweltzerstörungen; die Menschheit drohe sich selbst auszurotten, und auch wenn sie ihr Überleben sichere, werde sie sich in den nächsten zwanzig Jahren grundlegend verändern. Daher sei es geboten, dass sich Wissenschaftler und Weise zusammentäten, um die Welt zu retten.

Den allermeisten Indern hätten diese Worte wenig gesagt. Die angesprochenen Probleme waren nicht die der Hunderten von Millionen, die auf dem Land oder am Gangesufer leben, wo noch niemand bemerkt zu haben scheint, dass der Mensch auf dem Mond gewesen ist.

»Wie könnt ihr nur Sonne und Mond immer noch wie Götter verehren?«, fragt ein Reisender aus dem Westen einen alten Brahmanen. »Die Sonne ist doch, wie man heute weiß, nichts anderes als eine Gasexplosion. Und den Mond haben längst die Amerikaner erobert und dort ihre Flagge in den Boden gerammt.«

»Oh – nein«, antwortet da der Brahmane, ruhig und heiter, in seinem Tempelchen inmitten der Felder. »Dies sind nicht die Sonne und der Mond, die wir verehren. Diese liegen noch sehr viel weiter entfernt. Im Jenseits. Sonne und Mond, die wir sehen können, sind nichts als Jünger jener Sonne und jenes Mondes, die wir verehren.«

Meine Gefährten hier im Kurs waren nicht mehr aus diesem antiken, weisen, unberechenbaren Indien. Sie gehörten zu einem Indien, dessen Wandlung ich mit eigenen Augen hatte beobachten können.

Als Angela und ich damals im Frühjahr 1994 nach Delhi kamen, war die ganze Stadt mit großen Plakaten tapeziert, auf denen stand: »Hallo, da bin ich wieder!« Sie stammten von Coca-Cola. Der amerikanische Konzern feierte gerade die Rückkehr auf den indischen Markt, von dem die Marke siebzehn Jahre lang verbannt gewesen war. Riesige Cola-Flaschen aus Pappe an allen Laternenpfählen verunstalteten die Stadt, und lediglich ein paar hundert Inder protestierten vor dem Hotel, wo das Comeback in großem Stil gefeiert wurde.

Indien hatte darauf verzichtet, seinen eigenen, autarken Weg zu gehen, es selbst zu versuchen, und schickte sich an, den Verlockungen des Marktes nachzugeben. Ohne ein eigenes, wirklich empfundenes und gelebtes Weltbild war es unmöglich geworden, dem Ansturm der Globalisierung zu widerstehen. Jenes Weltbild Gandhis war praktisch in dem Augenblick passé, als das Land unabhängig wurde und mit der einsetzenden Modernisierung auch eine immer stärkere Verwestlichung begann.

Zwar hatte es hier und dort auch Widerstand gegeben, der irgendwann aber, insbesondere mit der Machtübernahme Rajiv Gandhis, dem Sohn Indiras und Enkel Nehrus, in eine totale Kapitulation mündete. Zusammen mit Coca-Cola kamen Handys, McDonald's-Filialen, die Colonel-Sanders-Brathähnchen, Junk-Food, das Enron-Atomkraftwerk, Kabelfernsehen und amerikanische, in die verschiedenen regionalen Sprachen übersetzte Fernsehserien. Die Städte sogen das Neue begierig auf, und im Gefolge des technologischen Fortschritts machte sich binnen kürzester Zeit auch alles Übrige, was noch dazugehörte, breit: größere sexuelle Freiheit, weniger traditionelle (zwischen Familien abgesprochene) Hochzeiten, mehr Scheidungen, mehr Begehrlichkeiten, mehr Unruhe, mehr Unsicherheit.

Es bedurfte nicht der Globalisierung, um Indien das Kamasutra, »die Lust an der körperlichen Liebe«, zu lehren. Doch die aufs Individuum zielende westliche Kultur koppelte jene »Lust« von ihrer gesellschaftlichen Funktion – der Bewahrung der Ehe – ab und lieferte alle Rechtfertigungen für einen Bruch mit den Traditionen. Indische Frauenzeitschriften haben begonnen, über das »Recht auf einen Orgasmus« zu schreiben, über Seitensprünge, lesbische Beziehungen und auch über den letzten Schrei (natürlich nur in den Städten): nämlich jene Partys, bei denen Ehepaare zum Schluss nach dem Zufallsprinzip die Partner tauschen, indem die Frauen von einem Tablett, auf dem bei der Ankunft die Autoschlüssel abgelegt wurden, blind die Schlüssel jenes Wagens herausgreifen, in dem sie mitfahren werden.

Indien, dessen philosophische Grundlage schon seit Jahrtausenden die Erkenntnis ist, dass alles eins ist, hat nun seine »ganzheitlichen« Illustrierten, in denen ebenjener große Gedanke im modernen New-Age-Gewand dafür herhalten muss, »Kurse zum psycho-physischen Wohlbefinden« und ähnliche Phantastereien an den Mann zu bringen.

Seltsame Persönlichkeiten aus der westlichen Welt tauchen nunmehr regelmäßig in Indien auf, um das Land mit der »antiken Weisheit der Maya« oder auch der Ägypter zu beglücken. Ein Amerikaner hält Kurse über die »Lehren Lemurias«, jenes versunkenen Erdteils, dessen Geheimnis, »die psychischen Kräfte zu erweitern und zu erneuern, die uns an die Dimension Gottes binden«, sich ausgerechnet ihm offenbart haben soll.

Ein Australier lehrt die Melchizedek-Methode (dies ist der »Ewige Herrscher des Lichts«), um sich »in Einklang zu bringen mit dem Herzschlag des Universums und so ein Gleichgewicht zwischen Körper und Geist herzustellen«. Diese Methode, so liest man in der Werbebroschüre, sei auf der Erde zur Zeit von Atlantis praktiziert und den Menschen von Walen und Delfinen beigebracht worden. Lange in Vergessenheit geraten, sei sie erst kürzlich diesem Australier, einem Anhänger Sai Babas, von dem »aufgefahrenen« Master Toth »offenbart« worden. In den – natürlich nicht kostenlosen – Kursen gehe es um die »Aktivierung der Merkabah mit dem Hologramm der Liebe und die Erweiterung zur orbitalen Merkabah, das neue Platin, die magischen hermetischen Energien und die Neuausrichtung der Elemente, um sie auf jeden Kursteilnehmer abzustimmen und sein Leben zu verbessern«. Durch die Melchizedek-Methode – und hier wird es tückisch – sei eine Frau in zwei Tagen von ihrem Brustkrebs geheilt worden. Auch Aids-Kranke könnten neue Hoffnung schöpfen.

Ein Land wie Indien, das besonders im letzten Jahrhundert so viele Menschen aus dem Westen in der Hoffnung bereisten, dort die »Geheimnisse« für eine Gesundung der Seele zu finden, die vielleicht für das Überleben des Abendlandes unverzichtbar sein würde, findet sich nun in der Lage wieder, ebenjene »Geheimnisse«, neu verpackt und auf den Markt gebracht, aus dem Westen zu importieren. Bekanntermaßen fasziniert das, was aus der Ferne kommt und geheimnisvoll klingt, viel mehr als das, worüber man ohnehin schon verfügt.

»Reiki ist ein spirituelles Heilmittel gegen zahlreiche Krankheiten«, erklärte der Meister am ersten Morgen. »In unser aller Leben gibt es zu viel Stress, zu viel Mühe, zu viele Spannungen. Reiki möchte das Gleichgewicht wiederherstellen zwischen den verschiedenen Ebenen des menschlichen Daseins: der körperlichen, der mentalen, der emotionalen und der spirituellen Ebene. Jeder von uns verfügt über eine Kraft göttlichen Ursprungs. Es geht nun darum, zu lernen, wie sich diese Kraft sammeln und durch unsere Hände übertragen lässt. Reiki ist eine geheime Methode, mit der wir die Glückseligkeit einladen können, in unserem Leben Einzug zu halten«, fuhr er fort. »Das lässt sich in drei Tagen lernen.«

Um glaubwürdig und »wirksam« zu erscheinen, musste Reiki natürlich eine Geschichte haben, einen Begründer, einen Faden, der auch diese Lehre mit einer sagenhaften Quelle von Geheimnissen verknüpfte. Auch die Theosophische Gesellschaft zum Beispiel dachte sich »Meister« mit exotischen Namen aus, die, von irgendwo in Tibet aus, 1875 ihren Gründern in New York die entsprechenden Anweisungen gegeben haben sollen. Ähnlich Georg Iwanowitsch Gurdjieff, der höchst originelle Gründer des »Instituts für die Harmonische Entwicklung des Menschen« (1922), der Schriftsteller wie Katherine Mansfield und René Daumal zu seinen Anhängern und einen großen Architekten wie Frank Lloyd Wright zu seinen Bewunderern zählen konnte. Gurdjieff ließ vage erkennen, einige wichtige Lehren bei seinen Reisen durch Zentralasien und Tibet aufgenommen zu haben; die Antwort auf all seine Fragen habe er dann aber letztlich in jenen so geheimen armenischen Handschriften gefunden, die er im Kloster Sarmung zwischen Urmia und Kurdistan entdeckt haben wollte.

Auch Reiki konnte auf einen Stammbaum verweisen. So wie ihn die »Meisterin« in meinem Kurs vorstellte, wird er wohl, mit fast den gleichen Worten, in den Hunderten von Reiki-Kursen nacherzählt werden, die mittlerweile überall auf der Welt stattfinden. Denn Reiki ist groß in Mode und expandiert rascher als alle anderen New-Age-Lehren. Es gibt bereits Regenbogen-Reiki, Yin- und Yang-Reiki oder auch Transzendental-Reiki.

Hier also die Reiki-Geschichte: Im Jahr 1865 kommt Mikao Usui in Japan als Spross einer alten Samurai-Familie zur Welt. Nach seinem Studium lehrt er an einer kleinen christlichen Universität, wo seine Studenten von ihm wissen wollen, wie Christus Kranke heilen und Tote zum Leben erwecken konnte. Usui kann ihnen darauf keine Antwort geben, und so macht er sich eines Tages auf, sie zu suchen. Er bereist China, Indien und Tibet. Schließlich landet er in den USA, wo er einige Jahre lebt und an der Universität in Chicago seinen Doktor der Medizin macht.

Nach Japan zurückgekehrt, zieht sich Usui auf den Berg Kurama nördlich von Kyoto zurück, um dort drei Wochen zu bleiben, zu fasten und zu meditieren. Um die Tage zu zählen, legt er einundzwanzig Steine vor sich aus und wirft bei jedem Sonnenaufgang einen davon zu Tal. Beim letzten angekommen, sieht Usui plötzlich, wie der gerade weggeworfene Stein als eine große Kugel aus Licht und Energie zu ihm zurückkommt. Usui versucht noch, in Deckung zu gehen, aber er schafft es nicht mehr rechtzeitig. Die Kugel ist zu schnell und erwischt ihn am Kopf. Als er wieder zu sich kommt, hat Usui die Antwort gefunden, nach der er so lange gesucht hatte: Jene strahlende göttliche Kraft, jene universale Energie ist die Quelle aller Heilungen, aller Wunder und kann durch Handauflegen übertragen werden. Die Methode ist Reiki.

Doktor Mikao Usui probiert nun – immer noch laut Stammbaum – seine Methode zunächst an den Bettlern und Obdachlosen Kyotos aus. Nachdem er hier sehr erfolgreich gewirkt hat, zieht es ihn nach Tokio, wo er eine kleine Klinik eröffnet. Während des verheerenden Erdbebens im Jahr 1923 ist Usui unter den Helfern und kann mit seiner Methode zahlreiche Verwundete heilen. Im Jahr 1926 stirbt er, und seine Anhänger errichten ihm zu Ehren eine Grabstelle im Saihoji-Tempel bei Tokio.

Damit wäre die Geschichte zu Ende gewesen, hätte es nicht Mrs. Hawayo Takata gegeben, eine Japanerin, die auf Hawaii lebte. Nachdem sie die Methode von Chujiro Hayashi, einem direkten Schüler Usuis, erlernt hatte, begann sie um das Jahr 1970 herum, Reiki in den USA zu lehren. Durch Mrs. Takatas einundzwanzig Schüler (so viele wie Usuis Steine) verbreitet sich nun Reiki in alle Welt, die Schüler jener Schüler werden Meister, die andere Schüler heranbilden, die dann selbst wiederum neue Meister werden. Dutzende Reiki-Bücher in allen Sprachen erscheinen. Und in allen taucht das schöne alte Foto eines charismatischen Japaners mittleren Alters auf, mit grau melierten Haupt- und Barthaaren, tief blickenden Augen, dichten Augenbrauen über der runden Brille, einem wohlwollenden Lächeln und einem frommen, tröstlichen Gesichtsausdruck: das perfekte Sinnbild geheimnisvoller asiatischer Weisheit.

Bevor wir die Methode an uns selbst ausprobieren konnten, hatten wir noch einige Übungen zu absolvieren, die, wie die »Meister« erklärten, dazu dienen sollten, unsere Aufmerksamkeit zu bündeln und den Blick »ins Jenseitige zu richten«. In einer sollten wir die Augen schließen und uns Usuis Erlebnis am einundzwanzigsten Tag seines Fastens auf dem Berg Kurama vorstellen; in einer anderen hatten wir den Blick gen Himmel zu richten und zu versuchen, die in der Luft schwebenden »Energiekügelchen« zu erkennen.

Ich fand es zum Lachen, aber für die anderen Teilnehmer war es eine ernste Angelegenheit. Einige wollten das Licht erkannt haben, andere die Energie. Eine Frau erzählte verzückt von dem Gefühl, wie sich ein heller Lichtschein um sie herumgelegt habe.

»So, nun haben Sie eine erste Vorstellung von der unsichtbaren Welt gewonnen«, zog der »Meister« Zwischenbilanz. Von dort bis zu echten Wunderheilungen war es nur ein kurzer Schritt, und der »Meister« erzählte von einer, die Mrs. Takata gelungen war. Sie war ans Krankenbett einer Freundin gerufen worden, doch als sie dort eintraf, war diese bereits seit einer halben Stunde tot. Dadurch ließ sich Mrs. Takata jedoch nicht entmutigen: Sie gab der Verstorbenen Reiki in der Herzgegend, und während man sich schon daranmachte, die Leiche in den Sarg zu legen, erhob sich die Tote plötzlich, um noch fünf schöne Jahre weiterzuleben.

Es gehe also darum, erklärten uns die »Meister«, jene Kraft zu nutzen, die gleichermaßen im Universum wie in uns selbst fließe. Das praktische Vorgehen war einfach: Wir sollten die Hände nur ganz leicht schließen und im Abstand von zehn, fünfzehn Zentimetern über den zu behandelnden Körper halten.

Um sich damit vertraut zu machen, hatte jeder seinen Nachbarn zu »behandeln« und sich anschließend von diesem behandeln zu lassen. Es war gar nicht so leicht, zehn Minuten lang die Hände ruhig und die Arme ausgestreckt zu halten, bis der Energiefluss ganz hindurchgegangen war. Um den ganzen Körper zu »reinigen«, mussten die Hände nach und nach auf die verschiedenen Organe einwirken. Eine Sitzung dauerte zwischen einer und zwei Stunden.

»Aber niemals Reiki auf den Kopf, den Sitz des Kronen-Chakras, geben. Und niemals auf den Bauchnabel«, erklärte der »Meister«. »Und bei Krebskranken nie auf das ›Wurzel-Chakra‹ an der unteren Wirbelsäule.« Ich spitzte die Ohren. »Alle Krankheiten«, fuhr er fort, »entstehen aus einem physischen und emotionalen Ungleichgewicht. Ein bedeutender Onkologe kam zu dem Schluss, dass Krebs auf einen Mangel an Liebe zurückzuführen ist, und rät deshalb zu einer Behandlung mit liebevollen Umarmungen, mindestens drei Mal am Tag. Der Gesundheitszustand von Krebspatienten, die diese Therapie ausprobierten, hat sich merklich verbessert.«

Ich hätte auch aufstehen, ihm ein paar Ohrfeigen verpassen und den Saal verlassen können. Doch statt eines Energieflusses hatte Reiki bei mir bloß eine große Lust, laut loszulachen, aufkommen lassen, und ich musste mich zusammenreißen, um nicht die ganze Versammlung in Verlegenheit zu bringen. Schwieriger wurde das noch, als ich an der Reihe war, mit gefalteten Händen zur »Einweihungszeremonie« zu schreiten, jenem Ritual, bei dem der »Meister« die Kraft eines jeden Einzelnen mit der Kraft des Universums in Einklang bringen wollte.

Ich betrat einen kleinen, halbdunklen Raum; der »Meister« stand vor einem Altärchen, auf dem eine Öllampe brannte. Er murmelte einige Worte, die ich nicht verstand, klopfte mit einem Holzstab auf eine bronzene Schale, und jener Klang, so erklärte er mir, wecke nun meine innere Kraft und stimme sie auf die Reiki-Schwingungen ein. So stellte er also jene mystische Verbindung her, die bedeutete, dass ich im direkten Kontakt mit dem Energiefluss des Universums stand und ihn nutzen konnte, um andere zu heilen.

Es war schon eine eigenartige Situation, wie wir uns so dicht gegenüberstanden, ohne dass ich die Möglichkeit gehabt hätte, ihm zu entfliehen. Aber was mich nervös machte, war allein die Furcht, plötzlich laut loszulachen. Und zu lachen gab es wirklich genug! Wieder bei den anderen im Saal, erklärte der »Meister« im Zusammenhang mit den Anwendungsmöglichkeiten von Reiki, man könne es auch durchaus dazu nutzen, um seinen Computer zu »heilen«.

»Die technischen Geräte, deren wir uns bedienen, sind Verlängerungen unseres Körpers«, führte er aus. »Sie haben sicher selbst schon bemerkt ...«, und er hielt inne, um die Spannung zu steigern, »dass Ihre Geräte besonders dann nicht funktionieren wollen, wenn Ihre Stimmung negativ ist und ohnehin alles schief zu gehen scheint.« Dies war nun, wie er betonte, ein wichtiger Punkt: »Wenn wir mental nicht im Einklang stehen mit dem Universum, wird alles, was uns umgibt, davon in Mitleidenschaft gezogen: auch unser Körper.«

Weiter erklärte er dann, wie Reiki auch auf Pflanzen und Tiere anzuwenden war. Und, als spreche er direkt zu mir, fügte er hinzu:

»Pflanzen und Tiere sind nicht skeptisch. Pflanzen und Tiere sind sehr viel offener als viele Menschen.«

Ich hielt durch, und am Ende des dritten Tages bekam ich das Reiki-Diplom 1. Grades überreicht. Damit durfte ich mich – nach einundzwanzig Tagen der Selbstanwendung, um mich zu »reinigen« – für den nächsten Kurs zum Erwerb des 2. Grades anmelden, in dem ich lernen würde, Reiki auf Distanz auszuüben, also Menschen in der Ferne zu behandeln, und mich auf eine noch klarere und mächtigere Schwingung der »universalen Lebensenergie« einstimmen zu können. Von dort ging es dann noch weiter zum 3. Grad, der befähigte, andere mit jener universalen Energie in Einklang zu bringen. Das heißt, dass man selbst »Meister« wurde.

Aber das hatte ich eigentlich nicht vor.

Der Kurs hinterließ bei mir ein Gefühl ratloser Verärgerung. Die Propagierung derartiger Banalitäten mit den daraus erwachsenden Gefahren, wenn etwa Menschen mit schweren Krankheiten sie ernst nahmen, empfand ich als Beleidigung der menschlichen Intelligenz. Dennoch war der weltweite Erfolg von Reiki nicht zu leugnen. Allein in Delhi gab es mehr als zweitausend »Meister«. Zudem machte mich die Tatsache neugierig, dass diese Lehre in Japan entstanden war, denn dort war ich vor Jahren einmal mit einer höchst seltsamen Geschichte in Berührung gekommen, die auch mit Handauflegen zu tun hatte.

Mitte der achtziger Jahre bereiste ich den Norden Honshus, der Hauptinsel Japans, mit einem sehr lieben Kollegen aus Tokio, der tatsächlich aus einer alten Samurai-Familie stammt und dessen Name übersetzt »Großer Freund« bedeutet. Spätabends waren wir in der Kleinstadt Takayama eingetroffen und hatten es uns gerade auf den Tatami, den Reisstrohmatten, in einem alten Ryokan, einer traditionellen japanischen Herberge also, bequem gemacht, als ich unten auf der Straße die Stimmen von Passanten hörte, die sich auf Italienisch unterhielten. Ich spitzte die Ohren. Ja, sie sprachen sogar Toskanisch! Ich stand auf, öffnete das Fenster und rief ihnen nach. Es waren junge Leute aus Pistoia, die es in diesen verlassenen Winkel Japans verschlagen hatte, um an den großen Feierlichkeiten einer »neuen Religion« teilzunehmen, von der ich noch nie gehört hatte und deren Anhänger sie – in Pistoia! – waren.

Ich änderte meine Pläne, und anstatt nach Tokio zurückzukehren, begleitete ich die jungen Italiener zu einem prachtvollen Tempel, dessen riesengroße Dächer wie vergoldete Flutwellen in einem glitzernden Meer aussahen. Im hinteren Teil des ganz mit roten Stoffen ausgeschlagenen Innenraums sah man eine Bühne, die auf einem gigantischen, in blaues Licht getauchten Aquarium errichtet war, in dem gemächlich große weiße und rote Karpfen schwammen. Als sich der Vorhang hob, erschien inmitten einer Landschaft aus künstlichen Bergen und echten Wasserfällen die in weiße Schleier gehüllte Priesterin der Sekte und begrüßte die Delegationen, die von überall her aus Japan und der ganzen Welt gekommen waren. Ich hatte die Mahikari-Sekte entdeckt.

Sie war in den dreißiger Jahren von einem japanischen Offizier gegründet worden. Die Anregung kam ihm, wie es so geschieht, als er, mit seiner Garnison in Vietnam liegend, vom Pferd stürzte. Durch den Aufprall erfuhr er seine Erleuchtung, und der Ruf, den er vernahm, war eindeutig: Er sollte eine neue Religion gründen, mit dem alleinigen Ziel, Schmerzen zu lindern und die Krankheiten der Menschheit zu heilen. Die Botschaft kam an, und binnen kurzer Zeit schnellte die Zahl seiner Jünger in die Höhe. Als er starb, folgte ihm seine Tochter als höchste Priesterin nach, und die Gemeinschaft der Mahikari wurde eine der reichsten und am festesten verankerten der vielen, vielen Sekten, die jedes Jahr in Japan erblühen – und oft gleich wieder verwelken.

Die Anhänger der Sekte zählten mittlerweile einige zehntausend, und später fiel es mir leicht, sie zu erkennen, besonders an den U-Bahn-Stationen, wo sie sich aufstellten und Menschen aus der Menge anhielten, ihnen die Hand auf die Stirn legten und sich als Heiler ihrer Leiden anboten. Denn dies ist das Erfolgsrezept der Mahikari-Sekte: Als Mitglied erwirbt man die Fähigkeit, andere durch einfaches Handauflegen mit der Energie des Universums, die vom Himmel kommt, zu heilen. Die Sekte fungiert also als eine Art Verteilerkasten. Doch die Sache hat auch einen Haken: Um diese Fähigkeit zu behalten, hat jedes Mitglied einen monatlichen Beitrag zu überweisen, für eine Art Stromrechnung, damit die Energieversorgung aufrechterhalten bleibt.

Reiki funktioniert ganz ähnlich, nur dass die Bezahlung in *einer* Summe erfolgt und man, einmal »angeschlossen«, nicht Gefahr läuft, dass einem »der Saft abgedreht« wird.

Die Sache interessierte mich immer mehr. Ich schrieb dem »Großen Freund« in Tokio und bat ihn, so viele Informationen wie möglich über Usui und sein Heilungssystem für mich zu sammeln und mir zukommen zu lassen. Nach einigen Wochen erhielt ich seine Antwort. Sehr aufschlussreich: In Japan habe Reiki praktisch keine Anhänger (der Markt fürs Handauflegen sei fest in den Händen der Mahikari-Leute), und Usui sei dort nahezu unbekannt. Seine Grabstelle beim Saihoji-Tempel gebe es tatsächlich, doch weitere Hinweise zu Usui konnte mein Freund nicht finden. Sein Name sei nicht unter den Ärzten, die zu Beginn des letzten Jahrhunderts in Japan praktizierten, und es sei sehr unwahrscheinlich, dass er in Chicago sein Examen abgelegt habe, denn zu jener Zeit, als Usui dort studiert haben sollte, habe es an der dortigen Universität noch gar keine Medizinische Fakultät gegeben. Mein Freund vermutete, dass »Doktor Mikao Usui« vielleicht nie gelebt habe und seine Geschichte mitsamt dem netten Foto und den Details zu seinem Leben und seinen Wundertaten nichts als eine äußerst geschickte Inszenierung war, um eine neue Heilungsmethode zu »verkaufen«.

Doch egal, wie die Fakten nun liegen, die Sache ist ein Riesenerfolg. Reiki findet immer mehr Anhänger in der ganzen Welt; einige »Meister« werden reich mit ihren Websites, ihren Büchern und vor allem ihrer »göttlichen Abstammung«, also ihrer Verbindung zum Gründer Usui. Ja, denn Reiki ist im Kettenbriefsystem organisiert. Das heißt: Nur wer bei einem Schüler oder dem Schüler eines Schülers oder dem Schüler eines Schülers eines Schülers von Usui Reiki gelernt hat, kann selbst »Meister« sein. Nur diese direkte Abstammung garantiert die Authentizität des Erlernten und den »Einklang« mit der universalen Lebensenergie.

Danach hörte ich, dass es auch noch eine andere Version der

Geschichte gibt, wie Reiki, ebenfalls durch Usui, in die Welt kam: eine Version, die etwas abenteuerlicher und – amerikanischer ist.

Dieser Version zufolge erwirbt Usui, der sich von Kindesbeinen an für das buddhistische Schrifttum interessierte, im Jahr 1899 in einem Antiquariat in Kyoto ein Bündel alter Handschriften. Darunter ein Text, nach dem er schon jahrelang gesucht hat, »Das Tantra des Blitzes, das den Körper heilt und den Geist erleuchtet«, über Energieübertragung zu therapeutischen Zwecken. Diese Schrift tibetischen Ursprungs aus dem 7. Jahrhundert nach Christus war angeblich durch den Gründer der buddhistischen Shingon-Sekte über China nach Japan gelangt.

Usui studiert den Text, lernt daraus Reiki und beginnt es anzuwenden. Als er dann, nach dem großen Erdbeben in Tokio, spürt, dass seine Kräfte schwinden, packt er alles, was er zu dem Thema Reiki besitzt, einschließlich seiner Aufzeichnungen und Tagebücher, in eine große Lackschatulle und vermacht sie, kurz vor seinem Tod 1926, seinem treuesten Schüler. Nun erlebt diese Schatulle eine wechselvolle Geschichte. Im Verlauf des Zweiten Weltkriegs zu den Waffen gerufen, hinterlegt der Schüler das wertvolle Gut in einem Tempel. Dann fällt er, 1942 in Manila, und kurze Zeit später wird der Tempel bombardiert. Die Schatulle aber, von einigen Mönchen aus den Trümmern gerettet, reist durch Japan, bis sie eines Tages von einem amerikanischen, am Buddhismus interessierten Offizier gekauft wird. Über diesen Offizier, mittlerweile zum General befördert, gelangt die Schatulle dann in die USA, wo sie auf dem Speicher seines Hauses in Vergessenheit gerät und erst 1994 von seinem Sohn gefunden wird, der sich – was für ein Zufall! – als Reinkarnation eines bedeutenden tibetischen Lamas sieht.

Den Dokumenten in der Lackschatulle zufolge sollen die Reiki-Wurzeln sogar bis zu Buddha persönlich zurückreichen, in seiner Eigenschaft als »Herr des Lapislazuli-Lichts«. Mit anderen Worten: Reiki, das sich heute an einem Wochenende erlernen lässt, blicke nicht auf eine nur hundertfünfzigjährige, sondern gar zweitausendfünfhundertjährige Geschichte zurück. Genau das, was die Leute anzieht.

Dann ist Reiki also nur ein großer Schwindel, von dem man die Finger lassen sollte? Keineswegs. Alles kann hilfreich sein, um einen Genesungsprozess in Gang zu setzen: Meditation, der Glaube an einen Heiligen, Yoga, Beten und gewiss auch Reiki. Es genügt, an die Wirksamkeit zu glauben. Das Handauflegen ist eine althergebrachte religiöse Praxis. Und zweifellos kann die freundschaftliche Hinwendung zu einem Mitmenschen, ihn zu berühren und die eigene Wärme spüren zu lassen, Trost bringend und heilend wirken. Inwiefern sich auf diese Weise Krebskranke heilen oder Tote zum Leben erwecken lassen, vermag ich nicht zu sagen. Aber gewiss baut es Spannungen ab, beruhigt den Geist und weckt positive Gedanken, die, wie das Lachen, an sich schon wohltuend sind und das Immunsystem stärken.

Tatsache ist aber auch, dass in allen Traditionen einschließlich der christlichen die Wirksamkeit des Handauflegens von dem Menschen abhing, der diesen Akt vornahm, und nicht vom Akt selbst. Nur ein Mensch mit großen spirituellen Gaben und einer reinen Seele konnte über einen solchen »magischen Touch« verfügen.

Reiki hat diese Voraussetzung über den Haufen geworfen. Jene magische Heilkraft wurde zu einer Methode, die jedermann in wenigen Tagen erlernen kann und die in keiner Hinsicht mehr an die seelischen oder moralischen Tugenden des Ausführenden gekoppelt ist. Was einmal ein »Geschenk Gottes« war, wurde in eine bloße Ware verwandelt, die wohlfeil zu haben ist.

Funktioniert es denn trotzdem?

Glaubt man den Taoisten, nein. »Bedient sich ein ungeeigneter Mensch richtiger Mittel, so agieren diese Mittel auf ungeeignete Weise«, lehrten jene Weisen. Doch wer hört schon noch auf die alten Chinesen?

Letztendlich schien mir jedoch, egal wie es nun um die spirituellen Qualitäten der »Meister« bestellt gewesen sein mag, auch dieser Kurs nicht vollkommen sinnlos gewesen zu sein. Und ganz gewiss war er einem Fernseh- oder Shoppingwochenende vorzuziehen. Bot er doch zumindest die Möglichkeit, ein wenig aus dem Alltag herauszukommen, sich einmal in einem anderen Licht zu sehen und vielleicht auch etwas Neues mit nach Hause zu nehmen.

Ich zum Beispiel hatte gelernt, dass man ein Drittel weniger isst, wenn man einen Bissen zweiunddreißig Mal kaut, und sich damit trotzdem sehr viel nahrhafter ernährt. Das hatten meine »Meister« jedenfalls gesagt.

Eines Abends erzählte ich im Kreis einiger indischer Freunde von meinen Reiki-Erfahrungen und gestand ihnen meine Enttäuschung: Ich sei in der Überzeugung nach Indien gekommen, hier auf eine starke, selbstbewusste Kultur zu stoßen, die der nivellierenden Gewalt der Globalisierung widerstehen könne. Stattdessen hätte ich aber, in Delhi lebend, den Eindruck gewonnen, dass man auch in Indien nur noch damit beschäftigt sei, den Waren, Ideen und Moden des Westens nachzulaufen.

Der Gastgeber, ein bärtiger, sehr gebildeter Filmproduzent, ein vom Kopf her moderner, aber dennoch fest in seiner Tradition verwurzelter Mann, wollte meine pessimistische Einschätzung nicht teilen. »Ach, lass mal«, sagte er, »Indien läuft eben allem hinterher. Das aber sehr, sehr langsam. Du wirst sehen, wir werden auch noch zu spät zur Beerdigung der westlichen Kultur kommen.« Seiner Ansicht nach würde Indien den aktuellen Prozess der Verwestlichung genauso überstehen wie frühere Invasionen auch, angefangen bei der islamischen Eroberung bis zur englischen Kolonialherrschaft.

Jahrtausendelang wurde dieses Land, nicht anders als ein Großteil Asiens einschließlich Chinas, von überwiegend spirituellen Zielen geleitet, und diese Neigung wird irgendwie weiterleben und gedeihen. Hier wird nichts vollkommen vergessen und begraben, nichts ganz zerstört und durch Neues ersetzt. Indien ist eine Arche Noah, in der auch das, was anderswo seit langem tot ist, überleben kann. Hier haben sich die Samen der größten Erkenntnisse erhalten, die der Mensch je gewonnen hat. Und das auch auf dem Gebiet der Heilkunst, wie ich bald schon feststellen sollte, als ich mich auf meine sehr subjektive Suche nach einer Erfolg versprechenden Behandlung meiner Krankheit machte.

* Mit *unani*, was auf Urdu »Griechenland« bedeutet, werden hauptsächlich nervliche Störungen wie Schlaflosigkeit oder Bluthochdruck behandelt. Das Grundprinzip dieser Heilkunst besteht in der Aufrechterhaltung des Gleich-

Indien ist das einzige Land der Welt, wo noch Unani-Medizin* praktiziert wird, jene antike griechische, von Hippokrates begründete Heilkunst, die im Gefolge Alexanders des Großen im 4. Jahrhundert vor Christus auf den Subkontinent kam. In Indien koexistieren die verschiedensten medizinischen Schulen. Neben der klassischen westlichen Medizin findet man neuerdings auch wieder Ayurveda, die antike heimische Heilkunde, aber auch Homöopathie, Naturopathie, die chinesische und vor allem auch tibetische Heilkunst.

Noch als Journalist hatte ich mir einen Ordner zum Thema Medizin angelegt, in dem ich all das sammelte, was ich in der indischen Presse zu dem Thema finden konnte. Im Laufe der Jahre kamen auf diese Weise viele Geschichten zusammen; einige darunter recht kurios, wie etwa die folgende: Einmal im Jahr stehen in Hyderabad die Menschen zu Tausenden nach Sardinen Schlange, deren Maul mit einer geheimnisvollen Kräutermischung gefüllt wurde: eine Wunderkur gegen Asthma. Das Rezept dafür besitzt nur die Familie Goud, und das seit 1845, als einem ihrer Ahnen die geheime Rezeptur von einem heiligen Mann anvertraut wurde, der von sich behauptete, ein Nachkomme des sagenhaften Ayurveda-Gründers zu sein.

Mehr als eine halbe Million Patienten suchen heute ihr Heil in der Sardinenbehandlung, die, wie es heißt, nur in den ersten Junitagen wirken soll, wenn eine bestimmte Sternenkonstellation der Sardinen-Kräuter-Verbindung ihre besondere Heilkraft verleiht. Zuweilen ist der Ansturm der Asthmakranken so gewaltig, dass es an Sardinen mangelt und sich die Behörden einschalten müssen, um den Nachschub sicherzustellen und ein Chaos zu verhindern. Die Familie Goud lässt sich das Sardinenwunder nicht bezahlen. Spenden sind allerdings immer sehr willkommen.

Andere Zeitungsausschnitte befassten sich mit gleichermaßen bizarren Behandlungsformen von Diabetes und Bluthochdruck – zum Bespiel mit Musik. Eine der ältesten Therapien überhaupt

gewichts zwischen den verschiedenen Elementen des Körpers, um die Selbstheilungskräfte zu wecken. Die Behandlung basiert vor allem auf strikter vegetarischer Kost. Die Ärzte nennen sich *akim*. In Indien findet man noch ungefähr fünfzigtausend.

war die so genannte »Wassertherapie«, eine euphemistische Umschreibung des Brauchs, jeden Morgen auf nüchternen Magen ein Glas eigenen Urin zu trinken, der gegen alle Krankheiten helfen soll. Unter den Anhängern dieser Behandlungsmethode finden sich auch illustre Persönlichkeiten, wie etwa ein früherer Premierminister.

Besonders zahlreich waren auch die Artikel, in denen es um Krebsbehandlung ging. In Kalkutta gab es Homöopathen, die hier Heilung versprachen. Und am Stadtrand von Delhi praktizierte ein Arzt, der eine Krebsimpfung entwickelt haben wollte, und zwar auf der Grundlage von Zyankali. »Drei Tropfen dieses Serums sind für ein dreijähriges Kind die beste Lebensversicherung: Dann kann es später rauchen und essen, so viel es mag; es wird nie Krebs bekommen«, hatte der Mann im Interview erklärt und angekündigt, sich seine Erfindung patentieren zu lassen.

Auf meiner Suche nach einer geeigneten Behandlung für mich hätte ich tausend Spuren nachgehen, tausend Richtungen einschlagen können. In meinem Dossier häuften sich Namen, Anschriften, Telefonnummern. Doch ich beschloss, bei einem Mann anzufangen, über den noch keiner geschrieben hatte, der noch nicht »entdeckt« worden war, von dem mir aber meine indischen Freunde viel Verheißungsvolles erzählt hatten.

Es handelte sich um einen jungen Ayurveda-Arzt, der am anderen Ende Indiens lebte.

Der »Kräuterarzt«

Immer wenn es im Flugzeug zu ruckeln beginnt, überlege ich mir, dass Fliegen eigentlich keine natürliche Fortbewegungsart des Menschen ist und dass ich doch besser mit den Füßen am Boden geblieben wäre und den Zug genommen hätte. Bei indischen Fluglinien drängen sich solche Gedanken besonders häufig auf, scheint man hier doch eine spezielle Vorliebe fürs Durchrütteln der Passagiere zu besitzen. Als der Flieger, in dem ich jetzt saß, in Visakhapatnam, einer bedeutenden Hafenstadt im Bundesstaat Andhra Pradesh am Golf von Bengalen, landen sollte, hing die dichte Wolkendecke so niedrig, dass der Pilot die Landebahn gar nicht erkennen konnte. Doch statt nun oberhalb des Unwetters auf ein Aufklaren zu warten, zog er es vor, sich mittendrin aufzuhalten und so allen Passagieren eine gute Gelegenheit zu geben, über ihr Schicksal nachzudenken. Von dort oben betrachtet schien meines von besonderer Ironie: Auf der Suche nach »Heilung« war ich unterwegs zu einem nahezu unbekannten Ort, dessen Name in keinem Reiseführer auftaucht, ungefähr zweihundert Kilometer vom Flughafen entfernt, und würde jetzt vielleicht noch vor der Landung die »ultimative Heilung« finden.

Aber das blieb mir erspart. Nach etlichen Hüpfern und Sprüngen und dem x-ten Absacken ins Leere setzten wir tatsächlich auf, und das gewohnte entsetzliche, wunderbare Indien mit all seinen Extremen beeilte sich, uns zu empfangen: barfüßige Taxifahrer, Hotel-»Schlepper« und viele, viele Müßiggänger, die sich in Ermangelung eigener Erlebnisse das Spektakel des Lebens anschauten. Ich suchte mir den Fahrer aus, der mir am vertrauenerweckendsten schien: den ältesten und einzigen, der Sandalen trug.

Visakhapatnam ist der viertgrößte Hafen Indiens und einer der »Entwicklungsschwerpunkte« des Landes, das heißt eine jener Städte, die beim aktuellen Run zur Modernisierung am eifrigsten mittun. Eine neue schicke Autobahn führte vom Flughafen weg und schnitt Dutzende und Aberdutzende von kleinen Läden, Baracken, Kaschemmen und Ständen, die zuvor die alte Straße gesäumt hatten, vom Verkehrsfluss ab. Um zu einem jener gelben Verschläge zu gelangen, die hier als Telefonzellen dienen, musste ich über Sandhaufen, Betonträger und Bauschutt hinwegsteigen. Ich rief den Ayurveda-Arzt an, um einen Termin auszumachen. Meine Freunde in Delhi hatten mich angekündigt, und er erwartete mich.

Die Straße führte zwischen seltsamen Hügeln entlang. Bis vor wenigen Jahren, so erzählte mir der Fahrer, seien sie noch mit mächtigen Bäumen überzogen gewesen. Nun sahen sie wie Kahlköpfe aus. Es ist immer dieselbe Geschichte: Die Wälder werden abgeholzt, der Boden erodiert, wird weggeschwemmt, das Klima ändert sich, lange Dürreperioden wechseln sich mit Überflutungen ab. Das Gleichgewicht ist dahin. Doch die Modernisierung schreitet voran, und am Wegesrand bleiben die Opfer zurück. Jene schöne Autobahn, noch ohne Mittelstreifen oder Leitplanken, bildete eine der Fronten dieses Vormarsches. Alle paar Kilometer sah man einen umgestürzten Laster, die Ladung über den Asphalt verteilt, oder ein Knäuel ineinander verkeilter Wagen, bei dem man sich kaum vorstellen konnte, dass irgendjemand den Crash überlebt hatte. »Das ist hier jeden Tag so«, meinte der Fahrer. Ein echtes Schlachtfeld.

Auch in den Dörfern, die wir durchfuhren, das übliche Bild: Grüppchen beschäftigungsloser Männer, die rauchend zusammenhockten, schwatzten oder das Treiben auf der gefährlichen Straße beobachteten. An einem Bahnübergang mussten wir warten, und ich hatte Gelegenheit, ein paar Männern dort bei der Arbeit zuzusehen: Einige luden mit bloßen Händen Erdklumpen auf einen Karren, andere hantierten mit primitivsten Werkzeugen um Gruben und Gräben herum; ein alter Mann mühte sich, mit einem Beilchen einen stattlichen Baumstamm zu fällen. Auf die Entfernung bedeutete ich ihm, eine Säge zu benutzen. Er verstand mich sofort: Er lächelte, hob die Hände und schüttelte sie in einer Geste, die in Indien »habe ich nicht« bedeutet. Die Händler an den Ständen längs der Straße spalteten mit der Axt Kokosnüsse und teilten Mangos mit kleinen Sicheln.

Betrachtet man das offene Land in Indien mit westlichen Augen, kann man nur den Kopf schütteln: kein Acker, der wohl bestellt wäre. Erde und Pflanzen scheinen weniger kultiviert als sich selbst überlassen. Die Hauptbeschäftigung scheint im Warten zu bestehen; warten, dass die Erde etwas hervorbringt und die Bäume Früchte tragen, um sie an den Ständen verkaufen zu können. In Indien fragt man sich häufig, ob die Armut des Landes nicht auch dieser Trägheit geschuldet ist, dieser Einstellung, dass es sinnlos sei, etwas zu tun, dass sich nichts ändert, dass alles bereits getan, gesehen, versucht wurde und keine Anstrengung die Mühe wert ist. Die Welt ist *maya*, Illusion. Es kommt nur darauf an, alles zu tun, um nicht wiedergeboren zu werden, nicht aber, sich ins Zeug zu legen, um sich ein besseres Leben zu schaffen.

Es war Mango-Zeit, und überall sah man nichts als Mangos. Berge von Mangos an den Straßenrändern, Berge von Mangos auf den Karren. Mangos, nichts als Mangos. Nicht einen Kohlkopf, einen Apfel, irgendein Gemüse.

Der Fahrer wollte Rast machen, um ein Glas Zuckerrohrsaft zu trinken. Der Stand war von Mückenschwärmen eingehüllt, doch niemand schien sich Gedanken darüber zu machen, dass Insekten zwischen die verrosteten Zähne der beiden Räder, mit denen das Rohr ausgequetscht wurde, geraten und im Saft landen könnten. Ein Junge bediente zerstreut die Maschine, nahm dann aus einem Plastikbehälter ein paar gelbliche Eiswürfel, packte sie in einen schwarzen, aus einem Stück Autoreifen hergestellten Beutel, schlug ein paar Mal mit einem Stock darauf und gab dann eine Hand voll dieses kalten Breis in die Gläser.

Wir kamen durch ein Städtchen, in dem auffallend viele Männer und die Kinder kahl geschoren waren. »Die werden hier eine Läuseplage haben«, dachte ich. Der Fahrer wusste es besser. Der Tempel des Ortes sei einer Göttin geweiht, die von jedem Besucher als Opfergabe eine halbe Kokosnuss und eine Totalrasur des Schädels verlange.

Je weiter wir uns vom »Entwicklungsschwerpunkt« Hafenstadt entfernten, desto vertrauter war mir das Bild, desto mehr sah ich jenes Indien, das ich kannte: Bauruinen, ein verlassenes Haus, ein anderes ohne Dach. Hier und dort auch tröstliche Eindrücke;

alte Dörfer mit Bambushütten, die Dächer aus Palmzweigen tief bis zum Boden heruntergezogen und nur eine kleine Öffnung als Tür. In der Ferne die Umrisse altertümlicher Karren, hinter große Ochsen gespannt.

Überzeugt, wie ich bin, dass auch schwache Spuren zu einem lohnenden Ziel führen können, gefiel mir die Vorstellung, zu einem »Arzt« in einer Gegend unterwegs zu sein, in die sich sonst kein Fremder verirrte. Doch die Ankunft in Kakinada war nicht gerade berauschend. Dem exotischen Namen zum Trotz handelte es sich um eine der üblichen verdreckten indischen Kleinstädte. Zudem noch überragt von den Schornsteinen zweier großer Düngemittelfabriken, die gräuliche Giftwolken in die Luft pusteten. Kurz zuvor war ein Regenguss niedergegangen und hatte die Straßen, denen es an Abläufen fehlte, in eine Sumpflandschaft verwandelt, in der, zwischen mit Mangos beladenen Karren, die Menschen herumwateten: die Frauen wie immer majestätisch in ihren bunten Saris, die Männer wie immer ärmlich in ihren schmutzigen Dothis, noch ärmlicher aber jene, die Synthetik-Hemden und -Hosen nach westlichem Vorbild trugen. Ich – in meinem üblichen Kurta-Pyjama* aus handgewebter Baumwolle, wie man ihn in jedem »Gandhi-Shop« findet – kam mir wie der einzige Inder weit und breit vor.

Der »Arzt«, ein junger Mann, klein und schlank, so um die dreißig, erwartete uns vor seinem Haus. Sofort war ich beeindruckt von seinen Augen, die voller Glut und Wärme waren. Ganz offensichtlich war er ein besonderer Mensch mit einer ganz eigenen Ausstrahlung.

Sein Haus war neu und sehr »modern«, grau verputzt und noch nicht einmal geweißt. Erst zwei Monate zuvor war die Familie eingezogen, und als Erstes wurde mir jetzt das Album mit den Einweihungsfotos vorgeführt. Nach vedischem Ritus waren als Erste eine Milchkuh und ein Kalb durch alle Räume gezogen. Auf der Dachterrasse hatte sich der »Arzt« ein Schutzdach aus Palmzweigen errichten lassen, unter dem er meditierte. Dort seien die Bedingungen optimal, erklärte er mir, weil die Schwingungen von

* Dreiknöpfiges langes Hemd bis zu den Knien mit einer sehr einfach geschnittenen Hose, die mit einer Kordel in der Taille gebunden wird.

jenem alten, ungewöhnlich ausschauenden Baum reflektiert würden, der mit seinem glatten, flaschengrünen Stamm und den großen fleischigen, geäderten Blättern, die im Regenwasser glänzten, den Garten beherrschte.

In einer Ecke des Gartens stand noch eine uralte Kokospalme, deren Wurzeln größtenteils offen lagen. Sie sah aus, als könnte sie jeden Moment umkippen. Nein, nein, sie sei keine Gefahr, versicherte mir der Gastgeber, sondern im Gegenteil sehr nützlich. Er riss ein Stückchen Wurzel ab und erklärte mit einem glücklichen Lächeln, dies sei das beste Mittel gegen »*files … siles*«. Ich verstand nicht, was er meinte. Und so legte er ganz unbefangen eine Hand auf mein Gesäß. »Ach so, ja, Hämorrhoiden … verstehe!«

»*Yes, piles*«, Hämorrhoiden, wiederholte er, indem er ein weiteres Wurzelstück abriss. »Man hackt die Wurzel ganz fein, zerstößt sie im Mörser und trägt sie hier auf«, erklärte er weiter, wobei er diesmal zum Glück seine Hand auf sein »hier« legte und nicht auf meins.

Der Arzt bewohnte das Haus mit seiner Mutter und zwei jüngeren Brüdern. Der Vater, Angestellter des dortigen Krankenhauses, war einige Jahre zuvor noch sehr jung gestorben. »Plötzlich begann er Blut zu spucken: eine Reaktion auf die englischen Chemikalien – besonders Aspirin!«, erklärte er mir. Für einen Arzt war das eine seltsame Art der Diagnostik, aber ich hatte schon längst verstanden, dass dieser »Arzt« überhaupt recht seltsam war, und überlegte bereits, unter welchem Vorwand ich mich hier baldmöglichst wieder verabschieden könnte, ohne jemanden damit zu kränken.

Meine Freunde in Delhi, die ihn mir empfohlen hatten (er habe einen leukämiekranken Verwandten erfolgreich behandelt, hieß es), hatten telefonisch vereinbart, dass ich mindestens eine Woche in Kakinada bleiben würde, um zunächst einmal meinen Körper richtig zu entgiften, während er die eigentliche Arznei für mich zusammenstellen würde.

Mit einem sofortigen Rückzug hätte ich für eine riesige Enttäuschung gesorgt. Denn ich war zwar auch selbst mit einem Interesse, vielleicht auch ein wenig Hoffnung gekommen, eine irgendwie geartete »Wunderkur« zu finden. Doch schon kurz nach meiner Ankunft begriff ich, dass die eigentliche Kur ich war. Ich war das erhoffte Wunder: ein »international bekannter Journalist mit Krebs« (so war ich mit Sicherheit vorgestellt worden), eigens aus Italien angereist, um sich in Kakinada behandeln zu lassen. Die Nachbarn hingen schon in den Fenstern; die Kinder drängten, wenig scheu, ins Haus und folgten wie in einer Prozession der Führung, auf der mir der »Arzt« sein Heim präsentierte.

»Das sind alles Kräuter, nur Kräuter«, sagte er, indem er auf zwei große Ballen Hanf in einem Raum deutete, den er »mein Laboratorium« nannte, der mir aber mehr wie eine staubige Abstellkammer vorkam. Unter einem Spülstein holte er einen großen steinernen Mörser mit einem ebenfalls steinernen Stößel hervor, in dem die bereits eigens für mich bestellten Kräuter verarbeitet würden. Sein »Arbeitszimmer«, ein weiterer staubiger Raum, hatte auch eine »Bücherwand«: In den gemauerten Ablagen stapelte sich alter Papierkram, dazwischen auch ein paar Bücher.

Seine Mutter drängte sich danach, mir einen Kaffee, Tee oder Wasser zu bringen, während der »Arzt«, um mich auch im Wohnzimmer, auf das sie so stolz waren, willkommen zu heißen, einen riesengroßen Farbfernseher einschaltete. Es lief ein amerikanischer Kriegsfilm – Schauplatz Vietnam.

Die Englischkenntnisse des »Arztes« waren eher dürftig. Häufig verstanden wir uns nicht, aber auch darauf hatte man sich vorbereitet. Die Problemlösung traf auf einer Vespa ein. Der Mann stellte sich als »Onkel« vor, schien aber nur wenig älter als der »Arzt« zu sein. Er war Englischlehrer an einer Mittelschule gewesen, hatte dann aber ein Mädchen aus einer etwas niedrigeren Kaste, dafür aber einer sehr viel reicheren Familie geheiratet und war daraufhin auf Lebensversicherungsmakler umgestiegen.

Mir wollte er nun in erster Linie seinen Neffen, den »Arzt«, verkaufen. Aus seiner Aktentasche holte er die in Plastikhüllen steckenden Briefe einiger geheilter Patienten hervor, dann die Belege für Arzneien, die in verschiedenen indischen Städten bestellt worden waren, und listete schließlich, um die Sache zusammenzufassen, alle Krankheiten auf, die sein Neffe erfolgreich behandeln könne: von Fettleibigkeit bis Asthma, von Arthritis bis zur Schuppenflechte. Gegen den grauen Star habe er Umschläge mit Opium und Honig entwickelt, die das Problem in drei Tagen ohne Operation lösten. Bei Diabetes sei er in der Lage, in zwei Wochen den Gebrauch von Insulin auf null zu reduzieren. Eine weitere Spezialität seines Neffen sei die Beseitigung von Unfruchtbarkeit.

»Hier ist der Brief einer Frau, die bereits 1989 von diesem Leiden geheilt wurde. Nach der Behandlung brachte sie drei Kinder zur Welt. Das Ganze hat sie nur 3000 Rupien gekostet. Natürlich sind Krebs- und Leukämiebehandlungen langwieriger. Deswegen sind auch die Kosten höher«, erklärte der »Onkel«. Es war die erste Anspielung auf das Honorar.

Dem »Arzt« war ob dieser Werbekampagne sichtlich unwohl in seiner Haut. Aber was sollte er dagegen tun? In gewisser Weise war der »Onkel« sein Chef, der das Geschäftliche im Griff hatte, und er musste ihn seine Arbeit tun lassen.

Und so erzählte mir der Onkel, ihre Familie sei eine Familie »orthodoxer« Brahmanen, die aber mehr und mehr an den Rand gedrängt würden von modernen, »falschen«, wie er sagte, Brahmanen, die auch Geschäfte und Geld machten. Er persönlich aber habe mit der Tradition gebrochen. Die komplizierten gesellschaftlichen, von der Religion verordneten Beziehungen fände er absurd und unerträglich. Worauf es ankomme, sei doch nicht die Kaste, sondern die persönliche Leistung jedes Einzelnen. Er selbst sah sich als erklärten Atheisten und verachtete alles, was mit der Vergangenheit zu tun hatte.

»Diese Riten und Zeremonien – der reine Wahnsinn!«, meinte er und erzählte als Beispiel von einem Schlangenfest. Dabei errichteten die Bauern der Gegend immer noch jedes Jahr kleine Erdhügel, die sie mit Eimern von Milch übergössen, um so die Schlangen zum Trinken einzuladen, in der Hoffnung, aus Dankbarkeit nicht gebissen zu werden, wenn sie später auf dem Feld auf ein solches Reptil stießen.

»Was soll denn das?«, empörte er sich. »Auf den Feldern fürchten sie die Schlangen und versuchen sie zu töten. Im Tempel jedoch verehren sie sie wie Götter und vergeuden die viele, viele

Milch an sie. Wäre es nicht besser, die Kinder auf der Straße damit zu versorgen? Nein, nein, die Brahmanen sind schreckliche Egoisten.« Er erzählte, dass kein einziger Brahmane ihres Viertels bei der Bestattung des Vaters seines Neffen zugegen gewesen sei. Denn sie glaubten, böse Geister könnten ihnen von der Einäscherungsfeier folgen und sich dann im Haus einnisten. Dabei habe der Vater doch so vielen Menschen geholfen, als er noch im Krankenhaus arbeitete. Aber letztendlich dächten doch alle nur an sich.

Der »Arzt« war in dem Redeschwall des Onkels fast untergegangen, und erst als dieser sich verabschiedet hatte und wir uns zum alten Stadtzentrum von Kakinada auf den Weg machten, um das Haus seiner Großeltern zu besuchen, fand er Gelegenheit, mir ein wenig von seinem Leben zu erzählen. Das Haus, in dem der Arzt geboren wurde, aufgewachsen war und noch bis vor zwei Jahren gelebt hatte, war Teil der Erzählung. Es handelte sich um ein düsteres, verfallenes Häuschen in einer ungepflasterten Gasse, das zweihundert Jahre zuvor erbaut und seitdem offenbar nie repariert oder gestrichen worden war. Die Dachziegel hatten sich gelöst, die Balken waren vermodert, und damit es in den zentralen Raum, in dem seine Großeltern lebten, nicht hineinregnete, war unter der Decke eine blaue Plane gespannt worden. Ein großes Durcheinander, überall lagen Sachen herum. Hier ein Haufen Bretter, dort ein Fahrrad ohne Räder, in der einen Ecke ein Moped, in der anderen ein zerschlissenes Sofa, auf dem der Großvater sich ausruhte. Doch dann öffnete die Großmutter den *Puja-Room*, das Gebetszimmer mit der Statue des affengestaltigen Gottes Hanuman, den Darstellungen einiger anderer Götter, einigen aufgestapelten Kokosnüssen, Öllampen und Werg, den Utensilien also, mit denen sie dreimal am Tag opferten. Und sogleich spürte man, dass dies hier eine eigene Welt war, eine Welt, in der ganz andere Dinge als Effizienz und Leistung im Vordergrund standen: die Welt alter, »frommer, orthodoxer« Brahmanen, deren einzige wahre Aktivität darin bestand, regelmäßig und ohne irgendwelche Abweichungen die unwandelbaren Riten ihres Glaubens zu feiern.

»Süßwasser«, sagte der »Arzt«, indem er mir im Hof einen alten

Brunnen zeigte, aus dem sich die Familie über Generationen mit Wasser versorgt hatte. Seine Augen strahlten. »Wunderbar süßes Wasser«, wiederholte er, indem er sich eine Hand voll schöpfte. Auch hier erhob sich in einer Ecke des Hofes eine majestätische Kokospalme, mindestens dreimal so hoch wie das Haus, mit offen liegenden heilkräftigen Wurzeln. Und hier lagen auch die Wurzeln meines »Arztes«.

Er war das älteste von drei Kindern, und in der Familie glaubte man lange, er sei behindert, denn der Vater hatte eine Nichte, die Tochter seines Bruders, geheiratet. Von klein auf war der »Arzt« immer krank und musste einen Großteil seiner Kindheit und Jugend im Bett verbringen. Verschiedene Allergien, ein Asthma, das ihm buchstäblich den Atem nahm, und eine chronische Bronchitis verwehrten es ihm, mit anderen Kindern zu spielen. Einen Freund hatte er nie gehabt. Mehr als in der Schule hielt er sich im Krankenhaus auf, wo er vom Vater, der dort arbeitete, gratis mit westlicher Medizin voll gestopft wurde. Auch mit vielen Hormonen und Steroiden, wie er mir erklärte.

Niemandem, auch nicht dem Bruder seines Großvaters, einem namhaften Ayurveda-Arzt, gelang es, ihn zu heilen. Und so wuchs er mit dem Traum auf, selbst einmal das für ihn richtige Medikament zu finden. Er war eine Leseratte und verschlang alle Bücher, die ihm unter die Finger kamen. Egal, um was es ging, er konnte sich auch Jahre später noch daran erinnern. Ein *Swami*, ein »heiliger Mann«, der aus Rishikesh zu ihnen kam, und später ein anderer Gelehrter aus Benares leiteten ihn bei der Lektüre der heiligen Schriften an.

Schon als Junge sammelte er alle Palmblätter mit Texten, in denen es um Ayurveda, Astrologie oder Kräuter ging: alles wichtige Aspekte der Heilkunst, wie er meinte. Die Papierstapel, die mir in seinem Arbeitszimmer aufgefallen waren, waren seine Sammlung.

Bereits mit fünf lernte er, die verschiedenen Kräuter zu unterscheiden, mit »ihnen zu sprechen«, wie er sagte, und unter der Anleitung seines Großonkels, des Ayurveda-Arztes, seine ersten Absude herzustellen. Kräuter waren sein Spielzeug, ersetzten ihm die Freunde. Ja, sie waren wie Menschen für ihn: ein jedes mit einem eigenen Charakter, seinen besonderen Eigenschaften und

Reaktionen. Als er sechzehn war, hatte er acht Kräuter gefunden, die ganz speziell für ihn geeignet waren, und indem er sie richtig dosierte und kombinierte, gelang es ihm, wie er erzählte, sich von allen Krankheiten zu heilen.

Ein Arzt westlichen Zuschnitts würde an dieser Stelle der Geschichte sagen, dass sich seine Beschwerden ganz einfach durch die Pubertät gelegt hätten. Doch wenn man beobachtete, mit welcher Leidenschaft mein »Arzt« von seinen Kräutern und ihren verschiedenen Kombinationsmöglichkeiten erzählte, konnte es keinen Zweifel geben, dass auch hier, wie so oft, die vernünftigste Erklärung nicht alles erklärte. Vielleicht waren seine Probleme auch deshalb verschwunden, weil er sein Schicksal in die eigenen Hände genommen und seinen eigenen Weg eingeschlagen hatte, weil er vom Kranken zum Heilkundigen wurde.

Nach seiner Selbstheilung ging der junge Mann auf Reisen und suchte verschiedene Heiler und »Ärzte« im weiteren Umkreis auf, lernte von jedem etwas und brachte von jedem Aufenthalt Kräuter mit heim. Bald schon hatte er seine ersten Patienten und seine ersten Erfolge. Eines Tages bestellte ihn ein Minister des Bundesstaates Andhra Pradesh in ein Fünf-Sterne-Hotel, um sich wegen irgendwelcher Beschwerden behandeln zu lassen, und so wurde der Name meines »Arztes« auch außerhalb Kakinadas bekannt. Über effektive, durch Hoffnung gespeiste Mundpropaganda war er schließlich bis nach Delhi und so auch zu mir gelangt.

Zusammen mit dem »Onkel«, der wieder zu uns stieß, begleitete er mich zum Hotel Jaya de luxe, das sich mir schon an der Autobahn auf großen Schildern als das eleganteste der Stadt angepriesen hatte. Schwer vorstellbar, wie die weniger eleganten aussehen! Indisch gekleidet, wie ich war, hatte ich dennoch Mühe, ein Zimmer zu bekommen und nicht als zahlungsunfähiger Hippie oder Rucksackreisender, der an die falsche Adresse geraten war, auf die Straße gesetzt zu werden. Die Betttücher waren grau und zerknittert, doch ich legte meinen Sarong darüber, den ich auf Reisen immer dabeihabe.

Als ich so auf dem Bett lag, den Blick auf die mit Asbestpaneelen – ein Material, das heute als ganz besonders krebserregend gilt – verkleidete Decke gerichtet, musste ich plötzlich herzhaft lachen. Ich stellte mir vor, was meine Instandsetzer in New York für Gesichter machen würden, wenn sie mich durch irgendeinen Zauber hier hätten sehen können, im Luxushotel von Kakinada, in Erwartung, von diesem »Kollegen« von ihnen behandelt zu werden.

Geweckt wurde ich, weil ein widerlicher Gestank nach angebratenen Zwiebeln durchs Fenster drang. In der Hotelküche bereitete man die De-luxe-Raffinessen fürs Frühstück zu. Ich musste darauf verzichten, weil mich mein »Arzt« um acht Uhr nüchtern zur klinisch-astrologischen Untersuchung erwartete, nach deren Ausgang er über die weiteren Details der Behandlung entscheiden wollte.

Im Foyer wischten junge Angestellte mit dreckigen feuchten Tüchern den Grisaillefußboden auf. Vor der Tür war der Müllberg, der mir schon am Vorabend aufgefallen war, noch weiter angewachsen, und Hunde, Schweine, Ziegen, Kühe und Krähen – die großen Straßenkehrer Indiens – waren schon bei der Arbeit.

Ich beschloss, zu Fuß zu gehen. Der Weg war nicht weit, aber auch, wie sich herausstellte, denkbar ungeeignet, um in meiner Psyche das Vertrauen in den »Arzt« zu stärken, das ja für jede erfolgreiche Therapie unverzichtbar ist. Die gräuliche Jauche in den Kloaken unter freiem Himmel gluckerte und blubberte, als führe sie ein bösartiges Eigenleben. Eine Kuh blieb träge davor stehen, trank seelenruhig von dem Gebräu und trabte dann weiter, das Maul dicht am Boden haltend, wie es in Indien eigentlich alle Tiere machen: vielleicht, um sich keinen Bissen am Weg entgehen zu lassen. Ich dachte an die Milch, die diese Kühe gaben, und dass sie auch getrunken wurde. Ich dachte daran, dass die durchschnittliche Lebenserwartung in Indien bei zweiundfünfzig Jahren liegt, und mir fielen die Geschichten wieder ein, die mir der »Onkel« erzählt hatte: Niemand in ihrer Familie war älter als sechzig geworden. Sogar der berühmte Ayurveda-Arzt, der Großonkel und Lehrmeister meines Heilers, war mit achtundfünfzig an einem Herzinfarkt gestorben. Es hieß jedoch, er habe seinen Tod vorhergesehen.

Mein »Arzt« erwartete mich bereits mit einem strahlenden Lächeln und heute noch leuchtenderen Augen. Er ließ mich auf einem Hocker Platz nehmen, stellte sich vor mich hin und begann, indem er mich an den Handgelenken fasste und meine Arme in die Höhe hielt, mit geschlossenen Augen auf das Pochen des Blutes in meinen Adern zu lauschen. Auf meiner linken Körperseite stimme etwas nicht, sagte er dann. »Eine Entzündung.« Er bat mich, mich auszuziehen und auf einer Strohmatte niederzulegen. Auf der linken Seite stach die dicke Hernie ins Auge, die die Operation hinterlassen hatte, aber er beachtete sie gar nicht. Interessiert war er hingegen an der langen Narbe, die sich über die Bauchdecke zum Rücken hin krümmte. Ich erzählte ihm von meinen drei Tumoren und dass auf diese Weise derjenige in der Niere entfernt worden war.

»Wurde die Operation in Indien durchgeführt?«

»Nein, in den USA«, antwortete ich. Er war überrascht. »Seltsam, in Indien gelangt man von hinten an die Niere, nicht von vorn«, sagte er.

Sehr aufmerksam untersuchte er meine Beine, Knie und den Bereich um die Leber herum, anschließend auch die Augen. Als er meine Zunge sah, erstrahlte sein Gesicht. »Aha, da haben wir ja die Entzündung«, sagte er, als hätte er eine große Entdeckung gemacht. Dann stellte er mir zwei interessante Fragen.

Ob ich schon einmal unter Hämorrhoiden gelitten hätte?

Ja, vor zwanzig Jahren.

Ob ich manchmal Rückenschmerzen hätte?

Ja, häufig, besonders in der letzten Zeit vor der Erkrankung.

Er war glücklich, so als habe er den Schlüssel zu einem großen Geheimnis gefunden. Ausgangspunkt meiner Krebserkrankung waren ihm zufolge meine Hämorrhoiden.

»Bei euch im Westen achtet man nicht darauf. Aber Hämorrhoiden sind eine wichtige Krankheit, ein Signal, das man unbedingt ernst nehmen muss.«

Nach Hämorrhoiden hatte auch Mangiafuoco gefragt. Meinem »Arzt« hier zufolge hatten sie zu einer Infektion in der Mitte meines Körpers, um den Magen herum, geführt. Und von dort sei sie zur Niere weitergewandert. Die Niere arbeite mit einer Art Feder, erklärte er mir. Sie sei so lang, dass sie einmal um die ganze

Erde reiche. Diese Feder sei hinüber. Aber ich bräuchte mir keine Gedanken zu machen: Mit der richtigen Arznei könne er sie wieder in Gang setzen. Aber zunächst einmal müsste ich jetzt eine Woche lang meinen Magen reinigen. »Der ist noch voller Würmer, und in diesem Zustand würde die Arznei wirkungslos verpuffen«, urteilte er.

»Würmer? In meinem Magen? Nein, da sind keine Würmer!«

»Woher wollen Sie das wissen?«, fragte er herausfordernd.

»Die Ärzte in New York haben da so oft hineingeschaut ...«

Er lächelte, so als habe er mich bei einer Lüge ertappt, und ging zum zweiten, dem astrologischen Teil der Untersuchung über. Durch eine Lupe betrachtete er lange meine Handlinien, aber nicht in der Handfläche, sondern am Daumen. Dann suchte er meine Haut sorgfältig überall nach irgendwelchen Malen ab, roten, schwarzen, Leberflecken. Und schließlich stellte er lange Berechnungen mit meinem Geburtsdatum und der genauen Geburtsstunde an, zog ab, nahm mal und kam auf eine Zahl: 2526. Die sei sehr wichtig für mich. Ich solle sie mir merken und keinem verraten.

Ihm zufolge hatte ich Glück mit den verschiedenen Konstellationen. Lediglich Mars übe einen schlechten Einfluss aus. Vor den Strahlen dieses Planeten müsse ich mich in Acht nehmen. Gut, dass er jene Pflanzen und Kräuter kannte, die Strahlen absorbierten, die den Marsstrahlen entgegenwirkten. Diese Kräuter sollten Bestandteil des Mittels sein, das er mir zusammenmischen würde. Meine Krankheit sei in erster Linie eine des Blutes, sagte er, aber ich würde sie überwinden.

In welchem Zeitraum?

Wenn ich die Kräuter in Verbindung mit Metallen nähme – er riet zu Gold –, würden sechs Monate Behandlung reichen. Ohne Gold müsste ich mit mindestens einem Jahr rechnen.

Gold?

Nein, nein, ich solle mir keine Sorgen machen. Er werde das Edelmetall vor der Einnahme durch ein bestimmtes Verfahren in Asche verwandeln. Außerdem handele es sich auch nur um einige Milligramm. Diese aber würden die Wirkung seines Medikaments um ein Vielfaches verstärken.

Der »Onkel«, der während der gesamten Untersuchung als Dolmetscher fungiert hatte, holte jetzt Stift und Papier hervor und begann, die Rechnung zu erstellen: Seine Berechnungseinheit war ein »Mandal«, also jene Arzneimenge, die für einundvierzig Tage reichte. Bei einer veranschlagten Behandlungsdauer von sechs Monaten brauchte ich also viereinhalb Mandals. In der Kombination mit dem Gold sollte mich die gesamte Therapie, ohne die Magenreinigung, die am Nachmittag schon anlaufen würde, zwölftausend Rupien, also ungefähr zweihundertfünfzig Euro kosten. Für Kakinada ein stattliches Sümmchen, aber auch nicht die Welt.

Der »Arzt« erklärte mir, während der Therapie müsse ich auf meine Ernährung achten. Abgesehen von Zwiebeln und Knoblauch, die mir gut täten, weil sie die »Entzündung abkühlten«, sollte ich radikal alles meiden, was unter der Erde wächst, wie etwa Möhren, Kartoffeln oder Rote Bete. Auch von Auberginen, Gurken und Kürbis sollte ich von nun an die Finger lassen. Gut bekämen mir dagegen alle Getreide- und Reissorten, besonders wenn sie älter seien als sechs Monate, außerdem jedweder Salat, Kohl, Bohnen, Kichererbsen und alle Obstsorten.

Das Gold legte er mir noch einmal ganz besonders ans Herz. In der Kombination mit meiner Arznei garantiere es mir zeit meines natürlichen Lebens beste Gesundheit. Ohne das Gold hingegen könne er mir für »nur zwanzig gesunde Jahre« garantieren.

»Zwanzig? Das sind ja schon unheimlich viele«, sagte ich, woraufhin er noch einmal meine Hände kontrollieren wollte. Ich musste sie zusammenlegen, und er beobachtete, wie die Kuppen der kleinen Finger und der Daumen zusammenpassten. Dann sagte er etwas, das der »Onkel« mit »Strahlungen« übersetzte. Aber mir war nicht klar, ob er damit die für mich schädlichen Marsstrahlen meinte oder die Bestrahlungen in New York, von denen er nichts wusste, vielleicht aber Spuren entdeckt hatte. Denn zweifellos hatten auch diese Strahlen irgendwo ihr Zeichen hinterlassen, das möglicherweise leichter zu erkennen war und schädlichere Konsequenzen hatte als die Marsstrahlen.

Wir kamen überein, dass ich mit einem Mandal beginnen sollte und nachmittags noch einmal vorbeikommen würde, um bei der Arzneizubereitung zuzuschauen und meinen ersten Trank zur Magenreinigung einzunehmen. Ich hatte beschlossen, mich auf die Sache einzulassen, oder genauer, meinen Standpunkt geändert. Anstatt enttäuscht zu sein, nicht das Heilmittel, nach dem ich suchte, gefunden zu haben, wollte ich lieber die ungewöhnliche Situation nutzen und mir eine Welt anschauen, zu der ich sonst niemals Zugang gehabt hätte. Ich versagte mir den Gedanken, dass ich hier meine Zeit vergeudete, und damit wurde gleich alles viel schöner und interessanter.

Mit knurrendem Magen kam ich zurück ins Hotel. Doch im Restaurant mit seinen zugezogenen Vorhängen, den geschlossenen Fenstern und den klebrigen Tischen mit dem schmutzigen Geschirr anderer Gäste darauf verging mir der Appetit. Mich an eine alte Traveller-Regel haltend, wonach man sich, um Probleme zu vermeiden, unterwegs möglichst nur von harten Eiern und Bananen (nachdem man die beiden Enden entfernt hat) ernähren sollte, erkundigte ich mich beim Kellner, ob ich nicht etwas in der Art bekommen könne. Eier? Er reagierte, als hätte ich seine Hand essen wollen. Dies sei ein streng vegetarisches, »veganisches« Restaurant, und Eier seien »Leben«. Wenn es aber unbedingt sein müsse, könne ich sie auf meinem Zimmer essen.

Am Nachmittag herrschte im Haus meines »Arztes« ein munteres Treiben. Einen Patienten, der wegen Diabetes behandelt wurde, hatte man damit beauftragt, einige Kräuter für mein Medikament zu pflücken. Mit einem ganzen Sack voll war er zurückgekommen, hatte ihn auf dem staubigen Fußboden des »Labors« ausgeschüttet und war nun dabei, die Kräuter zu sortieren. Ein dickes, unförmiges, vielleicht vierzehnjähriges Mädchen war kurz zuvor in Begleitung seiner Mutter aus Visakhapatnam eingetroffen. Jede Woche nahmen die beiden diese fünfstündige Busreise auf sich, um bei dem Mädchen die Fettleibigkeit und eine schlimme Schuppenflechte behandeln zu lassen. Und jetzt, so erzählte die Mutter, hatte die Tochter auch noch Läuse bekommen!

Wie alle Patienten, die von weiter her kamen, würden auch die beiden Frauen im Haus schlafen. Und um sich für die Gastfreundschaft zu revanchieren, arbeiteten sie mit. Mit großen Holzstößeln machten sie sich daran, Unmengen von Wurzeln und Kräutern in einem steinernen Mörser zu zerstoßen.

Alle Arbeiten wurden auf dem Boden im Hof ausgeführt, der dazu aber nicht gekehrt worden war. Während die Stößel rhythmisch auf und nieder gingen, kam es schon mal vor, dass Kräuter neben den Mörser fielen. Mit einer Handbewegung wurden sie eingesammelt und wieder hineingeworfen, Dreck inbegriffen. Irgendwann bemerkte ich, wie die Mutter aus dem schütteren Haar ihrer fettleibigen Tochter irgendetwas herauspickte, wahrscheinlich eine Laus, die sie mit dem Fingernagel auf den Boden schnippste, um dann mit den Händen weiter in meinem Kräutergemisch zu rühren. Am späteren Nachmittag wurde der grünliche Teig, der mittlerweile entstanden war, in kleine Portionen geteilt, die man noch, zu Kügelchen geformt, zum Trocknen in die Sonne stellen würde.

Die Einzigen, die sich von der Geschäftigkeit im »Labor« nicht anstecken ließen, waren die beiden jüngeren Brüder meines »Arztes«. Zunächst hatten sie sich im Fernsehen, auf voller Lautstärke, einen Actionfilm angeschaut und dann begonnen, sich mit Computerspielen zu vergnügen. Einer der beiden hatte gerade an einem Eignungstest für eine Bankausbildung in Hyderabad, der Hauptstadt des Bundesstaates, teilgenommen. Sollte er Pech haben, so erzählte er, würde er es wieder und wieder versuchen, bis es klappte. Er wolle unbedingt einen Job »mit Anzug und Krawatte«, erklärte er.

Als ich mich gerade wieder auf den Weg zurück ins Hotel machen wollte, trat mein »Arzt« in den Hof, mit einem Lächeln im Gesicht und einem Glas grünlicher Brühe in der Hand, die er persönlich für mich zubereitet hatte. Ich sollte sie gleich trinken, vor allen Leuten. Es war die Medizin, die die Würmer aus meinem Magen vertreiben würde. Glücklicherweise hatte ich eine Wasserflasche dabei. Die leerte ich, goss die Brühe hinein und erklärte, ich würde sie später vor dem Einschlafen trinken.

Der »Onkel« verstand mich. »Man sollte sich nie ansehen, wie Medikamente zubereitet werden«, meinte er.

Ich erkundigte mich nach den Zutaten meines Antikrebsmedikaments. Es bestehe aus insgesamt neunundzwanzig rein pflanzliche Substanzen, bekam ich zur Antwort. Mit Hilfe zweier Wörterbücher begann mein »Arzt« dann, sie mir einzeln aufzuzählen: *Anacylus pyrethrum. Celosia cristata.* – Dann hielt er plötzlich misstrauisch inne. Wozu ich die Formel wissen wolle? Ob ich vielleicht plane, sie an westliche »Wissenschaftler«, wie er sagte, weiterzugeben? Ich schwor, dass mir das fern liege. Aber das reichte ihm nicht. Anstatt mir die weiteren Bestandteile zu verraten, erklärte er nur, um ein Mandal meines Medikaments, die nötige Menge für einundvierzig Tage also, herzustellen, habe man zwölf Kilo Kräuter und Wurzeln geerntet, die zum Schluss fünfzig Gramm Pillen ergäben.

Während er mich noch vor die Tür brachte, bat er mich, seine Zurückhaltung zu verstehen. Er beabsichtige keineswegs, sein Antikrebsrezept geheim zu halten. Ganz im Gegenteil habe er einen Plan, bei dem ich ihm helfen könne. Er wolle nämlich seine Formel der Weltgesundheitsorganisation zur Verfügung stellen, damit sie allen Menschen zugute komme. Ob ich nicht dem Generalsekretär schreiben und ihm von meinem Besuch hier berichten könne. Auf diese Weise ließen sich vielleicht Gelder lockermachen, die ihn bei seiner weiteren Forschungsarbeit unterstützen könnten. Dies war *sein* Plan, und es sei vielleicht besser, so sagte er, ihn nicht im Beisein seines »Onkels« zu erwähnen.

Wieder zurück im Hotel, hatte ich die smaragdgrüne Flasche vor mir stehen und überlegte, ob ich von der Brühe trinken sollte. Warum eigentlich nicht? Zumindest einmal probieren! Es nicht zu tun wäre mir wie Verrat an den guten Absichten und dem Enthusiasmus meines »Arztes« vorgekommen. Es zu tun verlangte aber, dass ich meinen instinktiven Widerwillen überwand – und so war bald alles gluckernd im Ausguss des Waschbeckens verschwunden. Mochte der Trank noch so wohltuend und heilsam gewesen sein, ich hätte nicht viel davon gehabt, weil ich im Grunde nicht an ihn glaubte. Am folgenden Morgen durfte ich natürlich meinem »Arzt« gegenüber nicht ganz aufrichtig sein.

Ich blieb noch einige Tage in Kakinada, so lange, wie die Pillen zum Trocknen brauchten. Ich nutzte die Zeit, um einige antike Tempel in der Gegend zu besuchen, um mir anzuschauen, was noch übrig war von dem Hafen, den vor zweihundert Jahren französische Handelsgesellschaften, in Konkurrenz zu den Engländern, genutzt hatten, und um mich noch ein paar Mal unter vier Augen mit meinem »Arzt« zu unterhalten.

Er war ein wirklich ungewöhnlicher Mann und von einer entwaffnenden Offenheit. Er erzählte mir, seit kurzem sei er *Brahmachari*, habe also ein Keuschheitsgelübde abgelegt und alle Ehepläne aufgegeben. Seine ganze Liebe gehöre der Heilkunst. Er war überzeugt, dass in den *Shastras*, den antiken heiligen Schriften, die Deutungen für alle Phänomene des Universums zu finden seien. Es komme nur darauf an, sie mit dem Herzen zu lesen.

Sein Weltbild war ein Gemisch aus naturwissenschaftlichen, astrologischen, religiösen und philosophischen Elementen. Ein Weltbild, an dem sich ein westlicher Geist gestört hätte, der es ja gewohnt ist, nicht nur Wissenschaftliches von allem anderen, sondern auch die einzelnen Wissenschaften voneinander abzugrenzen. Für einen der Tradition verhafteten Inder ist ein solches Vorgehen hingegen völlig normal; denn für ihn ist alles miteinander verbunden, alles Teil eines Ganzen. Deshalb musste er es auch für verfehlt halten, wenn bei einem kranken Menschen, der ja nicht nur Körper, sondern auch Geist und Seele ist, nur eine Seite untersucht wird. Und dann auch noch die gröbste: der Körper eben.

Physik und Metaphysik sind in der indischen Lebensanschauung keine Gegensätze: Sie ergänzen sich. Die Astrologie, als erste und damit älteste aller Wissenschaften, hat immer noch ihren Platz in der Heilkunst. Und ebenso wenig können Religion und Philosophie, die im Alltag eine regulierende Rolle spielen durch die Kombination ethischer Prinzipien und körperlicher Übungen – man denke hier an Yoga –, bei der Diagnose und Behandlung von Krankheiten außer Acht gelassen werden.

Mein »Arzt« war fest verwurzelt in dieser Tradition. Und so erzählte er mir von den »Charaktereigenschaften« der Kräuter und von Planetenstrahlen, von der endlosen Feder in der menschlichen Niere und von der therapeutischen Wirkung von Klängen. Oder auch von dem Gott mit dem Schweinekopf, an dessen Kräfte es zu appellieren gelte, um den Körper rein zu halten. »Denn das Schwein frisst alle Formen des Magmas, die aus den Körperöffnungen des Menschen austreten: Augenbutter, Nasenschleim, Spucke und Exkremente«, erläuterte er mir. Und fügte dann hinzu: »Die innere und äußere Reinigung des Körpers ist grundlegend für die Gesundheit. Aber wichtiger noch ist es, die Seele rein und den Geist ruhig zu halten.«

Für uns moderne Menschen der westlichen Welt hört sich das alles sehr seltsam an. Doch der indischen Vorstellung nach ist die Gesunderhaltung des Körpers nicht Selbstzweck, sondern ein Mittel, um zur Gesundung der Seele zu gelangen. Für die Inder soll das Leben nicht nur gelebt, sondern auch verstanden werden. Ein gesunder Körper ist eine Voraussetzung, um dieses Ziel zu erreichen. Aber nicht die einzige. Das Gegenteil der Gesundheit, Krankheit also, kann ebenfalls eine hervorragende Gelegenheit zur spirituellen Weiterentwicklung sein. Man sieht also: In dieser Denkweise sind rationale Argumente fehl am Platz. Aber dies ist eben die Denkweise der ayurvedischen Tradition.

Im Sanskrit bezeichnet *ayuh* die Zeitspanne zwischen Geburt und Tod, *veda* das »Wissen«. Ayurveda bedeutet daher im weiteren Sinne »die Wissenschaft vom Leben«. Also all das, was man über Ernährung wissen sollte, über Atmung, Bewegung und jene Heilmittel, die unseren »physischen« Körper gesund erhalten. Oder besser noch, im Gleichgewicht halten mit sich selbst und dem Universum, damit unsere anderen »Körper«, also Geist und Seele, ihre Kräfte optimal entfalten können. Das höchste Ziel ist daher nicht das, was wir Gesundheit nennen; sondern *moksha*, die Befreiung aus dem Kreislauf von Leben und Tod.

Mein »Arzt« erzählte mir außerdem, die indische Begrüßungsgeste, die Hände vor der Brust zusammenzulegen, bedeute auch, dem anderen leibliches Wohlergehen zu wünschen. Denn mit dieser Geste würden die eigenen Energieübertragungspunkte zusammengeführt. Begrüße man hingegen einen älteren, gebildeten oder Respekt gebietenden Menschen, indem man dessen Füße berühre, lade man sich dadurch mit dessen Energie auf. Diese

Geste nehme der betreffenden Person Kraft, und sie zuzulassen gelte als ein Akt der Großzügigkeit. »Der Körper kann nur dank der Füße stehen«, sagte er. »In den Füßen ist alle Kraft. Und je stärker der Mensch ist, dessen Füße wir berühren, desto größer ist die Energieladung, die er uns schenkt.«

Ich lauschte dem »Arzt«, wie er begeistert den Zusammenhang zwischen »heiligen Klängen«, wie etwa OM, und der Gesundheit beschrieb, oder zwischen Pflanzen und Planeten, und diese für uns unsinnigen Kombinationen faszinierten mich. Ich spürte, dass das Menschenbild des »Arztes« aus Kakinada in gewisser Hinsicht umfassender und komplexer war als das meiner so tüchtigen Instandsetzer in New York. Dass der Mensch keine Maschine ist und eine Krankheit keine rein körperliche Erscheinung, der nur auf chemischem Wege beizukommen wäre, war für ihn eine Selbstverständlichkeit. Und so trug er bei der Behandlung meines Krebses natürlich auch dem Einfluss der Planeten Rechnung.

Mir gefiel es, wie er Kräuter, Pflanzen und Tiere so einfühlsam beschrieb, als handele es sich um Persönlichkeiten. Aber im Grunde war er es, der mir gefiel: ein Idealist, der zwischen den Amboss der Tradition und den Hammer der Moderne geraten war, zwischen das Bestreben, die Geheimnisse des Lebens zu ergründen, und den Druck, all das geschäftlich zu nutzen. Ohne Freunde, ohne Unterstützung, mit zwei mittelmäßigen Brüdern, hin und her gerissen zwischen seinen Großeltern, jenen »frommen orthodoxen Brahmanen«, und dem »Onkel«, diesem atheistischen Priester einer neuen Zeit, fühlte er sich einsam und unverstanden und dachte, in mir, der ich ihm zuhörte und mir Notizen machte, eine Verbindung zur Welt draußen zu finden.

Als ich abreiste, überreichte er mir feierlich mit beiden Händen, als handele es sich um eine Reliquie, die Arznei, die er für mich zubereitet hatte. Für einen Moment glaubte ich, dass ich sie einnehmen würde. Aus Solidarität, aus Sympathie. Doch diese nach irgendeinem anderen Gebrauch wiederverwendeten Plastikröhrchen voll brauner Kügelchen verloren sich bald schon unter den vielen Dingen, die man, von einer Reise zurückgekehrt, irgendwo hinräumt und dann vergisst.

Nicht vergessen habe ich jedoch ihn, jenen »Arzt« mit dem

lodernden Blick, in jenem abgelegenen Städtchen im Schatten zweier Düngemittelfabriken. Ihm gegenüber habe ich immer noch ein schlechtes Gewissen: Ich habe nichts getan, um seine Arbeit zu unterstützen. Noch nicht einmal einen Brief an die Weltgesundheitsorganisation habe ich geschrieben!

Der hier vorüberging

Reisen. Die Freude eines ganzen Lebens. Ein Jugendtraum, der zum Beruf wurde, zu einer Lebensweise. Immer gleich, und doch immer wieder anders: die Abreise vorbereiten, unterwegs sein, darüber schreiben. Aber der Sinn all dessen? Ich muss gestehen, nie innegehalten und danach gefragt zu haben.

Doch als ich auf der Terrasse des Ganges-View-Hotels in Benares (Varanasi) saß und hinabblickte auf den heiligsten Fluss der Welt in seinem ewigen Lauf und den hier ebenso unsagbaren Menschenstrom an seinem Ufer, wurde mir dieser Sinn klar. Der Grund für meine Rastlosigkeit, dieses ständige Hinausgehen auf der Suche nach irgendetwas, war ganz einfach der, dass ich nichts in mir drin hatte. Ich war leer. Leer wie ein Schwamm, der darauf wartet, die Substanz aufzunehmen, in die er getaucht wird. Tunkt man ihn in Wasser, saugt er sich damit voll, tunkt man ihn in Essig, wird er sauer. Wäre ich nicht gereist, hätte ich nichts zu sagen gehabt, nichts zu erzählen; nichts, worüber ich hätte nachdenken können.

Reisen begeisterte mich, gab mir Kraft, gab mir zu denken, ließ mich leben. Kam ich in ein neues Land, einen Ort irgendwo in der Ferne, war ich jedes Mal wieder neu entflammt, wie frisch verliebt, erfüllt von Gefühlen und Eindrücken. Ich weiß noch wie heute, wie ich zum ersten Mal eine Grenze überquerte, mit fünfzehn, hinüber in die Schweiz, wo ich als Küchenjunge arbeiten sollte; wie ich Jahre später allein mit dem Wagen Südafrika durchquerte, und dann mein erster Tag in Saigon oder der Anblick von Angkor Wat, die Ankunft in Samarkand, in Kashgar und zu Pferd in Lo Mantang, der Hauptstadt des sagenumwobenen Königreichs Mustang. Und jedes Mal wieder das Gefühl einer großen Entdeckung.

Und jetzt machte ich wohl so weiter. In dieser Hinsicht hatten mich die Chemo- und Strahlentherapien nicht »mutiert«. Im Gegenteil, sie gaben mir den Anstoß, weiter suchend durch die Welt zu reisen. Früher auf der Jagd nach Abenteuern und neuen Ideen, jetzt auf der Suche nach einem Arzt, einem Kraut, einer magischen Formel, einem Wunder, kurz, einer Heilung meiner Krankheit. Aber auf die gleiche Weise wie zuvor: irgendwo draußen, unterwegs in der Welt. So haben es die Menschen schon immer gemacht, sagte ich mir. Sie glaubten, fern von sich selbst, an einem anderen Ort oder in einer anderen Zeit, müsse es einen Schlüssel geben, mit dem sich die Tür zu allen Geheimnissen öffnen ließ. Man musste ihn nur finden, in irgendeiner Höhle, im Sarkophag eines Pharaos, vergraben im Wüstensand oder verschüttet in den Ruinen von Atlantis, in den tiefsten Tiefen des Ozeans.

Und immer wieder hat es Menschen gegeben, die kein Risiko scheuten und sich auf die Suche machten. Deshalb gibt es in jeder Kultur den Mythos vom reisenden Helden; der verlorene Göttersohn, der nach langem Umherirren heimkehrt; Gilgamesch, der sumerische König, der reist und reist, um nicht sterben zu müssen; Odysseus, dem es bestimmt war, bis jenseits der Säulen des Herkules zu gelangen, der Grenze der bekannten Welt.

Zudem galt Reisen immer schon als ein Weg zu spirituellem Wachstum. Dahinter steckt der Gedanke, dass eine Bewegung des Körpers zur Erhebung der Seele beiträgt. In Indien heißt es, *Sadhus*, die wandernden Bettelmönche, müssten wie das Wasser sein: ständig in Bewegung, sonst erstarrten sie.

Auch ich wäre erstarrt, hätte ich an einem Ort bleiben müssen.

Doch nun? Schon in Kakinada hatte ich mich gefragt, ob ich nicht letztendlich, wenn ich weiter reiste und reiste, immer weniger entdecken würde. Mitunter hatte ich sogar den Eindruck, das einstige Hochgefühl des Reisens begänne allmählich dumpfer zu klingen, wie eine chinesische Vase, die zu Bruch gegangen war und mit Leim zusammengeklebt wurde. Und außerdem, bis wohin sollte meine Reise gehen? Jeder Winkel der Erde versprach etwas Besonderes. Musste ich etwa in der Zeit zurückgehen, zu meinen vorherigen Leben, wie es die »regressive Therapie« von Doktor Brian Weiss verlangt, dem zufolge eine Krebserkrankung in Jahrhunderten zuvor erlittenen Traumata begründet liegt? Oder musste ich mich auf eine »Astralreise« begeben, ähnlich jenen, die ich mit Nica in New York ausprobiert hatte? Diese jedoch, um einen Ort zu erreichen, von dem ich auch in einem New-Age-Buch gelesen hatte. Dabei gelangt man über brasilianische Heiler zu einer »Astral-Klinik«, einem Bereich in der Psyche, in dem alle bedeutenden Ärzte und Heilkundigen aller Richtungen und aller Epochen zusammenkommen, um dort gemeinsam eine »persönliche Therapie« auf der Grundlage von »Farben, Düften, Klängen und Laserstrahlen« zu erarbeiten, durch die alle Krankheiten zu heilen sind.

Vielleicht war ich nur erschöpft. Aber der Gedanke, dass auch für mich die Zeit gekommen war, innezuhalten, an einem Ort zu bleiben, schreckte mich nicht mehr. Ich hielt mich im Ganges-View-Hotel auf, um mich von einer weiteren Reise auszuruhen, in der zuvorkommenden Obhut des Hoteleigentümers Shashank, der sich nach den frühmorgendlichen Gebeten zu seinem Gott, dem affengestaltigen Hanuman, in dem kleinen Tempel zu Füßen der Terrasse mit der gleichen Hingabe seinen Gästen widmete und sie mit gelehrten Unterhaltungen, einfachen, aber sauberen vegetarischen Gerichten, Ratschlägen und abendlichen Sitarkonzerten verwöhnte.

Ich hatte diese Aufmerksamkeit nötig. Dieses Mal kam ich aus Bihar zurück, einem der schönsten, aber verdrecktesten und extremsten Staaten ganz Indiens: Ein Boden, der früher einmal wohlhabende Republiken und große, von weisen Männern geführte Reiche hervorgebracht hatte, war nun zu einer der ärmsten, kriminellsten und gewalttätigsten Gegenden des Landes verkommen. Bihar ist aber auch eine der Wiegen des Buddhismus, und deshalb war ich dorthin gereist.

Ich hatte Rajgir besucht, wo auf dem Geierhügel noch die Höhlen erhalten sind, in die sich Buddha und Ananda, sein Vetter und Lieblingsschüler, zum Meditieren zurückgezogen hatten; ich hatte in den Ruinen Nalandas gestanden, jener berühmten buddhistischen Universitätsstadt, dem spirituellen Mittelpunkt einer ganzen Epoche, in der zwischen dem 9. und 13. Jahrhundert nach Christus die größten philosophischen Geister Asiens gelehrt hatten. Bis die islamischen Eroberer alles dem Erdboden gleichmachten, die zehntausend Lehrer und Studenten niedermetzelten und den Buddhismus zwangen, sich eine neue Heimstatt jenseits des Himalaya, zunächst in Tibet und China, dann auch in Japan, zu suchen.

Danach war ich in Bodh Gaya, wo Buddha unter einem Feigenbaum, der noch heute als Schössling eines Schösslings des damaligen Baumes zu sehen ist, seiner Erleuchtung teilhaftig wurde. Und von dort hatte ich den Weg nach Benares mit einem Fahrer zurückgelegt, der partout nicht vor Sonnenaufgang losfahren wollte, aus Angst vor Banditen, die, wie er meinte, im Schutz der Dunkelheit Autos anhielten und die Insassen beraubten.

Ich war zu der Reise aufgebrochen, um die historischen Stätten des Buddhismus aufzusuchen, den *spiritus loci* zu spüren und mit eigenen Augen jenen winzigen Teil der Welt zu sehen – praktisch nur eine von sieben Hügeln umstandene Ebene –, wo vor zweitausendfünfhundert Jahren eine Legende entstand, die, wie jene von Moses zuvor und die von Jesus und Mohammed danach, den Lauf der Menschheitsgeschichte mitbestimmte.

Von Etappe zu Etappe wollte ich Buddhas langem Weg folgen, denn im Grunde – das wird mir immer klarer – ist auch sein Mythos der einer Reise. Eine Reise, die vom Physischsten und Materiellsten, was dem Menschen eigen ist, seinem Körper, ausgeht, um zum Spirituellsten zu gelangen: in Buddhas Fall der Leere des Geistes, dem »Nichts« Nirwanas. Und da dieser Mythos eben das mitteilt, was wir im Innern unbewusst als wahr erkennen, hat er nichts von seiner Anziehungskraft verloren.

Gautama Siddhartha war ein Prinz. Jung, reich und glücklich. Er war verheiratet mit einer schönen Frau, und diese hatte ihm einen Sohn geschenkt. Sein Vater war der Herrscher des kleinen Reiches der Sakya, und er sollte ihm auf den Thron folgen. Doch als er einmal aus dem Tor der Stadt trat, in der er bis dahin beschützt aufgewachsen war, stieß er auf einen Kranken, einen Alten und einen Toten. Und dadurch wurde ihm klar, dass der menschliche Körper – auch sein eigener – nicht nur Quell der Freude, sondern auch des Leides war.

Dieser Gedanke ließ ihn nicht mehr los. Dieser Gedanke brachte ihn dazu, Frau und Kind zu verlassen und der Herrschaft zu entsagen, also radikal sein Leben zu ändern und nicht nur für sich, sondern für die gesamte Menschheit nach einem Ausweg aus diesem Leiden zu suchen. Zunächst glaubte er, im Körper den alleinigen Grund für das Übel ausgemacht zu haben. Er suchte sich von ihm zu lösen und dessen Verlangen nach Nahrung, Wasser und Schlaf nicht nachzugeben. Sechs Jahre lang lebte er als Einsiedler im Wald und nahm nicht mehr als ein Reis- oder Sesamkorn täglich zu sich. Doch als er zu jenem makabren, ergreifenden Skelett abgemagert war, als das ihn einige der schönsten Statuen im Gandhara-Stil zeigen, unfähig, sich auf den Beinen zu halten oder einen klaren Gedanken zu fassen, begriff er, dass eine Vernachlässigung des Körpers auch einer Vernachlässigung des Geistes gleichkam und ein Meditieren unmöglich machte. So beschloss er, wieder zu Kräften zu kommen.

Er lebte nun davon, was ihm die Leute gaben, und fuhr schweigend in seiner Suche fort. Eines Tages ließ er sich unter einem Baum nieder, der auf diese Weise der Bodhi-Baum, der Baum der Erleuchtung, werden sollte, fest entschlossen, sich nicht eher wieder zu erheben, bis er die Antworten auf seine Fragen gefunden hatte. Den verschiedensten Versuchungen* war er ausgesetzt, doch allen widerstand er, einschließlich der letzten, der Erscheinung dreier wunderschöner Tänzerinnen, die ihn mit ihren Reizen lockten.

Im Morgengrauen hatte er gesiegt. »Nun weiß ich alles, was es zu wissen gibt, ich habe alles, was man haben kann. Mehr brauche ich nicht«, sagte er. Er war allein und nahm die Erde zum Zeugen seiner »Erleuchtung«.

Sieben Wochen verblieb der Prinz, der zu Buddha, dem Erleuchteten, geworden war, noch in der Nähe des Baumes, dem er so viel verdankte. Dann begab er sich nach Sarnath bei Benares

* Neben jenen natürlichen des Fleisches war auch eine darunter, die ich »politische Versuchung« nennen möchte: Buddhas Feind Mara, kein anderer als der Teufel selbst, trat im Gewand eines Boten zu ihm und gab vor, Buddhas Familie habe ihn gesandt. Sie flehe ihn an, nach Hause zurückzukehren. Ein Usurpator habe die Herrschaft an sich gerissen, seinen Vater in den Kerker geworfen und seine Güter, seine Frau und seinen Sohn zu seinem Eigentum erklärt. Nur er, Buddha, allein habe noch die Macht, für Gerechtigkeit zu sorgen und das Land zu befrieden.

und setzte hier zum ersten Mal, in Gegenwart von sieben Schülern, das *Rad der Lehre* in Bewegung. Er lehrte, dass es zwischen dem blinden Streben nach fleischlichen Genüssen und der asketischen Verneinung des Körpers einen Mittelweg gebe, einen Weg, der von der Loslösung von den Leidenschaften zum inneren Frieden und zur Aufhebung des Leidens führe: der Weg des Dharmas, des *Edlen achtfachen Pfades*: rechte Anschauung und rechte Gesinnung, rechtes Reden und rechtes Handeln, rechter Lebensunterhalt, rechtes Streben, rechtes Überdenken und rechtes Sich-Versenken.

Was Buddha nun tatsächlich unter seiner Erleuchtung verstand, bleibt ein Geheimnis. Er hat es an keiner Stelle genau erklärt. Nicht immer, sagte er, helfen Worte, um zu verstehen. Jeder müsse die Erfahrung für sich selbst machen. Er hatte den Weg aufgezeigt. Andere sollten ihm folgen.

In allen Geschichten, die den Mythos umranken, erscheint Buddha als eine Persönlichkeit, der ein gesunder Menschenverstand eigen und Fideismus, Okkultismus und Dogmen fremd waren. Einem Schüler, der ihn mit intellektuellen Fragen bestürmte und unter anderem wissen wollte, ob es die Seele schon vor der Geburt gebe, antwortete er mit der Geschichte von dem verwundeten Soldaten, den man, von Pfeilen durchbohrt, zum Wundarzt bringt, damit dieser die Pfeile rasch entferne und sein Leben rette. Doch der besteht darauf, zuvor zu erfahren, wer den Soldaten verletzt und mit welcher Absicht er das getan habe. Mit dieser Anekdote verdeutlicht Buddha seinem Schüler, dass seine Frage irrelevant ist, denn egal, wie die Antwort lauten mag, kommt es nur darauf an, die Bedeutung von Geburt, Altern, Sterben und Leiden zu verstehen. Buddha war kein Freund von Definitionen. Er wusste, ebenso wie Worte können sie Fallen sein. Einmal fragten ihn die Schüler, ob es ihn nach seinem Tod noch gebe, und er antwortete: »Mit einem Ja trage ich zu der einen, mit einem Nein zu einer anderen Verwirrung bei. Nach dem Tod wird Tathagata grenzenlos sein wie der Ozean.«

Als Tathagata bezeichnete er sich selbst und wollte auch so genannt werden. Es bedeutet: »der hier vorüberging«. Damit betonte er, dass er kein besonderes Wesen sei, weder der erste noch der letzte Erleuchtete, kein Gott, sondern ein Mensch wie alle anderen, jemand, der vorüberging, dort, wo alle vorübergehen könnten, die ihm auf seinem Weg folgten.

Er starb mit achtzig Jahren, vergiftet durch ein Essen, das ihm, ohne böse Absicht, ein frommer Unberührbarer gereicht hatte. In einigen Versionen war es ein Teller Pilze, in anderen Schweinefleisch. Seine letzten Worte an seine Schüler waren: »Alles, was lebt, verfällt und verfault. Darum arbeitet emsig an eurer Errettung.«

In den folgenden Jahrhunderten verbreitete sich die Lehre des Erleuchteten zunächst in Indien. Verschiedene Herrscher bekehrten sich mit all ihren Untertanen. Der wichtigste war Kaiser Ashoka im 3. Jahrhundert vor Christus, mit dem die Dharma-Lehre bis nach Ceylon gelangte, um von dort aus in ganz Südwestasien Fuß zu fassen.

Mit seiner Verneinung der Riten, der Ablehnung des Kastenwesens und der Betonung des dem Hinduismus fremden Gedankens des Mitleids bedeutete der Buddhismus für Indien eine wahre Revolution, vielleicht die einzige, die das Land in seiner langen Geschichte erlebte. Aber obwohl es sich um eine spirituelle Revolution handelte, war sie in der Praxis gegen die religiöse und damit politische Macht der Brahmanen, der höchsten Kaste der indischen Gesellschaft, gerichtet. Diese reagierten nur langsam. Erst um das 8. Jahrhundert nach Christus gelang es ihnen, durch Shankaracharia, einen gelehrten heiligen Mann und weisen Deuter der Veden, der ebenfalls in Benares lebte, eine ideologische Gegenoffensive in Gang zu setzen und die Anziehungskraft des Buddhismus auf das Volk der niederen Kasten zu schwächen. Die Moslems erledigten den Rest. Gegen Ende des 13. Jahrhunderts war die Lehre des Erleuchteten praktisch tot in dem Land, in dem sie entstanden war. Und so ist es bis heute geblieben.

Buddha ging ein in den immensen hinduistischen Pantheon, der Buddhismus ist in Indien offiziell anerkannt, buddhistische Vorstellungen, wie die des Dharma – die natürlich auch aus dem Hinduismus erwuchsen –, sind heute in der alltäglichen Lebensauffassung der Inder verwurzelt. Dabei haben sie aber praktisch vergessen, dass Gautama Siddhartha einer der ihren war, und in

Bodh Gaya machte ich mir einen Spaß daraus, die Andenkenhändler zu fragen, warum ihre Buddha-Figürchen Schlitzaugen haben.

Buddha ist heute Chinese, Japaner, Tibeter, Indonesier, Thailänder oder Mongole, aber kein Inder mehr. Besonders in Indien.

Von der hoch gelegenen Terrasse des Ganges-View-Hotels aus betrachtete ich jeden Morgen, wie die Sonne auf der anderen Gangesseite aufging und sich die Gläubigen am Ufer zum Wasser hinabbeugten und sich eine Hand voll schöpften, die Hände zum Himmel erhoben und den ersten Sonnenstrahlen die glitzernd fallenden Tropfen darbrachten.

Ein unvergessliches Schauspiel, wie sich an diesem Flussufer, über einige Kilometer, Zehntausende von Menschen an den Treppen und vor Tempeln, Häusern und Palästen inmitten von Gesängen, Gebeten und Glockengeläut dem Wasser zuwenden; am anderen Ufer jedoch ist alles still, nur ein geheimnisvoller Dunstschleier liegt über der menschenleeren Landschaft. Fülle und Leere, Licht und Schatten, Klang und Schweigen; auch das eine große Metapher für die beiden Pole, die das *Eine* bilden, jene *Wahrheit*, die in der Harmonie der Gegensätze besteht. Denn Benares ist heilig. Aber nur die Westseite. Und nur wer am Westufer des Ganges stirbt, an jenem sonnenbeschienenen, lauten Streifen, wo sich die Menschen drängen und Tag und Nacht die Scheiterhaufen brennen, kann der Wiedergeburt entgehen. Am anderen Ufer geschieht nie etwas, außer dass vielleicht einmal die Leiche eines Kindes oder Sadhus* angetrieben wird. Dort wird und lebt nichts. Dort ist der Tod keine Befreiung.

So ist es seit Menschengedenken. Benares ist die älteste noch heute bevölkerte Siedlung des Subkontinents, und in den viertausend Jahren ihrer Geschichte zog es viele, viele Millionen Inder in die Stadt, um hier zu sterben und nicht noch einmal leben zu müssen. Denn dieses Westufer des Ganges ist der einzige Ort der Welt, wo die Götter dies zulassen. Deshalb liegt Benares, die heilige Stadt, die Stadt des Todes, in einer anderen Welt, gehört zu einer anderen Wirklichkeit, lebt in einer anderen Dimension.

Bisweilen brauchte ich tatsächlich die schützende Distanz die-

* Neugeborene und Sadhus werden nicht eingeäschert, sondern dem Wasser überlassen.

ser Terrasse, um mich nicht zu verlieren und um zu verstehen, was da vor sich ging. Für uns Menschen des abendländischen Kulturkreises ist es nicht leicht, in diesem ganzen Dreck, der Trostlosigkeit, dem Verwesen und Verfaulen etwas Heiliges zu erkennen. Aber in der indischen Kultur gilt auch das Lebensideal des Bettlers, musste ich mir in Erinnerung rufen, und auch ich war ja ergriffen von dieser heiligen Inbrunst des Todes, in der eigentlich nichts Trauriges lag.

Manchmal beobachtet man ein Detail und ist fasziniert von dem Ganzen, in dem dieses Detail an sich unbedeutend ist. An einem Morgen folgte mein Blick, fast ohne dass ich es merkte, einer Frau, die sorgfältig und beflissen einen schönen Kranz aus orangefarbenen Blumen flocht und dann einer kleinen steinernen Göttin am Gangesufer, direkt unter meiner Terrasse, um den Hals hängte. Da kam eine schwarze Ziege, riss sich ein Stück aus dem Kranz heraus und fraß es. Als sie sich gerade einen zweiten Bissen gönnen wollte, trabte eine Kuh heran, verjagte sie und verschlang den ganzen schönen Kranz und mit ihm all die Gebete, die die Frau immer noch an ihre Göttin richtete. Keine Erregung, keine Gegenwehr. Und bald schon zogen sie alle drei ihres Weges, die Frau, die Ziege und die Kuh, nachdem sie ihre Rolle in dem großen Schauspiel der Illusionen von Milliarden und Abermilliarden von Menschen und Tieren gespielt hatten, sichtbaren und unsichtbaren Lebewesen, die sich in genau diesem Moment auf Milliarden von Planeten in der Ewigkeit des unendlichen Universums im Kreislauf der Existenz bewegten.

Angela hatte Jahre zuvor einmal auf dieser Terrasse zu mir gesagt: »Von hier aus sieht man die Welt, wie Gott sie sehen wird – und man kann verstehen, dass er sich wirklich nicht um alles kümmern kann, was so geschieht.«

Ob die Unruhe von uns Menschen der westlichen Kultur nicht auch daher kommt, dass wir uns um alles kümmern möchten, was auf der Welt geschieht, sie häufig auch ändern wollen? Liegt da nicht eine große Weisheit in dem orientalischen Gedanken, dem zufolge alles außerhalb unserer selbst unwandelbar ist und unsere einzige Hoffnung darin besteht, dass wir uns im Innern verändern?

Dies war auch die Botschaft Buddhas. Für ihn jedoch sollte diese Veränderung das Ergebnis eigener Anstrengung, einer »fleißigen Arbeit« sein. Seiner Anschauung nach wird man der Rettung nicht durch das Sterben in Benares teilhaftig. Und nicht zufällig hat er dies eben in Sarnath bei Benares verkündet.

Läuft man vom Ganges-View-Hotel nach Norden an den Treppen entlang, die zum Fluss hinunterführen, gelangt man zu zwei Einäscherungsplätzen, wo unablässig, unter den Augen vieler Menschen, Leichen auf Scheiterhaufen gelegt werden. Stundenlang beobachtete ich das Kommen und Gehen von Lebenden und Toten, die Gesten und das Verhalten der dort Tätigen und der Angehörigen vor den Feuern. Mir fiel auf, dass niemand weinte. Hier war der Tod ein Faktum, gegen das sich niemand aufzulehnen schien. Ganz anders als bei uns im Westen. Für uns ist der Tod immer eine Niederlage. Mit allen Mitteln bekämpfen wir ihn und hoffen bis zuallerletzt auf ein »Wunder«, das wenigstens dieses eine Mal die unwandelbaren Gesetze der Natur außer Kraft setzen möge.

Einmal kam eine Frau mit ihrem gerade verstorbenen Kind auf dem Arm zu Buddha und bat ihn, ein Wunder zu wirken und das Kind ins Leben zurückzuholen. Der Erleuchtete erklärte sich dazu bereit, jedoch unter einer Bedingung: Die Frau solle ihm zuvor eine Hand voll Reis von einer Familie bringen, die noch nie vom Tod getroffen wurde. Die Frau eilte los, ging von Haus zu Haus, doch wohin sie sich auch wandte, überall hatte es schon Tote gegeben. Da kehrte sie niedergeschlagen zu Buddha zurück. Aber sie hatte verstanden, und der, »der vorüberging«, tröstete sie: Nun waren sie beide auf demselben Weg.

Und was ist mit dem Leib? Wenn ich sah, wie routiniert und geschäftig hier die Leichen den Flammen übergeben wurden, musste ich daran denken, wie sehr wir uns doch mit unserem Körper identifizieren. Wir wollen uns nicht von ihm lösen. Sogar bei unseren Hoffnungen auf Unsterblichkeit und Auferstehung spielt er noch eine Rolle. Wir schaffen es nicht, so wie die Hindus oder der Erleuchtete im Körper ein Werkzeug zu sehen, das man, wenn es verbraucht ist, ohne Trauer wegwerfen kann.

Überall in den Straßen von Benares stößt man auf Prozessionen, die zu den Verbrennungsplätzen unterwegs sind. Die in Tücher gehüllten Leichen liegen mit unverdecktem Gesicht auf Bambusbahren, die von vier Männern getragen werden. Die Züge haben nichts Düsteres, Schwerfälliges, Schleppendes. Ganz im Gegenteil. Im Marschschritt, fast laufend, ziehen sie vorüber, ohne allzu viel Rücksicht auf den Toten, der auf seiner Bahre auf und ab hüpft und mit dem Kopf wackelt. Man hört keine Trauermusik zur Begleitung, nur die kurzen, hämmernden Rufe aus einigen Kehlen: *Ram nama satya hey* – »Nur der Name Rams ist Wahrheit«, und die Antwort des Chores darauf: *Satya hey, satya hey* – »Wahrheit, Wahrheit«. Und weiter geht's zum Scheiterhaufen, den der Erstgeborene des Verstorbenen mit frisch geschorenem Haupt entzündet, um dann zu beobachten, wie die Flammen Holz und Fleisch verzehren. Zum Schluss gießt er eine Schale heiliges Gangeswasser ins Feuer. Dann wendet er sich ab, um am Fluss die rituelle Waschung vorzunehmen und sich danach wieder in den Kreislauf des Lebens einzuordnen.

Bestattet wird nicht sein Vater, sondern dessen Leib, wertlos gewordene Materie, von der man sich trennen muss und leicht trennen kann.

Für uns ist es dagegen natürlich, in der Leiche den Verstorbenen selbst zu sehen und seinen Körper zu beweinen. Handelt es sich um unseren eigenen Körper, ist die Identifikation noch stärker. Deswegen macht es uns Angst, ihn in Rauch aufgehen zu sehen, und dann trösten auch nicht die Gedanken eines Sufis, wie meines geliebten Rumi, der schreibt:

> Ich starb schon als Mineral und wurde zur Pflanze,
> Ich starb als Pflanze und erhob mich zum Tier,
> Ich starb als Tier, und hier bin ich als Mensch.
> Wieso die Furcht?
> Wann bin ich schon geringer geworden,
> Wenn ich starb?

Einmal setzte sich Shashank auf der Terrasse zu mir. Er hatte ein Buch über Benares dabei, das ich, wie er meinte, unbedingt lesen müsse. Es lohne sich. Er hatte Recht. Unter den vielen schönen

Geschichten zu dieser Stadt außerhalb der Welt fand ich auch eine Stelle aus den *Brahmanas*, die zu den antiken heiligen Schriften Indiens zählen. Es handelt sich um die Verse, in denen Indra, der Schutzgott der Reisenden, einen jungen Mann namens Rohita dazu ermuntert, ein Leben auf der Straße ohne feste Bleibe zu führen.

> Glück findet nur, wer unterwegs ist, Rohita!
> In Gesellschaft der Menschen,
> verliert auch der Beste sich selbst.
> Mach dich auf die Reise.
> Die Füße des Wandernden werden zu Blüten.
> Seine Seele wächst und trägt Früchte,
> Und seine Laster spülen hinweg die Mühen des Reisens.
> Das Schicksal des Bleibenden bewegt sich nicht,
> Es schläft, weil auch jener im Schlafe ruht,
> Doch erhebt es sich, wenn aus dem Schlaf er erwacht,
> So geh also, mach dich auf die Reise, Rohita!

Offenbar hatte Indra auch für mich die richtigen Worte gefunden. Denn einige Tage später kehrte ich nach Delhi zurück und reiste von dort weiter. Ich war noch nicht so weit, dass ich irgendwo auf Dauer hätte verweilen können. Im Grunde war ich immer noch wie ein Schwamm und glaubte, dass meine Füße zu Blüten würden.

Die Kraft des Gebets

Der Bahnhof im alten Delhi zählt nachts zu jenen Orten, an denen ein noch nicht an die indische Wirklichkeit gewöhnter Reisender aus dem Westen leicht in Panik geraten und Fluchtgedanken bekommen kann. Kommt man gerade aus dem parfumierten Luxus eines jener Trompe-l'œil-Hotels, in denen ausländische Touristen, üblicherweise von Kellnern in Maharadscha-Verkleidung umschwirrt, logieren, könnte man glauben, ins falsche Jahrhundert oder auf einen fremden Planeten geraten zu sein; könnte glauben, man sei in einen Höllenschlund gefallen oder in eine belebte Rekonstruktion des finstersten Mittelalters versetzt worden.

Nichts irgendwo sonst auf der Erde ist diesem Bild vergleichbar: ein unaufhörlicher Strom bunt gekleideter ärmlicher Menschen, der sich die Überführungen hinauf- und hinabzieht; zusammengekauerte Leiber, die schlafend unter den Bahnsteigdächern liegen; die Polizisten mit ihren bedrohlichen Bambusknüppeln; Sikh-Bauern in ihren blauen Gewändern und mit den funkelnden Säbeln an der Seite; orange gekleidete, mit dem Dreizack bewaffnete Mönche; Lastenträger in ihren roten Kitteln mit Bergen von Gepäck auf dem Kopf; Ratten, die über die Bahnsteige flitzen, im Unrat, den die Plastiksammler mit ihren spitzen Stöcken und Säcken durchstöbern, ebenso wie die Banden von Kindern, die von Müll und Diebstählen leben in jener Vorhölle, die für sie ihr Zuhause ist: der Bahnhof.

Von diesem Bahnhof gehen alle wichtigen Züge Indiens ab; jene Züge, die einen in einer unruhigen Nacht, mit lautem Rattern im Ohr, zum Fuß des Himalaya oder in die Wüste von Rajasthan bringen, ans Gangesufer oder in die Ebenen Zentralindiens; es sind jene indischen Züge, die immer mal wieder entgleisen, zusammenstoßen, in die Luft fliegen, jedes Mal mit Duzenden von Toten, die für ein paar Stunden eine Meldung wert sind, bis dann alles wieder seinen normalen Lauf nimmt: die Abfahrten, die Entgleisungen, die Zusammenstöße, die Explosionen, die mittelalterliche Menge aus Mönchen, Polizisten, Bauern und rot gekleideten Lastenträgern.

Mein Zug rollte nach Norden und sollte um sechs Uhr morgens in Pathankot eintreffen, dem nächstgelegenen Bahnhof zu Dharamsala, dem Exilwohnsitz des Dalai Lama, dem geistigen und politischen Zentrum der tibetischen Diaspora in der Welt. Ein Ziel vieler junger Leute aus dem Westen, wie etwa auch des englischen Mädchens, dem man den Platz unter mir im Liegewagen zugewiesen hatte.

»Warum fährst du nach Dharamsala?«

»Wie alle anderen auch. Weil ich nicht glücklich bin«, antwortete es mir.

Auf mich traf das nicht zu. Ich suchte dort ein Heilmittel gegen meine Krebserkrankung. Aber trotz unterschiedlicher Beweggründe war es die gleiche Kraft, die uns nach Dharamsala zog, die Kraft des Mythos: der Mythos Tibets als Hort besonnener Heiterkeit, von Geheimnissen und übersinnlichen Gaben.

Der Mythos ist alt. Anfangs war er dem Umstand geschuldet, dass Tibet, beschützt durch die Himalayakette, als einziges Land der Erde völlig unzugänglich war; dass die Macht habende Theokratie mit dem Dalai Lama als König und Gott an der Spitze jedem Fremden den Zugang verwehrte; und dass die wenigen Menschen, die sich unter Lebensgefahr ins Land gewagt hatten, mit phantastischen Geschichten heimkehrten von großen Reichtümern oder von Mönchen mit magischen Kräften, die so schnell liefen wie der Wind oder völlig unbekleidet im Schnee überlebten.

Der Mensch hat ein angeborenes Bedürfnis zu glauben, irgendwo müsse es ein El Dorado geben, ein Paradies, in dem die Menschen in Frieden mit sich und anderen leben und wo sie völlig frei nicht mehr den Naturgesetzen unterworfen sind. Vielleicht auch frei vom Tod. Tibet, eine Hochebene von immenser Weite und seltener Schönheit, mit saftig grünen Weiden zwischen hoch in den Himmel ragenden Berggipfeln, geheimnisumwobenen, sich an die Felsen klammernden Klöstern, kristallklaren Seen, in deren Wasserspiegel, so hieß es, manch ein Lama die Zukunft zu lesen verstand, war der ideale Ort, um diesen Traum zu verkörpern. Dort befand sich Shambhala, das sagenhafte Reich der Reinheit, die Vorhalle Nirwanas, des höchsten Ziels der Buddhisten; dort befand sich das Tal des Mondes mit dem geheimen Utopia Shangri-La, in dem jene, die sich dort niederließen, Unsterblichkeit anstreben konnten. Dort, in Tibet, war alles magisch, und niemand konnte sich seinem Zauber entziehen. Noch nicht einmal ein Offizier des britischen Kolonialreichs!

Als im Jahr 1903 eine Vorhut fremder Soldaten ins Land eindringt und bis zur Hauptstadt vorstößt, steigt der Expeditionskommandant, der junge Oberst Francis Younghusband, vom Pferd, erklimmt den Hügel, der das Lhasa-Tal überragt, und hat ein überwältigendes, ja spirituelles Erlebnis. »Ich war außer mir vor Freude. Die gesamte Welt schien von einer unsagbaren Liebe entflammt, die auch in mir brannte. Entgegen aller Logik spürte ich in mir die tiefe Güte aller Menschen und war überzeugt, dass der Mensch im Grunde seines Herzens göttlich ist«, schrieb er später. Jener Tag veränderte sein Leben, und die Kraft des Mythos wuchs weiter.

Im Jahr 1950 überfielen die chinesischen Kommunisten unter Mao das Land, brannten die Klöster nieder, töteten Tausende von Mönchen und zwangen den Dalai Lama 1959, nach Indien zu fliehen. Das geheimnisvolle, unabhängige Tibet war am Ende; nun wurde das Land kolonisiert, zerstört und nach chinesischem Muster wieder aufgebaut. Doch der Mythos überlebte. Mehr noch. Er wurde zum Symbol einer vom kommunistischen Materialismus gequälten spirituellen Kultur.

Als der Dalai Lama, einer der wenigen »Großen« unserer Zeit, 1989 den Friedensnobelpreis erhält, ist Tibet so populär wie nie zuvor. Idealisten aus aller Welt erklären sich zu Fürsprechern des Landes, und Dharamsala, oder genauer, McLeod Ganj, das noch sechshundert Meter höher liegende Städtchen, wo »Seine Heiligkeit« residiert, wird zum Ziel all derer, die – ihr Glück suchen.

Tausende junger Europäer und Amerikaner zieht es an den Ort, Dutzende werden selbst Mönche. Berühmte Hollywood-Schauspieler reisen an, Schriftsteller, Künstler. Sogar viele junge Israelis machen sich auf den Weg, die, verroht durch den Wehrdienst in ihrer Heimat, darauf hoffen, hier oben den angestauten Hass ablegen zu können. Fast gleichzeitig werden zwei große Filme über die Ereignisse in Tibet und das Leben des Dalai Lama gedreht. Alles Tibetische, von der Kunst über den Buddhismus bis zur Medizin, erlangt Wert und Glaubwürdigkeit.

Auch mir selbst hatte Dharamsala immer gut gefallen. Mehrere Male war ich schon dort gewesen, um den Dalai Lama zu interviewen und über die Tibeter und ihre mittlerweile hoffnungslose Sache zu schreiben. Üblicherweise kam ich dann im Kashmir Cottage unter, einem Haus, das der Dalai Lama, als er nach Indien kam, für seine Mutter gekauft hatte. Nach deren Tod ging es an seinen jüngsten Bruder Tenzin Cheogyal über, von allen nur T. C. genannt, der dort seinen Wohnsitz und eine kleine, ruhige Pension eingerichtet hatte.

Zuletzt war ich im Januar 1996 mit Angela und Leopold, einem alten Freund und Gefährten vieler Abenteuer, dort gewesen. Eben wegen Leopold waren wir auch gekommen. Es ging ihm gesundheitlich schlecht. Seine Schmuckfabrik in Bangkok hatte er verkauft, weil er, wie er sagte, »es satt hatte, sinnloses Zeug herzustellen«, und eine Zeitschrift ins Leben gerufen, für die er auch schrieb. Aber häufig fehlte ihm die Kraft dazu. Er fühlte sich zu schwach.

Die Ärzte in Paris hatten etwas an der Leber festgestellt, vielleicht eine Hepatitis, vor einer endgültigen Diagnose aber sollten noch weitere Untersuchungen angestellt werden. Leopold beschloss nun, das alles zu verschieben und erst einmal auf Reisen zu gehen. Er besuchte uns in Delhi, wir unterhielten uns über Hepatitis, und ich erzählte ihm von zwei »Wunderkuren«, von denen ich gehört hatte. Die eine wurde in Peshawar praktiziert, einem pakistanischen Städtchen an der Grenze zu Afghanistan. Beschrieben hatte sie mir ein alter moslemischer Teppichhändler, der schwor, auf diese Weise geheilt worden zu sein: Man nimmt eine Ziege, zieht ihr das Fell ab, legt sich in die blutige Haut und schläft einige Nächte darin. »Nach einer Woche ist die Leber wieder ganz gesund«, beteuerte er.

Die andere Therapie war tibetisch und wurde vom Leibarzt des Dalai Lama angewandt, dessen Spezialgebiet die Leber war.

Leopold wollte es doch lieber mit dieser zweiten Behandlung versuchen, und so stiegen wir, Leopold, Angela und ich, im Kashmir Cottage ab und wurden, mit einer Empfehlung von T. C., im Men-Tsee-Khang, wörtlich übersetzt »Medizinisch-Astrologisches Institut«, direkt von dessen berühmtem Leiter, Doktor Tenzin Choedrak, empfangen, einem über siebzigjährigen, hageren Mann mit einem schiefen Gesicht mit leicht schielenden Augen, eine Folge der zahlreichen Misshandlungen, die er in fast zwanzig Jahren chinesischer Haft hatte erdulden müssen.

Mit dem Rücken zum Fenster saß Doktor Choedrak, in eine rote Decke gehüllt, im Lotussitz auf einem niedrigen hölzernen Podest, das ihm tagsüber als »Sprechzimmer« und nachts als Bett diente. Der junge Tibeter, der für uns dolmetschen sollte, und wir drei saßen ebenfalls dort. Es wirkte alles einfach und bescheiden, Doktor Choedrak warmherzig, gelassen und heiter.

»In früheren Leben müssen wir Tibeter den Chinesen großes Leid zugefügt haben. Deswegen geben sie uns jetzt so viel davon zurück«, sagte er irgendwann.

Seine Geschichte war bereits eine Legende. In einem Dorf drei Tagesmärsche von Lhasa entfernt geboren, trat Tenzin Choedrak noch als Kind in eines der großen Klöster seiner Heimat ein und wurde mit dreizehn für die »Medizinische Schule« in der Hauptstadt ausgewählt, um dort die Heilkunst zu lernen. Mit dreißig galt er bereits als einer der brillantesten Ärzte seines Landes, und so schickte man ihn in den Potala-Palast, die Residenz des Dalai Lama, damit er sich dort um die Gesundheit des elf Jahre jüngeren Gott-Königs der Tibeter kümmere.

Als der Dalai Lama dann, als einfacher Soldat verkleidet, nach Indien fliehen musste, blieben viele aus seinem Gefolge, um bei den Chinesen keinen Verdacht aufkommen zu lassen, an ihrem Platz in Lhasa zurück. Darunter auch Tenzin Choedrak, der bald darauf schon – wie viele, viele tausend andere Anhänger des Dalai Lama auch – verhaftet, in den Kerker geworfen und auf alle nur erdenkliche Arten misshandelt wurde.

Die Tatsache, dass dieser Arzt die geheimen Formeln für eine Reihe spezieller Heilmittel kannte, interessierte die Chinesen dabei nicht. Sie verachteten alles Tibetische und sahen in allem, was mit Religion zu tun hatte, nur ein rasch zu beseitigendes Hindernis auf dem Weg zur Modernisierung. So verurteilten sie Tenzin Choedrak zur Zwangsarbeit und vernichteten, als sie den Potala-Palast in Besitz nahmen, bergeweise »alten Kram«, der ihrer Meinung nach zu nichts zu gebrauchen war. Darunter zweihundert Kilo eines seltsamen schwarzen, für sie wertlosen Pulvers, das die Tibeter mehr als drei Jahrhunderte lang wie einen Schatz gehütet hatten.

Im Laufe der Jahre merkten die Chinesen jedoch, dass Tenzin Choedrak, der in einem Steinbruch schuftete, ein besonderer Gefangener war. Nicht zuletzt, weil er etwas schaffte, was vielen anderen nicht vergönnt war: Er überlebte. Vielleicht kannte er also doch irgendein Geheimnis, mit dem auch sie etwas anfangen konnten. Darüber hinaus wussten die Chinesen mittlerweile, dass es sich bei dem schwarzen Pulver, das sie achtlos in einen Fluss gekippt hatten, um ein sündhaft teures, in einem aufwendigen Verfahren gewonnenes Gemisch aus Gold und Silber handelte. Eine Substanz, aus der Ärzte wie Tenzin Choedrak in der Vergangenheit kostbare »Pillen der ewigen Jugend« gefertigt hatten.

Die Chinesen versprachen, ihn freizulassen, wenn er ihnen verriete, wie das schwarze Pulver und damit die sagenumwobene Pille herzustellen wäre. Lange Geheimverhandlungen folgten, an denen auch Emissäre des Dalai Lama teilnahmen, und im Jahr 1980 erlaubten Pekings Machthaber Choedrak endlich, aus China auszureisen und nach Dharamsala ins Exil zu gehen.

Dort wurde Tenzin Choedrak wieder der Leibarzt »Seiner Heiligkeit«, mit zwei Visiten pro Woche; er brachte die Herstellung von drei verschiedenen »kostbaren Pillen« auf den Weg und hatte mittlerweile schon wieder Hunderte junger tibetischer Ärzte in seiner Kunst ausgebildet.

Dies war der Mann, der jetzt vor uns saß. Er erkundigte sich nach Leopolds Symptomen, sah ihm in die Augen und in den Mund; dann umfasste er seine Handgelenke, schloss die Augen und konzentrierte sich auf den Puls. Die Untersuchung war schnell abgeschlossen. Seinen Worten nach war Leopold ein einfacher Fall; ja, er habe etwas an der Leber, doch seine Pillen würden ihn heilen. Und schon machte er sich daran, das Rezept für die Apotheke aufzuschreiben. Doch wir wollten noch nicht gehen. Wir hatten ihn noch so viel zu fragen!

Ich begann. Wie er denn die Zwangsarbeit überlebt habe?

»Indem ich das Feuer in meinem Magen entfachte«, antwortete er. »Dadurch konnte ich das ungenießbare Essen verdauen, das meine Mitgefangenen umbrachte.« Eine Übung, die ihn schon in seiner Kindheit der Lama seines ersten Klosters gelehrt habe, aber mehr könne er dazu nicht sagen, denn es handele sich um »ein Geheimnis, das nur von Lehrer zu Schüler weitergegeben wird«.

Wir erkundigten uns nach anderen Krankheiten, die er heilen könne. Er blieb ganz bescheiden und meinte, viele aus dem Westen, besonders Amerikaner, kämen wegen einer Aids-Therapie zu ihm. Aber die müsse er enttäuschen. Das Einzige, was er für sie tun könne, sei, deren Lebensqualität zu verbessern.

Zu jener Zeit war Krebs für mich noch kein Thema; das war eine Krankheit, die nur andere traf. Ich fragte ihn aber, was er bei Depressionen empfehle, und diese Frage hatte eine seltsame Reaktion zur Folge, die mir heute noch rätselhaft ist. Choedrak antwortete, Depressionen als Krankheit seien fast nur in den westlichen Industrieländern bekannt. »Das kommt daher«, führte er aus, »dass man bei Ihnen zu sehr an den Dingen hängt. Sie sind auf Ihren Besitz fixiert. Da verliert etwa jemand seinen Federhalter, und schon denkt er an nichts anderes mehr und vergisst ganz, dass solch ein Federhalter gar keinen Wert hat. Er kann doch auch mit einem Bleistift schreiben. Sie im Westen kümmern sich zu viel um materielle Dinge.«

Ich hörte zu und machte mir dabei ganz automatisch Notizen mit meinem alten schwarzen Montblanc. Wir unterhielten uns noch ein wenig weiter, über seine Gefangenschaft, die »kostbaren Pillen« und die Mantras, jene magischen Formeln, die während der Herstellung gesprochen werden müssen, und währenddessen notierte ich mir weiter fleißig Stichpunkte mit meinem schwarzen Montblanc. Zum Schluss bedankten wir uns herzlich, gingen dann noch bei der Apotheke vorbei, um die Pillen abzuholen, und kehrten dann ins Kashmir Cottage zurück, wo ich feststellte, dass – mein Federhalter weg war.

Unverzüglich schickte ich den jungen Dolmetscher zu Doktor

Choedrak zurück und bat den Bruder des Dalai Lama, im Institut anzurufen. Aber nichts zu machen. Der Federhalter war verschwunden. Und ich dachte an nichts anderes mehr! Aber weniger, weil ich so sehr an dem Stück gehangen hätte, sondern weil ich den Verdacht nicht loswurde, der alte Arzt habe mir, durch eine gewisse Skepsis in meinen Worten, die er herausgehört haben mochte, provoziert, eine Lektion erteilen und seine »Kräfte« beweisen wollen. Konnte das sein?

Noch am selben Abend nahm Leopold seine ersten Pillen ein. Sie sahen wirklich wie Schafsköttel aus, und doch waren wir überzeugt, dass sie etwas Besonderes hatten. Und das hatten sie auch. Sie waren »geladen«: geladen mit der Geschichte, die uns hierher geführt hatte, geladen mit den Mantras, die ihre Herstellung begleiteten, geladen mit der Prozedur, wie Leopold sie einnehmen musste: indem er sie einzeln zerdrückte und mit lauwarmem Wasser in kleinen Schlucken herunterspülte. Sie waren geladen mit aller Heilkraft, die der Geist des Patienten ihnen beimaß.

Der Geist, immer wieder der Geist! In ihm steckte die Magie. Auch das »Feuer im Magen«, von dem Choedrak sprach, ging von dort aus. Jene *tummo,* »mystisches Feuer«, genannte Übung zählte zu den Yoga-Praktiken, die die Tibeter an die klimatischen Bedingungen in ihrer Heimat angepasst hatten. Damit die Mönche in der Eiseskälte überleben konnten, lehrte man sie, sich aufzuwärmen, indem sie sich mit aller Konzentration ein Feuer in ihren Eingeweiden vorstellten, das sie, mit Hilfe des Geistes und der Atmung, im ganzen Körper zirkulieren ließen. Zur Übung gehörte, dass sich der Schüler nackt auf den Boden setzte und eine nasse Baumwolldecke überwarf. Durch die Wärme, die er entwickelte, sollte die Decke in kürzester Zeit völlig trocken werden. Der große tibetische Heilige, Poet und Eremit Milarepa trug den Beinamen »der Baumwollbekleidete«, denn als er diese Prüfung ablegte, waren auf seinem Körper nacheinander gleich drei mit Wasser durchtränkte Decken getrocknet.

Am Abend unterhielten wir uns über diese Dinge mit T. C. Er erzählte, wie sein Bruder – »Seine Heiligkeit«, wie auch er ihn respektvoll nannte – 1981 einigen seiner Mönche erlaubt hatte, den *tummo* einer Gruppe von Wissenschaftlern und Ärzten aus

Harvard vorzuführen, die nach einem wissenschaftlichen Beweis für die Macht des Geistes über den Körper suchten. Und es habe funktioniert. Schon nach ein paar Minuten sei bei allen Mönchen die Körpertemperatur um einige Grad angestiegen.

Schließlich kam auch noch einmal der verlorene Federhalter zur Sprache, und ich fragte T. C., ob er an die »Macht« des betagten Arztes, ihn verschwinden zu lassen, glaube. Weder bejahte noch verneinte er, aber ganz offensichtlich amüsierte es ihn, dass ich, der skeptische westliche Journalist, diese Möglichkeit überhaupt in Betracht zog. Dann erzählte er uns, vielleicht als Antwort, die Geschichte seiner Geburt.

Die Mutter hatte bereits vierzehn Kindern das Leben geschenkt – der Dalai Lama war das vierte –, als sie erneut schwanger wurde. Doch dieses fünfzehnte Kind starb plötzlich sehr früh, und die Mutter war furchtbar traurig. Doch der Lama, der sie aufsuchte, sprach zu ihr: »Verzweifle nicht. Dieses Kind wird dir wiedergeboren.« Und bevor man es zur Bestattung fortbrachte, zeichnete er mit Butter ein Mal auf das Gesäß des toten Kindes. Bald schon wurde die Mutter erneut schwanger, und als das Kind zur Welt kam, trug es dieses Zeichen auf dem Hinterteil. Es war T. C., der jüngste Bruder des Dalai Lama.

Leopold nahm seine Schafsköttel gewissenhaft ein, und nach ein paar Wochen ging es ihm viel besser. Lag es an den Pillen, oder hatte sich seine Leber, die vielleicht nie schwer krank war, selbst geheilt? Wer will das schon sagen? Jedenfalls hatte ich die Begegnung mit dem betagten Arzt in guter Erinnerung und war jetzt wieder auf dem Weg zu ihm, nun jedoch, um ihn wegen meines Krebsleidens zu konsultieren.

Bei Sonnenaufgang traf mein Zug im Bahnhof von Pathankot ein. Dharamsala lag noch vier Autostunden entfernt. Zusammen mit der jungen Engländerin und zwei weiteren jungen Leuten nahm ich mir ein Taxi. Im Gegensatz zu mir wussten die drei, dass der Dalai Lama in jenen Tagen eine Reihe spezieller »Vorlesungen« hielt. Ich hatte mich vorher nicht informiert und nirgendwo vorgebucht, so dass bei der Ankunft in McLeod Ganj zunächst alles schief lief. Doktor Choedrak war erkrankt und würde mich in den nächsten Tagen nicht empfangen können. Und wegen der vielen Fremden, die gekommen waren, um die »Lehren« des Dalai Lama zu hören, war das Kashmir Cottage wie alle anderen Hotels auch restlos ausgebucht.

Kurz davor, wieder abzureisen, begegnete ich dann aber, über die übliche Kette von glücklichen Zufällen und Beziehungen, dem Prinzen Rupendra, dem jungen Spross einer uralten Familie aus der Gegend, und der bot mir an, der erste Gast in seiner Residenz Hari Kothi zu werden. Er hatte nämlich das Haus von seiner Großmutter geerbt und gerade zu einer Pension umbauen lassen. Seine Vorfahren, die Radschas von Chamba, hatten vor mehr als tausend Jahren in Bihar eine buddhistische Universität gegründet, ähnlich der von Nalanda, bestimmt für junge Tibeter, die zum Studium nach Indien kamen.

Rupendra gab mir das »Zimmer der Könige«, in dem sein Großvater gelebt und hundert Jahre zuvor auch Vivekananda, der berühmte Mystiker und Schüler Ramakrishnas, logiert hatte. Das Haus Hari Kothi mit der Ahnengalerie an den Wänden, den Dienern in Livree und der Flagge der Radschas, die jeden Morgen gehisst wurde, war nicht das Dharamsala, das ich kannte. Doch der Prinz tat alles, damit ich mich bei ihm wohl fühlte, und gab eines Abends, wohl wissend, dass ich mich für tibetische Medizin interessierte, ein Essen, zu dem er auch eine holländische Ärztin einlud.

Auch für sie war der Mythos Tibet Anstoß gewesen, nach Dharamsala zu kommen. Auch sie wollte etwas für die Sache der Tibeter tun und zudem lernen, wie die Tibeter Krankheiten auffassten und heilten. Länger als ein Jahr hatte sie im tibetischen Krankenhaus des Ortes gearbeitet und würde in Kürze abreisen: enttäuscht und verbittert. Die Tibeter, erklärte sie, seien furchtbar verwöhnt durch die große Aufmerksamkeit, die ihnen von außen zuteil werde.

Was sie denn von der tibetischen Medizin halte?

Nun, das wenige Nützliche stamme aus der ayurvedischen Tradition. Wer also nach alternativen Therapieformen suche, könne sich auch gleich an Ayurveda-Ärzte wenden, sagte sie. Am allerwenigsten glaubten die tibetischen Ärzte selbst an ihre Mittel. Schon mit Husten, oder wenn ihre Kinder mal Fieber hatten, seien sie zu ihr gekommen und hätten nach Antibiotika und Vitaminpräparaten verlangt. Ja, gewiss, die Tibeter behaupteten, mit ihren »kostbaren Pillen« Hepatitis heilen oder, genauer, Hepatitis B positiv, das zu Krebs führen und tödlich verlaufen könne, in Hepatitis negativ umwandeln zu können. Aber sie habe kein wissenschaftliches Material gefunden, das dieses Phänomen dokumentiere.

Ob sie mal erlebt habe, dass ein Hepatitispatient durch tibetische Mittel geheilt wurde, wollte ich wissen.

Ja, ein junger Mann aus Westeuropa, der alle allopathischen Medikamente abgelehnt habe. Doch seine Gelbsucht sei möglicherweise auf einen Virus zurückzuführen gewesen, so dass er ohnehin genesen wäre. Dafür habe sie aber mehrere Menschen sterben sehen, nur weil sie ein Lama bei einer Wahrsagezeremonie davor gewarnt hatte, sich im Krankenhaus von westlich ausgebildeten Ärzten wie ihr operieren zu lassen.

Was es denn dann mit den besonderen »Kräften« auf sich habe, fragte ich weiter. Gebe es die vielleicht überhaupt nicht? Noch nicht einmal ganz unspektakuläre, die ausreichten, einen Federhalter verschwinden zu lassen?

»Wenn sie über solche magischen Kräfte verfügen, warum haben sie sich damit nicht gegen die Chinesen zur Wehr gesetzt?«, fragte sie zurück.

Nein, diese Geschichte mit den magischen Kräften sei eine Falle, in die die Tibeter selbst gegangen seien. Als die englische Expedition 1903 ins Land eindrang, hätten sich die Tibeter für unverwundbar gehalten und seien deshalb durch die MG-Garben des Obersts Younghusband reihenweise niedergemäht worden.

Die Erfahrungen und Eindrücke der holländischen Ärztin gaben mir sehr zu denken. Im Grunde unterschieden sie sich wenig von denen Tibetreisender früherer Zeiten. Im Jahr 1900 gelang es einem rätselhaften japanischen Mönch namens Kawaguchi Ekai, sich als Pilger ausgebend, nach Tibet hineinzugelangen und sich drei Jahre dort aufzuhalten. In seinem nach der Rückkehr nach Japan verfassten Buch beschreibt er die erschreckenden hygienischen Verhältnisse im Land, das vollkommene Fehlen einer zuverlässigen medizinischen Versorgung und erzählt, wie man sich um ihn riss, wegen seiner rudimentären medizinischen Kenntnisse, die er sich als Junge beim Blättern in einem Buch seines Großvaters, der Arzt war, angeeignet hatte. Als es in dem Kloster, in dem Kawaguchi aufgenommen wurde, zu einer heftigen Prügelei zwischen zwei tibetischen Mönchen kommt, ist er der Einzige unter Tausenden von Lamas, der die ausgekugelte Schulter eines der beiden Streithähne wieder einrenken kann.

Wie konnte es dazu kommen, dass die tibetische Medizin heute von so vielen Menschen als eine der brauchbarsten Alternativen zur Schulmedizin betrachtet wird, wenn sie noch vor hundert Jahren von den Tibetern selbst so wenig ernst genommen wurde? So berichtet Kawaguchi etwa auch von der Redensart: »In Tibet ist jeder Mongole ein Arzt.« Selbst bei Heinrich Harrer, dem österreichischen Autor von *Sieben Jahre in Tibet*, einem der wenigen Ausländer, die sich während des Zweiten Weltkriegs in Lhasa aufhalten durften, findet man kein gutes Wort über die tibetische Medizin. So erzählt er, wer erkrankte, habe eher einen Wahrsager oder Handaufleger aufgesucht als einen Lama der Medizinischen Schule.

Auch ich hatte von dieser Schule während meines Aufenthaltes in Lhasa 1979 keinen besonders positiven Eindruck gewonnen. Eines Morgens, noch vor Sonnenaufgang, gelang es mir, mit einem Fahrrad, das ich gegen meine Polaroid getauscht hatte, meinem chinesischen Fremdenführer und Bewacher zu entwischen und bis hoch auf den Chakpori, den »Medizin-Hügel«, zu gelangen. Von dort oben, mit dem Lhasa-Tal unter und der Fassade des Potala-Palastes vor mir, sah ich die Sonne aufgehen und merkte plötzlich, dass ich inmitten von Ruinen stand: den Überresten des alten Gebäudes der Schule. Die Chinesen hatten sie bombardiert und dem Erdboden gleichgemacht, mit der Begründung, es handele sich um ein Widerstandsnest. Für die Tibeter aber war es immer noch ein heiliger Ort. Im ersten Tageslicht sah ich Dutzende von Menschen hinaufsteigen, an den Steinen herumkratzen und das Pulver sammeln. Ich verstand nicht, was das sollte. Dann half mir ein alter Mann, der Chinesisch sprach, auf die Sprünge. Dieses Pulver werde in Wasser aufgelöst und bei allen Erkrankungen als Medizin getrunken.

Vielleicht hatte die holländische Ärztin nicht Unrecht mit ihrer

Einschätzung, die tibetische Medizin, sollte sie jemals eine Tradition gehabt haben, sei im letzten Jahrhundert zu wenig mehr als bloßem Aberglauben verkommen.

»Betritt der Patient das Sprechzimmer des Arztes zuerst mit dem linken Fuß, wird die Behandlung gelingen. Reicht der Patient dem Arzt zuerst den Puls seines linken Arms, wird die Heilung rascher verlaufen«, las ich in einem der Bücher über tibetische Medizin, die ich mir gleich bei meiner Ankunft in Dharamsala gekauft hatte.

Aus jenem Buch erfuhr ich auch, dass der Puls an jedem Arm an sechs Stellen abgehört wird und dass es einige »spezielle Pulse« gibt. Einer zum Beispiel gibt über das Befinden der Familie Auskunft; ein anderer ist der so genannte »Puls des Gastes«: Der Arzt fühlt den Puls des Menschen, der dem erwarteten Gast am nächsten steht, und kann so sagen, ob der Betreffende noch zu Hause ist, sich schon auf den Weg gemacht hat oder bereits vor der Tür steht.

War dieser »Logik« zu trauen? Der Dalai Lama selbst schien da seine Zweifel zu haben. Hatte ich nicht mit eigenen Augen gesehen, wie er seine Halsschmerzen auf »abendländische« Weise mit Antibiotika behandelte, die er allerdings mit einem von Doktor Choedrak zubereiteten Trank hinunterspülte? Ist das alles wirklich nicht mehr als ein Mythos?

Zum Teil. Zweifellos ist das Interesse an der tibetischen Medizin als Alternative zur Schulmedizin Hand in Hand mit der Sympathie für die tibetische Sache und den Dalai Lama stark gewachsen. In den USA gibt es mittlerweile verschiedene Zentren für tibetische Medizin, und in jedem Land Westeuropas bieten Heiler, Masseure und Lamas ihre Dienste und teuren Heilmittel an.

Verschiedene »Heilsysteme« und »Gesundheitsprogramme« verkaufen sich schlicht deshalb gut, weil sie das Label »tibetisch« tragen. Eine davon, als »Kombination philosophischer, medizinischer, astrologischer und tantrischer Lehren« angepriesen, verspricht die »Heilung von Krankheiten, eine Verjüngungskur sowie Frieden in der Seele und auf der Welt«. Ein anderes System, »Selbstheilung« genannt, besteht darin, die Krankheit einfach zu negieren. Man bringt Krebskranke zusammen und lässt sie wie ein Mantra aufsagen: »Ich bin nicht krank, ich bin nicht krank …« Dutzende, Hunderte, Tausende Male. Und manchmal hilft es sogar, denn – und davon bin ich überzeugt – in »manchen Fällen« hilft alles, buchstäblich alles.

Die Nachfrage nach tibetischen Heilmitteln ist dermaßen gestiegen, dass kürzlich das Medizinisch-Astrologische Institut in Dharamsala ein eigenes Büro für deren Export einrichten musste. Neben den berühmten Pillen umfasst die Palette mittlerweile Tees gegen Stress, Schönheitscremes, Meditationsweihrauch – hervorragend geeignet auch bei »Unausgeglichenheit aufgrund sexueller Frustrationen, trockenem Mund, Ohrensausen, Völlegefühl und Schwindelanfällen« – und ein »Gesundheitstonikum«, das »die körperliche Leistungskraft erhöht, die Nierentätigkeit verbessert, das sexuelle Verlangen und die Ausdauer steigert, indem es den Samenerguss verzögert und den Geschlechtsakt verlängert«, wie es auf der Packung heißt.

Sähe der Dalai Lama, wie diese Mittelchen, deren Glaubwürdigkeit zum großen Teil auf seinem Ansehen basiert, präsentiert werden, würde er, da bin ich sicher, mit seinem unvergleichlichen Lachen reagieren. Im Grunde weiß er selbst am besten, dass es bei der Sache des »freien Tibets« heute nicht mehr um völkerrechtliche Grundsätze, Gerechtigkeit oder Moral geht, sondern um den Markt, also um Werbung. Was tibetisch ist, verkauft sich. Aber dazu muss das Tibetische auch so sein, wie es die Kunden verlangen: mythisch.

»Früher waren wir Opfer des chinesischen Imperialismus; heute des kalifornischen Neokolonialismus, des New Age. Wir sollen vor Frömmigkeit und Friedfertigkeit triefen, Yaks reiten und meditierend auf verschneiten Berggipfeln sitzen«, klagte mir ein tibetischer, nicht religiöser Schriftsteller, der in Dharamsala lebt. »Der Westen ist bereit, alles zu finanzieren, was mit seinem Tibetbild zu tun hat – Mönche, Künstler, Tänzer, Mystiker. Aber er ist nicht bereit, uns Tibeter dabei zu unterstützen, unser Tibet zurückzuerobern.«

Dharamsala ist ein gutes Beispiel für dieses veränderte Bild. Am Anfang war es ein Sammelplatz für Vertriebene, die entschlossen waren, ihre Identität zu bewahren und irgendwann in ihre Heimat zurückzukehren. Jetzt, nach vierzig Jahren, glaubt niemand mehr an eine mögliche Rückkehr. Die Tibeter haben sich an ihre Umsiedlung gewöhnt, und Dharamsala konnte überleben, weil es ein kleines »Disneyland« geworden ist, ein Vergnügungspark mit den »Themen« Buddhismus, Spiritualität, Magie, Meditation, Astrologie und Heilkunde.

McLeod Ganj ist heute eine Shopping-Mall für allen nur möglichen New-Age-Schnickschnack, von mit Buddhabildern verzierten Täschchen über Halskettchen, CDs mit Entspannungsmusik bis zu tantrischer Literatur. Der Markt nährt einen Mythos, der kaum etwas mit dem wahren Tibet der Vergangenheit und täglich weniger mit dem von China einverleibten Tibet der Gegenwart zu tun hat. Doch der Mythos lebt weiter.

An einem Abend lernte ich ein Grüppchen in Dharamsala wohnender Ausländer kennen, die alle gekommen waren, um »die Sache« zu unterstützen. Dabei wurde mir klar, dass das Bedürfnis, an ein magisches Tibet zu glauben, viel stärker als jede Logik war. Ein Amerikaner erzählte, er sei dem Dalai Lama zu einer Zeremonie im Gandhi-Park in Delhi nachgereist und habe dort erlebt, wie seine Zuhörer von einem Wespenschwarm attackiert wurden, während »Seine Heiligkeit«, von keiner einzigen Wespe behelligt, in Ruhe weiterreden konnte. Eine exzentrische Engländerin, die seit fünfzehn Jahren in Dharamsala lebende Jane Perkins, berichtete, sie könne nachts kaum noch schlafen, weil die Mönche im Kloster nebenan das Schweben lernten. Und wenn sie sich nicht mehr halten könnten, fielen sie mit einem lauten Schlag zu Boden, und davon würde sie wach.

Von Jane erfuhr ich auch, dass am nächsten Tag zehn Kilometer außerhalb Dharamsalas eine einmalige Zeremonie stattfinden würde. Wir hätten ja so ein Glück, jauchzte sie. Der sechzehnjährige, nicht lange zuvor aus China geflohene Karmapa, den man dort als möglichen Nachfolger des Dalai Lama als Geisel gehalten hatte, würde zum ersten Mal öffentlich auftreten, dabei alle Anwesenden segnen und ihnen damit die »Gabe eines langen Lebens« schenken. Genau das, was ich brauchte!

Und so fand ich mich am nächsten Morgen in einer jener Situationen wieder, in die einen nur die unstillbare Neugier des Reisenden bringen kann. Karmapas Tempel lag, noch in Bau befindlich, isoliert inmitten eines steinigen Tals. Aus Furcht vor einem Racheakt der Chinesen hatten die indischen Sicherheitskräfte das Gelände weiträumig abgesperrt. Dutzende bewaffneter Polizisten und Geheimagenten durchsuchten jeden, der hineinwollte, kontrollierten die Pässe, beschlagnahmten jede Kamera, jeden Recorder. Die Kombination Buddhismus und Belagerungszustand, ehrwürdige Lamas und auf Menschen gerichtete Maschinenpistolen war absurd.

Nach stundenlangem Warten und endlosen Kontrollen wurden wir endlich ins weitläufige Tempelinnere vorgelassen. In den ersten Reihen saßen die Mönche, darunter vielleicht zwanzig Ausländer aus dem Westen; dahinter eine Gruppe aus Taiwan angereister Buddhisten; und dann eine bunt gemischte Menge aus Tibetern, hier wohnenden Ausländern und Touristen. Auch das englische Mädchen aus dem Zug entdeckte ich.

Umringt von betagten Lamas und indischen Leibwächtern, betrat der Karmapa den Raum: dem Aussehen nach ein Junge vom Land, gesund und stark, und offenbar selbst überrascht von dem Wirbel um seine Person. Ein aus Sicht der Tibeter durchaus gerechtfertigter Wirbel. Für sie ist er die dreißigste Reinkarnation eines großen Meisters und damit eine sehr viel ältere und spirituell weiterentwickeltere als die des Dalai Lama selbst, der erst bei der vierzehnten Reinkarnation angekommen ist.

»Sollte ich auch selbst diese Eigenschaft eines langen Lebens nicht besitzen, so kann ich diese Gabe jedoch, der Tradition nach, an euch alle weitergeben, zusammen mit jener, dass alle eure Wünsche in Erfüllung gehen und ein jeder Frieden, Harmonie und Glück erlange«, erklärte der Karmapa in einer kurzen Ansprache, die einer aus seinem Gefolge ins Englische übersetzte. Der Junge hatte eine besondere Ausstrahlung, und die Tatsache, dass die alten Mönche, voller Ehrerbietung tief verneigt, praktisch vor ihm im Staub krochen, verstärkte noch diesen Eindruck. Dieser Sechzehnjährige wird nach dem Tod des Dalai Lama vielleicht einmal an der Spitze der tibetischen Diaspora stehen, solange man darauf wartet, dass das Kind, in dem der Dalai Lama wiedergeboren werden soll, erwachsen sein wird.

Die Wiedergeburt! Ich fand es immer schon genial, wie gut es die Tibeter verstanden haben, ihre Kultur, zu ihrem Vorteil, an jene uralte Vorstellung anzupassen, nach der wir nicht ganz mit unserem Körper sterben, sondern ein Teil von uns, man mag es Seele oder anders nennen, in einen neuen Körper übergeht. Auf diese Weise haben sie die in allen Erbmonarchien vorprogrammierte Degeneration vermeiden können. Die Kinder und Kindeskinder können unmöglich immer an die Statur eines großen Vorfahren heranreichen. Und am besten lässt sich die Qualität einer Dynastie sichern, indem man nach dem Tod des Herrschers als Thronfolger ein brillantes Kind auswählt, in dem der Wiedergeborene erkannt wird. Auf dieses Erkennen kommt es an. Und beim Karmapa und dem jetzigen Dalai Lama scheinen die alten Mönche ein gutes Gespür gehabt zu haben.

Der Segen des Karmapas erfolgte nicht, wie ich es erwartet hatte, nach dem Muster *urbi et orbi*, sondern wurde einzeln erteilt, wodurch sich die Feier mächtig in die Länge zog. Geduldig wartete ich in der Schlange, und als ich vor dem Jungen stand, lächelte ich ihn an, er lächelte zurück, ich reichte ihm die weiße Kata, die Jane mir besorgt hatte, und er legte sie mir wieder, nun selbstverständlich »aufgeladen«, um den Hals. Dann gab er mir auf meinen ein wenig geneigten Kopf einen leichten Schlag mit einer kleinen goldenen Stupa, die wohl eine Reliquie enthielt. Ein Lama reichte mir ein graues Kügelchen aus *tsampa* – jenem Malzmehl, das die Tibeter mit Yak-Butter in ihren Tee tun –, das ich essen sollte, ein anderer ein rotes Bändchen mit einem Knoten, das ebenfalls gesegnet war und mich beschützen würde, wann immer ich es trug.

Ich trat ins Freie, setzte mich auf der Tempeltreppe in die Sonne und beobachtete die anderen, die herauskamen. Sie wirkten erregt, berauscht. Alle schienen so wie Jane überzeugt, großes Glück erfahren und ein kostbares Geschenk des Karmapas empfangen zu haben. Ich hingegen, wie immer skeptisch, nüchtern, im Grunde arrogant, dachte schon daran, das graue Kügelchen, das ich noch in der Hand hielt, einfach wegzuwerfen. Ich betrachtete es. Und wenn es tatsächlich ein gutes Heilmittel war? Für die anderen war es das. Warum nicht auch für mich? Ich steckte es in den Mund und schluckte es hinunter. Dann band ich, ganz sorgfältig, auch das rote Bändchen an meine Tasche.

Manchmal ist es hilfreich, die Perspektive zu wechseln. Denn plötzlich ging mir auf, dass ich von der tibetischen Heilkunst rein gar nichts begriffen und meinen Besuch in Dharamsala von vornherein mit dem falschen Fuß begonnen hatte – dem rechten! Meine Einstellung war genau jene gewesen, die ich in New York noch hatte überwinden wollen. Es war die Denkweise der holländischen Ärztin, die übliche, auf Logik basierende wissenschaftliche Betrachtungsweise, bei der ich selbst nur als Körper und meine Erkrankung lediglich als eine physische Erscheinung vorkam.

Hatte ich vom Leibarzt des Dalai Lama ein Medikament in der Art, wie es die Instandsetzer vom MSKCC verabreichten, erwartet, ein Medikament, das nur chemisch auf meinen Körper einwirkte, so war ich wirklich an der falschen Adresse. Solche Medikamente hatte ich schon genug durchprobiert. Und zwar die besten der Welt. Hier waren die Medikamente von anderer Art. Sie hatten nicht die Aufgabe, im Körper eine Reaktion in Gang zu setzen, am allerwenigsten eine chemische Reaktion. Sie waren Heilmittel für den Geist, für die Seele. Als ich in Lhasa beobachtet hatte, wie die Tibeter die Steine abschabten, um ihr Pulver zu gewinnen, lächelte ich über sie und verhielt mich damit nicht anders als ein chinesischer Politkommissar. Dabei wussten die Tibeter sehr genau, was sie taten: Sie suchten eine Heilkraft, die nichts mit Chemie, dafür aber sehr viel mit Gebeten und Segnungen zu tun hatte.

Dies, so wurde mir jetzt wieder klar, war die einzige Therapie, die in Dharamsala zu haben war. Es stand mir frei, diese Heilkraft zu nutzen oder auch nicht. Aber ich konnte der tibetischen Medizin nicht vorwerfen, dass sie anders war als jene der Instandsetzer in New York. Ihr Wert, wenn sie einen hatte, lag eben darin, dass sie anders war. Und der Unterschied lag vor allem in ihrer sehr starken religiösen Grundlage.

Ursprünglich war die tibetische Heilkunst praktisch identisch gewesen mit dem indischen Ayurveda. Und bei den Schriften, aus denen die Tibeter lernten, handelte es sich um einfache Übersetzungen der klassischen Shastras aus dem Sanskrit. Ayurveda war mit jenen Mönchen nach Tibet gekommen, die zwischen dem 7. und dem 8. Jahrhundert nach Christus den Buddhismus nach Tibet brachten. Und so wie sich der Buddhismus rasch an die lokalen Bedingungen anpasste und eine rein tibetische Ausprägung erfuhr, geschah es auch mit Ayurveda. Während der Buddhismus in Indien, wo er entstanden war, (fast) erlosch, entwickelte er sich in Tibet zu einer eigenständigen Religion, indem er die wesentlichen Elemente des Bon, des alten animistischen Glaubens, in sich aufnahm. Die ayurvedische Heilkunst löste sich dagegen immer mehr von ihren indisch-wissenschaftlichen Wurzeln, um zunehmend tibetisch-religiöse Merkmale anzunehmen.

Der historische Buddha war bereits ein Jahrtausend tot, als sich die Tibeter zu seiner Religion bekehrten. Und diese Bekehrung war total. Sie erfasste jeden Aspekt des gesellschaftlichen Lebens und bestimmte fortan das Handeln jedes Einzelnen.

Auch in Indien besaß Ayurveda von Anfang an eine spirituelle Komponente, doch diese war philosophischer, nicht religiöser Natur, und die Heilkunst wurde nie das Monopol von Priestern. In Tibet hingegen, wo der Buddhismus alles, sogar die politische Macht, an sich gerissen hatte, konnten nur noch Lamas Ärzte werden. So vergaßen die Tibeter Ayurveda mit seinen jahrtausendealten Wurzeln und seiner auf die Rishis zurückgehenden Tradition und betrachteten ihre Heilkunst lieber als etwas, was ihnen selbst in sehr viel späterer Zeit zugefallen war, und zwar vom Himmel.

»Unsere medizinische Wissenschaft geht auf Buddha zurück«, las ich in allen Büchern, die ich gekauft hatte. Ich hatte das mehr für eine Redensart gehalten. Dabei war es wörtlich gemeint. Ich schaute mir die Texte noch einmal an, und alles, was mir zunächst absurd erschienen war, wurde verständlich, wenn man die rein buddhistische Perspektive jedes Phänomens akzeptierte.

Von diesem buddhistischen Standpunkt aus betrachtet, haben alle Übel, egal ob körperlich oder seelisch, eine einzige Ursache: Unkenntnis. Die Unkenntnis des Ich führt zu jenem Leiden, das den Menschen von der Geburt bis zum Tod quält; dasselbe Unwissen verursacht auch die drei »großen Gifte des Geistes« – Verlangen, Gier und Borniertheit –, die wiederum die körperlichen Erkrankungen entfesseln. Nur ein ständiges Sich-Üben in moralischem Handeln und Meditation kann zur Befreiung von allen Übeln führen. In diesem Sinne ist Buddha tatsächlich der Begründer der Medizin. Indem er den wahren Grund menschlichen Leids und das Mittel gegen jeden Schmerz erkannte, wurde Buddha zum »Meister der Heilkunst«. Nur wer seinem Weg, dem Dharma, folgt, kann von allen Krankheiten geheilt werden.

Im tibetischen Weltbild gibt es keinen Unterschied zwischen Religion und Medizin. Um gesund zu bleiben, hat der Mensch, als Verbindung von Körper, Seele und Geist, nicht mehr zu tun, als fromm zu sein. Krankheit ist eine Störung, die sich viel früher im Geist als im Körper manifestiert. Deswegen hat für die Tibeter eine Behandlung vor allem spirituelle Wege zu gehen. Die richtigen Mantras zu sprechen oder eine bestimmte Anzahl Kniefälle auszuführen ist daher wichtiger als eine Pille, die man mit einem Schluck Wasser hinunterspült.

Mich interessierte nun vor allem, wie die Tibeter, als sie Ayurveda an ihre Lebensweise und vor allem an ihre Religion anpassten, die grundlegenden Konzepte der traditionellen indischen Medizin in ihren buddhistischen Vorstellungsrahmen einfügten. Ich fand heraus, dass die tibetische Medizin bis heute, mit Abstrichen, in die acht Bereiche der ayurvedischen Heilkunst eingeteilt ist: Krankheiten des Körpers, Kinderkrankheiten, Frauenkrankheiten, durch Geister verursachte Krankheiten, Verwundungen durch Waffen, Vergiftungen, Verjüngungskuren, Fruchtbarkeit und Aphrodisiaka. Zudem verwendet sie die gleichen Heilkräuter wie Ayurveda, natürlich mit besonderem Augenmerk auf solche, die im Himalaya wachsen. Außerdem übersetzt sie in das buddhistische Konzept der »drei Gifte des Geistes« jene Ayurveda-Theorie der drei grundlegenden Funktionsprinzipien (Vata, Pitta und Kapha), deren Dekompensation für die Inder Auslöser jeglicher Krankheit ist. Und schließlich setzt sie die vier Phasen der Ayurveda-Praxis (Diagnose, Ursache, Prognose und Behandlung) mit den »vier edlen Wahrheiten« des Buddhismus gleich, die lauten: Alles Dasein ist leidvoll; Ursache des Leidens ist der Lebensdurst; die Befreiung vom Leiden ist die Auslöschung des Lebensdursts; zur Aufhebung des Lebensdursts führt der »edle achtfache Pfad«.

Um die »Tibetisierung« von Ayurveda komplett zu machen, haben die Anhänger des Dalai Lama vor einigen Jahrhunderten den verschiedenen Erscheinungsformen Buddhas die des *Sange Menla*, des »Medizin-Buddhas«, hinzugefügt. Ihm schrieben sie die Abfassung der *Gyu Shi* (»die vier Tantras oder Lehrreden Buddhas«) genannten heiligen Schriften zu (die aber, wie man heute weiß, Übersetzungen indischer Sanskrittexte sind) sowie die Macht, Menschen zu heilen.

Mit blau bemaltem Körper (daher auch »König des Lapislazuli-Lichts« genannt) sitzt dieser Medizin-Buddha, nur teilweise von einem goldenen Gewand verhüllt, im Lotussitz da. Vor ihm steht eine Schale voller Früchte, darunter auch *arura*, die Frucht vollkommener Gesundheit: eine Frucht, die in unserer dekadenten Zeit unmöglich zu finden ist, die aber wieder gedeihen soll, wenn ein neuer Buddha die Erde betritt.

In einem der Bücher las ich, wenn man vor einem Thanka dieses Buddhas meditiere, rinne der »Nektar der Gesundheit« aus seiner Darstellung. »Lichtstrahlen dringen aus dem Herzen des Sange Menla, und unter dem Einfluss jener Strahlen fühlt sich der Mensch frei von jedem negativen Gedanken und von jeder Unkenntnis geläutert. Krankheiten schwinden, und die Gifte des Geistes werden besänftigt.«

Genau das, was ich nötig hatte. Im Laufe meines Lebens habe ich viele Thankas besessen, aber niemals einen mit dem Buddha als »Meister der Heilkunst«. In Janes Begleitung suchte ich daher einen alten Maler auf, der in Dharamsala fast ausschließlich für den Dalai Lama arbeitete, und fragte ihn, ob er mir einen Sange Menla malen könne. Er selbst nicht, weil er noch alle Thankas für das im Bau befindliche Karmapa-Kloster anzufertigen habe, aber ein Schüler von ihm könne das für mich erledigen. Karma Sichoe, ein siebenundzwanzigjähriger junger Mann und militanter Kämpfer für ein freies Tibet – er hatte achtundvierzig Tage vor der chinesischen Botschaft in Delhi gehungert –, versprach, dass er in ein paar Monaten fertig sei. Er wollte aber noch wissen, ob er vor dem Aufbringen des Thankas auf dem brokatblauen Hintergrund auf der Rückseite der Buddhadarstellung die drei Zentren des Herzens, der Worte und des Geistes öffnen solle.

Wohl wissend, dass die Strahlen, die ich brauchte, genau von dort kommen sollten, antwortete ich mit Ja.

Noch ein weiteres Mal rief ich in Doktor Choedraks Institut an, doch man sagte mir, der Leibarzt des Dalai Lama habe sich noch nicht erholt.* Aber mittlerweile war mein Besuch bei ihm auch nicht mehr so wichtig. Dharamsala hatte mir bereits genug gegeben. Ich war vom Karmapa gesegnet worden, besaß sein rotes Bändchen mit der Gabe eines langen Lebens, hatte einen Medizin-Buddha in Auftrag gegeben, den mir der Maler über Jane zukommen lassen würde, und genügend Vorrat des besten Weihrauchs gekauft. Auch wenn dieser wohl kaum alle auf der Packung beschriebenen wunderbaren Eigenschaften besaß, so hatte er für mich doch zumindest jene eine, nämlich mit seinem Duft Erinnerungen an Frieden und Gelassenheit zu wecken, die an sich schon »wirksam« und vielleicht auch heilsam ist.

Im Auto fuhr ich bis Pathankot hinunter, wo ich den Nachtzug nach Delhi nahm. Als es Morgen wurde, erreichten wir das Gleislabyrinth vor Delhi. Der Zug wurde langsamer, ließ ein langes, nervtötendes Pfeifen ertönen, um Dutzende und Aberdutzende von Männern zu verscheuchen, die entlang der Gleise hockten und ihr Geschäft verrichteten.

Dann durchquerten wir die weiten Vorstadtslums, eine beklemmende Ansammlung von Baracken, Dreck, Gestank und Armut; Kinder, Ziegen, Schweine und Krähen wühlten in faulenden Müll- und Plastikbergen herum. Im sauberen, kühlen Zug sitzend, kam einem die Szene draußen völlig irreal vor. Das Abteilfenster war wie ein Fernsehbildschirm, auf dem ein Horrorfilm lief. So zumindest schienen es die wohlhabenden Inder zu sehen, die mit mir gereist waren und sich jetzt zum Aussteigen fertig machten. Ihre Gleichgültigkeit sprang ins Auge und erinnerte mich an das, was ich schon immer für den schwarzen Fleck des Hinduismus gehalten hatte: das Fehlen von Mitgefühl.

* Kurze Zeit später starb Doktor Choedrak im Alter von sechsundsiebzig Jahren.

Ich verstand, warum früher einmal so viele Hindus der unteren Kasten zum Buddhismus übergetreten waren; und warum, später dann, noch viel, viel mehr Moslems wurden.

Thailand

Die Insel der Gesundheit

Man sollte nie in die eigene Vergangenheit zurückkehren und nicht versuchen – wie weise Inder sagen –, im Heute einen glücklichen Augenblick zu wiederholen, bei dem wir uns schon im Gestern glücklich schätzen konnten, ihn überhaupt erlebt zu haben.

Doch mich hat die Vergangenheit schon immer gereizt, und so konnte ich nicht widerstehen, als sich die Gelegenheit bot, nach Koh Samui zurückzukehren, zu jener Insel vor der Ostküste Thailands, wo ich, bevor sie vom Massentourismus entdeckt und vom Fortschritt verunstaltet wurde, schöne Zeiten verlebt hatte. Diesmal ging es darum, meine Gedärme von allen Medikamenten, Giftstoffen und anderen Teufeleien zu reinigen, die ich, um zu genesen, meinem Körper zugemutet hatte. Ein inneres Großreinemachen. Leopold, den ich seit unserem Besuch beim Leibarzt des Dalai Lama nicht mehr gesehen hatte, wollte mein Wiederauftauchen in der Welt richtig »feiern« und hatte zwei Bungalows in einer Art Gesundheitszentrum gebucht, das sich auf jenes Tun, das zur Zeit in der New-Age-Szene so groß in Mode ist, spezialisiert hatte: die Darmspülung.

Wie oft hatte ich Leute, die sich darauf eingelassen hatten, voller Begeisterung von den »sichtbaren« – allen war dieses Adjektiv wichtig – Resultaten einer solchen Spülung erzählen hören und mich amüsiert über die stets entzückten Beschreibungen, wie man während einer Woche des Fastens und mit täglichen Einläufen erleben könne, dass lange Fäden dieses schwarzen Zeugs, »die Reste der Gifte und Toxine, die sich dort über Jahre angesammelt haben«, die Gedärme verließen. Auch wenn es seltsam anmutet, Erwachsene von ihrer Scheiße erzählen zu hören – zwar mit wissenschaftlichen Begriffen, im Grunde aber der gleichen Hingabe wie ein Kind, das mit den Händen darin spielt –, die Ergebnisse, »Entgiftung, Verjüngung und Gewichtsverringerung«, die alle mit diesem System erzielt haben wollten, schienen wie für mich gemacht zu sein.

Zufällig hatte ich gerade gelesen, dass auch Hippokrates, der heutzutage als großer Vorläufer der alternativen Medizin wiederentdeckt wird, seine Patienten in einer Art Thermalbad *ante litteram* behandelte, das ebenfalls auf einer Insel lag. Und dieser Zufall ermunterte mich zusätzlich, Leopolds ungewöhnliches Geschenk anzunehmen.

Hippokrates war ein Genie. Er bestellte seine Kranken auf die Insel Kos und unterzog sie dort, fern ihres normalen Alltags, einer Therapie, die man heute ganzheitlich nennen würde. Dazu gehörten eine Ernährung mit vielen Kräutern, Körperertüchtigung, Meditation, Traumforschung – Träume galten damals als Botschaften der Götter – sowie zum Abschluss eine Art Initiationsfeier in den Zustand der Gesundheit, ohne die niemand aufs Festland zurückkehren durfte. Weiterhin erlegte Hippokrates seinen Patienten auf, während ihres Inselaufenthalts mindestens drei Theateraufführungen – zwei Dramen und einer Komödie – beizuwohnen, die als fester Bestandteil der Therapie für die Patienten veranstaltet wurden. Welch eine Weisheit bereits im 4. Jahrhundert vor Christus!

Die Quellen sagen nichts darüber aus, ob damals auf Kos bereits Darmspülungen vorgenommen wurden. Überraschen würde es mich nicht. Vieles von dem, was heute neu entdeckt wird, ist in Wirklichkeit kalter Kaffee. Es war bereits früher einmal bekannt. Wir haben es nur vergessen, weil jede neue Generation gern die Erfahrungen der vorherigen über den Haufen wirft. Und so kommen wir mühevoll dahinter, dass sich Räder drehen, Feuer brennt, uns durch Träume etwas mitgeteilt wird und man sich, um gesund zu bleiben, weniger ärgern sollte und dafür mehr lachen – und den Darm in Ordnung halten.

Wenn man mich fragt, dann glaube ich, dass Hippokrates bereits alles über Darmspülungen wusste. Zu seiner Zeit gab es engere Kontakte zwischen Griechen und Indern, und in Indien war die Reinigung der Gedärme, *basti* genannt, bei den Yogis schon eine alte Praxis. Wer danach strebte, die volle Kontrolle über seinen Körper zu erlangen, hatte zunächst einmal für einen sauberen Verdauungsapparat zu sorgen. Es gab genaue Anweisungen, die noch heute von den Praktikanten des orthodoxen Hatha-

Yoga befolgt werden: Man hatte in einen Fluss zu steigen, bis das Wasser zur Taille reichte, und lernte dann, ganz langsam, mit täglichen Übungen, den Schließmuskel wie eine Pumpe einzusetzen, bis man es schaffte, das Wasser hochzuziehen und die Därme damit zu füllen. Den Besten, so wird berichtet, gelang das Gleiche nach einiger Zeit sogar mit der Harnröhre, so dass sie ihre Blase durchspülen konnten.

Die Insel Koh Samui, wie ich sie in Erinnerung hatte, mit ihren tropischen Wäldern, den Wasserfällen, dem jadegrünen Meer und den Kokospalmen, die die Strände säumen, schien mir ein idealer Ort, um wieder in Form zu kommen. Ich konnte mir vorstellen, dass Kos für Hippokrates ganz ähnlich gewesen sein muss. Was ich mir nicht vorstellen konnte, war, dass ich dort auch das ganze Theater wie auf Kos mitmachen würde, einschließlich aller Tragödien.

Die erste davon war, jedenfalls für mich, gleich schon mal die Ankunft. Und zwar nicht mehr mit der gemütlichen Nachtfähre vom südthailändischen Festland aus, sondern mit dem Flugzeug, das zudem noch mit einer neuen Gattung Asienreisender voll gestopft war, die vollkommen anders waren als die Hippies, die die Insel als Erste entdeckt und den Geheimtipp möglichst für sich behalten hatten. Die neuen Touristen waren zumeist junge Leute aus dem exkommunistischen Europa – die Frauen mit schlaffer, blasser Haut, die Männer tätowierte Raucher – oder australische Rentner, die morgens um sieben schon betrunken waren. Von irgendeinem fernen Reisebüro in den Flieger gesetzt, wirkten die meisten nicht besonders glücklich auf dem ermüdenden Flug ins letzte irdische Paradies bei der Ausübung ihres sakrosankten Rechts auf Urlaub.

Die Straße, die früher vom Flughafen aus am Chaweng Beach, einst einer der schönsten Strände der Insel, vorbeiführte, war nun die Verkehrsader eines japanischen Feriendorfes zwischen langen Reihen von Mini-Häuschen mit Lädchen, Restaurants, Wechselstuben, Jeep-Verleih, Motorrad-Verleih und den typischen Attraktionen für den Thailandtouristen, Massagesalons und Saunas mit der Möglichkeit zum »Frauen-Verleih-für-deinen-gesamten-Aufenthalt« und was sonst noch dazugehört. Das Meer war fast unsichtbar, unerreichbar hinter den verschiedenen lauten Baustellen, wo weitere Häuschen, weitere Lädchen, Wechselstuben, Jeep-Verleihs und der ganze Rest entstanden.

Zum Glück lag The Spa, das von Leopold gebuchte »Healing Center«, direkt am Meer und die für mich reservierte Hütte, etwas abseits der anderen, am dichtesten am Wasser. Die gesamte Anlage wirkte einfach, aber gastlich. Geleitet wurde sie von einem gewissen Sam aus San Francisco, den es aus irgendwelchen Gründen nach Asien verschlagen hatte, und einer geschäftigen, sehr sympathischen Frau, halb Chinesin, halb Laotin, mit einer ganzen Schar Kinder, die nicht alle von Sam, aber dennoch wie kleine Prinzen gekleidet waren, neben Sam in seinen Königsgewändern auf dem großen Familienfoto über der Rezeption dargestellt.

Leopold war jetzt zum dritten Mal hier und wurde mit großem Hallo und intensiven Zuneigungsbekundungen empfangen, sowohl von Sam und seiner Frau als auch von der Schar der Masseusen, die sich sofort auf uns stürzten, damit wir gleich schon mal Termine ausmachten für mindestens ein paar Massagen am Tag. Diese wurden auf den so genannten Salas, niedrigen Bambuspodesten, verabreicht, im Schatten der Kokospalmen, in einer leichten Brise vom Meer. »Meditationsmusik« aus verschiedenen im Buschwerk verborgenen Lautsprechern schwebte über das gesamte Dörfchen.

Leopold und ich hatten am Vorabend nichts gegessen und getrunken und konnten uns daher sogleich ins »Programm« stürzen. Zehn Uhr: Entgiftungstrank. In ein großes Glas mit Henkel wurde ein Fruchtsaft gegossen und darin drei große Esslöffel eines weißlichen Mehles aus einem etikettlosen Behälter aufgelöst. Mir kam das Zeug bekannt vor, aber ich konnte mich nicht damit aufhalten. »Schnell, schnell, sonst wird es hart«, drängte mich, noch weiterrührend, das mit der Zubereitung beauftragte Mädchen. Diesem Trank folgte ein Glas Wasser, mit dem die »Ergänzungsmittel« zu schlucken waren: rund ein Dutzend graugrüne Plastikkapseln mit mehr oder weniger gleichfarbigen Pülverchen darin. Auch diese namenlos, doch in einem Mittel meinte ich *Green Plus* wiederzuerkennen, jenes Pflanzenkonzentrat, das ich in den Staaten in jedem Vitamin-Shop gesehen hatte. Ich kam allen Anweisungen gewissenhaft nach.

Der Gedanke des Fastens – ebenfalls so alt wie die Menschheit selbst – gefiel mir. Was bringen Meditationskurse, um den Geist zu steuern, wenn man nicht auch lernt, seinen Köper in den Griff zu bekommen? Zu fasten schien mir ein guter Weg, mich selbst zu testen. Der Urmensch fastete, um mit dieser Vorführung seiner Willenskraft seine »Ahnen zu rühren«. Erst später wurde dem Fasten, nachdem es verschiedene Religionen aufgegriffen hatten, das moralische Gewand der Selbstreinigung und Selbstgeißelung übergestülpt. Und ebenso war es mit der Enthaltsamkeit von den anderen sinnlichen Genüssen des Lebens.

Aber auch der therapeutische Wert des Fastens war schon in der Antike bekannt. Ein chinesischer Mönch zum Beispiel, der im 7. Jahrhundert nach Christus die große buddhistische Universität im indischen Nalanda besuchte, berichtet, kranken Studenten habe man, bevor man ihnen irgendeine Medizin verabreichte, erst einmal eine Woche striktes Fasten verordnet. Und er fügt hinzu: »Üblicherweise erholte sich der Patient in dieser Zeit.«

Heute sind diese überkommenen Bedeutungen fast vollkommen in Vergessenheit geraten. Ähnlich wie Yoga und viele andere Praktiken, die einst mit spirituellen Zielen entwickelt wurden, ist auch das Fasten zu einem nur auf den Körper bezogenen Vorgang geworden, um »abzumagern« oder um »sich zu reinigen«.

Die ersten drei Tage seien die schwierigsten, war mir gesagt worden, weil der Körper mit allen Mitteln versuche, seine gewohnten Abläufe beizubehalten. Am vierten Tag begreife er, was los ist, stelle seinen Rhythmus um, und alles werde leichter. Ich war sehr gespannt, wie ich selbst reagieren würde, und beschloss, darüber ein Tagebuch zu führen. Hier ist es.

Erster Fastentag

Meine Hütte ist wie ein großes A gebaut. Das Dach besteht aus Palmzweigen, das Bett aus einem Sperrholzunterbau mit einer Strohmatte darauf. Auf der Vorderseite habe ich vor der Eingangstür eine winzige Terrasse mit einem Treppchen zum Strand hinunter; auf der Rückseite eine weitere Tür, zwei Stufen und einen mit Blechwänden abgegrenzten Bereich: mein Bad mit dem Klo. Dies ist das Operationszentrum jenes Tuns, auf das hier alles ausgerichtet und das ständiges Gesprächsthema ist. Seit ich hier bin, höre ich nur noch Klistier-Geschichten.

Wir sind vielleicht zwanzig Gäste, alles Ausländer, alle in irgendeiner Weise *on the road*, wie es bei Kerouac heißt, oder *on the path*, wie jene sagen, die sich irgendwie »spirituell« fühlen. Hier wird jeder nach der Anzahl seiner Fastentage eingeteilt. Wer den siebten erreicht hat, wird mit Respekt betrachtet. Wer länger bleibt, nur um den Neulingen von seinen Erfahrungen zu berichten, ist unsympathisch wie alle Besserwisser.

Ich fühle mich eigentlich ganz wohl hier. Nur für einen kurzen Moment heute Morgen war ich doch etwas erschüttert. Ich hatte mich voller Begeisterung ins Wasser gestürzt – zum ersten Mal seit den Monaten in New York – und betrachtete vom Meer aus das Hüttendorf, und irgendwann fragte ich mich, wohin wohl die Abwasserrohre all der vielen Klos, die es dort gibt, führen mochten. Die Antwort war nahe liegend: ins Wasser, in dem ich badete. Ich machte, dass ich rauskam. Wenn ich schwimmen wollte, musste ich mir irgendwo eine abgelegene Stelle suchen.

Nach dem Entgiftungstrank um zehn gab es den gleichen noch mal um drei. Das klebrige Zeug, das sie da hineingeben, erinnert mich an irgendetwas, aber ich weiß nicht, woran. Um vier stand eine Überraschung auf dem Programm. Ein Mädchen führte uns ein Video vor, in dem Chuck, ein blonder Amerikaner mit Pferdeschwanz, erklärte, wie ein Klistier gemacht wird. Von der ersten bis zur letzten Sekunde haben wir, Leopold und ich, uns fast totgelacht. Aber es ging nicht anders, während die anderen Fastenden, mit todernster Miene, gebannt auf den Bildschirm starrten, wo Chuck erklärte, wie viel Vaseline mit dem kleinen Finger aufzutragen und wie viel von dem Schlauch in den Anus einzuführen sei und dass wir uns nicht zwingen sollten, das Wasser möglichst lange bei uns zu behalten. »Ein Deutscher hat es mal drei Stunden geschafft, ein Rekord, aber es bringt nichts«, meinte Chuck. Dann erläuterte er die Verwendung des *Colema Boards* – darauf hat man sich für die Spülung niederzulassen – und betonte die »auch psychische« Bedeutung des kleinen Plastiksiebs, das auf dem Kloabfluss anzubringen ist, um genau zu überprüfen (bevor es im Meer vor meiner Hütte wieder auftaucht), was die Gedärme so alles ausscheiden.

Chuck gab es tatsächlich. Nach dem Video trat er in Fleisch und Blut vor uns und erbot sich, uns jederzeit behilflich zu sein, wenn wir etwas bräuchten. Dann verteilte er an jeden seine Ration »Ergänzungsmittel«, weiße Pillen, die vor dem Schlafengehen einzunehmen sind und die Darmflora wieder aufbauen sollen, außerdem Einweg-Klistierspritzen, dann eine hübsche Broschüre mit den Terminen aller Aktivitäten und einer Beschreibung des Programms »Erhebe dich und strahle«, für das wir uns jetzt angemeldet haben. Allein schon der Name – welch ein Geniestreich! Hört sich an wie ein Befehl Gottes. Ein Programm, nicht nur um »neue Kraft und neue Gesundheit zu gewinnen, die Verdauung zu verbessern und das Körpergewicht zu halten, sondern auch, um sich von negativen Gedanken zu befreien und insgesamt glücklicher zu fühlen«. Und wer wollte sich solch schöne Dinge vorenthalten?

»Die Darmspülung«, heißt es in der Broschüre, »ist besonders für dich geeignet, der du deinem Körper die typische amerikanische Ernährung aufgezwungen hast. Du hast Fleisch gegessen, industriell gefertigte Produkte, Kochsalz und erhitztes Speiseöl, und du hast Antibiotika genommen.« Auch ohne amerikanische Ernährung habe also auch ich allen Grund, hier zu sein.

Bei Sonnenuntergang, nach den Einläufen, Massagen und der Sauna, versammelt sich die ganze Fastengesellschaft am Strand um ein paar Tische herum, auf denen schwimmende Lichtlein in bunten Wassergläsern stehen. Unter den »Kollegen«, mit denen ich Bekanntschaft mache, gibt es eine Dame mittleren Alters, die sicher mal schön war und bei einer UNO-Organisation in Genf als Sekretärin gearbeitet hat, eine junge Japanerin, die kein Wort Englisch spricht, eine amerikanische Studentin mit einer enormen Oberweite, die sie mit berechtigtem Stolz zur Schau stellt, und ein etwas merkwürdiges Paar: er Niederländer in meinem Alter, ein gut aussehender Mann und FKK-Anhänger, braun gebrannt und ein Freund der Meditation, außerdem Besitzer einer Yacht, mit der er über die Weltmeere schippert; sie eine Belgierin, so jung, dass sie seine Tochter sein könnte, hübsch, in einer Lebenskrise und auf der Suche nach sich selbst.

Alle reden jetzt über ein australisches Mädchen, das an ihrem vierten Fastentag heftige Bauchschmerzen und Blutungen bekam. Chuck hat ihr geraten, die Kur abzubrechen und sich im Krankenhaus untersuchen zu lassen. Aber sie weigert sich. Das käme ihr wie Verrat vor, meint sie, und deswegen bleibt sie erst mal in ihrer Hütte.

Um sieben wird das »Abendessen« serviert, eine wässrige Brühe, die ganz entfernt nach Gemüse schmeckt, ohne irgendein Fett und ohne Salz. Als wollten sie sich darüber hinwegtrösten, reden alle nur von sich selbst, erzählen ihre Lebensgeschichte und erklären einem, wie sie hierher geraten sind. Ich habe den Eindruck, dass auch dieses Sich-Öffnen vor völlig Fremden Teil der Läuterung, der Reinigung ist.

Aus allen Erzählungen spricht die – mittlerweile selbstverständliche – Überzeugung, dass uns das moderne Leben vergiftet, dass alles, was wir tun und zu uns nehmen, schädliche Rückstände in unseren Körpern hinterlässt und dass nur durch radikale Spülungen diese über viele Jahre angesammelten »Gifte und Toxine« aus den schwer zugänglichen Darmwindungen herauszubekommen sind. Der Beweis? Na, das kleine Sieb! Mit einem Blick in dieses Sieb wird einem klar, was für ein Dreck in unserem Körper steckt und was man ohne diese Spülungen weiter mit sich herumschleppen würde.

Sam lässt ein schweres Album an den Tischen herumgehen. Es ist das *Goldene Buch* von The Spa mit Gruppenfotos von Leuten, die hier vor uns gefastet haben, sowie ihren Kommentaren. Alle zeigen sich begeistert von der »Reinigung«. Viele schreiben, wie »befreit« sie sich fühlen. Einige beschreiben ihre Freude beim Anblick dessen, was sogar noch am sechsten oder siebten Fastentag lautstark ihre Gedärme verließ. Andere haben auch, anstatt ihre Eindrücke in Worte zu fassen, lieber Fotos von dem eingeheftet, was in ihrem Sieb zu sehen war. Praktisch bei allen das Gleiche.

Mein erster Fastentag ist ohne Beschwerden vorübergegangen. Meine Zunge ist etwas pelzig, mein Kopf leer, und meine Knie sind weich. Aber ich habe keine Einbrüche und auch keine große Lust, etwas zu essen.

Zweiter Fastentag

Ich schlafe ausgezeichnet, und das ohne Moskitonetz. Ich träume, verworren, aber angstfrei, von Orten, an denen ich mich einrichte, wie ich es hier getan habe: mit meiner Teekanne, dem Notebook, meinen Büchern und der Leselampe.

Sehr früh stehe ich auf und mache einen langen Spaziergang am Strand. Ich betrachte die neuen Bungalows mit den fest im Rahmen eingelassenen Fensterscheiben, so dass die Räume nur noch mit Klimaanlage bewohnbar sind. Aber ich habe ja beschlossen, mich nicht mehr zu grämen. Ich weiß ja: Nichts bleibt, wie es ist. Und außerdem, wer hätte sich mehr verändert als ich selbst? Als ich zum ersten Mal auf diese Insel kam, war ich ein gut aussehender junger Mann, schlank, mit einem mächtigen schwarzen Schnurrbart, rabenschwarzem Haar, braun gebrannt, voller Energie und Zuversicht für meine Zukunft. Ich kam aus Saigon, um einmal abseits des Krieges kräftig durchzuatmen. Und heute? Ich bin alt, mein Gesicht ist blass und immer noch etwas geschwollen von den Steroidinjektionen, mein Kopf noch kahl von der Chemotherapie, und ich muss darauf achten, nicht meinen nackten Bauch zu zeigen, um niemanden in Verlegenheit zu bringen, mit den ganzen Narben und Schnitten und dem Wulst von dem Eingeweidebruch. Was soll erst Koh Samui zu *mir* und *meinen* Veränderungen sagen?

Um elf, nach dem Entgiftungstrank, ist es Zeit für den Einlauf. Fast versteckt hinter dem großen Wasserkessel stehen die Mädchen, mit Schöpfkellen ausgerüstet, und füllen die Eimer für die Gäste. Wir stehen an. Wählen kann man zwischen verschiedenen Mischungen: mit Kaffee, mit Apfelessig oder mit Knoblauch; zu Letzterem wird jenen geraten, die Darmparasiten zu haben glauben. Und dann geht's los. Jeder begibt sich in die Hütte mit seinem vollen Plastikeimer, der dann an einen Haken an der Decke im Bad zu hängen ist, von wo aus das lauwarme Wasser literweise, in drei, vier Wiederholungen, in den Bauch hineinmuss.

Fasziniert beobachte ich all diese Menschen aus der westlichen Welt, wie sie, unter der Last ihres Klistierwassers gebeugt, zu ihren Hütten marschieren: Alle sind sie gekommen mit dem Traum, die Exzesse des Lebens aus sich herauszuscheißen, hoffnungsfroh, das »Übermaß«, unter dem wir alle leiden, danach in dem kleinen Sieb entdecken zu können.

Als ich Kind war, galt bei uns in der Familie: nicht mehr als ein Ei in der Woche, Fleisch nur am Sonntag und, wenn wir es uns erlauben konnten, jeden Tag etwas frisches Obst von dem, was es gerade gab. Wir waren arm, und was wir aßen, war einfach, aber natürlich. Heute bekommt man alles, kann aber keinem Nahrungsmittel mehr trauen. Sogar in meinem geliebten, armen Indien muss man bei Mandarinen und Orangen aufpassen, weil manche Händler, um das Gewicht zu erhöhen, Dreckwasser in die Früchte spritzen. Aber sind die so superreinen hormonbehandelten Erdbeeren, die wie rot angemalte Kartoffeln aussehen, vielleicht gesünder? Oder die hochglanzpolierten, vollkommen identischen Äpfel, die so gar nichts mehr mit dem Apfel in dem alten Sprichwort zu tun haben, nach dem einer pro Tag den Hausarzt erspart?

Instinktiv wissen wir es: Wir sind dabei, uns zu vergiften. Wenn ich jedoch in mein Sieb schaue, kann ich keine »Gifte und Toxine« erkennen. Ich sehe nur die Reste der dreißig Plastikkapseln, die ich laut »Programm« täglich einzunehmen habe. Was, wenn »Erhebe dich und strahle« ein einziger Schwindel ist? Mir kommt der erste Verdacht.

Im Augenblick spreche ich noch nicht mit Leopold darüber, und als er mir vorschlägt, ein Moped auszuleihen, um eine Runde über die Insel zu drehen, bevor wir keine Kraft mehr dazu haben, bin ich sofort dabei.

Unterwegs halten wir an einem alten Tempel, der erst kürzlich restauriert wurde. Auf dem neu angelegten Parkplatz laden Busse und Taxis Scharen von Touristen aus, die wegen der »Mumie« gekommen sind. Es ist die Mumie eines alten Mönchs, eines Meisters der Meditation, der, als er die achtzig überschritten hatte, öffentlich das genaue Datum und die Stunde seines Todes verkündete. Als der Tag gekommen war, nahm er den Lotussitz ein und schied vor den Augen von vielleicht hundert psalmodierenden Jüngern aus dem Leben. Dabei erstarrte sein Körper in dieser meditativen Haltung, der Kopf erhoben und der Mund, in dem keine Zähne fehlten, zu einem leichten Lächeln geöffnet. Seine Haut ist wie aus Karton. Nur die Augen, erklären die Fremdenführer, wurden zu zwei leeren Löchern. Aber das kann man nicht sehen. Man hat ihm eine adrette Sonnenbrille aufgesetzt, und so sitzt er da, versteinert, in einem gläsernen Schrein und lässt sich fotografieren: eine Touristenattraktion wie die Wasserfälle im Dschungel, die Bordelle am Lamai Beach und die Affen, die auf Befehl in die Palmwipfel klettern und Kokosnüsse pflücken.

Mit dem Fasten komme ich gut zurecht. Ich habe zwar Hunger, aber nicht übermäßig. Sobald ich jedoch die Nase aus der Anlage The Spa stecke, sehe ich nur noch Leute, die essen. Zähne, die in Hühnchenschenkel in grüner Papayasoße beißen, Münder, in denen saftige Mangoscheiben, gewürzt mit Salz, Zucker und roter Peperoni, verschwinden. Und die Versuchung ist groß.

Drei Stunden verbringe ich in den Händen des einzigen männlichen Masseurs von The Spa. Irgendeine Behörde hat ihn geschickt, um ein paar Wochen lang die Arbeit der weiblichen Angestellten zu überwachen. Er meint, beim Massieren die Krankheiten fühlen zu können, von denen seine Kunden noch gar nichts wissen. Zweifellos versteht er sein Handwerk, aber das ändert nichts an der Tatsache: Ich mag es einfach nicht, massiert zu werden.

Beim Abendessen – das es gar nicht gibt – reden alle wieder nur davon, was sie in ihren Siebchen entdeckt haben. Ich frage mich, worüber sich die Mächtigen Europas und die russischen Gräfinnen unterhalten haben, als sie im 19. Jahrhundert in Baden-Baden zur Brunnenkur weilten.

Dritter Fastentag

Ich habe einen leichten Schlaf mit Träumen, an die ich mich nicht erinnere, und wache schon früh auf. Ich setze mich an den menschenleeren Strand und versuche, mich auf das alte indische Sprichwort zu konzentrieren, das mir im Halbschlaf in den Kopf gekommen ist und seitdem dort herumschwirrt: »Der Mensch sagt, dass die Zeit vorübergeht. Die Zeit sagt, dass der Mensch vorübergeht.«

Dann fängt es an zu regnen, und ich renne zur Rezeption, um mich dort unter dem Dach unterzustellen. Es ist eine günstige Gelegenheit, um sich mal in Ruhe das *Goldene Buch* anzuschauen, das Sam dort auf der Theke liegen hat. Mein Verdacht erhärtet sich. Auf allen Fotos, die andere Fastende vor uns hier eingeheftet haben, ist das in den verschiedenen Sieben gesichtete Zeug immer gleich: ein glibberiger, schwarz-grünlicher Haufen. Die »Gifte und Toxine« des modernen Lebens? Ach was! Es sind die Reste der Plastikkapseln mit den »Ergänzungsmitteln«, die wir alle hier einnehmen. Und – plötzlich geht mir auf, was das für ein klebriges, weißliches Mehl ist, das die Mädchen löffelweise in die Entgiftungstränke geben und das schnell getrunken werden muss, damit es nicht fest wird. Eines der besten Mittel der indischen Arzneikunde: *Isabgol* wird aus der Schale eines Getreides gewonnen und ist ein durch und durch natürliches Mittel, das alle nehmen, um die Darmtätigkeit zu verbessern. In Indien ist es bekannter als Aspirin; es ist nicht teuer, und die populärste Marke ist seit jeher schon die mit dem »Telefon«, die auch heute noch in der ursprünglichen grünen Verpackung mit einem alten Apparat mit Gabel und Hörer als Emblem verkauft wird. Man nimmt es in Wasser aufgelöst bei Durchfall wie bei Verstopfung. Und ja, es stimmt: Rasch runter damit, sonst klumpt es im Mund und nicht in den Eingeweiden!

Und was folgt daraus? Wir fasten, das stimmt. Aber was wir ausscheiden, sind nicht die Reste der falschen Ernährung, sondern die Green-Plus-Kapseln und das Isabgol, die wir einige Stunden zuvor eingenommen haben. Wir reinigen unseren Darm, aber nicht so, wie uns das Programm »Erhebe dich und strahle« glauben machen will!

Ich bestelle Leopold in meine Hütte zu einer »dringenden Kabinettssitzung«* und erläutere ihm meinen Verdacht. Er ist amüsiert und gleichzeitig sauer, weil er das ganze Programm schon zweimal mitgemacht hat, ohne dass ihm jemals Zweifel gekommen wären. Um meine Theorie zu überprüfen, beschließt er, zwar weiter zu fasten, aber fortan weder die Kapseln noch den Entgiftungstrank einzunehmen. Ab jetzt will er nur noch Wasser trinken.

Ich mache weiter wie zuvor. Aber anstatt mich massieren zu

* Das italienische Wort *gabinetto* bedeutet sowohl »Kabinett« als auch »Klosett«. (Anm. d. Übers.)

lassen, verbringe ich jetzt viel Zeit in der Sauna. In einem primitiven Zementbunker auf glühend heißen Toilettenkacheln hockend, atmet man die wunderbaren Wohlgerüche verschiedener Kräuter ein, die im nahen Wald gesammelt, klein gehackt und nach und nach ins siedende Wasser gegeben werden. Ich hoffe, sie vertreiben meine Nebenhöhlenentzündung, die sich in letzter Zeit wieder bemerkbar macht.

Die Saunadämpfe sind manchmal so dicht, dass man sein Gegenüber nicht mehr erkennen kann. Das schafft eine Situation ähnlich wie im Beichtstuhl. Und so kam es, dass mir die frühere Sekretärin bei der UNO-Organisation in Genf heute eine glaubwürdigere Version ihrer jüngeren Lebensgeschichte, im Gefolge verschiedener »Meister und Gurus«, anvertraut hat. Es begann mit Osho Rajnish und der freien Liebe in dessen Ashram in Poona; danach schloss sie sich anderen Gruppen und Sekten an, von denen ich noch nie gehört habe. Nun ist sie Buddhistin tibetischer Ausrichtung. Allerdings hat sie, als sie kürzlich noch einmal in Europa war, eine Kirche besucht und ist, wie sie mir erzählte, fast in Ohnmacht gefallen beim Anblick einer Statue des heiligen Franziskus. Sie habe sich »hinweggerissen« gefühlt von der »enormen Energie, die von dieser Figur ausging«. Im Moment lebt sie auf Hawaii und arbeitet dort in einer sozialen Einrichtung für Jugendliche mit Drogenproblemen. Wie sie erzählt, sind manche gerade einmal fünfzehn und zeigen schon Fotos von ihren eigenen Kindern herum.

Vor der Sauna sind einige Masseusen damit beschäftigt, die fetten Blätter einer seltsam aussehenden Pflanze abzuwaschen, die zwischen unseren Hütten wächst. Deren Inneres ist eine gallertartige Masse wie bei einer Qualle. Es handelt sich um Aloe Vera. Im Westen schreibt man ihr mancherorts eine große Heilkraft gegen Krebs zu. Hier wird die Masse durchgedreht und findet auf den Gesichtern jener Gäste Anwendung, die neben dem »Programm« auch eine kosmetische Behandlung gebucht haben.

Mir fällt ein Schild mit einem George Bernard Shaw zugeschriebenen Zitat auf: »Jeder Idiot kann ein *fast*, Fasten, beginnen. Doch nur ein Weiser versteht es, *to break the fast*, es zu brechen.« Daher der englische Begriff *breakfast* für Frühstück, im Sinne von

»Beendigung des Nüchtern-Seins«. Leopold, der mittlerweile allem misstraut, bezweifelt, dass das Zitat von Shaw ist.

Am Nachmittag mache ich einen fast zweistündigen Spaziergang am Strand. Am Himmel hängen schwere schwarze Wolken. Ein Taifun kündigt sich an. Dies ist die Jahreszeit, da die Hotels normalerweise schließen würden oder halb leer ständen. Doch dank der neuen, von Nebensaisonrabatten angelockten Touristen aus Europa ist fast alles ausgebucht.

Am Abend sitzen wir wieder an den Tischen mit den hübschen Lichtlein. Jeder erklärt jedem die großen Vorteile der Darmspülung. Die junge Belgierin in Begleitung des meditierenden Freundes der Freikörperkultur setzt sie noch einmal Leopold auseinander, der so tut, als habe er noch nie davon gehört; die Buddhistin tibetischer Ausrichtung erläutert sie den Neuankömmlingen, und Sam hinter der Theke an der Rezeption illustriert sie mit Hilfe seines *Goldenen Buches* den zwei Mitarbeitern einer Reiseagentur, von denen er sich einen regelmäßigen Zufluss von Gästen und Bargeld erhofft.

Das Fasten stehe ich gut durch. Etwas weniger gut ertrage ich das sich ständig wiederholende Gerede über die verschiedenen »Flüsse«.

Vierter Fastentag

Mit zitternden Beinen stehe ich auf. Ich beschließe, auf meinen Morgenspaziergang zu verzichten und ebenso auf meine Gymnastik und die wenigen Konzentrationsübungen, die ich sonst mache. Ich setze Teewasser auf und lade Leopold ein. Er hat ein Exemplar des *Kleinen Prinzen* dabei, das jemand an der Rezeption hat liegen lassen. Einen Satz liest er mir vor: »Das Wesentliche ist für das Auge unsichtbar.« Ich revanchiere mich mit einer Geschichte aus dem Buch, das ich gerade lese, von einer amerikanischen Journalistin, die in Indien zur Sannyasin wird.

Im Jahr 1897 schrieb ein kleines Mädchen einen Brief an die *New York Sun* und berichtete, seine Freunde hätten behauptet, es gebe gar keinen Weihnachtsmann. Die Zeitung solle ihr die Wahrheit sagen. Und die *Sun* antwortete ihr mit einem Artikel, den heute kein Journalist mehr zu schreiben den Mut hätte: »Liebe Virginia, deine Freunde irren sich. Sie sind Opfer eines Misstrauens, das für unsere misstrauische Zeit so typisch ist. Sie glauben nur das, was sie mit eigenen Augen sehen können. Dabei gibt es den Weihnachtsmann wirklich, liebe Virginia. Es gibt ihn genau so, wie es Liebe gibt, Großherzigkeit und Hingabe. Und du weißt ja, dass es diese Dinge gibt, sogar im Überfluss; es sind die Dinge, die dein Leben schön und lebenswert machen. Denn am wirklichsten sind jene Dinge, die weder Kinder noch Erwachsene sehen können.«

Das Schöne an der gemeinsamen Reise mit Leopold ist unter anderem dieses Betrachten der Welt mit vier Augen. Wir konstatieren ihren Zustand und sind so frei, sie nach Lust und Laune umzugestalten. In diesen Tagen schlägt er sich mit dem Gedanken herum, dass der Mensch das, was er herstellt, unbedingt an seinem Ort belassen sollte. Durch das Herausreißen der Produkte aus ihrem Umfeld, ihre »Entterritorialisierung«, wie er das nennt, verlören sie ihren tatsächlichen Wert und verkämen zu bloßen Waren. So ergehe es zum Beispiel einem Buddha, der dem geweihten Umfeld eines birmanischen Tempels entrissen werde, um ein Wohnzimmer in Europa zu schmücken. Leopold zufolge schaffe die Globalisierung, bei der alle Produkte in der ganzen Welt zirkulieren, ein riesiges Chaos, das in eine Katastrophe münden müsse. Meiner Meinung nach trägt der Massentourismus, der alle überall hinbringt, auch dazu bei.

Die »Kabinettssitzung« schließt mit der Entscheidung, weltweit alle Reisepässe abzuschaffen. Ab sofort kann man nur noch mit einem Präsentationsschreiben reisen, wie es noch zu Beginn des 19. Jahrhunderts der Fall war.

Ich nehme die Getränke und die Kapseln ein, erledige die Sache mit dem Eimer lauwarmem Wasser mit Kaffeearoma, schaue nach, was im Sieb gelandet ist, und verbringe den Rest des Tages zwischen der Sauna und meinem Strohlager und lese.

Gegen Mittag sehe ich von meiner kleinen Terrasse aus am Strand, im Lotussitz, mir den Rücken zuwendend, einen jungen Mann mit langen Rastalocken, die ihm bis auf die Schultern fallen. Reglos vor sich hin starrend, sitzt er da. Meditiert er? Ach was! Er blickt auf den Bildschirm eines Notebooks, mit dem er, übers Handy, seine E-Mails durchschaut. Er ist neu hier und mit einer jungen, eleganten Blondine angereist, dem Aussehen nach ein typisches Mädchen aus einer vornehmen amerikanischen Ostküstenfamilie. Die beiden machen mich neugierig. Am Nachmittag spreche ich sie an. Er hat eine Zeit lang als Sadhu in Indien gelebt. Vor fünf Jahren sind sie sich bei einem »Meditationsyoga«-Kurs begegnet. Seitdem sind sie zusammen und haben eine Firma gegründet, die in China Bekleidung aus Hanf produziert, was anscheinend sehr gefragt ist. Er entwirft, und sie kümmert sich um alles Geschäftliche. Erfolgreich seien sie nur, erzählen sie, weil sie, bevor sie Unternehmer wurden, durch jahrelange Meditation »den notwendigen Abstand zu allem Materiellen« hätten entwickeln können. Wie sie zur Darmspülung gekommen seien, will ich wissen. Davon hätten sie in Peking von einem ausländischen Besucher gehört. Bevor sie sich zu ihren ersten Einläufen aufmachen, statten sie mich noch mit ein paar ihrer eleganten Visitenkarten mit Webadresse aus.

Leopold ist mittlerweile überzeugt, dass ich mit meinem Verdacht richtig liege. Seitdem er weder Entgiftungstränke noch Kapseln einnimmt, ist sein Sieb leer. Jetzt interessiert ihn nur noch, ob Sam davon weiß und eiskalt für viel Geld den Mythos eines »Programms« verkauft, das die Gifte der Welt hinwegspülen soll. Natürlich weiß er es. Meiner Einschätzung nach ist Sam ein abgebrühter Geschäftsmann. Er hat den schlechtesten Abschnitt vom ganzen Strand erwischt, mit spitzen Felsen unter der Wasseroberfläche, und seine Anlage trotzdem zu einer Goldgrube gemacht, wo man ihm für einen Aufenthalt, ohne was zu essen zu bekommen, viel Geld hinlegt. Zum Ausgleich dafür bereitet ihm aber die Küche leckere Thai-Gerichte zu, und wenn er sich abends in seinen weichen, mächtigen Sessel sinken lässt, um sich auf seinem Großbildschirm ein Video anzuschauen, bringen ihm die Mädchen mit aller dem Chef geschuldeten Ehrerbietung ein Bier nach dem anderen. Und wie schaut's mit deiner Entgiftung aus, Sam?

Am Nachmittag hatte ich anscheinend meine erste Fasten-Halluzination. Ich sitze an meinem gewohnten Tisch und blicke aufs Meer hinaus, als ich einen winzig kleinen Mann auf mich zutreten sehe. Er reicht mir die Hand, die ebenso winzig ist. Er sei Bill aus

Australien und für die »spirituelle Seite« von The Spa verantwortlich, erklärt er. Bei dem Wort »spirituell« erhebe ich mich und fühle mich plötzlich riesengroß, als sei mein Kopf im Himmel, wie bei der Qigong-Übung, die uns Master Hu in New York gezeigt hat. Bill aber schrumpft weiter zusammen. Ich höre ihn sagen, vielleicht sei ich ja interessiert, er gebe Yoga- und Reiki-Kurse. Außerdem sei er Experte für den »Atzuki-Weg zur Gesundheit«. Nein, ich bin nicht interessiert. Doch als ich mich wieder setze, kann ich es nicht lassen, ihn zu fragen: »Bill, du scheinst ja hier zu arbeiten. Was sind das eigentlich für Substanzen, die die Mädchen in die Entgiftungstränke rühren?«

»Das ist Megalithkreide.«

»Was?«

»Na, eine Kreide, die im Darm auf der megakosmischen Körperebene wirkt ...«

Ich hätte gern noch mehr darüber erfahren, doch Bill muss los. Er hat jetzt eine Atzuki-Stunde mit der Australierin, der es nicht gut ging, die aber in The Spa geblieben ist, weil sie sich hier, wie sie sagte, unter Freunden fühlt.

In einem Glasschrank neben der Theke befindet sich eine kleine Bibliothek mit einigen Büchern über Darmspülungen, die Sam zusammengestellt hat, um seinem Programm einen wissenschaftlichen Anstrich zu geben. Andere sind wahrscheinlich von früheren Fastengästen zurückgelassen worden, um etwas zur spirituellen Entwicklung kommender Fastengäste beizutragen. Ein Titel springt mir ins Auge: *Der Schlüssel zur sofortigen Erleuchtung*, aus der Feder einer nach Deutschland ausgewanderten Vietnamesin. Wie ich dem Klappentext entnehme, hat die Frau nach ihrer Mitarbeit beim Roten Kreuz und ihrer Heirat mit einem Arzt, einem Christen, begriffen, dass sich die Leiden der Menschheit nur durch totale Selbstverwirklichung lindern lassen. Und so kam es, dass sie »nach schweren Jahren durch die Quang-Yin-Methode« (was zum Teufel mag das sein?) und mit Hilfe eines »großen Meisters aus dem Himalaya« (so einer ist immer dabei) das »Große Erwachen« erlebte, es selbst zum »Höchsten Meister« brachte und heute, weiß und goldgelb gekleidet, durch die Welt reist und andere lehrt, wie sie zur Erleuchtung finden.

Mein Gott, was für ein Potpourri! Vietnam, Deutschland, Rotes Kreuz, Buddhismus, Christentum, Himalaya – ein bisschen viel! Ein bisschen schwer verdaulich! Kein Wunder, dass das Bedürfnis nach einer »Reinigung« immer größer wird. Ich habe herausgefunden, dass für ein Klistier achtzehn Liter Wasser verwendet werden. Das ist wirklich keine Katzenwäsche!

Ich glaube, es stimmt, was man hier sagt: Am vierten Tag hat sich der Körper ans Fasten gewöhnt. Das Essen selbst fehlt mir praktisch nicht mehr. Was mir fehlt, sind eher die Aromen, und heute Abend habe ich zu meiner großen Freude festgestellt, dass die Brühe, die sie hier zum »Abendessen« servieren, nicht bloß entfernt nach Karotten und Sellerie, sondern auch eindeutig nach Zitronengras schmeckt.

Die zwei Saunabesuche haben mich geschafft. Es ist gerade mal acht, und ich denke schon daran, mich schlafen zu legen. Auch in meinem Kopf herrscht Verwirrung. Bin ich auch schon Teil eines Potpourris? Was mache ich hier eigentlich unter diesen ganzen Reisenden, die im Grunde nur durch die Welt irren? Die armen Osteuropäer, von den Hochglanzfotos der Ferienkataloge angelockt, die überall auf dem Globus aufgenommen sein könnten; die junge Japanerin, übrigens die Tochter eines Obsthändlers aus Osaka, die durch die Welt reist und nicht mal richtig weiß, wo sie ist; die belgische Gefährtin des holländischen Schönlings, die von sich sagt, sie wisse nicht, wohin ihr Weg sie führe, sie halte sich bloß über Wasser, um sich von den Strömungen treiben zu lassen.

In keinem von ihnen scheint eine echte Leidenschaft, eine große Liebe zu brennen; noch nicht einmal eine große Wut. Die Gesündesten scheinen mir noch die beiden aus den USA zu sein, die Hanfkleidung in China produzieren. Sie wenigstens sehen ein Ziel in ihrem Leben: bei den Leuten ein Bewusstsein für Naturprodukte zu wecken. Die einfachen, bequemen Kleider, die sie tragen, sehen zweifellos besser aus als die gewollt abgerissenen, »selbstquälerischen« der anderen jungen Leute am Strand.

Fünfter Fastentag

Einlauf: Ich spüre eine leichte Übelkeit, und mein Darm gibt nichts frei. In der Sauna fühle ich mich schwach, aber angenehm entspannt. Ich wiege mich und stelle fest, dass ich fünf Kilo abgenommen habe, ein Kilo pro Tag.

In einem der Bücher über Darmspülung aus der kleinen Spa-Bibliothek finde ich die übliche Theorie, Krankheiten würden durch unsere unnatürliche Lebensweise hervorgerufen – und so weit stimme ich jederzeit zu. Doch dann heißt es bei dem Autor, einem Amerikaner, weiter: »Und ebenso wenig wie man eine Fliege auf sauberem Abfall entdeckt, wird man eine Krankheit bei einem vollkommen reinen Wesen finden.«

Idiot. Diese zum Teil religiöse Vorstellung, Krankheit sei eine Strafe Gottes für irgendeine Sünde, ist sehr alt, aber auch gefährlich, weil sie dem Kranken die Schuld an seiner Krankheit gibt und ihm den Lebensmut raubt. Und außerdem – sterben nicht auch heilige Männer an irgendwelchen Krankheiten? In Indien sind zum Beispiel Ramakrishna, Ramana Maharishi und Nisargadatta Maharaj an Krebs gestorben.

Ich will jetzt herausfinden, wie weit der Wahnsinn gehen kann, und melde mich bei Bill für den »Atzuki-Weg der Gesundheit« an – 1500 Bath, 30 Euro, für die erste Stunde. Und ich stelle fest: Tiefer kann man kaum sinken. Zunächst lasse ich ihn von sich erzählen.

Bill Sandenberg, einundfünfzig Jahre alt, lebt seit 1976 in Asien, als er, ebenfalls angelockt durch die freie Liebe im Ashram von Osho Rajnish, mit einer Gruppe von Freunden von London nach Poona zieht. Ein paar Jahre bleibt er im Ashram, macht Musik und beginnt dann herumzureisen, ohne sich irgendwo fest niederzulassen. Auch sein Aufenthalt auf Koh Samui ist wahrscheinlich nicht von Dauer. Sein Traum wäre es, brasilianische Musik zu spielen. Und da hat ihm doch gerade in diesen Tagen eine philippinische Band, die zurzeit in Pukhet spielt, ein Angebot gemacht. Ein weiteres Potpourri! Wir unterhalten uns über diese Chance, und ich rate ihm zu. Dann fällt mir wieder ein, dass eigentlich ich ihn für seine Beratung bezahle, und lenke das Gespräch in die richtigen Bahnen zurück – mit ihm als Berater und mir als dem, der Rat und Erklärungen sucht. »Was bedeutet eigentlich Atzuki?«, frage ich ihn.

»Nun, es bedeutet: die Dinge, wie sie sind; die Welt, wie sie ist. Akzeptieren des Lebens.«

Auf seinem Weg von einem Guru zum anderen hat Bill »verschiedene Therapien für die Seele« kennen gelernt. Aber keine hat ihm richtig zugesagt. Und so dachte er, Bill Sandenberg, sich einfach eine ganz eigene aus, von der er jetzt lebt. Einem Arztköfferchen entnimmt er einen Prospekt: *The Atzuki Way to Health: Spiritual Body Psychology for the Next Millennium*. Ich frage ihn, ob mit diesem Weg zur Gesundheit für das nächste Jahrtausend eine spirituelle Psychologie für den Körper oder eine Psychologie für den spirituellen Körper gemeint ist. Und er antwortet ganz ernst, es gehe um eine Psychologie für Körper und Geist. Gut, das wäre schon mal geklärt.

»Schau mal«, erklärt er, indem er mich mit einstudierter Eindringlichkeit ansieht, »wir wollen doch alle nichts anderes als etwas spüren, etwas fühlen. Auch die Unbeschwertheit, die du suchst, ist ja ein Gefühl. Nicht anders wäre es, wenn du sagst, ich will reich sein. Was du dann suchst, wäre das Gefühl, reich zu sein, nicht der Reichtum an sich.«

Bill ergreift meine Handgelenke, um den Puls der Nieren, der Leber und der fünf Yin-Yang-Stellen (was er damit wohl meint?) zu fühlen. Er schließt die Augen und konzentriert sich. »Wunderbar. Ein perfektes Gleichgewicht. Du bist kerngesund.« Er hat's erkannt! Dann fügt er hinzu: »Nur der Pulsschlag der Niere ist nicht ganz harmonisch, aber weißt du, der ist auch gekoppelt an das Gefühl inneren Friedens und Ausgeglichenheit. Als Therapie empfehle ich dir ein wenig Akupunktur, aber nicht die chinesische. Eher die japanische mit homöopathischem Ansatz.«

Der Mann ist übergeschnappt, aber ich höre ihm weiter zu. Er schlägt mir nämlich noch etwas vor, was mir, seiner Meinung nach, sehr gut tun würde: »Rebirthing.«

»Was bitte?«

»Nur wir beide, du und ich, spielen deine Geburt noch einmal nach. Ein Verfahren zur vollkommenen Entspannung der Gefühle. Aber das geht nur privat, in einem geschützten Bereich, denn vielleicht drängt es dich, alle Gefühle rauszulassen. Und das kann sehr dramatisch sein.« Schließlich empfiehlt er mir noch weitere Massagen – natürlich bei der Chef-Masseuse, mit der er zusammen ist – und mit den Dampfbädern in der Sauna weiterzumachen. »Hohe Luftfeuchtigkeit ist sehr gut für die Nieren.«

Was die Ernährung betrifft, solle ich viel Ginseng zu mir nehmen: Er kann mir da welches in hervorragender Qualität besorgen. Außerdem solle ich mich nicht länger fleischlos ernähren; er kennt da eine Spezial-Hühnerbrühe, die könne er mir verkaufen. Auf alle Fälle müsse ich aber, um Eiweißmangel vorzubeugen, viele Nüsse und dicke Bohnen essen. »Dicke Bohnen sind ja wie kleine Nieren geformt und deshalb, nach den Gesetzen von Yin und Yang, auch sehr gut für die Nieren.« Schließlich empfiehlt er mir noch, viel Wasser zu trinken.

Er selbst hat sich bislang immer selbst geheilt, mit einer Kombination aus Meditation, dem Yin, und brasilianischer Musik, dem Yang. Dieses »Yin und Yang« mengt er in jede Soße, und als er auf »Yin- und Yang-Ernährung« zu sprechen kommt, stelle ich mich blöd und frage: »Yin- und Yang-Ernährung?«

»Na klar, nimm zum Beispiel nur mal Karotten. Die kann man doch vertikal oder horizontal schneiden. Alles im Leben kann vertikal oder horizontal betrachtet werden, entweder wie Yin oder wie Yang.«

Die Stunde ist zu Ende. Bill hofft sehr, dass ich nicht zum letzten Mal Rat bei ihm gesucht habe. Er kann mir helfen. Und indem er mir wieder tief in die Augen blickt, erklärt er: »Du bist auch in dem Alter, in dem man sich darin üben sollte, Gott nahe zu sein, denn wir nähern uns dem Zeitpunkt, da wir bis in Ewigkeit mit ihm sein werden.«

Ich bin gerade von dieser Beratung in meine Hütte zurückgekehrt, um diese Zeilen zu schreiben. Gleich schaue ich mal bei Leopold vorbei und erzähle ihm davon, damit wir mal wieder richtig lachen können. Was soll man angesichts dieses Irrsinns auch anderes tun?

Die USA vergiften uns mit ihrer globalen ultramaterialistischen Kultur und offerieren uns gleichzeitig als Gegengift die spirituelle New-Age-Gegenkultur. Wir brauchen nur zuzugreifen: entweder das eine oder das andere. Am besten aber alles beide. Das Irrationale als Antwort auf die Übermacht der Vernunft beseitigt die letzten Spuren des gesunden Menschenverstands. Und das Ende des gesunden Menschenverstands ist auch das Ende der Freiheit.

Vielleicht ist dieses ganze Gerede vom »Sich-Reinigen« hier Ausdruck des unbewussten Wunsches nach einer umfassenderen »Reinigung«, die nicht beim Darm Halt machen muss.

Sechster Fastentag

Um halb zwei in der Nacht wache ich auf, weil der Regen so stark auf das Hüttendach trommelt. Der Taifun ist da. Ich habe geträumt, ich hätte einen Darmtumor und würde in einem Krankenhaus in Florenz von einer kleinwüchsigen Ärztin behandelt, der ich nicht traue und vor der ich fliehe. Offensichtlich taucht da meine Begegnung mit dem »kleinen« Bill noch mal auf, und das, was ich von seinen »Therapien« halte.

Den ganzen Morgen hängen schwere, dunkle, regengesättigte Wolken am Himmel. Die Temperatur ist ideal, um in der Hütte zu bleiben und zu dösen oder vor dem Fensterchen, das in einer Gefängniszelle sein könnte, zu lesen. Unter den Gedichten von Rumi, die ich als stille Reisegefährten dabeihabe, entdecke ich eines, das wie für diesen Aufenthalt verfasst scheint:

> Ein schönes Essen
> Sieht verlockend aus,
> Jedoch in der Nacht
> Durchläuft es den Körper
> Und wird widerlich.
> Sättigen wir uns doch mit Liebe!
> Stillen wir unseren Durst am Daumen des Löwen!

Ich fühle mich schwach. Halluzinationen habe ich nicht, aber auch nicht die Kraft für einen längeren Spaziergang. Ich nehme keine Ergänzungsmittel mehr ein, und heute Morgen ließ ich mir nur lauwarmes Wasser in den Eimer geben. »Ohne Kaffee, bitte.« Das Sieb bleibt leer. Wie das von Leopold schon seit Tagen. Er ist noch kraftloser als ich, denn seitdem ich ihm von meinem

Verdacht erzählt habe, hat er gar nichts mehr zu sich genommen, bis auf Wasser und die abendliche »Brühe«. Wir sind überzeugt, dass ich mit meiner Theorie richtig liege: In den Siebchen landen die Reste der dreißig Plastikkapseln und des Isabgols, die täglich verabreicht werden. Von wegen »Gifte und Toxine«.

Ein Neuankömmling erweitert den bunten Kreis der Spa-Gäste: Ute aus Berlin, um die fünfunddreißig, strohiges gelb-rosanes Haar. Einige Jahre zuvor war sie schon mal im Urlaub hier und konnte sich danach nicht wieder richtig in Deutschland einleben. Mittlerweile ist sie Reiki-Meisterin, wurde also, wie sie sagt, »initiiert«, und reist heute durch die Welt, um die Menschen mit dieser »antiken japanischen Heilkunst« zu beglücken. Ihr erstes Opfer – gegen Bezahlung, versteht sich – ist die junge Australierin, die immer noch hier ist, obwohl sie schon lange nicht mehr fastet. Auf sie lenkt Ute nun die »universale Lebensenergie«. Striche man das Wort »Energie« aus dem Wörterbuch, würden hier eine Menge Leute arbeitslos!

Leopold und ich sind ausgepumpt. Also machen wir es uns an einem der Tische vor der Rezeption bequem und beobachten die rucksackbeladenen Pärchen, die sich von dem Schild vor der Tür »Entspannung – Meditation – Gesundheit« anlocken lassen und eintreten, um nach näheren Informationen zu fragen. Es ist immer der weibliche Part, der die Sache in die Hand nimmt, das Angebot studiert und sich nach den Preisen erkundigt. Er, immer ein wenig schüchtern, hält sich lieber abseits. Die ersten Fragen lässt Sam noch jemanden vom Personal beantworten. Dann tritt er hinzu, schlägt das *Goldene Buch* auf und zeigt ihnen die beeindruckenden Aufnahmen der aus dem Körper geschwemmten Giftstoffe – die beiden blicken sich an. Sie entscheidet. Programm verkauft.

Wären Reisepässe bereits abgeschafft, hätten wir die beiden sicher vor Schaden bewahrt.

Siebter Fastentag

Der letzte Eimer. Und danach eine weißliche Flüssigkeit, um die »Darmflora neu aufzubauen«. Der holländische Schönling spricht mich an und erzählt mir, dass er meine Zweifel teilt. Meine Theorie beginnt in die Gemeinschaft einzusickern. Wenn sie Sam zu Ohren kommt, könnte er dazu fähig sein, mich mit einem Einlauf zu vergiften. Auf der Sala bearbeitet Bill, der »falsche Prophet«, zwei junge Opfer.

In unserer »Kabinettssitzung« behandeln wir heute das Thema Ökonomie. Leopold vertritt die Ansicht, die Ökonomie wirke heute ähnlich verheerend wie die Psychoanalyse seit Beginn des letzten Jahrhunderts, die damals mit ihrer Anmaßung, alle Lebenszusammenhänge deuten zu können, eine ganze Epoche verschlungen habe. Mit ihren angeblich objektiven Gesetzmäßigkeiten verschlinge sie heute unsere Kultur und lasse nur noch eine Wüste zurück, aus der niemand mehr hinausfinde. Am allerwenigsten die Wirtschaftswissenschaftler selbst.

Vielleicht führt doch ein Weg hinaus, werfe ich ein. Und um beim Thema dieser Tage zu bleiben, bringe ich noch einmal einen schon häufig diskutierten Gedanken von mir vor. Nach dem Scheitern aller Revolutionen gibt es nur noch eine Möglichkeit, nicht im Konsumrausch unterzugehen: fasten oder radikale Enthaltsamkeit; auf alles zu verzichten, was nicht absolut notwendig ist, und sich des Kaufs alles Überflüssigen zu enthalten. Fände ich damit Gehör, würde das den Zusammenbruch der Weltwirtschaft bedeuten. Aber wenn die Weltwirtschaft so weiterwütet wie bisher, bedeutet das den Untergang der Welt. Man nehme als Beispiel nur diese kleine Insel, wo man im Laufe nur weniger Jahre im Namen des Fortschritts und der wirtschaftlichen Entwicklung weite Wälder abgeholzt und die Strände zubetoniert hat!

Ökonomen reagieren erfreut, wenn die Leute mehr kaufen, mehr bauen, mehr verbrauchen. Dabei ist ihre Vorstellung, dass Fortschritt nur durch mehr Konsum zu haben ist, der reine Wahnsinn. So wird die Erde zerstört, denn mehr Konsum bedeutet ja nichts anderes, als dass die Ressourcen unserer Erde immer schneller verbraucht werden. Schon heute verzehren wir hundertzwanzig Prozent dessen, was der Globus hergibt. Wir verfressen unser Kapital. Was soll da für unsere Enkelkinder übrig bleiben? Schon Gandhi, in seiner einfachen, aber sittlich integren Welt, hat das klar gesehen. Von ihm stammt das Wort: »Die Erde ist reich genug, um die Bedürfnisse aller zu befriedigen – nicht aber die Gier aller.«

Ein großer Ökonom wäre jemand, der das ganze System neu durchdenkt, mit dem Hauptaugenmerk darauf, was die Menschheit tatsächlich braucht. Und das nicht nur in materieller Hinsicht. Da sich das System aber nicht von selbst verändern wird, müsste jeder Einzelne seinen Beitrag dazu leisten – durch Enthaltsamkeit. Es würde ja genügen, auf die eine Sache heute, auf die andere morgen zu verzichten. Würden wir unsere Bedürfnisse ein wenig herunterschrauben, merkten wir schnell, wie viel wir überhaupt nicht brauchen. Das wäre der Ausweg. Das wäre wahre Freiheit. Nicht die Freiheit, zwischen verschiedenen Angeboten wählen zu können, sondern die Freiheit des Seins. Jene Freiheit, die Diogenes meinte, als er über den Markt in Athen spazierte und vor sich hin murmelte: »Schau an, so viele Dinge, die ich nicht brauche!«

Was wir hingegen alle brauchen, ist Phantasie; um unser Leben neu zu gestalten, aus erstarrten Strukturen auszubrechen und nicht das weiterzuführen, was wir bereits als falsch erkannt haben. Was bringt es, die Lösung gesellschaftlicher oder politischer Probleme immer wieder mit Rezepten zu versuchen, die sich längst als untauglich erwiesen haben? Warum sollen Schulen immer so sein, wie sie heute sind? Warum sollen Kranke ausschließlich in Kliniken behandelt werden? Warum wird das Problem der Überalterung der Gesellschaft nur mit Altersheimen gelöst? Und schon allein, dass alte Menschen als Problem betrachtet werden, ist ein Problem.

Und wie sieht es mit dem Strafvollzug aus? Es kann doch nicht sein, dass niemandem auf der ganzen Welt, von Asien bis Europa, von Lappland bis Feuerland, ein anderer Umgang mit Straffälligen einfällt, als sie für eine gewisse Anzahl von Jahren in mehr oder weniger komfortable Gefängnisse wegzusperren. Besitzt denn wirklich niemand die Kühnheit, etwas Neues zu entwickeln, was über die Zellenausstattung mit einem Fernseher oder einen monatlichen Besuch der Ehefrau hinausgeht?

Die Kabinettssitzung schließt mit meinem Vorschlag, einen weltweiten Wettbewerb auszuschreiben, in dem sich Kinder unter zehn Jahren aus allen Erdteilen Gedanken darüber machen sollen, wie man am besten mit Dieben und Mördern verfährt.

Etwas Ähnliches gab es in Indien zu Gandhis fünfzigstem Todestag. Landesweit wurden Grundschulkinder gefragt: »Was würdest du tun, wenn du die absolute Macht im Land besäßest?« Die häufigsten Antworten lauteten: den Armen ein Dach über dem Kopf zu geben, die Straßen sauber zu halten, korrupte Politiker aus dem Verkehr zu ziehen, mehr Bäume zu pflanzen und das Bevölkerungswachstum zu verringern.

Na dann: Kinder an die Macht.

Achter Fastentag

Große Aufregung in The Spa. Mitten in der Nacht werde ich von den verzweifelten Schreien einer Frau geweckt. Ich höre Gepolter, dann Schritte, die sich eilig entfernen. Ich stehe auf. Es regnet in Strömen. Das Licht geht nicht an. Das gesamte Dorf liegt im Dunkeln. Im Schein der Blitze sehe ich Leopold und jemanden neben ihm. »Bring mal eine Taschenlampe«, ruft er mir zu. Eine junge Amerikanerin hängt schluchzend und wie Espenlaub zitternd an seinem Hals. Leopold versucht sie zu beruhigen. Ein mit einer Pistole bewaffneter Mann ist in ihre Hütte eingedrungen und wollte sie berauben und vergewaltigen. Leopold hat ihn gehört und ist ihr zu Hilfe geeilt, und der Eindringling ist am Strand entlang davongerannt. Das Mädchen ist völlig aufgelöst und will nicht allein bleiben. Leopold bleibt als Wache bei ihr und schläft auf dem Fußboden der kleinen Terrasse vor ihrer Tür.

Der Morgen beginnt grau in grau. Immer noch hängen dunkle Taifunwolken tief am Himmel. Ab und zu reißen sie auf, und der Regen prasselt hernieder. Ich bin fertig mit meinem »Programm«. Heute dürfte ich eigentlich wieder etwas zu mir nehmen. Aber zu essen käme mir vor wie der Verlust einer Jungfernschaft, und das möchte ich mir aufsparen. Ich habe das Gefühl, noch einige Tage weiterfasten zu können. Das würde mir sogar Spaß machen. Eine Folge des Fastens ist ja, dass man gar keine Lust mehr hat, sich den Bauch voll zu schlagen, und erst recht nicht mit minderwertigen Sachen. Dieses angenehme Gefühl der Leichtigkeit im Magen möchte ich nicht mehr verlieren.

Ich fühle mich phantastisch. Mein Kopf ist klar, und eigenartigerweise bin ich auch wieder bei Kräften. Woher sie kommen, weiß ich nicht. Fast hätte ich Lust, im Regen zu joggen. Stattdessen setze ich mich aber doch lieber an den Strand, geschützt unter einem Felsvorsprung, schließe die Augen und konzentriere meinen Geist auf eine Kokosnuss zu meinen Füßen und das wunderbare Geheimnis des Lebens: eine Kokosnuss, wer weiß wo vom Baum gefallen, vom Meer fortgespült, ein Spielball der Wellen, vielleicht über Monate, und dann an den Strand geschwemmt, mit einem neuen Schössling, um hier zu wachsen und zum Baum zu werden! Immer wieder diese Kraft, diese Energie in der Materie. Das ist das wahre Wunder unserer Welt.

Die ganze Anlange diskutiert und kommentiert die Ereignisse der letzten Nacht. Anscheinend passiert das nicht zum ersten Mal. Ich versuche, mich da herauszuhalten, gehe lieber spazieren, schlendere umher, lese und schiebe das Essen hinaus, das auf mich wartet: Papayastückchen, Joghurt aus Ziegenmilch, Honig und Bienenpollen.

Um zehn Uhr beschließe ich, endlich das Fasten zu brechen: allein an einem Tischchen, mit dem Blick aufs Meer, als gehe es um eine religiöse Handlung, auf die ich mich mit Duschen und dem Anlegen eines sauberen Kurta-Pyjamas vorbereitet habe. Herrlich, der erste Geschmack im Mund!

Der Tag danach

Der letzte Spaziergang, Kofferpacken, Abschied. In der geschützten Beichtstuhlatmosphäre im Saunadampf bietet mir die Tibet-Buddhistin in einem luftdicht verpackten Beutel LSD-Tabletten an. Sie fliegt in die USA zurück und befürchtet, gerade mit ihrer neuen Frisur, mit den vielen Zöpfchen und bunten Kügelchen dazwischen, vom Zoll kontrolliert zu werden und will kein Risiko eingehen. Ich rate ihr, es doch lieber mal bei dem holländischen Schönling zu versuchen.

Machiko-san, die junge Japanerin, schenkt Leopold und mir eine Fünf-Yen-Münze. *Go hen* bedeutet fünf Yen, aber auch »viel Glück«. Sie hat einen großen Vorrat dabei, um sich bei allen bedanken zu können, die ihr unterwegs helfen.

Koh Samuis Straßen stehen alle unter Wasser, da beim eiligen Bau niemand an Abläufe gedacht hat. Am Flughafen drängen sich wartende Menschen. Die Flieger haben allesamt Verspätung, transportieren aber trotz der tief hängenden, bedrohlichen Taifunwolken weiter unbeirrt Passagiere hin und her. Der Tourismus läuft im Fließbandrhythmus, da kann man sich keine Aussetzer erlauben. Unter den Wartenden ist auch ein Herr in meinem Alter, mit weißem Kinnbart, der alle verrückt macht, um einen Platz zu bekommen, den er nicht gebucht hat. Schließlich sehe ich, wie er in unser Flugzeug einsteigt. Er sieht aus wie ein Professor. Vielleicht ein Psychoanalytiker.

Während ich in Bangkok am Gepäckband auf meine grüne Tasche (immer noch die alte aus China) warte, spreche ich ihn an. Er kommt ebenfalls aus einem »Healing Center« und hat wie ich eine Darmspülung gemacht. In seiner Anlage, so erzählt er, seien die Leute »besonders weit«, denn dort behandele man in erster Linie »das innere Kind«.

»Das innere Kind?«, wiederhole ich, ohne mich allzu verwundert zu zeigen.

»Ja, das Kind, das wir alle in uns tragen«, erklärt er mir, indem er die Hand aufs Herz legt und mir ein sanftes, vertrauliches Lächeln schenkt. »Dort verfügt man über Meditationstechniken, die besonders geeignet sind, um an das innere Kind heranzukommen«, klärt er mich weiter auf. »Und dann erst das ganze Zeugs, das bei mir aus dem Bauch kam! Ich habe da die unglaublichsten Dinge im Sieb entdeckt, Gifte, Toxine und einen einzelnen endlos langen Wurm. Sobald es geht, fahre ich wieder hin. Versuchen Sie es doch mal, Sie werden sehen, wie gut das tut. Der Betreiber ist Grieche, seine Frau eine Thai. Und überall spürt man diese enorme Energie. Buchen Sie da mal was für Ihren nächsten Urlaub. Auf Wiedersehen.«

»Auf Wiedersehen.«

Bis zum letzten Atemzug

Orient und Okzident. Was wollen wir Europäer noch in Asien? Was können wir dort noch lernen? Wäre es nicht an der Zeit zu gehen? Seit längerem schon stellte sich Leopold diese Fragen, und die gemeinsamen Abende in seinem alten Holzhaus in Bangkok inmitten der letzten verbliebenen Bäume boten die beste Gelegenheit, dieses Thema zu diskutieren. Im Grunde seines Herzens hatte Leopold bereits entschieden, dass er nicht bleiben würde. Seit einem Vierteljahrhundert lebte er nun in Thailand, und vieles von dem, was ihn, wie so viele andere junge Menschen aus dem Westen auch, einst hierher gelockt hatte, gab es nicht mehr. Der Orient entwickele sich immer deutlicher zu einer hässlichen Kopie unserer Heimatländer, meinte er, und jenes Andere, das uns in seiner Vielfalt einst so fasziniert habe, werde heute vom technologischen Fortschritt erdrückt und verschwinde immer schneller.

Ich konnte ihm da nur Recht geben. Speziell mit Thailand hatte ich bereits Jahre zuvor abgeschlossen. Und hätte es mich nicht nach Indien gezogen, wo die Kräfte des Geistes denen der Materie noch am ehesten zu widerstehen scheinen, wäre auch ich zu dem Schluss gelangt, dass es in Asien nichts mehr zu lernen, nichts mehr aufzunehmen gab.

Bangkoks Erscheinungsbild hatte sich dramatisch verändert, und damit auch die Seele der Stadt. Der Charme war dahin. Aus der sonnigen, von Kanälen durchzogenen Stadt war eine Betonwüste geworden, die verdunkelt wurde durch zahllose Hochstraßen über anderen Asphaltbändern, mit denen man wiederum die Wasserwege zugebaut hatte. Das moderne Leben hatte den Menschen ihre traditionelle Gelassenheit ausgetrieben und ihnen statt des einst schläfrigen einen hektischen Lebensrhythmus aufgezwungen.

Gleich nach der Ankunft von Koh Samui hatte ich in Bangkok einen alten thailändischen Freund aufgesucht. Dieser buddhistische Philosoph lebte immer noch in seinem bescheidenen kleinen

Haus, das aber aufgrund der Wolkenkratzer, die drum herum aus dem Boden geschossen waren, nicht mehr genügend Sonne abbekam, um auch nur ein Blümchen auf der Fensterbank wachsen zu lassen. Als ich ihm etwas von meiner Erkrankung andeutete, erzählte er mir von einem Bonzen, der mir vielleicht helfen könne. Der Mann sei ein großer Heilkundiger. Aus der ganzen Welt kämen die Leute zu ihm. Wir sollten ihn gleich anrufen, um einen Termin auszumachen. Er habe seine Handynummer.

Nein, danke.

Orient und Okzident. Mehr als geografische Gebilde waren das früher einmal verschiedene Lebensanschauungen gewesen: Gründete die eine ganz auf der Erforschung der inneren Welt, mit wenig oder gar keinem Interesse an der äußeren, so war die andere auf die Beherrschung der Außenwelt gerichtet und ließ die innere vollkommen außer Acht. Vom Ende des 19. Jahrhunderts an haben sich immer wieder Personen aus dem Westen daran versucht, die unterschiedlichen Anschauungen zusammenzubringen und zu einem Lebensmodell zu verknüpfen, mit dem sich das Los der Menschheit insgesamt verbessern ließe. All diese Hoffnungen haben sich nicht erfüllt. Dic materielle Gewalt der westlichen Weltsicht hat die östliche überrollt, und Asien, jener Kontinent, dem wir so viele große Ideen verdanken, hat seinen Frieden verloren auf der Jagd nach jener Art von Glück, das uns bereits unglücklich gemacht hat.

Als wir dann mit Dan Reid telefonierten, dem alten Freund und China- und Taoismusexperten, erfuhren wir, dass auch er mit dem Fernen Orient abgeschlossen hatte: Er würde Chiang Mai verlassen und nach Australien weiterziehen. Für mich war das ein guter Grund, ihn noch einmal zu besuchen. Nach unserer E-Mail-Korrespondenz betreffs der »Mörder in Weiß«, wie er meine Instandsetzer in New York genannt hatte, und seinem Rat, die Chemotherapie augenblicklich abzubrechen und mich stattdessen, und sei es auch nur telefonisch, einer kalifornischen Wahrsagerin anzuvertrauen, hatten wir nichts mehr voneinander gehört. Nun wollte ich mich mit ihm aussprechen und nebenbei auch etwas Qigong bei ihm lernen; eines seiner Spezialgebiete.

Es war eine echte Freude, bei ihm anzukommen: durch ein

schmiedeeisernes Tor und einen Garten, über einen Weg aus einzelnen Steinen vorbei an einem kleinen Teich mit herrlichen Lotusblumen bis zu einem niedrigen Gebäude im traditionellen Stil auf einer kleinen Erhebung, die ihm den Namen gab: *Glücklicher Hügel.* Es hatte nicht die Großartigkeit jenes Hauses am Fluss, in dem Dan und seine Frau Yuki zuvor gelebt hatten, strahlte aber die gleiche friedliche Atmosphäre aus. Über dem Eingang hing eingerahmt ein Gedicht von Rudyard Kipling, wie um den Eintretenden an jene Zeiten zu erinnern, als der Orient noch ein Geheimnis und der Kampf um diesen Kontinent noch nicht entschieden war.

> Und das Ende vom Streit
> ist ein Grabstein weiß
> mit dem Namen des eben Verblichenen,
> und dem trüben Spruch:
> »Ein Narr liegt hier, der versucht hat,
> den Osten zu drängeln.«*

Nun aber hatte der Tor aus dem Westen überlebt. Mehr noch, er hatte den Kampf gewonnen, und ein weißer Grabstein wäre eher für den geheimnisvollen Orient nötig gewesen.

Zu Beginn zeigte sich Dan ein wenig distanziert. Er schien immer noch gekränkt, weil ich seinen Rat in den Wind geschlagen hatte. Aber bald schon brachte ich ihn dazu, mir zu »verzeihen«, indem ich ihm erzählte, dass ich gerade eine Darmspülung absolviert hatte – eine Praxis, für die er seit Jahren warb – und mich zudem, mittlerweile täglich, mit dem von ihm so geliebten Qigong beschäftigte. Ich hätte einige Übungen bei einem gewissen Master Hu in New York gelernt und würde mich freuen, wenn er mir helfen könne, sie zu verfeinern. Und es funktionierte.

Nachdem jeder für sich seinen Geist beruhigt hatte, fanden wir uns bei Sonnenaufgang in seinem Garten zur ersten Qigong-Stunde ein. Dan war ein echter Meister. Allein schon die Beobachtung seines hageren, muskulösen Körpers, den er noch bei der kleins-

* Zit. nach: Rudyard Kipling, *Die Ballade von Ost und West*, Zürich 1992

ten Geste vollkommen unter Kontrolle hatte, war wie Unterricht für mich. Hier und da korrigierte er mich und forderte mich auf, vor jeder neuen Übungseinheit eine spezielle Übung einzubauen: und zwar die Knie leicht zu beugen und die Arme locker mit dem Rumpf kreisen zu lassen, damit sich die »Kanäle öffnen« und die »Energie zirkulieren« könne.

Das gemeinsame Training mit Dan bestärkte mich in meiner Überzeugung, dass, unabhängig von allem modischen Gerede, in Qigong, dieser altchinesischen Praxis, langsam die Gliedmaßen zu bewegen und gleichzeitig den Atem zu kontrollieren, etwas zutiefst Gesundes liegt. Denn es ist ja tatsächlich so: Bei unserer Lebensweise achten wir gar nicht mehr darauf, wie wir atmen. Ja, wir merken kaum, dass wir atmen. Und logischerweise wird uns früher oder später die Rechnung dafür präsentiert.

Wie Dan erklärte, sei Qigong bestens zur Vorbeugung gegen die unterschiedlichsten Krankheiten, speziell auch gegen Krebs, geeignet. Dabei beruhe die therapeutische Wirkung auf der Sauerstoffanreicherung des Körpers während der Übungen.

Bereits im Jahr 1931, so erzählte er mir, habe ein deutscher Arzt, Otto Warburg nämlich, den Nobelpreis für die Entdeckung erhalten, dass bei allen Formen von Krebs die kranken Zellen eine dramatische Unterversorgung mit Sauerstoff aufwiesen, während die ausreichend mit Sauerstoff versorgten Zellen von der Krankheit unbehelligt blieben. Dan witterte eine Verschwörung hinter der Tatsache, dass diese Entdeckung von anderen Wissenschaftlern weitgehend negiert und seitdem nicht mehr aufgegriffen wurde. Dabei hätten die nachfolgenden Entwicklungen die Richtigkeit dieser Studien hinreichend bestätigt: Mit der Verringerung des Sauerstoffgehalts in der Luft sei die Krebsrate gestiegen und breite sich heute sehr viel schneller als anderswo in industrialisierten Gegenden aus, dort eben, wo durch die Umweltverschmutzung der Sauerstoffgehalt der Luft immer weiter abnehme.

Ich weiß nicht, inwieweit das alles stimmte. Aber ich spürte, wie gut mir die Übungen taten, mit denen ich die saubere Luft seines kleinen Gartens in die verschiedenen Teile meines Körpers pumpte. Dan legte großen Wert darauf, dass jede Bewegung harmonisch, langsam, ohne Anstrengung zu erfolgen hatte und zudem in dem Bewusstsein, dass die verschiedenen äußeren Bewegungen des Körpers auch die inneren Organe massierten. Jene Langsamkeit, so sagte er, sei ein geeigneter Weg, die Emotionen unter Kontrolle zu halten, die, ihm zufolge, der Grund für viele chronische Erkrankungen seien.

Das überzeugte mich. Aber es reichte mir auch. Ich musste die von ihm erzählten Geschichten von verschiedenen Qigong-Meistern gar nicht glauben, die allein durch die Übertragung ihrer Energie riesige Tumore hätten verschwinden lassen. Und ebenso wenig musste ich seine, wie ich meine, potenziell gefährliche Behauptung für bare Münze nehmen, dass Krebspatienten, die allein Qigong vertrauten, länger lebten als solche, die sich einer Chemotherapie oder einer Strahlenbehandlung unterzögen. Seit meinen Reiki-Erfahrungen hatte ich gewisse Vorurteile, was die Macht der »Energie« und deren Übertragung betraf. Und ich musste lachen, wenn Dan am Ende unserer Übungsstunden darauf bestand, ich solle mir mit den Händen vom Kopf bis zu den Füßen die »negative Energie abbürsten«, die auf meinem Körper verblieben sei. Ich lachte, kam aber dennoch seinen Anweisungen folgsam nach.

Dans Qigong-Buch war gerade erschienen; seine vorherigen Veröffentlichungen über chinesische Heilkräuter und über das *Tao der Lust, der Gesundheit und eines langen Lebens* hatten ihn berühmt gemacht, und sein Haus war täglich Treffpunkt vieler Bewunderer, die Qigong bei ihm lernen wollten, seinen Rat oder ganz einfach seine Gesellschaft suchten. Für eine Reihe von Leuten war Dan so etwas wie ein New-Age-Guru geworden. Unter den zahlreichen Gästen, alle westlicher Herkunft, die ich in den wenigen Tagen meines Aufenthalts auf dem *Glücklichen Hügel* kommen und gehen sah, war zum Beispiel ein Afroamerikaner aus Michigan, der thailändischen Militärs Golfunterricht erteilte; ein Deutscher, früherer Angestellter des Bayer-Konzerns, der es zum Meister der Teezeremonie gebracht hatte; ein in einer englischen Vorstadt aufgewachsener junger Bursche, der mit elf Jahren ein Keuschheitsgelübde abgelegt hatte und nun Yoga-Kurse abhielt; der Chef einer Hongkonger Werbefirma, der sich den okkulten Wissenschaften zuzuwenden gedachte, und ein furchtbar pathetischer fünfunddreißigjähriger Kalifornier aus einer Akademikerfamilie, der, seit er vor neun Jahren buddhistischer Mönch geworden war, ständig fror, obwohl er in den Tropen lebte. Gern würde er ja einen Arzt oder einen Psychotherapeuten aufsuchen, erzählte er, aber seine »Meister« rieten ihm davon ab: Meditation sei schließlich die beste Medizin, die er bekommen könne.

So saß man auf der Terrasse zusammen, während Dan guten chinesischen Tee zubereitete, alle Gäste damit versorgte und gleichzeitig die Fäden jener merkwürdigen Gespräche in der Hand hielt, die sich manchmal über Stunden hinzogen. Was bekam ich in den wenigen Tagen dort nicht alles zu hören: Der Zusammenhang zwischen HIV und Aids sei wissenschaftlich nicht erwiesen und die ganze Geschichte ohnehin eine Erfindung der Pharmaindustrie; Schlafmittel seien höchst gefährlich, weil sie, um ihre Wirkung zu tun, Teile des Gehirns lahm legten und so verhinderten, dass sich die Zellen wie im normalen Schlaf regenerieren könnten; einige der neuen tödlichen Epidemien wie etwa Ebola würden durch Viren verursacht, die die Amerikaner im Verlaufe ihrer Experimente für biologische Waffen selbst geschaffen hätten und nun nicht mehr unter Kontrolle bekämen; Wachstumshormone, die Kühen zur Steigerung der Milchquantität verabreicht würden, gelangten über den Verzehr auch in den Organismus von Kindern und hätten unvorhersehbare Folgen für deren Wachstum. Und in diesem Stile mehr.

Nicht alle Geschichten waren aus der Luft gegriffen. Bei einer ging es zum Beispiel um den Monsanto-Konzern, und da wusste ich nun durch meine Indienerfahrungen nur zu gut, dass sie stimmte. Kurz nach der verhängnisvollen Explosion in einem Chemiewerk eines anderen amerikanischen Konzerns, Union Carbide nämlich, durch die Tausende ihr Leben verloren oder erblindeten, statteten Vertreter von Monsanto den Überlebenden einen Besuch ab, um ihnen ein besonderes Geschenk zu machen: Sojasamen. Danke. Herzlichen Dank. Erst einige Zeit später entdeckten die armen Bauern, dass dieses Saatgut gentechnisch verändert war und die daraus gewachsenen Pflanzen selbst keine fruchtbaren Samen mehr hervorbrachten. Wollten sie also weiter Soja anbauen, gab es keinen anderen Weg für sie, als sich jedes Jahr wieder bei Monsanto mit dem manipulierten »Einweg-Saatgut« einzudecken.

Die Amerikaner, die auf Dans Terrasse verkehrten, waren größtenteils nicht gerade gut auf ihr Land zu sprechen. Die USA galten ihnen als gefährlich, und einige wollten nie mehr dorthin zurückkehren. Dan konnte sie verstehen. Mit der Produktion immer ausgefeilterer chemischer und biologischer Waffen, so argumentierte er, arbeiteten die Vereinigten Staaten an ihrer eigenen Zerstörung. Denn diese würden sich am Ende gegen sie selbst wenden. Deswegen sei er froh, auch in Zukunft weit, weit weg von den USA zu leben: in Australien eben.

Leopold hatte für diese Exzentrikerclique auf der Terrasse einen Namen gefunden: »Akademie der Spinner«. Doch diese Spinner interessierten mich. Für mich waren sie ein Beleg für die schleichende Beunruhigung, die die westlichen Gesellschaften ergriffen hat; der – wenn auch überspannte – Ausdruck einer Krise, die viele, besonders junge Menschen, spüren und die sich immer schwieriger verdrängen lässt.

So interessierte mich zum Beispiel ihr Misstrauen gegen die etablierten Wissenschaften. Ein Misstrauen, das ich, besonders nach der Zeit in New York, durchaus teilte. Wie hätte ich Dan widersprechen können, wenn er erklärte, die Wissenschaft hätte zwar den Menschen größere Unabhängigkeit von den Zwängen des Daseins, mehr Wohlstand und größeres Glück versprochen, letztendlich aber unsere Erde durch enorme Eingriffe in das natürliche Gleichgewicht immer unbewohnbarer gemacht. Und hätte ich ihm Unrecht geben können, als er mir im Zusammenhang mit unserem alten Thema »die Mörder in Weiß« ins Gesicht sagte, die Ärzte hätten – wenn überhaupt – mit ihren wissenschaftlichen Methoden vielleicht die Symptome meiner Krankheit beseitigt, aber gewiss nicht die Krankheit selbst? Das war richtig. Das wusste ich.

Mit den Prämissen vieler ihrer Überlegungen war ich einverstanden. Es stimmt ja: Wissenschaftliche Forschung ist heute nicht mehr frei, sondern immer von praktischen Interessen beherrscht, seien sie nun kommerzieller oder militärischer Art. Und es stimmt ebenso: Wissenschaft ist allein auf die Materie ausgerichtet und beschreibt die Welt nur in abstrakten Begriffen, so dass ihr das Leben und die menschlichen Gefühle rätselhaft bleiben. Worin ich nicht übereinstimmte, waren ihre Schlussfolgerungen. Die Wissenschaft ist nicht »überflüssig«, wie einige meinten, und erst recht nicht der »schlimmste Feind der Menschheit«, wie andere behaupteten.

Wissenschaftliche Forschung ist eine bedeutende Erkenntnisform. Verfehlt ist nur, sie für die einzige zu halten. Wäre man im Westen nicht dermaßen fixiert auf das, was man für »objektiv« hält, und würde man die äußere Welt mehr auf jene Weise erforschen, auf die man im Osten die innere erforscht hat, das heißt, sie als eine Verknüpfung objektiver und subjektiver Erscheinungen verstehen, käme man vielleicht auf allen Gebieten sehr viel weiter.

Manche Phänomene, wie etwa übersinnliche Kräfte, lassen sich unmöglich wissenschaftlich beweisen. Denn schon mit dem Anspruch, »wissenschaftlich«, das heißt, objektiv an die Sache heranzugehen, negiert man bereits jenen emotiven, spirituellen Aspekt, der aber doch die Grundlage jener Phänomene ist. Nicht zufällig liegt ja die Beschränkung von Freuds großer Entdeckung eben darin, der spirituellen Seite des Menschen keine Beachtung geschenkt zu haben, so als handele es sich bei unserem »Bedürfnis nach Gott« um eine biochemische Funktion unseres Gehirns; eine These, die einige amerikanische Wissenschaftler heute tatsächlich vertreten. Und ebenso wenig war es ein Zufall, dass sich Jung, der dieses Bedürfnis wahrnahm, große Sorgen machte, er könne zu weit gegangen sein, den Graben übersprungen und das Reich der Wissenschaft hinter sich gelassen haben, kurzum, nun nicht mehr ernst genommen werden.

Aber es verhält sich doch so: Wissenschaftler glauben, ihre objektiven Erkenntnisinstrumente verliehen ihnen eine Autorität, ja sogar eine moralische Legitimation, die über jeden Zweifel erhaben sei. Doch Wissenschaft an sich ist weder das eine noch das andere: Wissenschaft ist nicht gut oder schlecht. Alles hängt davon ab, wofür sie eingesetzt wird. Die Chinesen im fernsten Osten haben als Erste das Schießpulver entdeckt. Aber wozu diente es ihnen? Um Feuerwerkskörper herzustellen und traumhaft bunte Lichtblumen an den nächtlichen Himmel zu malen! Wir im Westen gelangten etwas später ans Schießpulver und setzten es sogleich für Kriegsgeräte ein, mit denen sich aus der Ferne viele Menschen auf einen Schlag töten ließen, ohne dass man sich die Hände schmutzig machen musste. »Die westliche Wissenschaft liefert blinde Erkenntnisse«, schrieb vor mehr als einem Jahrhundert ein Tamile aus Jaffna auf Sri Lanka. Vielleicht hatte er damit wirklich Recht.

Im Unrecht sind aber gewiss jene New-Age-Anhänger, die glauben, deswegen generell auf Wissenschaft und Vernunft verzichten zu können. Wenn sie folglich ins Okkulte und Irrationale entfliehen und unkritisch jede Verrücktheit, jede Verstiegenheit für wertvoll erachten. Eine gefährliche Gegenreaktion. Wer Vernunft und Verstand entsagt, betreibt intellektuelle Anarchie, die den Menschen nicht befreit, sondern ihn im Gegenteil in die Sklaverei neuer Tyranneien führt. Aber diese in der »Akademie der Spinner« sehr verbreiteten Gegenreaktionen sollte man trotzdem ernst nehmen, wenn man an einer Neuorientierung interessiert ist. Es handelt sich ja um eine Reaktion auf spirituelle Defizite, unter denen die Welt schon seit mindestens drei Generationen leidet.

Die letzten achtzig Jahre waren von der Auseinandersetzung zweier Systeme, zweier Weltanschauungen beherrscht: Marxismus und Kapitalismus. Trotz aller offensichtlichen Gegensätze und waffenstarrenden Konflikte fußten aber beide auf dem gleichen unkritischen Vertrauen in Vernunft und Wissenschaft; alle beide kämpften um die Beherrschung der äußeren Welt, ohne irgendeinen Bezug auf eine metaphysische Ordnung und ohne einen Gedanken an die innere Welt der Menschen zu verschwenden. Kapitalismus wie Marxismus liegt die »wissenschaftliche« Annahme einer materiellen, streng von Geist und Bewusstsein geschiedenen Welt zugrunde, die es zu erobern und auszubeuten gilt, um die Lebensbedingungen aller Menschen zu verbessern. Nun, das auf dem Marxismus beruhende System ist schon mal gescheitert. Und auch bei dem anderen, siegreichen, sind die Krisenerscheinungen unverkennbar.

Leopold beschreibt die Situation mit einem hübschen Bild. Der

Marxismus war die *Titanic*; sie stieß auf einen Eisberg und war in kürzester Zeit gesunken. Die Überlebenden der *Titanic* aber, die in tiefster Dunkelheit auf dem offenen Meer herumtrieben, erblickten in der Ferne die glitzernden Lichter eines anderen Überseedampfers; mit letzten Kräften schwammen sie hin, kletterten an Bord und waren gerettet. Und nun tanzen alle zusammen im Ballsaal zu den Klängen nur noch eines gemeinsamen Orchesters. Aber auch dieser Überseedampfer, der Kapitalismus, ist eine *Titanic*, die dasselbe Meer befährt und bald ebenfalls an einem Eisberg zerschellen könnte.

Für Leopold war dies unvermeidlich. Ich aber hoffe immer noch, man wird dem Eisberg ausweichen können, indem man etwa bei den Schiffbrüchigen und den anderen Passagieren ein neues Bewusstsein schafft und die Reste der sowohl im Orient als auch im Okzident verloren gegangenen Weisheiten zusammenführt.

Ist es denn so schwer, sich eine Welt auszumalen, in der die Wissenschaft im Dienste des Menschen steht? Eine Wissenschaft, die nicht die Natur ausbeutet, sondern uns hilft, im Einklang mit der Natur zu leben? Ist es denn wirklich utopisch, sich eine Gesellschaft vorzustellen, in der die Beziehungen zwischen den Menschen wichtiger sind als Leistung und materieller Fortschritt?

Die größte Gefahr sehe ich im Moment im Verzicht auf die Hoffnung. In der Einstellung, die Würfel seien ohnehin schon gefallen und die Welt unwiderruflich in die Hände »der anderen« übergegangen. Ein ebenfalls Besorgnis erregender Aspekt des New-Age-Denkens, der in der »Akademie der Spinner« deutlich wurde. »Schauen wir mal, was sie jetzt wieder, während wir schliefen, der Welt angetan haben«, sagte Dan, wenn er morgens die Zeitung aufschlug, die man ihm in den Garten geworfen hatte.

Die Krankheit, unter der ein großer Teil der Menschen heute leidet, ist nicht greifbar, nicht klar zu beschreiben. Man fühlt sich mehr oder weniger bedrückt, ausgenutzt, deprimiert. Aber es fehlt ein Objekt, auf dass sich die Wut richten, ein Ziel, auf das sich Hoffnung gründen ließe. Früher einmal hatte die unterdrückende Macht ihre Residenzen und Symbole, die im Aufstand hinweggefegt wurden. Man schoss auf einen König, stürmte die Bastille, nahm den Winterpalast ein und öffnete so die Bresche für ein neues Zeitalter. Und heute? Wo liegt das Machtzentrum, das für unsere Misere verantwortlich ist?

Vielleicht gilt es, ein für alle Mal zu akzeptieren, dass dieses Zentrum in uns selbst liegt und angesichts des Scheiterns aller äußeren Revolutionen nur noch eine große innere Revolution die Dinge verändern kann. Auf diesem Weg liegt eine enorme Arbeit vor uns, aber oft sind wir eben nicht bereit, diese Mühe auf uns zu nehmen. Deswegen hat auch New Age einen solchen Erfolg. Hier hat man zwar das Problem irgendwie erkannt, bietet aber gar zu einfache, oberflächliche Lösungen an, schlägt die verschiedensten Abkürzungen vor und verspricht Rettung durch Patentrezepte, die sich mal schnell in einem Wochenendseminar erlernen lassen.

Dans Frau Yuki passte gut in dieses Bild. Aus der Meditationsmeisterin, die ich noch bei unserer letzten Begegnung erlebt hatte, war ein »Kanal« geworden, wie im New-Age-Vokabular Leute bezeichnet werden, die man früher Medium nannte. »Kanäle« sind Menschen, die in Kontakt mit Geistern treten und deren Botschaften, Urteile und Ratschläge übermitteln, wodurch sie selbst zu »Meistern der Weisheit« werden.

Yuki war der »Kanal« für Kuan Yin, die chinesische Göttin der Gnade, eine Eigenschaft, die sie erst kürzlich an sich entdeckt hatte. Man erzählte mir, sie habe plötzlich gespürt, wie etwas Ungewöhnliches von ihr Besitz ergriff, und danach habe sie nichts mehr essen können und ständig am ganzen Körper geglüht. Da sie sich nicht erklären konnte, was mit ihr los war, denn krank fühlte sie sich eigentlich nicht, wandte sie sich an Khun Anusorn, einen Thailänder, der in der Nähe wohnte und in dem Ruf stand, selbst ein großer Heiler und »Kanal« des indischen Gottes Shiva zu sein. In Trance trug Khun Anusorn, also Shiva, Yuki auf, sich achtundvierzig Tage lang nur von Früchten und Wasser zu ernähren. Das tat sie auch. Als sie am neunundvierzigsten Tag wieder zu ihm ging, sprach Shiva – oder Khun Anusorn – zu ihr: »Nun bist du rein. Denn Kuan Yin hat dich auserwählt, in ihrem Namen zur Welt zu sprechen.«

Seit jenem Tag versank Yuki nun jeden Mittwoch, ganz in weiße Schleier gehüllt, in einem abgedunkelten, von Weihrauchdüften erfüllten Raum des Anwesens *Glücklicher Hügel* in Trance und erteilte in klassischem Chinesisch, das Dan übersetzte, Ratschläge an ihre Gläubigen, darunter einige Mitglieder der »Akademie«.

Dan und Yuki bedrängten mich, ebenfalls einmal Khun Anusorn aufzusuchen. Ich wohnte doch in Indien, und Shiva sei schließlich ein indischer Gott und habe vielleicht auch mir etwas Interessantes mitzuteilen. Aus Neugier ließ ich mich darauf ein, und es wurde ein recht vergnüglicher Besuch. Khun Anusorn lebte in einer weitläufigen, gerade fertig gestellten Residenz, die er selbst als »ökumenisches Heiligtum« bezeichnete. Alle Gebäude waren in grellen Rot-, Grün- und Blautönen ausgemalt. Die Toiletten für die vielen Menschen, die sich an ihn wandten, waren dagegen in Lila gehalten. Der ökumenische Gedanke steckte in der Tatsache, dass in den verschiedenen Tempeln und Tempelchen neben den Darstellungen Shivas auch solche verschiedener Buddhas, der chinesischen Acht Unsterblichen, von Lao-tse auf seinem Büffel und vieler Apsaras, der himmlischen Tänzerinnen der Khmer, zu sehen waren.

Khun Anusorn, von kleiner, gedrungener Gestalt, mit dunklem Haar und ebensolchem Bart und ganz in Rot gewandet, empfing uns in einem Raum, dessen Wände über und über mit Fotos tapeziert waren, die ihn in Gesellschaft irgendwelcher Berühmtheiten zeigten. Er hatte eine schöne, kräftige, tönende Stimme. Da er ein gutes Englisch sprach, konnten wir uns direkt miteinander unterhalten, und es fiel mir leicht, anstatt von mir selbst zu sprechen, lieber ihn erzählen zu lassen. Der arme Mann hatte auch seine Probleme. Eine seiner Töchter litt seit Jahren an einem entstellenden Ekzem, dem noch niemand hatte beikommen können.

»Ein Karma früherer Leben«, sagte er. »Dagegen sind wir machtlos.« Er hatte die Tochter in einem Zimmer mit Klimaanlage untergebracht, das sie praktisch nie verließ. Ihre Haut fürchte das schwächste Sonnenlicht, erklärte er. Ich hatte allerdings den Eindruck, er fürchte eher die Kommentare, die den Leuten beim Anblick seiner Tochter bezüglich seiner Heilkünste einfallen könnten.

»Du bist immer noch der typische Journalist, der gern in den Schubladen anderer Leute herumschnüffelt«, warf mir Dan vor, als wir wieder auf dem Heimweg waren. Aber das störte mich nicht. Er konnte mir an den Kopf werfen, was er wollte, und als New-Age-Guru herumspinnen, wie er wollte, ich mochte ihn einfach. Und außerdem war ich ihm dankbar für das Engagement, mit dem er mir bei meinen Qigong-Übungen weitergeholfen hatte.

An dem Morgen, als ich abreiste, saßen wir noch zu zweit auf der Veranda bei einem guten Tee zusammen. Wir wussten beide, dass wir uns wahrscheinlich nie mehr wiedersehen würden, und als noch einmal die Rede auf Qigong kam, das uns miteinander verband, gab er mir mit auf den Weg: »Denk dran. Mach es jeden Tag; voll konzentriert und feierlich. Bis zum letzten Atemzug.« Es war ein Rat, den ich gern beherzigen wollte.

Dann unterhielten wir uns noch einmal über unsere erste Liebe, die uns vor vielen Jahren zusammengeführt hatte: China. Dabei hatten wir ein geradezu gegensätzliches Verhältnis zu diesem Land. Ich hatte dort gelebt, mich mit der dortigen Realität auseinander gesetzt, und war schwer enttäuscht worden. Er hingegen hatte zwar einige Jahre in Taiwan verbracht, sich dem wahren China aber bewusst fern gehalten.

»Andernfalls hätte ich vielleicht nicht überlebt«, erklärte er. »Das heutige China ist doch zum Fürchten. Konfuzius' Alptraum ist Wirklichkeit geworden: Kaufleute haben dort die Macht übernommen, und Weise und Priester genießen keinerlei Respekt mehr. Aber China ist auch eine große Kultur. Seine Leistungen muss man mit sich führen und dorthin verpflanzen, wo man gerade lebt. Ich lebe noch in jenem China, von dem ich angenommen habe, so viel ich konnte: die Kunst der Teezubereitung, Qigong, die Heilkunst, die Kräuterkunde, den Taoismus und nicht zuletzt meine Frau. Im Grunde war es immer schon so: Das China, um das es mir geht, war das China weniger Auserwählter unter Millionen von Bauern, die alle mit Nahrung versorgten und dafür mit einem Leben voller Feste, Tempel und Legenden belohnt wurden.«

Dieses virtuelle China war seine Zuflucht, die er, wie eine Schnecke ihr schützendes Haus, mit sich herumtrug und bald nach Australien mitnehmen würde.

Für mich war das keine Lösung. Auch ich war auf der Suche nach einer Zuflucht. Aber ich spürte, dass ich sie nicht in Büchern, in einem ideellen Land oder einer fiktiven Zeit finden würde. Letztendlich musste es etwas sein, das in mir lag, das weder »westlich« noch »östlich«, sondern allen Menschen gemein war.

Die drei Monate Ewigkeit neigten sich dem Ende zu. Wie im Flug waren sie vorübergegangen. Bald schon würde ich mich wieder in New York einfinden müssen, zu den »Prozeduren«, wie meine tüchtigen Instandsetzer eine Reihe von Untersuchungen nannten, die sicherstellen sollten, dass die Reparaturen noch hielten. Für sie ging es um die Frage, ob sie mein Visum für die Welt der Normalen verlängern konnten, für mich um die Fahrkarte für eine weitere Runde auf dem Karussell.

Diese Untersuchungen machten eine eigenartige Anästhesie nötig, bei der ich mich nach dem Aufwachen mindestens zwölf Stunden lang erst einmal an nichts erinnern würde. Deswegen war es unerlässlich, dass jemand bei mir wäre. Und wieder war Angela für mich da.

Wir trafen uns in Bangkok und beschlossen, über die Pazifikroute in die USA weiterzureisen. Angela plante, eine Cousine auf einer Insel vor der amerikanischen Westküste zu besuchen. Und ich würde Gelegenheit haben, vor der Weiterreise nach New York in Kalifornien an einem Unterstützungsprogramm für Krebskranke teilzunehmen. Und so fanden wir uns also bald schon, auf kleinstem Raum wie Hühner in der Legebatterie zusammengepfercht und in einem fort in der Mikrowelle aufgewärmtes Plastikessen in uns hineinstopfend, auf einem jener superlangweiligen, nicht enden wollenden Überseeflüge wieder.

Lummi war keine Insel von außerordentlicher Schönheit. Aber immerhin war es einer Gruppe junger Umweltschützer gelungen, die Abholzung jahrhundertealter Zedern und die Umwandlung des Bodens in Bauland zu verhindern und so die Landschaft in ihrer rauen Natürlichkeit zu erhalten. Nicht erhalten hatte sich hingegen das ursprüngliche menschliche »Panorama«, und mit dem neuen setzte mich Amerika wieder in Erstaunen.

Indianische Ureinwohner gab es auf der Insel nicht mehr. Jene, die nach ihnen dort gesiedelt hatten, waren größtenteils auch schon wieder verschwunden und hatten einer seltsamen Schar neuer Einwanderer Platz gemacht: Männer und Frauen nach dem x-ten Neuanfang; Paare mit der zweiten, dritten oder vierten großen Liebe; geschiedene Homosexuelle; alte kalifornische Milliardärinnen, die mit um Jahrzehnte jüngeren Fischern zusammenlebten; bärtige Umweltschützer aus Los Angeles, die sich als Waldarbeiter versuchten, und die verschiedensten »Künstler«. Und alle schienen sie ausgestattet mit einem Pick-up-Truck, auf dessen Ladefläche sie die Reste ihrer früheren Existenz hierher transportiert hatten und mit dem sie jederzeit wieder aufbrechen konnten, zusätzlich beladen mit dem Wenigen, was ihnen von der jetzigen Existenz bleiben würde.

Jene Transporter mit der offenen Ladefläche, die ich vor praktisch jedem Haus stehen sah, waren für mich das Symbol eines Landes, in dem niemand dort lebt, wo er geboren ist, und niemand dort stirbt, wo er gelebt hat. Ein Land, in dem alle unabhängig und unbekannt sind, inmitten anderer unabhängiger Unbekannter, mit denen sie sich für eine gewisse Zeitspanne eine große Nähe vorspielen. Dieses fortwährende rastlose Umherziehen der Amerikaner in ihrem scheinbar grenzenlos weiten Land sorgt sicher für jenes Gefühl größter Freiheit, das dem amerikanischen Mythos zugrunde liegt. Aber auch, wie mir schien, für viele unglückliche Menschen.

Häufig sah ich vor einem Haus zwei Pick-ups stehen: einen für sie und einen für ihn, dachte ich mir dabei, alle beide jederzeit bereit, die Zelte abzubrechen. Ein Ehepartner, eine Geliebte, ein Geliebter gefällt nicht mehr? Ein Ort wird zu eng? Schon packt man alles auf den Pick-up, die Überbleibsel des erneuten Scheiterns, den Werkzeugkasten, ein paar Klamotten, und auf geht's zu neuen Ufern, einer anderen Insel, einer anderen Stadt, wo alles wieder von vorn beginnt: Job, Beziehung und die Behauptung, Freunde zu haben.

Die Pick-up-Gesellschaft garantiert für nichts außer der Möglichkeit, jederzeit wieder abhauen zu können. Was für ein Unterschied zur Welt meiner Kindheit, als man sicher ärmer war, aber jeder seine Familie hatte, seinen Beruf, seine Freunde, auf die man bauen konnte und denen man sich wirklich widmete! Die

Menschen lebten und arbeiteten in gewachsenen Zusammenhängen mit einer langen Geschichte. Die Handwerker in Florenz zogen Stolz und Sicherheit aus der Tatsache, dass sie, häufig seit vielen Generationen, in ein und derselben Werkstatt oder im selben Viertel fest verwurzelt waren. Auch das hat sich im Laufe meines Lebens verändert. Auch bei uns werden heute mit Schlagworten wie »Mobilität« und »Flexibilität« neue ökonomische Realitäten verschleiert, in denen immer weniger Jugendliche eine feste Arbeit haben oder sich nach ihren Interessen und Neigungen einen Beruf aussuchen können.

Auch bei uns wird mittlerweile Unsicherheit als eine Form der Freiheit präsentiert. Eine trügerische Freiheit. Zur Pick-up-Mentalität haben wir es noch nicht gebracht, aber der Trend geht dorthin. Denn auch bei uns wächst die Ungewissheit an allen Fronten, und auch hier werden die Beziehungen untereinander, sei es in Job, Familie oder Partnerschaft, immer brüchiger und oberflächlicher. Und die Lösung? Manche erwarten, dass sie vom Himmel fällt.

Auf Lummi machten Angela und ich jeden Tag ausgiebige, manchmal stundenlange Spaziergänge. An einem Morgen, kurz nach Sonnenaufgang, überholte uns auf einer jener menschenleeren Straßen, die sich wie ein welliges Band zum Horizont ziehen, ein Pick-up und hielt zehn Meter weiter am Straßenrand. Ein Mann und eine Frau stiegen aus und kamen auf uns zu, und die Frau sprach mich an: »Du bist ein spiritueller Mensch, nicht wahr?«

»Sind wir das nicht alle in einem gewissen Alter?«, gab ich zurück.

»O nein, mein Freund, ich kann dir jede Menge Leute auf dieser Insel aufzählen, die genau das Gegenteil sind«, antwortete sie.

Meine indische Bekleidung mit dem Kurta-Pyjama und dem Kaschmirschal über den Schultern hatte in ihnen die Hoffnung geweckt, den »Meister« getroffen zu haben, der, ihnen zufolge, auf Lummi zu erwarten sei. Ich musste sie enttäuschen.

Nach einigen Tagen auf der Insel reisten wir in die Microsoft-Hauptstadt Seattle weiter. Trotz Meerblick und den im Hafen vertäuten Luxusyachten war mein erster Eindruck der einer weiteren deprimierenden Stadt. An jeder Straßenecke bettelte jemand um ein Almosen. Vor allem viele Jugendliche wirkten dreckig und abgerissen, mit verzweifeltem oder irrem Gesichtsausdruck. Vielleicht der »Ausschuss« von Bill Gates' Fließbändern, sagte ich mir, Gescheiterte, die es nicht geschafft hatten, irgendein Programm für die Computer der Welt zum Laufen zu bringen.

Nachts konnte ich nicht schlafen und lauschte stattdessen auf die Stimmen der Männer, deren Zuhause ein großer Karton im Durchgang zwischen zwei Geschäften war. Es gab keinen Frieden, nicht so etwas wie Gemeinsamkeit oder Solidarität. Nur diese typisch amerikanische konfliktträchtige Atmosphäre. Am nächsten Morgen wollte ich Briefmarken kaufen. Auf dem Postamt drängten sich die Menschen, doch niemand sprach ein Wort. Bis diese bedrückende Stille jäh unterbrochen wurde. Ein Stadtstreicher trat an den Schalter und verlangte etwas, was nach Auskunft der Angestellten dort nicht zu haben war.

Der Mann fuhr sofort aus der Haut und wollte den Namen der Dame wissen, die daraufhin die Leiterin der Dienststelle herbeirief, die sich bemühte, den Mann zu beruhigen. Aber der gab keine Ruhe. »Ich bin FBI-Agent«, schnaubte er, indem er zu einem Stück Papier vor sich griff und die Namen der beiden Damen, die er mittlerweile erhalten hatte, aufschrieb. »Und das geht direkt ans Weiße Haus!«, schrie er weiter und wandte sich zum Gehen.

Da erhob sich vom Ende der Warteschlange eine Stimme: »He, mein Freund, komm, gib mir den Brief. Ich bin der Präsident der Vereinigten Staaten. Da kannst du dir die Briefmarke sparen.«

Angela und ich mussten lachen, aber wir waren die Einzigen. Die anderen in der Schlange taten ganz unbeteiligt, und so endete die Sache.

Eine Stunde später sahen wir durchs Fenster eines übel stinkenden Restaurants den »Präsidenten der Vereinigten Staaten« allein vor einem Teller mit Reis und roten Bohnen sitzen, während der »FBI-Agent« nicht weit entfernt seinen Aufstand in einem Schreibwarengeschäft wiederholte.

Angela blieb in Seattle bei einer Freundin. In New York wollten wir uns wieder treffen. Ich selbst flog nach San Francisco zu meinem Seminar. Auch dort wieder Stadtviertel voll armer Teufel, Bettler, Verzweifelter. Erneut Bilder von Ungerechtigkeit, Ungleichheit, menschlichem Elend: das andere Gesicht jener USA, durch die der Weg meiner Rettung führte, aber auch jenes Gesicht, das ich immer häufiger – mit Sorge – wahrnahm.

USA

Terra incognita

Es war alles per E-Mail oder telefonisch geplant worden, und deshalb wusste ich gar nicht, was mich erwartete. Abgemacht war, dass mich ein gewisser Jerry mit einem roten Jeep vom Hotel abholen und zum Ort des Geschehens bringen würde. Und bereits in den ersten Minuten mit Jerry, einem Mann um die vierzig mit langem Bart und Pferdeschwanz, drängte sich mir der Gedanke auf, dass ich nichts allzu Großartiges erwarten sollte. Ich hatte kaum neben ihm Platz genommen, da begann er schon, mir sein Leben zu erzählen. Ja klar, er arbeite als Fahrer, aber das sei eben nur ein Job. Eigentlich sei er nämlich Schauspieler. Da man aber »in Hollywood nur noch kommerzielle Filme mit den großen Superstars dreht«, finde er keine Rollen mehr und spiele nur noch gelegentlich in einer Theatergruppe unter Freunden. Und wann das letzte Mal? Tja – das sei schon einige Zeit her.

Jerry lebte mit seiner dritten Ehefrau zusammen. Diese betrieb ein Lebensmittelgeschäft unweit des Ortes, zu dem wir unterwegs waren, aber auch sie übte damit nicht ihren eigentlichen Beruf aus. Das Geschäft habe sie nur, um über die Runden zu kommen. Eigentlich sei sie *a visual artist*. Ich fragte nicht nach, was man sich denn unter einer visuellen Künstlerin vorzustellen habe. Denn mittlerweile glaubte ich diese subtile, harmlose Form des Wahnsinns zu kennen, von der viele Amerikaner befallen sind. Es ist eine Art Spaltung: Kein Mensch fühlt sich noch wohl in seiner Haut, keiner ist zufrieden damit, wie er ist und was er macht. Nie ist jemand glücklich, dort zu sein, wo er ist.

Jerry redete weiter auf mich ein, aber ich hörte kaum noch zu. Die Landschaft war interessanter. Wir überquerten die Golden Gate Bridge und fuhren dann auf einer Straße hoch über der Küste weiter, auf der der Verkehr immer weniger wurde. Es war ein warmer Morgen, durch die offenen Wagenfenster blies ein angenehmes Lüftchen, ein wenig Dunst in der Ferne verschluckte den Horizont, Meer und Himmel schienen von einer unendlichen

Weite – und ich war sehr glücklich, der zu sein, der ich war, an dem Ort, wo ich mich befand.

Jerry sollte mich in Commonweal abliefern, jenem Zentrum, in dem ich eine Woche lang an einem speziellen Unterstützungsprogramm für Krebskranke teilnehmen würde. Ich wusste, dass Commonweal, »Gemeinwohl«, irgendwo abgelegen an der Küste lag und dass die nächste Ortschaft Bolinas hieß, aber dieser Ortsname tauchte nirgendwo auf. Längs der Straße fanden sich keine Schilder, keine Hinweise. »Dafür haben wir Bewohner der Gegend hier gekämpft, und das erfolgreich«, erklärte mir Jerry dazu. »So eine Beschilderung verschandelt doch die ganze Landschaft. Und außerdem«, fügte er hinzu, »wer hier wohnt, weiß, wohin er will. Die anderen – sollten ohnehin lieber wegbleiben.«

Die Landschaft wurde immer karger und wilder. Eine betörend schöne Gegend. Obwohl in der Nähe einer Metropole wie San Francisco gelegen, zeigte sie sich nahezu intakt. Dabei war es eine Katastrophe, die sie vor einer stärkeren Besiedlung bewahrt hatte. 1971 war vor der Küste ein Öltanker havariert, die Ladung ergoss sich ins Meer, und ein todbringender schwarzer Schlamm drohte alles Leben längs der Küste zu ersticken. Daraufhin bot die für die Schäden verantwortliche Reederei jedem fünfzig Dollar am Tag, der dabei half, die Strände zu säubern und die Fauna zu retten, speziell die vielen Seevögel, die mit ihrem verklebten Gefieder nicht mehr fliegen konnten. Hunderte junger Hippies und Surfer aus ganz Kalifornien meldeten sich. Und vielen gefiel es dort so gut, dass sie blieben. Die einen mästeten Schweine und Kühe, um ihren Lebensunterhalt zu sichern, andere zogen Bio-Gemüse. Wohl wissend, dass der Reiz der Gegend in ihrer Unberührtheit lag, engagierten sie sich, um die Landschaft so, wie sie war, zu erhalten, und ließen sich dafür auch in die Kommunalverwaltung wählen. Solche Ex-Hippies stellten mittlerweile die Mehrheit der Bevölkerung; durch ihren Zuzug hatte sich die Einwohnerzahl von Bolinas von sechshundert auf zweitausend mehr als verdreifacht.

Die Straße zog sich hinauf und hinunter über mächtige, mit sattgrünem Gras bewachsene Dünen, und in dem Jeep kam man sich manchmal vor wie in einer Achterbahn. Irgendwann ging

Jerry vom Gas, bog nach rechts in einen Feldweg ein, und schon nach wenigen Minuten erreichten wir eine imposante Felsenküste, die sich steil über dem Ozean erhob. Es sah aus, als hätten hier die Wellen in Milliarden von Jahren noch den winzigsten Bissen Erde vom Fels abgenagt und nur ein dürres Gerippe übrig gelassen. Hoch oben auf den Felsrippen, an denen sich weiter unten immer noch schäumend die Wellen brachen, sah man einzelne Gebäude, die seltsam gedrungen wie Betonbunker aussahen. Darum herum Metallmaste und mächtige, verrostete Antennen. Von weitem sah der Ort verlassen aus. Man hätte ihn für einen Stützpunkt von Marsmenschen halten können, die nach einem kurzen Aufenthalt auf der Erde, angewidert von dem, was sie dort sehen mussten, gleich wieder zu ihrem fernen Planeten zurückgekehrt waren. »Wer weiß. Vielleicht kommen sie ja noch mal zurück«, meinte Jerry, den meine Theorie amüsierte.

Wie ich dann von ihm erfuhr, war dieser seltsame Gebäudekomplex steil über dem Ozean zwar nicht von Marsmenschen errichtet worden, hatte aber dennoch eine interessante Geschichte. Von dort aus sendete die *Marconi Corporation of America* zu Beginn des vorigen Jahrhunderts die ersten Radiosignale über den Pazifik. Und im Zweiten Weltkrieg konnte hier der japanische Funkverkehr abgehört werden. Mit den neuen Übertragungsmöglichkeiten verlor dieser geschichtsträchtige Komplex mit seinen dreißig Hektar Land seine Funktion und wurde 1975 zum Verkauf angeboten. Ein junger Mann, damals neunundzwanzig Jahre alt, interessierte sich dafür und handelte einen Mietvertrag mit fünfzigjähriger Laufzeit aus.

»Das Angebot kam genau im richtigen Moment. Ich hatte gerade eine Scheidung hinter mir, mein Hund war gestorben, und mein Vater hatte Krebs«, erzählte mir ein paar Tage später Michael Lerner. Mit ein paar Freunden, die sich auch an der Küste niederließen, hatte er dann geduldig einige Gebäude instand gesetzt und das alte Gemäuer in eine Art Studien-, Meditations- und Friedenszentrum umgewandelt: Commonweal. Schon in New York hatte ich einige Patienten des MSKCC davon erzählen hören. Ich hatte Michael Lerners Buch *Wege zur Heilung* gelesen, in dem er die verschiedenen, auch therapeutischen Wahlmöglichkeiten für Krebskranke aufzeigt, und schon während der Chemotherapie Kontakt aufgenommen und mich um einen Platz in einem der einwöchigen Programme bemüht. Am Telefon hatte ich mich mit einem gewissen Waz, der die Sache organisierte, gleich blendend verstanden und viel gelacht und war dann in das Programm – es war das dreiundachtzigste – aufgenommen worden.

Bei der Ankunft kam man sich vor, als beträte man eine andere Welt. Zunächst sah man ein absurdes Gebäude im assyrisch-babylonischen Stil, in dem einst die Stromgeneratoren gestanden hatten und das nun die Bibliothek der Einrichtung beherbergte. Es lag versteckt in einem Wäldchen mit alten Bäumen, deren Äste ein stetiger Wind vom Meer verkrüppelt hatte. Direkt dahinter schlossen sich drei kleine Villen an, mit Bädern, der Küche, den Tagungsräumen und den Schlafzimmern für die Gäste.

Der erste Eindruck war äußerst angenehm. Die Leute, die in Commonweal arbeiteten, wirkten extrem sympathisch, wie freundliche, einem Märchen entsprungene Kobolde: Männer mittleren Alters mit großen Schnurrbärten und sanften Augen; Frauen mit ungeschminkten Gesichtern und kurzen Haaren. Eine von ihnen, mit vollkommen kahl geschorenem Kopf, war die Köchin, eine Buddhistin, die ausschließlich streng vegetarisch kochte, veganisch – also auch ohne Eier oder Milchprodukte.

Waz, von dem ich nur die raue Stimme gekannt hatte, war ein groß gewachsener, hagerer Afroamerikaner mit einem Gesicht wie ein gutmütiger Pirat, einem blonden Spitzbart, großen silbernen Ohrringen und hellgrünen Augen in einem olivenfarbenen Gesicht. Er hatte jahrelang Yoga gemacht und Hunderte von Gedichten geschrieben, darunter einige wirklich schöne.

»Und wo kommst du her?«, fragte ich die zweite Köchin, deren Vollmondgesicht kaum einzuordnen war: koreanisch oder indianisch, hätte ich vielleicht vermutet.

»Ich? In diesem Leben aus Ohio«, antwortete sie, »doch in den vorherigen habe ich in Indien gelebt.«

»Aha. Und woher weißt du das?«

»Das kann ich dir jetzt nicht erklären«, meinte sie und verschwand in der Küche.

Es waren noch nicht alle Teilnehmer eingetroffen, aber das gemeinsame Mittagessen gab uns Gelegenheit, schon einmal die Gründer von Commonweal kennen zu lernen. Fast alle blickten auf Lebensgeschichten zurück, in denen Krankheit, Heilung und Erwartung eine große Rolle spielten. Bei manchen auch Rückfälle. Michael, der seinen Vater und eine Schwester durch Krebs verloren hatte, litt lange unter einer schweren Muskelerkrankung. Die beiden Leiterinnen meines Programms hatten dramatische Krebsgeschichten hinter sich. Dies war wohl schon immer die natürlichste Voraussetzung, um Heiler zu werden: der Mensch, der zum Schamanen wird, weil er selbst verwundet wurde. Wer die Prüfung eines großen Traumas, einer schweren Erkrankung bestanden und überlebt hat, kann wohl leichter anderen auf diesem Weg zur Seite stehen. Die Narben des Schamanen sind der Beweis seiner Qualifikation. In Commonweal war es ähnlich. Wir waren alle »verwundet«, und das machte es leicht, offen miteinander umzugehen.

Die Commonweal-Leute erzählten von früheren Programmen, von Freundschaften, die entstanden waren, von Beerdigungen, die sie besucht hatten. Einer holte alte Gruppenfotos hervor und zeigte, wer noch lebte und wer gegangen war. Es war beeindruckend, wie natürlich sie mit dem Thema Tod umgingen.

Am Nachmittag stellte Michael das Programm vor. »Ein Prozess, um den eigenen Körper langsam wieder in Besitz zu nehmen und die verschütteten oder vergessenen Aspekte der Persönlichkeit wieder zum Tragen zu bringen.« Die Mittel dazu: Gruppengespräche, Massagen, Meditation, das »Sandtablett«, Spiele mit Bildern, Yoga- und Atemübungen. Die Ziele: die durch die Krankheit hervorgerufenen Ängste erträglicher zu machen; dann die Vorstellung der verschiedenen Heilungsmethoden; und schließlich die Vermittlung all dessen, was jeder Kranke selbst zur Verbesserung seiner körperlichen und seelischen Verfassung tun kann, und zu zeigen, wie sich ein unvoreingenommener Blick auf den eigenen Zustand gewinnen lässt.

»Niemand darf sich die Schuld an seiner Erkrankung geben«, betonte Michael. »Wir sind alle einer Flut von Chemikalien ausgesetzt, die es vor hundert Jahren noch nicht gab. Und unser eigener Zustand, unsere eigene Gesundheit ist von jener der Erde, auf der wir leben, nicht zu trennen.« Dies war das Thema, das ihm besonders am Herzen und einem Großteil der Arbeit von Commonweal zugrunde lag.

Hinsichtlich des Grundes, der uns alle nach Commonweal geführt hatte, legte Michael besonderen Wert auf die Unterscheidung zwischen »Behandlung« und »Heilung«. Erstere habe mit Ärzten zu tun, mit Medikamenten, ihrer Anwendung und eventuellen Erfolgen bei der Bekämpfung der Krankheit. Eine Behandlung geschehe in erster Linie körperlich durch die Einwirkung äußerer Faktoren. Unter Heilung verstehe er hingegen einen Prozess, bei dem das gesamte Gleichgewicht des kranken Menschen wiederhergestellt werde. Sie komme vor allem von innen, durch die persönlichen Anteile, die ein jeder in die Auseinandersetzung mit der Krankheit einbringe. Commonweal biete keinerlei Krebs-»Behandlung« an, dafür aber Hilfe bei der »Heilung«. Darum gehe es in den nächsten Tagen.

Nach dem – wieder streng vegetarischen – Abendessen sollten wir Teilnehmer uns vorstellen und die Geschichten erzählen, die uns hergeführt hatten. Wir waren zu neunt, sechs Frauen und drei Männer, alle mit gelblichen Gesichtern, verängstigtem Blick und wenigen Haaren, die nach der Chemotherapie gerade wieder nachzuwachsen begannen. Ich war der einzige Ausländer und erhielt hier, durch alles, was ich zu hören bekam, wieder einen neuen Einblick ins Innenleben eines Landes, dessen latente Ängste ich schon in New York so stark gespürt hatte.

Ein Orthopäde, nur wenig jünger als ich, erzählte, dass ihn seine Frau nicht lange nach der Krebsdiagnose verlassen habe. Am meisten belaste ihn, so gestand er, dass sie bei ihrem Auszug gleich das ganze Haus mit allen Möbeln leer geräumt habe. Einer kleinen, sehr lebhaften Frau so um die fünfunddreißig, von Beruf Modeschöpferin, wurden ebenfalls kurz nach der Feststellung eines Tumors von ihrem Mann die Scheidungspapiere vorgelegt. Besonders litt sie darunter, dass sie sich, geschwächt durch die Chemotherapie, nicht um ihren noch kleinen Sohn kümmern konnte und der Vater alles daransetzte, ihn ihr zu entziehen.

Abgesehen von einer Frau aus San Francisco, die in einer intakten Ehe lebte und bei ihrem Mann und den beiden Kindern großen seelischen Halt fand, berichteten alle von instabilen persönlichen Verhältnissen, die von Enttäuschungen und Konflikten gekennzeichnet waren. Viele fühlten sich allein gelassen von ihren Angehörigen und fanden größeres Verständnis bei Freunden oder Arbeitskollegen. Einer Anwältin aus Denver, ebenfalls geschieden, kamen die Tränen, als sie erzählte, dass ihre Sekretärin und ihre engste Mitarbeiterin eines Morgens kahl geschoren im Büro erschienen, um es ihr selbst mit ihrem Aussehen nach der Chemotherapie leichter zu machen.

Wir saßen im Kreis auf dem Boden, wir neun Teilnehmer sowie die Frau, die die Gesprächsleitung übernommen hatte. Worüber sie damit ebenfalls bestimmte, war eine Schachtel mit Papiertaschentüchern, die stets, wenn ein Teilnehmer zu erzählen begann, zu diesem hinüberwanderte, um die Tränen zu trocknen, die, wie man wusste, seinen Bericht begleiten würden. Irgendwann wurden wir uns dieses komischen, aber notwendigen »Schachtel-Kreisens« bewusst und mussten alle lachen. So auch die junge Modeschöpferin, die dann von einer Studie irgendeiner Universität berichtete, nach der sich durch Zwiebelschneiden ausgelöste Tränen chemisch anders zusammensetzten als jene Tränen, die uns in dieser Runde kamen. »Tränen der Trauer und der Wut«, wie sie sie nannte.

Die Trauer und die Wut, die ich aus den Geschichten meiner Gefährten heraushörte, hatten mehr mit ihrer Lebenssituation und ihren persönlichen Beziehungen zu tun als mit der Krankheit selbst. Vielleicht sollte man einmal den »Entwicklungs«-Grad einer Gesellschaft mit anderen Kriterien als Bruttoinlandsprodukt oder Pro-Kopf-Einkommen messen – nämlich mit der Verbreitung des »Reichtums«, im Leben einen Menschen neben sich zu wissen, auf den man wirklich bauen kann. Ein Mensch, der gemeinsam mit einem selbst in die Zukunft und die Vergangenheit blickt und die Freuden und Leiden des Augenblicks teilt. Ein Mensch vielleicht, den man bereits in jungen Jahren kennen gelernt hat, mit dem man Schritt für Schritt gemeinsam gewachsen ist und mit dem es schön wäre, zusammen alt zu werden. Welche Bedeutung hat die bloße Anwesenheit eines solchen Menschen für den Heilungsverlauf eines Kranken? Eine enorme! Und Ähnliches gilt für ein echtes Vertrauensverhältnis zum behandelnden Arzt. Meine Gefährten sahen das genauso.

Die Anwältin aus Denver erzählte unter Tränen, sie sei nie wieder zu dem Onkologen gegangen, der zu ihr gesagt hatte, er könne nichts mehr für sie tun. Eine andere Juristin hingegen, eine Richterin aus Minnesota, schwärmte geradezu von ihrem Arzt. Er habe nie von Überlebenschancen gesprochen, von Jahren oder Monaten, die ihr vielleicht noch blieben. Von ihm höre sie nur positive Aussagen, und sie sei entschlossen, sich nicht »von einer Statistik vereinnahmen zu lassen«.

Ein Mann um die fünfzig, der in Washington für eine Menschenrechtsorganisation arbeitete und auf eine lange Krebsgeschichte zurückblickte, erzählte, er habe sich zwei neue Ehefrauen und immer wieder neue Ärzte gesucht, um nicht mit der Krankheit allein zu sein.

Alle waren empört über ihre Versicherungsgesellschaften, die unter den fadenscheinigsten Gründen die Bezahlung von Klinikrechnungen ablehnten. Der Orthopäde hatte herausgefunden, dass seine viele Jahre zuvor abgeschlossene Lebensversicherung eine Klausel enthielt, nach der seine Kinder keinen Cent bekommen würden, wenn er sich das Leben nahm. Die Anwältin bestätigte ihm, dass es sich genau so verhielt.

Die alles überragende »Persönlichkeit« in Commonweal war aber der Ozean. Man brauchte ihn nicht zu sehen, um seine Weite zu empfinden, brauchte ihn nicht bewusst zu hören, um seinen Atem zu spüren über allen anderen Geräuschen, sein tiefes Keuchen, das der Wind, der stetig blies, einem zutrug. Tag und Nacht, Nacht und Tag. Der Ozean war allgegenwärtig, und vielleicht war er auch der wahre »Lehrmeister« in Commonweal, das Heilmittel, dessentwegen wir alle gekommen waren.

Ich schlief hervorragend und stand wie gewöhnlich sehr früh auf. Im ersten Morgenlicht, in dem ich gerade mal erkennen konnte, wo ich den Fuß hinsetzte, schlug ich vom Gästehaus den Pfad ein, der durch das Wäldchen mit den knorrigen Bäumen führte, sich dann sanft zwischen grasbewachsenen, tauglänzenden Dünen hindurchschlängelte, um schließlich steil, an manchen Stellen richtig gefährlich abzufallen, durch die Felsen, bis hinunter zu ihm: dem Ozean in seiner immensen, berauschenden Weite, der an den Strand rollte, die Klippen umschlang, mit ein paar alten Ästen sein Spiel trieb, sie ein Stück mit hinauszog, um sie gleich darauf wieder ans Ufer zu schleudern. Seit Milliarden von Jahren in demselben Rhythmus, zurück und wieder vor, um augenblicklich jede Spur zu tilgen, die irgendwer oder irgendetwas im Sand hinterlassen hat, meine Fußstapfen, die Spur eines kleinen Krebses, der aus seiner winzigen Höhle gekrabbelt kam, die Abdrücke der alten Äste.

Am Strand entlangwandernd, hob ich hier und da einen von den kleinen, seltsamen Steinen auf, die mir aufgefallen waren. Sie waren rosafarben, flach und abgeschliffen. In der Mitte wiesen sie einen dunklen Kreis auf, der wie das versteinerte Auge irgendeines urzeitlichen Wesens aussah. Ich genoss die Welt, die so lange schon bestand, ließ mich überwältigen und anrühren von der Großartigkeit der Natur. Das Schäumen der Brandung sorgte für einen leichten Nebelschleier, den die Sonne kaum durchdrang, aber dieses gedämpfte, formlose Weiß ließ mich die Unendlichkeit des Ozeans noch eindringlicher spüren. Ich dachte an die Ewigkeit, aber nicht als eine Zeit ohne Ende, sondern einen Moment ohne Zeit. So wie dieser Moment, den ich jetzt erlebte: ein Moment, in dem ich von mir selbst den Eindruck hatte, ewig zu sein und die Großartigkeit, die mich umgab, auch in mir zu tragen.

Auf dem Rückweg, bereits wieder über den Klippen, dort, wo der Pfad flacher durch die Dünen führte, fiel mir mitten im hohen Gras eine alte Hütte aus grau verwittertem Holz auf. Die Tür war nur mit einem Haken verschlossen. Ich öffnete sie. Der Raum dahinter war winzig, doch von einer besonderen Atmosphäre. Auf einem niedrigen Tischchen standen wie auf einem Altar getrocknete Blumen und der Stummel einer Kerze, die andere Besucher hier entzündet hatten. Darum herum einige Muscheln. Spontan legte ich einen der Steine mit den fossilen Augen, die ich am Strand gesammelt hatte, dazu. Ich setzte mich auf die kleine Strohmatte auf dem Boden und lauschte der Stille, dem Atem des Universums und dem meinen.

Die Begegnung mit dem Ozean wurde zu meinem täglichen

Ritual. Ganz früh am Morgen, wenn die anderen noch schliefen, machte ich mich zu meiner Strandwanderung auf. Und abends vor dem Essen setzte ich mich irgendwo windgeschützt, etwas abseits der anderen, auf die große Wiese, die sich hoch über der Küste erhob, und beobachtete von dort, wie das Wasser die Farben des Sonnenuntergangs annahm.

An einem Abend, als aus dem Wind Sturm geworden war und die Wellen tief unter mir mit Macht auf den Strand schlugen, rhythmisch, stetig, wie der Atem eines immensen Lebewesens, beobachtete ich lange einen alten Baumstamm, den der Ozean ergriff und wieder losließ, jetzt auf sich reiten ließ, dann über den Strand rollte. Ich stellte mir vor, dieser Baumstamm zu sein. Der Baumstamm war mein Körper, und von oben sah ich gelassen zu, wie er in den Armen dieses gutmütigen Riesen tanzte und sich verlor. Da erschienen zwei wunderschöne Pelikane am Himmel. Groß, lautlos, mit gespreizten Flügeln ließen sie sich auf den Schwingen des Windes die Küste entlangtragen: War das meine Seele? Die Erinnerung an mich? Ein großer Friede war in mir, und ich fragte mich, wie viele andere Programmteilnehmer hier oben schon einmal daran gedacht haben mochten, wie ein Pelikan zu fliegen und über diese wunderschönen Klippen zum Ozean hinzugleiten. Es wäre schön gewesen, sich vom Wind mitnehmen zu lassen. Ich fühlte mich herrlich, allein, ohne Verantwortung, ohne Last, ohne die Tränen von irgendjemandem.

Kurz darauf beim Abendessen musste ich wieder feststellen, dass das interessant aussehende vegetarische Essen in Wahrheit ziemlich fade war. Die Farben änderten sich, aber salz- und geschmacklos blieb es. Dafür sei es aber urgesund, tröstete mich die buddhistische Köchin, die einer Küche vorstand, die nie eine Tasse Tee oder Kaffee verließ. Nur Kräuteraufgüsse.

Die Morgende begannen mit Meditations- und Entspannungsübungen unter Waz' Anleitung, der es prächtig verstand, eine angenehme Atmosphäre zu schaffen. Bei einer Übung lagen wir unter einer Decke und sollten unseren Kopf, unsere Arme und Beine vergessen, um in der Stille jenen »inneren Raum des Friedens« wiederzuentdecken, in den wir uns immer zurückziehen könnten.

Waz sprach auch von einem »heiligen Ort, an dem sich Endliches und Unendliches treffen«. Die Terminologie irritierte mich, aber die Übungen waren hervorragend, und ich nahm mir vor, sie in mein tägliches Programm einzubauen, mit dem ich meinen Körper – und vielleicht auch mehr – fit zu halten versuchte.

Nach dem ebenfalls »urgesunden« Frühstück standen die verschiedenen Gruppengespräche und Aktivitäten auf der Tagesordnung. Eine, die mir gefiel, war *imagery*, das Spiel mit den Bildern. Wie immer auf dem Fußboden sitzend, mit einem großen Bogen weißen Papiers und Farbstiften ausgestattet, sollten wir nun, so wie es uns spontan in den Sinn kam, unser Leben in diesem Augenblick, also das »Heute«, bildlich darstellen sowie das, was wir vom »Morgen« erwarteten. Danach würde jeder seine Vision vorstellen und den anderen mit Worten erläutern, was er mit seiner Zeichnung ausdrücken wollte. Ich fand es interessant, dass bei allen meinen Gefährten die Hoffnung deutlich wurde, dass ihr »Morgen« besser als ihr »Heute« sein würde.

Ich hatte mein Blatt in vier gleiche Teile unterteilt. Ins Zentrum setzte ich eine schöne rote Sonne, die über dem Horizont – genau die Mitte des Blattes – eines Meeres mit blauen Wellen auf- oder auch unterging. Auf dem Meeresgrund, in der Situation des »Heute«, malte ich ein Schiffswrack, an dessen Bug das chinesische Schriftzeichen für »Leben« zu erkennen war. Fischschwärme bewegten sich zwischen den Algen, sowohl auf der rechten Seite des Bildes, meinem »Heute«, als auch auf der linken, dem »Morgen«. Als ich an der Reihe war, erklärte ich, teils im Ernst, teils auch, um die anderen ein wenig zum Schmunzeln zu bringen, dass meine Erkrankung auf der Waagschale des Universums kaum ins Gewicht falle; egal wie mein »Morgen« aussähe, die Sonne würde weiter auf- und untergehen und die Fische unbeirrt auf dem Grund des kosmischen Bewusstseins umherwuseln.

Die beklemmendste Zeichnung stammte von dem Mann aus Washington. Er hatte sich selbst in einer Art Organigramm mit all seinen Terminen und Verpflichtungen dargestellt; sein Büro, die Kinder von seinen zwei Ehefrauen, die Klinik, sein Herbalist, sein Akupunkteur, seine Masseuse. Wie er erklärte, musste er, um von einem Termin zum anderen zu gelangen, manchmal eine

Stunde Autofahrt rechnen, und er fragte sich, ob die »alternative Medizin« wirklich diesen ganzen Aufwand wert sei. Im »Morgen« sah er sein jetziges Ich vor einer Treppe, die aufwärts führte: ohne irgendeine Verpflichtung.

Mein ganzes Leben lang hatte ich immer Probleme mit dem »Wir«, mit jenem natürlichen Bestreben des Menschen, sich als Teil einer Gemeinschaft zu fühlen. Dieses »Wir« hat mich immer befremdet. Zu den unerfreulichsten Erinnerungen an jene fünf Jahre, die ich – um nicht zu verhungern – bei Olivetti arbeitete, zählen für mich jene Momente, wenn mir irgendjemand, ein Chef oder Kollege, etwa im Flur neben mir hergehend, eine Hand auf die Schulter legte und anhob: »Wir von Olivetti ...« Nein, in dieses »Wir« fühlte ich mich nicht eingeschlossen. Dreißig Jahre lang war ich froh und glücklich, Journalist sein zu können, aber niemals habe ich mich in der oft gehörten Redensart »Wir Journalisten« wiederfinden können.

In gewisser Weise fühlte ich in Commonweal das Gleiche gegenüber den anderen Teilnehmern. Aber es war keine Arroganz. Eher das Gegenteil. Ich sah mich einfach nicht in derselben Situation wie die anderen, empfand mich nicht als Teil jener, wie sie Albert Schweitzer einmal genannt hatte, »Gemeinschaft der vom Leiden Gezeichneten«. Ehrlicherweise muss ich sagen: Die anderen waren gezeichnet, ich nicht. Ich konnte mich nicht mit dem Orthopäden vergleichen, der jetzt ohne Frau und ohne Möbel dastand, dem man ein Gerät in den Bauch gesetzt hatte, damit seine Leber weiter funktionierte: Er war allein und von allen verlassen. Und ebenso wenig mit der Dame aus San Francisco, die, noch nicht einmal vierzigjährig und als Mutter von zwei kleinen Kindern, zu entscheiden hatte, ob sie sich einer zweiten Chemotherapie – die ihr aber auch nur geringe Überlebenschancen bot – unterziehen sollte. Dieses Leid empörte. Der mögliche Tod dieser Frau war »ungerecht«. Meiner nicht.

Wie oft hätte ich zuvor schon sterben können: in Vietnam oder in Kambodscha, als ich den Roten Khmer in die Hände fiel; auf den Philippinen, als ich es mir in den Kopf gesetzt hatte, den glühende Asche ausstoßenden Kegel des Pinatubo zu besteigen; oder bei einem Flugzeugabsturz: bei jenem etwa, den mir der Wahrsager in Hongkong prophezeit hatte, oder in einem der »fliegenden Särge« der Aeroflot, den Antonow-Maschinen in den letzten Monaten der Sowjetunion. Es war Glück, dass ich überhaupt noch da war. Und wenn sich jetzt die verrückt spielenden Zellen in meinem Körper wieder vermehrten, konnte ich nichts so furchtbar Unnatürliches, nichts Inakzeptables darin sehen.

Dennoch gab es da etwas, was mich sehr eng mit den anderen verband. Wie sie alle hatte auch ich nie ernsthaft an meinen Tod gedacht. Gewiss, in den Monaten in New York hatte ich den Tod als eine Möglichkeit, als etwas nicht Fernes, gespürt. Aber wirklich mit ihm auseinander gesetzt hatte ich mich nicht. Das war kein Versagen. Schließlich haben es die Menschen schon immer so gehalten. Im *Mahabharata* gibt es eine Episode, die das eigenartige Verhältnis der Menschheit zum Tod treffend zusammenfasst.

Die fünf Pandava-Brüder, aus ihrem Königreich vertriebene Prinzen, lebten einige Jahre schon im Wald. Als sie einmal lange und erfolglos einem Hirsch nachgesetzt waren, gelangten sie zu einer Lichtung und blieben dort keuchend und durstig stehen. Der Jüngste stieg auf einen Baum, erblickte in der Ferne einen Teich und sagte zu den Brüdern, er gehe Wasser holen. Die Zeit verstrich, aber der Jüngling kam nicht zurück. Der zweitjüngste Bruder ging ihn suchen, und auch dieser blieb fort. Und ebenso geschah es mit dem dritten und dem vierten Bruder. Da machte sich der Älteste, nun allein geblieben, ebenfalls auf zu dem Teich. Dort erwartete ihn ein schrecklicher Anblick: Seine vier Brüder lagen tot am Ufer des kühlen, kristallklaren Wassers. Aber man sah keine Spuren eines Kampfes, auch keine Fußspuren, außer den ihren. Verzweifelt, aber auch durstig, streckte er eine Hand ins Wasser aus, um zu trinken.

»Halt«, hörte er da jemanden rufen. »Das ist mein Teich. Nur wenn du meine Fragen beantwortest, darfst du trinken. Trinkst du, ohne zu antworten, wirst du sterben, so wie deine Brüder gestorben sind.« Die Stimme kam von einem Storch, der seine Herausforderung nun wiederholte: »Beantworte meine Fragen, und du darfst trinken.«

Der älteste Pandava willigte ein. Die ersten Fragen waren leicht, und der Prinz konnte sie ohne Schwierigkeiten beantworten. Dann wurde es ernst: »Sag mir, was ist die überraschendste Seite des menschlichen Lebens?«, fragte der Storch.

»Dass der Mensch zwar sieht, wie der Tod um ihn herum zahllose Leben hinwegrafft, aber nie daran denkt, dass er auch selbst an die Reihe kommen wird«, antwortete der Prinz, indem er die Leichname seiner Brüder berührte.

Die Antwort war richtig. Der Zauber war gebrochen, und die vier Brüder, von denen keiner geglaubt hatte, dass der Tod auch ihm drohe, kehrten ins Leben zurück.

In diesem Sinne war auch ich »gezeichnet« wie die anderen Teilnehmer. Der Tod, über den wir sprachen, war nicht abstrakt, theoretisch; es war nicht der Tod anderer. Es war unserer. Meiner. Und das Bedürfnis, mir dessen bewusst zu werden, verband mich mit jenen acht Menschen, die ich nie zuvor getroffen hatte und wahrscheinlich nie mehr wiedersehen würde, zu denen aber, wie die Tage vergingen, eine ganz außergewöhnliche Nähe entstand. Bald schon merkte ich, dass ich im Grunde nach Commonweal gekommen war, um über den Tod zu sprechen.

»Nun, wie würdet ihr gern sterben?«, fragte die Leiterin zum Einstieg in die Gesprächsrunde. Es war das Thema dieses Morgens. Ganz ungefiltert, ohne die Befürchtung, vielleicht jemanden zu kränken oder zu belasten, gab jeder seine Gedanken preis, zuweilen mit der Hand auf der Taschentuchschachtel, die eilig zu dem Betreffenden hingeschoben werden musste, zuweilen aber auch von Lachen begleitet, wie etwa, als der Orthopäde an der Reihe war. Nach dem Gespräch vom ersten Abend über Versicherungsprobleme und den Umstand, dass seine Söhne leer ausgehen würden, wenn er sich umbrachte, hatte er noch mal gut über die Sache nachgedacht. So hatte er nun beschlossen, es nicht mit einer Pistole, sondern mit einem Boot zu machen. Das heißt, er wollte einen Bootsunfall auf offener See vortäuschen, bei dem seine Leiche nie gefunden würde, so dass seine Versicherung zu leisten gezwungen wäre. Mehr als um einen schönen Tod ging es ihm also darum, seine Versicherung zu überlisten. Ein positives Zeichen, meinte unsere Gesprächsleiterin, ein Zeichen für seinen »Lebenswillen«.

Zu meiner Überraschung zogen fast alle anderen einen Suizid – mit oder ohne Hintergedanken hinsichtlich von Versicherungsleistungen – in Betracht. Und besonders jene, die keine Familie hatten, dachten daran, in einer jener Einrichtungen zu sterben, von deren Existenz ich noch nie gehört hatte: Hospize. Dabei handelt es sich um Häuser für Todkranke, in denen den Betroffenen, nach Auskunft meiner Gefährten, Sterbehilfe geleistet werde. »Es geht darum, eine schöne Welle zu erwischen und auf ihr davonzureiten«, meinte die Gesprächsleiterin, die vor ihrer Krebserfahrung wohl einmal Surferin an den Küsten Kaliforniens war.

Ich selbst erzählte davon, wie ich den Tod in meiner Kindheit erlebt hatte: nicht als etwas Unbegreifliches, aber Heiliges, Geheimnisvolles, Respekteinflößendes, angesichts dessen man auf Zehenspitzen ging, die Stimme senkte. Ich erinnerte mich gut an den Sterbenden in seinem Bett, die flüsternde Verwandtschaft im Wohnzimmer und dann die Totenwache um den Verstorbenen herum. Da lag der Leichnam, und alle betrachteten ihn mit Verwunderung und Einverständnis. Der Tod war präsent.

Wenn damals die Angehörigen eines kranken Menschen im Krankenhaus von den Ärzten hörten, dass nichts mehr zu machen sei, wurde das Familienmitglied wieder nach Hause gebracht, damit es dort aus dem Leben scheiden konnte. Und so waren dem Sterbenden seine letzten Empfindungen von dieser Welt wohl vertraut: die Härte seiner Matratze, der Geruch der Betttücher oder des Bohnerwachses auf dem Fußboden, das Knarren einer Tür. Heute geschieht genau das Gegenteil. Der Tod verunsichert und soll verborgen werden. Und so schickt man den Todkranken ins Krankenhaus, um dort hinter einem Vorhang zu sterben, reglos ans Bett gefesselt durch all die Schläuche und Geräte, an die er angeschlossen ist, umgeben von aggressiven Geräuschen und Gerüchen, fremden Gesichtern – bereits im Jenseits, während er eigentlich noch im Diesseits ist. Bliebe mir die Wahl, so sagte ich, würde ich alles tun, um mir die Klinik zu ersparen und so zu sterben, wie alle meine vier Großeltern gestorben waren: in ihrem Bett.

Die Anwältin aus Denver ließ sich die Taschentücher reichen und bedankte sich bei mir. Meine Beschreibung hatte sie davon überzeugt, nicht ins Hospiz zu gehen.

Das Thema Tod – jene »Terra incognita«, aus der noch kein Reisender zurückgekehrt ist – rückte noch bei vielen weiteren Gesprächen in den Vordergrund. Ich weiß nicht genau, was mit uns passierte, wenn wir über ihn sprachen. Vielleicht versuchten wir, ihn auszutreiben. Ein Psychologe hätte mir das gewiss erklären können, aber das hätte mir nicht so viel geholfen wie dieses immer wieder Darüber-Reden mit Leuten, die aus eigener Anschauung wussten, worum es hier ging. Und wo sonst hätte man dies tun können? Es war wieder der Orthopäde, der die Sache auf den Punkt brachte: Ein Grund für seine Scheidung sei unter anderem gewesen, dass er über seinen möglichen Tod sprechen wollte. Doch seine Frau sei dem aus dem Weg gegangen, indem sie ihm ständig die durchschnittlichen Überlebenschancen bei Patienten seiner Altersgruppe mit der gleichen Krebsart vorgerechnet habe. »Sie wollte mir bestimmt Mut machen, aber das nur mit Statistiken«, seufzte er.

Die Frau mit den beiden kleinen Kindern meinte, ihre Krankheit sei für ihren Ehemann an sich schon eine ernorme Belastung. Da wolle sie ihn nicht noch zusätzlich mit ihrem eigentlich sehr starken Bedürfnis, über ihren Tod zu sprechen, behelligen. Ich hatte das Gleiche Angela gegenüber empfunden. Deswegen war ich froh, dort zu sein, im Kreis anderer Krebspatienten, auf die ich etwas von der Last abwälzen konnte.

»Okay, ich akzeptiere also, dass ich sterben muss, vielleicht schon bald. Aber steht das nicht im Widerspruch zu meinem Vorsatz, um mein Leben zu kämpfen?«, fragte die Anwältin aus Denver in die Runde.

Ich hatte gerade einiges an Zen-Literatur gelesen und gab eine Geschichte zum Besten, die ich für eine passende Antwort hielt. Ein alter Mönch fühlt seinen Tod nahen. Er legt sich nieder und verkündet, dass er in den nächsten Stunden sterben werde. Alle seine Schüler versammeln sich an seinem Sterbelager. Nur ein einziger, der ergebenste aber, eilt nicht zu seinem Meister, sondern auf den Markt, um einen Kuchen zu holen, von dem er weiß, dass der sterbende Mönch ihn besonders liebt. Aber er bekommt ihn nicht und muss ihn erst wieder backen lassen, was einen ganzen Tag in Anspruch nimmt. Endlich ist es so weit, und er läuft zurück, in der Hoffnung, doch noch rechtzeitig zu kommen, und kaum steht er in der Zellentür, da schlägt der Mönch die Augen auf und murmelt: »Endlich! Und wo ist der Kuchen?« Er lässt sich ein Stück reichen und verzehrt es mit großem Genuss.

Seine Schüler schauen sich verwirrt an. Einer fragt: »Meister, wie lautet deine letzte Lehre? Verkünde uns etwas, was wir nie vergessen werden.«

Der Meister lächelt und spricht dann, langsam, jedes Wort betonend: »Dieser Kuchen schmeckt vorzüglich.«

Seine letzte Lehre ist einfach: Lebt jetzt, lebt im Augenblick. Es gibt keine Zukunft. Seid euch dessen bewusst. Jetzt, in diesem Augenblick, schmeckt der Kuchen vorzüglich. Sogar der Tod hat keine Bedeutung mehr – im Augenblick noch nicht.

Ich hatte den Eindruck, mit dieser kleinen Geschichte einen recht philosophischen Beitrag geliefert zu haben: Im Grunde sagte sie ja das Gleiche aus wie die Worte meines Juweliers in Delhi, die ich damals so weise gefunden hatte. Doch die sympathische Mutter der beiden kleinen Kinder meldete Zweifel an. »Manchmal denke ich, dass all diese Geschichten, die Massagen, alternativen Heilmittel, Yoga, die Zeichnungen und das Gerede von ›Heilung‹ statt ›Behandlung‹ nichts als Hirngespinste sind.«

Wir lachten, doch sie brach in Tränen aus. »Ich will doch nur ein Medikament, das meinen Krebs beseitigt. Ich will gesund werden und meine Kinder aufwachsen sehen.« Dann erzählte sie, ihr Vater sei ein furchtbar brutaler Mensch gewesen, der sie als Kind häufig geschlagen habe. Und nun erkenne sie bei einem ihrer Söhne die gleiche Aggressivität. Sie wolle leben, um ihm dabei zu helfen, sich nicht zu zerstören. Bis dahin schien sie mir als Einzige der ganzen Gruppe aus »intakten« Familienverhältnissen zu kommen. Aber noch nicht einmal bei ihr stimmte es. Ach, Amerika!

Zum Schluss bat uns die Gesprächsleiterin, im Kreis auf dem Boden sitzen zu bleiben, die Augen zu schließen und uns an den Händen zu fassen. Auf diese Weise würden wir einander unsere »Energie übertragen«. Mir kam es ein wenig lächerlich vor, typisch kalifornisch, und gleichzeitig spürte ich, dass damit wieder meinem typisch europäischen, arroganten »Ich« der Kamm schwoll. Hatte es denn vielleicht etwas Besseres anzubieten?

An jenem Abend verkündete Michael in der Gesprächsrunde nach dem wie üblich hübsch anzuschauenden, aber faden Essen, dass wir über »Todeserfahrungen« sprechen würden. Also darüber, wie man sich nach den Berichten von Leuten, die bereits auf der Schwelle zum Jenseits gestanden hatten und wieder zurückgekehrt waren, das Sterben vorzustellen habe.

Ich persönlich konnte dieses Thema nicht sehr ernst nehmen. In der Zeit in New York hatte ich mich ein wenig mit solchen Geschichten befasst, weil ich in ihnen, ähnlich wie in Berichten über Ufos, fliegende Untertassen oder andere Verschrobenheiten, einen typischen Ausdruck der amerikanischen Kultur sah. Auch wenn man es nicht so wahrnimmt, spielen sie immer noch eine wichtige Rolle in der Seelenlage dieses Landes. Immer noch erscheinen ständig neue Veröffentlichungen zu diesen Themen, und Jahr für Jahr bringen Dutzende von Symposien Tausende von Menschen zusammen, die sich gegenseitig ihre außergewöhnlichen Erfahrungen erzählen, wobei aber letztlich immer die gleichen Erlebnisse mit den gleichen Details geschildert werden. Doch diese Gleichförmigkeit gilt dann wieder als Beweis ihrer Glaubwürdigkeit. Ich hatte verschiedene Bücher zu diesem Themenkreis gelesen und »seltsamerweise« in Commonweal eines davon im Gepäck, das ich aber irgendwann zur Seite legte. Der Titel sagte schon alles: *Why People Believe Weird Things* – »Warum die Leute seltsame Sachen glauben«.

Als Michael nun bei der Vorstellung der Literatur zum Phänomen der »Todeserfahrungen« von einem Herrn erzählte, für den die Reise ins Jenseits mit anschließender Wiederkehr offenbar die natürlichste Sache der Welt war, konnte ich meinen Mund nicht halten.

»... er hatte einen entsetzlichen Autounfall und war praktisch tot«, erzählte Michael. »Er steckte in einem dunklen Tunnel, als er plötzlich ein Licht sah, ein Licht, das immer heller wurde, ihn anzog, und eine Stimme, die sprach ...«

»... wahrscheinlich auf Englisch, oder?«, rief ich dazwischen, und alle lachten. Michael auch.

Die junge Modeschöpferin, die deutsche Vorfahren hatte, gab zu bedenken, schon Goethe habe auf dem Sterbebett eine ähnliche Erfahrung gemacht. Dafür sprächen seine berühmten letzten Worte: »Mehr Licht!«

»Ach was«, warf ich ein. »Es sollte nur jemand den Vorhang öffnen. In einem dunklen Zimmer mochte er nicht sterben.«

In gelöster Atmosphäre unterhielten wir uns den ganzen Abend weiter. Im Zusammenhang mit sehr viel realeren Erfahrungen von Menschen, die dem Tod äußerst nahe, ihm aber entronnen waren, erwähnte Michael die Untersuchung eines jüdischen Psychoanalytikers, der Auschwitz überlebt hatte und sich später mit der Frage beschäftigte, wieso dies ausgerechnet ihm gelungen war. Wie waren die Häftlinge beschaffen, die wie er die Vernichtungslager überstanden hatten? Körperlich robuster als andere? Keineswegs. Es waren jene, die eine sehr klar umrissene Vorstellung von ihrem Leben hatten – und ihrem Tod. Das fand ich sehr aufschlussreich.

Gegen Ende des Abends sprach Michael erneut über unseren »inneren Raum des Friedens«, in dem wir alle jederzeit Zuflucht finden könnten. Um in diesen Raum zu gelangen, sprach Michael drei OM und setzte damit, wie er erklärt hatte, eine »Kette des Mitgefühls« in Gang. Er sprach also »OM«, der Teilnehmer zu seiner Linken nannte seinen Namen und öffnete sich, um das Mitgefühl und die positiven Gedanken, die die anderen an ihn aussandten, zu empfangen; ein weiteres »OM«, und der eins weiter links sagte seinen Namen, empfing das Mitgefühl, und so weiter.

Zum Schluss zeigten sich alle zufrieden, erklärten, Wärme, Licht und Energie verspürt zu haben. Nur ich hatte lediglich gespürt, wie der Ärger in mir hochkochte. Zwar hatte ich die Vernunft satt, mir grauste aber auch vor dem Gegenteil. Das war mein Dilemma: Was ich selbst herausgefunden oder mir, wie ich glaubte, selbst erarbeitet hatte, nahm ich ernst, fand ich wichtig. Was ich in Supermarktregalen fand, stieß mich ab. Mein *Fliegen ohne Flügel* war das Buch eines Menschen, der an die Wiederentdeckung der magischen Aspekte des Lebens »glaubt«. Doch nun, da ich mich unter den »Gläubigen« befand, wurde ich wieder zu einem eingefleischten Skeptiker.

Als ich eines Nachmittags in einem alten Gebäude von Commonweal herumschnüffelte, gelangte ich über ein Holztreppchen in einen großen leeren Raum. Auf dem Fußboden lag eine große Plane, die mit einem violett-weißen Labyrinth bemalt war. Offenbar war es dazu gedacht, dass man darüberlaufen sollte. Ich zog meine Sandalen aus und versuchte es. Barfuß, Schritt für Schritt, mich immer wieder verlaufend, umkehrend und neu ansetzend, schaffte ich es schließlich, bis ins Zentrum zu gelangen. Ich war allein. Es war still, und mich überkam ein angenehmes Gefühl. Seitdem ging ich noch öfter hin. Ich mochte das Labyrinth. Dieses Sich-Verlaufen und Neuorientieren auf dem Weg ins Ziel hatte etwas Magisches.

Bei diesem Spiel beobachtete mich einmal eine Mitarbeiterin von Commonweal, der ich zuvor noch nicht begegnet war, und sprach mich später darauf an. Sie beschäftigte sich mit der Idee des Labyrinths als Mittel, um die Spiritualität wachzurufen, und hatte sich die Sache selbst ausgedacht, um sie in einer der Gruppen nach uns einzusetzen. Das Labyrinth, so erklärte sie mir, stehe symbolisch für den verschlungenen Weg, den der Mensch gehen müsse, um zu seinem Zentrum zu gelangen. Es könne den Teilnehmern vielleicht dabei helfen, etwas in ihrem Innern wiederzufinden, was verschüttet wurde und sich ausdrücken wolle: etwas, das uns helfen könne, einen Sinn in dem, was uns widerfuhr, zu entdecken.

Mir zum Beispiel widerfuhr es, dass ich irgendwo an der Felsküste Kaliforniens während eines Treffens für Krebskranke das Labyrinth für mich entdeckte. Ist das Leben nicht phantastisch? Aus einem Buch über die Geschichte des Labyrinths, das ich mir auf den Hinweis dieser Dame hin aus der Commonweal-Bibliothek holte, erfuhr ich, dass die frühesten Labyrinth-Funde über 4500 Jahre alt sind; so fand man ein in Fels geschlagenes Labyrinth aus dem Jahr 2500 vor Christus auf Sardinien; und eines der ersten Labyrinthe an einer Mauer kann man an der Fassade des Doms in Lucca sehen. Bevor die Gläubigen die Kirche betraten, fuhren sie mit dem Finger den in die Wand neben dem Hauptportal gemeißelten Weg nach. Es war eine Art Meditationsübung, um zur Ruhe zu kommen, die alltäglichen Sorgen beiseite zu schieben und sich auf den Eintritt in den geweihten Raum und die Begegnung mit Gott vorzubereiten.

Über Jahrhunderte träumten viele Christen davon, einmal im Leben nach Jerusalem zu pilgern. Doch spätestens mit dem Beginn der Kreuzzüge um 1100 vor Christus wurde die Reise ins Heilige Land immer gefährlicher. Daher wurden nun einige neue Kathedralen wie die in Jerusalem konzipiert und damit das Ziel einer Ersatzpilgerreise. Der Weg durch das in den Fußboden dieser Kathedralen eingelassene Labyrinth war für den Gläubigen das Ende der symbolischen Wanderung, die er in Wirklichkeit nicht hatte auf sich nehmen können. Im Zentrum dieser Labyrinthe befand sich häufig eine Rose, die europäische Entsprechung der Lotusblüte, als Symbol des Geistes und der Erleuchtung. Das bekannteste und schönste dieser Labyrinthe findet man in der Kathedrale von Chartres.

An einem anderen Abend ging es, wieder unter Michaels Gesprächsleitung, ums Dichten. Jeder sollte ein paar Gedichtzeilen verfassen, die seine momentane Seelenlage widerspiegelten. Am folgenden Morgen würde jeder die fotokopierten Gedichte der anderen erhalten, um dann gemeinsam in der Gruppe darüber zu sprechen. Michael ermunterte uns, vollkommen frei einfach loszulegen und die Worte, so wie sie uns in den Sinn kamen, zu Papier zu bringen. Zum Schluss warnte er noch: »Zermartert euch nicht das Gehirn: Es gibt kein Wort, das sich auf ›Krebs‹ reimt.«

Als Junge habe ich gemalt. Mit sechzehn machte ich mich daran, einen Roman zu schreiben, und einmal habe ich mich sogar als Holzschnitzer versucht. Doch das Gedicht – wenn man es so nennen darf –, das ich in Commonweal verfasste, war wohl das erste meines Lebens.

Nobody ever told me
I could fly.
Nobody ever promised
I won't die.
Yet without wings

I flew
And now without regret
For promises unkept
For things undone
Now without much pain
I feel like flying yet – *again.**

Michael war ein interessanter Mensch. Er hatte Kinderpsychologie studiert und sich dann, mit der Gründung von Commonweal, den Bereichen Medizin, Chemie und Ökologie zugewandt. Aber ich bezweifelte, dass er im Grunde seines Herzens tatsächlich Wissenschaftler war. Bei den Gruppengesprächen zeigte er größte Achtung vor allen Meinungsäußerungen, und dabei blieb unklar, welche Position er selbst einnahm. Ich wusste nicht, wo Michael stand. Er aber glaubte, begriffen zu haben, wo ich stand. Er hatte Tausende von Leuten seine Programme absolvieren sehen und sich eine grobe Einteilung geschaffen: die Mystiker und die Realisten.

»Bei Ersteren sehe ich dich nicht«, gestand er mir, als ich mich einmal beim Mittagessen neben ihn gesetzt hatte. »Und ich will auch nicht sagen, dass deren Sichtweise höher einzuschätzen wäre als die der Realisten …« Er hielt inne und fügte dann hinzu: »Und außerdem sind das ja alles nur Worte.« Und als Beispiel dafür erzählte er von seiner Ehefrau, die nie das Wort Spiritualität in den Mund nehme, aber, sobald es regne, auf die Straße gehe und Schnecken auflese, damit sie nicht von Autos überfahren werden. »Ihre Spiritualität braucht sie nicht zu suchen. Ich selbst aber muss an meiner noch ganz schön arbeiten.«

Und was war mit mir? War ich tatsächlich ein reiner Realist? Oder stand ich irgendwo dazwischen, auf der einen Seite überzeugt, dass mir der Realismus der Vernunft nicht genügte; auf der anderen Seite mit der Angst, dass Mystizismus und Spiritualität, von denen Michael sprach, allzu dehnbare Begriffe ohne

* Niemand hat gesagt / Du wirst fliegen / Niemand hat versprochen / Du wirst nicht sterben / Dennoch flog ich / Ohne Flügel / Und nun, ohne Bedauern / Wegen unerfüllter Versprechen / Wegen unerledigter Dinge / Und ohne Schmerz / Bin ich bereit, wieder – zu fliegen.

klare Bezüge und verbindliche Definitionen, kurz, zu subjektiv und zu parteiisch waren. Ich hatte das Gefühl, mich auf schwankendem Boden zu bewegen. Manchmal bekam ich schon Bauchkrämpfe, wenn ich Worte wie »Energie« und »Schwingungen« bloß hörte.

Dennoch begann auch ich zu spüren, dass es noch etwas anderes gab und ich die Dinge nur aus einem anderen Blickwinkel betrachten musste, damit alles zusammenpasste: Diese Krankheit hatte mich getroffen, um mir etwas zu zeigen. Ich hatte den Weg durchs Labyrinth gehen müssen, um meinem Zentrum näher zu kommen, um mich mit Dingen auseinander zu setzen, von denen ich mir früher nicht hätte träumen lassen. Das war es doch, wie ich instinktiv spürte, was ich tun musste, um meiner Krankheit begegnen, mit ihr umgehen und leben zu können. In erster Linie hatte ich meine Arroganz zu überwinden, meine intellektuellen Ressentiments, diese Haltung: »Das ist doch nichts für mich.« Ich musste die Welt durch eine andere Brille betrachten. Die bislang benutzte war nicht unbedingt die beste oder die, die am wenigsten verzerrte.

In therapeutischen Fragen war Commonweal grundsätzlich für die klassische, allopathische Medizin, ließ aber auch allem anderen Raum und schloss keine Richtung von vornherein aus. Michael betonte immer wieder die Möglichkeit der Wahl für den Patienten, die Bedeutung seiner Lebensqualität, besonders im Zusammenhang mit lebensverlängernden Maßnahmen, die die Ärzte – oft genug mit Zustimmung der Angehörigen – den Patienten verordneten, ja sogar aufnötigten. Obwohl Michael viele positive Ansätze bei den unterschiedlichsten ergänzenden oder alternativen Therapien sah, zeigte er sich sehr skeptisch hinsichtlich jener Kliniken, die in letzter Zeit an den Grenzen zu den USA, speziell in Mexiko, entstanden waren und mit »Heilung« in hoffnungslosen Fällen warben.

Michael zufolge kam auch der seelischen Teilnahme des Kranken am Heilungsverlauf eine besondere Bedeutung zu. Den New-Age-Gedanken aber, nach der der Patient für seine Krankheit verantwortlich ist oder, noch schlimmer, die Schuld an ihr trägt, wies er entschieden zurück. »Solch eine Haltung ist nicht nur absurd, sondern auch gefährlich«, erklärte er. »Krebs ist im Wesentlichen eine epidemische Erkrankung, und die Gründe dafür liegen fast alle nicht innerhalb, sondern außerhalb von uns.«

Michael und seine Mitarbeiter hatten sich ausgiebig mit der Beziehung zwischen Krebs und Umwelt beschäftigt. Von offensichtlichen Zusammenhängen ausgehend, waren sie zu beunruhigenden Schlüssen gelangt. Eine neuere Commonweal-Studie belegte zum Beispiel, dass Muttermilch heutzutage schon zu den giftigsten Nahrungsmitteln zählt. Als letztes Glied in der Nahrungskette ist der Mensch ohnehin das Auffangbecken aller umweltschädlichen Faktoren, die sich bei jeder vorherigen Station angesammelt haben. Je nach Nahrungsmittel kann das jeweils eine Erhöhung des Giftgehalts um das Zwanzig- bis Hundertfache bedeuten. Da Muttermilch nun sozusagen das allerletzte Glied in der Kette darstellt, sind Säuglinge allen Giften ausgesetzt, die sich bei den Müttern im Laufe ihres Lebens angesammelt haben.

Das Stillen, zweifellos eine der natürlichsten Funktionen aller Säugetiere, wird so mehr und mehr zu einer subtilen Form indirekter Vergiftung. »Seit mindestens fünfundzwanzig Jahren«, führte Michael seine Schreckensbilanz weiter aus, »fließt in Millionen amerikanischer Haushalte in Hunderten amerikanischer Städte Wasser aus den Hähnen, das mit Insektiziden, Pestiziden und Kunstdünger in unterschiedlich hoher Konzentration verseucht ist. Es wird nicht nur getrunken, sondern auch darin gebadet oder damit geduscht. Und so werden schließlich jene chemischen Substanzen, die eigentlich für die Felder bestimmt waren, auch über die Haut inhaliert und absorbiert.«

Trotz allem bleibt Stillen den Studien von Commonweal zufolge immer noch das Beste, was Mütter tun können. Sie geben damit einen Teil der angehäuften chemischen Substanzen wieder ab, und obwohl sie von ihren Säuglingen aufgenommen werden, scheinen sich diese dennoch besser zu entwickeln als andere, die mit der Flasche großgezogen werden.

Die Beziehung zwischen dem Zustand der Erde und der Gesundheit des Menschen (auch der Tiere) bildete den Hintergrund vieler weiterer Aktivitäten von Commonweal. Deshalb auch das

Engagement in verschiedenen Projekten, angefangen bei der Biodiversität bis zum Schutz des Meeres vor der kalifornischen Küste. Jene Hippies, die einst zur Rettung von Seemöwen und Pelikanen hierher gekommen waren, hatten sich daraus eine neue, sinnvolle Existenz aufgebaut. Ein erfreulicher Aspekt amerikanischer Flexibilität.

Michaels Sorge um den Zustand, die »Gesundheit« der Erde wurde immer wieder deutlich. Seine Erfahrungen mit Krebspatienten hatten ihm gezeigt, dass die psychische Belastung, das Bewusstsein, mit einer lebensgefährlichen Krankheit zu leben, auch positive Veränderungen bewirken kann. Und er fragte sich nun, ob solch eine Entwicklung nicht auch in einem größeren Rahmen, hinsichtlich der Gefährdung der Erde, in ganzen Völkern, ja in der gesamten Menschheit möglich sei. »Wir Menschen haben einen brutalen Krieg gegen alle Lebensformen auf der Erde entfesselt«, meinte er, »und die Folgen fallen nun auf uns zurück. Es ist Zeit, sich dessen bewusst zu werden und die Notbremse zu ziehen.«

Das sehe ich haargenauso. Der Mensch muss ein neues Bewusstsein seiner selbst, seines Daseins auf der Erde, seiner Beziehungen zu anderen Menschen und zu anderen Lebewesen entwickeln. Dieses neue Bewusstsein muss eine spirituelle Komponente enthalten, die dem zwanghaften Materialismus unserer Zeit etwas entgegensetzen kann. Nur unter diesen Umständen dürfen wir auf eine neue, vertretbare globale Zivilisation hoffen. Die jetzige hat uns in eine Sackgasse geführt und fällt mittlerweile wieder in die Barbarei zurück. Dort müssen wir raus.

Daher forderte Michael, die Behandlung des Individuums auf die Behandlung des Planeten auszuweiten. Die Erde sei heute von einer Krankheit befallen, die ihr Überleben bedrohe, so wie Krebs das Leben derer, die an der Woche in Commonweal teilnahmen. Es gelte, auf jede erdenkliche Weise ein Bewusstsein zu schaffen, das er *interbeing consciousness* nannte, also ein Bewusstsein der wechselseitigen Abhängigkeit aller Lebewesen auf der Erde.

An einem Morgen verlief die »Imaginations-Stunde« anders als erwartet. Mit der ganzen Gruppe durchstreiften wir die saftig grünen Wiesen und spazierten zur größten der alten Lagerhallen direkt über dem Meer. Sie war nicht instand gesetzt worden und sah gespenstisch aus. Durch das Dach fielen Sonnenstrahlen, und der weite Innenraum war noch voller Dinge, die vor fünfzig Jahren einmal nützlich waren: die Skelette von Generatoren, Antennen, Elektrokabel, Funkgeräte. In einer Ecke stand ein noch intakter Feuerwehrwagen. Das Ganze wirkte wie der passende Drehort für einen Kriegsfilm – der Schauplatz einer Exekution. Und dazu wurde er. An einer der schimmelig grünen Wände hing ein großer quadratischer weißer Pappkarton, in dessen Mitte das Wort »Krebs« stand. Davor ein Tischchen mit Filzstiften, auf dem Boden bergeweise alte Flaschen. Das Ganze diente dem Zielwerfen. Dabei war unsere Krankheit das Ziel, aber jeder konnte auch noch andere Wörter hinzufügen, auf die er seine Wut richten und ein paar Flaschen werfen wollte.

Der eine nahm einen Filzstift zur Hand und schrieb »Schmerz« dazu, ein anderer »Bürokratie« oder »unsensible Ärzte«. Der Orthopäde schrieb »Versicherung«. Es war befreiend, wie die Flaschen krachend an der Wand zerbarsten. Alle lachten, beglückwünschten sich gegenseitig zu gelungenen Würfen und feuerten mit aller Kraft neue Flaschen gegen die Wand. Jeder schien plötzlich von einer großen Freude erfüllt. Da ich selbst keinerlei Aggressionen in mir verspürte, verschenkte ich meine ganze Flaschenration an die Anwältin aus Denver. Bevor wir dann gingen, nahm ich einen schwarzen Filzstift zur Hand und zeichnete einen Schnurrbart, zwei Augen und einen lachenden Mund in den Zielkreis, in dem das Wort Krebs fast nicht mehr zu lesen war. Beschwingt und vergnügt machten wir uns auf den Rückweg. Das ganze Spiel war ein Volltreffer. Einer meinte, es sei bislang der Höhepunkt der ganzen Woche. Zweifellos hatte sich durch die harmlose Gewalt des Flaschenwerfens eine Menge von der Wut gelöst, die hier jeder in sich zu tragen schien.

In der nachmittäglichen Gesprächsrunde gab die Anwältin aus Denver ein weiteres Stück ihrer Lebensgeschichte preis. Sie war verheiratet gewesen, aber die Ehe scheiterte, als der gemeinsame Sohn gerade einmal vier war. Es kam zu heftigsten Auseinandersetzungen darüber, wer künftig wo mit wem zusammenleben sollte, bis der kleine Junge irgendwann schrie: »Geht doch alle beide. Ich bleibe hier allein.« Schließlich zog der Ehemann aus. Mit etwa elf Jahren wurde ihr Sohn äußerst aggressiv. In der Schule verprügelte er die Klassenkameraden und beleidigte die Lehrer. Es war ihm einfach nicht mehr beizukommen, zumal er auch seine Mutter von den Attacken nicht ausnahm und häufig unflätig beschimpfte. Von einem Psychologen erhielt sie dann die Anregung, sich einen Sandsack zu besorgen, wie sie Boxer im Training benutzen. Das tat sie, hängte ihn im Zimmer des Jungen auf und erklärte ihm, damit könne er nun anstellen, was er wolle. Und immer wenn der Sohn jetzt mit irgendjemandem haderte, schrieb er den Namen der betreffenden Person auf den Sandsack und drosch, so fest er konnte, mit einem Baseballschläger auf ihn ein. Abwechselnd tauchten auf dem Sandsack die Namen von Schulkameraden oder Lehrern, von seinem Vater und auch von ihr selbst auf. »Dieser Sandsack hat uns beiden das Leben gerettet«, schloss sie.

Als ihr Sohn dreiundzwanzig war, mussten sie umziehen und nutzten die Gelegenheit, den Sandsack zu entsorgen. Aber das gestalteten sie wie eine echte Zeremonie und begruben ihn schließlich im Garten, so als habe es sich um ein lieb gewonnenes Lebewesen gehandelt.

Hat man einmal die Vorstellung akzeptiert, dass der Tod zum Leben gehört, entwickelt man daraus ein Gefühl der Stärke, den Eindruck, nichts könne mehr Macht über einen haben. Diesen Gedanken drückt auch eine alte japanische Geschichte aus.

Ein junger Leibwächter des Kaisers möchte den Umgang mit dem Katana, dem Schwert der Samurai, erlernen. Er wendet sich an einen großen Meister dieser Kunst und bittet ihn, als Schüler aufgenommen zu werden. Dieser möchte sich zunächst einen Eindruck davon verschaffen, was der Jüngling bereits beherrscht, und so kreuzen die beiden ein wenig die Klingen.

»Welche Schule hast du besucht?«, fragt ihn der Meister voller Bewunderung.

»Keine«, antwortet der Jüngling.

»Unmöglich. Du hast bereits bei jemandem gelernt. Du warst in einer Schule.«

»Nein, nein«, lässt sich der Jüngling nicht beirren. »Das habe ich mir selbst beigebracht. Seit ich in Diensten des Kaisers stehe, übe ich mich darin, keine Angst vor dem Tod zu haben.«

»Na, siehst du, das war deine Schule!«, ruft da der alte Meister aus.

Die Angst vor dem Tod zu überwinden ist für den Menschen ein großer, befreiender Schritt. Er verbessert das Leben und hilft – ein guter Samurai zu werden.

Es ist doch seltsam, dass der moderne Mensch Tausende von Dingen erforscht, studiert, sich aneignet, aber übers Sterben nichts lernen will. Ganz im Gegenteil. Soweit nur irgend möglich, vermeidet er es, über den Tod zu sprechen (es gilt sogar als unschicklich, ähnlich wie früher die Erwähnung sexueller Dinge); er verdrängt ihn einfach, und wenn dann der vorhersehbare, völlig natürliche Zeitpunkt da ist, ist er nicht darauf vorbereitet und leidet entsetzlich, klammert sich ans Leben und leidet gerade darum noch mehr.

Eknath Easwaran, ein indischer, 1999 verstorbener Mystiker, der vierzig Jahre zunächst englische Literatur und dann Meditation in Berkeley lehrte, erzählt, wie ihm seine Großmutter, eine Art spirituelle Leitfigur für ihn, einmal eine einfache, aber bedeutende Lektion fürs Leben erteilte. Als er, ein Junge noch, mit dem Tod eines Verwandten nicht zurechtkam, forderte sie ihn auf, sich auf einen breiten Lehnstuhl zu setzen und sich mit aller Kraft dort festzuhalten. So klammerte er sich an die Armlehnen, während sie versuchte, ihn wegzureißen, was ihr auch gelang. Und der Widerstand hatte ihm auch noch wehgetan. Nun bat ihn die Großmutter, sich noch einmal zu setzen, nun aber keinen Widerstand zu leisten. Sie hob ihn sanft vom Stuhl und nahm ihn in die Arme. »So ist es auch mit dem Tod. Du kannst wählen, wie du aus dem Leben scheiden willst. Denk immer daran.«

Solche Großmütter findet man immer seltener. Besonders wohl in den USA, wo Wohlstand, hohe Lebenserwartung und der Mythos von der ewigen Jugend die traditionellen Rollenbilder zunehmend über den Haufen werfen. Und in Europa wird es bald nicht anders sein. Die Großmütter leben immer mehr »ihr Leben«, fahren immer häufiger in Urlaub und kümmern sich lieber um ihre aktuellen Lebenspartner als um ihre Enkelkinder. Das ist der Trend. Unsere Kinder wachsen mit immer größerem praktischen Wissen auf, mit Kenntnissen, wie man sich mit Erfolg durchs Leben schlägt. Aber sorgt noch jemand für die Weitergabe jener Weisheit, jener Erfahrungen vom Leben und vom Tod, wie sie früher von den Familien und Großeltern gewährleistet wurde? Es ist schon eine seltsame Welt: Hebammen, die uns auf die Welt helfen, haben wir zur Genüge, aber niemanden mehr, der uns das Sterben lehren könnte.

Das war nicht immer so. Fast alle antiken Gesellschaften erkannten im Tod einen wesentlichen Teil des Lebens und entwickelten daher eine Kultur des Todes, einen je eigenen Weg, sich diesem Mysterium zu stellen. So haben die Tibeter mehr als tausend Jahre lang ihr heiliges, wie es heißt, von Padma Sambhava geschriebenes Buch *Bardo Thodol** zurate gezogen, um für den Moment des Hinscheidens gewappnet zu sein. Liegt jemand zu Hause im Sterben, schickt der Lama, den man zu ihm gerufen hat, zunächst einmal die Verwandten und Freunde hinaus, die sich weinend um sein Lager eingefunden haben. Dann wendet er sich an den Sterbenden und fordert ihn auf, sich nicht zu wehren, alles geschehen zu lassen, sich von den Dingen dieser Welt, von den Menschen, an denen er im Leben hing, zu lösen. Denn jedes Band wird einmal zerschnitten, alles wird einmal »leer wie ein wolkenloser Himmel«. Warum sich diesem natürlichen Lauf widersetzen?

»Lass alles los, du edel Geborener. Das Licht der Ewigkeit kommt dir entgegen, geh, werde eins mit ihm. Geh! Geh deinen Weg, du edel Geborener, widersetze dich nicht.« Diese Worte raunt der Lama dem Sterbenden in einem fort ins Ohr.

Eben dies war, wie mir immer klarer wurde, das Ziel des Programms: den Betroffenen im Umgang mit der tödlichen Krankheit

* Wörtlich: »Befreiung durch Zuhören«, wurde mit dem Titel *Tibetanisches Totenbuch* übersetzt. Im Wesentlichen handelt es sich um eine Abhandlung über die Kunst zu sterben.

zu schulen. »Viele, viele Menschen haben sich plötzlich mit Krebs auseinander zu setzen«, erklärte Michael an einem Abend, »aber praktisch niemand ist darauf vorbereitet. Wer hört, dass er Krebs hat, fühlt sich ähnlich wie jemand, der von einem Hubschrauber im Dschungel abgesetzt wurde und nun nicht die leiseste Vorstellung hat, wie er überleben könnte. Wäre man dafür ausgebildet, würde man es eher überstehen.«

Dennoch betonte Michael auch immer wieder die Bedeutung von Selbsthilfegruppen. Ein Arzt der Stanford University, der einen größeren Kreis von Frauen mit metastatischem Brustkrebs begleitet hatte, machte eine überraschende Entdeckung: Jene Frauen, die neben der normalen Therapie regelmäßig an Treffen mit anderen kranken Frauen teilgenommen hatten, überlebten ihr Leiden sehr viel eher und länger als andere, die nicht zu solchen Treffen gegangen waren. Bei einer ähnlichen Untersuchung in Los Angeles mit anderen Krebspatienten kam das Gleiche heraus.

»Aber solchc Meldungen gehen in den Zeitungen eher unter«, stellte Michael seufzend fest, »Schlagzeilen machen nur Meldungen, man habe jetzt möglicherweise das entscheidende Medikament gegen Krebs gefunden. Es ist alles eine Frage des Geldes; und daran fehlt es den Selbsthilfegruppen. Vielleicht müssen weitere zwanzig Jahre ins Land gehen, aber irgendwann wird niemand mehr leugnen können, wie wichtig die seelische Unterstützung bei jeder Krebsbehandlung ist.«

Und in Commonweal funktionierte es. Vollkommen abgeschnitten von der Welt, ohne Zeitungen, Radio oder Fernsehen, war die Gruppe mit den Tagen immer enger zusammengewachsen und die Gesprächsatmosphäre lockerer geworden. Das Reden über den »inneren Raum des Friedens« oder den »heiligen Ort« hätte ich leicht banal finden können; dennoch war die Woche an diesem abgelegenen Ort über dem Ozean, fern von den Familien oder dem, was bei vielen davon noch übrig war, fern von den alltäglichen Verpflichtungen, von Ärzten und Versicherungen, für alle eine Wohltat und sorgte wohl auch für ein stabileres inneres Gleichgewicht. Meinem Eindruck nach hatte jeder etwas davon, und bei allen hatte das Bewusstsein unserer Situation – um in der Terminologie zu bleiben – eine etwas höhere Ebene erreicht.

In diesem Sinne war dies tatsächlich ein »heiliger Ort«, so wie auch die Hütte über den Klippen (die, wie ich erfahren hatte, »Jenipher-Kapelle« hieß), und die Teilnehmer begannen daran zu glauben, dass es diesen »inneren Ort des Friedens«, in dem sie Zuflucht finden konnten, wirklich für sie gab. Die Angst vor dem Tod war damit nicht überwunden, aber es ließ sich ruhiger darüber reden. Sie war kein Tabu mehr.

An einem Abend wurde es nach dem Essen spät im Gemeinschaftsraum. Bis tief in die Nacht redeten wir über Beerdigungen, über letzte Worte, die zu sagen wären, über das, was wir zurücklassen würden. Auch hierbei hatte der Orthopäde die klarsten Vorstellungen. Er hatte sich bereits eine Homepage zusammengebastelt und stellte gerade eine Multimedia-CD mit Fotos, Videoausschnitten und Geschichten aus seinem Leben zusammen. Seine Kinder wussten wenig darüber, was er eigentlich für ein Mensch war, aber nach seinem möglichen Tod würden sie ganz bequem die Erinnerungen an den Vater vom Computer abrufen können.

Dann sprachen wir über die letzten Worte, die angesichts des Todes vielleicht noch zu sagen wären, und dabei fiel mir Giuseppe Verdi ein, der, an seiner schlecht zugeknöpften Jacke nestelnd, gesagt haben soll: »Ach, ein Knopf mehr oder weniger ...«

Als es dann an mir war, aufzuschreiben, was ich sagen würde, fiel mir nur ein: »Ich danke allen, die mir geholfen und ihre Hand gereicht haben. Sowie Angela, die mir beide reichte.«

Wir sind alle noch etwas anderes als bloßer Körper, aber dieses »Andere« wird nicht ernährt und nicht versorgt. Während unsere Sinne fortwährend mit allem gefüttert werden, was sie sich nur wünschen können – mit Klängen, Düften, Bildern –, leidet die Seele, wenn es sie gibt, Hunger und Durst. Und dennoch – jeder Mensch weiß es aus eigener Erfahrung – begegnet uns in manchen Augenblicken etwas, etwa eine Szene von außerordentlicher Schönheit, ein Wort, ein Symbol, in dem wir den Nachhall etwas ganz Vertrautem spüren, das wir aber nicht benennen können. Wir vernehmen das Flüstern einer Stimme, der wir lauschen möchten, und lassen uns doch schon bald wieder davon ablenken. Vielleicht ist dies die Wahrheit. Sie streift uns, aber wir lassen sie vorübergehen.

Auch diese Begegnung ist im *Mahabharata* in einem schönen Bild zusammengefasst. Ein Mann wandert durch einen Wald und spürt, wie ein Spinnennetz sein Gesicht streift. Er hat nun zwei Möglichkeiten: Er kann es mit einer einfachen Handbewegung entfernen und seines Weges gehen oder aber stehen bleiben und das Zentrum dieses Spinnennetzes, das Eigentliche, die Wahrheit, betrachten. Wie oft machen wir im Leben diese Erfahrung; wir spüren die Andeutung von etwas, das sich hinter dem Augenschein verbirgt, doch in der Eile schütteln wir sie lieber mit irgendeiner Geste ab und gehen unserer Wege.

Aber ich hatte es ja nicht eilig und auch kein bestimmtes Ziel. Also konnte ich ruhig mal stehen bleiben und mir die Sache eine Weile ansehen. Ja, im Grunde war dies immer noch meine Haltung. Auch wenn es mir damals gar nicht so klar war. Nichts ist schwieriger, als alte Gewohnheiten, eingeschliffene Reaktionsmuster abzulegen. Nichts ist schwieriger, als sich von dem zu lösen, was wir kennen, was wir sind – oder zu sein glauben. Meine instinktiven Reaktionen waren immer noch dieselben wie früher, auch meine Eitelkeit, die bis zum Hochmut gehen konnte, meine Anmaßung, im Besitz von Gewissheiten zu sein, die aber, wie man weiß, meist höchst ungewiss sind. Zweifellos trifft man bei vielen Menschen in den USA auf eine Lebendigkeit, eine Vielfalt, eine Naivität, Frische und Spontaneität, die ich, der alte Europäer, irgendwann verloren hatte. Doch der Ozean schaffte es, dass auch ich mich langsam wieder dem Einfachen, Ursprünglichen annäherte.

Ich spürte es deutlich. Obwohl ich mich in die Gespräche einbrachte und von ihnen profitierte, so etwa von der Diskussion über den Tod, legte ich, besonders an den ersten Tagen, meine Vorbehalte nicht ab. Vielleicht schien es mir unter meiner Würde als europäischer Intellektueller, mich mit Dingen abzugeben, die doch ein wenig platt wirkten und vielleicht bei Amerikanern funktionieren mochten, aber doch gewiss nicht bei mir. In vielen Fällen hatte ich den Eindruck, man sei ganz stolz, warmes Wasser erfunden zu haben. Aber vielleicht war es gerade das, was mir gut tat; vielleicht musste ich gerade davon ein Schlückchen trinken, um die eiskalte Arroganz meines Verstandes zum Schmelzen zu bringen. Dies war der Zwiespalt, in dem ich steckte, der Kampf, der in mir entbrannt war: Ich wehrte mich, versuchte, mich nicht mitreißen zu lassen.

Typisch war meine Reaktion auf das *sand tray*, »Sandtablett«, genannte Spiel. »Es ist ganz besonders dazu geeignet, Menschen dabei zu helfen, einen bestimmten verborgenen Aspekt ihres Innern zutage zu fördern«, hieß es in der Ankündigung, die man an uns verteilt hatte. »Jedes Kind spielt gern im Sand. Nehmt euch daran ein Beispiel. Nicht aber, um etwas Bestimmtes zu erreichen oder zu beweisen. Spielt einfach und lasst euch dabei von eurem Unterbewusstsein leiten.«

Als ich mitbekam, wie sich zwei Frauen nach dem Spiel enthusiastisch über diese Erfahrung äußerten, dachte ich sogleich: Na, das kann ja wohl nichts für dich sein. Die Vorstellung, unter den Augen einer Dame meines Alters, die mit mir in meine Seele blicken würde, im Sand zu spielen, ging mir ganz einfach gegen den Strich. Es waren die typischen Vorurteile eines Intellektuellen, der alles seziert und beurteilt und von sich behaupten darf, das eine oder andere Buch gelesen zu haben. Immer wieder diese Selbstkontrolle. Aber es schien mir absurd, mich hier auf eines jener Spielchen einzulassen, die ich in meinem ganzen Leben noch nicht hatte ernst nehmen können.

Als ich den Raum betrat, in dem ich wieder »Kind werden und mich von meinem Unterbewusstsein leiten lassen« sollte, kam ich mir richtig auf den Arm genommen vor. Der Raum war klein und quadratisch. In der Mitte stand ein Tisch mit einem großen, innen blau, außen weiß gestrichenen Holztablett, auf dem eine dicke Schicht feiner Sand ausgestreut war. An allen vier Wänden standen Regale, in denen die verschiedensten seltsamen Dinge wahllos durcheinander lagen: Plastikfigürchen, Kristalle, Vogelfedern, Eisenteile, Bindfäden, Nippes, bunte Bänder, getrocknete Blumen, Masken, Pappfiguren, Spielkarten, abgetragene Kinderschuhe und tausend Dinge mehr. Von der Decke hing eine große Lampe herab, die das Sandtablett wie eine Bühne anstrahlte, auf der nun etwas aufgeführt werden sollte.

»Ich weiß wirklich nicht, was ich hier soll«, begrüßte ich missmutig die überaus freundlich wirkende Dame, die bereits auf mich wartete. »Auf dem Weg hierher habe ich mir überlegt, dass ich lieber alles so belasse, wie es ist. Das hat ja dann auch etwas zu bedeuten, oder was meinen Sie?«

»Gut, wenn Ihnen danach ist – dann sind Sie eben schon fertig«, antwortete sie lächelnd, weder gekränkt noch verärgert. Das machte mich neugierig. Offenbar geriet sie nicht zum ersten Mal an einen Gockel wie mich und hatte es nicht nötig, ihren Kamm schwellen zu lassen, um sich gegen meinen zur Wehr zu setzen, ihr Ego aufzublähen, um meinem Ego, das ich auf so idiotische Weise zur Schau stellte, gewachsen zu sein. Lächerlich war nicht die Situation. Lächerlich war nur ich.

Ich setzte mich und ließ mir erklären, was ich zu tun hätte. Sie hatte eine angenehme Art. Obwohl sie mit mir sprach, war es, als habe sie sich zurückgezogen. Ich bewunderte sie. Sie besaß die Fähigkeit, sich in Luft aufzulösen. Oder genauer: Sie war zwar da, doch ihre Anwesenheit belastete mich nicht. Und so, als befände ich mich tatsächlich irgendwo am Strand, befolgte ich ihre Anweisungen. Mit geschlossenen Augen und indem ich meine Hände sich selbst überließ, »erspürte« ich tastend den Sand und begann dann, nun mit geöffneten Augen, aber weiterhin auf mein »Kinderherz horchend«, mir aus den Regalen Gegenstände auszusuchen und in einen Korb zu legen: einen Engel mit roten Flügeln, ein Stück blauen Marmors, eine Quarzpyramide, einen Pinienzapfen, einen kleinen Strauß violetter Blumen, eine kleine Pagode, einen Regenbogen, einige Steine des Runen-Spiels. Als ich mir noch ein ganz spezielles Blatt Tarot-Karten durchschaute, fühlte ich mich besonders von dem Fackelwächter angezogen und wollte die Karte gerade in den Korb legen, als die Frau sagte: »In diesem Fall sollten Sie besser mit geschlossenen Augen wählen.« Sie ließ mich das Blatt durchmischen, ich schloss die Augen und zog eine Karte heraus. Es war der Fackelwächter!

Die Komposition, die ich dann mit weniger als der Hälfte der ausgewählten Gegenstände zusammenstellte, war nicht besonders kompliziert. Den Sand formte ich zu einer Gebirgslandschaft mit zwei Seen, der eine hatte ein Auge auf seinem Grund, der andere bestand aus dem blauen Marmor. In einer Ecke des Tabletts erhob sich der Regenbogen, in der gegenüberliegenden der Strohblumenstrauß. In die Landschaft spurte ich einen »Pfad«, zunächst mit einem Finger (ich), dann mit zweien (Angela und ich). Auf den Gipfel eines Berges setzte ich die Quarzpyramide und auf den Kamm, der die Seen trennte, drei Runensteine, in die mir unbekannte Zeichen eingelassen waren. Auf einer Seite des Tabletts steckte ich hochkant, sich über das gesamte Werk erhebend, den Fackelwächter. In der dritten Ecke des Tabletts stellte ich eine Kerze auf und legte eine halb geöffnete Schachtel auf den Tablettrand und ließ ein Streichholz hervorschauen.

Die Dame fragte mich mehrmals, ob ich die Kerze nicht anzünden wolle. Jedes Mal verneinte ich. »Eine brennende Kerze muss auch erlöschen. So aber bleibt der Akt unvollendet und entzieht sich damit der Zeit«, erklärte ich.

»Und welchen Titel würden Sie dem Ganzen geben?«

»Ewigkeit«, antwortete ich, ohne lange nachzudenken.

»Und die drei Runensteine? Sind das Totems?«

»Nein. Grabsteine.«

»Welcher davon bedeutet Ihnen am meisten?«

»Der in der Mitte.«

Die Dame hatte zwei Tassen Kaffee gemacht. Nur durch das Sandtablett getrennt, saßen wir einander gegenüber. Sie ließ mich weiterreden, dies und jenes noch erklären und las mir aus mehreren Büchern etwas über die Bedeutung des Fackelwächters und der von mir ausgewählten Runensteine vor. Dann ergriff sie ganz das Wort und sprach vielleicht zehn Minuten über mein Verhältnis zum Krebs, über meinen Wunsch nach Spiritualität. Ich hätte ihre Worte als banal, platt, typisch kalifornisch abtun können. Doch ihr Vortrag brachte eine Saite in mir zum Schwingen, von der ich gar nichts gewusst hatte, und diese Saite erzeugte einen Ton. Noch während sie die Zeichen »las«, die ich im Sand hinterlassen hatte, spürte ich einen Kloß im Hals, stand auf, bedankte mich bei ihr und machte mich auf zu einem langen Spaziergang über den Klippen.

Als ich in mein Zimmer zurückkam, fand ich auf dem Tisch einige fotokopierte Seiten vor, auf denen die Bedeutung des Fackelwächters und der Runen erläutert wurde. Die Dame vom Sandtablett hatte sie mir zusammen mit einem sehr lieben Gruß zukommen lassen. »Wenn du den Wächter gezogen hast, bist du mit einer göttlichen Heilkraft gesegnet. Erkenne die Macht deiner Hände, im Kreis deiner Familie und deiner Freunde die Energie neu zu entfachen«, hieß es in dem Text aus einem Tarot-Buch. Und über die Runen: »Gewählt hast du die Rune, die für ein Ende und einen Neuanfang im Kreislauf deiner Selbstumwandlung steht. Das Leben, das du bisher gelebt hast, ist erschöpft. Lass es absterben, damit sich deine Lebensenergie befreien und in die Entfaltung eines neuen Lebens eingehen kann. Sei bereit für eine gute Chance, die sich dir im Gewande eines Verlustes bieten wird. Im tiefen Wasser wirst du zum Schwimmer.«

Da schien einiges zu passen. Aber man kennt ja diese Art Botschaften, aus denen jeder herauslesen kann, was er will. Ich bin sicher, ebenso hätte ich auch die Erläuterungen zu anderen Tarot-Karten oder Runen, die ich nicht gewählt hatte, auf mich zutreffend gefunden. Dennoch hatten mir die Sache mit dem Sandtablett und die Gespräche darüber mit der Frau irgendwie gefallen. Hatte ich auch etwas daraus gelernt? Zumindest, weniger arrogant zu sein und vielleicht öfter auf jene andere Stimme zu hören, jene unbewusste Saite zum Schwingen zu bringen und mich mehr einzulassen, anstatt innerhalb jener absurden Grenzen zu verharren, die wir uns unbewusst gesetzt haben und die vielleicht auch ein Grund für viele unserer Leiden sind. Wir haben einen Kreis um unser Leben gezogen, den wir um keinen Preis verlassen wollen. Aber innerhalb dieses Kreises fühlen wir uns eingeengt und leiden. Warum also nicht wieder Kind werden? Ohne Schranken, ohne Ängste, dafür aber mit einer unstillbaren Neugier; frei, ohne etwas als bereits bekannt, als selbstverständlich abzutun.

Am letzten Abend fanden wir uns alle, in große weiße Decken gehüllt, auf der schönen Wiese über dem Ozean ein, um den Sonnenuntergang zu genießen. Es blies ein stürmischer Wind, so dass wir schließlich dicht aneinander gerückt dasaßen. Und so sieht man uns nun auf dem Gruppenfoto, das damals geschossen wurde und jetzt – mit den Bemerkungen, die man sich vorstellen kann –

unter den Teilnehmern der anschließenden Programme herumgehen wird.

Als mich Jerry, der Kraftfahrer und Schauspieler, abholen kam, um mich wieder in die Welt zurückzubringen, hatte ich im Gepäck auch ein lila Plüschherzchen, mit dem ich mich, falls ich Lust haben sollte, jederzeit wieder mit den Commonweal-Leuten »in Verbindung setzen« könne. Und man stelle sich vor, ich hätte es um ein Haar liegen lassen. Ich besitze es immer noch, und hin und wieder, wenn ich es im Regal inmitten der Bücher liegen sehe, muss ich lächeln.

Konzert für Zellen

»Der Yoga-Lehrer, den du brauchst, wohnt in San Francisco«, hatte mir Angelas deutsche Freundin Amrit Stein, eine Indienkennerin und Kathak-Tänzerin, geschrieben. Da ich nicht mehr joggen konnte, schien mir Yoga ein guter Ersatz, um mich körperlich einigermaßen fit zu halten. Eine E-Mail-Adresse, ein elektronischer Briefwechsel, ein Termin nach meinem Aufenthalt in Commonweal, und damit war die Verbindung geknüpft zu neuen Menschen, Orten und vor allem Erfahrungen, die mich zwar weit entfernten von meinem ursprünglichen Anliegen, dem Yoga-Lernen, mir andernfalls jedoch entgangen wären. Und damit hätte ich viel versäumt.

Ein Schritt in die richtige Richtung – und alles Übrige ergibt sich von selbst. Oder fast. Yoga wurde nicht Teil meines Lebens. Aber, mein Gott, wie viele Dinge sind nach jenem Morgen in San Francisco geschehen, als ich mich bei einer Adresse in einem blitzsauberen Viertel der Stadt vorstellte, das so ausgestorben wirkte, als habe man die Menschen dort förmlich abgesaugt, und wo ich angesichts der weiß-blau gestrichenen Häuschen schon allein bei dem Gedanken, dort wohnen zu müssen, Beklemmungen bekam.

Ich läutete. Die Tür öffnete sich.

»Tiziano«, begrüßte mich ein kahlköpfiger Mann um die sechzig mit einem grauen Kinnbart und schwarzen kurzen Hosen. Er gefiel mir, wobei mir sogleich auch, trotz seines Lächelns, eine gewisse Bedrücktheit bei ihm auffiel. Er hatte ein schönes, offenes Gesicht, einen drahtigen Körper und breite Schultern. Nur seine Beine wirkten dünn und gebrechlich, und ich dachte: »Mächtiges Haus, schwaches Fundament.« Das Haus war eine Art Kommune, das heißt, einige seiner Schüler wohnten im ersten und zweiten Stock. Den dritten bewohnte er selbst.

Dort nahmen wir auf dem Boden Platz. Alles wirkte einladend

und Vertrauen erweckend – bis auf ein kleines Foto von Sai Baba, das an einem Spiegel steckte. Solche »Gurus«, besonders die milliardenschweren, machen mich misstrauisch; anders als deren Jünger – die tun mir eher Leid, weil sie vielfach mit einer Blindheit, die ich nicht nachvollziehen kann, ihrem Meister folgen. Ich wollte meinen Gastgeber nicht in Verlegenheit bringen und verzichtete deshalb darauf, ihn als eine Art Test seiner Vertrauenswürdigkeit zu fragen, ob er ein Anhänger dieses »Heiligen Mannes« von Puttaparthi sei; eines Mannes, der, nach Auskunft seiner Jünger, fähig sein sollte, echte Wunder zu wirken, wie etwa, aus dem Nichts goldene Rolex zu »materialisieren«. Stattdessen ließ ich mir lieber seine Lebensgeschichte erzählen, was ja den meisten Menschen Spaß macht.

Ramananda, so hieß er, war indischer Abstammung, jedoch in Afrika geboren, in Daressalam, wohin sein Vater ausgewandert war, um dort als Lehrer zu arbeiten. Dieser hatte ihm schon als kleinem Jungen zu Hause die ersten Yoga-Lektionen erteilt und ihn ganz im Geiste jener Ideen und Werte erzogen, die aus einem Inder erst einen echten Inder machen. Dazu hatte sich der Vater einen Trick ausgedacht: Er trug Ramananda auswendig die *Bhagavad Gita** vor, und dieser hatte mit dem Buch in der Hand zu kontrollieren, ob der Vater Fehler machte. Um ihn berichtigen zu können, musste er also mit größter Aufmerksamkeit zuhören und lernte auf diese Weise selbst jede Zeile des *Gesangs Gottes*.

Seinem Vater folgend, der zwischen den indischen Siedlungen in Afrika häufig hin und her versetzt wurde, wuchs Ramananda in einer Welt auf, wie sie V. S. Naipaul in *An der Biegung des großen Flusses* beschreibt; später ging er nach England, um dort Ingenieurwissenschaften zu studieren. Und dort an der Universität be-

* Die *Bhagavad Gita* (»Gesang des Erhabenen«) ist ein in das gewaltige indische Epos *Mahabharata* eingefügtes Lehrgedicht über Philosophie und Staatskunde. Sie wird dem vielleicht nur mythischen Vyasa zugeschrieben und lässt sich, zumindest in der uns bekannten Version, auf das 5. Jahrhundert vor Christus datieren. Die achtzehn Kapitel, vor der Schlacht von Kurukshetra spielend, sind ein ständiger Dialog zwischen dem Krieger Arjuna und seinem Wagenlenker, der in Wirklichkeit aber eine Inkarnation des Gottes Krishna ist.

gegnete er eines Tages dem berühmten Yogi B. K. S. Iyengar und schloss sich ihm an. Ramananda bewunderte Iyengar immer noch und sprach von ihm wie über ein Genie. Doch als ich ihn fragte, ob er mir angesichts der Tatsache, dass ich einen Wohnsitz in Indien hatte und Iyengar im Süden des Landes lebte, raten würde, mich direkt an ihn zu wenden, erhielt ich eine schneidende Antwort: »Ach, lassen Sie sich Yoga lieber von jemandem beibringen, der auch lächeln kann.«

Dann unterhielten wir uns über das oft schwierige Verhältnis zwischen Meister und Schüler, speziell in Indien, wo man vom Schüler praktisch Selbstaufgabe und völlige Hingabe an seinen Guru verlangt. Ich hielte das für gefährlich, sagte ich, da sich manch ein Lehrer – und ich dachte dabei an Sai Baba – von der absoluten Ergebenheit seiner Schüler schmeicheln lasse und sich schließlich als göttlich und diese als seine Untertanen betrachte.

Er sah das ähnlich. Zu Beginn sei es zwar unumgänglich, dass der Guru seinen Schüler auf die Schultern nehme und ihm die ersten Schritte zeige. Aber dann müsse er ihn gehen und seinen eigenen Weg finden lassen. »Worauf es schließlich ankommt, ist die Methode, nicht der Guru«, sagte er. Ramananda zufolge war Iyengars Methode die beste. Sein persönliches Verhältnis zu ihm sei sicher nicht ideal gewesen, aber jetzt, da er selbst Lehrer sei, habe er auch Probleme mit dieser Rolle. Er habe nämlich festgestellt, dass seine Schüler, speziell in den USA, zunächst voller Ergebenheit und Selbstverleugnung zu ihm kämen, dann aber, nach einigen Monaten – »üblicherweise sechs«, meinte er –, Konflikte und Spannungen aufkämen. »Denn dann will jeder der Lieblingsschüler sein. Yoga macht nämlich«, erklärte er weiter, so als wolle er mir gleich alle Illusionen nehmen, »niemanden zu einem besseren Menschen. Es prägt nur die Charaktereigenschaften stärker aus. Ist jemand ein Dieb, verfeinert Yoga dessen diebische Eigenschaften; ist jemand von Natur aus neidisch, wird er durch Yoga noch neidischer werden.«

Ramananda verklärte nichts. Und so fiel es mir nicht schwer, nun doch auf das Bild von Sai Baba am Spiegel zu zeigen und ihn zu fragen, ob er ein Anhänger dieses Mannes sei. Keineswegs, versicherte er mir. Ein Student, der kürzlich in Puttaparthi gewesen sei, habe ihm das Bild mitgebracht. Wenn es überhaupt einen Guru für ihn gebe, dann am ehesten noch den Swami Dayananda Saraswati, der die antike religiöse Philosophie des *Vedanta* lehre. Auch in den USA leite dieser Swami einen Ashram, und hin und wieder sei er selbst dort zu finden, um Yoga-Kurse abzuhalten.

Ramananda gefiel mir. Er versuchte nicht, mir irgendetwas weiszumachen – weder, dass Yoga Krankheiten heile, noch, dass es das Tor zu magischen Fähigkeiten, wie Schweben oder Sich-unsichtbar-Machen, aufstoße, was noch in den fünfziger Jahren einige Praktikanten des Hatha-Yoga für möglich hielten. Ramananda setzte mehr auf Beharrlichkeit und Willenskraft. Und damit lag er auf meiner Linie. Ich erzählte ihm, was mich hergeführt hatte.

»Krebs also. Haben Sie Angst?«

Ich verneinte.

»Sterben müssen wir alle. Was wir lernen müssen, ist, die Reise zu genießen. Yoga kann wichtige Hilfe leisten, um sowohl den Körper als auch die Seele auf diesem Weg zu stärken«, erklärte er mir. Und begann dann, als wolle er das Gespräch ein wenig auflockern, mir eine Geschichte zu erzählen, mit der er, wie er mir verriet, gern seine Anfängerkurse einleite.

Ein Mann geht zum Zahnarzt. Der attestiert ihm bewundernswert gesunde Zähne, sieht aber auch, dass sein Patient gern Schokolade isst. »Wenn Sie auch in den nächsten hundert Jahren gute Zähne haben wollen, sollten Sie keine Schokolade mehr essen.«

»Ich höre sofort damit auf«, lässt der Mann sich beeindrucken, nimmt ein Stück Schokolade aus der Tasche und wirft es fort.

»Meinen Glückwunsch. Für weitere hundert Jahre werden Sie kerngesunde Zähne haben«, lobt ihn der Zahnarzt.

Der Mann verabschiedet sich, doch als er unten vor dem Haus die Straße überqueren will, wird er von einem Lastwagen überfahren. Angesichts des Todes hat er nun die Wahl zwischen zwei verschiedenen Haltungen. Einmal kann er sich sagen: »Dieser verflixte Zahnarzt, verhindert der doch, dass ich das letzte Stück Schokolade meines Lebens genieße!« Oder: »Gott sei Dank habe ich es vor meinem Tod endlich noch geschafft, was ich mir schon immer vorgenommen hatte: keine Schokolade mehr zu essen.«

»Ja, im Verlauf des Lebens können viele Dinge schief gehen«, fügte Ramananda hinzu, »und gewöhnlich tun sie das auch.« Ich hatte den Eindruck, er spreche von sich selbst.

Wir kamen überein, am nächsten Tag mit dem Unterricht zu beginnen. Unterdessen lud mich Ramananda zum Mittagessen ein, dann auch zum Tee, und so hatte ich Gelegenheit, die Mitglieder der »Wohngemeinschaft« kennen zu lernen, darunter einen älteren Herrn aus Indien, der als Patient da war. Infolge eines Autounfalls war er halbseitig gelähmt, und Ramananda hatte es sich zur Aufgabe gemacht, ihm wieder zu einem normalen Gang zu verhelfen.

»Ist das möglich?«, fragte ich, während ich beobachtete, wie dieser bedauernswerte Mann sich mühsam, das linke Bein nachziehend, durch den Raum schleppte und der linke Arm dabei leblos am Körper herabbaumelte.

»Gewiss. Es kommt nur darauf an, den Kopf davon zu überzeugen, dass es möglich ist«, antwortete Ramananda und lud mich ein, den beiden beim Übungsprogramm zuzusehen.

Ramananda war sehr streng, fast grausam. Ohne Nachsicht zwang er den leidenden Mann, kleine Schritte zu gehen und dabei ständig den Körper auszubalancieren, indem er mit dem linken Fuß gleichzeitig die rechte Hand, und umgekehrt, ausstreckte. Danach erzählte mir Ramananda, wie Iyengar einmal einem zweiundzwanzigjährigen Kricketspieler, der auch nach einem Verkehrsunfall im Rollstuhl saß, geholfen hatte. Er war der Sohn eines Freundes, dem er auf dem Sterbelager hatte versprechen müssen, dass er dem Jungen wieder auf die Beine helfen würde. Iyengar zwang ihn, mit Ramanandas Hilfe, der ihn stützte, aus dem Rollstuhl aufzustehen. Dann habe sich Iyengar hinter ihn gestellt, ihm einen Stock ins Kreuz gedrückt und immer weiter nach vorn geschoben, wobei er ihn angeschrien, beschimpft und bedroht habe, so dass er selbst und die anderen Anwesenden schon geglaubt hätten, Iyengar habe den Verstand verloren, bis der junge Sportler schrittchenweise den ganzen Raum durchquerte. »Ich habe mein Versprechen gehalten«, habe der große Meister danach erklärt und sei gegangen.

»Es kommt nur darauf an, den Geist von den biologischen Fesseln zu befreien, die seine Entfaltung verhindern«, wiederholte

Ramananda. Was seinen eigenen Patienten anging, so war er überzeugt, dass der alte Herr schon in ein paar Monaten wieder vergnügt und munter ohne Stock laufen könne.

Der gemeinsam verlebte Tag hatte uns beiden viel gebracht. Ich hatte mir ein Bild von Ramananda gemacht – er war mir sympathisch, doch seine latente Melancholie belastete mich auch – und er sich eins von mir. Ein richtiges Bild, wie mir schien, denn als ich am folgenden Tag zur ersten Yoga-Stunde erschien, meinte er sogleich, ich sei furchtbar angespannt, beurteile zu vieles und mir gingen wohl ständig irgendwelche Dinge im Kopf herum – die schlechtesten Voraussetzungen, um mit Yoga zu beginnen. Gut erkannt, aber was sollte ich dagegen tun?

Als Erstes hatte ich eine Entspannungsübung zu lernen, die ich vor jeder Stunde machen sollte. Ich musste mich auf den Rücken legen, die Augen schließen und die Hände mit geöffneten Handflächen neben dem Körper ruhen lassen. »Manchmal lässt Gott Goldklümpchen vom Himmel regnen, und die willst du dir nicht entgehen lassen«, sagte er. Und seitdem muss ich immer an diese Goldklümpchen denken, wenn ich mich auf den Boden lege, um diese Übung zu machen oder auch nur die Wolken zu betrachten. Was mir Ramananda in puncto Entspannung beibrachte, war ein wirklich großer Beitrag zu meinem Wohlbefinden.

»Strecke dich aus, leere deinen Geist von allem, was ihn beschäftigt, entspanne deine Muskeln, löse alle Knoten. Atme tief ein. Spüre deinen Atem, folge ihm in die Arme, die Hände, die Beine; spüre, wie er reinigt, Schädliches beseitigt, heilt. Stelle dir vor, wie dein Atem alles Unreine hinwegfegt. Lass zu, dass alle deine Körperteile im Boden versinken, lass alle Organe los, stell dir vor, wie sich deine Nieren auf den Boden betten, lass es zu, dass sich die Haut an deinen Lenden von den Knochen löst und in deinen Augenwinkeln eine tiefe Freude aufkommt. Lass dich gehen. Du ruhst in den Armen von Mutter Erde. Bleib so, in der Weite des Universums, ohne etwas zu tun, ohne etwas zu denken. Löse diesen Kloß, den du im Hals spürst, weil dich vielleicht Versäumtes sorgt. Komm, löse ihn auf, lass ihn weich werden. Du bist glücklich, auch wenn dich niemand versteht. Du bist es, der, mit all seiner Kraft, alles abstößt, was von deinem Körper Besitz ergriffen hat, aber nicht zu deinem Körper gehört. Weg damit ...«

Nach einer Viertelstunde dieses ruhigen Entspannens begann Ramananda, obwohl mein Kopf immer noch nicht ganz zu denken und zu urteilen aufgehört hatte, mir einige Asanas, Yoga-Positionen also, beizubringen, die mir, ihm zufolge, vor allem mit meinem dicken Bruch in der Bauchdecke helfen würden. Und so fand ich mich kurz darauf schon in ungewohnten Positionen wieder: mit dem Kopf nach unten an einer an der Decke befestigten Querstange hängend, dann in der Kerzenstellung mit den Beinen an der Wand und schließlich seltsam verdreht auf einem Stuhl sitzend.

Ich merkte sofort, dass Iyengars Methode, für die Ramananda so viel übrig hatte, nichts für mich war. Iyengars große Neuerung, so erklärte mir Ramananda, sei ja gewesen, dass er Geräte in die Yoga-Praxis eingeführt habe. Dies bedeutete nun, dass für jede Asana Bänder, Stangen, Kissen, Stühle oder Holzkästen zum Abstützen erforderlich waren. Genau das Gegenteil von dem, was ich mir gewünscht hatte. Ich war mit der Vorstellung gekommen, zur Ausübung von Yoga sei nicht mehr als der eigene Körper und ein Fleckchen ebener Erde nötig. Diese ganzen Geräte störten mich.

Mehr als dreißig Jahre lang war ich jeden Morgen einige Kilometer gejoggt, und das war meine Art zu meditieren gewesen. Ging ich auf Reisen, brauchte ich nur ein Paar Sportschuhe, T-Shirt und kurze Hose in den Koffer zu packen und konnte laufen, egal wo ich mich aufhielt, manchmal auch auf abenteuerliche Weise, wie etwa in Pyongyang in Nordkorea, wo mir die Spitzel, die man auf mich angesetzt hatte, im Auto über die Spazierwege in einem Park folgen mussten. Mit diesen ganzen Gerätschaften konnte ich Yoga nicht dort ausüben, wo ich gerade Lust hatte. Es war also nichts für mich. Da ich mich aber für eine ganze Woche angemeldet hatte, blieb ich auch. Gott sei Dank! Hätte ich mich nach der ersten Stunde davongemacht, wäre mir all das entgangen, was sich daraus entwickeln sollte, und auch dieses Buch hätte von hier an einen völlig anderen Verlauf genommen.

In den nächsten Tagen konnte ich beobachten, wie der halb gelähmte ältere Mann bemerkenswerte Fortschritte machte, und dies bestärkte mich in der Annahme, dass dem Geist, auch für mich ein ständiger Unruheherd, eine ungeheure Macht innewohnt, an die ich immer mehr glaubte: die Macht, auf die Materie Einfluss zu nehmen.

Im Verlauf jener Woche erzählte mir Ramananda irgendwann von einem speziellen Seminar mit dem Thema »Yoga und Klang«, das er zusammen mit einem Musiker aus Kalkutta im Ashram seines Gurus, Swami Dayananda, in Pennsylvania abhalten würde. Wie er erklärte, ging es ihnen darum, zu untersuchen, welche heilenden Wirkungen sich aus der Verknüpfung von Yoga-Übungen mit klassischer indischer Musik ergeben könnten. Das interessierte mich, ebenso wie die Möglickeit, Dayananda kennen zu lernen, den großen Vedanta-Gelehrten und Kenner jener Welt, mit der ich in den Jahren in Delhi nur oberflächlich in Berührung gekommen war: der Welt des indischen Denkens.

Das Seminar sollte erst in ein paar Wochen stattfinden, und ohne lange nachzudenken, bat ich Ramananda, mich dafür anzumelden.

Von San Francisco flog ich nach New York zu dem Termin mit meinen Instandsetzern. Eine Woche dauerte es, bis alle Ergebnisse der verschiedenen Untersuchungen vorlagen. Fazit: Ewigkeit verlängert. In drei Monaten sollte ich wieder vorbeischauen, also ungefähr dann, wenn Ramanandas Seminar in Pennsylvania gerade beendet sein würde. Die Termine passten.

Ich nutzte die Zeit, um zur Ruhe zu kommen und mich ein wenig zum Thema Yoga und vor allem Musiktherapie einzulesen, eine uralte Heilmethode, die erst kürzlich wiederentdeckt und, wie so viele andere im Umfeld der alternativen Medizin auch, rasch zur Mode wurde. In den USA unterrichtet man sie bereits an fünfzig Schulen, und in Hunderten von Instituten werden auf diesem Wege, mit Musik, eine Reihe von Störungen behandelt, angefangen bei Migräne über Fettleibigkeit bis zu Darmträgheit.

Der Gedanke, dass dem Klang eine ungeheure, geheimnisvolle Kraft innewohnt, ist so alt wie die Menschheit selbst. Und nicht zufällig gilt er in den Schöpfungsmythen vieler Kulturen, so auch in der Bibel, als der Beginn allen Seins. »Im Anfang war das Wort, und das Wort war bei Gott, und Gott war das Wort«, heißt es im Johannes-Evangelium. Für die alten Inder war dieser Klang das magische OM, jener erste aller Klänge*, der Klang, der alle Klänge enthält, der Klang, in dem Brahma, der Schöpfer, noch vor seiner Manifestierung in der Form, Ausdruck findet. Auch für die moderne Wissenschaft entstand die Welt mit einem Ton: dem *Big Bang*, dem Urknall.

In außerordentlich vielen antiken Kulturen versuchten die Menschen, mit Hilfe von Klängen und Tönen eine Verbindung zu ihrem Gott herzustellen. Glocken, Glockenspiele, Trommeln und Gongs finden sich noch heute in den Riten der verschiedenen Religionen, und große Muscheln und Hörner gehören weiterhin zu den Instrumenten, mit deren Hilfe Schamanen in aller Welt in Kontakt zu den Geistern treten. In den Überlieferungen der verschiedensten Kulturen findet man auffallend ähnliche Geschichten, die von der Macht von Lauten und Klängen handeln sowie davon, wie Menschen, die um ihr Geheimnis wissen, damit andere töten oder zum Leben erwecken, Sintfluten oder Feuerstürme entfesseln, Bilder entstehen lassen und – man denke an die Mauern von Jericho – Materie zerstören können.

Im alten China schrieb man der Musik Macht über die Fruchtbarkeit der Erde und den Charakter von Menschen zu. Im alten Ägypten musizierte man, um die Schmerzen der Wöchnerin zu lindern. Auch in Indien sind Sanskrittexte überliefert, die von der Heilkraft der Musik berichten. Ähnliche Abhandlungen finden sich auch im Arabischen. Selbst Hippokrates nutzte, wie man weiß, zuweilen Musik, um seine Patienten auf der Insel Kos zu heilen.

Die Theorie von der heilsamen Wirkung von Lauten und Tönen war zunächst also das Ergebnis mystischer Eingebungen, wird aber heute offenbar auch von wissenschaftlichen Studien belegt. Dahinter steht der Gedanke, dass jedes Lebewesen, jedes Objekt

* Für die Inder setzt sich OM zusammen aus A (dem ersten Laut des sich öffnenden Mundes), U (der Laut der sich schließenden Lippen) und M (das Summen der geschlossenen Lippen). Aus diesem A + U + M = OM soll auch das christliche »Amen« hervorgegangen sein.

als eine Verknüpfung verschiedener, sich ständig bewegender Teile (»in fortwährendem Tanz«, wie es in antiken Schriften heißt) einen bestimmten Klang hervorbringt, der die Natur jenes Wesens oder Objekts widerspiegelt. Jede Störung, jede Disharmonie in diesem Klang kann zu einer Krankheit führen. Heilen lässt sich eine solche Krankheit, indem man durch den »richtigen« Ton den erforderlichen Gleichklang, also die ursprüngliche Harmonie, wiederherstellt.

Eine Verrücktheit? Ich glaube nicht. Wenn Musik schon so stark unsere Stimmungen beeinflusst – man denke an Militärmärsche, die die soldatische Kampfeslust auf dem Schlachtfeld anstacheln, oder an sanft stimmende Liebeslieder –, warum sollte sie dann nicht auch noch tiefer einwirken, tatsächlich in den Körper eindringen und die Körperzellen im richtigen Rhythmus zum Schwingen bringen?

Mit diesen Theorien im Hinterkopf versuchen nun einige zeitgenössische indische Musiker herauszufinden, welche Ragas, also klassischen Melodientypen der indischen Musik, den richtigen Rhythmus für bestimmte Krankheitsbilder aufweisen. Für eine ganze Reihe von Störungen glaubt man hier schon die passende Heilmusik gefunden zu haben, etwa für Magersucht oder rheumatische Erkrankungen. Der passende Raga gegen Schlaflosigkeit war offenbar bereits Omkarnath Thakur bekannt. Man erzählt, er habe während eines Romaufenthalts auf Mussolini mächtig Eindruck gemacht, weil es ihm gelang, den regelmäßig von Schlaflosigkeit geplagten Duce mit seiner Musik sanft einschlafen zu lassen.

Schon seit den Urzeiten der Rishis war die enorme Bedeutung von Lauten und Klängen in der Yoga-Lehre nie umstritten. So gehört das so genannte Nada-Yoga, das »Klang-Yoga«, sogar zu den Disziplinen, mit denen das Individuum seinen Körper transzendiert, um *eins* zu werden mit dem *Absoluten*. Indem der Yogi zurückgeht mit seinem Bewusstsein bis zu dem Punkt, da der Gedanke Gottes zum Wort, also zum Laut und zur Schöpfung wird, gelingt es ihm, mit seinen inneren »Ohren« des Geistes den Klang Gottes zu »hören« und in jene transzendentale Wirklichkeit einzutauchen, die das höchste Ziel seines Tuns ist. Für mich war die Yoga-Philosophie mit Sicherheit interessanter als die extremen Dehnungen, die mir Ramananda hatte beibringen wollen. Ich war neugierig zu sehen, wie das Seminar in Pennsylvania all das unter einen Hut bringen würde und inwieweit ich davon profitieren könnte.

Angesichts des Veranstaltungsortes in Pennsylvania musste ich sogleich an Leopold und unsere munteren Gespräche über die globale »Entterritorialisierung« denken. Zwischen den Asphaltbändern zweier Highways in einem Tannenwald inmitten einer typisch amerikanischen Ebene erhob sich strahlend weiß ein Hindutempel. Darum herum lagen die aus Fertigbauteilen zusammengesetzten Bungalows einer in Konkurs gegangenen Motelanlage, die man als Ashram zu neuem Leben erweckt hatte. Und in diesem Gehege, vor dessen Zäunen die fliegenden Händler eines nahen Wochenendflohmarkts campierten, sollte jetzt ein Yoga-Seminar beginnen.

Yoga: eine der ältesten und undurchdringlichsten esoterischen Lehren Indiens; eines der größten Geheimnisse, das nur nach schwierigsten Prüfungen und verschiedensten Initiationsriten an den weitergegeben wurde, der sich dessen wirklich würdig erwies. Noch in den dreißiger Jahren musste sich ein Reisender aus dem Westen, der in Benares einen großen Yogi um einige Yoga-Stunden bat, die Antwort gefallen lassen: »Euch Europäer Yoga lehren? Niemals! Ihr würdet doch nur ein Geschäft daraus machen.«

Rund fünfzig Personen, in der übergroßen Mehrheit Frauen, nahmen an dem Seminar teil. Und alle kannten sich. Ich war der einzige Fremde. Sie waren alle Schüler von Ramananda gewesen und führten heute, selbst Lehrer geworden, irgendwo in den USA ihr »Geschäft«: eine Yoga-Schule. Perfekt beherrschten sie ihre Asanas und ebenso alle Übungen mit den Gerätschaften der Iyengar-Methode. So viele wahre Yoga-Meister hatte ich noch nie auf einem Haufen erlebt, aber anstatt beeindruckt zu sein, fühlte ich mich nur in meinen Vorurteilen bestätigt. Ich blickte mich um und sah nicht ein einziges fröhliches Gesicht, keinen mit einem schönen Lächeln, irgendjemanden, der so etwas wie ein Gefühl des Friedens verströmt hätte. Alle waren hochkonzentriert und für sich allein mit ihrem Körper beschäftigt, um ihre Asanas noch vollkommener zu machen. Und folglich sah man zahlreiche Gesichter, aus denen Einsamkeit und Schwermut sprachen, viele magere, blasse Frauen mit tiefen Rändern unter den Augen. Irgendetwas passte hier nicht zusammen, aber was, war mir noch nicht so recht klar.

Gewiss war da der Grundwiderspruch zwischen der indischen Kultur, in der Yoga vor Jahrtausenden entstanden war, und unserer modernen Gesellschaft, in die man Yoga verpflanzt hat. Galt für Erstere noch als höchstes Ziel die Kontrolle dessen, was am Menschen am wenigsten Materie ist, des Geistes also, so sind wir am genauen Gegenteil interessiert: an der Kontrolle der Materie durch Wissenschaft und Technik. Yoga, wörtlich übersetzt »Vereinigung«, war dazu gedacht, den Menschen von dem Trugschluss zu befreien, eine individuelle, vom Rest der Welt getrennte Existenz zu führen, und ihn mit Gott zu vereinen. Doch wie sollte dieses Ziel im Herzen einer Gesellschaft wie der unseren zu erreichen sein, in der unangefochten das Prinzip der Individualität und Vereinzelung herrscht? Vielleicht schuf allein schon der Versuch dazu Konflikte und Zwiespälte sowie jene latente Freudlosigkeit, die ich um mich herum wahrnahm.

Aber nie ist etwas nur negativ. Und viel erfreulicher wurde es am Abend, als Ramananda den im Konzertsaal versammelten Teilnehmern einen kleinen schlanken Inder in weißem Kurta-Pyjama vorstellte: seinen musikalischen Partner Mukesh Desai, der auf einem Podium vor seinem Akkordeon saß; zu seiner Rechten ein junger Musiker, der ihn auf den Tablas, zwei kleinen Trommeln, begleiten sollte. In seinen einleitenden Worten forderte er uns auf, Musik so zu hören, wie man aus einem Fluss Wasser trinke: Wir sollten uns so viel davon schöpfen, wie wir wollten, und davon ablassen, wenn wir genug hätten.

»Ich verkaufe Wasser am Flussufer«, fügte er lachend hinzu, während er noch ein wenig sein Akkordeon auf die Tablas einstimmte. Oder spielte er etwa schon? Möglich, denn diese Musik, die dann über zwei Stunden lang fast ununterbrochen den Raum erfüllte, schien weder Anfang noch Ende zu haben: Sie strömte einfach, strömte wie das Wasser, wie das Leben. Die Worte, die Mukesh Desai dazu sang, waren ohne Sinn, entsprachen häufig nur unseren Do, Re, Mi, Fa, So, doch seine Stimme mit ihren Tausenden von Modulationen, mit ihren Tausenden von Klangfarben erfüllte den ganzen Saal mit Leben und drang tief in die Herzen aller Zuhörer ein. Er, Mukesh Desai, war das Instrument, und was seinem Mund entströmte, war der magische Klang, den wir dann mit den Asanas zu verbinden haben würden. Nach dem Abend verließen wir alle mit einem irgendwie erhobenen Gefühl den Saal.

In den folgenden Tagen kam Mukesh Desai jeden Nachmittag in den Übungsraum, und wenn Ramananda dann endlich bei jedem zufrieden war mit der Position, die wir einzunehmen hatten – nur bei mir war man viel nachsichtiger –, stimmte er seine Ragas an. Und ich kam wirklich zu der Überzeugung, dass sie in meinen Körper eindrangen, bis zu meinen Zellen gelangten und sie so zum Schwingen brachten, dass sie sich nicht weiter wie wahnsinnig vermehrten. Die Macht des Klangs oder die Macht des Geistes?

Ramananda war ein guter Lehrer. Er versuchte erst gar nicht, die Beziehung zwischen Asanas und Musik rational oder gar, wie in manchen Büchern, mit mystischen Begriffen zu erklären. Bei ihm verlief alles intuitiver. Aus Erfahrung »spürte« er unsere Körper und wusste, dass die Musik einen bestimmten Einfluss auf uns hatte. Und obwohl er die verschiedenen Experimente in diesem Bereich kannte, sowohl ältere als auch jene jetzt gerade in Mode gekommenen, zog er es vor, seine eigenen Versuche mit seinen rund fünfzig Meisterschülern anzustellen.

Bei mir funktionierte es: An einem der letzten Tage, während einer Pranayama-Übung zur Atemkontrolle, in der weder schwierige Positionen einzunehmen noch Geräte zu benutzen waren, sondern nur reglos und entspannt dazuliegen war, spürte ich, wie die schmeichelnden Modulationen von Mukeshs Stimme durch jede Pore in mich eindrangen und mein ganzer Körper von einer großen Freude erfüllt wurde, wie ich sie zuvor noch bei keinem Konzert empfunden hatte. War es die Musik, die in mir eine latent vorhandene und, wie mir schien, tatsächlich heilsame Kraft weckte? Oder war es mein Geist, der diesen Klängen eine Macht zuschrieb, die ich dann tatsächlich zu spüren begann? Aber das lief eigentlich auf das Gleiche hinaus. Die Tatsache an sich war Überraschung genug, und mit keiner Erklärung wäre etwas gewonnen gewesen.

Die andere Überraschung war der Swami. Um die siebzig, groß gewachsen, hager, ein wenig gebeugt, in ein orangerotes Gewand gehüllt, traf er erst gegen Wochenmitte ein, doch bereits mit seiner ersten »Sonnenuntergangs-Rede« führte er das ganze Seminar auf eine höhere Ebene. Der Mann war gebildet, intelligent, schlagfertig, aber man spürte, dass er es keinesfalls nötig hatte, dies unter Beweis zu stellen. Er wirkte gelassen, ja heiter. »Die spirituelle Suche bedeutet Suche nach Erkenntnis, und die einzige Erkenntnis, nach der zu streben sich lohnt, ist die Erkenntnis des eigenen Selbst«, begann er. »Wir halten uns für Wissende und kennen doch nicht mehr als das, was wir sehen, was wir hören, was wir mit unseren Sinnen wahrnehmen. In Wahrheit ist aber all das, was uns Realität zu sein scheint, nicht wirklich real. Die Materie existiert nicht; es erscheint uns nur so, als existiere sie ...«

Er wusste sehr genau, vor welchem Publikum er hier sprach, und schnitt bald schon, mit bemerkenswerter Ironie, jenes Thema an, das uns alle hergeführt hatte. »O ja, Yoga ist gut für den Körper«, stellte er fest, »und es ist angenehm, sich bücken und ein Blatt aufheben zu können, ohne dabei auf andere angewiesen zu sein. Doch das Ziel von Yoga ist nicht der Körper. Yoga bedeutet Kontrolle des Geistes, Vereinigung von Körper und Geist: nicht um ein Athlet zu werden, sondern um den Körper gesund zu erhalten. Der Körper ist nur ein Transportmittel, wie ein Auto. Er muss instand gehalten werden, damit man ans Ziel gelangt. Ein Fehler wäre nur, das Mittel mit dem Ziel zu verwechseln.«

Offensichtlich hielt er nicht viel davon, wozu sich Yoga in unseren Tagen entwickelt hatte, und hatte auch keinen großen Respekt vor denen, die es heute vielfach ausübten. Das wurde deutlich, als er auf das typische Besitzdenken im Westen zu sprechen kam, jenen Drang, alles mit den Begriffen »Ich« und »Mein« zu definieren. Mir gefiel seine amüsante Art, Dinge verständlich zu machen.

»Ihr sagt: ›Diese Wohnung gehört mir.‹ Aber wenn ihr es euch genauer betrachtet, ist der Fußboden bereits die Decke der darunter liegenden Wohnung und eure Wand auch die des Nachbarn nebenan. Nichts gehört wirklich euch. Absolut nichts, am allerwenigsten euer Körper. Wer könnte nicht alles auf euren Körper Anspruch erheben? Eure Mutter, euer Vater, euer euch angetrauter Lebenspartner, der Staat, dem gegenüber euer Körper Staatsbürgerpflichten zu erfüllen hat; schließlich die Erde, das Feuer, das euch die Körperwärme schenkt, das Wasser, die Gemüse, die ihr esst – alle könnten sie sagen: ›Dies ist mein Körper!‹ Ihr besitzt nichts. Euch gehört noch nicht einmal das, was ihr zu wissen glaubt. Denn es wurde euch durch Bücher oder einen Lehrer gegeben. Dennoch behauptet ihr beharrlich: ›Dies ist mein Körper.‹ Und so sehr glaubt ihr diesen Körper zu besitzen, dass ihr euch vollkommen mit ihm identifiziert. Ihr sagt ›ich‹ und meint damit euren Körper. Doch wenn das Ich den Körper benennt, kann es nicht der Körper selbst sein. Das Subjekt, das den Körper als Objekt beobachtet, kann nicht der Körper selbst sein.«

An einer anderen Stelle erklärte er: »Yoga bedeutet, sich in jedem Moment seiner selbst, jeder Geste, jedes Gedankens bewusst zu sein.« Und wer dies versäume, dem ergehe es leicht wie jenem Mann in einer kleinen Geschichte, die er mit herrlichem Minenspiel erzählte.

Ein Mann erfährt, dass es irgendwo auf der Welt einen Stein gebe, mit dem sich durch bloße Berührung Eisen in Gold verwandeln lasse, und beschließt, ihn zu suchen. Er bindet sich eine Eisenkette um die Hüften und macht sich auf die Wanderung. Jeden Stein am Wegesrand hebt er auf und schlägt ihn gegen die Kette. Eisen bleibt Eisen – er wirft den Stein fort, nimmt einen anderen zur Hand, schlägt wieder dagegen und wirft ihn fort. So macht er es über Wochen und Monate und wird dabei immer achtloser. Bis ihn eines Tages ein kleiner Junge anspricht. »He, Alter, wo hast du denn die schöne Goldkette her?«

Der Mann blickt an sich hinunter. Tatsächlich, die Kette ist zu

Gold geworden. Doch welcher der Tausenden von Steinen, die er weggeworfen hat, war der richtige?

An den westlichen Wertvorstellungen, vor allem den amerikanischen, hatte der Swami einiges auszusetzen. Im Westen werde alles nach seiner Nützlichkeit beurteilt, und was nicht nützlich sei, gelte als wertlos. »Dies ist die Haltung des Geiers, der hoch in den Lüften kreist, den Blick aber unentwegt nach unten auf den Erdboden richtet, auf der Suche nach etwas, das er sich mit seinen Krallen greifen kann.« Sein Grundthema blieb aber Yoga, er wollte uns nur zeigen, dass mehr darin steckte als Asanas und Pranayama. Wie eigentlich alle wussten, sind dies nur zwei der acht Elemente des Yoga-Weges, und fast so, als misstraue er der Seriosität der Teilnehmer, sprach er nun noch einmal die anderen sechs an: Gewaltlosigkeit, Abwendung der Sinnesorgane von den Objekten, Wahrhaftigkeit, Askese, Konzentration und Meditation. Nur die Verknüpfung all dieser Elemente sei Yoga.

»Yoga ist ein Mittel, ein Weg, mit dem der Mensch sein beschränktes Ich mit dem unendlichen Sein verbindet. Der Weg verläuft innerlich. Ziel ist es, einen Zustand der Perfektion zu erreichen, der aber niemals ein körperlicher ist. Yoga ist nicht dazu da, um diese oder jene pathologische Störung zu beseitigen, sondern um eine Befreiung von allen Leiden der materiellen Welt zu erreichen, jenen Leiden also, die immer dann entstehen, wenn sich das Ich vom Selbst löst, um sich auf die Sinne und die Objekte der Sinnesorgane zu konzentrieren. Deswegen strebt Yoga nach der Vereinigung des Ichs mit dem Absoluten, als Heilung von allem, als Befreiung von allem.«

Die praktizierenden Yoga-Anhänger in dem Seminar schienen mir nicht sonderlich an diesem geistigen Hintergrund einer Sache interessiert, die für sie in erster Linie ein Job war. Sie waren gekommen, um etwas kennen zu lernen, mit dem sich neue Kurse anpreisen und neue Schüler anlocken ließen. Dieses Seminar verbuchten sie als »Investition«.

Für mich war das anders. Ich war auf der Suche nach etwas, von dem ich keine genauen Vorstellungen hatte, und war höchst interessiert, mehr über diesen Mann, den Swami, zu erfahren, der ganz offensichtlich von einem anderen Planeten kam. Einmal erzählte er, wie ihn seine Mutter als Kind aufs Feld hinausgeschickt habe, um dort mit dem Reis zu sprechen, damit er besser wachse. Er erinnere sich noch genau, so berichtete er, mit welcher Freude er gesehen habe, wie ihm die Pflanzen, sich leicht im Wind neigend, geantwortet hätten. Der Blick des Swamis auf die Natur und die Welt war eindeutig ganzheitlich. Aber es war noch mehr.

Ich wollte unbedingt mehr darüber wissen, wie er dachte, und bat um einen Termin. Die Antwort kam mit einem handgeschriebenen Kärtchen: Ich solle mich am Samstag nach dem Frühstück bei ihm einfinden.

Wie die anderen Bungalows war auch der des Swamis aus Fertigbauteilen errichtet, erstreckte sich aber als einziger über zwei Stockwerke. An der Tür fiel mir sogleich ein Berg von Schuhen, Sandalen und Pantoffeln auf. Sie gehörten den Leuten, die bereits oben bei ihm waren. Bei den meisten handelte es sich um in den USA wohnende Inder, die gekommen waren, um ihn um Ratschläge, Empfehlungen und Segnungen zu bitten oder ihm ganz einfach nahe zu sein und ihn anzuschauen – nicht wenige mit verzücktem Blick. Der Swami saß in einem Sessel. In der Gruppe, die um ihn herum auf dem Teppichboden saß, bemerkte ich auch einige Besucher westlicher Herkunft.

Ich suchte mir einen Platz und beobachtete das Kommen und Gehen der Leute, die ergeben auf ihn zutraten, sich tief vor ihm verneigten, ihn berührten und dann die nun von seiner »Heiligkeit« erfüllte Hand an die Stirn oder auf die Brust legten. Viele sprachen ihn auch an. Er hörte aufmerksam zu, antwortete, lächelte und reichte jedem aus einem Korb neben ihm eine Kleinigkeit zum Mitnehmen: eine Traube, ein Bonbon, eine Mandarine.

Irgendwann stand er auf und bedeutete mir, ihm zu folgen, und den anderen, zu warten. Wir betraten einen kleinen schmucklosen Raum, in dem lediglich ein Sessel und ein Stuhl standen. Es war keine Frage, welche Sitzgelegenheit für mich bestimmt war, aber es war schon tröstlich, dass ich nicht zu seinen Füßen Platz nehmen musste. Da ich mir dachte, dass er wohl nicht viel Zeit für mich habe, erklärte ich ihm in knappen Worten, wer ich war und dass ich nach Indien gezogen sei, in der Überzeugung, dort eine Kultur zu finden, die sich noch des Zugriffs des westlichen Materialismus erwehren könne. Allerdings seien mir mittlerweile Zweifel daran gekommen. Und nun wolle ich dahinterkommen, so sagte ich, ob seine Heimat immer noch eine Schatztruhe antiker Weisheiten sei, als die sie vielen gelte, und ob es Indien auf lange Sicht gelingen könne, sich seine Andersartigkeit zu bewahren.

Das interessierte ihn. Wir unterhielten uns über den Mythos Indiens als »Guru der Nationen«, wie ihn vor mehr als einem Jahrhundert der große Mystiker Vivekananda im Westen verbreitete; und wir sprachen über die Atombombe, die Indien nicht lange zuvor gezündet hatte. Ich sagte ihm, ich hätte mich so lange mit Politik beschäftigt, dass mir jetzt die Lust daran vergangen sei. Nun wolle ich mich der Suche nach jenen Dingen widmen, die sich in Indien vielleicht erhalten hätten und dem Rest der Welt nützen könnten.

Genau diese Aufgabe habe auch er sich gestellt, versicherte er mir. Deswegen lehre er den Vedanta, die Quelle all jener Weisheit, nach der ich suchte. Er fügte hinzu, die indische Spiritualität sei nicht an ein Volk oder ein Land gebunden; sie gelte für alle, denn sie habe sich ihre Ursprünglichkeit bewahrt und sich im Gegensatz zu Religionen wie dem Christentum oder dem Islam stets dem Würgegriff der Theologie entziehen können.

Er zeigte sich überrascht, ja amüsiert, dass ich überhaupt in seinem Ashram war, und fragte mich, wie ich zu ihm gefunden hätte. Widerwillig lieferte ich die Chronologie der Ereignisse: Ramananda, Yoga, Eingeweidebruch, Krebs …

Bei diesem Wort horchte er auf und wollte Näheres darüber wissen: wo, wann, welche Art von Behandlung. Ich merkte, dass er im Kopf irgendetwas nachrechnete; dann sagte er, wie jedes Jahr werde er auch in diesem Frühling in seinem Ashram in den Anaikatti-Hügeln, in der Nähe von Coimbatore im Süden Indiens, einen dreimonatigen Vedanta-Kurs abhalten. Wenn ich Lust hätte, könne ich daran teilnehmen, um bei ihm zu lernen. »Bei deinem Alter und deiner Lebenserfahrung wird er dir gewiss einiges geben können«, meinte er. »Und danach mache ich dich mit einem Ayurveda-Arzt bekannt, der dir bestimmt weiterhelfen kann.« Er hielt inne, so als seien ihm plötzlich Zweifel gekommen, und griff zu Stift und Papier. »Ich brauche noch deinen Geburtstag, den Ort und die genaue Zeit.«

Da er sogleich merkte, wie zurückhaltend ich auf sein Ansinnen reagierte, fügte er hinzu: »Nein, nein, ich bin kein Astrologe, aber ich interessiere mich für spirituelle Astrologie.«

»Und was soll das sein?«

Mir gefiel das nicht. Mit der in *Fliegen ohne Flügel* beschriebenen Reise hatte ich mit dieser Welt abgeschlossen. Wie die Pest mied ich seitdem alle Sorten von Wahrsagern und Astrologen und hatte jetzt nicht die Absicht, mich wieder auf so etwas einzulassen.

»Nun, das ist eine Methode, die spirituellen Voraussetzungen eines Menschen zu erkennen«, antwortete der Swami. »Denn gute Absichten allein genügen nicht. Und in Anbetracht der Tatsache, dass du den Weg der Suche eingeschlagen hast, wäre es sinnvoll, einmal einen Blick auf dein spirituelles Horoskop zu werfen.«

Offensichtlich war das eine Art Prüfung. Ich erinnerte mich, dass auch Ramakrishna seine Schüler äußerst sorgfältig auswählte und dass selbst Vivekananda verschiedene Hürden zu überspringen hatte, bevor er angenommen wurde. So verlangte es die Tradition: Der Schüler in spe musste genau unter die Lupe genommen werden, und so beobachtete man, wie er sich bewegte, wie er aß und sogar, wie er verdaute. Denn es galt zu prüfen, ob sein Körper göttliche Zeichen einer spirituellen Veranlagung aufwies oder nicht.

Der Swami verließ sich auf ein Horoskop, aber das Ziel war das gleiche: sich darüber Klarheit zu verschaffen, ob es sich lohnen würde, seine Energien als Lehrer in mich zu investieren. Mich erheiterte die Vorstellung, dass er mich tatsächlich als Schüler in Betracht zog. Was für ein Bildungsweg! Von der Juristischen Fakultät der *Scuola Normale* in Pisa über die Universität im englischen Leeds bis zur Columbia University in New York: und nun Ashram-Kandidat vor der astrologisch-spirituellen Eignungsprüfung!

Der Swami rief einen Mitarbeiter herbei und reichte ihm das Blatt mit meinen Geburtsdaten. Als sich die Tür des Räumchens öffnete, drang das Gemurmel der draußen auf dem Boden sitzenden und auf ihren Meister wartenden Besucher an mein Ohr, und ich stand auf, um mich zu verabschieden. Aber nein – der Swami wollte noch weiter über Indien und Politik sprechen, wollte wissen, was ich zur Lage in China dachte, zu Pakistan, und wie ich den Kaschmir-Konflikt einschätzte. Aber ich fühlte mich nicht wohl in meiner Haut. Denn ich spürte den Druck seiner treuen, wohl enttäuschten Anhänger vor der Tür, und unvermittelt fragte ich ihn, wie es ihm bloß gelinge, allen gegenüber stets so geduldig und zugänglich zu sein. Ich hätte ja beobachtet, so sagte ich, wie er stundenlang Leute empfangen und ihnen zugehört habe. Alle verlangten seine Zeit und seine Aufmerksamkeit.

Und der Swami antwortete mit einem Satz, der für mein Verhältnis zu ihm entscheidend werden sollte. »Ich brauche keine Zeit mehr für mich«, sagte er, »denn ich habe schon alles getan, was ich im Leben tun wollte. Die Zeit, die mir noch bleibt, ist ein öffentliches Gut. Auch du kommst langsam in das Alter, in dem du die Zeit, die dir gegeben ist, anderen widmen kannst.«

Mein Gott, das hätte ich wirklich gern getan! Aber leider war ich noch so weit davon entfernt ...

»Du wirst schon sehen«, hörte ich ihn weitersprechen, »auch für dich wird es einmal so sein. Es ist eine ganz logische Sache. Hast du einmal entdeckt, dass du das Ganze bist, kann dir nichts mehr genommen werden.«

Ob er mir das beibringen konnte? Dann hätte ich tatsächlich »meinen Meister« gefunden.

Er fügte noch etwas an vom Frieden, der nicht außerhalb des Körpers, sondern im Innern gesucht werden müsse, und verabschiedete mich mit den Worten: »Bis heute Abend. Wir sehen uns nach der Yoga-Sitzung.«

Im Audienzraum, den ich durchquerte, drängten sich die Menschen. Es war Wochenende, und viele indischstämmige Familien hatten Stunden auf der Autobahn verbracht, um hierher zu kommen. Sie schienen wirklich erleichtert, dass ich endlich ging, hätten wohl aber auch zu gern gewusst, wer dieser Ausländer war, der sich so lange beim Swami hatte aufhalten dürfen.

Am Abend wartete ich, bis die anderen Kursteilnehmer nach der

Yoga-Stunde in ihren Bungalows verschwunden waren, um mich aus dem meinen zu stehlen. Der Tannenwald war erfüllt vom Quaken der Frösche und Zirpen der Grillen. Ich musste lachen, als ich mir überlegte, dass ich im Grunde hören ging, ob ich sitzen geblieben oder versetzt worden war.

Unten an der Treppe, wo ich meine Schuhe abstellte, standen keine anderen mehr. Der Swami war allein. In seinem Sessel sitzend, blätterte er in einem Stapel Papiere auf seinen Knien. »Perfekt, wirklich perfekt. Das ist ein richtig gutes Horoskop«, sagte er und zeigte auf die Computertabelle, in der, Jahr für Jahr, mein Leben in Beziehung zu den verschiedenen Planetenkonstellationen zusammengefasst war. Er lächelte und freute sich ganz offensichtlich, mir die »gute Nachricht« überbringen zu können. »Du bist ohne Schatten geboren, ohne irgendeine Belastung durch vorherige Leben und dadurch wie geschaffen für ein spirituelles Leben. Du könntest sogar selbst ein geistiger Anführer werden. Es passt alles zusammen. Du bist nie materiellen Zielen gefolgt und kannst jetzt die endgültige Befreiung anstreben.«

Er war ganz aufgeregt, blätterte vor und zurück in den Seiten und zeichnete noch einmal die Geschichte meines Lebens nach, meiner Entscheidungen, der Wendepunkte, meiner Krankheit. Ich gab nichts darauf und machte mir auch keine Notizen. Bis zum März 2006 werde es mir auf alle Fälle gut gehen, versicherte er mir, und es sei auch nicht gesagt, dass dies mein Todesdatum sein müsse. Ich weigerte mich, diesen Termin überhaupt nur zur Kenntnis zu nehmen. Da war mir schon jener lieber, den ich bereits in einigen Monaten in Indien wahrnehmen wollte, der Beginn des Vedanta-Kurses im Ashram des Swami Dayananda Saraswati.

Als ich seinen Bungalow verließ, war die Nacht klar und kühl, und bevor ich zu meiner Behausung zurückkehrte, drehte ich noch eine lange Runde im Wald zwischen den beiden Autobahnen.

Hongkong

Im Reich der Pilze

Es war eine jener Geschichten, die ich mir, zumindest hörte sie sich aus der Ferne so an, nicht entgehen lassen konnte. Ein alter chinesischer Milliardär aus Hongkong hatte seinen ganzen Reichtum darauf verwendet, der Menschheit vor seinem Tod ein ganz außerordentliches Geschenk zu machen: ein wirksames Heilmittel gegen Krebs.

Nach jahrelangen Forschungen und Experimenten war das Medikament nun fertig. Es handelte sich um den Extrakt eines Pilzes, der in China schon immer als wundertätig galt und schon seit Urzeiten in den Darstellungen einiger Götter auftaucht, besonders der Acht Unsterblichen. Ich schrieb Mangiafuoco, um zu hören, was er von der Sache hielt, und seine Antwort war positiv. »Geh der Sache nach. Das ist doch ein faszinierendes Thema«, schrieb er mir zurück. »Ich sehe in Pilzen auch, wie viele andere, eine Art ›Zwischenreich‹: Sie sind keine Pflanzen im eigentlichen Sinne und natürlich keine Tiere. Es sind eben ›Pilze‹, eine Welt für sich, mit besonderen Heilkräften, die seit Jahrhunderten bekannt sind. Und jeder Pilz ist anders, jeder hat seine speziellen Eigenschaften. Man denke nur daran, dass das erste Penicillin aus einem Pilz gewonnen wurde.«

Hongkong war wie eine zweite Heimat für mich gewesen. Acht Jahre habe ich in der Stadt gelebt. Ich kenne dort viele Leute, habe dort noch immer Freunde, und dennoch beschloss ich, mich nur auf diesen Pilz zu konzentrieren und allem anderen aus dem Weg zu gehen. Ich rief niemanden an, ließ mich nicht im FCC, dem Club der Auslandskorrespondenten, blicken und nächtigte in einem Zimmerchen an der Hong Kong University, in dem üblicherweise Gastprofessoren unterkamen. Diese Gegend war weniger Veränderungen unterworfen als die übrige Stadt und hat sich noch ein wenig vom romantischen Charme des alten Hongkong bewahren können, wie man ihn aus Han Suyins Roman (oder der Verfilmung) *Alle Herrlichkeit auf Erden* kennt.

Morgens kurz vor Sonnenaufgang füllten sich in jenem Viertel die schmalen Straßen, die zum Victoria Peak hin ansteigen, mit jener angenehm ruhigen Gesellschaft älterer Chinesen – Männern und Frauen –, die offenbar in den verschiedenen Formen des Taijiquans, des Schattenboxens, ihre perfekte Gymnastik für Körper und Seele gefunden hatten. Es war die Stunde des Friedens im Hongkonger Alltag.

Es war nicht schwer, den Milliardär zu treffen. Er empfing mich in einem seiner Büros im Central, dem pulsierenden Finanzzentrum der Stadt, von wo aus er seine Geschäfte leitete. Das Büro war schmucklos, fast wie eine Mönchszelle eingerichtet, ohne jene Geschmacklosigkeiten, für die Milliardäre sonst üblicherweise anfällig sind. Er, der Achtzigjährige, war groß und schlank, mit einem Allerweltsgesicht, in dem aber ein gewisses Maß an Aufrichtigkeit erkennbar war. »Wir wollen nichts verdienen, sondern den Leuten helfen, wieder gesund zu werden«, erklärte er mir, so als gelte es, eine Unterstellung zurückzuweisen, die ich gar nicht geäußert hatte. »Das ganze Leben ist ein Geben und Nehmen. Ich persönlich habe von der Gesellschaft viel bekommen, und bevor ich gehen muss, möchte ich ihr noch etwas davon zurückgeben.«

Ich ließ ihn, soweit es ging, von sich selbst erzählen, und die Details dessen, was er von der Gesellschaft bekommen und wie er es sich genommen hatte, ließen die Geschichte von seinem Pilz in einem noch freundlicheren Licht erstrahlen. In jenen Jahren, da China von inneren Konflikten erschüttert und von verschiedenen Kriegsherren ausgeblutet wurde, war der Milliardär in ärmlichen Verhältnissen in der Gegend des Jangtsekiang-Deltas zur Welt gekommen und dann in Shanghai zur Zeit der japanischen Besatzung aufgewachsen. Dort arbeitete er auch während des Zweiten Weltkriegs und des sich anschließenden Bürgerkrieges. Es war ein ständiger Kampf ums Überleben, wie für viele Millionen anderer Chinesen auch. Doch er hatte Glück.

Sein erstes Geld verdiente er mit Nähmaschinennadeln, die er aus Deutschland importierte, dann mit den Nähmaschinen selbst. Als Maos Truppen 1949 immer näher rückten, ließ er alles, oder fast alles, zurück und floh nach Hongkong, wo er ganz auf die Fabrikation zweier Produkte setzte, von denen er sich eine große Zukunft versprach: Waschmittel und Fadennudeln. Vor allem mit Letzteren, über die er so schwärmerisch sprach, als habe er gerade eine dampfende Schüssel davon vor sich stehen, hatte er sein beträchtliches Vermögen gemacht.

Der alte Milliardär war eine Kaufmannsseele, aber kein Rosstäuscher. Und als wir auf seinen Pilz zu sprechen kamen und ich ihn fragte, wie denn – bei den vielen verschiedenen Krebsarten, die alle eine andere Therapie verlangten – dieser Pilzextrakt *das* Wundermittel gegen alle Tumore sein könne, bekam ich eine klare Antwort. Nein. Der Extrakt sei in dem Sinne kein Heilmittel gegen Krebs. Er wirke aber unterstützend, indem er das Immunsystem stärke, und sei daher äußerst nützlich während einer Strahlen- oder Chemotherapie.

Kurzum, die Geschichte von dem Wundermittel war bei näherer Betrachtung sofort geplatzt. Dennoch ließ ich sie mir noch einmal von dem alten Mann erzählen, und das lohnte sich, vor allem, weil der Milliardär über seinen Pilzextrakt mit der gleichen Begeisterung wie über seine Nudeln redete. Im Grunde trugen ja auch beide Produkte zum Wohlergehen der Menschheit bei. Der Extrakt war das Resultat zweier paralleler Handlungsstränge, die sich irgendwann zufällig gekreuzt hatten. Einer hatte mit ihm selbst zu tun.

Mitte der 1980er Jahre erkrankte die Tochter seines besten Freundes, eines ebenfalls großen Hongkonger Tycoons. In den verschiedensten Kliniken überall auf der Welt lässt man sie untersuchen, doch an der Diagnose ändert sich nichts: Leukämie, unheilbar. Unserem Milliardär lässt das keine Ruhe, und er verspricht seinem Freund, Unmögliches möglich zu machen, um ihnen zu helfen. Denn er ist überzeugt, dass es in dem überreichen Fundus der jahrtausendealten chinesischen Medizin irgendein vergessenes oder von der westlichen Medizin verdrängtes Mittel, irgendein Kraut, eine Pflanze geben müsse, mit dem ein Leiden wie Leukämie zu heilen wäre. Er schickt verschiedene Emissäre in die Volksrepublik aus, reist auch selbst mehrere Male dorthin, in der Hoffnung, wenigstens eine Spur zu finden, doch: ohne Erfolg.

Ungefähr zur gleichen Zeit in Shanghai: Ein älterer Biologe, Professor an einer weniger bedeutenden Universität, wird mit Nierensteinen in ein höheren Parteikadern vorbehaltenes Krankenhaus eingeliefert. Es gibt dort keine Einzelzimmer, und so findet er sich im Bett neben einem hochrangigen Parteifunktionär wieder, dem man gerade einen bösartigen Tumor entfernt hat. Dieser erzählt ihm, die Einzigen, die über ein Mittel gegen Krebs verfügten, seien die Japaner. Unter Verwendung eines bestimmten Pilzes, der ursprünglich in China zu finden gewesen sei, hätten die Japaner bereits ein wirksames Medikament entwickelt, bis jetzt allerdings nur in geringen Mengen, und die Formel sei streng geheim.

Ein chinesischer Pilz? Was für einer? Aus dem Krankenhaus entlassen, macht sich der Biologe sogleich an die Arbeit und beginnt nach diesem Pilz zu forschen. Nun gibt es in China aber mehr als 1300 verschiedene Pilzarten. Und um den richtigen Pilz zu finden, sind jahrelange Experimente und beträchtliche finanzielle Mittel erforderlich. Der Biologe schreibt an seine Universität, an die Stadtverwaltung von Shanghai, sogar an die Zentralregierung in Peking, aber nirgendwo findet er Gehör, geschweige denn finanzielle Unterstützung – bis eines Tages ein Hongkonger Milliardär von der Sache erfährt, sich mit ihm trifft und sein ganzes Vermögen in die »Pilzsuche« investiert.

Die Resultate lassen nicht lange auf sich warten. Ein Pilz mit einem besonders hohen Gehalt einer als krebshemmend geltenden Substanz wird gefunden. Es handelt sich um den Yun-Zhi, den »Wolkenpilz«. Überzeugt, der Lösung nahe zu sein, treibt der Milliardär den Biologen an, einen ersten Extrakt herzustellen. Der wird der Tochter des Freundes verabreicht, die sonst keine Hoffnung mehr hat, und tatsächlich scheint der Extrakt Wunder zu wirken: Ihr Zustand stabilisiert sich.

So einigen sich die beiden, Milliardär und Biologe, auf ein langfristiges Projekt, um dem Wunderextrakt eine wissenschaftliche Glaubwürdigkeit zu verschaffen, ihn in größerem Maßstab zu produzieren und der Menschheit zur Verfügung zu stellen. Diesen menschenfreundlichen Zweck des ganzen Unternehmens, das sich mittlerweile bereits über fünfzehn Jahre hinzog, betonte der alte Mann immer wieder während seiner Erzählung. Aber man merkte, dass es in dem Projekt »Wolkenpilz« auch eine starke patriotische Komponente gab. Beiden, dem Milliardär wie dem Biologen, war bewusst, wie sehr die chinesische Heilkunst mit ihrer jahrtausendealten Tradition unter dem westlichen Einfluss gelitten hatte. Und mit ihrem krebshemmenden Mittel hoffen sie, dieser Tradition neuen Stolz und neuen Glanz verleihen zu können.

Zum Ende des 19. Jahrhunderts hatte es ausländische Missionare in Scharen nach China gezogen. Die großen amerikanischen Stiftungen, wie die Rockefeller-Foundation, gründeten und leiteten in Peking wie auch in anderen chinesischen Städten ihre eigenen Krankenhäuser, die bald schon die lokalen mit ihren traditionellen Heilverfahren an den Rand drängten. Rasch wurde die chinesische Elite immer abhängiger von den Ärzten aus dem Westen, und die chinesische Regierung unter Tschiang Kai-schek selbst war es dann, die die heimische Medizin als gar zu primitiv praktisch aus dem Gesundheitswesen verbannte. Die Kommunisten entdeckten sie dann neu, und es war Mao, der, wie so oft, mit einfachen, aber denkwürdigen Worten erklärte, dass China auch auf diesem Feld mit »beiden Beinen« seinen Weg gehen müsse.

In Hongkong, über hundertfünfzig Jahre lang Kronkolonie, lag die offizielle Medizin von Anfang an in den Händen von an englischen Universitäten ausgebildeten Ärzten, und im Projekt »Wolkenpilz« steckte sicher auch der Wunsch, das Prestige »nicht kolonialisierter« Kultur- und Forschungsleistungen zu stärken. Darum war es dem Milliardär wohl besonders zu tun. Und nicht zufällig berichtete er mir nebenbei von einem viel kleineren, aber doch bezeichnenden Projekt, und zwar dem, einige Gedichte der Tang-Dynastie zu vertonen, damit die chinesische Jugend bei ihren Karaoke-Abenden auf gehaltvolleres Liedgut zurückgreifen könne.

Es war offensichtlich, dass der Alte den Entwicklungen in Hongkong wie in ganz China wenig abgewinnen konnte. Selbst in seiner eigenen Welt, der Geschäftswelt also, kenne man, wie er klagte, immer weniger Skrupel. Deshalb hatte er, um seinen Pilzextrakt zu schützen, eigens einen »Gesundheitsverband« gegründet und diesem offiziell das Monopol für sein Produkt übertragen. Er fürchtete nämlich, irgendein Spekulant könne den Extrakt aufkaufen und ihn verdünnt zu abenteuerlichen Preisen auf den Markt bringen. Daher gab es im Moment nur eine Möglichkeit, an das Mittel zu kommen: Man musste Mitglied seines Verbandes werden – 20 000 Mitglieder waren es bereits – und ihn direkt von dort beziehen.

Dieser Verband hatte auch drei Beratungsstellen eingerichtet für Fälle, die die westliche Medizin als schwierig oder aussichtslos einstufte. Für weniger Betuchte waren die Beratungen kostenlos. Zur Leitung dieser drei Beratungsstellen hatte der alte Milliardär in Peking einen guten, traditionell arbeitenden Arzt gewinnen wollen. Ein schwieriges Unterfangen. Denn auch dort, in der Volksrepublik China, wo jetzt alle nur das schnelle Geld machen wollten, könne man, wie der Alte meinte, nichts und niemandem mehr über den Weg trauen. Dort bezeichneten sich schon Leute als Akupunkteure, die diese Wissenschaft nur ein paar Jahre lang studiert hätten, anstatt sie, wie es früher Brauch war, mindestens zehn Jahre unter Anleitung eines großen Meisters zu praktizieren. Was die Ärzte betreffe, so könnten viele davon nur zweifelhafte Qualifikationen vorweisen, und nur noch die allerwenigsten nähmen das lange Studium der überlieferten Schriften in der einzig möglichen Form, als Mönch nämlich, auf sich. Schließlich habe er aber doch noch Glück gehabt, so erzählte er. Er habe eine Pekinger Ärztin mit einer hervorragenden Ausbildung in der alten chinesischen Heilkunst gefunden und sie für zwei Jahre nach Hongkong holen können. Diese Frau war es nun, die die Patienten im Gesundheitsverband beriet und betreute und in jedem einzelnen Fall die erforderliche Dosis des Pilzextrakts festlegte.

Ich würde mich gern einmal mit ihr unterhalten, sagte ich, zumal mein Interesse an dem Pilz auch sehr persönliche Gründe habe. Der Milliardär verstand. Auch er selbst nehme eine tägliche Dosis davon ein. Er werde gleich für morgen einen Termin mit der Ärztin für mich ausmachen lassen.

Bevor er mich verabschiedete, ließ er noch seinen Sekretär kommen und machte mich zum lebenslangen Mitglied seines Gesundheitsverbandes. Ich erhielt einen Ausweis, mit dem ich nun jederzeit ein Anrecht auf den Erwerb des Pilzextrakts hatte – und das sogar mit zehn Prozent Ermäßigung.

Der Hauptsitz des »Gesundheitsverbandes« liege nur ein paar Schritte vom U-Bahnhof Tsimshatsui entfernt, hatte mir der Sekretär erklärt. Und so hatte ich mich nun dem hochmodernen, für mich persönlich aber eher öden Verkehrsmittel anzuvertrauen, das in wenigen Minuten unter dem Meer die Strecke zwischen der Insel Hongkong und dem Festland zurücklegt und die windige, aber erfrischende Überfahrt mit der Fähre, der *Star Ferry*, überflüssig macht.

Die *Star Ferry* mit ihren grünen und schwarzen Booten, den Matrosen in den altertümlichen blauen Marineuniformen mit den weißen Halstüchern, den Holzbänken mit den je nach Fahrtrichtung verstellbaren Rückenlehnen, dem Duft des Ozeans, dem Blick über die Bucht und die Dschunken mit ihren Wachstuchsegeln wird für Leute meiner Generation, egal ob Chinesen oder Ausländer, immer das Symbol der erloschenen Faszination der alten englischen Kronkolonie bleiben. Die U-Bahn, die die Fähre verdrängt hat, ist sehr viel schneller und effizienter – aber sie ist eben eine U-Bahn: erdrückend, ohne den Duft der Natur und den Blick auf die Welt, eines der Tausenden von Beispielen dafür, wie der Mensch sein Leben in dem Versuch, es zu verbessern, ärmer macht. Die Hongkonger U-Bahn ist dermaßen perfekt, dass Mobiltelefone auch auf dem Abschnitt tief unter dem Meer noch Empfang haben, und ich musste fast lachen, weil die Handys der Leute, die mich umringten, die ganze Fahrt über munter weiterklingelten. Man kam sich eher wie in einem nächtlichen Grillenkonzert vor als in der Hongkonger U-Bahn um zwei Uhr nachmittags.

Der Sekretär hatte mich instruiert, am U-Bahnhof den Ausgang B2 zu nehmen, dann würde ich das Klinikgebäude schon vor mir sehen. Das tat ich, aber das Erste, was ich sah, als ich ins Freie trat, war nicht die Klinik, sondern drei dicke Schildkröten, die vor einem Geschäft für chinesische Heilmittel, an den Füßen angebunden, noch lebend über einem Kessel kochenden Wassers hingen. Früher hätte ich auf den Anblick gleichgültig reagiert. Während der Jahre in China hatte ich gelernt, dass man praktisch alles verzehren kann, was überhaupt kreucht und fleucht. Und um mich anzupassen, hatte ich es den Chinesen nachgetan und wirklich vor nichts Halt gemacht, mochte es nun Hundefleisch sein, Schlange oder sogar, wie einmal in der Provinz Yunnan, ein Schuppentier, das vor meinen Augen abgeschwartet wurde. Wie man sich doch in seinem Leben verändern kann.

Nach den langen Jahren in Indien, wo ich, und sei es wieder nur durch Anpassung, Vegetarier geworden war, empörte es mich, dass man die drei armen Kreaturen dort so leiden ließ, nur um Reklame zu machen für die dunkle Brühe der bereits fertig gekochten Artgenossen, die, in Gläser gefüllt, auf der Theke des Ladens stand. Die Leute traten ein, tranken eine Portion, bezahlten und gingen ihrer Wege. Ein Glas für umgerechnet einen Euro. Nicht zu viel für dieses nicht alltägliche Stärkungsmittel, eine Arznei gegen Hämorrhoiden und, wie alle chinesischen Wundertränke, gewiss auch ein Aphrodisiakum.

Das Gebäude, in dem die Klinik des Verbandes untergebracht war, befand sich auf der gegenüberliegenden Straßenseite. Ein winziger Aufzug brachte mich in den fünften Stock hinauf. Dort erwartete mich der Sekretär des Milliardärs, um mich Doktor Li Ping vorzustellen.

Die Frau war noch ein Produkt des alten sozialistischen Chinas. Unauffällig, ungeschminkt, ein rundes Gesicht, leicht ergrautes, zu einer Herrenfrisur geschnittenes Haar. Sie trug einen dicken schwarzen Pullover und eine schwarze Hose unter einem tadellos weißen, frisch gestärkten Kittel. Als Studentin war sie sicher in Maos blauer Uniform und mit Zöpfen herumgelaufen. Ja, das konnte hinkommen. Sie mochte vielleicht fünfzig sein und war wohl während der Kulturrevolution ein »kleiner roter Teufel« gewesen und noch zu Lebzeiten des »großen Steuermanns« in das namhafte Institut für Traditionelle Chinesische Medizin in Peking eingetreten, als man dort nur die besten und linientreuesten jungen Leute aufnahm. Etwas von dieser Welt hatte sich in ihrem Auftreten und der Nüchternheit ihrer Erscheinung erhalten. Am Ringfinger trug sie einen goldenen Ehering und am Handgelenk eine Uhr, sonst aber keinerlei Schmuck.

Sie empfing mich in einem kleinen Labor. Dort war die Luft

angenehm gesättigt von den balsamischen Düften von Kräutern und Rinden, die drei junge Mädchen in einem angrenzenden, durch eine Glasscheibe abgetrennten Raum zerkleinerten und in Mörsern zerstießen.

Wir nahmen auf zwei Hockern sehr nahe einander gegenüber Platz, so als sollten unsere Körper miteinander kommunizieren. Die Ärztin fragte mich nach meiner Erkrankung und wie ich mich fühlte und machte sich Notizen, während ich erzählte. Vor allem interessierte sie, wie mein Körper auf die Chemo- und Strahlentherapie reagiert hatte. Ob ich Fieber bekommen hätte, Juck- oder Brechreiz oder Flecken auf der Haut. Dann ergriff sie meine rechte Hand, legte sie, mit der Handfläche nach oben, auf ihre Knie und begann, sorgfältig jedes Detail mit der Lupe zu untersuchen.

»Nein, nein, Ihre Zukunft will ich nicht deuten«, beruhigte sie mich. »Ich schaue mir nur Ihren Gesundheitszustand an. Jede körperliche Veränderung hinterlässt Spuren in den Händen.«

In den Händen?

»Ja. Sehen Sie hier«, forderte sie mich auf, indem sie mit einer Büroklammer auf den Handballen zwischen der Lebenslinie und dem Daumen deutete. »Sehen Sie diese Formationen, die wie winzige Tofuwürfelchen aussehen? Das sagt mir, dass Ihr Magen schwach ist.«

Sie suchte noch weiter und machte mich darauf aufmerksam, dass meine Lebenslinie in einem Dreieck auslaufe. »Aha, wie ich sehe, hatten Sie ein Problem mit den Nieren«, sagte sie.

»Wo? Auf der linken oder rechten Seite?«, wollte ich wissen, überrascht über dieses Detail, das ich ihr gegenüber nicht erwähnt hatte.

»Das kann ich Ihnen nicht sagen. Ich sehe nur, dass hier ein Problem mit den Nieren vorliegt.«

»Wie kann das sein? Mit diesen Linien bin ich zur Welt gekommen, während das Problem mit den Nieren erst in letzter Zeit aufgetreten ist«, bohrte ich nach.

»Es gibt Veränderungen der Handlinien, die sich innerhalb von sieben Tagen vollziehen; bei anderen geht es langsamer, da dauert es bis zu sieben Monate.«

Sie blickte wieder durch die Lupe und erklärte dann, wieder mit der Büroklammer auf eine Stelle deutend: »Würde die Lebenslinie hier enden, hätten Sie Ihr Leben bereits ganz gelebt. Aber die Linie geht noch weiter, und deshalb weiß ich, dass Sie noch lange zu leben haben. Ja, noch lange.«

Sie drehte meine Hand um, betrachtete eine Weile den Handrücken und erwähnte dann etwas von Problemen mit den Herzkranzgefäßen. »Nichts Schlimmes im Moment, nichts, was bei einer Untersuchung mit westlichen Verfahren einen Befund ergäbe. Aber Sie sollten darauf vorbereitet sein. Ihre Herzkranzgefäße beginnen sich zu verhärten.« Am Zeigefinger bemerkte sie eine winzige Warze, die mir noch nie aufgefallen war. »Solche Zeichen tauchen immer dann auf, wenn etwas mit den Zähnen, vielleicht auch nur einem Zahn, nicht in Ordnung ist.«

Dann ergriff sie wieder meine Handgelenke und konzentrierte sich lange. Der Puls sei schwach, erklärte sie, und mein Qi ebenfalls. Dann besah sie sich meine Zunge und sagte, unter dem weißen Belag seien zwei Risse, ein weiteres Zeichen für ein »Ungleichgewicht im Magen«. Danach betrachtete sie lange meine Ohren und erkannte dort auch – wie, weiß ich nicht – »einen Blutstau im Magen«.

Schließlich untersuchte sie meinen Hals, folgte der Linie der Lymphknoten, wie es auch ein Arzt westlicher Prägung getan hätte, und kam zu der Diagnose: Im Allgemeinen sei ich in guter Verfassung, doch gegen die Qi-Schwäche und das Ungleichgewicht im Magen müsse man etwas tun.

Ihr zufolge war es richtig, wie mich die New Yorker Ärzte behandelt hatten. Nun gelte es jedoch, deren Therapie mit chinesischen Heilmitteln zu ergänzen. Der Pilzextrakt sei ideal, sagte sie, um mein Qi zu erhöhen. Ich solle drei Tabletten täglich nehmen, eventuell über Jahre, denn Nebenwirkungen seien ja keine zu befürchten.

In schöner chinesischer Handschrift stellte sie ein Rezept aus und gab es an die Medikamentenausgabe weiter. Die gesamte Untersuchung hatte eine halbe Stunde gedauert. Dafür, sowie für die erste Monatsration des Heilmittels, bezahlte ich umgerechnet hundertzwanzig Euro.

Den Milliardär traf ich noch einige Male. Unter anderem brachte er mich mit zwei Forschern zusammen, die an dem Projekt mitarbeiteten. Auch bei diesen Begegnungen erfuhr ich einiges Neues, doch es änderte sich nichts mehr an dem Bild, das ich zu Beginn gewonnen hatte. Das heißt: Die Sache mit dem Wunderpilz war eine nette Geschichte, besonders wenn man ihr nicht zu sehr auf den Grund ging. Der Milliardär stellte mir auch den jungen Sohn des Shanghaier Biologen vor. Und der hatte mir im Zusammenhang mit dem Pilz tatsächlich etwas Wichtiges zu erzählen: eine alte Geschichte aus dem Volk.

Es war einmal vor langer Zeit eine weiße Schlange, die wollte eine schöne Frau werden. Dazu war es jedoch nötig, dass sich jemand in sie verliebte, und das war schwierig. Eines Tages jedoch erblickte ein Jüngling die Schlange, nahm sie mit sich und gestand ihr seine Liebe. Und auf der Stelle verwandelte sich das Reptil, wie gewünscht, in ein wunderschönes Mädchen, die beiden heirateten und lebten glücklich zusammen. Doch ein buddhistischer Mönch, der den beiden ihr Glück neidete, beschloss, sie auseinander zu bringen, und verbreitete überall, das Schlangenmädchen sei in Wahrheit ein Teufel.

Als der junge Ehemann bei einem Unglück schwer verletzt wurde, beschuldigte der Mönch die junge Frau, sie habe ihren Mann umbringen wollen. Die Frau war verzweifelt, durfte aber nicht aufgeben, denn sie war die Einzige, die ihren Mann retten konnte. Sie wusste nämlich, dass im Himmel ein wunderkräftiger Pilz wuchs, darum auch Wolkenpilz genannt, mit dem jedes Leiden zu heilen war. Als Frau konnte sie allerdings nicht in den Himmel gelangen. Und so nahm sie aus Liebe zu ihrem Mann wieder ihre ursprüngliche Gestalt an und huschte als Blitz, als Schlange des Himmels, durch die Wolken, pflückte einen der Wunderpilze und brachte ihn hinunter zur Erde. Der junge Ehemann genas auf der Stelle, und der Pilz vermehrte sich auf der Erde und stand nun, dank der Schlangenfrau, den Menschen immer zur Verfügung.

Doch der Mönch, neidischer noch als zuvor, gedachte sich an der Schlangenfrau zu rächen. Er stellte ihr eine Falle, fing sie ein und sperrte sie in eine Almosentruhe, die er in der Stadt Hangzhou vergrub. Und damit niemand sie befreien konnte, errichtete er über der Stelle eine Pagode, die dann als Lei-Feng-Pagode berühmt werden sollte.

Als der Jade-Kaiser erfuhr, dass sich der Mönch auf so heimtückische Weise in Dinge eingemischt hatte, die ihn nichts angingen, befahl er, ihn zu ergreifen. Doch der Bösewicht konnte rechtzeitig fliehen und verbarg sich an einem Ort, wo ihn niemand finden würde: im Gehäuse eines Krebses, der in den Reisfeldern lebte. Und dort blieb er, gehasst von allen Chinesen, die noch heute, wenn sie Krebse essen, in der Schale nach ihm schauen. Denn nach dem Entfernen des Krebsfleisches sieht man dort unter einem Häutchen eine kleine Wucherung, die tatsächlich an das Gesicht eines verängstigten Mönches erinnert.*

Zu der Zeit, als ich mich mit Sehern und Wahrsagern beschäftigte, hatte ich in Hongkong einen chinesischen Börsenmakler kennen gelernt, der mir erklärte, wie man aus den Gesichtszügen das Schicksal eines Menschen herauslesen könne. Mein Computer erinnerte sich an seine Telefonnummer, und ich rief ihn an. Ich war überrascht, ihn zu erreichen, und mehr noch, zu erfahren, dass er sich nicht mehr mit Physiognomie, sondern, ähnlich wie ich, mit der Heilung von Krebs beschäftigte. Was er von dem Pilz des Milliardärs halte?, fragte ich ihn.

Ja, davon hatte er gehört. »Einer unter vielen«, lautete sein knapper Kommentar.

Er schlug ein Treffen vor, um gemeinsam über den traditionsreichen Kräuter- und Blumenmarkt im Viertel Mongkok zu schlendern. Ein erhellender Spaziergang. Auf Schritt und Tritt wurden spezielle Heilmittel aus dem weiten China angeboten, die bei dieser oder jener Krankheit hilfreich sein sollten. Bei einem Mann, der in erster Linie Rosen verkaufte, stand in einer der zahlreichen Plastikvasen eine seltsame Pflanze, mit Rispen wie kleine Maiskölbchen und sattgrünen Wurzelfasern, die, wie wir erfuhren, hervor-

* Als im Jahr 1924 die berühmte Pagode in Hangzhou einstürzte, veröffentlichte der große Shanghaier Autor Lu Xun, der sich an die von seinem Großvater gehörte Geschichte erinnerte, einen kurzen Kommentar. Darin zeigte er sich hocherfreut, dass die Schlangenfrau nun endlich befreit, der böse Mönch aber weiterhin im Krebsgehäuse gefangen sei, bis diese Spezies aussterbe. Das geschehe ihm nur recht!

ragend gegen Diabetes seien. Ein anderer bot schwarz glänzende Körner feil, die wie winzige Büffelschädel mit langen Hörnern aussahen und besonders bei Lungenkrebs zu nehmen seien. Wieder ein anderer verkaufte eine Pflanze, die, wie man uns erklärte, nur an Wasserfällen wachse. Sie hatte runde, an Bienenstöcke erinnernde Wurzeln, die schon oft bei Brustkrebs geholfen hätten.

Aber das Seltsamste, was ich hier zu sehen bekam, war ein Lebewesen, halb Wurm, halb Pilz, dessen chinesischer Name »Insekt im Winter, Kraut im Sommer« bedeutet. In einer Gebirgsregion Chinas lebt ein Wurm, der in den kalten Monaten unterirdisch in Winterschlaf geht, während neben ihm ein Pilz wächst. Dieser Pilz dringt in den Wurm ein, nährt sich von dessen Fleisch und keimt im Frühling mit schwärzlich grünen Blättern. Diese parasitäre Symbiose, erfuhr ich von meinem Freund, gelte als magisch, und die Blätter seien ein vorzügliches Mittel gegen Nierenkrebs. Ihm selbst sei ein Nierentumor entfernt worden, und als er sich nach der Operation mit antiken Texten der chinesischen Heilkunst zu befassen begann, habe er herausgefunden, dass diese Pflanze vor Jahrhunderten schon als Allheilmittel bei jeglichen Nierenleiden bekannt war. Das Problem sei allerdings ihr Preis: Ein Kilo dieser Blätter komme auf mehr als tausend Euro. Und sie müssten in großen Mengen genommen werden, sonst wirkten sie nicht. Er selbst habe zeitweise rund fünfzig Gramm täglich gebraucht, also rund dreißig Pflänzchen, die für längere Zeit in einem geschlossenen Tongefäß in Wasserdampf gegart werden müssten. Die Flüssigkeit werde getrunken, der Rest gegessen. Anfangs habe das Mittel einen starken Hustenreiz bei ihm ausgelöst, aber nur deshalb, weil es auch »die Lunge reinigt«.

Da mittlerweile ein ganzer Kreis von Freunden regelmäßig diesen Pflanzensud einnehme, habe man sich zusammengetan, um für regelmäßigen Nachschub aus China zu sorgen. Wie er gehört habe, wachse die »Wurm-Pflanze« auch in Bhutan, die dortige Königsfamilie verwende sie, und man spiele mit dem Gedanken, einen kleinen Handel damit aufzuziehen.

Einmal fragte der Milliardär bei mir an, ob ich nicht Lust hätte, abends mit ihm und seiner Familie in einem der Nobelrestaurants in der Wellington Street zu speisen. Also in einem jener Gourmettempel, wo am Eingang die gegrillten Milchferkel fetttriefend an ihren Haken hängen und wie in einem Aquarium in großen Glasbassins der ganze Reichtum des Meeres im Schaufenster ausgestellt ist – die kostbarsten Fische, Krebse und Hummer, die allerdings nur noch so lange leben werden, bis ein Gast auf sie deutet, sie herausfischen und nach Wunsch zubereiten lässt.

Es stimmt nicht, wie manche meinen, dass nur die biblische Aufforderung Gottes an den Menschen, sich zu vermehren und sich die Erde untertan zu machen, zu der Grausamkeit führte, die sich der Fleischfresser Mensch anderen Lebewesen gegenüber erlaubt. Auch ohne Bibel haben die Chinesen die gleiche Grausamkeit entwickelt, und die Sitte, mit ausgeklügelten Foltermethoden noch jedes Tier auf den Tisch zu bringen, ist seit Jahrtausenden fester Bestandteil der chinesischen Kultur – ein Bestandteil übrigens, den noch kein Regime und keine politische Ideologie anzutasten gewagt hat.

Ich beobachtete die Meerestiere in ihrem Becken, die Ferkel an den Haken und überlegte, dass der Mensch immer schon, neben Armut und Hunger, seltsame Gründe gefunden hat, um seine Gier nach dem Fleisch anderer Lebewesen zu verteidigen. Ein im Westen auch heute noch gern vorgebrachtes Argument zur Rechtfertigung des Massakers an Milliarden von Hühnern, Lämmern und Rindern lautet, ohne Eiweiß könne der Mensch eben nicht leben. Aber was ist mit Elefanten? Woher beziehen die ihr Eiweiß?

Ähnlich war das Argument, mit dem ein Freund Gandhi dazu zu bewegen versuchte, der streng vegetarischen Tradition seiner Familie untreu zu werden. Und zwar behauptete er, nur weil sie Fleisch äßen, seien die Engländer mit nur wenigen Männern imstande, Millionen von Indern zu beherrschen. Das mache sie stark. Und nur wenn man sich selbst fortan mit Fleisch ernähre, könne man sie besiegen. Und so gehen die beiden Freunde eines Abends zum Fluss hinunter, wo Gandhi zum ersten Mal in seinem Leben einen Bissen Ziegenfleisch verzehrt und damit den Glauben seiner Eltern und seiner Kaste verrät. Aber das bekommt ihm schlecht. Wie er selbst in seiner Autobiografie erzählt, kann er das Fleisch kaum verdauen und findet nicht in den Schlaf, weil er, sobald er die Augen schließt, in seinem Bauch die verspeiste Ziege meckern hört.

In seinem ganzen Leben rührte Gandhi kein Fleisch mehr an, auch nicht während seines Studiums in England, als ihm alle weismachen wollten, ohne Fleisch sei die Kälte dort nicht zu ertragen.

Ich selbst habe mich früher nie gefragt, ob ich nun Vegetarier sei oder nicht. In meiner Kindheit war es bei uns zu Hause ganz normal, Fleisch zu essen – wenn wir es uns erlauben konnten, das heißt üblicherweise am Sonntag. Als Angela und ich 1994 nach Indien zogen, aßen wir beide noch Fleisch, und das blieb auch noch ein Weilchen so. Einmal in der Woche stand ein Moslem mit einem tadellosen Koffer vor unserer Tür und holte blutdurchweichte Päckchen mit Rindersteaks und -filets daraus hervor. Dann, eines Tages, zeigte mir mein Freund Dieter, ein Fotograf aus Deutschland, auf der Straße eine Schar Kühe, die einen Abfallhaufen umstanden und munter von den Plastiktüten, Pappschachteln und Zeitungen fraßen, und meinte zu mir: »Da siehst du, was du mit dem schönen Fleisch deines Moslems alles mitisst. Und denk erst mal an das ganze Blei, das dieses bedruckte Papier enthält!«

Er hatte vollkommen Recht. Zwar konnte es sich der Moslem erlauben, jene Kühe zu schlachten, die Indern als heilig gelten, verfügte aber gewiss nicht über eine eigene Weide mit saftig frischem Gras für sein Schlachtvieh. Was er uns da verkaufte, war Fleisch von den kränklichen Straßenkühen, die sich von Abfällen ernährten.

Das war der Auslöser, den Fleischverzehr aufzugeben. Mit der Zeit stellte ich dann fest, dass ich Tiere, da ich sie nicht mehr als Nahrung betrachtete, anders wahrnahm und sie mehr und mehr als Mit-Lebewesen empfand, als Teil desselben Lebens, das die Erde bevölkert und ihr Bild formt. Heute stößt mich allein schon der Anblick eines Steaks ab, beim Geruch gegrillten Fleisches wird mir übel, und die Vorstellung, dass man Tiere aufzieht, um sie anschließend umzubringen und zu essen, tut mir weh.

Die perfekte, »vernünftige« Art und Weise, wie der Mensch Tiere mästet, um sie anschließend umzubringen, ist ein gutes Beispiel für die Barbarei der Vernunft. Da werden Schweinen die Schwänze gekappt, damit sie sich in den engen Käfigen nicht gegenseitig hineinbeißen, oder Hühnern die Schnäbel, um zu verhindern, dass sie, die ohne einen Zentimeter Bewegungsfreiheit schier den Verstand verlieren, das Nachbarhuhn angreifen.

Aber Gemüse ist doch auch Leben, höre ich die eingefleischten, allen Argumenten gegenüber tauben Tieresser sagen. So als würde beim Pflücken einer Tomate der Strauch genauso leiden wie ein Huhn, dem man den Hals umdreht. Oder als könne man eine Lammschulter genauso nachpflanzen wie einen Blumenkohl oder einen Salatkopf. Gemüse ist dazu da, gegessen zu werden. Tiere nicht! Die natürlichste Nahrung für den Menschen ist die, die Erde und Sonne hervorbringen.

Der Milliardär ließ auf sich warten. Ich betrachtete die Milchferkel und fragte im Geiste die Leute, die sie bestellen würden: »Habt ihr noch nie die Schreie gehört, die aus einem Schlachthaus dringen?« Man müsste sie jedem zu Gehör bringen, der zu Messer und Gabel greift, um sein Steak zu verzehren. In jeder Zelle dieses Fleisches steckt das Grauen dieser Gewalttat, das Gift jener plötzlichen letzten Furcht des sterbenden Tieres. Wie alle anderen aß auch meine Großmutter Fleisch – wenn es welches gab –, aber ich weiß noch, dass sie immer vor frisch geschlachtetem Fleisch warnte. Das müsse erst liegen. Warum? Vielleicht wussten die Alten noch, wie schlecht es einem bekommt, sich die Todesangst anderer Lebewesen in den Bauch zu schlagen. Denn das, was wir beschönigend »Fleisch« nennen, sind in Wahrheit Kadaverstücke toter, ermordeter Tiere. Der eigene Magen als Friedhof: keine verlockende Vorstellung.

Angela isst weiterhin Fleisch, wenn es sich ergibt. Ich kann das nicht. Aber dabei steht nicht mehr meine Gesundheit im Vordergrund, weil ich vielleicht keine Lust hätte, von indischen Straßenkühen wiedergekäutes Zeitungsblei zu verzehren. Nein, es ist eine Frage der Moral. Übrigens eine gute, unkomplizierte Gelegenheit, etwas gegen Gewalt auf der Erde zu tun: sich dazu entschließen, keine anderen Lebewesen mehr zu essen.

Endlich trafen der Milliardär und seine beiden Töchter mit einigen weiteren Gästen ein und unterbrachen so meine einsamen und vergeblichen Überlegungen zum Schutz des armen Meeresgetiers, das nur noch ein Weilchen in dem frischen Wasser schwimmen würde. Der Geschäftsführer kam uns entgegen und geleitete uns in einen abgetrennten Raum, in dem bereits ein großer runder Tisch für uns gedeckt war. Ich sei Vegetarier, flüsterte ich dem Mann ins Ohr. Das kam wohl öfter vor: Ich könne ganz beruhigt sein.

Als wir Platz nahmen, schien die jüngere Tochter des Milliardärs neben mir noch unzufrieden mit der Tischdekoration, denn sogleich ergänzte sie Elfenbeinstäbchen und Porzellanlöffel mit zwei eingeschalteten Handys, die sich im Verlauf des Abends immer wieder in die Tischgespräche einschalteten. Ich merkte, dass sich auch ihr Vater, genau wie ich, daran störte. Doch gegen den Einfluss der Flut neuer Elektronikprodukte war auch er mit seinen Milliarden machtlos. Im Verlauf des Abends erzählte er mir dann, dass anderntags in einem der Handelszentren der Volksrepublik China in Hongkong die erste große Messe für traditionelle Medizin eröffnet würde. Er riet mir, mich mal dort umzuschauen, warnte aber sogleich vor nicht immer authentischen oder ausreichend erforschten Produkten, die man dort wohl anbieten würde.

Ich ging hin. In einer riesigen, taghell erleuchteten Halle fügten sich, in mehreren Reihen, Dutzende kleiner Stände aneinander, dahinter alte Parteikader, die sich, manche recht linkisch, nun als Businessmen versuchten, junge Yuppies aus Shanghai und sogar Offiziere in Diensten der Befreiungsarmee, die neue pharmazeutische Produkte der Streitkräfte und ihrer verschiedenen Handelsunternehmen vorstellten. Die gesamte Halle war ein gutes Beispiel dafür, wie China geworden ist: geschäftstüchtig, billig und, wie der alte Milliardär gesagt hatte, wenig vertrauenswürdig.

Nach einer Stunde hatte ich die Taschen voll mit Visitenkarten und Pröbchen verschiedenster Heilmittel, die allerdings fast ausschließlich auf zwei Problembereiche abzielten: die Heilung von Krebs und die Steigerung der Manneskraft. Zunächst glaubte ich, der einzige Ausländer in der Halle zu sein, bis ich auf einen jüngeren Mann aus dem Westen stieß, der so viel Material wie nur irgend möglich einsammelte. Wie er mir erzählte, war er Experte für chinesische Heilkunde und lehrte an einer englischen Universität. Aber ich hatte eher den Eindruck, dass er im Auftrag irgendeines großen Pharmakonzerns herumspionierte, der sich die Möglichkeit, eine etwaige große Entdeckung an sich zu reißen, nicht entgehen lassen wollte.

Wir unterhielten uns eine Weile, und zum Schluss fragte ich ihn, ob die Chinesen denn etwas entdeckt hätten, was einer erfolgreichen Krebsbehandlung näher käme als irgendeine westliche Behandlungsmethode.

»Nein. Gar nichts«, antwortete er, »aber es gibt hier hervorragende Ergänzungsmittel.«

Als ich die Messe verließ, sah ich aus einem Nebengebäude eine Gruppe Chinesen ausschwärmen, die so ganz anders waren als die, von denen ich gerade kam. Sie waren blass, mager und wirkten irgendwie besessen. Ohne lange nachzudenken, sprach ich einen von ihnen an, um zu erfahren, wer sie seien.

»Falun Gong. Falun Gong«, antworteten sie im Chor. Sie hatten gerade ein zweitägiges internationales Treffen, einen »Erfahrungsaustausch«, wie sie sagten, beendet.

Ich hatte über Falun Gong gelesen, eine mystische Bewegung, die Li Hongzhi, ein früherer kommunistischer Parteifunktionär, erst 1992 im Nordwesten Chinas gegründet hatte, aber dennoch schon auf einige Millionen Anhänger im ganzen Land gezählt wurde. Ich wusste, dass die Regierung in Peking mit härtesten Repressalien gegen diese Leute vorging und die kommunistischen Sicherheitsdienste sie zunächst als Angehörige einer »illegalen Organisation«, dann als Mitglieder einer »Teufelssekte« verfolgten. Zehntausende waren verhaftet, viele gefoltert worden, eine Reihe auch getötet, andere verschwanden in psychiatrischen Kliniken. All das wusste ich, hatte aber nie persönlichen Kontakt zu ihnen gehabt. Deshalb fragte ich, ob ich mich mal mit einem von ihnen unterhalten könne, um mehr über ihre Bewegung zu erfahren. Ich solle am nächsten Morgen in den Kowloon-Park kommen und dort mit ihnen ihre »Übungen machen«, antwortete man mir.

Um halb fünf am Morgen verließ ich mein Zimmer in der Universität. Es war stockdunkel, doch in der Stille hörte man schon hin und wieder die Stimmen, manchmal auch das Lachen derer, die hinauf zum Hügel unterwegs waren, um dort ihre Übungen zu machen: ein interessantes Sonnenaufgangs-Völkchen, das bald schon von der anonymen Masse des beginnenden Tages verschluckt würde.

Ich nahm mir ein Taxi zur Station der U-Bahn, die mich, unter Erde und Meer hindurchrasend, in fünfzehn Minuten zum Eingang des Kowloon-Parks brachte. Die Falun-Gong-Anhänger trafen sich bei den Blumenkübeln eines kleinen gepflasterten Platzes. Ich hielt mich etwas abseits und beobachtete sie. Sie trafen ein, zogen sich die Schuhe aus, breiteten kleine Plastikplanen oder Zeitungspapier auf dem Boden aus, ließen sich im Lotussitz darauf nieder, schlossen die Augen und konzentrierten sich.

Eine Frau stellte, offensichtlich im Auftrag der Gruppe, einen Recorder auf einen der Blumenkübel und ließ ein Band mit sanfter chinesischer Musik laufen, deren schmeichelnde Stimme die Bewegungen lenkte. Die Frau bemerkte mich, bat mich hinzu und begann, mir die verschiedenen Übungen zu zeigen, zunächst im Stehen, dann sitzend. Sie ähnelten sehr stark den Qigong-Übungen, die ich kannte: Hände über dem Kopf, dann auf Augenhöhe, dann vor dem Bauch, so als gelte es, eine imaginäre Erdkugel zu halten.

Das Ganze dauerte mehr als eine halbe Stunde; dann teilten sich die rund zweihundert Falun-Gong-Anhänger, darunter viele Frauen und auch einige Ausländer, in Gruppen auf, um aus den Werken ihres Meisters Li zu lesen. Jede Gruppe in einer anderen Sprache: Mandarin, Kantonesisch, Englisch. Ein Grüppchen las sie auch auf Schwedisch. Es waren die zwölf Delegierten aus Stockholm, die an dem »Erfahrungsaustausch« teilgenommen hatten. Ihr Leiter war Techniker in einem Atomkraftwerk. Über einen Akupunkteur habe er zum ersten Mal von Falun Gong gehört, erzählte er mir; er ließ sich bekehren und anschließend alle Schriften von Master Li ins Schwedische übersetzen. Schon mehrere hundert Anhänger gebe es in Schweden, erfuhr ich.

Während die verschiedenen Gruppen das Gelesene diskutierten, nahm die Frau, die man offenbar dazu abgestellt hatte, mich in die Geheimnisse von Falun Gong einzuweihen, wieder neben mir Platz. Sie wirkte wie die anderen auch: einfach, bescheiden, unauffällig. Frau Hui war um die vierzig, ihr Mann arbeitete als Ingenieur in der Hongkonger Verwaltung. Zunächst einmal schenkte sie mir zwei Bücher des Meisters. Als ich sie bezahlen wollte, wies sie das resolut zurück: »Nein, nein, bei uns gibt es keinen Geldverkehr.«

Seit zwei Jahren gehörte Frau Hui zur Gruppe. Über eine Freundin hatte sie von Falun Gong erfahren. Sie besorgte sich ein Buch des Meisters, las es durch, und damit änderte sich ihr Leben. Urplötzlich habe sie sich lebendiger gefühlt, inspirierter, erzählte sie. Zuvor sei sie Christin gewesen, aber es habe ihr nie so recht gelingen wollen, das zu leben, was der Pfarrer predigte: Liebe deinen Nächsten wie dich selbst. Als Christin sei ihr das unmöglich gewesen. Jetzt aber, mit Falun Gong, falle ihr das leicht.

»Und warum?«

»Nun, uns praktizierenden Falun-Gong-Anhängern geht es vor allem darum, die Eigenschaften der Welt anzunehmen, um in ein harmonisches Verhältnis zu ihr einzutreten«, antwortete sie. »Harmonie ist das Gesetz des Universums. Das Mächtigste und gleichzeitig Einfachste, was es gibt«, und damit bildete sie mit den Händen eine Pyramide und deutete auf deren Spitze als Endpunkt, auf den sich alles konzentriert. »Die Einfachheit ist unsere Stärke. Deswegen kommen wir sehr viel rascher voran als jene, die andere Wege beschreiten. Wir verfügen über keine Organisation, keine Mitgliederverzeichnisse. Wir haben keine Büros, keine Funktionäre oder Priester. Unser Kommunikationsweg ist das persönliche Wort, allerhöchstens das Handy. Jeder ist frei. Alles, was wir tun, geschieht freiwillig. Der chinesischen Regierung nach sind wir schon mehr als hundert Millionen. Ich weiß nicht, ob das stimmt, aber es ist auch nicht wichtig. Wir klammern uns an nichts.«

Ich fragte sie, ob sie sich erklären könne, warum das Regime in Peking mit solcher Härte gegen sie vorgehe.

»Die Kommunisten verfolgen uns, weil sie begriffen haben, dass sich unser Tun nicht in körperlichen Übungen erschöpft. Sie haben begriffen, dass wir das Geheimnis des Universums zu ergründen und Zeit und Raum zu überwinden versuchen. Die Kommunisten glauben nur an das, was sie vor Augen haben, und sie hassen uns, weil wir weiter sehen, über die Grenzen des Sichtbaren hinaus, weil wir in anderen Dimensionen leben.«

Frau Hui erklärte mir, bei all ihren Demonstrationen, häufig auch spontanen Schweigemärschen in der Pekinger Innenstadt, forderten sie das Recht, ihre Übungen öffentlich ausführen und die Werke ihres Masters Li drucken zu dürfen. Nach der Rückgabe der englischen Kronkolonie an das kommunistische China hätten sie mit ihrem Verlag von Hongkong nach Singapur umziehen müssen. Aber auch damit würden sie fertig. Nichts, so versicherte sie mir, könne sie aufhalten. »Die menschliche Zivilisation steckt in einer schweren Krise. Aus der gibt es nur den Ausweg: dass so viele Menschen wie möglich nach ›Fa‹, dem Gesetz der universalen Harmonie, leben. Wir, die es bereits tun, sind guter Hoffnung, bereits in diesem Leben zur Erleuchtung zu gelangen, so dass wir nicht wiedergeboren werden müssen. Aber das verkünden wir nicht öffentlich, sonst werden wir nur wieder für verrückt erklärt. Doch die Wahrheit ist: Wir sind hier, weil wir in verschiedenen vorherigen Leben vieles versucht und ausprobiert haben und schließlich ans Ziel gelangt sind. Darin war und ist uns Master Li die größte Hilfe. Er hat uns die Werkzeuge gegeben und den Weg zur Erlösung gezeigt.«

Ich gab Frau Hui zu bedenken, Master Li sei früher ein kleiner kommunistischer Parteifunktionär gewesen, der sich, vielleicht selbst erschrocken darüber, was er in China entfacht hatte, 1996 in die USA absetzte, wo er mit Frau und Kindern in Seelenruhe von den Erträgen aus seinen Werken lebe, einem bunten Mischmasch aus taoistischen Ideen, antiken esoterischen Praktiken, Buddhismus und einer großen Portion Ignoranz. Er zeige sich nicht in der Öffentlichkeit, gebe keine Interviews und erteile auch keine Instruktionen an seine Anhänger. Man könne fast meinen, er habe mit Falun Gong abgeschlossen.

»Master Li interessiert uns nicht als Mensch, sondern eben als Lehrer und Meister«, antwortete Frau Hui, keineswegs gekränkt. »Und was seine Bücher angeht, so sind diese nur ein Ausgangspunkt. Was zählt, ist die Praxis, die regelmäßigen, täglichen Übungen. Ziel ist die Reinigung von allem Negativen«, erklärte sie und deutete dabei mit einer Geste an, wie Schmutz aus der Haut dringt und zum Himmel aufsteigt. »Ziel ist es, die guten Anlagen aller Menschen zu stärken.«

Die Frau hatte etwas Pathetisches, aber auch Rührendes. Sie spiegelte eine Unzufriedenheit wider, die ich mittlerweile gut kannte, die Unzufriedenheit all jener, die, wie der zum Kaschmir-Sufi gewandelte Anästhesist in New York, ihre unbedeutenden Existenzen mit etwas Bedeutsamem aufwerten möchten, mit etwas, was man nicht kaufen, sondern nur anstreben und erwerben kann, etwas, das nicht der Welt der Materie, sondern der des Geistes angehört. Zudem hat es ja in unseren modernen Gesellschaften, in denen die Menschen immer vereinzelter ohne Bezug zu ihren Nachbarn leben, etwas Verlockendes, gemeinsam mit anderen in ein Projekt von globaler Dimension einbezogen zu sein. Und beim Phänomen Falun Gong kommt nun noch etwas hinzu, was ich als eine der größten Tragödien unserer Zeit bezeichnen würde: der Ausverkauf der chinesischen Kultur, die zunächst tödlich verwundet wurde durch den marxistischen Materialismus und der nun durch den aktuellen Raubkapitalismus der Garaus gemacht wird.

Das alte China war eine komplexe Gesellschaft, die durch die hierarchischen Werte des Konfuzianismus zusammengehalten wurde, Werte, denen man sich aber auch entziehen konnte, indem man die mystischen Pfade des Taoismus und Buddhismus einschlug. Das neue China kennt keine Werte mehr – nur noch Egoismus und Profit. Selbst jene wenigen sozialistischen Werte, die Mao einst lehrte, sind in Vergessenheit geraten. Auch darauf ist Falun Gong eine Reaktion, und es war kein Zufall, dass Frau Hui – um mir zu erläutern, wie sie durch diese Bewegung ein besserer Mensch geworden sei – auf eine Tradition zu sprechen kam, die in China über Jahrtausende Bestand hatte: die Liebe zu den Eltern.

»In der chinesischen Gesellschaft haben Alt und Jung immer zusammengelebt. Aber ich hatte eine westliche Lebenseinstellung angenommen und liebte meine Freiheit, und als meine Mutter dann Witwe wurde, wollte ich nicht, dass sie zu mir zieht. Ich hielt mein Privatleben für ein kostbares, zu schützendes Gut. Als ich dann aber mit Falun Gong begann, merkte ich irgendwann, dass dieses angebliche Gut überhaupt nichts wert ist, und nahm meine Mutter bei mir auf. Dadurch bin ich nun gezwungen, mich täglich mit mir selbst auseinander zu setzen.«

Was mich an Falun Gong interessierte, war vor allem auch die Beziehung der Falun-Gong-Jünger zu ihrem Körper und zu körperlicher Erkrankung, war dies doch einmal der Ausgangspunkt der Lehre gewesen. Li Hongzhi hatte ursprünglich als Qigong-Lehrer begonnen, aber schon in seinen ersten Kursen, 1992, verschiedene Menschen »berührt« und von unterschiedlichen Krankheiten »geheilt« und war so zum »Meister« geworden. Irgendwann verkündete er jedoch, fortan nicht mehr heilen zu wollen. Die Suche nach Heilung sei der falsche Weg, um sich Falun Gong zu nähern. Denn dies sei auch eine Form der »Anhänglichkeit« und müsse als solche überwunden werden.

»Ja, der Meister lehrt uns, Krankheiten keine Bedeutung beizumessen«, erklärte mir Frau Hui. »Auch wenn wir irgendwelche Symptome erkennen, sollen wir sie möglichst unbeachtet lassen. Denn alle Krankheiten weisen die gleichen Symptome auf. Wir gehen nur unterschiedlich mit ihnen um. Und das ist es, worauf es ankommt.«

Mystische Sekten wie Falun Gong haben seit jeher schon zum Leben in China gehört, besonders in Zeiten größerer Umbrüche und damit einhergehender Orientierungslosigkeit. Solche üblicherweise esoterischen, geheimen Verbindungen spielten häufig eine bedeutende politische Rolle und lösten Aufstände aus, wie etwa den von Taiping im 19. Jahrhundert. Und eben wegen dieser Macht, der mit keiner Vernunft beizukommen war, sind sie von den jeweils Herrschenden immer besonders gefürchtet worden. Die Sekte der Goldenen Blume gewann zum Beispiel einen solchen Einfluss, dass die kaiserliche Regierung 1891 in Peking fünfzehntausend ihrer Anhänger niedermetzeln ließ, als Warnung an die Glaubensbrüder, sich aus den staatlichen Angelegenheiten herauszuhalten.

Die heilige Schrift jener Sekte, für die sich einst der Psychologe

Carl Gustav Jung sehr stark interessierte und von der sich Master Li zweifellos inspirieren ließ, soll ursprünglich durch die ersten nestorianischen Christen nach China gelangt sein und dort nach und nach konfuzianische, buddhistische und vor allem taoistische Elemente aufgenommen haben. »Alles ist vergänglich«, lehrte man ihre Anhänger, »außer der Goldenen Blume, die in der inneren Erde der Loslösung von den irdischen Dingen gedeiht.«

Zu allen Krisenzeiten sind in China Bewegungen entstanden, die den Glauben an den Wert des Geistigen neu belebten. Falun Gong schien mir ebendiese Funktion in der aktuellen verworrenen Situation des Landes zu erfüllen.

Ich sah zu, wie die Falun-Gong-Anhänger im Kowloon-Park ihre Plastikplanen zusammenrollten und ordentlich in ihren kleinen Rucksäcken verstauten; ich sah, wie sie ihre Handys einschalteten und sich zu einem neuen, normalen Arbeitstag im modernen Hongkong aufmachten. Es waren einfache Menschen, vielleicht etwas weltfremd, aber mit einem festen Willen und für ihren Glauben sogar zum Martyrium bereit. Und eben deswegen werden sie so gefürchtet von den Kommunisten, die nur an die Macht der Materie glauben.

Gegen Ende meines Hongkong-Aufenthalts blieb mir das Fazit: Das, wonach ich nicht gesucht hatte, war mir am tiefsten unter die Haut gegangen, die Falun-Gong-Leute mit ihrer fast an einen Wahn grenzenden Entschlossenheit. Mit dem Wunderpilz hatte ich mich zu lange beschäftigt, hatte zu viele Fragen gestellt und zu engen Kontakt zu dem Milliardär und seinen Leuten geknüpft. Denn von nahem betrachtet, erwies sich der Pilzextrakt als eines der zahlreichen, zuweilen hervorragenden chinesischen Heilmittel, die bei allem und auch bei gar nichts helfen können.

Aber ich hatte meine Zeit nicht vertan. Auch der Extrakt des Wolkenpilzes hatte einen Sinn, denn als ich nach Hause kam, schenkte ich den Dreimonatsvorrat, den ich als Mitglied des »Gesundheitsverbandes« besonders günstig hatte erwerben können, einem Freund, der gerade in jenen Tagen ein wenig Hoffnung nötig hatte. Ich erzählte ihm die dazugehörige Geschichte, wie ich sie selbst zuerst gehört hatte, plus die Legende von dem Schlangenmädchen und ihrer großen Liebe, und ich bin sicher, dass diese roten Kapseln in den zahlreichen gut verschlossenen und mit chinesischen Schriftzeichen versehenen Gläschen genau das Richtige für ihn waren.

Was mich selbst betraf, hatte ich jetzt genug davon, nach neuen Heilmitteln zu suchen, und war froh, die nächsten drei Monate fest an einem abgeschiedenen Ort bleiben zu müssen. Denn meinen nächsten Termin hatte ich beim Swami in dessen Ashram in Coimbatore.

Indien

Der Namenlose

Ich wusste, wenn die Reihe an mir wäre, würde ich Gelegenheit haben, eine schwere Last abzuschütteln. Nicht, dass ich so Erschütterndes zu beichten gehabt hätte. Ich musste mich nur vorstellen. Doch ich hatte beschlossen, mich dabei in keiner Weise mehr auf das »Ich« zu beziehen, das ich gewesen war. Und das empfand ich als große Befreiung. Mein Name, mein Beruf, meine Herkunft, all das, was ich einst herangezogen hätte, um mich zu beschreiben, gehörte nicht mehr zu mir. In diesen Bruchstücken meiner Identität wollte ich mich nicht wiedererkennen. Sie engten mich ein. Gewiss hatten sie zu dem Leben gehört, das ich geführt und auch genossen hatte; aber sie waren auch Teil jener Existenz, die mich zunächst in Depressionen gestürzt und mir schließlich den ganzen Rest eingebrockt hatte. Dies alles hinter mir zu lassen und mich etwas vollkommen Neuem zu öffnen war eine große Erleichterung. Und dass dieses »Neue« bereits begonnen hatte und vollkommen anders war als alles, was vorher »mein« war, ließ sich nicht übersehen.

Ich war *shisha* (einer, der zu lernen würdig ist) in einem Ashram (Einsiedelei) im Süden Indiens; lebte in einem mit einer Pritsche, einem Tischchen und einem Hocker äußerst spartanisch eingerichteten Kämmerchen; aß, auf dem Boden in einem großen Speisesaal sitzend, mit den Händen von einem Teller aus rostfreiem Stahl, der aus großen Kesseln mit ein paar Kellen eines streng vegetarischen Breis gefüllt wurde; studierte indische heilige Schriften; nahm Unterricht in Sanskrit, der Sprache, in der über Jahrtausende jene Schriften verfasst wurden, und versuchte, obwohl ich beim Singen kaum einen Ton treffe, die antiken vedischen Gesänge und Mantras zu erlernen, jene magischen Formeln, mit denen göttlicher Beistand bei der Überwindung der Hürden auf dem Weg der *Erkenntnis* herbeigefleht wird.

Nun war der Zeitpunkt gekommen, den anderen Shishas zu erklären, wie ich dorthin gekommen war. Es waren rund hundert

Leute, Männer und Frauen jeden Alters, überwiegend ganz in Weiß gekleidet, die reglos im Lotussitz auf einem eigenen kleinen Teppich in parallelen Reihen vor mir saßen und mich anblickten. Der Mann neben mir war alt und spindeldürr, trug ein orangefarbenes Gewand, das auch sein Haupt bedeckte und sein dunkelhäutiges Gesicht mit dem langen weißen Bart einrahmte: Es war der Swami, den ich Monate zuvor bei dem Seminar für Yoga und Klang in Pennsylvania kennen gelernt hatte. In sich zusammengesunken, saß er in einem Sessel und lächelte an die Zuhörer gewandt, während er seine Füße streichelte. Durch die geöffneten Türen und Fenster dieses großen Gemeinschaftssaals, in dem wir Shishas einen Großteil des Tages verbrachten, wehte wie immer ein angenehmer warmer Abendwind, und damit das fast metallisch klingende Rauschen der Palmen nicht die Stimmen derer überlagerte, die der Swami zur Vorstellung aufrief, war für ein Mikrofon gesorgt worden.

Ich hatte lange darüber nachgedacht, was ich sagen würde. Mir war klar, dass es unmöglich ist, alle Gründe genau zu benennen für das, was mit uns vorgeht, was wir tun, ist doch jeder einzelne Punkt wiederum mit Tausenden ebenso unverzichtbaren wie unerklärlichen Zufällen verwoben. Sicher, es gab direkte Gründe für meine Anwesenheit im Ashram: meine Erkrankung, mein Bestreben, Indien noch besser zu begreifen, und die Lust, mich selbst auf die Probe zu stellen. Vor allem hatte mich die Überzeugung hergeführt, dass das Leben ein einziger Zwang ist, dass wir uns ständig zwischen den eng gesteckten Grenzen dessen bewegen, was als selbstverständlich, richtig, anständig gilt; und dass wir auf der Bühne des Lebens letztlich nur Rollen spielen, wobei wir uns zudem noch für die Personen und nicht die Schauspieler dieser Komödie halten. Ich wollte etwas anderes versuchen.

Obwohl mein Leben sicher außergewöhnlicher und abenteuerlicher als das der meisten Menschen verlaufen war, hatte auch ich innerhalb der selbst aufgestellten Schranken des Vorhersehbaren gelebt. Dreißig Jahre lang hatte ich brav und fleißig den Sohn, den Ehemann, den Vater, den Freund, den Korrespondenten und Weltreisenden gegeben. Das waren meine Rollen, meine Masken, mit denen ich mich durchaus vergnügt hatte. Aber wo war *ich*? Und außerdem, welches Ich? Jenes des schüchternen Jünglings, der so leicht errötete und gegen die Tränen ankämpfen musste, wenn ihm etwas nahe ging? Oder das jenes reiferen Mannes, des »international bekannten Journalisten«, der sich immer ein wenig darüber wunderte, wie ernst man ihn in der großen Welt nahm, der er sich nie so wirklich zugehörig fühlte? So viele »Ichs«. Alle zudem noch mit vielen Gesichtern, unbeständig. Und doch kein »Ich«. Zumindest keines mehr, mit dem ich mich wohl fühlte.

Und nun wollte ich alle diese Rollen ablegen, wollte ausbrechen aus dem Teufelskreis des allzu Bekannten, heruntersteigen vom Sockel überkommener Gewissheiten. Ich wollte ohne Maske atmen. Was mir früher einmal wichtig vorkam, war es längst nicht mehr, und wenn ich jetzt daran zurückdachte, mit welcher Entschlossenheit ich diesen ach so wichtigen Zielen nachgejagt war, konnte ich nur noch lächeln.

Als »Schauspieler« war ich erfolgreich gewesen, aber ich spürte intuitiv, dass ich dabei nicht Halt machen konnte. Ich musste weitergehen, weitersuchen, wie man so sagt, auch wenn man nicht so genau weiß, was eigentlich. Aber vielleicht ist das der entscheidende Punkt. Wüsste man, was man sucht, käme man wieder nicht über Bekanntes hinaus und würde nie etwas Neues entdecken.

Zu jener Zeit war mir das nur halb bewusst, aber der eigentliche Grund, der mich in den Ashram geführt hatte, war mein Bestreben, eine Forschungsreise anderer Art anzutreten: nicht in die Ferne, sondern ins Innere; eine Reise, deren Ziel nicht auf der Landkarte zu finden war, weil es sich um einen Ort im Geiste handelte, eine Seelenlage, einen Zustand des Friedens mit sich selbst und der Welt. Das war es, wonach ich mich mittlerweile mehr sehnte als nach irgendetwas sonst. Und dort, in jenem Frieden – das spürte ich instinktiv –, war auch die wahre Arznei gegen meinen Krebs zu finden, und vielleicht auch gegen die verschiedenen sonstigen Übel, körperlicher oder seelischer Art, die heutzutage so viele Menschen quälen.

Ich ergriff das Mikrofon, und es gelang mir, in ein paar Minuten klar zu machen, was mich bewegte. Ähnlich wie ein Fluss, so sagte ich, in den wir mit einem Fuß steigen, schon beim zweiten

Fuß nicht mehr derselbe sei – weil das Wasser bereits vorübergeflossen ist –, so sei auch der Mensch, den sie vor sich sähen, nicht mehr derselbe wie bei der Ankunft im Ashram nur wenige Tage zuvor, und erst recht nicht wie jener Mann, der er vor Monaten oder gar Jahren war. Diesen Mann gebe es nicht mehr. Deswegen sei es sinnlos, über ihn zu sprechen.

Ich sagte, ich wolle meine Identität nicht länger wie eine Tauschmünze einsetzen, mich nicht mehr dessen bedienen, was ich einst war, was ich getan oder nicht getan hatte, als Maß für das Ansehen und den Respekt, die mir vielleicht gebührten. Nicht mehr in der Vergangenheit, nur noch in der Gegenwart wolle ich über mich reden. Mein ganzes Leben hätte ich mich bemüht, mir einen Namen zu machen. Nun würde ich ohne Namen leben. Ich würde versuchen, nicht in alte Verhaltensweisen zurückzufallen, sondern ein anderer zu werden. Ich sei mir bewusst, wie schwierig dieses Vorhaben sei und wie hart ich an mir arbeiten müsse. Und um gleich damit anzufangen, legte ich vor allen ein Schweigegelübde ab: Ab sofort würde ich eine Woche lang nicht sprechen und dabei auf ihre Hilfe zählen. Fortan sollten sie mich Anam nennen, den Namenlosen.

Als ich dem Swami das Mikrofon zurückgab, musste ich lachen. Und auch er lachte. Ich spürte, wie mir aus dem Saal eine Welle der Sympathie entgegenschlug, und das verstärkte noch dieses Gefühl der Leichtigkeit, mit dem ich das Podium verließ. Mir war, als hätte ich einen schweren Sack abgeladen, den ich jahrelang geschultert hatte, um erst jetzt zu merken, dass er nicht mit Edelsteinen, sondern mit Steinen gefüllt war. Das Ich – welch sinnlose Last! Ich hatte mein Ich wirklich satt, jene Gestalt, die ich immer mit mir herumgeschleppt und in der Öffentlichkeit vorgestellt hatte. Wie oft hatte ich mich im Flugzeug, im Zug, bei einem Essen im Haus eines Diplomaten oder einem Empfang eines Ministers dazu aufgerufen gefühlt, zum x-ten Male dieselben vergnüglichen Anekdoten aus meinem Leben zu erzählen, zu erklären, wieso ich als Italiener für ein deutsches Nachrichtenmagazin wie den *Spiegel* schrieb, wieso man mich in China verhaftet hatte oder was ich über das Land, in dem ich gerade lebte, dachte! Und alles nur, um jemanden zu unterhalten, um sympathisch zu wirken.

Häufig hatte ich über die Japaner gelacht, die sich so stark mit dem *Ich* auf ihren *meishi*, ihren Visitenkarten, identifizieren, auf denen unter dem Namen, oft noch fetter gedruckt, ihr Titel und die Position, die sie in ihrer Firma bekleiden, angegeben ist. Und dabei hatte ich mich kein bisschen anders verhalten: Um Beachtung zu finden und nicht links liegen gelassen zu werden, hatte auch ich, nicht gedruckt, aber vorgespielt, meine Visitenkarte präsentiert: meine persönliche Identität, von der mir so viel abzuhängen schien.

Im Übrigen will solch eine Identität, ähnlich einer empfindlichen Maschine, stets gut gewartet und gepflegt, in jedem Aspekt sorgsam bedacht und verfeinert werden: Frisur, Kleidung, Auftreten, die Art, wie man telefoniert, Kontakte aufrechterhält, auf Einladungen antwortet. In meinem Fall ging es auch darum, wie der Einstieg in einen Artikel gelang. »Du giltst so viel wie dein letzter Artikel«, hatte noch zu Zeiten des Vietnamkriegs mein Freund Martin Woollacott, ein Kollege vom englischen *Guardian*, einmal zu mir gesagt. Und dieser Anspruch, zumindest wieder das Niveau des letzten Artikels zu erreichen, wurde immer mehr zu einer Obsession für mich. All das, um mir meinen guten Namen zu bewahren. Der Name, immer der Name. Wie viele Dinge hängen doch im Leben vom Namen ab? Überall soll er auftauchen: in der Liste der Zugelassenen, in der Liste der Beförderten, in der Siegerliste, der Passagierliste, auf der Titelseite. Stets dieser Name, diese Identität. Eine anstrengende Sache!

Weg damit. Weg mit alldem! Noch ein wenig Ballast abwerfen, um für die letzte Überfahrt besser gerüstet zu sein. In New York hatte ich durch die Hand der Chirurgen einige Teile meines Körper-Ichs eingebüßt, ohne dass ich dadurch verschwunden wäre. Nun erleichterte ich mich selbst um weitere Teile: diesmal eher psychischer als physischer Art. Und was blieb nun von mir? Was blieb von mir ohne meinen Namen, meine Geschichte, ohne all das, woran ich mein ganzes Leben so hartnäckig gearbeitet hatte?

Dies war im Grunde die Frage, die uns alle hergeführt hatte. Schon von der ersten Vorlesung an hatte der Swami immer wieder betont, dass es darauf eine Antwort gebe und dass wir sie im Vedanta finden würden, jenem Schlussteil der Veden, der vom

Selbst handelt, jenem Selbst, das weder geboren wird noch stirbt, das unwandelbar erhalten bleibt, wenn sich alles ändert, das Selbst, dessen Existenz von keinerlei anderen Existenzen abhängt.

Als ich auf meinen Platz zurückkehrte, erhob sich der Mann zu meiner Linken, breitete die Arme aus, drückte mich fest an sich und sagte zu mir: »Anam-ji ... Anam-ji.«*

Es war ein ausgesprochen netter Mensch, um die fünfzig, klein, dick, mit einem großen, kahlen Kopf, dunklen Augen und einem langen, grauen, spitz zulaufenden Bart, der ihm bis zur Brust reichte. Wie alle Brahmacharis, jene also, die bereits die ersten Gelübde abgelegt haben, war er ganz in Weiß, mit einem langen Hemd und einem Dothi, gekleidet. Und so wie ich trug auch er ein weißes, breites Tuch über den Schultern, das als Schal, Kopfkissen, Handtuch oder dergleichen diente. Vor der ersten Vorlesung, als sich jeder sein Holzklapptischchen aussuchen sollte, für das er fortan verantwortlich sein würde, sowie den Platz, den man für dic dreimonatige Dauer des Kurses behielt, mied ich die mittleren Reihen, wo ich mich nicht hätte anlehnen können, und suchte mir einen an der Wand aus. Er war mir gefolgt und hatte sich neben mich gesetzt. Noch nicht ganz zufrieden mit der Platzwahl, fragte er mich nach einer Weile höflich, ob ich nicht noch einen Meter rutschen könne.

»Sieh mal«, sagte er zu mir, indem er den Blick nach oben richtete, auf einen der Betonträger, die die Saaldecke trugen, direkt über seinem Kopf, »dort verlaufen alle negativen kosmischen Energien und lassen sich auf mir nieder ... Hier kann ich mich nicht konzentrieren, hier kann ich nicht meditieren.«

Verrückt? Ich denke nicht. Um mir das Problem genauer zu erläutern, machte er mich darauf aufmerksam, dass der Swami das Auditorium stets durch die Tür auf der Nordseite (»die Seite der positiven Energien«) betrat, dass wir Shishas die Tür auf der Westseite benutzten (»die Seite der neutralen Energien«) und dass in

* Im Hindi ist die Beifügung »ji« an einem Namen ein Zeichen des Respekts vor dem Betreffenden. Spricht man in Indien zum Beispiel von Mahatma Gandhi, sagt man üblicherweise »Gandhi-ji«, und im Ashram sprach man den Swami mit »Swami-ji« an – und nannte ihn auch so im Gespräch mit anderen.

der Wand, an der wir saßen (die Ostseite), weder Türen noch Fenster waren.

Selbstverständlich rückte ich ein Stück, und so wurde Sundarajan dank der Geschichte mit den Energien mein »Banknachbar«. Wir halfen uns gegenseitig bei den Sanskritübersetzungen und ließen hin und wieder auch eine Gruppenveranstaltung aus, um gemeinsam hinauf zu der steilen Erhebung inmitten des Ashrams zu spazieren und die Aussicht von dort oben zu genießen.

Sundarajans Lebensgeschichte war recht ungewöhnlich. In Malaysia als Sohn einer südindischen Familie geboren, die zum Bau der englischen Kolonialeisenbahn am Ende des 19. Jahrhunderts dorthin ausgewandert war, hatte sich Sundarajan in jungen Jahren in Kuala Lumpur in eine Göttinnenstatue verliebt, die im indischen Tempel seines Viertels stand. Es war seine erste und auch seine letzte große Liebe, eine Liebe, der er immer treu blieb. Noch nicht erwachsen, legte er ein Keuschheitsgelübde ab und wäre auch gern Mönch geworden, aber seine Verpflichtungen gegenüber der Familie verwehrten es ihm. So studierte er Ingenieurwissenschaften, um dann mehr als zwanzig Jahre lang in einem großen, auf aufwendige Elektroinstallationen spezialisierten Unternehmen zu arbeiten. Beispielsweise hatte er bei der Elektrotechnik im höchsten Gebäude der Welt, den Petronas-Türmen, mitgewirkt. Doch irgendwann beschloss er, sich »einer anderen Art Licht«, wie er sagte, zuzuwenden. Nach einem Jahr in einem Yoga-Zentrum im indischen Bundesstaat Bihar strebte er nun danach, vor dem Swami das Sannyasa-Gelübde abzulegen, das die vollkommene Entsagung alles Weltlichen beinhaltete.

Nicht in das Indien seiner Vorfahren war er heimgekehrt, sondern in das seiner Göttin. Ihm ging es nicht darum, hier seine Wurzeln zu entdecken, sondern sich spirituell mit seiner Göttin zu vereinen und den Vedanta zu studieren, um anschließend nach Malaysia zurückzukehren und ihn dort weiterzuverbreiten.

Auch ich war durch meinen Eintritt in den Ashram in ein ganz spezielles Indien gelangt: nicht das Land, das Touristen fotografieren oder Journalisten beschreiben, sondern das Indien jener, die auf der Suche sind, das Indien der großen Mythen, ein Indien, das der Menschheit eine ganz eigene Vorstellung von Gott und vom Nichts geschenkt hat und all dem, was zwischen diesen beiden Extremen liegt. Jahrelang hatte ich als Beobachter des Landes in Delhi gelebt, mich aber nur in den politischen, bestenfalls kulturellen Kreisen bewegt und dadurch stets das Gefühl gehabt, dass mir etwas entging. Kein Wunder, denn das, was sich unter der Oberfläche all meiner Beobachtungen befand, hatte ich außer Acht gelassen: die indische Spiritualität. Ich war wie ein Marsmensch, der nach einem Aufenthalt in Dantes Florenz behauptet, etwas von der Stadt verstanden zu haben, nur weil er hin und wieder mal eine Kirche besucht hat, ohne sich jedoch mit den Evangelien zu beschäftigen. Nun aber näherte ich mich dem Kern Indiens. Jedoch nicht, indem ich allein für mich darüber las und mir die Definitionen westlicher Akademiker aneignete, sondern auf typisch indische Weise: indem ich bei einem Guru lebte.

Guru* ist ursprünglich ein schönes Wort, das in der westlichen Welt mit der Zeit seine wahre Bedeutung einbüßte. Hier spricht man mittlerweile von Modegurus, Gesundheits- oder Sexgurus. Im Sanskrit bedeutet *gu* »Finsternis«, *ru* »vertreiben, auflösen«. Ein Guru ist also ein Mensch, der die Finsternis vertreibt, Licht in die Finsternis des Unwissens bringt. Sein orangefarbenes Gewand erinnert an die Farbe der Flamme, die die Dunkelheit erhellt, die Kraft des Feuers, das die Materie verschlingt.

Jetzt war ich im wirklichen Indien angekommen. Mein Guru hieß Dayananda** Saraswati, und ich war Mitglied des *Arsha Vidya Gurukulam*, wörtlich übersetzt der »Familie des Gurus der wahren Erkenntnis«, jener Erkenntnis, die auf die Rishis, die Sehenden, zurückgeht.

Der Ashram lag sehr schön, rund dreißig Kilometer von Coimbatore entfernt, dem Zentrum der Textilindustrie im Bundesstaat

* Guru bezeichnet weder Titel noch Qualifikation, sondern eine Beziehung. Das heißt, der Lehrer ist nur für seine Schüler der Guru, nicht jedoch für andere Menschen. Diese allein wenden sich mit »Guru-ji« an ihn, so wie ein Sohn nur den eigenen Vater als Vater bezeichnet und nicht den anderer.

** Die Namen aller Sannyasins enden auf »ananda«, als Hinweis darauf, dass sie nunmehr kein anderes Ziel mehr haben als *ananda*, die unbeeinträchtigte Seligkeit.

Tamil Nadu. Am Flughafen hatte ich mir ein Taxi genommen. Es war ein herrlicher Tag, und alles wirkte sehr verheißungsvoll. Auf dem Weg zum Ashram hielten wir im Stadtzentrum von Coimbatore, wo ich mir Stifte, Hefte und ein paar Kurta-Pyjamas aus weißem *khadi* besorgte, jener Baumwolle, die heute noch von den letzten Anhängern Gandhis per Hand gewebt wird. Auf dem Gehweg fiel mir ein Mann auf, der neben zwei Bambuskäfigen mit kleinen Spatzen darin hockte. Er verkaufte sie an Kunden, die die Vögel dann freiließen, um sich auf diese Weise Verdienste für ihr Karma zu erwerben. Ich kaufte ihm alle ab und ließ sie davonflattern, während ich ihr Gezwitscher und die Kommentare der Leute genoss, die mich umstanden.

Auf der Strecke zum Ashram das typisch indische Bild, ein Gemisch aus Hochgefühl und Verzweiflung, Glanz und Elend. Einige Kilometer führte die Straße durch eine mit Müllhalden und Ziegeleien durchsetzte Ebene, um die herum sich schmuddelige Barackensiedlungen ausgebreitet hatten, die von verdreckten, dürren Menschen bevölkert waren. Die Erde war ausgedörrt, und überall lagen Haufen von Plastiktüten herum. Sogar das Gras ging hier ein.

Dahinter aber zeichneten sich klar, blau und wunderschön die Anaikatti Hills vor uns ab. Früher sei diese ganze Gegend einmal, so erzählte mir der Taxifahrer, ein Diplom-Mathematiker, von dichten Wäldern überzogen gewesen. In dem, was davon noch übrig sei, lebe auch heute noch ein primitiver Volksstamm, dessen Angehörige sich mit Blättern bekleideten und einen König zum Oberhaupt wählten. Ihren Lebensunterhalt bestritten sie mit dem Sammeln wilder Kräuter im Auftrag einiger Produzenten ayurvedischer Arzneimittel. Der König habe als Einziger das Recht, mit Leuten außerhalb des Stammes zu sprechen, und wer ihr Gebiet ohne Erlaubnis betrete, werde auf der Stelle verjagt. Auch noch viele wilde Tiere, vor allem Elefanten, lebten dort, erfuhr ich. Allein schon das Vieh, das ich von der Straße aus sah, die sich nunmehr durch die Hügel hinauf- und hinunterschlängelte, war beeindruckend, etwa die Herden prächtiger Ochsen mit ihren imposanten Hörnern.

In einer Talsenke machte mich der Taxifahrer auf eine weite, gerodete Fläche aufmerksam. Bis vor kurzem habe hier noch ein herrlicher Wald gestanden, den eine Stiftung mit dem Namen des großen Ornithologen Salim Ali gekauft habe, um dort ein Vogelparadies zu errichten. Doch kaum hatte der Besitzer das Geld eingesteckt, ließ er den ganzen Wald, jeden Baum und jeden Strauch, bis auf den Boden abholzen. Ach, Indien!

Wir kamen an einer Schule für Ayurveda-Medizin und an einer Ingenieurschule vorbei. Schließlich tauchte inmitten eines schönen, grünen, von felsigen Bergketten eingerahmten Tals der Ashram auf: zwischen Eukalyptusbäumen eine Ansammlung weißer Häuschen, ein Auditorium, ein Speisesaal und am Rande einer weiten Wiese ein Tempel. Dahinter erhob sich eine Anhöhe, auf der sich die Umrisse eines weiteren Tempels abzeichneten.

Die Befreiung der Spatzen wurde mir sogleich vergolten. Die Kammer, die man mir zuwies, war ein Einzelzimmer am Rande des Ashrams. Dahinter schloss sich ein Wäldchen an, und der Blick fiel auf die Berge und einen Backsteinofen. Direkt davor war zwischen zwei Bäumen eine Leine gespannt, an der ich meine Wäsche zum Trocknen aufhängen konnte.

Ohne Mühe gewöhnte ich mich an das Leben im Ashram – und als Anam. Dabei kam mir mein Schweigegelübde äußerst gelegen. So blieben mir beiläufige Unterhaltungen erspart. Ich musste nichts sagen, nur um etwas zu sagen, konnte mich aufs Zuhören konzentrieren, alle und alles beobachten und meine Gedanken Gedanken sein lassen, ohne sie in Klänge und Worte umsetzen zu müssen. Es reichte mir, wenn ich abends vor dem Einschlafen einige Sätze in mein Tagebuch schrieb.

Wie im Fluge verging die Schweigewoche. Die Tage unterschieden sich wenig, und der immer gleiche Rhythmus, die exakte Tageseinteilung ersparten einem jegliche Qual der Wahl. Alles war festgelegt, alles war organisiert.

Wenn um Viertel nach vier geweckt wurde, zerriss das Klimpern der großen, mit einem Bambusstock angeschlagenen Triangel die Stille der noch tiefen Nacht. Eine halbe Stunde später standen vor dem Speisesaal im Hof zwei Kessel mit kochend heißem Tee und heißer Milch bereit.

Um fünf begann dann im Tempel unter Mantra-Gesängen die große *puja* mit der rituellen Reinigung der Statuen. Um halb sieben folgte eine halbe Stunde Meditation unter Leitung des Swamis. Und um Viertel nach sieben gab es Frühstück, meistens ein Kichererbsengericht. Eine Dreiviertelstunde später begann der Unterricht in den verschiedenen »Fächern«: Vedanta, Sanskrit, vedische Gesänge und *Bhagavad Gita*. Die einzigen Unterbrechungen waren die einstündige Mittagspause – wieder Kichererbsen mit Reis – und zwei Teepausen. Um halb sieben am Abend, wenn die Sonne majestätisch hinter den Bergen unterging, fand im Tempel *arati*, eine Feuerzeremonie*, statt. Um halb acht Abendessen, wie üblich mit Kichererbsen und Reis oder Gries, zuweilen auch etwas Joghurt als Beilage.

Um acht stand im großen Saal *satsang* auf dem Programm, wörtlich übersetzt »mit der Wahrheit sein«, eine Versammlung, in der jeder ein Thema zur Diskussion vorschlagen konnte. Dies war die einzige Gelegenheit, da der Swami seinen »Lehrstuhl« verließ, also nicht auf den Fersen auf dem kleinen Podium saß, sondern, ebenfalls auf den Fersen, in einem Sessel inmitten seiner Schüler Platz nahm.

Um zehn wurde wieder die Triangel geschlagen. Alle Lichter erloschen, und der ganze Ashram fiel in Finsternis, Stille und, in den meisten Fällen, Schlaf. Das war die Zeit, da ich, zwischen den beiden geöffneten Fenstern auf der Pritsche liegend, das Rascheln und die Düfte genoss, die mir die laue Brise der indischen Nacht schenkte.

Die Vorstellung der verschiedenen Shishas – insgesamt waren wir einhundertzehn – dauerte rund zehn Tage und beanspruchte die meiste Zeit der abendlichen Versammlungen. Hier gewann ich ein Bild davon, wer meine Gefährten waren und was sie an diesen abgeschiedenen Ort in den Anaikatti-Hügeln geführt hatte.

Es war ein bunt gemischtes Volk: junge Menschen zwischen dreißig und vierzig aus wohlhabenden Familien und mit einer so-

* Im Verlauf der Zeremonie werden den Göttern symbolisch die fünf Elemente geopfert, aus denen die Welt besteht: Feuer, Wasser, Erde, Luft und Äther.

liden akademischen Ausbildung, darunter Ingenieure, ein Atomphysiker und ein Pilot der indischen Fluglinie; Universitätsassistenten, die bereits Brahmacharis waren, also ein Keuschheitsgelübde abgelegt und sich von allen Gütern oder materiellem Verlangen gelöst hatten und nun danach strebten, das orangefarbene Gewand der Sannyasins, der Entsagenden, der spirituellen Bettler, anlegen zu können. Nach weiteren Jahren eines solchen Lebens und des Studiums im Gurukulam würden sie selbst Swami, also Lehrer, werden können.

Dann gab es da die Älteren, die ein ganzes Berufsleben hinter sich hatten und in den Ashram gekommen waren, um sich mit dem Gedanken an den Tod vertraut zu machen, in der Überzeugung, dass nach diesem Leben ein weiteres, nicht notwendigerweise menschliches auf sie wartete, entsprechend der Verdienste und Versäumnisse – ihrem Karma –, die sie in ihrem Leben angesammelt hatten.

Andere, besonders Frauen, waren gekommen, um ihrem Leben einen höheren Sinn zu geben. Entweder hatten sie ein Leben geführt, das in Indien, mehr noch als anderswo, durch ein Netz von Riten sowie familiären und gesellschaftlichen Verpflichtungen bestimmt ist, oder einen Beruf ausgeübt – etwa den des Arztes –, der wenig Raum für anderes, insbesondere die spirituelle Entwicklung lässt. Gerade Ärzte waren, wie ich feststellte, besonders stark vertreten. Vielleicht hatte bei ihnen die Beschäftigung mit dem menschlichen Körper noch stärker den Wunsch ausgeprägt, das zu erkunden, was jenseits der biologischen Zusammenhänge liegen mag. Ähnlich wie bei mir als Journalist die Beschäftigung mit dem Tagesgeschehen.

Einige Shishas hatten es vorgezogen, hierher in den Ashram zu kommen, anstatt sich bei einem Analytiker (die in Indien ohnehin selten sind) auf die Couch zu legen. Für andere gehörte der Rückzug aus der Welt einfach zu ihrer Religion – hier hofften sie, mit Hilfe des Swamis jenen Sprung zu schaffen, der es ihnen erlauben würde, sich aus dem ewigen Kreislauf des Werdens und Sterbens zu lösen.

Einige Shishas hoben ihre Beweggründe bei ihrer Vorstellung deutlich hervor: etwa der frühere Amtsleiter bei der Post, der Herzchirurg oder der elegante, klein gewachsene, nachdenklich wirkende Mann, der mit seiner Frau angereist war, in deren Namen er auch sprach. Er war Chefarzt eines Kinderkrankenhauses in einer Stadt im Bundesstaat Andhra Pradesh gewesen, sie die Leiterin der dortigen Schwesternschule. Sie hatten die sechzig überschritten und nun, nach einem Leben für den Beruf und die Familie, beschlossen, den Blick auf sich selbst zu richten und sich gemeinsam »in den Wald zu begeben«, wie es in den heiligen Schriften heißt.

Immer wieder »der Wald«. Der Wald als Schatztruhe von Heilkräutern für den Körper; der Wald als Ort zur Heilung der Seele. »Sich in den Wald begeben«: eine Vorstellung, so alt wie Indien selbst, die das Land immer noch zu etwas Besonderem macht – so lange, bis auch hier alle Wälder abgeholzt sind.

Den alten hinduistischen Schriften nach gliedert sich das Leben des Mannes in vier klar voneinander getrennte Lebensalter, ein jedes mit seinen eigenen Zielen, Rechten und Pflichten.

Das erste Lebensalter ist das der Kindheit und der Jugend, die Zeit des Studiums, in dem er all das lernt, was ihm später einmal dienlich sein wird. Der zweite Lebensabschnitt ist die Reife: Der Mann wird zum Gatten, zum Vater, übernimmt seine Rolle in der Familie und trägt so seinen Teil zur Erhaltung und zum Fortbestand der Gesellschaft bei. In dieser Zeit ist es auch sinnvoll, materiellen Besitz anzustreben und sich Wünsche zu erfüllen, wie etwa den nach Reichtum, nach Vergnügen, Ruhm oder dem Kennenlernen der Welt. Danach, wenn die eigenen Söhne selbst Ehemänner und Väter werden, kommt die Zeit der Loslösung, des »Sich-in-den-Wald-Begebens«. Bei diesem Rückzug lässt der Mann Freude, Sorgen, Erfolge und Enttäuschungen hinter sich – all das also, was im Leben vergänglich, illusorisch ist –, um sich etwas Echterem, etwas Beständigerem zu widmen.

Zuletzt kommt, wenn er sich für diesen Weg entscheidet, das Lebensalter, in dem der Mann, mittlerweile von allem entbunden und als einfacher Bettler lebend, zum Sannyasin wird. In der Farbe des Feuers gekleidet, in dem er symbolisch all das verbrannt hat, was zu seinem vergänglichen Ich einschließlich all seiner Begierden gehörte, sucht er nun *moksha*, die endgültige Befreiung aus *samsara*, aus der Welt der Wandlungen, dem Kreislauf von Geburt, Leben, Tod und Wiedergeburt.

Moksha ist für einen Sannyasin das letzte Ziel seiner Reise. Von diesem Ziel lenkt ihn nichts mehr ab. Am allerwenigsten aus seiner Vergangenheit, wird diese doch anlässlich einer »Bestattung« symbolisch den Flammen übergeben, während er selbst das Feuer entzündet, hindurchspringt und als neuer Mensch wieder daraus hervorgeht. Nun hat er keinerlei Bindungen mehr: nicht an seine Kaste, nicht an seine Familie, nicht an seinen Namen. Nicht einmal an die Religion und ihre Riten. Das orangefarbene Gewand, in das er sich nach der »Bestattung« hüllt, ist nicht zufällig aus einem Stück Stoff geschnitten und weist keine Nähte oder Knoten auf. Stirbt er, übergibt man seine Leiche einem Fluss. Das heißt, man verbrennt sie nicht wie die aller anderen, denn er, der Sannyasin, ist bereits durchs Feuer gegangen.

Jeder Übergang von einem Lebensalter zum nächsten vollzieht sich formal mit einem Ritus, in dessen Verlauf wie bei jeder Initiation symbolisch aus dem Tod neues Leben entsteht, aus dem Alten das Neue. Auch die modernen westlichen Gesellschaften mit ihren mittlerweile nur noch materiellen Zielen haben in gewisser Weise den Übergang zum letzten Lebensabschnitt institutionalisiert: mit der Verrentung. Nach dem sechzigsten oder fünfundsechzigsten Lebensjahr verabschiedet man die Leute in den Ruhestand und bezahlt sie dafür, dass sie fortan angeln gehen oder malen oder, was häufiger vorkommt, sich langweilen und darüber grämen, dass sie nicht mehr das sind, was sie einmal waren: Direktor, Abteilungsleiter, Anwalt oder Kassierer. Nicht wenige bekommen in diesem Lebensabschnitt einen Herzinfarkt und hören überhaupt auf, irgendetwas zu sein.

Auch ich hatte aufgehört zu arbeiten – der Journalismus bedeutete mir tatsächlich nichts mehr –, doch anstatt »den Ruhestand zu genießen«, hatte ich mich aufgemacht, etwas zu suchen, das dem, was meine indischen »Mitschüler« anstrebten, recht nahe kam: einen irgendwie gearteten inneren Frieden. Die Krebserkrankung hatte mir den Absprung erleichtert. Sie war meine Chance. Endlich brauchte ich keine Visitenkarte mehr, um ich selbst zu sein. Ich konnte mein Leben so ausrichten, wie es meinem wahren Wesen entsprach – und es genießen. Denn es steht ja fest: Je näher wir dem kommen, wer und was wir tatsächlich sind, desto glücklicher sind wir auch. In jedem Lebensalter. Es kommt darauf an, zu erkennen, wer wir wirklich sind.

Leider hat unsere Kultur – oder genauer, die Industrie, die mittlerweile unsere Kultur bestimmt – die Jugend zu einem Mythos erhoben. Das fortgeschrittene Alter gilt mehr und mehr als eine Art Krankheit, und so sehen sich die bedauernswerten Senioren veranlasst, sich ganz anders zu geben, als sie eigentlich sind, und sich als verkappte Jugendliche aufzuführen. Doch das Alter ist nicht notwendigerweise ein Übel, und noch weniger die Zeit, Vergangenem nachzutrauern. Ganz im Gegenteil.

Die meisten Menschen erleben das Erlahmen des Geschlechtstriebs als einen schweren Verlust, fast eine Demütigung. Für mich gehörte es hingegen zum »Ballastabwerfen«. Wie viel Zeit hatte ich damit vertan, mit ihm zu ringen, mich Illusionen hinzugeben, zu bewerten, zu phantasieren, zu beherrschen, was sich beherrschen ließ, und schließlich auch zu kompensieren ... aber weniger aus moralischen Gründen, sondern aus Angst vor der Banalität der Situation »danach«. All dies war nun überwunden, stellte kein Problem mehr dar. Wie herrlich – das Alter! Eine Chance, in sich zu gehen, Versäumtes nachzuholen und sich über das Leben Gedanken zu machen. Den körperlichen Verfall, die Verlangsamung aller Vorgänge, die Gebrechen, selbst den Tod können wir jetzt mit anderen Augen sehen – all das hilft uns, Neues zu verstehen, andere Türen zu öffnen, zu entdecken, auszuprobieren.

Die Welt zwingt uns fortwährend zu vorgestanzten Verhaltensweisen. Du kannst nicht einschlafen? Dann nimm doch eine Schlaftablette! Doch wozu? Vielleicht ist es ja schön oder gar notwendig, hin und wieder nachts wach zu liegen und Erfahrungen zu machen, die einem Schlafenden versagt sind. Die Nacht ist die Zeit der Alpträume, aber auch der Visionen. Die Nacht ist geheimnisvoll, aber gerade deswegen sollte man sie kennen lernen, wie es auch die Sonne in einer alten indischen Geschichte tun will.

Ein Erdenbürger ist zu Besuch bei der Sonne.

»Wie ist die Lage bei euch da unten?«, fragt ihn der mächtige Stern.

»Gut, sehr gut, mein Gebieter, alle verehren dich dort.«

»So? Alle? Wirklich alle?«

»Nun, mein Gebieter, es gibt dort eine Frau – sie ist wunderschön, aber auch die Einzige, die sich nicht ehrfürchtig vor dir verneigt.«

»Wer ist sie?«

»Sie heißt Nacht.«

Die Sonne wird neugierig.

»Wo kann ich sie finden?«

»In Indien, mein Gebieter.«

Und eilends macht sich die Sonne auf nach Indien. Doch die Nacht, die von ihrer Ankunft weiß, entflieht auf die andere Seite der Erde. Die Sonne ihr nach, doch da ist die Nacht bereits wieder in Indien. Da eilt die Sonne wieder nach Indien, aber die Nacht ... Und so kommt es, dass die Sonne noch heute hinter dieser schönen Frau her ist, sie aber nie erreichen kann.

Hatte ich den Verstand verloren? Nein. Ich war nur alt, hatte keine Verpflichtungen mehr und wollte nur noch das sein, was mir immer schon am meisten entsprach: ein Forscher. Aber nicht, um die Welt draußen zu erforschen – die hatte ich einigermaßen kennen gelernt –, sondern jene Welt, von der die Weisen aller Kulturen schon immer wussten, dass sie jeder Mensch in sich trägt.

Der moderne Mensch denkt immer seltener an diese Welt. Dazu fehlt ihm die Zeit, meist auch die Gelegenheit. Besonders in den Städten denken wir immer weniger in größeren Zusammenhängen, sondern rennen ständig irgendwelchen Details, irgendwelchen Kleinigkeiten hinterher und verlieren darüber den Sinn für das Ganze. Mir selbst war das zum Schluss auch in meinem Beruf aufgegangen: Ich hatte von Kriegsereignissen zu berichten, aber nicht danach zu fragen, warum Kriege bei allen Fortschritten, deren wir uns rühmen, immer noch ein so fester Bestandteil der menschlichen Existenz sind. Ja mehr noch, warum gerade die am höchsten entwickelten und »zivilisiertesten« Länder die größten Summen in die Entwicklung neuer Waffensysteme stecken, mit denen sich immer mehr Menschen auf immer raffiniertere Weise töten lassen.

Und mochten Kriegsberichte bis vor einigen Jahren noch einen Sinn haben – weil sich die Leute empörten, ein Massaker war noch ein Schock –, ist es heute sinnlos, darüber zu berichten. Täglich werden wir konfrontiert mit neuen Geschichten und Bildern von Massakern, Ungerechtigkeiten, Folterungen, aber wir nehmen sie kaum noch wahr. Wir sind abgestumpft. Wir glauben, ohnehin nichts daran ändern zu können, und werden so zu Komplizen jenes Verbrechens, das so leicht zu begehen ist wie kein anderes: Gleichgültigkeit.

Niemand hat mehr Antworten, die weiterhelfen, weil niemand mehr die richtigen Fragen stellt. Am allerwenigsten die modernen Wissenschaften, die im Westen von den ökonomischen Mächten in Dienst genommen und als Religionsersatz auf einen Altar gestellt wurden. Heute sind die Wissenschaften selbst »Opium für das Volk«, mit ihrem illusorischen Anspruch, früher oder später alle Probleme lösen zu können. Die Biotechnologie hat es geschafft, Leben zu klonen, aber Auskunft darüber geben, was das Leben ist, kann sie nicht. Die Medizin hat es geschafft, den Tod hinauszuschieben, aber uns erklären, was nach dem Tod geschieht, kann sie nicht. Oder wissen wir vielleicht, was es eigentlich ist, was unsere Augen sehen und unseren Geist denken lässt?

Dennoch haben wir so großes Vertrauen in die wissenschaftliche Forschung, dass wir alles hinnehmen, was man uns vorsetzt: Man glaubt zu wissen, aber man weiß nicht. Oder man gibt sich damit zufrieden, nicht zu wissen, in der Überzeugung, dass man bald wissen wird. Irgendjemand wird sich schon darum kümmern. Die Erdbevölkerung wächst, während die Ressourcen der Erde, vor allem Wasser, knapper werden, bis sie irgendwann erschöpft sind? Ach, ganz gewiss werden die Wissenschaften auch dieses Problem lösen. Millionen von Menschen überall auf der Welt leiden Hunger? Ach, versorgen wir sie doch mit gentechnisch veränderten Samen, die werden bald schon wahre Wunderernten hervorbringen – und neue Krebsarten.

Wir leben so, als wäre die Welt, wie sie ist, die einzig vorstellbare und halten ihr zugute, dass sie immer wieder neue Glücksversprechungen für uns bereithält. Ein Glück, das wir mit noch größerem Wohlstand und mehr Fortschritt durch Bildung (aber welche Art Bildung!) und wissenschaftliche Leistungen zu erreichen trachten. Letztendlich scheint alles nur eine Frage der Organisation, der Effizienz zu sein. Welch eine Illusion! Aber so haben wir unserer Phantasie die Flügel gestutzt, haben unsere Herzen geknebelt, haben die ganze Welt auf die sinnlich wahrnehmbare reduziert und uns damit den Zugang zur anderen Hälfte versperrt.

Den Weisen, besonders den indischen, galt die sichtbare Welt nie als ganze Realität, sondern nur als ein Teil von ihr. Und keineswegs als der wichtigste, da er wandelbar und dem zerstörerischen Lauf der Zeit unterworfen ist. Dabei gehört manchmal gar nicht so viel dazu, sich auch des anderen Teils bewusst zu werden. Tagore, der große bengalische Dichter, verdeutlicht das mit einem einfachen Gleichnis.

An einem Abend sitzt er bei Kerzenschein in einem Hausboot auf dem Ganges und liest einen Essay von Benedetto Croce. Der Wind löscht die Kerze, und plötzlich ist der Raum vom Mondschein erfüllt. Und Tagore schreibt:

> Umgeben war ich ganz von seiner Schönheit,
> Doch der Kerze Schein trennte mich von ihr.
> Jenes kleine Licht versperrte
> Dem schönen, großen Licht des Mondes den Weg zu mir.

In unserem täglichen Leben wimmelt es von solch kleinen Lichtern, die uns daran hindern, ein größeres zu sehen. Es ist beängstigend, welch enge Fesseln wir unserem Geist angelegt haben. Und ebenso unserer Freiheit. Eigentlich reagieren wir nur noch. Wir reagieren auf das, was uns passiert, auf das, was wir lesen, was wir im Fernsehen sehen, was uns gesagt wird. Wir reagieren entsprechend vorgefertigten gesellschaftlichen und kulturellen Handlungsmustern. Und immer öfter reagieren wir automatisch. Zu etwas anderem bleibt uns keine Zeit. Also nehmen wir den bereits gespurten Pfad.

Im Ashram war das anders. Hier war Zeit, jeden Moment aufmerksam zu erleben. Wir übten uns darin, nicht zu reagieren, sondern zu handeln; den Geist wach zu halten, uns jeder Regung bewusst zu sein. Etwa des Summens der Fliegen, die um meine Ohren herumschwirrten. Wie einfach wäre es gewesen, zerstreut zu reagieren, gedankenverloren, mit einem Schlag. Ich befahl mir jedoch, sie nicht zu töten. Und damit fühlte ich mich besser.

Gewiss, der Ashram war in vielerlei Hinsicht ein merkwürdiger Ort. Besonders für mich, der ich lange daran gewöhnt war, stets unter vielen Menschen zu sein und durch die Welt zu hetzen, um über sie und ihre Tausende von Problemen zu berichten. Und jetzt fand ich mich plötzlich an diesem abgeschiedenen Ort ohne Verbindung zur Außenwelt wieder, ohne Radio, ohne Fernseher, ohne Zeitungen, und nur mit einem einzigen Problem, über das ich nachzudenken hatte, Stunde um Stunde, Tag für Tag, Woche für Woche: »Wer bin ich?«

Eine Frage, die sich die Steine nicht stellen. Auch nicht die Pflanzen. Noch nicht einmal jene, die uns doch in der Schöpfung am nächsten stehen, scheinen sich zu fragen: »Wer bin ich?« Eine Kuh versucht nicht, sich einen Reim auf sich selbst zu machen, ein Rabe zerbricht sich nicht den Kopf darüber, was ihn von einem Frosch unterscheidet. Nur der Mensch. Der Mensch, so erklärte der Swami in der Vedanta-Einführung, hat immer schon nach dem Wesen seiner Existenz gefragt. Und ist immer schon über die Ungewissheit der Antwort erschrocken.

Die Frage erwächst aus der Erfahrung. Der Mensch blickt sich um, sieht die Welt und stellt einige Betrachtungen an. Als Erstes stellt er fest, dass sich alles, was er sieht, außerhalb seiner selbst befindet. Er empfindet die Welt als von sich selbst geschieden, abgetrennt. Und da alles, was er wahrnimmt, unermesslich viel größer ist als er selbst, kommt er sich kümmerlich vor, einsam und verletzlich, wie eine kleine Welle, die sich, eingeschüchtert durch die Weite des Ozeans, nichts sehnlicher wünscht, als eine größere, stärkere Welle zu sein, um nicht von den anderen Wellen überrollt zu werden. In dieser dualistischen Wahrnehmung von Ich und Welt, von Sehendem und Gesehenem, von Erkennendem und Erkanntem, wurzelt die latente Unzufriedenheit des Menschen – und seine Schwermut.

Die zweite Feststellung des Menschen besteht darin, dass es die Welt bereits gibt, wenn er sie sieht. Zudem ist diese Welt so kunstvoll gestaltet, dass weder er selbst, sein Vater noch sein Großvater der Baumeister gewesen sein können. Aber wer dann? So begibt sich der Mensch auf die Suche nach dem Schöpfer, nach einem Gott – notwendigerweise wieder außerhalb seiner selbst –, dem es möglich war, sowohl das gesamte Universum als auch ihn selbst zu schaffen. »So entstehen die Religionen«, erklärte der Swami.

Seit über einem halben Jahrhundert Sannyasin, lebte der Swami außerhalb der Welt und damit auch außerhalb der Religion. Der Hinduismus, eine ihm zufolge willkürlich von den Engländern erfundene Bezeichnung, sei weniger eine Religion als eine Lebensphilosophie, die zudem von niemandem gegründet worden sei und auch über keine alleinige heilige Schrift verfüge. Es handele sich um eine über Jahrtausende gewachsene Weisheit. Und erst recht sah er im Vedanta keine Religion, sondern ein Erkenntnisinstrument: zur Erkenntnis *der* Realität.

In den Religionen bleibt der Mensch, dem Swami zufolge, einem eingeschränkten Bild seiner selbst verhaftet. Weil sich alles, was er wahrnimmt, außerhalb des Ichs befindet und weil er die Unterscheidung zwischen sich selbst und dem, was er sieht und erkennt, als unhinterfragbare Realität ansieht. Genau wie die Welle, die den Ozean als etwas Fremdes betrachtet. Doch sobald sie sich darüber klar wird, dass sie selbst, die anderen Wellen und sogar der ganze Ozean gleichermaßen aus Wasser bestehen, verschwindet dieses Gefühl der Minderwertigkeit und Vereinzelung.

Und so ergehe es auch dem Menschen, erklärte der Swami. Sobald er herausfindet, dass er das Ganze ist, dass es keine Dualität gibt – zwischen Schöpfer und Geschaffenem, zwischen Sehendem und Gesehenem, zwischen sich selbst und Gott –, merkt er, dass seine als losgelöst empfundene Existenz in Wirklichkeit in etwas Größerem aufgeht, weil nichts unabhängig von der Totalität existiert.

Ich bin das Problem, und ich bin die Lösung. Dies zu verstehen ist die wahre Befreiung: die Befreiung von der Illusion, ein einzelnes, für sich selbst existierendes Wesen zu sein, um stattdessen die vollkommene Einheit mit allem anderen zu erkennen. Individualität bedeutet nur Beschränkung.

Wichtig sei es, dem Swami nach, zu begreifen, dass die Welle nicht zum Ozean *wird*, sondern nur erkennen müsse, dass sie der Ozean *ist*. Man ist, was man ist. Man muss sich nicht ändern, sondern einfach nur begreifen, wer man ist.

Doch wie kann der Mensch diesen Erkenntnissprung schaffen? Wie kann sich das Wesen des Menschen, das Selbst, in der Gesamtheit erkennen? Dazu braucht es jemanden, der ihm den Weg weist. Das Selbst kann sich nicht allein erkennen. Es braucht einen Guru, eine Persönlichkeit, die die Finsternis der Unkenntnis vertreibt. In Indien gibt es eine klassische Geschichte, mit der seit Jahrhunderten diese Notwendigkeit verdeutlicht wird:

In einem Gurukulam leben zehn Schüler. Eines Tages beschließen sie, auf Pilgerfahrt zu gehen, und wählen einen von ihnen aus, der die Gruppe führen soll.

So machen sie sich auf den Weg. Irgendwann gelangen sie an einen Fluss. Der Anführer fragt, ob alle schwimmen können. Ja. Doch am anderen Ufer angelangt, zählt er durch und stellt entsetzt fest, dass es nur neun sind. Er zählt noch einmal, doch es sind und bleiben neun. Verzweifelt rufen die Schüler nach dem Vermissten und suchen mit Blicken das Wasser ab. Wo ist der Zehnte? Es findet sich keine Spur von ihm, keine Leiche, keine Kleider, kein Schrei, nichts. Ratlos weinend stehen sie da, als ein alter Mann, der von fern die Szene verfolgt hat, auf die Gruppe zutritt und sagt: »Ihr habt keinen Grund, traurig zu sein. Der Zehnte ist nicht verloren gegangen. Der Zehnte ist da.«

»Wo? Wie?«, fragen die Shishas.

»Der Zehnte ist hier, in diesem Moment, hier unter euch.«

Die Studenten blicken ihn nur weiter fragend an.

»Er ist hier, und ihr könnt ihn finden, ohne euch von der Stelle zu bewegen«, erklärt der Alte unbeirrt.

Der Anführer versucht es ein letztes Mal. Indem er jedem Einzelnen den Zeigefinger auf die Brust legt, zählt er noch einmal durch: »Eins, zwei, drei ... acht, neun.«

Da legt der Alte dem Anführer den Finger auf die Brust: »... und zehn! Der Zehnte bist du«, sagt er.

Die Shishas verstehen und setzen ihre Wanderschaft fort.

Der Alte hat nichts anderes getan, als auf das Offensichtliche hinzuweisen: Der Suchende ist auch der Gesuchte. Er ist das Problem, und er ist die Lösung. Und die Lösung liegt allein darin, sich selbst zu entdecken. Wie bei der Welle: Der Anführer muss nicht der zehnte Schüler *werden*, er muss nur erkennen, es bereits zu *sein*.

Wenn wir auf die Welt kommen, sind wir uns unserer selbst nicht bewusst. Obwohl wir im Laufe des Lebens sehr viel Wissen ansammeln, kommen wir der Erkenntnis, wer wir sind, nicht näher. Denn dieses Wissen basiert auf sinnlichen Wahrnehmungen und Ableitungen davon. Jede naturwissenschaftliche Erkenntnis erfolgt auf diese Weise, über die Sinne. Aber welche exakte Wissenschaft hat sich je gefragt, wer der Mensch wirklich ist? Mit welchem Mikroskop, welchem Teleskop hat man je in die verborgensten Winkel des Geistes blicken können? Da wir sie sinnlich nicht fassen, also auch nicht wissenschaftlich ergründen können, lassen wir uns die Erkenntnis des Selbst entgehen. Der Alte in der Geschichte ist der Guru, der aufzeigt, wie sich das Selbst erkennen kann. Aber ein Guru reicht nicht.

Von Beginn an betonte der Swami immer wieder, dass die Kernfrage des Vedanta nicht religiös, also nicht mit dem Glauben und erst recht nicht mit dem Verstand zu beantworten sei. So wie die Augen einen Spiegel benötigten, um sich selbst sehen zu können, so könne sich auch das Selbst nicht ohne ein geeignetes Erkenntnisinstrument erkennen. Die Sinnesorgane aber seien als Instrument ungeeignet, weil sie lediglich die Welt der Materie sehen, hören, berühren oder riechen können – die Welt der Sinne eben. Nicht aber das Selbst.

Das Erkenntnisinstrument, der Spiegel, durch den sich das Selbst sehen kann, ist der Vedanta, der Schlussteil der Veden*, der

* Die Veden gliedern sich in vier Abteilungen: die älteste, den *Rig-Veda*, dann den *Sama-Veda*, den *Yajur-Veda* und den *Atharva-Veda*. Im Grunde handelt es sich um eine Sammlung von Gesängen und magischen Formeln, den Mantras. Die Überlieferung schreibt die Veden den Rishis, den »Sehenden«, zu. Die Datierung ist unsicher, geht aber mindestens auf das zweite Jahrtausend vor Christus zurück. Mehr als tausend Jahre lang wurden die Veden nur

aus den Upanishaden* und der *Bhagavad Gita*, dem »Gesang des Erhabenen«, besteht, die in Dialogform noch einmal die wichtigsten Lehren zusammenfasst.

Mit einer Reihe von Überlegungen, die aus Erfahrungen mit sich selbst und der Welt erwachsen, beweisen diese Shastras, diese Schriften, die unter Anleitung eines Gurus gelesen werden, dass es keine Dualität gibt, zwischen dem erkennenden Subjekt und dem Objekt der Erkenntnis, und keine verschiedenen Wesenheiten – Ich, die Welt, Gott. Alles ist eins, eine einzige Existenz, und diese Totalität ist nichts anderes als ein Bewusstsein: ein Bewusstsein ohne Beschränkungen, außerhalb von Zeit und Raum, ein Bewusstsein, das alles durchdringt, das alles trägt und sich in jeder Erscheinungsform manifestiert. Dieses reine Bewusstsein ist die Realität hinter dem gewöhnlichen Bewusstsein. Es ist Atman, es ist Brahman; es ist Ishwara, es ist Bhagawan; es ist Gott, die Totalität, Satchitananda und wie auch immer man es nennen mag, denn wie heißt es in einem der meistzitierten vedischen Verse: »Eine ist die Wahrheit, auch wenn die Weisen ihr tausend Namen geben.«

So ist also die Antwort auf die Frage »Wer bin ich?« jener magische Satz, der die Upanishaden durchzieht: »*tat tuom asi*«, du bist dies alles. Du bist Gott, du bist der Schöpfer der ganzen Welt, wobei das *tuom*, das Du, selbstverständlich nicht persönlich gemeint ist, sich nicht auf das Ich bezieht, an dem wir so hängen, ein Ich, das an einem bestimmten Tag geboren und an einem bestimmten Ort aufgewachsen ist, das vieles getan und vieles erlebt hat. Nein, es meint das unwandelbare Selbst, das aus dem Vedanta

mündlich weitergegeben, um dann schriftlich festgehalten zu werden. Manchen gilt der *Rig-Veda* als das älteste vollkommen erhaltene Buch der Welt. Mit Sicherheit ist es aber das älteste Buch der indoeuropäischen Sprachfamilie.

* *Upanishad* bedeutet »bei jemandem sitzen« und meint die Shishas, die sich zu Füßen ihres lehrenden Gurus niedergelassen haben. Es gibt rund hundert Upanishaden, darunter zehn besonders wichtige. Die meisten sind in Versform, andere in Prosa, viele auch als Dialoge verfasst: etwa zwischen einem Weisen und seiner Frau, einem König und einem Asketen oder, wie in einer der berühmtesten, der *Katha Upanishad*, zwischen dem jungen Naciketas und dem Tod, den er sich als Guru gewählt hat.

so klar hervortritt: das Selbst als reines Bewusstsein, das Selbst, das nie geboren wurde und deshalb auch nicht sterben kann. Daher rührt die vedische und längst fest im indischen Selbstverständnis verankerte Vorstellung, dass sich Gott in jeder Form, in jedem Lebewesen, in jedem noch so niederen Ding äußert. Denn es gibt keine verschiedenen Götter, auch nicht einen einzigen Gott: *Alles ist Gott.*

In diesem Ganzen, das jeder von uns ist, neigt das Selbst dazu, in einem Größeren aufzugehen, weil der Mensch danach strebt, sich von seiner Beschränkung zu befreien, von diesem Gefühl, vereinzelt und von der Welt geschieden zu sein. Wie der Fluss, der eine Quelle hat, ein Bett und einen Namen, unaufhaltsam dem Ozean zustrebt, um sich in ihn zu ergießen und mit ihm *eins* zu werden und so seine Identität, seine Form, seinen Namen zu verlieren, so strebt das Selbst danach, in der Totalität aufzugehen. Das ist sein Wesen. Dieses Selbst und sein »göttliches« Wesen zu erkennen: Das ist das wahre Ziel des Menschenlebens.

Der Swami wusste, dass es nicht immer leicht war, ihm bei diesen Gedankengängen zu folgen. (»Schmal wie eine Rasierklinge«, heißt es in den Upanishaden, »und schwierig zu gehen ist der Pfad, der zur Wirklichkeit führt.«) Und um seine Vorträge aufzulockern und uns Eselsbrücken zu bauen, damit wir uns die Ideen leichter einprägten, erzählte er die jeweils passenden Geschichten aus der Überlieferung dazu. Die Bedeutung der Selbsterkenntnis illustrierte er etwa mit folgender:

Ein Pandit, ein in den heiligen Schriften bewanderter Brahmane, überquert auf einer Fähre einen Fluss. Er fragt den alten Fährmann: »Bist du des Sanskrits mächtig?«

»Nein«, erwidert dieser.

»Nun, ohne Sanskrit hast du ein Viertel deines Lebens vertan«, erklärt der Pandit. »Kennst du zumindest die alten Schriften?«

»Nein.«

»So hast du ein weiteres Viertel deines Lebens vertan, denn darunter sind die herrlichsten Bücher, und das Lesen bereitet große Freude. Aber kannst du zumindest lesen und schreiben?«

»Nein«, antwortet der Fährmann.

»Dann ist ein weiteres Viertel deines Lebens vertan.«

In diesem Moment bemerkt der Pandit, dass das Boot leckt und seine Füße bereits im Wasser stehen. Der Fährmann versucht das Leck zu stopfen, aber es ist zwecklos. Das Wasser steigt und steigt, und nicht mehr lange, und das Boot wird sinken.

»Kannst du schwimmen?«, fragt da der Fährmann den Pandit.

»Nein«, antwortet dieser erschrocken.

»Dann ist dein ganzes Leben vertan.«

Die Moral von der Geschichte: Es ist sinnlos, Lesen und Schreiben und Sanskrit zu erlernen und die gesamte Literatur zu kennen, wenn man sich selbst ein Fremder bleibt.

Die Vorlesungen begannen stets zehn Minuten nach der vollen Stunde, doch wir Shishas fanden uns immer rechtzeitig im großen Auditorium ein. Während wir auf den Swami warteten, stimmten wir meistens einen Lobgesang auf den Guru an: »OM ... O Herr, meinen Guru und all seinen Vorgängern entbiete ich meine ergebensten Grüße. Ich erflehe seine Gnade, dass er den Schleier meiner Unwissenheit lüfte, und verneige mich in Demut vor ihm. O Herr, schütze und nähre uns und hilf uns, die Schriften zu erlernen und zu verstehen. Und gib, dass wir nicht über Einzelheiten disputieren. OM ... Friede, Friede, Friede.«* Dirigiert wurde unser Chor von zwei älteren Frauen, ganz in Weiß gekleidet, Witwen vielleicht, die auch unsere Gesangslehrerinnen waren. Die beiden »Küsterinnen« nannte ich sie bei mir, weil sie so aufmerksam über alle liturgischen Abläufe im Ashram wachten.

Dann sangen wir in der gleichen Tonlage, der gleichen Aussprache, dem gleichen Rhythmus wie seit Jahrtausenden einige der schönsten und bekanntesten Mantras aus den Upanishaden. Eines sang ich besonders gern, und das am liebsten aus vollem Hals, auch wenn die beiden »Küsterinnen« bei jedem Patzer streng, und mein »Banknachbar« Sundarajan lächelnd, zu mir herüberblickten. Ein Mantra aus der *Brihadaranyaka Upanishad*:

* Alle Upanishaden beginnen mit OM, dem Klang der Klänge, und alle enden mit »OM shanti« – *shanti* ist der Friede –, ein Ausblick auf jenen Zustand heiterer Gelassenheit, den die Selbsterkenntnis dem Menschen schenkt. Ein Zustand des Friedens, der jedes Verständnis übersteigt. Auf diese Weise beginnen und enden fast alle vedischen Gesänge.

Asato ma sadgamaya, von der Unwirklichkeit führe mich
in die Wirklichkeit
Tamaso ma jyotirgamaya, von der Finsternis führe mich
ins Licht
Mrityorma amritam gamaya, vom Tod führe mich
in die Unsterblichkeit.

Und wenn ich jenes Wort *mrityorma*, »Unsterblichkeit«, sang, zusammengesetzt aus *mrityo* (»Tod«) und einem verneinenden *a*, spürte ich die Schönheit des Sanskrits. Plötzlich verstand ich die Herkunft unseres italienischen Wortes für »Liebe«, *a-more*, »das, was nicht stirbt«.

Durch die Tür auf der Nordseite betrat dann der Swami den Raum, in Begleitung eines jungen Brahmachari, der einen aufgespannten Schirm über ihn hielt, um ihn vor der Sonne zu schützen. Er zog sich die Stoffschuhe aus, nahm die drei Stufen zu seinem kleinen Podium, rückte sich den Saum seines orangefarbenen Gewandes auf dem Kopf zurecht und ließ sich, die Beine gekreuzt, hinter einem Tischchen nieder, das mit einer farbigen, gewöhnlich blauen Tischdecke bezogen war. Im Verlauf der Vorlesungen holte er unter diesem verhüllten Tischchen alle möglichen Utensilien hervor, wie sie schon seit Jahrhunderten von Gurus beim Vedanta-Unterricht verwendet werden, um bestimmte Gedankengänge zu veranschaulichen. Anhand einer Tonschale etwa erläuterte er, dass die Existenz jener Schale von der Existenz des Tons abhänge: ohne Ton keine Schale (so wie ohne Bewusstsein keine Schöpfung). Mit einer Glaskugel und einer Rose zeigte er das Trügerische der Rosenfarbe, die offenbar wird, wenn man sie durch das Glas betrachtet (gleich der Täuschung, der das Ich unterliegt, wenn es zwischen sich selbst und dem, was es wahrnimmt, unterscheidet); anhand eines Seils illustrierte er den klassischen Vergleich der Vedanta-Lehre zwischen eben einem Seil und einer Schlange: »Ein Seil für eine Schlange zu halten ist genau das Gleiche, wie die sinnlich wahrgenommene Welt für wahr zu erachten. Die Ähnlichkeit zwischen Seil und Schlange ist unsere Erfindung. Und außerdem: Könnte man ein Seil überhaupt für eine Schlange halten, wenn es keine Schlangen gäbe?«

Was der Swami hingegen nicht brauchte, war eine Ausgabe der Upanishaden oder der *Bhagavad Gita.* Die kannte er längst auswendig, und vor Jahren schon hatte er seine gesamte, höchst umfangreiche Bibliothek hergeschenkt. Die benötige er nicht mehr, sagte er, er habe sich von allem Schriftlichen gelöst. So sei es schon immer Brauch gewesen in der indischen Tradition, besonders als diese Schriften noch als »Geheimnis« galten, das nur vom Mund eines Gurus zum Ohr eines Schülers weitergegeben werden konnte. Sollte ihn im Alter (und er war bereits über siebzig) das Gedächtnis im Stich lassen, würde er auch, so versicherte er uns, mit nur ganz wenigen Versen im Kopf weiter lehren können. Und dazu erzählte er folgende Geschichte:

Am Ende des 19. Jahrhunderts reiste ein englischer Professor nach Kalkutta, damals die Hauptstadt der britischen Kolonie Indien. Er wollte das Land und seine geistigen Grundlagen kennen lernen und bat um ein Treffen mit einem berühmten Pandit und großen Sanskrit-Gelehrten, um sich von diesem ein wenig im Vedanta unterweisen zu lassen. Man kam seiner Bitte nach, und so begann der Pandit, der hervorragend Englisch sprach, die erste Vedanta-Stunde, indem er die ersten Zeilen der *Ishavasya Upanishad** anstimmte:

Om purnamadah purnamidam purnat purnamudacyate
Purnasya purnamadaya purnamevavasishiate
Om shanti, shanti, shanti-hiii

Und er übersetzte:

Dies ist die Ganzheit, jenes ist die Ganzheit
Von jener Ganzheit kam diese Ganzheit
Nimm diese Ganzheit von jener Ganzheit
Und das, was bleibt, ist die Ganzheit
Om shanti, shanti, shanti-hiii

* Ebenso beginnt auch die *Brihadaranyaka Upanishad.*

Der Engländer klappte das Buch zu, stand auf, und damit waren die Vedanta-Stunden schon beendet. In seinem Tagebuch hielt er später fest: »Die Upanishaden sind das sinnlose Gestammel eines infantilen Hirns.« Dem Swami zufolge fassten diese beiden Verse jedoch die gesamte Weltsicht des Vedanta zusammen, und sollten auch alle Upanishaden in Flammen aufgehen oder in Vergessenheit geraten, dieses eine Mantra reiche aus, um die Tradition aufrechtzuerhalten und jenen, die nach Erkenntnis streben, Stoff zum Nachdenken zu geben. Und wir hatten uns wirklich wochenlang darüber Gedanken zu machen.

»In diesen beiden Versen finden wir Subjekt und Objekt, Ursache und Wirkung, Erfahrung und Ganzheit. Kurz, wir finden die Wahrheit unserer selbst«, erklärte uns der Swami. »Ich bin *purnam*, die Vollständigkeit, ein weiter Ozean, den nichts erschüttern kann, den nichts beschränkt. Die Wellen und Wogen tanzen auf meiner Wasserfläche, sind aber nichts weiter als Formen meiner selbst, die sich kurzzeitig manifestieren. Vielfältig und unterschiedlich scheinen sie zu sein, doch ich kenne sie nur als Erscheinungen. Sie setzen mir keine Grenzen: Ihre Bewegung ist nichts anderes als meine Fülle, die in Bewegung Ausdruck findet. Die Wellen sind meine Zier und werden in mir aufgehen. In mir, in der Fülle des Ozeans, geht alles auf. Nichts bleibt, außer mir, *purnam*, der Vollständigkeit.«

Es war mir beileibe nicht immer möglich, jeden Gedanken des Swamis nachzuvollziehen. Manchmal glaubte ich begriffen zu haben, bis mir klar wurde, dass ich seine Worte nur im Kopf verstand, sie aber nicht mit »Leben« erfüllen konnte. Aber das reichte nicht. Wie der Swami immer wieder betonte, ging es nicht darum, die Dinge nur zu verstehen oder zu glauben. Nicht zu logischen Schlussfolgerungen sollten wir gelangen, sondern Schritt für Schritt, wie in den Upanishaden beschrieben, einen Weg der »Verwirklichung« gehen. Die Worte der heiligen Schriften müssten eine Art alchemistische Umwandlung unseres Bewusstseins bewirken. Irgendwann aber könnten wir auch diese Schriften, wenn sie lange genug als Spiegel unseres Selbst gedient hätten, hinter uns lassen, so wie man einen Kahn zurücklässt, mit dem man einen Fluss überquert hat.

Der Swami war in einer bäuerlichen Brahmanenfamilie im Bundesstaat Tamil Nadu aufgewachsen. Er war ein brillanter Student und arbeitete eine Zeit lang als Journalist in Madras, merkte aber bald schon, dass dies nicht seine wahre Berufung war. So zog er sich von der Welt zurück, wurde Sannyasin und Schüler verschiedener Gurus. Bis ihm bei einem von diesen, einem Guru, der nur mit Asche »bekleidet« in einem Wald lebte, jener Erkenntnissprung gelang, durch den er sich sicher genug fühlte, eine große Aufgabe anzugehen: und zwar die klassische mündliche Vedanta-Lehre neu zu beleben und diese Philosophie allen Interessierten zugänglich zu machen, nicht nur in Indien.

Diese Tradition war im 8. Jahrhundert nach Christus von dem großen Veda-Gelehrten Shankaracharia begründet, aber nicht lange danach wieder entscheidend geschwächt worden. Denn die Jahrhunderte währende moslemische Herrschaft, bei der ganze Völkerschaften geschlossen zum Islam übertraten, trieb die Veda-Lehre immer mehr in den Untergrund. Und die nachfolgende Kolonisierung durch die britischen Eroberer, die sich über zwei Jahrhunderte hinzog, wirkte sich sogar noch zerstörerischer aus. In den höheren Klassen begannen sich nun neue gesellschaftliche Werte durchzusetzen, was begünstigt wurde durch die Einführung eines Schulsystems, das darauf ausgelegt war, kleine, der Kolonialmacht dienliche Beamte auszubilden und Kenntnisse zu vermitteln, die der »Nützlichkeit«, aber gewiss nicht der Erkenntnis des »Selbst« förderlich waren.

Das Glück der Inder war, dass ihre in den Veden verankerte Lebensanschauung nicht über eine Kirche gelehrt wurde und die Vermittlung nicht – wie etwa im Buddhismus – zentralisiert war. Nur dadurch konnte sie fortbestehen. Der Hinduismus hatte keine großen Klöster oder Universitäten, die die Eroberer, so wie das buddhistische Nalanda, dem Erdboden hätten gleichmachen, keine religiöse Hauptstadt, die man hätte auslöschen können. Ein Guru in irgendeiner Einsiedelei gab sein Wissen mündlich an fünf, sechs Shishas weiter. Und solche Gurus gab es viele, über ganz Indien verstreut. Doch die Tradition wollte es, dass nur die Söhne der höchsten Kaste, die der Brahmanen, ausgebildet wurden.

Unser Swami hatte es sich zur Aufgabe gemacht, dieses Monopol zu brechen und den Vedanta allen Interessierten, nicht nur Brahmanen und nicht nur Indern, zugänglich zu machen. »Das Verlangen nach Ganzheit ist allen Menschen in allen Erdteilen und zu jeder Zeit eigen. Das Problem ist universal. Und auch die Lösung kann nur universal sein«, sagte er.

Am Ende des 19. Jahrhunderts glaubten viele auch im Westen, besonders durch den Einfluss Vivekanandas, der Vedanta könne zu einer Art »universalem Evangelium« werden, wie es Romain Rolland formulierte. Der Lebensanschauung des Vedanta wohnte offenbar etwas zutiefst Modernes inne, das eine spirituelle Leere zu füllen vermochte, die in den westlichen Gesellschaften durch die rasante Entwicklung hin zu immer stärkerem Individualismus und Materialismus entstanden war.

Im Unterschied zu anderen Religionen, deren metaphysische Heilsversprechen zumeist erst in einem nächsten Leben, etwa im Himmel, einzulösen sind, kennt der Vedanta nur ein einziges spirituelles Ziel: die eigene Ganzheit zu erkennen. In diesem Leben. Jetzt. Dem Swami nach musste dies heutzutage mehr denn je das Hauptbestreben der gesamten Menschheit sein. Er hatte bereits rund hundert Swamis ausgebildet, die selbst wiederum Lehrer in Indien und anderswo auf ihre Aufgabe vorbereiteten. Eine Herkulesarbeit, denn der Tradition nach muss sich der Guru persönlich mit jedem einzelnen Schüler beschäftigen. »Es gibt keine Massenbefreiung, so wie es auch keine Massenunterweisung gibt«, erklärte er uns. Und er selbst wurde nicht müde, jeden Tag aufs Neue »Schritt für Schritt« den von der Tradition vorgegebenen Weg zu gehen.

»Mein Karma ist es, euch zu lehren; euer Karma ist es, meine Shishas zu sein. Wir brauchen uns gegenseitig«, sagte er einmal, um, wie es so seine Art war, mit einer scherzhaften Bemerkung oder einer Geschichte einen langen philosophischen Vortrag aufzulockern. Zu Beginn des Kurses hatte er uns zum Beispiel darüber aufgeklärt, dass sein Ashram nicht zu jenen zähle, die eine »Erleuchtung« garantierten, um dann hinzuzufügen: »Und erst recht keine goldene Rolex.« Wir mussten alle lachen über diese offensichtliche Anspielung auf den Guru Sai Baba, von dem es hieß, er sei fähig, aus dem Nichts Uhren oder volle Wassergläser zu »materialisieren« oder aus den Fingern *vibhuti** in die ausgestreckten Hände seiner Jünger herabregnen zu lassen.

»Auch ich kann selbstverständlich Wunder tun, und wenn ihr darauf besteht, werde ich euch irgendwann auch einmal eins zeigen«, versprach er uns, und der ganze Saal hielt vor Spannung den Atem an. Natürlich war das ein Witz, aber »Wunder« sind immer willkommen, und hin und wieder erinnerte ihn einer aus dem Kreis der Schüler an sein Versprechen.

Der Swami war ein hervorragender Erzähler und ließ kein rhetorisches Mittel ungenutzt, um seine Zuhörer zum Lachen zu bringen oder ihr Interesse wach zu halten. Einmal las er aus einem Brief vor, in dem ihn ein junger Mann bat, sein Schüler werden zu dürfen. Nur war dessen Englisch nicht perfekt, und der Brief schloss damit, dass er dem Swami anstelle seiner Ehrerbietung, »*prostration*«, seine »Prostata« entbot.

Ein andermal betrat er in seltsam schleppendem Gang das Auditorium, erklomm mühevoll die Stufen seines Podiums und erklärte seufzend: »Da muss mir einer von euch einen üblen Streich gespielt haben. Mir tun alle Knochen im Leib weh.« Und er erzählte eine alte Geschichte:

Ein Guru gibt seinem Schüler auf: »Heute Abend stellst du dir beim Meditieren vor, ich säße auf deinem Kopf.«

Der Schüler entfernt sich, und als er am nächsten Tag seinem Guru wieder gegenübertritt, steht dieser schmerzgebeugt da und hält sich alle Knochen.

»Nun, wie ist es dir ergangen?«, fragt der Guru.

»Gut, Guru-ji. Ich habe meditiert, wie du mich geheißen hast, und mir vorgestellt, du säßest auf meinem Kopf. Aber nach einer Weile suchte ich ein wenig Abwechslung und meditierte weiter, indem ich mir vorstellte, ich sei es, der auf deinem Kopf sitze.«

* *Vibhuti* meint sowohl die Asche, die man sich auf die Stirn streicht (Asche aus verbrannten getrockneten Kuhfladen), als auch den Ruhm – denn aller Ruhm wird zu Asche werden. Vibhuti wird bei Pujas verwendet und für das Shiva-Zeichen auf der Stirn, sofern man nicht die Asche von einer Leichenverbrennung dazu benutzen will.

Eines Abends meldete sich in der Satsang-Stunde der Pilot der indischen Fluglinie zu Wort, der sich drei Monate hatte freistellen lassen, um in dieser Zeit zu entscheiden, ob er wirklich ein Sannyasin werden wolle, und erkundigte sich, warum der Swami so viele Geschichtchen erzähle.

Und der Swami antwortete: »Nun, wenn ihr lacht, öffnet ihr den Mund. Und dies ist der Moment, da ich euch etwas Wichtiges hineinstecken kann.« Dann fügte er, selbst mit offenem Mund lachend, hinzu: »Ein lachender Mensch zeigt sich in einer Ganzheit, die andernfalls nicht hervorträte – und das ist immer so, egal ob der Lachende geistig zurückgeblieben, ein Dummkopf oder ein Swami ist.«

Die Satsang-Stunde nach dem Abendessen war besonders abwechslungsreich, weil hier jeder fragen konnte, was er auf dem Herzen hatte. Bei den Fragen der jungen Brahmacharis ging es um theologische Probleme, Textexegese oder philosophische Feinheiten; bei denen der »Rentnerbrigade«, wie ich die von einem früheren Bankdirektor aus Gujarat angeführte Gruppe der Älteren bei mir nannte, in erster Linie um den Tod – wie man ihn zu betrachten und sich auf ihn vorzubereiten habe.

Der Swami antwortete auf unterschiedlichste Weise. Manchmal zitierte er einfach Verse aus den Upanishaden:

Wie eine Raupe, die einen Grashalm erklommen,
Innehält, bevor sie den nächsten erklimmt,
So wird auch das Selbst, am Ende eines Lebens angelangt,
Innehalten, um dann vom alten zum neuen Körper überzugehen.

Ein andermal lehrte er: »Stirbt ein Mensch in Madras, sagen die Leute: ›Er ist gegangen.‹ Wird jemand in Coimbatore geboren, sagen die Leute: ›Er ist angekommen.‹ Der Reisende ist immer derselbe. Er ist Atman, das Selbst, ein Bewusstsein ohne Grenzen, keinem Werden unterworfen, das immer gegenwärtig ist, ohne je zu gehen oder anzukommen.«

Fragte ihn jemand, ob ein Leben ohne Probleme erreichbar sei, so antwortete er: Nein, ein Leben ohne Probleme könne es nicht geben. Sie gehörten zum Spiel. Wer ein problemloses Leben anstrebe, sei wie der Bauer, der zum ersten Mal ein Fußballspiel anschaut und sich über den Schiedsrichter empört, weil der den zweiundzwanzig Spielern nur einen Ball gegeben hat, dem alle nachrennen müssen. »So sind die Spielregeln. Und so ist das Leben. Ohne Hindernisse keine Freude. Schwierigkeiten geben den Anstoß zur spirituellen Suche. Wer sich nicht bedrückt und eingeschränkt fühlt, fragt sich auch nicht, welchen Weg er gehen soll. An Konflikten reift der Mensch. Anders als eine Kuh: Die wird nur älter, reift aber nicht.«

Ich beobachtete den Swami; er war geduldig, unermüdlich, unerschütterlich. Nie erlebte man, dass er jemanden beurteilte. Er sah seine Aufgabe nur darin, sein Wissen an uns weiterzugeben, ohne etwas dafür zu erwarten, noch nicht einmal, ganz verstanden zu werden. Das aber in der Überzeugung, in einer großen Tradition zu stehen und der Verkünder einer umfassenden Wahrheit zu sein, die sich früher oder später allen offenbaren würde. »Die Wahrheit ist nicht das, was eine Mehrheit für richtig hält. Eine Mehrheit kann eine Regierung wählen, aber nicht darüber entscheiden, was wahr ist.«

Zudem verstand er es ausgezeichnet, auch schwierige Begriffe verständlich zu machen: wie etwa *jiva* (das Individuum, das in jedem, nicht nur menschlichen Lebewesen steckt und von Leben zu Leben übergeht); *jagat* (die Welt, die Manifestierung von Brahman, des ewigen Nährbodens des Universums, die aber nicht getrennt ist von Brahman, so wie das Netz nicht getrennt ist von der Spinne, die es webt); *samsara* (die Welt des Werdens, der Kreislauf, dem alles Sein in der Welt der Erscheinungen unterworfen ist). *Dharma* hingegen, so erklärte er, sei eigentlich ein leicht verständlicher Begriff: Wer wolle schon von jemand anderem verletzt, beraubt, beleidigt oder betrogen werden? Das heißt: Das, was ich mir von anderen erwartete, müsse ich auch selbst tun. Das sei Dharma, der rechte Weg.

Als er uns zum ersten Mal das Karma erklärte, versuchte er es so: Jede Handlung hat ihre Auswirkungen; einige davon treten offen zutage, andere nicht. Die unsichtbaren Auswirkungen unserer bewussten Handlungen bilden unser Karma. Die Folgen guter Taten, wie etwa selbstlos einem anderen Menschen zu helfen, ein

Tier zu retten oder auch eine Pflanze zu gießen, diese Verdienste summieren sich zu *punya*, einer Art Guthaben; umgekehrt sammeln sich die Auswirkungen schlechter Taten – der Vergehen – auf einem Schuldenkonto an, *pap* genannt. Folgt das Individuum (*jiva*) dem Dharma, bleibt es also auf dem rechten Weg, verdient es sich *punya*, verlässt es ihn, wächst sein *pap*, mit negativen Folgen für sein nächstes Leben.

»Auch der primitive Mensch«, führte der Swami weiter aus, »wusste bereits von der Existenz eines Karmas. Machte er sich morgens auf zur Jagd und kam abends nur mit einem mickrigen Eichhörnchen heim, bekam er etwas zu hören: ›Ahhafst annllsghahsnna?‹, fuhr ihn seine Frau an. (›Du Versager, mehr hast du den ganzen Tag nicht erwischen können?‹) Und wie rechtfertigte sich der arme Mann? ›Nggafsrggg snnsgshh.‹ (›Ich hatte eben kein Glück.‹) An einem anderen Tag schleppte er ein mächtiges Tier in die Höhle, das die Familie für längere Zeit sättigen würde. ›Naggafsargg sgrggrisas‹, heute hatte ich Glück, sagte er. Aber was ist Glück oder Pech anderes als Karma? Uns allen ist klar, dass es da etwas gibt, das unser Leben auf die eine oder andere Weise bestimmt. Nur dass einige, so wie der Höhlenmensch, glauben, dies habe etwas mit Zufall oder, schlimmer noch, mit bösen Geistern zu tun. Wir hingegen sind überzeugt: Für alles, was uns widerfährt, sind wir, wir allein verantwortlich, weil ›Glück‹ oder ›Pech‹ die Folgen unserer Taten in diesem oder einem früheren Leben sind. Dies ist Karma.«

»Manche Religionen«, fuhr der Swami fort, »führen alles Geschehen auf Gott zurück. Stirbt ein Kind, sagen die Leute zur Mutter: ›Gott hat es dir gegeben. Und Gott hat es dir genommen.‹ Dabei hat Gott damit nichts zu tun. Überhaupt nichts. Es ist eine Sache des Karmas. Und das Karma ist ein immenses Netz, mit dem wir alle verknüpft sind, ein jeder mit seiner eigenen Entscheidungsfreiheit und daher seiner eigenen Verantwortung.«

Für das »Ich« hatte der Swami nur Spott übrig: »Wir führen es ständig im Munde und beurteilen das gesamte Universum nach seinem Maßstab. Dabei ist es ein Wort, das unser Gehirn nicht verobjektivieren kann, ein Wort, das kein bestimmtes Bild in uns hervorruft. Sagen wir zum Beispiel ›Schale‹, steht uns sofort ein

Bild vor Augen. Ungefähr wie dieses …«, und damit holte er unter seinem Tischchen einmal mehr die Tonschale hervor. »Aber was geschieht, wenn wir ›ich‹ sagen? ›Ich bin groß‹, sagen wir und denken an unseren Körper; ›ich bin bedrückt‹, und wir denken an das, was uns bedrückt. Wir sagen: ›Ich bin Vater, ich bin Vetter, ich bin Ehemann, ich bin Ehefrau‹, aber auch damit erklären wir nicht sehr viel, denn wer Vater ist, ist auch Sohn. Wer ist also dieses ›Ich‹, das in so vielen Rollen auftritt? Der gemeinsame Nenner dieser verschiedenen ›Ichs‹ ist das Bewusstsein vom Ich in all diesen verschiedenen Rollen. Von diesem Bewusstsein hängt alles ab, doch dieses Bewusstsein selbst hängt von nichts ab.«

Und wieder holte er die Tonschale unter dem Tischchen hervor und zeigte sie uns. »Nun haben wir alle das Bewusstsein dieser Schale.« Er stellte sie zurück und zeigte seine leere Hand. »Und was haben wir jetzt? Das Bewusstsein der Abwesenheit der Schale! Nun: Die Schale ist also einmal da und einmal nicht da, doch das Bewusstsein von ihr bleibt.«

Und so ging das stundenlang. Dies war der Weg. Dahinter steckte die Erwartung, dass irgendwann, ganz plötzlich, alles klar würde, selbstverständlich – wie in der schönen Geschichte, die auch der große Ramakrishna gern erzählte.

Eine Löwin wirft ein Junges und stirbt dabei, und der zur Waisen gewordene kleine Löwe wird von einer Schafherde angenommen. Er wächst mit den Schafen auf, frisst mit ihnen Gras, lernt zu blöken und sich so gesellig zu verhalten wie ein Schaf. Eines Tages aber fällt ein alter Löwe, der die kleine Raubkatze beobachtet hat, fauchend über die Herde her. Wie die anderen Schafe rennt auch der kleine Löwe in panischer Angst davon, doch der Alte holt ihn ein, packt ihn im Nacken, schleppt ihn zu einem Teich und zwingt ihn, sich dort in der spiegelnden Wasseroberfläche zu betrachten.

»Nun, wer bist du? Ein Schaf vielleicht?«, fragt der Löwe.

Und zum ersten Mal in seinem Leben lässt der kleine Löwe ein Fauchen vernehmen.

Dieser kleine Löwe sind wir, die wir nicht wissen, wer wir sind. Der alte Löwe ist der Guru. Die Wasseroberfläche der Vedanta.

Ohne Guru keine Erkenntnis. Deshalb ist er so enorm wichtig.

»Warum ziehst du von Stadt zu Stadt, von Tempel zu Tempel, auf der Suche nach Gott? Gott wohnt in dir, du bist Gott. Suche also nicht nach Gott. Suche nach einem Guru, der dich zur Entdeckung deiner selbst führt«, schrieb Shankaracharia vor zwölf Jahrhunderten. Und so erklärt sich auch die für uns aus dem Westen kaum begreifliche Beziehung vollkommener Abhängigkeit zwischen dem Guru und seinem Schüler.

Dennoch befremdete es mich, wie unterwürfig sich manche Schüler gegenüber dem Swami verhielten. »Jede menschliche Beziehung hat ihre Mängel«, meinte eine Frau einmal während einer abendlichen Satsang-Stunde. »Unter Brüdern die Beziehung zum Vater; zwischen Vater und Sohn die Beziehung zur Mutter. Nur der Beziehung zum Guru fehlt es an nichts; er ist mir Vater und Mutter, Sohn und Bruder, Lehrer, Nachbar und Arzt. Noch mein geringstes Problem macht der Guru zu seinem eigenen, weil er selbst ohne Probleme ist. Dies ist der Grund, warum ich ihn so verehre.«

Eine andere Frau bekannte: »Als ich ihm begegnete, war es, als würde ich wiedergeboren werden. Meine Eltern haben mir meinen Körper gegeben. Doch Swami-ji gab mir die Seele.«

Ich war bestürzt. Wenn man gesagt hätte: »Für mich ist der Guru kein menschliches Wesen, weil ich nicht den Menschen, sondern seine Weisheit verehre«, so hätte ich das vielleicht noch verstehen können. Doch diese blinde Ergebenheit, dieses sich bei jeder Gelegenheit buchstäblich Zu-seinen-Füßen-Niederwerfen stieß mich ab.

Nach jeder Vorlesung folgten die ergebensten Schüler – und das waren mehrere Dutzend – dem Swami in seine *kutia*, seine Unterkunft. Dort ließ er sich in einem schönen Sessel nieder, während jene an ihm vorbeidefilierten, um seine großen Zehen zu berühren, und dann bei ihm blieben, um ihn einfach nur anzustarren.

Von Anfang an war mir klar, dass ich mich an alldem nicht beteiligen würde, und anstatt dem Swami zu folgen, kehrte ich in meine Kammer zurück. Eines Tages aber machte mich Sundarajan darauf aufmerksam, dass alle, die den Swami aufsuchten, mit einem Geschenk von ihm zurückkämen: meistens einer Banane. Es hatte schon eine Weile kein Obst mehr gegeben, und ich geriet in Versuchung. Als ich schon auf seiner Schwelle stand, dachte ich daran, dass ich mich vor ihm würde niederwerfen müssen, was mir peinlich gewesen wäre. Unterließ ich diese Geste aber, wären die anderen peinlich berührt gewesen. Und so machte ich auf der Stelle kehrt, vor den entgeisterten Blicken der Frau, die brav in der Schlange hinter mir anstand.

Darüber hinaus war das Leben als Mönch äußerst angenehm: extremer Friede, keine Verantwortung, alle Tage geordnet durch feste Riten und Zeiten, und der Geist beschäftigt mit ungewöhnlichen, manchmal gar außerordentlich packenden Themen. Was für eine Freude, morgens aufzustehen und dabei an Bhagawan zu denken, ohne sich mit den Banalitäten des Alltags herumschlagen zu müssen! Der Ashram war wie eine entlegene Insel, abgeschirmt gegen den Lärm und die vermeintlichen Notwendigkeiten der Welt. Und dies machte einen Teil seiner Faszination aus.

Hier lernte ich auch die Tradition unseres heimischen mönchischen Klosterlebens verstehen. Und mir ging auf, warum das kommunistische Regime in Lhasa ein Museum eingerichtet hatte, um Besuchern wie mir die »Schrecken des tibetischen Lamaismus« vor Augen zu führen. Dort wurden die Mönche als Tagediebe dargestellt, die alle Mühen des Lebens, die Verantwortung für eine Familie oder harte Feldarbeit scheuten, um dafür im Kloster Psalmen zu singen und sich »vom Schweiß derer draußen aushalten zu lassen«.

Zuweilen hatte ich den Eindruck, mich genauso zu verhalten – es den anderen draußen zu überlassen, meine Probleme für mich zu regeln. Ich dachte an Angela, an meine Freunde, die alle ihrer Arbeit nachgingen und so auch für mich die Welt am Laufen hielten. Ich sah sie vor mir, wie sie ins Büro fuhren, Telefongespräche erledigten, auf ihren Computerbildschirm starrten, E-Mails beantworteten, Schecks unterschrieben ... Und ich? Nichts von alldem! Den ganzen Tag hatte ich nichts anderes zu tun – als an Bhagawan zu denken.

»Lasst von allem ab, was außerhalb von euch ist: Menschen,

Dinge. Die Umstände sind so, wie sie sind. Sorgt euch nicht, denn was euch sorgt, liegt außerhalb eures Ichs. Ihr aber, euer Ich, sollt nichts wünschen, nichts beurteilen. Euer Ich steht über den Dingen und lässt jedem die Freiheit seines Schicksals«, leitete uns der Swami bei der Sonnenaufgangsmeditation an. »Zieht euch in euch selbst zurück, seid wie die Schildkröte, die Kopf und Gliedmaßen ganz in den Panzer zurückzieht ... Seht euren Körper von außen, betrachtet euch wie eine Statue, die atmet. Öffnet eure Sinne, hört, spürt, nehmt alles mit ganzem Bewusstsein wahr ...«

Auf dem kleinen Podest in dem noch völlig dunklen Auditorium sitzend, leitete der Swami mit tiefer Stimme und wenigen Sätzen die Meditation. Dieses morgendliche Meditieren empfand ich so, als planten wir zusammen den vor uns liegenden Tag. Dass sich so viele Leute gemeinsam schweigend darum bemühten, ihren Geist zu beruhigen, schuf Intensität, Konzentration, fast ein Gefühl der Stärke. Im Grunde heißt Meditation nichts anderes, als sich seiner selbst bewusst zu werden. Das ist gar nicht so leicht, denn der Geist ist von Natur aus unruhig, zuweilen stürmisch, schweift ständig ab, und der Versuch, ihn am Denken zu hindern, ist so, wie »den Wind mit den Händen einzufangen, um ihn in eine gewünschte Richtung zu lenken«, wie es in den Upanishaden heißt.

Nichtsdestotrotz empfand ich die Fähigkeit, sich zu konzentrieren, den Geist auf sich selbst zurückzulenken, als eine Frage des Willens, der Charakterstärke, als etwas, worauf es sich lohnte, alle Anstrengungen zu verwenden. Den Geist dirigieren zu können heißt in letzter Konsequenz, sein eigenes Leben in den Griff zu bekommen. Vom Geist gehen alle menschlichen Probleme, aber auch alle Lösungen aus. Unser Geist ist wie ein verborgener Schatz, auf dem wir jeden Tag achtlos herumwandern, ohne uns über seinen Wert im Klaren zu sein. Ziel muss es sein, diesen Schatz zu heben, den Geist zu zähmen, indem man daran arbeitet, sich jeder Handlung ganz bewusst zu sein, anstatt vieles gleichzeitig zerstreut zu erledigen.

An einem Satsang-Abend brachte der Swami diesen Gedanken auf den Punkt. »Was ist das Leben?«, hatte einer der Älteren gefragt, worauf er antwortete: »Das Leben ist eine Aneinanderreihung kleiner Schritte. Nur wenn wir jeden einzelnen ganz bewusst gehen, können wir hoffen, über den Weg zu bestimmen.«

Damit war ich einverstanden: viele kleine Schritte – manche auch länger als das Bein –, von denen aber keiner zufällig zurückgelegt werden sollte.

Der Ashram bot eine hervorragende Gelegenheit, über alles nachzudenken, im Geiste noch einmal frühere Bewertungen und Urteile durchzugehen, alte Anschauungen neu abzuwägen oder der eigenen Lebensanschauung neue Einsichten aus einem Weltbild hinzuzufügen, das mir mit jedem Tag freier und tabuloser vorkam.

Als Junge war ich von meiner Mutter genötigt worden, in der nahen Pfarrkirche Messdiener zu werden, so wie es damals Brauch war. Jedoch erwies ich mich als nicht sehr geeignet für diese Aufgabe, und als ich mich nach einer Weile weigerte, weiterhin Ministrant zu sein, war dies so etwas wie meine erste »Rebellion«. Seit damals hatte ich wohl nie mehr an einer religiösen Zeremonie teilgenommen. Im Ashram ließ ich mich noch einmal darauf ein: ein wenig aus Neugier, aber auch, weil es mir Spaß machte.

Kurz vor fünf verließ ich meine Kammer und machte mich auf den Weg. Ich atmete tief durch und lächelte meinem Magen zu, indem ich mir vorstellte, wie die frische, saubere Morgenluft dort anlangte. Die Natur um mich herum wirkte ruhig und heiter. Der Rauch, den der Backsteinofen ausstieß, vermischte sich mit dem Frühnebel und legte sich wie ein geheimnisvoller Schleier zwischen mich und die von der Nacht feucht schimmernden Berge. Doch bald wurde die morgendliche Stille zerrissen, zunächst vom Krähen einiger Hähne in der Ferne, dann vom durchdringenden Laut eines merkwürdigen Vogels, der »Hilfe, Hilfe« zu schreien schien, vom aufdringlichen Gekrächze der Krähen und schließlich dem unausgesetzten Gekläffe der Hunde, die im Ashram ebenfalls zu einem vegetarischen Leben genötigt wurden und sich jetzt zusammen mit den Shishas zum Speisesaal aufmachten. Es hatte etwas zutiefst Friedliches, dieses Bild, wie meine Mit-Shishas, diese weißen Gestalten, schweigend, jeder für sich allein, im noch unsicheren Licht des neuen Tages unter den Bäumen entlanggingen – den Palmen, den Bananenstauden, den großen Regenbäumen oder den »Flammen des Waldes« mit ihren rötlich gelben Kronen.

Ein Glas Tee, das schweigend eingenommen wurde, dann auf zum Tempel. Es handelte sich um ein schlichtes, Wind und Wetter geöffnetes Gebäude: einige Treppenstufen, ein etwas über Erdniveau liegender Zementboden und darauf ein von vielleicht zehn Säulen getragenes Dach. Das Zentrum aller Aufmerksamkeit – und Verehrung – aber war ein großes Tabernakel aus mit Intarsien verziertem Stein, in dem sich die Statue der Göttin Dakshinamurti befand, eine Inkarnation Shivas und Beschützerin der Veden. Daneben wurde in einem kleineren Tabernakel eine Statue von Ganesh aufbewahrt, dem Gott mit dem Elefantenkopf, der als »Beseitiger der Hindernisse« und »Bereiter der Wege« gilt.

Die ersten Shishas nahmen vor dem großen Tabernakel Platz, die anderen nach und nach in den Reihen dahinter. Die Morgenzeremonie bestand in der Ablution und Ankleidung der Göttinnenstatue für den neuen Tag, und bald schon machten sich die drei Priester, die *pujaris,* ans Werk. Der älteste begann, der Göttin die Kleider und die Blumen vom Vortag abzunehmen, während die anderen Schüssel und Eimer heran- und wieder forttrugen. Die beiden »Küsterinnen« stimmten die jeweiligen Gesänge an, die die gesamte Zeremonie begleiteten, und sorgten mit herrischen Blicken dafür, dass Weihrauch, Blumen, Lämpchen und Öl an ihren Platz kamen und dass die Glocke, die hin und wieder auch mir anvertraut wurde, im richtigen Moment erklang.

Die lebensgroße Göttin aus schwarzem Stein wurde zunächst mit Wasser gereinigt, dann mit Kokosöl eingerieben, wieder mit Wasser abgespült, dann mit Milch, Joghurt, einer Bananenmischung übergossen und wiederum mit Wasser abgespült, um schließlich, nach langem Trocknen und Polieren, mit einem duftenden, aus Sandelholz hergestellten Puder bestreut zu werden. Es war hinreißend, diesen präzise festgelegten Ablauf von Gesten, Klängen und Gesängen zu verfolgen, die Anrufungen der »Küsterinnen« und Pujaris, auf die der Chor der Gläubigen antwortete. Nach einer halben Stunde emsigen Schaffens zog der höchste Priester schließlich den Vorhang vor dem Tabernakeleingang zu und blieb einige Minuten mit der Statue allein. Während der Chor weitersang, öffnete sich plötzlich der Vorhang – jetzt galt es zu läuten –, und die in bunteste Gewänder gehüllte und mit Blumen geschmückte Statue präsentierte sich in ihrem vollen Glanz.

Nun begann der zweite Teil der Zeremonie. Man trug einen großen Weidenkorb voller Blütenblätter zum Tabernakel vor, und indem er nach und nach alle 108* Namen der Göttin anrief, warf der höchste Priester dabei jedes Mal ehrfürchtig eine Hand voll Blüten zu ihren Füßen nieder: 108 Göttinnennamen, 108 Wiederholungen durch den Chor, 108-mal das Ausstreuen von Blütenblättern. Dann schloss sich der Vorhang erneut, wieder wurde geläutet, und die Zeremonie erreichte ihren Höhepunkt. Als sich der Vorhang wieder öffnete, brannte nur noch ein einziges Öllämpchen, das von der Decke herabhing, und beschien in dem nun dunklen Tempel das Gesicht der Göttin, die so wie von eigenem Leben erfüllt schien.

Nun begann der *darshan*, ein Wort aus dem Sanskrit, das »betrachten«, aber auch »betrachtet werden« bedeutet. Alle erhoben sich und traten langsam auf das Allerheiligste zu, blieben respektvoll vor dem geöffneten Tabernakel stehen, legten die Hände vor der Brust zusammen und betrachteten einen Moment lang die Gottheit und fühlten sich von ihr betrachtet.

Bei vielen meiner Mit-Shishas sah ich eine Freude in den Augen, die mir fremd war und um die ich sie beneidete. Es faszinierte mich, mit welcher Inbrunst sich diese Menschen jeden Alters und unterschiedlichster sozialer Herkunft gesammelt und erwartungsvoll jener Steinfigur näherten, in der sie tatsächlich eine göttliche Präsenz *fühlten*. In ihren Gesichtern erkannte ich den gleichen Ausdruck – versunken, ekstatisch – wie bei dem kleinen steinernen Stier, der, ebenfalls die Göttin anbetend, vor dem Tabernakel kniete. Mit gezierten Gesten fütterte ihn ein Pujari mit einigen Löffeln Milch, die dann auf den Fußboden floss.

Nun ließ man unter den Gläubigen den Messingteller herum-

* Die 108 gilt in Indien als heilige Zahl: 108 zählten die klassischen Upanishaden, 108 ist die Anzahl der wichtigsten Andachtsgebete, und 108 Perlen weist eine *mala*, ein indischer Rosenkranz, auf.

gehen, auf dem noch der Kampfer brannte, der die Statue während der Einkleidungszeremonie erhellt hatte, und jeder Gläubige schöpfte sich mit beiden Händen von der Luft, die das Feuer umgab, und verteilte sie auf Kopf und Gesicht. Am Tempelausgang wurden wir schließlich gesegnet: Ein Pujari schöpfte mit einer großen Muschel Wasser und bespritzte uns damit (die Idee des Weihwassers in anderen Religionen wird sich davon ableiten). Und ein anderer Priester gab allen Vorüberkommenden in die aufgehaltene rechte Hand einen Löffel von dem Bananenmus, das man nach dem Einstreichen der Statue auf einem Tablett zu Füßen der Göttin aufgefangen hatte. Dies war *prasad*, eine den Göttern geopferte Speise, die dadurch geweiht war und nun von uns gegessen werden durfte. Um niemanden zu kränken, nahm ich die Masse in den Mund und spuckte sie später, wenn mich niemand sah, wieder aus.

Vielleicht gerade weil mich meine Mutter dazu gezwungen hatte, empfand ich schon immer einen instinktiven Widerwillen gegen Kreuzzeichen, Kniefälle und andere Demutsbekundungen vor Bildern oder, schlimmer noch, Menschen. Aber hier spürte ich, dass jenem *sinnlosen* Hin und Her, um eine Statue zu waschen und einzukleiden, und der anschließenden Anbetung nichts von einer Schwäche anhaftete. Ganz im Gegenteil schienen meine Mit-Shishas aus diesem Ritus eine ganz besondere Kraft zu schöpfen. Und auch ich konnte mich seiner Faszination nicht entziehen. Zumindest spürte ich, dass in diesem schier unglaublichen Handlungsablauf etwas zutiefst Beruhigendes lag.

Riten. Zu welchem Schrecken, welcher Trostlosigkeit, welch einer Leere haben alle Versuche geführt, ihre Macht zu leugnen. In China hat die schöne antike Seele furchtbaren Schaden genommen durch die stetigen Bemühungen der kommunistischen Machthaber, die gewachsenen Riten zu unterdrücken und auszulöschen. Und Russland ist nach siebzig Jahren Sowjetherrschaft, in der man diesen Aspekt des Lebens einfach getilgt hatte, heute ein »Seelenmarkt«, auf dem alle möglichen protestantischen Sekten aus den USA leicht Fuß fassen können.

Und der Westen, meine Welt? Mit unserem laizistischen, bilderstürmerischen Drang hin zu einer rein materialistischen Vorstellung von Freiheit haben wir jahrhundertealten Traditionen den Garaus gemacht, jedes Glaubensbekenntnis ins Lächerliche gezogen, jedes Ritual beseitigt und damit unser Leben des Geheimnisvollen und der Poesie beraubt.

Heutzutage kommt man bei uns zur Welt, lebt und stirbt, ohne dass noch eine Zeremonie, ein Ritus, die verschiedenen Abschnitte unseres Daseins in der Welt markiert. Die Geburt eines Kindes ist heute kein Grund mehr, innezuhalten und nachzudenken, sondern nur noch Anlass für eine Meldung beim Standesamt. Junge Paare heiraten nicht mehr und leben ohne Trauschein zusammen, und der einzige Ritus, an dem sie teilnehmen, ist der Wohnungsumzug. Dafür braucht man noch nicht einmal ein frisches Hemd anzuziehen. Durch das Fehlen einer Initiationszeremonie aber wird der Übergang gar nicht bewusst; ohne den symbolischen Kontakt zu etwas Höherem fehlt das Verpflichtende. Und häufig besteht die Verbindung, die daraus erwächst, nur darin, dass man miteinander ins Bett geht und die Telefonrechnung teilt. Selbst beim Tod fehlt heute die Bewusstmachung und die Tröstung durch einen Ritus. Wer wacht heute noch beim Verstorbenen? Und der Abschied, so es überhaupt einen gibt, wird oft nicht mehr von Priestern gestaltet, sondern von PR-Spezialisten.

Ich selbst war im Laufe meines Lebens Zeuge, wie die Riten ausstarben. Und wenn ich heute zurückblicke, belastet es mich, damals begeistert zu diesem großen Verlust beigetragen zu haben. In meiner Kindheit wurden Säuglinge noch getauft – selbst kommunistische wie ich –, die Toten erhielten ihre Totenwache und eine anständige Beerdigung, und Trauungen waren große Feste, die nicht nur vor den Augen Gottes, sondern auch vor Scharen von Verwandten und Freunden zelebriert wurden, die so alle Zeugen für die geschlossene Verbindung wurden.

Aber ich wollte alles anders machen. Heiraten war nichts für mich, und als ich mich dann doch dazu entschloss, vor allem wegen der günstigeren Krankenversicherung, geschah es eilig, fast heimlich, nur in Gegenwart der unentbehrlichen Trauzeugen. Und das auch nicht in der Kirche, sondern nur standesamtlich, vor einem Bürgermeister, der aber nicht, wie der in Florenz, christdemokratisch sein durfte. So musste ich mir einen außerhalb der Stadt suchen und landete in Vinci, einer kleinen Gemeinde im Umland, in der immerhin der große Leonardo zur Welt kam. Unsere Kinder ließen wir nicht taufen, und als mein Vater starb, war ich nicht bei ihm, ebenso wenig wie beim Tod meiner Mutter.

Dabei hatte ich als Kind immer Spaß an Riten gefunden. Und im Rückblick zählt heute zu den Höhepunkten meines Lebens jene Feier, ja echte Zeremonie, mit der mir meine Eltern, als ich vierzehn und damit »zum Mann wurde«, die erste echte lange Hose überreichten, die sie, arm, wie sie waren, auf Pump hatten kaufen müssen. Doch der Zeitgeist wehte in eine andere Richtung. Ich ließ mich mittreiben und half kräftig dabei, etwas zu zerstören, was nie ersetzt werden konnte und so eine erbärmliche Leere hinterließ.

In Indien ist dieser *wind of change* gerade erst aufgekommen. Besonders in den ländlichen Gebieten, wo noch die meisten Inder leben, spielen Riten weiterhin eine enorme Rolle. Kein Bauer verlässt das Haus, ohne sich hinabzubeugen und die Türschwelle zu berühren, keine Frau beginnt den Tag, ohne der Sonne ein paar Wassertropfen darzubringen. Für einen Inder ist das ganze Leben ein einziger Ritus. Der erste wird schon gefeiert, bevor er zur Welt kommt. Die anderen markieren jeden noch so kleinen »Übergang«: so wenn das Kind nicht mehr gestillt wird, wenn man zum ersten Mal im Dunkeln mit ihm spazieren geht, um ihm die Sterne zu zeigen, oder auch beim ersten Haarschnitt. Rituell ist ebenfalls der Eintritt des Sohnes in den Stand eines Brahmacharis: Dann nimmt er zusammen mit der Mutter ein Mahl ein und verlässt anschließend ihr Haus, um gleich darauf zu ihr zurückzukehren und sie um seine erste *biksha**, sein erstes Almosen, zu bitten. Und so geht es weiter bis zum Tod, wenn sein Leichnam

* *Biksha* ist eine ehrfurchtsvolle Opfergabe für Menschen, die nach Moksha, der Befreiung, streben. Mit unserem »Almosen«, das üblicherweise ohne Respekt für den Empfangenden gegeben wird, ist sie nicht vergleichbar. Der Swami erzählte einmal von einer Familie orthodoxer Gläubiger aus seinem Bekanntenkreis, die sich erst kürzlich der Heirat ihrer Tochter mit einem Mann aus demselben Dorf widersetzt hatte, der als Hotelbesitzer zu einigem Reichtum gekommen war. Sein Vergehen bestand darin, dass er »Speisen verkaufte«, und Speisen sind heilig: Man gibt sie, aber man verkauft sie nicht.

dem Scheiterhaufen übergeben wird, den sein erstgeborener Sohn entzündet hat, mit jenem Feuer, durch das der Verstorbene einst auch seine Initiation für das Veda-Studium erhielt und die Puja für seine Trauung zelebriert wurde. Aber noch nicht einmal der Tod befreit ihn von den Riten. Zwölf Tage nach seinem Hinscheiden gibt es eine weitere Zeremonie. Dann bittet man den Verstorbenen, sich nun nicht länger im Haus herumzutreiben, alle Verbindungen zu den Lebenden zu kappen und seinen Platz neben seinem Vater und seinem Großvater* einzunehmen, jenen Vorfahren also, deren mit besonderem Respekt zu gedenken ist. Das zu diesem Anlass gesungene Mantra ist besonders schön. Nichts Trauriges liegt mehr darin, denn wer weinen wollte, hatte in den zwölf Tagen zuvor genug Zeit dazu.

Riten, Riten, Riten. Auch in den Veden sind sie ein großes Thema. Dort werden alle Handlungen, Gesten, Abläufe und Worte genau aufgelistet, ebenso wie die Resultate, die bei genauestem Einhalten aller Vorschriften zu erhoffen sind. Noch das kleinste Detail ist geregelt: von der Länge eines Mantras bis zur Gabe für den, der es gesungen hat, von der Dauer einer bestimmten Pilgerreise bis zu peniblen Anweisungen, wie das Haus geputzt werden muss. Jeder Ritus ist eine Handlung, von der man sich eine bestimmte Wirkung erwartet. Deshalb gehören die Veden zu *samsara*, unserer Welt der Wünsche, und wer hier ein bestimmtes Ziel erreichen möchte, schaut in den Veden nach, was dafür zu tun ist. Eine Frau wünscht sich einen Sohn? Die Veden sagen ihr, was dazu nötig ist. Ein Mann will reich werden oder in den Himmel eingehen? In den Veden findet er, wie er genau vorzugehen hat. Ursache und Wirkung, das ist die Logik, die den Veden zugrunde liegt. Das heißt, es handelt sich einmal mehr um die Logik der Wandlung, der Veränderung, eine Logik, die an Zeit und Raum gebunden ist, eine Logik des Ichs.

Aber wenn man etwas anderes sucht? Wenn man aus dem Kreislauf des Werdens und Vergehens ausbrechen und sich von alldem befreien möchte?

Hier kommt nun wieder die Besonderheit des indischen Den-

* Mit seiner Ankunft bei den Toten verliert dort der Urgroßvater seinen Platz.

kens ins Spiel. Am Ende der Veden offenbaren sie selbst, dass ihr wahres Ziel ihre eigene Überwindung ist. Diese Überwindung ist der Vedanta, der Schlussteil der Veden. Mit dem Vedanta löst sich der Mensch aus der Welt der Riten mit ihren genauen Vorschriften, aus der Abhängigkeit von ihnen.

Die Veden sind »Religion«, der Vedanta ist die Befreiung von allem, auch von der Religion. Er gehört nicht mehr zur Sphäre des Werdens, sondern zur Sphäre des Seins. Der Vedanta hat nichts mehr zu tun mit dem Wunsch nach einem Sohn oder einer treuen Ehefrau, nach Reichtum oder dem Eingang ins Paradies. Im Vedanta dreht sich alles ums Selbst, um das unbegrenzte Bewusstsein, außerhalb von Zeit und Raum.

Ein Mensch strebt nun aber nur nach den gewöhnlichen Zielen des Lebens? Gut, warum nicht? So halte er sich an die Veden. Aber er muss wissen, selbst das in den Veden so herrlich beschriebene Paradies ist wiederum nur ein »weiterer Ort« und als solcher Zeit und Raum unterworfen. Das heißt, er kann nicht ewig bestehen. Aufgrund seines *punya,* seiner Verdienste, kann ein Mensch dorthin gelangen, doch ist dieses Kapital einmal aufgezehrt, führt der Weg zurück, und alles beginnt von vorn.

»Für das Paradies gibt es keine unbegrenzte Aufenthaltsgenehmigung«, erklärte der Swami. Er selbst wohnte zwar immer noch den Riten bei, nahm aber in keiner Weise mehr, weder als Objekt noch als Subjekt, aktiv daran teil. Ich beobachtete ihn, wenn die Leute vor ihm niederknieten. Er ließ es zu, aber von ihm selbst sah man nie irgendeine Geste der Anbetung vor einer der verschiedenen Götterstatuen. Es gab nichts, was er von ihnen hätte erflehen können: Er hatte die Welt der Wünsche bereits hinter sich gelassen. Dieses Denken hatte für mich etwas Großes, Einnehmendes. Wurde ich deswegen fromm? Sicher nicht im Sinne der Veden!

Ein paar Wochen lang fehlte ich bei keiner morgendlichen Puja. Doch als alles auf eine immer gleiche Wiederholung hinauslief und ich den Eindruck hatte, verstanden zu haben, was ich verstehen wollte, spazierte ich morgens lieber hinauf auf »meinen Hügel«, wie ich ihn nannte, und genoss statt der Einkleidung der Göttin lieber den Sonnenaufgang.

Allein schon das Essen war im Ashram eine Zeremonie. Um halb eins zog die gesamte Gemeinschaft, einschließlich einiger laut miauender Katzen und der üblichen Meute vegetarisch lebender Hunde, ganz gemächlich in einer langen Schlange von der großen Wiese zum Speisesaal. Vor der Treppe angekommen, zog man die Schuhe aus, versorgte sich mit Tellern und Gläsern, von zwei Tischen, die draußen aufgestellt waren, und betrat den großen Saal, in dem fünf, sechs zum Küchendienst eingeteilte Shishas aus einem Set dampfender Töpfe und Kessel das Tagesmenü aufgaben, und zwar singend. Und jeder, der sein Essen bekam, stimmte nun, mit beiden Händen den Teller haltend, dankend in den Chor ein, der eine Stelle aus der *Gita* sang. Dort sagt Krishna von sich:

> Ich bin das Feuer im Körper dessen, der lebt,
> Ich lenke den Atem und verdaue die Speisen,
> Ich wohne im Herzen aller Geschöpfe,
> Alles kommt von mir: Gedächtnis, Erkenntnis, Fehler.*
> Ich bin jener, den ihr in den Veden erkennt,
> Ich bin jener, der die Veden kennt,
> Ich bin der Quell des Vedanta.

Immer noch singend, suchte man sich einen freien Platz auf einer der auf dem Fußboden ausgebreiteten Strohmatten, während diese Verse aus dem 15. Kapitel so lange im Saal widerhallten, bis der letzte Schüler sein Essen auf dem Teller hatte. Angenehm war der Klang des Sanskrit, einnehmend der Rhythmus des Gesangs, in dem sich Krishna, die Verkörperung der Ganzheit, dem jungen Arjuna in einigen seiner Erscheinungsformen zeigt. Saß man auf seinem Platz, tauchte man drei Finger der rechten Hand in sein mit Wasser gefülltes Glas und sprenkelte mit einer kreisförmigen Geste einige Tropfen über den vollen Teller. Damit wurde das Essen zu einer Gabe für Agni, jenen Gott mit Sitz im Magen, der als Feuer das Opfer verzehrt.

Mir gefiel diese Geste der Verehrung und des Dankes. In meiner

* Erstaunlich diese Erwähnung von Fehlbarkeit als Teil des Göttlichen, als Teil von allem.

Kindheit machte man bei uns zu Hause vor dem Essen noch das Kreuzzeichen, aber wie so viele andere ist auch diese Gewohnheit in unseren hektischen Zeiten in Vergessenheit geraten. Heute nehmen wir alles als selbstverständlich hin. Wir meinen, von irgendwoher und aus irgendeinem Grund würde uns alles zustehen, und wundern uns gar nicht mehr, wenn wir etwas Angenehmes erfahren oder Lebensnotwendiges erhalten, häufig ohne es wirklich verdient zu haben.

Dass der Tisch immer reich gedeckt ist, versteht sich, zumindest im Westen, von selbst. Es ist kein Geschenk mehr, für das man irgendjemandem danken müsste. Und so essen wir dann auch: Roboterhaft stopfen wir die Nahrung in uns hinein, schauen dabei fern oder lesen in der ans Glas gelehnten Tageszeitung.

Im Ashram bekamen wir Shishas alles geschenkt. Der Swami verlangte keinen Cent für seine Vorlesungen, denn die Lehre war sein Karma, während Kost und Logis für uns aus Spenden finanziert wurden, aus *bikshas* also, mit denen sich der eine oder andere wohlhabende Inder Verdienste für sein Karma erwarb. Hin und wieder spendierte ein Unternehmer aus Coimbatore oder Madras auch mal etwas Besonderes, etwa Obst oder Kuchen, um ein Ereignis oder ein Jubiläum zu feiern. Dann schrieb man seinen Namen mit Kreide auf eine Tafel unter die Liste der Personen, denen nach den Gesängen besonders gedankt wurde. Einmal stand da auch »Anam«, der aus Anlass des Geburtstages seiner Frau eine *biksha* gespendet hatte. Und so kam es, dass der ganze Saal, bevor man seine Finger in den Reis- oder Kichererbsenbrei tauchte, auf die Aufforderung eines Brahmacharis hin mit einigen vedischen Versen Angela alles erdenklich Gute in diesem und in allen weiteren Leben wünschte.

Mein Gott, diese Segenswünsche hatte sie sich wirklich mehr als verdient. Ohne mir die leisesten Vorwürfe oder Schuldgefühle zu machen, ließ sie mich unbeschwert im Ashram leben. Angela war für mich ganz gewiss eines der besten Heilmittel überhaupt. Und das nicht erst, seit ich krank war. Von Beginn an war unsere Beziehung eine Gemeinschaft fürs Leben; ohne große Worte stimmten wir darin überein, wie die Welt zu betrachten und welcher Weg zu gehen sei. Und jetzt konnte ich mir nichts Schöneres vorstellen, als gemeinsam mit ihr alt zu werden. Jeder auf seine Weise, auch voneinander entfernt, aber niemals getrennt, immer »zu zweit eins«.

Doch diese Glückwünsche reichten noch nicht, um meine Schuld bei Angela abzutragen. Einmal erklärte uns der Swami, den Veden zufolge häufe ein Mann, der seine Frau sehr lange alleine lässt, *pap*, Verfehlungen, auf seinem Karma-Konto an. Ganz schön weise, diese alten Inder! Man sah die Ehe als eine Verbindung gemeinsamer spiritueller Entwicklung, aus der man sich auch nicht auf Zeit, und sei es mit lauteren Absichten, lösen konnte, ohne einen Preis dafür zu bezahlen.

Anfangs verspürte ich einen gewissen Widerwillen, mit den Fingern zu essen – um sie danach abzulecken –, aber auch daran gewöhnte ich mich rasch. Dabei half mir die Erinnerung an die hübsche Bemerkung einer Dame, einer Inderin, aus den so genannten »besseren Kreisen«. »Mit Besteck zu essen«, meinte sie zu mir, »ist, wie mit einem Regenmantel zu duschen.«

Die Verpflegung im Ashram war indes kein besonderer Genuss. Ohne Eier – denn sie sind »Leben« –, ohne Knoblauch oder Zwiebeln – weil sie, wie es hieß, geschlechtliche Begierden entflammten – und mit nur wenigen Gewürzen – weil diese angeblich vom Essen selbst ablenkten – schmeckten die Breis aus Kichererbsen, Bohnen, Blumenkohl und Reis schon arg fade. Doch einigen meiner Mitstreiter galten sie sogar noch als übertriebenes Zugeständnis an die Geschmacksnerven.

Einmal fiel mir auf, dass der Brahmachari, der neben mir saß, keinen Teller benutzte. Er ließ sich die drei, vier verschiedenen Speisen, die uns angeboten wurden, in ein Eimerchen geben und verrührte sie darin mit der Hand, damit er »die Geschmäcker nicht mehr auseinander halten« konnte. Auf diese Weise, so erklärte er mir, halte er sein Verlangen im Zaum. Essen sei notwendig, aber man dürfe es nicht zum Genuss werden lassen, der einen dann abhängig mache. »Ist jedes Verlangen, das sich im Herzen regt, getilgt, wird der Sterbliche unsterblich und gelangt zu Brahman, hier und jetzt«, verkündete er, eine Upanishade zitierend. Seiner Auffassung nach war es außerordentlich wichtig, den Trieb zu besiegen, ständig zwischen dem, was wir mögen und was wir nicht mögen, zu unterscheiden.

Was mir trotz allem gefiel, war die Anregung, sich immer wieder, auch in Kleinigkeiten, selbst herauszufordern. Ich beschloss, mich darin zu üben, und das bei einer Sache, die ich nun wirklich nicht mochte: Abspülen.

Wenn ich musste, habe ich im Haushalt immer alles erledigt, was zu erledigen war. Nur vor dem Spülen habe ich mich gedrückt. Ich hasste es einfach. Doch dort im Ashram, wo gleich nach dem Essen stets alles abzuspülen war, zwang ich mich, es zu tun – und zwar mit Hingabe. Ich erlegte mir auf, »bewusst« zu spülen, zu spülen um des Spülens willen, anstatt zu spülen und dabei an etwas anderes zu denken. So empfiehlt es auch der vietnamesische Zen-Mönch Thich Nhat Hanh allen, die höchste Konzentration erlernen wollen.

Und es funktionierte. Sogar das verhasste Spülen wurde nach einer Weile zu einem Ritus, den ich als ganz angenehm empfand. Während ich in einer Reihe mit allen anderen vor einer Art Tränke mit vielen Wasserhähnen stand, schrubbte ich sorgfältig mit Asche und Seife meinen *thali*, den Metallteller mit dem hohen Rand, sowie das Glas, das ich benutzt hatte, und spülte beides mehrmals mit klarem Wasser ab. Dabei hegte ich die Hoffnung, die anderen würden es ebenso machen, denn schließlich würde sich bei der nächsten Mahlzeit ein anderer das von mir gespülte Geschirr greifen und ich jenes, das irgendwer, hoffentlich gut, gereinigt hatte.

Ich weiß, dass mein Gesang für die anderen kein Ohrenschmaus war, aber ich hatte meine helle Freude daran. Und zu singen gab es reichlich. Man sang bei der morgendlichen Puja, man sang zu Beginn jeder Vorlesung, man sang vor dem Essen und dann eine ganze Stunde lang im Kurs vedische Gesänge, und schließlich am Abend noch einmal zum Ende des Satsangs, bevor man zu Bett ging.

Singen gehörte einfach zum Tagesablauf, und mir fiel auf, wie stark es meine Stimmungen beeinflusste. Vielleicht hob es ja tatsächlich meine Bewusstseinsebene, wenn ich Mantras sang.

Konnte das sein? Dem Swami zufolge lag es sogar auf der Hand. »Das Sanskrit der vedischen Gesänge und der Mantras wirkt auf unseren Geist«, verkündete er. Und ich hatte keine Veranlassung, daran zu zweifeln.

Es mag am Rhythmus gelegen haben, an der regelmäßigen Atmung, die sich dabei einstellte, jedenfalls überkam mich beim Singen der Mantras, die die beiden »Küsterinnen« vorgaben, ein Gefühl großer Leichtigkeit, ja der Freude. Wenn ich sang, kam mir mein Ich immer kleiner und entfernter, sein Schicksal immer unerheblicher vor.

> Heilung bringt ...
> Ein Mensch, der aufrecht ist und heilig,
> Und die Mantras, die er singt.

War der Swami vielleicht jener »aufrechte, heilige Mensch«, der mich heilen würde? Waren die Mantras, die ich hier sang, ebenjene, die Zarathustra in dem Sinnspruch erwähnt, den ich jahrelang mit mir herumführte, als ich noch keine Ahnung hatte, was das Wort »Mantra« tatsächlich bedeutet?

Einer, der blind an die »Macht« der »Mandddrram« glaubte, wie er Mantras mit seinem tamilisch-malaysischen Akzent nannte, war Sundarajan. Er kannte sogar einige geheime Mantras, die er als Junge noch von einem alten Sadhu erhalten hatte. Ohne diese würde er sterben, meinte er. Er sprach sie sich ständig vor, laut, kaum dass er morgens aufwachte, leise, wenn er spazieren ging. Und wenn er meditierte, konzentrierte er seine ganze Aufmerksamkeit auf sie. Sundarajan zufolge waren Mantras Zaubersprüche, denen wie Abrakadabras die Macht innewohnte, auf Geist und Materie einzuwirken. Dabei erzeuge, wie er sagte, jedes Wort eine Vibration, die im Körper eine charakteristische Schwingung auslöse – ob mit heilsamem oder aber auch zerstörerischem Einfluss. So ähnlich also, wie Musik, nach Ramanandas Theorie, auf das Zellwachstum einwirke. Sundarajan schwor auf diese Macht seiner Mantras und vergaß darüber ganz, dass er einmal Ingenieur gewesen war.

Ich für meinen Teil gab mich lieber mit einer Erklärung zufrieden, die mit der Atmung zu tun hat: Dass es einen engen Zusammenhang zwischen unserem Geist und unserer Atmung gibt, liegt ja auf der Hand. Sie beeinflussen sich gegenseitig. Das kann man leicht an sich feststellen. Atmen wir unregelmäßig, ist auch unser Geist unruhig. Und wenn wir in Wut geraten, fangen wir an zu keuchen. Ist unser Geist hingegen in schönen Gedanken versunken, wird unsere Atmung immer regelmäßiger und tiefer. Das geschieht sogar im Schlaf.

Indem wir im Ashram immer wieder dasselbe Mantra wiederholten, wobei die letzte Silbe wieder an die erste angehängt wurde (im Sanskrit heißt dieses Psalmodieren *japa*), geriet unsere Atmung in einen bestimmten Rhythmus und bewirkte so jene Veränderung des Geistes (oder des Bewusstseins), von der der Swami sprach. Hinzu kommt, dass der Geist, da man stets an die genaue Wortfolge denken muss, nicht abgelenkt werden kann. Da der nächste Gedanke schon feststeht, bildet sich eine Distanz zwischen dem Selbst und dem Geist, die es dem Selbst ermögliche, den Geist zu beobachten und zu kontrollieren – wie man uns erklärte.

Zweifellos haben sie etwas Besonderes, diese Klänge, die über Jahrtausende von Generation zu Generation unverändert in Aussprache, Inhalt und Rhythmus überliefert wurden. Hätten Mantras keinen Sinn, wären sie längst in Vergessenheit geraten. Doch die Tradition wird fortgeführt. Hat ein Guru vollkommenes Vertrauen zu seinem Schüler, vermacht er ihm als kostbares Geschenk ein bestimmtes Mantra, das die beiden für immer aneinander bindet. In Indien ist es auch heute noch Brauch, einem achtjährigen Kind ein Mantra zu schenken, das ihm sein ganzes Leben lang gute Dienste erweisen soll.

Ich sah in der Macht der Mantras ebenjenes Prinzip, das meiner Meinung nach auch der Wirkung von Heilmitteln zugrunde liegt: die Macht des Geistes. Durch die Erwartung, dass sich mit Mantras als magischen Formeln bestimmte Wirkungen erzielen lassen, etwa auch eine Heilung, wird der Geist dazu angeregt, das seine zu dieser Heilung beizusteuern. Wie bei mir in der Chemotherapie: Ich war überzeugt, dass diese rot leuchtende Flüssigkeit Heilkraft besaß, und nicht zuletzt dadurch wirkte sie schließlich auch. Ebenso glaubte Sundarajan, dass er ohne seine »Manddrrams« sterben würde. Die Kraft liegt nicht in den Dingen an sich, sondern im Geist, der an diese Kraft glaubt. Die Tibeter verdeutlichen dies mit folgender Geschichte:

Nach jahrelanger Abwesenheit beschließt ein Mönch, zu seiner Mutter heimzukehren, weil er glaubt, sie sei bettelarm und werde bald sterben. Doch in seinem Heimatdorf erwartet ihn eine Überraschung: Seine Mutter ist wohlauf und munter. Ein alter Sadhu hat ihr ein Mantra geschenkt, das ihren Hunger stillt: Bringt sie Steine im Topf zum Kochen und singt dieses Mantra dazu, verwandeln sie sich in Kartoffeln. Als die Mutter das Abendessen auf ihre spezielle Weise zubereitet, fällt dem als Mönch in religiösen Dingen geschulten Sohn auf, dass sie die sanskritischen Worte des Mantras falsch ausspricht, und er verbessert sie. Stolz auf das Wissen ihres Sohnes, stimmt die Mutter sogleich die neue Version des Mantras an. Doch das Resultat ist enttäuschend. Die Steine im Topf bleiben Steine, und die beiden haben nichts zu essen. Da geht dem Mönch ein Licht auf, er bittet die Mutter, es noch einmal mit ihrer Version zu versuchen, und bald schon haben sie »wunderbar« dampfende Kartoffeln im Topf.

Weder meine Mutter noch meine Großmutter, die in meiner Kindheit bei uns wohnte, wussten etwas von Mantras. Doch beide murmelten Gebete und stimmten Lieder an, die zwar keine Steine zu Kartoffeln werden ließen – was auch uns geholfen hätte! –, aber sie bei ihren täglichen Verrichtungen unterstützten. Ich kann mich noch gut erinnern, dass in meiner Kindheit auch die Bauern auf den Feldern sangen, die Handwerker in ihren Werkstätten und wir in der Schule natürlich auch. Wenn ich mir überlege, welche Klänge meine Kindheit begleiteten und welchen dagegen meine Enkel heute ausgesetzt sind, kommt mir das Grausen.

Wir singen nicht mehr und hören höchstens noch über Hi-Fi-Anlagen anderen beim Singen zu. Und das ist ungesund. Was schon in den sechziger Jahren die Benediktinermönche in einem französischen Kloster feststellten, als sie von einer rätselhaften Krankheit befallen wurden. Urplötzlich fühlten sie sich alle erschöpft, deprimiert, unkonzentriert. Sie setzten sich zusammen und beschlossen, mehr zu schlafen. Doch das machte es nur noch schlimmer: Sie fühlten sich matter und bedrückter als zuvor. Also wandten sie sich an verschiedene Ärzte. Einer riet ihnen, wieder Fleisch zu essen, was im Kloster seit zweihundert Jahren nicht mehr üblich war. Aber es half alles nichts. Bis schließlich ein kluger Pariser Mediziner den Grund für das Ungemach herausfand: Infolge des II. Vatikanischen Konzils hatte ein umtriebiger Abt die gemeinsamen Gesangsstunden zugunsten produktiver Tätigkeiten erheblich gekürzt und damit den klösterlichen Tagesablauf in Unordnung gebracht. Und als Therapie empfahl der Arzt, einfach wieder zu den alten Gewohnheiten zurückzukehren.

Nach einigen Monaten waren alle Mönche wieder wohlauf und bester Stimmung. Die Gesänge harmonisierten ihre Atmung, und diese Harmonie weckte neue Kräfte und steigerte ihre Vitalität. Die hohen Töne der Kopfstimme stimulierten die Hirnrinde und sorgten für einen geradezu euphorischen Zustand, in dem sich die Mönche Tag und Nacht ausgeglichen und glücklich fühlten.

Ähnlich erging es uns im Ashram. Sogar mir, der ich kaum einen Ton traf.

An einem Abend lud mich der Swami zum Abendessen ein. Wie viele Inder litt auch er an Diabetes, und so sah es bei ihm auf dem Tisch noch karger als im Speisesaal aus. Wir aßen in der Küche, umsorgt von den beiden »Küsterinnen«. Der Swami hatte sein Versprechen, mich mit einem Ayurveda-Arzt seines Vertrauens zusammenzubringen, der mir mit meinem Krebsleiden helfen sollte, nicht vergessen. Er hatte gerade mit diesem Mann telefoniert und abgesprochen, dass ich einige Zeit bei ihm in der Klinik verbringen würde. Man erwarte mich.

Heilendes Theater

Was mich beim Eintreffen am meisten beeindruckte, war der Elefant. Von weitem dachte ich noch, er sei bloß auf die weiße Umfassungsmauer des Krankenhauses gemalt. Doch dann sah ich, wie er mit den Ohren wedelte und sein mächtiges Haupt hin und her wiegte, und ich verstand, dass er nicht nur putzmunter war, sondern auch sehr viel heimischer in jenem Hof, auf den die Krankenzimmer hinausgingen, als ich. Denn ihn beachtete niemand. Auf mich aber waren viele neugierige Blicke gerichtet: Ich war Ausländer von irgendwo weit her, aber kein Tourist auf der Durchreise, sondern ein Patient wie sie.

Das Ziel einer noch nie zuvor unternommenen Reise ist immer eine Überraschung, aber die hier war besonders groß. Als ich in Kottakal eintraf, einem Städtchen im Bundesstaat Kerala, beziehungsweise dem *Arya Vaidya Sala*, dem »Institut für Arische Medizin«, der ältesten und renommiertesten Ayurveda-Klinik Indiens, erwartete ich einen friedlichen Ort der Genesung, wo ich, durch einen Anruf des Swamis angekündigt, ein paar ruhige Tage zu verbringen gedachte. Doch nun fand ich mich mitten im lärmenden Aufbau einer Art Zirkus wieder. Um den Elefanten herum waren Dutzende von Männern damit beschäftigt, ein riesiges Strohzelt zu errichten; Gruppen von Musikanten mit freiem Oberkörper stimmten ihre seltsamen, schrillen Instrumente; Tänzerinnen in kunterbunten Kostümen und Schauspieler mit wuchtigen Diademen im Haar und zu grotesken Masken bemalten Gesichtern wuselten um eine hölzerne Bühne herum, die andere noch mit Bambuspfählen und starken Seilen gemeinsam fertig stellten. Überall Trubel, ein großes Hin und Her. Der Elefant war mit dem rechten Bein an einen Holzpflock gekettet und auf der Stirn mit einem hübschen Blumenschmuck bemalt.

Wo denn das Krankenhaus sei? Einer der Männer starrte mich an wie eine Erscheinung und wies dann auf eine Tür mit dem Schriftzug »Empfang«. Man erwartete mich tatsächlich. Nach Papieren wurde nicht gefragt, man kontrollierte nicht, ob ich tatsächlich der vom Swami empfohlene Anam war, und verlangte auch nicht, wie im New Yorker MSKCC üblich, eine Anzahlung für die Untersuchungen und Therapien, denen man mich hier unterziehen würde. Das Geschäftliche schien beim *Arya Vaidya Sala* nicht im Vordergrund zu stehen. Hinter der Empfangstheke machte ein Schild auf »Gratisberatungen«, täglich von neun bis zwölf, aufmerksam, die jedermann offen stünden. Andere Schilder forderten höflich dazu auf, zum Wohle aller nicht zu rauchen. An einem schwarzen Brett hing die Liste der für die jeweiligen Abteilungen zuständigen Ärzte aus. Der Familienname war fast immer gleich: Varrier.

Für mich hatte man das Zimmer 502 im obersten Stock des neuen Klinikflügels reserviert, mit Blick auf den Hof und seinen Zirkus. Dahinter überragten Kokospalmen mit ihren ausladenden, sich wie ein Feuerwerk entfaltenden Kronen einen Teppich aus Wellblechdächern. Es wirkte alles bescheiden, aber solide und wohl durchdacht. Trotz der tropischen Hitze gab es keine Klimaanlage auf den Zimmern, sondern nur einen Ventilator an der Decke. Für die Kranken, die keine Treppen mehr gehen konnten, verbanden leicht geneigte Außenflure die verschiedenen Stockwerke.

Mein Zimmer war sauber und spartanisch eingerichtet: ein Bett mit einer dünnen Kapok-Matratze, einem Kopfkissen und zwei weißen Baumwollbetttüchern und daneben ein hölzernes Nachttischchen. An der Wand ein Foto des Klinikgründers: ein Herr mit todernster Miene und einer Brille mit in Metall eingefassten runden Gläsern, schwarzem Jackett, Krawatte, einem Umhang über den Schultern und einer gelben Kappe auf dem Kopf. Ein typisches Foto, altertümlich, so wie in Europa früher einmal die Erfinder von Warzensalben dargestellt wurden, oder in Asien, selbst heute noch, die Herren auf den Tigerbalsam-Döschen. Darunter stand: »Vaidyaratnam P. S. Varrier 1869–1944.« Ich rechnete kurz nach: Er war also mit fünfundsiebzig gestorben. Keine schlechte Reklame für seine Heilkunst. Darunter hing ein weiteres, kleineres Foto von seinem Nachfolger, ebenfalls ein Varrier. Das »Institut für Arische Medizin« in Kottakal war offensichtlich

1902 als Familienunternehmen begründet worden und dies auch geblieben.

Ein junger Sikh, der mich hatte ankommen sehen, klopfte bei mir an, um mich auf das Zimmer gegenüber hinzuweisen, in dem sein Vater lag. Die Hoffnung auf Heilung hatte ihn einen weiten Weg von Nordindien hergeführt. Auf dem Nachttischchen des alten Mannes türmten sich Gläschen und Döschen. Wenn ich irgendetwas bräuchte, so bot mir sein Sohn an, solle ich mich gleich an ihn wenden.

Ich hatte kaum meine Tasche ausgepackt, als wieder jemand in der Tür stand. Es war der Verwaltungschef der Klinik, ein groß gewachsener älterer, distinguiert wirkender Herr, der gekommen war, um mich willkommen zu heißen. »Sie haben Glück«, meinte er, »gerade heute beginnt die Viswambhara-Festwoche.« Er setzte wohl voraus, dass ich wusste, wer dieser Gott war, und fuhr fort: »Wir bringen unserem Herrn Musik, Tänze und Schauspiele im Beisein eines Elefanten dar. Sie wissen ja, der Elefant spielt in unserer Mythologie eine große Rolle. Ganesh ist es, der uns in die Lage versetzt, alle Hindernisse zu überwinden. Sie werden sehen ... auch Ihre Krebserkrankung.«

Um ihn nicht in Verlegenheit zu bringen, zeigte ich mich nicht überrascht von der ungewöhnlichen Kombination Heilung–Elefant–Theater. Stattdessen erwähnte ich, dass ich auch einen Ganesh besäße: eine Gipskopie der berühmten Statue in Angkor.

»Die kommenden Tage werden auch für Sie ein großer Gewinn sein«, fügte er noch hinzu. »Für uns alle, Ärzte wie Patienten, bietet das Fest Gelegenheit, einer tieferen Wirklichkeit, der *Letzten Realität*, Brahman, näher zu kommen.«

Sie war nicht unbedingt das, was ich mir vorgestellt hatte, diese Klinik, aber sicher ein interessanter Ort.

Es war eine lange Anreise gewesen. Vom Ashram aus hatte das Taxi fünf Stunden gebraucht, zunächst durch die Hügel des Bundesstaates Tamil Nadu, eine dreckige, heruntergekommene Gegend, dann runter zur Küste des Staates Kerala, gleichfalls arm, aber von einer würdigen Armut. Den Fahrer hatte man mir als einen des Englischen mächtigen jungen Mann vorgestellt, aber als er dann hinter dem Steuer saß, wusste er nicht viel mehr zu sagen als: »*Urine ... coming?*«, und so ging unsere Unterhaltung kaum über die Frage hinaus, wo eine Pinkelpause einzulegen sei. Daher hatte ich Muße, über das nachzugrübeln, was ich sah, die üblichen Dörfchen längs der Straße, mit niedrigen Häusern, um die herum Menschen und Tiere mehr oder weniger im Dreck lebten. Ärmlich die Häuser, arm die Menschen, reich die Natur. Auf jedem noch so kleinen Markt sah man Berge von Obst, Stände, die sich unter der Last verschiedenster Gemüse bogen, Bananenstauden mit ihren riesigen, verschnörkelten Fruchtständen, schön wie die Buchstaben des sanskritischen Alphabets, das ich zu erlernen versuchte.

Tamil Nadu ist eine alte Kulturlandschaft mit einer großen literarischen und äußerst beliebten theatralischen Tradition. Eine Tatsache, die in der Politik eher ungute Auswirkungen hatte: Seit der Unabhängigkeit ist Tamil Nadu vor allem von berühmten Schauspielern regiert worden. Ein typisch indisches Phänomen. Die Leute unterscheiden hier nicht zwischen dem Schauspieler und seiner Rolle, und hat jemand einmal auf der Bühne einen König gegeben oder einen Helden oder auch einen Weisen, ist ihm die Rolle sicher, und das Publikum behandelt ihn, als sei er tatsächlich Krishna, Shiva oder Rama. Kandidiert er dann bei der nächsten Wahl für die Rolle des Ministerpräsidenten des Bundesstaates, wird er auch prompt gewählt. Denn wer wollte nicht von einem Gott regiert werden, einem Helden oder Weisen?

Solche Entwicklungen nähren stets mein Misstrauen gegenüber einer Form von Demokratie, in der sich die Beteiligung der Bürger mittlerweile auf den Urnengang alle vier, fünf Jahre beschränkt, ein System, das überall auf der Welt vor allem mittelmäßige, korrupte oder unfähige Politiker an die Macht bringt. Die Demokratie ist zu einem System verkommen, in dem Seichtheit und medienwirksame Verlogenheit prämiert werden, nicht aber Klugheit, Weitsicht und moralische Integrität. Es liegt in der Absurdität dieses Systems, dass zum Beispiel eine biedere Dame aus dem italienischen Piemont, Sonia Gandhi, möglicherweise die nächste Premierministerin der »größten Demokratie der Welt« wird, wie sich Indien gern nennt. Hat es ein Land von mehr als einer Milliarde Einwohnern nötig, von einer Italienerin regiert zu werden, die noch nicht einmal die Landessprache beherrscht? Sicher nicht, aber sie hat eben einen hohen Verkaufswert auf dem »Stimmenmarkt«. Einfach dadurch, dass sie die Witwe Rajiv Gandhis ist, der selbst wiederum nur als Sohn von Indira Gandhi Premierminister wurde (und in diesem Amt einem Attentat zum Opfer fiel), einer Frau, die selbst nur Premierministerin (und ermordet) wurde, weil sie die Tochter Nehrus war. Dieser immerhin war auf Vorschlag Gandhis, des Mahatmas, der »großen Seele«, Premierminister geworden. Sonia Gandhi eine Verwandte des großen Gandhi? Keineswegs. Doch in der verklärten Erinnerung der Leute ist sie es, weil sie denselben Namen trägt. Aber den trägt sie nur, weil Indira, geborene Nehru, schlauerweise den Namen ihres Ehemanns, der als Parse »Gandy« hieß, zu »Gandhi« umformte.

Armer Gandhi. Der heute vollkommen in Vergessenheit geratene weise Mann kleidete sich wie ein armer Bauer, lebte von nichts und träumte von einem freien, unabhängigen Land, weder kapitalistisch noch kommunistisch, das Abbild der Millionen von Dörfern sein sollte, die für ihn die wahre, ewige Seele Indiens ausmachten. Er machte sich für das Kleine stark, nicht für das Große. Den Menschen, nicht die Maschine. Das Natürliche, nicht das Künstliche. »Erst wenn man einen Traktor melken und mit seinem Mist die Felder düngen kann, werde ich ihn der Kuh vorziehen«, erklärte er einmal. Er hatte Indien in alle Richtungen bereist und kannte von Grund auf sein Land und seine Bewohner. Nur in Indien kann ein Loch in einer Wand eine Zigaretten-»Fabrik« sein; ein hölzerner Verschlag auf vier Beinen tags die Werkstatt eines Büglers und nachts sein Schlafzimmer. Nur in Indien kann der *gamcha*, jenes bunte Tuch, mit dem sich der Fährmann wie der Rikscha-Zieher den Schweiß abtrocknen, als Decke dienen, wenn es kühl wird, und als Turban, wenn die Sonne brennt.

Gandhi war ein überzeugter Anhänger der Devise: »Klein ist schön.« Einer seiner großen Bewunderer, der Ökonom Fritz Schumacher, entwickelte jene wirtschaftstheoretischen Vorstellungen, die haargenau auf die indischen Verhältnisse zugeschnitten schienen. Schumacher betonte die Notwendigkeit, kleine lokale Unternehmen gegen die großen multinationalen Konzerne zu schützen, weil sie sonst wie kleine Fische vom Hai gefressen würden. Genau wie Gandhi vertrat auch Schumacher das Konzept einer Wirtschaftsordnung, die sich daran zu orientieren habe, »was den Menschen nützt«, und nicht an möglichst hohen Gewinnen. Gandhi und Schumacher: alle beide der Vergessenheit anheim gefallen.

Die »Ent-Gandhisierung« Indiens begann bereits mit Nehru, den Gandhi selbst zu seinem Nachfolger bestellt hatte: vielleicht einer seiner folgenreichsten Fehler. Nehru war das genaue Gegenteil von Gandhi. Raffiniert. Elegant. Und er favorisierte das »Große«, nicht das »Kleine«: große Industrien, große Staudämme, große Fabriken. Und sogar eine große Liebe: zu Edwina, der englischen Ehefrau des sehr englischen Vizekönigs Lord Mountbatten. Nicht zu einer einfachen Inderin.

Das Streben nach den »großen« Lösungen war praktisch allen indischen Regierungen, von der Unabhängigkeit bis heute, eigen. Und je mehr Zeit vergeht, desto mehr wird Indien in vielerlei Hinsicht ein Land wie alle anderen auch: mit einer großen Armee, potenten Waffen (einschließlich der Atombombe) und dem Traum, Großmacht zu sein. Und während die Verwurzelung im dörflichen Indien, dessen Unverfälschtheit Gandhis Ideal war, mehr und mehr schwindet, reiht sich das Land immer selbstverständlicher ins globale Dorf ein, in dem nur noch eins unverfälscht ist: die Habgier.

Die Unterschiedlichkeit der Bundesstaaten Tamil Nadu und Kerala sprang ins Auge. Kaum hatten wir die Grenze passiert, wirkte längs der Straße alles etwas gepflegter, sauberer. Kerala wird nicht von zu Politikern avancierten Schauspielern beherrscht, sondern von zwei Kräften, Kommunisten und Christen, die daraus den Bundesstaat mit der höchsten Schülerdichte in ganz Indien gemacht haben. Durch das Wagenfenster sah ich sattgrüne Reisfelder vorüberziehen, rot bemalte Lehmhäuser, Kühe mit Blumenkränzen zwischen den Hörnern, hagere Männer, fast alle im Dothi, und dabei kam mir immer wieder ein Wort in den Sinn: zufrieden. Zufrieden ist weniger als glücklich, aber die Wünsche sind »befriedigt«, und mehr muss es nicht sein. Und so sind sie, die Inder: zufrieden. Zufrieden ist, wer sich zufrieden gibt. Im Deutschen steckt auch das Wort »Frieden« darin, mit sich selbst in Frieden leben, zur Ruhe kommen. Und damit das möglich ist, gilt es, Wünsche und Sehnsüchte zu beschneiden, so wie es die Upanishaden und die *Bhagavad Gita* nahe legen.

Indien ist zwar arm, aber auch ein Land, in dem die Menschen weniger Bedürfnisse, weniger Ansprüche haben. Und deswegen ist es im Grunde auch sehr viel »zufriedener« als andere. Aber nicht mehr lange: Die Globalisierung schwemmt die Wünsche, die den Rest der Welt umtreiben, auch nach Indien und wäscht seine »Zufriedenheit« aus.

Die Stoßdämpfer unseres Wagens, eines alten Ambassador, waren hinüber, und bei jedem Schlagloch schüttelte es mich entsetzlich durch. Ich stellte mir vor, wie mich der Taxifahrer, sollte ich mir dabei den Kopf einschlagen oder mein Eingeweidebruch platzen, in eins der vielen »Krankenhäuser« oder »Heilanstalten« bringen würde, die ich an der Straße liegen sah. Sie machten nicht gerade einen Vertrauen erweckenden Eindruck: Selbst die Buchstaben, aus denen ihre Namenszüge, »Shakti Nursing Home« oder »Lord Krishna Hospital«, zusammengesetzt waren, wirkten marode. Und außerdem behandelte man hier vornehmlich, wie ich den Schildern entnahm, »Hämorrhoiden und Fisteln«.

Doch mir passierte nichts, und so blieb mir die Erfahrung erspart, tatsächlich ein Anam, ein Namenloser, zu sein, an irgendeinem unbekannten Ort und ohne den Schutz meiner alten Identität. Problemlos gelangten wir nach Kottakal. Das *Arya Vaidya Sala* war hier überall bekannt. Wen man auch fragte, jeder konnte den Weg dorthin beschreiben: Immerhin war es das einzige Krankenhaus mit einem Elefanten im Innenhof.

Es hielt mich nicht auf meinem Zimmer. Wenn ich neu irgendwo hinkomme, muss ich mich immer erst einmal umschauen, um mich auf die Gegebenheiten einzustellen. Vielleicht ist es Instinkt, der Instinkt eines Tieres, das nirgendwo hineinkriecht, ohne zuvor zu erkunden, wie es auch wieder herauskommt.

Es war noch hell – am Zirkus wurde immer noch fleißig gehämmert –, und so beschloss ich, eine Runde durch die Stadt zu drehen, die ich zuvor nur vom Wagen aus gesehen hatte. Es gab nichts Aufsehenerregendes: Lastwagen voller Kokosnüsse luden ihre Ware auf dem Hauptplatz neben dem Busbahnhof ab, und auf dem Basar die üblichen Lädchen mit Plastikschuhen und Billigkleidern, kleine Schmuckläden – die Schaufenster mit rotem Samt ausgeschlagen –, Geschäfte für Pfannen und Schüsseln, und in der ganzen Stadt zahlreiche Apotheken, Kleinstkrankenhäuser und Heilanstalten. Kottakal lebte offenbar von seiner Gesundheitsindustrie.

An einem Gebäude entdeckte ich oben, auf der Höhe des dritten oder vierten Stocks, die Leuchtschrift *ICT Computer*. Dort würde ich vielleicht einen Internetzugang finden, überlegte ich. Der Weg dorthin war eine Art Hindernislauf; zunächst über Schuttberge, dann eine dunkle, staubige Treppe hinauf und eine Betongalerie entlang, von der eine Reihe kleinerer Räume abging. In einem sah ich die Umrisse eines Mannes mit einem langen schwarzen Bart sowie einer Frau, die, eine brennende Kerze zwischen sich, einander gegenüber auf dem Fußboden saßen. Direkt daneben befand sich *ICT Computer*: ein weiß gestrichenes Büro mit Klimaanlage, Neonlicht und, auf einem Chefsessel hinter einem mächtigen Schreibtisch, ein junger Informatiker.

»Hier können Sie die beiden Pole Indiens direkt nebeneinander sehen«, sagte er und erklärte mir, sein Nachbar mit dem langen Bart sei ein »örtlicher Arzt«, der vor allem Frauen behandele, und das mit magischen Mitteln.

Ich sei auch nach Kottakal gekommen, um mich behandeln zu lassen, erzählte ich ihm.

»Bei einem Tangali?«.

»Nein, im *Arya Vaidya Sala*.«

»Ach so. Ja, um die Klinik machen die Leute aus der Stadt einen großen Bogen. Die ist ihnen zu fein, zu teuer. Dort sieht man fast nur Patienten von außerhalb. Die Menschen aus der Gegend suchen Magier auf, Tangalis eben.«

Tangalis? Von diesen Heilern hätte ich noch nie gehört, sagte ich.

Dem jungen Mann, einem aufgeweckten, äußerst höflichen Moslem – er überließ mir seinen Computer, so dass ich ein paar

E-Mails verschicken konnte –, machte es Spaß, mich zu verblüffen. Tangalis, so klärte er mich auf, seien moslemische Heiler, die nur in Kerala und Tamil Nadu anzutreffen seien. Sie beseitigten Krankheiten, Schmerzen und anderen Kummer, indem sie sich selbst in Trance versetzten und so alles auf sich nähmen, worunter ihre Patienten litten. Üblicherweise arbeiteten sie in Gruppen: Dabei spielten die einen Instrumente, sängen oder riefen Allah an, während ein anderer die Austreibung vornehme, indem er sich Nadeln in Wangen und Arme steche oder mit einem Messer ins Fleisch schneide, dass das Blut spritze. Wie ich weiter erfuhr, suchten in Kerala nicht nur Moslems Tangalis auf, sondern auch Christen und Hindus.

»Das mag sich seltsam anhören, ist es aber eigentlich nicht«, meinte er. »Hat sich nicht auch Jesus Christus ans Kreuz schlagen lassen und so das Leid der Welt auf sich genommen?« Gewiss, die Tangalis ließen sich dafür bezahlen, aber von irgendetwas müssten sie schließlich auch leben!

Ob er an Magie glaube? Nein, nein, wehrte er ab. Er sei doch Ingenieur, ein moderner Mensch, der einen Computer benutze. Aber er wunderte sich auch nicht darüber, dass so viele andere daran glaubten.

Es war dunkel geworden, und so war es schwierig, die düstere Treppe in dem Gebäude mit den beiden Extremen Indiens heil hinunterzukommen. Weit heikler war es aber noch, den Rückweg zum Krankenhaus zu finden. Wie so häufig in diesem Land war urplötzlich der Strom ausgefallen und ganz Kottakal in Finsternis getaucht. Hier und dort wurden Petroleumlampen entzündet, doch in dem Sträßchen, das an offenen, den typisch indischen Geruch verströmenden Abwasserkanälen entlang zum *Arya Vaidya Sala* führte, war es stockfinster – und unheimlich. An einer Mauer konnte ich Leute ausmachen, die im schwachen Schein winziger Lämpchen auf dem Erdboden saßen. Es waren Handleser, die auf Kunden warteten. Für einen Augenblick überkam mich eine gewisse Verzagtheit. Ich fühlte mich an einen schauerlichen, mittelalterlichen Ort mit Hexen und Zauberern zurückversetzt, und ich mittendrin, um mich von ihnen heilen zu lassen.

Aber der Anblick des Krankenhauses tröstete mich. Dort liefen die Generatoren, das gesamte Gebäude war freundlich erhellt, und das *Arya Vaidya Sala* kam mir wie eine Vertrauen erweckende Oase der Moderne vor.

Der Innenhof war voller Leute. Die meisten saßen schon, und jetzt nahmen als Letzte auch noch die Ärzte mit ihren Familien Platz, wobei sie mit beiden Händen die Schöße ihrer Dothis hochhielten, als wären es Flügel, die nicht den Boden berühren dürften. Den Elefanten hatte man prächtig herausgeputzt. Er trug eine bestickte Decke und eine Art goldene Maske, die vom Kopf den ganzen Rüssel entlangreichte. Auf der Bühne bewegten sich Schauspieler und Tänzer, während die Musiker noch ein letztes Mal ihre Instrumente stimmten. Jeden Moment würde die Aufführung beginnen. Doch mein Weg führte schnurstracks ins Bett.

Ich war müde. Nicht nur von der Reise, sondern auch von der Situation: einmal mehr an einem neuen Ort, wo ich mich wieder an alles gewöhnen musste, die Geräusche, die Menschen, ihre Gewohnheiten. Ich war es leid, dieses ständige erneute Auswerfen von Netzen, um letztendlich doch wieder nur Bekanntes einzufangen. 1993 war ich durch die halbe Welt gereist und hatte Seher und Wahrsager gesucht, jetzt Ärzte und alternative Heilmittel. Ich wiederholte mich. Die Erkundung der Welt außerhalb meiner selbst interessierte mich eigentlich nicht mehr. Vielleicht war es ein Fehler gewesen, den Ashram zu verlassen. Durch das geöffnete Fenster drang ein Wahnsinnslärm; Trompeten schmetterten, Zimbeln rasselten, dazwischen Elefantengeschrei, menschliche Stimmen, Rufe … Ich verstand überhaupt nichts, wusste aber, dass es bis zum Morgen so weitergehen würde.

Geweckt wurde ich von der Stille. Die ganze Nacht hatte ich bei dem hohen Geräuschpegel geschlafen, an den sich mein Ohr irgendwann gewöhnte. Dann plötzlich merkte jener Teil in mir, der auch wach bleibt, wenn der andere schläft, dass irgendetwas anders war, und meldete sich. Das eigentümliche, lärmende Schauspiel, das die Menschen für die Götter aufgeführt hatten, war zu Ende, und ein neues begann, jenes Schauspiel nämlich, das die Götter allmorgendlich in der Stille für die Menschen inszenieren: Eine prächtige gelbrote Sonne erhob sich in der Ferne hinter den gezackten Umrissen der Palmen und ließ Häuser, Straßen, Pfade und Menschen langsam aus der Dunkelheit auftauchen. Weißer Rauch stieg über den Dächern der nahen Heilmittelfabrik auf und trug mir balsamische Düfte zu.

Unten im Hof leerte sich die Bühne, die Gruppen zerstreuten sich, die Besucher brachten Stühle weg, und die Musikanten packten ihre Instrumente ein. Am Arm ihrer Angehörigen kehrten die Patienten auf ihre Zimmer zurück. Sie waren die ganze Nacht über geblieben. Ich beobachtete, dass einige im Vorbeigehen vor dem Elefanten die Hände zusammenlegten und sich leicht verneigten, so wie man sich zum Ende eines Festes vom Gastgeber verabschiedet. Das Tier war nicht mehr geschmückt. Dafür hielt es im zusammengerollten Rüssel ein großes Bündel Heu: sein Frühstück.

Meines nahm ich im Speisesaal des Krankenhauses ein. Ein Schild wies darauf hin, dass das Essen streng vegetarisch war. Es wirkte alles schlicht und sauber, aber auch hier hatte irgendjemand der Versuchung der Moderne nicht widerstehen können und eine heimtückisch phosphoreszierende Lampe installieren lassen, die wie eine Peitsche knallte, sobald eine harmlose Fliege, von dem bläulichen Licht angezogen, dagegen flog und verglühte.

Pünktlich um neun erschien ein vom Klinikleiter geschickter junger Arzt und brachte mich zu der nahen Abteilung, wo die Menschen gratis behandelt wurden: einer Reihe niedriger Gebäude mit roten Dächern, himmelblauen Wänden, Zementfußboden und Trennwänden aus weiß gestrichenem Sperrholz. Die Türschwellen waren mit den Jahren dunkel geworden durch die Füße der vielen Kranken und ihrer Angehörigen, die hier mit ihren Leiden Hilfe gesucht hatten. Ein tropischer Wind strich durch die geöffneten Räume und ließ die gelben Vorhänge an den Fenstern flattern. Auf der ungepflasterten Freifläche davor standen die üblichen Grüppchen schweigender Menschen zusammen. Ich musste an die Krankenhäuser in Kambodscha denken, wo ich die Opfer zahlreicher Schlachten sowie amerikanischer Bombenangriffe zu zählen hatte: die gleiche drückende Hitze, die gleiche Atmosphäre, die gleichen hohlwangigen, verschlossenen, ängstlichen Gesichter. Nur meine Rolle war jetzt eine andere. Das wurde mir spätestens dann bewusst, als ich mich, auf die Bitte des Arztes hin, zur ersten Untersuchung mit nacktem Oberkörper auf einer mit einer schwarzen Plastikfolie abgedeckten Liege niederlegte und im Fensterrahmen Gesichter mit weit aufgerissenen Augen erschienen, die mich neugierig anstarrten.

Der Arzt hörte meine Brust ab, maß den Blutdruck, befragte mich zu früheren Krankheiten, speziell in der Kindheit, und machte sich Notizen, während ich antwortete.

»Wie haben Sie reagiert, als man Ihnen eröffnete, dass Sie Krebs haben?«, wollte er dann wissen.

»Relativ gefasst. Jedenfalls bin ich nicht zusammengebrochen.«

»Und wie schätzen Sie Ihre Heilungschancen ein?«

»Krebs lässt sich wohl nie ganz heilen«, sagte ich. »Aber ich hoffe, etwas zu finden, das es mir ermöglicht, eine Zeit lang damit zu leben. Deswegen bin ich hier.«

Er lächelte und blickte mich an, als hätte ich gerade eine Prüfung bestanden. Dann zitierte er einen alten ayurvedischen Leitsatz, zunächst auf Sanskrit, schließlich auf Englisch:

Die Spanne des Lebens hängt ab
Von des Patienten innerer Kraft
Und davon, wie geordnet
Er jeden Tag gestaltet.

Ich fragte ihn, was man von Ayurveda in Bezug auf Krebs erwarten könne. Schließlich sei dies eine jahrtausendealte Wissenschaft, Krebs aber eine relativ neue Krankheit.

»Die Zeit spielt da keine Rolle. Der Mensch ändert sich nicht, und auch seine Leiden bleiben die gleichen«, versicherte er mir. »Es gibt keine alten oder neuen Krankheiten. Wir unterscheiden lediglich zwischen heilbaren und unheilbaren, und Krebs zählt zu keiner der beiden Gruppen. In den heiligen Schriften wird Krebs als *adbhuta roga*, als ›außergewöhnliche Krankheit‹, bezeichnet.«

Das interessierte mich, aber mehr konnte ich von ihm nicht dazu erfahren. Er sei kein Experte auf diesem Gebiet. Dafür sei allein der »Chefarzt« zuständig. Er selbst habe sich auf Schlangenbisse spezialisiert.

Auch das interessierte mich, und hocherfreut führte er mich sogleich durch seine Abteilung und hielt mir lange Vorträge über die Dutzenden von Vipern, Kobras und anderen Schlangen in den Gläsern mit Formalin, die sich auf den Holzregalen aneinander reihten. Ein Biss von jeder dieser Schlangen, erklärte er, könne einen Menschen in kürzester Zeit töten.

»Wie viel Zeit genau?«

»Etwa eine halbe Stunde. Haben wir das Opfer innerhalb von dreißig Minuten hier auf dem Tisch, können wir es retten. Hier stehen uns verschiedene ayurvedische Heilmittel zur Verfügung, vor allem Kräuterpräparate, die eingenommen oder auf die Bisswunde gegeben werden. Mit denen lässt sich jedes Schlangengift neutralisieren.« Jedes Jahr hätten sie rund tausendfünfhundert Fälle zu behandeln, wovon in der Regel alle überlebten.

»Dreißig Minuten ist nicht viel Zeit. Und sie werden wirklich alle ausschließlich mit ayurvedischen Mitteln behandelt?«

»Nein. Wenn wir mit Ayurveda nicht weiterkommen, greifen wir auf die moderne Pharmazie zurück«, antwortete er in aller Offenheit. Ihm zufolge ergänzten sich die beiden Richtungen, Ayurveda und westliche Medizin. Ersteres sei weniger kompliziert, preiswerter zu haben und harmoniere eher mit dem indischen Patienten und seinem Umfeld. Aber wenn er oder seine Kollegen mit Ayurveda an ihre Grenzen stießen, scheuten sie sich nicht, die Patienten zu westlich behandelnden Ärzten zu schicken. Vor allem dann, wenn eine Operation notwendig sei. Ursprünglich sei die Chirurgie, so erklärte mir der junge Arzt, ein Teilgebiet von Ayurveda gewesen. In einigen sehr alten Texten gebe es detaillierte Beschreibungen von chirurgischen Instrumenten, die sich kaum unterschieden von jenen, die Chirurgen noch heute benutzten. Irgendwann sei dieser Zweig aber aufgegeben worden, wahrscheinlich weil man in der ayurvedischen Medizin keine voll wirksamen Betäubungsmittel kenne.

Der Arzt war sehr nett, geradezu liebenswürdig. Irgendwann meinte er, Inder und Italiener hätten doch viel gemeinsam: »Krishna ... Christus. Ähnliche Idee, ähnlicher Name.«

Schließlich stieß der Chefarzt zu uns. P. K. Varrier, ein über siebzigjähriger Mann mit weißen Haaren und einer großen Nase. Er war höflich, aber kühl. Mit einem Blick auf das Krankenblatt, das der junge Arzt gerade erstellt hatte, eröffnete er mir, seiner Ansicht nach sei meine Krebserkrankung auf ein Ungleichgewicht in meiner Ernährung sowie Umwelteinflüsse zurückzuführen. Falsche Ernährung bereite den Boden für zahlreiche Krankheiten, darunter auch meine. »Für uns Ayurvediker kommt der Nahrung größte Bedeutung zu«, dozierte er. »Schlechte Verdauung kann zu den unterschiedlichsten Problemen führen. Deswegen raten wir unseren Patienten zu einer sehr spartanischen Ernährungsweise. Je teurer das Essen, desto schädlicher ist es auch. Wer erkrankt, muss sein Leben verändern. Wer wieder gesund werden will, muss vor allen Dingen lernen, wenig und regelmäßig zu essen. Das Abendessen etwa sollte stets sehr früh, also einige Stunden vor dem Schlafengehen eingenommen werden.«

Ich war ja von Anfang an der Meinung gewesen, dass zu meiner Genesung auch eine veränderte Lebensweise gehöre, und so leuchtete es mir ein, dass er so darauf beharrte. Darüber hinaus schien er mir zwar die Zusammenhänge etwas zu sehr zu vereinfachen, aber ich war ja nicht gekommen, um mit ihm zu diskutieren.

»Versprechen können wir Ihnen nichts. Aber wir werden unser Bestes tun. Ganz sicher aber können wir Ihre Lebensqualität steigern«, schloss er. Er wolle es mit einer Therapie versuchen, die sich noch im Versuchsstadium befinde. Sie werde im Einzelnen auf mich zugeschnitten, und ich solle mich drei Monate daran halten. Danach wolle er mich noch einmal sehen.

Ich erkundigte mich, wie denn die ersten Resultate dieser neuen Therapie aussähen. Äußerst vielversprechend, versicherte er mir. Einige Patienten, die man schon aufgegeben hatte, hätten noch ein paar Jahre gelebt. Andere, die unter starken Schmerzen gelitten hätten, hätten eine erhebliche Linderung feststellen können, in wieder anderen Fällen seien Tumore ganz verschwunden. Im Gegensatz zur westlichen Medizin wirkten diese Mittel aber nicht speziell gegen diesen oder jenen Tumor, sondern man versuche, das verloren gegangene Gleichgewicht wiederherzustellen. Aber ich müsse wissen: Eine Garantie gebe es nicht. Es sei ein Experiment.

An Experimente war ich mittlerweile gewöhnt, und im Gegensatz zu der Spinne schien mir dieses hier noch relativ harmlos zu sein. Varrier selbst versicherte mir: Bei Ayurveda-Heilmitteln gebe es keinerlei Nebenwirkungen, da sie »nicht ins Blut« gelangten, sondern über den Verdauungstrakt aufgenommen würden.

Schließlich kam er noch einmal auf die Ernährung zu sprechen. In meinem Fall sei sie lebenswichtig: Ich müsse mich unbedingt rein vegetarisch ernähren und vor allen Dingen Fisch meiden. Der Ayurveda-Lehre nach würden alle Entzündungen durch Meereslebewesen begünstigt. Auch von Kaffee und Tee sollte ich die Finger lassen und von allen scharfen Gewürzen. Gut tun würde mir hingegen reichlich Obst und Gemüse, am besten roh, auf alle Fälle niemals angebraten. Besonders geeignet sei Kohl, vor allem Weißkohl und Wirsing.

Zum Schluss wandte sich der alte Varrier an seinen jungen Kollegen, der wie ein Kellner mit Stift und Blöckchen in der Hand darauf wartete, die Bestellung aufzunehmen. Sie sprachen tamilisch. Aus ihren Worten meinte ich Kräuternamen herauszuhören. Dann wandte sich Varrier wieder an mich und erklärte, die Behandlung stütze sich auf zwei Medikamente: zum einen eine Art Gelee, das unangenehm schmecke und die Aufgabe habe, für mehr Magenflüssigkeit zu sorgen. Davon solle ich einen viertel Teelöffel nehmen, gefolgt von zwei Löffelchen des anderen Medikaments, das in acht Esslöffeln warmem Wasser aufzulösen sei.

Ich erkundigte mich nach den Bestandteilen der Medikamente, doch er antwortete nur widerwillig: »Kräuter, Kräuter.« Der Termin hatte vielleicht zwanzig Minuten gedauert.

Zwei Tage musste ich warten, bis die Mittel bereitstünden. Ich nutzte die Zeit, um mich in den verschiedenen Abteilungen umzusehen und einige Veröffentlichungen der Klinik zu lesen. Darunter die Biografie über den Gründer. Neugierig machte mich dabei, dass dieser Mann darin nicht nur als tüchtiger Arzt, sondern vor allem als »glühender Patriot« beschrieben wurde. Das Buch schien mir auch hinsichtlich der Geschichte und heutigen Situation von Ayurveda interessant.

Zusammen mit der chinesischen Heilkunst zählt Ayurveda zu den wenigen antiken medizinischen Wissenschaften, die heute noch praktiziert werden und von denen wichtige schriftliche Quellen aus frühesten Zeiten erhalten sind. Im Gegensatz zur chinesischen Medizin hat Ayurveda aber bereits mehrere Niedergänge erlebt und drohte einige Male sogar ganz verdrängt zu werden und in Vergessenheit zu geraten. Die aktuelle Wiederbelebung, deren sich diese altindische Medizin erfreut, ist das Ergebnis einer speziellen »politisch-chirurgischen« Operation im Zeichen des Antikolonialismus: Dem Rumpf antiker indischer Weisheiten wurde dieser damals fast vollständig abgetrennte Arm wieder angenäht.

Wie so vieles Indische wurzelt auch Ayurveda in einem Mythos. Brahma, der Schöpfergott, legte fest, wie sich die Gesundheit der Lebewesen erhalten ließe. Ayurveda, die »Wissenschaft des Lebens«, wurde durch die Halbgötter, die Brahma zur Seite standen, zur Erde gebracht und hier von den Rishis aufgenommen und gesammelt. Um das 7. Jahrhundert vor Christus – und an dieser Stelle geht der Mythos wohl so langsam in Geschichte über – war es schließlich ein Mann namens Atreya, der diese Heilkunst lehrte und in ganz Indien verbreitete. Ein direkter Schüler Atreyas soll dann als Erster die wichtigsten Ayurveda-Grundsätze schriftlich festgehalten haben.

Ein Großteil dieser schriftlichen Quellen geht auf das 6. Jahrhundert vor Christus zurück, einige Zusätze und Kommentare sind auch sehr viel jüngeren Datums, die letzten aus dem 4. Jahrhundert nach Christus. Einige Historiker vertreten die Auffassung, bereits durch den Kriegszug Alexanders des Großen, in dessen Gefolge griechische Ärzte ins Land kamen, habe Ayurveda seine erste Krise erlebt. Zweifellos trug auch die mohammedanische Eroberung zu seinem Niedergang bei, doch den Gnadenstoß versetzte Ayurveda dann die Kolonialherrschaft Englands.

Die Londoner Verwaltungsbeamten des britischen Empire waren erfüllt von einem Überlegenheitsgefühl und der Überzeugung, an einer großen zivilisatorischen Mission teilzuhaben, und zeigten keinerlei Respekt vor den »primitiven« Heilpraktiken der »Eingeborenen«. Und bald schon waren es die »Eingeborenen« selbst, speziell die zunehmend anglisierten Angehörigen der höheren Kasten – die zu »dunkelhäutigen Engländern« gewordenen Inder also –, die sich von vielen überkommenen Traditionen abwandten, in erster Linie der medizinischen.

Zielstrebig und unverhohlen verfolgten die englischen Kolonialherren ihre repressive Politik. Im Jahr 1805 wurden in Indien die traditionellen Pockenschutzimpfungen verboten, 1835 dann alle Ayurveda-Schulen geschlossen, die Verbände aufgelöst, in denen indische Ärzte zusammengeschlossen waren, und jegliche staatliche Unterstützung für traditionelle medizinische und pharmazeutische Einrichtungen wurde gestrichen. Ja, es durften nur noch Medikamente verschrieben werden, die aus England eingeführt worden waren!

Noch vor einem Jahrhundert war in Indien allein schon der Begriff »Ayurveda« verpönt, während sich gleichzeitig viele Inder von den »Wundern« der westlichen Medizin faszinieren ließen. In den Dörfern, wo die ayurvedischen Heilverfahren seit Jahrhunderten zum allgemeinen Erfahrungsschatz der Menschen gehörten, ebenso wie zahlreiche Heilkräuter und -pflanzen zur natürlichen Ernährung der Familien, lebte Ayurveda in gewisser Weise fort. Dennoch geriet ein Großteil des traditionellen Wissens in Vergessenheit. Der wissenschaftliche Treibriemen riss ab.

Die Wiederentdeckung von Ayurveda begann gegen Ende des 19. Jahrhunderts, im Zuge der Auflehnung gegen die englische Kolonialmacht. Die Rückkehr zu preiswerten Kräutern zu therapeutischen Zwecken anstelle der teuren englischen Medikamente wurde zu einem der Symbole der »Swadeshi-Kampagne« im Rahmen der großen antibritischen Unabhängigkeitsbewegung.

P. S. Varrier, der Gründer des *Arya Vaidya Sala*, war einer der Betreiber dieser Wiedergeburt Ayurvedas unter patriotischen Vorzeichen. Sein Ziel war es, den Armen in seiner Gegend zu helfen, und er begriff, dass dies nur auf der lokalen Ebene und mit den dort verfügbaren Mitteln möglich war. So gründete er 1902 ein Krankenhaus, aus dem das heutige *Arya Vaidya Sala* erwuchs.

Dass die Ayurveda-Tradition unterbrochen wurde und ihre Rettung sozusagen erst auf dem Totenbett gelang, belastet noch heute das Ansehen dieser Heilkunst, speziell in Indien, wo sie auch nach der Unabhängigkeit nicht jene staatliche Unterstützung erfuhr, die man eigentlich hätte erwarten können. Lediglich fünf Prozent der jährlichen Ausgaben im Gesundheitswesen gingen damals an die ayurvedische Medizin, kaum etwas wurde in die Forschung gesteckt, und noch heute gibt es keine staatlichen Qualitätskontrollen für im Land produzierte ayurvedische Heilmittel.

Doch das Leben ist eine Achterbahn. Und so erleben wir heute, dass die übergroße Mehrheit der Inder westlicher Medizin vertraut: Wer es sich erlauben kann, sucht die besten Kliniken in London oder New York auf, während sich viele im Westen, enttäuscht von der modernen Medizin ihrer Heimat, Ayurveda zuwenden und auf der Suche nach »antiken« Heilmethoden bis ins innerste Indien vorwagen.

Und ich war einer von ihnen.

Üblicherweise stoßen Fabriken ungesunde Dämpfe und Gestank aus. Die in Kottakal, die an die Klinik angeschlossen war, bildete da eine Ausnahme. Vierundzwanzig Stunden am Tag – die Arbeit wurde nie unterbrochen – erfüllte sie die Luft mit dem angenehmen Duft aromatischer Kräuter. Als ich dort eintraf, geführt von einem anderen jungen Arzt – der zwar kein Varrier war, aber eine der Varrier-Töchter geheiratet hatte –, war gerade eine der drei Schichten zu Ende, und eine Gruppe junger Mädchen in schönen gelben Saris verließ durchs Haupttor das Gelände.

Die Fabrik war der große Geniestreich des Gründers. Er hatte begriffen, dass der miserable Ruf von Ayurveda weitgehend in der minderen Qualität der ayurvedischen Heilmittel begründet lag. Denn anders als in den Anfängen wurden diese schon lange nicht mehr von den Ärzten selbst hergestellt. Das überließ man den Patienten oder unerfahrenen Kräuterhändlern vor Ort. So wurden die Zutaten oft über den Daumen gepeilt und unter wenig hygienischen Bedingungen zusammengerührt, so dass sie, statt zu heilen, eher noch das Entstehen neuer Krankheiten begünstigten.

Mit der direkt neben der Klinik gelegenen Fabrik war P. S. Varrier in der Lage, die Qualität seiner Präparate zu kontrollieren, mit neuen Zusammensetzungen zu experimentieren und eine kontinuierliche Produktion sicherzustellen. Das aus der Naturbeobachtung von Eremiten und Rishis entstandene Ayurveda-Arzneibuch umfasste praktisch nichts anderes als Kräuter und Pflanzen, wovon die meisten nur wild vorkamen. Der Wald war der große Vorratsspeicher, und der junge Arzt, der mich durch die Fabrik führte, wusste, welche Geschichte man in Indien dazu erzählte.

Ein großer Meister sprach zu seinen Schülern: »Zieht aus in den Wald und bringt mir alles, von dem ihr glaubt, dass es nützlich sein könnte.« Das taten sie, und alle brachten sie etwas mit zurück: ein Kraut, eine Wurzel, eine Rinde. Nur ein Schüler erschien mit leeren Händen. Und ausgerechnet dieser wurde vom Meister gelobt. Denn er hatte verstanden, dass jedes noch so unscheinbare Pflänzlein aus dem Wald nützen konnte und dass es unmöglich war, alles Brauchbare herbeizuschaffen. Dieser Schüler wurde später Leibarzt bei Hofe und einer der bedeutendsten Ayurveda-Rishis.

Um die Qualität seiner Kräuter zu sichern, schuf P. S. Varrier zu Beginn des 20. Jahrhunderts ein Netz von Sammlern, die der Fabrik die benötigten Rohstoffmengen lieferten. Bis hinauf zum Himalaya waren sie tätig. Jede Familie spezialisierte sich auf ein bestimmtes Naturprodukt, und dieses Handwerk wurde dann vom Vater an den Sohn weitergegeben.

Nach nunmehr hundert Jahren funktionierte dieses System noch immer, und in der Fabrik war man mittlerweile in der Lage, rund fünfhundert verschiedene Naturheilmittel herzustellen, von denen manche aus bis zu fünfzig unterschiedlichen Zutaten bestanden. Bei jedem Sack, an dem wir vorüberkamen, erzählte mir der junge Arzt, woher er kam (aus dem Pandschab, dem Kulu-Tal, aus Karnataka) und was die darin enthaltenen Kräuter kosteten. Das teuerste Mittel – 6000 Rupien (mehr als hundert Euro) das Kilo – war das Präparat einer bestimmten Kokosnuss, die nur auf Sri Lanka gedeiht.

In einem Raum sah man eine Reihe mächtiger, elektrisch angetriebener Räder, die Kräuter und, wie mein Führer erklärte, seltene Substanzen aus dem Tierreich zermahlten, darunter Hirschgeweihe und bestimmte Seemuscheln. Den größten Eindruck machte mir aber der Saal mit den großen Kesseln, in denen die Kräuter aufgekocht wurden. Vor jedem Kessel – es mochten vielleicht zwanzig sein – stand ein Mann mit nackter Brust und bis zu den Knien hochgerolltem Dothi und rührte mit einem endlos langen Holzlöffel in einer schwärzlichen Brühe, von der schwere, aromatische Dämpfe aufstiegen. Jedes Gebräu war auf eine spezielle Erkrankung abgestimmt.

Erkrankungen, bei denen die Klinik die größten Erfolge aufzuweisen hatte, waren, dem jungen Arzt zufolge, Arthritis, Osteoporose, Schuppenflechte, Wirbelentzündung, Thrombose, Haut- und Gelenkerkrankungen. Auch die Herzinfarktnachsorge zählte zu ihren Spezialgebieten. Vielfach wurden die medikamentösen Behandlungen von Massagen mit geeigneten Ölen begleitet, die ebenfalls in der Fabrik hergestellt wurden.

Auf unserem Rundgang erfuhr ich von dem jungen Arzt, dass die Ayurveda-Heilmittel in neun Kategorien unterteilt werden, abhängig davon, wie die Kräuter verarbeitet und verabreicht werden: als Öle, Pulver, Salben oder Aufgüsse. Bei dieser Gelegenheit hörte ich ihn auch sagen, ohne dass ich dem zunächst allzu viel Bedeutung beimaß: »… denn manche Mittel werden in Wasser aufgelöst, andere in Alkohol, wieder andere in Rinderurin …«

»Meine auch?«, fragte ich, eher im Scherz.

Ich meinte eine gewisse Befangenheit in seinem Blick zu erkennen. »Für Ihre Medikamente nehmen wir Kräuter, nur Kräuter«, versicherte er mir dann, wie um mich zu beruhigen. Doch der Verdacht blieb.

In jeder Abteilung, jedem Büro, das wir betraten, hing ein Foto des Klinikgründers. Er war der Held, auf den sich hier nach wie vor alles bezog. Die von ihm vor hundert Jahren aufgestellten Vorschriften galten auch heute noch. Machte etwa einer der tausendsechshundert Angestellten einen groben Fehler, wurde ihm auf der Stelle gekündigt, dafür aber seine Ehefrau oder ein Sohn eingestellt, damit die Familie nicht in Not geriet.

An der Apotheke vorbei, wo die Patienten mit ihrem Rezept in der Hand Schlange standen, gelangten wir zu einem kleineren Raum, in dem die Spezialmedikamente zubereitet wurden.

»Schauen Sie, das ist Ihr Mittel«, sagte der Chefpharmazeut, indem er ein Gläschen zur Hand nahm.

Es war das Gelee. Ich bat, es kosten zu dürfen, und nahm mir davon mit einem Löffelchen. Ehe ich es probierte, führte ich es jedoch instinktiv zur Nase. Widerlich. Der Verdacht war zum Geruch geworden: dem Geruch von Kuhpisse.

Ich fragte nach, verlangte nach näheren Informationen, stieß aber nur auf taube Ohren. Alle wiederholten, das Gelee sei ein besonderes Mittel aus bestimmten Kräutern, man habe es auf spezielle Anweisung des Chefarztes eigens für mich zubereitet und es sei nicht im Handel erhältlich.

Der Gedanke gefiel mir: ein maßgeschneidertes, ganz und gar natürliches Medikament. So natürlich wie Kuhpisse?

Nach der Fabrikbesichtigung ging ich abermals zu Fuß ins Zentrum von Kottakal, um Angela eine weitere E-Mail zu schicken. Dabei nutzte ich die Freundlichkeit des moslemischen Informatikers, um auch Mangiafuoco ein paar Zeilen zu schreiben und ihm zu berichten, welch weiten Weg ich mittlerweile zurückgelegt hatte, dieses Mal wegen eines Mittels aus Kuhpisse!

Der junge Mann freute sich, mich wiederzusehen, und erzählte mir weitere Geschichten aus Kerala, jener Region, der er sich, wie er mir gestand, so sehr verbunden fühle. So berichtete er mir von einer uralten Schule für Kampfsportarten, in der Krieger im Gebrauch eines speziellen biegsamen Schwertes ausgebildet wurden, eines Schwertes, mit dem ein Mann auf dem Schlachtfeld ganz allein eine größere Schar von Feinden in Schach halten konnte. Eine weitere Spezialität dieser Schule war der Nahkampf ohne Waffen. Man verstand sich auf die Kunst, einen Gegner durch eine bloße Berührung mit der Hand oder auch nur mit dem Finger zu lähmen. Dem Informatiker zufolge hatte sich in jener Schule vor vielen Jahrhunderten durch den Einfluss japanischer Studenten auch eine Art indisches Karate herausgebildet. Und der Umgang mit dem *katana*, dem Schwert der Samurai, habe zum Unterrichtsprogramm gehört. Leider sei diese Tradition, eine Mischung aus Kampfsport und Magie, mit dem Aufkommen von Schießpulver und Gewehren mehr und mehr in Vergessenheit geraten.

Dieser junge moslemische Informatiker war ein wenig wie ich: auf der Höhe der Zeit, aber mit einer gewissen Sehnsucht nach der Vergangenheit. Wir unterhielten uns länger als eine Stunde, und bevor ich mich verabschiedete, ließ er mich noch einmal die E-Mails durchsehen. Mangiafuoco hatte sofort zurückgeschrieben, um amüsiert auf meine Zweifel zu antworten.

»Ist das nicht schön?«, schrieb er. »Da pinkelt eine ordinäre Kuh und sorgt damit dafür, dass es dir besser geht ... Und dabei ist doch Kuhharn noch gar nichts: Wir Homöopathen verwenden den Auswurf von Tuberkulosepatienten, Trippersekret, Hautschuppen der Schuppenflechte, luetische Gummen von Syphilitikern, den Schaum tollwütiger Hunde ...!!! Glaubst du immer noch, diese Dinge seien giftiger als Antibiotika?« Seiner Ansicht nach sollte ich mich auf das Experiment einlassen.

Während ich zur Klinik zurückspazierte, dachte ich über jenes »Glaubst du immer noch ...?« nach. Tja, der Glaube. Auch ich hielt ihn für wichtig. Denn ich war ja nicht Niels Bohr. Bei dem dänischen Physiker, einem der bedeutendsten Naturwissenschaftler unserer Zeit, hing ein Hufeisen über seiner Haustür. Einmal fragte ihn ein Kollege nach einem Besuch: »Du glaubst doch wohl nicht an solche Dinge?«

»Nein, natürlich nicht«, antwortete Bohr. »Aber ich habe gehört, es soll auch Leuten Glück bringen, die nicht dran glauben.«

Und damit hatte er Unrecht. Als tüchtiger Wissenschaftler hätte er wissen müssen, dass nicht das Hufeisen an sich Glück bringt, sondern der Glaube daran. Für mich ist das eine Tatsache – eine wissenschaftliche ...

Die Einstellung spielt eine unglaublich wichtige Rolle bei der Heilung von Krankheiten, speziell auch von Krebs. Auch wenn man es wissenschaftlich nicht nachweisen kann, halte ich es für möglich, dass der Geist im Zustand ruhiger Gelassenheit bestimmte Signale ans Immunsystem aussendet, so dass dieses seine Aufgabe besser erfüllt. In New York hatte ich jedenfalls den Eindruck, dass es so funktionierte. Damals »spürte« ich, wie mir die rote, phosphoreszierende Flüssigkeit in der Chemotherapie gut tat. Aber was war mit der Kuhpisse?

Es wurde langsam dunkel, und vor der Klinik war man schon bei den Vorbereitungen für die nächtlichen Aufführungen. Unter dem großen Zelt hatte sich wieder eine stattliche Menge um die Bühne herum versammelt: Familien mit Kindern, Alte, die sich nur mit Mühe auf den Beinen halten konnten, lokale Prominenz, der man sogleich beflissen einen Stuhl anbot. Einige Komödianten gingen noch einmal ihre Rolle durch; ein Mann hockte, in Meditation versunken, vor einer Wand auf dem Boden.

Am Eingang zu dem kleinen, dem Gott Viswambhara geweihten Tempel waren als Türpfosten zwei schöne, frisch gefällte und noch mit allen Früchten beladene Bananenbäume aufgestellt worden. Ältere Leute streiften umher und entzündeten die Dochte von Hunderten von Öllampen, die über den ganzen Hof verteilt waren: die kleineren in Mauernischen, die größeren frei stehend. Letztere waren aus Messing und im südindischen Stil wie Bäume mit zahlreichen Ästen geformt. Der Geruch nach verbranntem Sesamöl vermischte sich mit den süßlichen Schwaden, die aus der Heilmittelfabrik herüberzogen. Vor dem Hintergrund des Kinderlärms hatten sich die Klänge einer Flöte erhoben, die ein fein gekleideter älterer Mann mit gezierten Gesten, aber durchaus gekonnt und hingebungsvoll spielte, wie selbst verzaubert durch die Melodien, die er zum Lobe des Elefantengottes blies. Unweit von ihm hockte am Boden eine in ein dunkles Tuch gehüllte Frau und las einem jungen Mädchen aus der Hand.

Klänge, Lichter, Gerüche, Bilder: eine Welt wie aus einer anderen Zeit. In all dem, was mich hier umgab, spürte ich etwas zutiefst Authentisches, Wahres, eine Kraft, die, das merkte ich deutlich, gewiss helfen konnte. Aber mir auch?

Meine Zweifel, mein mangelnder Glaube bedrückten mich, ebenso wie die Überzeugung, dass es für mich in der Welt draußen nicht mehr viel zu entdecken gab. Es war sinnlos, den Weg zurückzugehen auf der Suche nach einer verlorenen Weisheit, denn es gibt in der Vergangenheit kein Goldenes Zeitalter, in dem sich die Lösungen für unsere heutigen Probleme oder ein Heilmittel gegen unsere modernen Krankheiten finden ließe. Und ebenso wenig gibt es eine Abkürzung, um zur Weisheit zu gelangen. Die einzige Lösung – und da hatte der Swami Recht – liegt in uns selbst, die einzige Entdeckung, die sich noch zu machen lohnt, ist die, »der zehnte Mann« zu sein.

Das *Arya Vaidya Sala* mochte für Inder der richtige Ort sein: Ohne große Ansprüche hatte es Hoffnung und die Linderung so mancher Leiden zu bieten. Die Patienten, die vielfach von weit her kamen, fanden saubere hygienische Verhältnisse vor, wurden von fähigen Ärzten untersucht und erhielten, nicht selten gratis, eine Behandlung, der sie vertrauten, weil sie zu ihrem Leben passte. Selbst wenn es sich um Kuhpisse handelte, immerhin war die Kuh ein heiliges Tier für sie. Dies war ihre Welt, die Welt ihrer Kräuter, ihrer Götter. Wie gern hätte ich selbst daran geglaubt. Aber ich konnte mich nicht zu der Überzeugung durchringen, hier das geeignete Medikament für mich zu finden.

Der alte Sikh im Zimmer gegenüber schien hingegen seine Arznei gefunden zu haben. Am Vorabend hatte ich ihn, umgeben von Gläschen und Döschen, reglos in seinem Bett liegen sehen. Jetzt saß er vergnügt neben seinem Sohn in der Menge und verfolgte wie in Trance die Aufführung, in der er, der Glückliche, vielleicht die *Letzte Realität* erkannte.

Zurück auf meinem Zimmer, fand ich eine Nachricht vom Klinikleiter vor: Er lud mich zum Abendessen mit seiner Familie ein.

Sein Enkelsohn kam mich abholen, natürlich ein Varrier und ebenfalls Arzt. Als Erstes stand eine Führung durchs Haus an. Wir betraten es durch ein Portal, über dem die Symbole verschiedener Religionen prangten, darunter der islamische Halbmond und das christliche Kreuz. Mehr als ein Haus schien das Heim der Varriers ein mittelalterliches Schloss mit zahlreichen Zimmern und Innenhöfen zu sein, in dem die Großfamilie in drei Generationen zusammenlebte. Der gesamte Gebäudekomplex war mit der Zeit um ein bescheidenes Holzhaus herumgewachsen, das der Klinikgründer 1926 hatte errichten lassen. Seine Asche befand sich in einem Tempelchen inmitten eines Blumenbeetes, und seine Statue stand im Hof, aber präsent war er überall.

Im großen gemeinsamen Wohnzimmer spielte eine ganze Kinderschar um zwei Tische herum. Die Frauen saßen auf einem Ecksofa, die Wände hinter ihnen waren mit Schwarz-Weiß-Fotos des Gründers und seiner Nachfolger tapeziert.

Die Küche war eine graue, verräucherte Höhle. Zwölf Köche – die drei Stammkräfte hatten Verstärkung bekommen – hantierten vor großen eingeschwärzten Kesseln herum, in denen unser Abendessen kochte. Das Feuer wurde von ganzen Baumstämmen in Gang gehalten, die junge Küchenhelfer nach und nach immer weiter in die Glut hineinschoben.

Das Esszimmer öffnete sich auf den Innenhof des Hauses, in dem, wie auf einem Altar, ein großer Keramiktopf mit einem Tulsi-Strauch stand, einer Pflanze, die in ganz Indien als heilig gilt. In früheren Zeiten wurde sie auch bei uns verehrt. Aber wer weiß das heute noch?

Tulsi ist mit Basilikum verwandt. In antiken ayurvedischen Texten beschreibt man sie als Pflanze, die »Herz und Geist öffnet und die Kräfte der Liebe und der Hingabe weckt«. Den Mythen nach soll Tulsi Quecksilber, das Sperma Shivas, enthalten. Dadurch könne sie dem, der sie isst, die »Kraft der reinen Erkenntnis« verleihen. In Indien gehört Tulsi zum Alltag. In jeder Familie sieht man eine Pflanze. Sie soll das Haus rein halten und der Frau, die sie regelmäßig gießt, Glück bringen.

Auch im Westen, besonders in Italien und Griechenland, wurde Basilikum früher verehrt. Der Legende nach soll es auf Christi Grab gewachsen sein und okkulte Eigenschaften besitzen. Die Frauen legten es in die Kleiderschränke, um Motten fern zu halten, und zudem aß man, so wie es heute noch in Indien der Fall ist, täglich ein Blatt, um sich gegen verschiedene Krankheiten zu schützen. Auch in der griechisch-orthodoxen Kirche schrieb man dem Basilikum besondere Kräfte zu. Spuren dieses hohen Ansehens haben sich bis heute in einigen europäischen Sprachen erhalten: Sowohl im Französischen als auch im Deutschen wird Basilikum auch »Königskraut« genannt.

Von irgendwoher ertönte ein dumpfer Gong, das Zeichen, Platz zu nehmen. Männer bei Männern, Frauen bei Frauen. Ich wurde in der Mitte eines langen Tisches aus massivem Holz neben den Chefarzt gesetzt. Die einzelnen Plätze waren nicht durch Gedecke, sondern durch Bananenblätter und Kupferbecher markiert worden. Einige ältere Bedienstete in einfachen weißen Dothis passierten flink und keineswegs unterwürfig die Reihen und tauchten ihre Schöpflöffel in makellos glänzende Eimerchen, um die Gäste mit Reis und Linsen, Kokos- und Mangosoße zu versorgen. Das

Essen war vegetarisch und wurde mit den Fingern verzehrt. Das Wasser, so versicherte mir der Chefarzt, sei gefiltert und abgekocht worden. Zudem habe man noch einige Kräuter beigegeben.

Ich fühlte mich umgeben von der Vergangenheit und der Zukunft des *Arya Vaidya Sala*: von den alten Ärzten, den Nachfahren des Gründers, sowie ihren Söhnen, Enkeln und Urenkeln, viele noch Kinder, die selbst wieder Ärzte würden, im selben Haus, in derselben Klinik. Eine beneidenswerte Kontinuität.

In der Nähe der Küche waren zwei Tischreihen für die Schauspieler und Musikanten gedeckt worden, die von denselben Bediensteten aus denselben Eimerchen bedient wurden.

Dem Chefarzt war zu Ohren gekommen, wie sehr ich mich für die Zusammensetzung meiner Medikamente interessierte. Nun gut: Über seinen Enkel würde er mir die lateinischen Namen aller Bestandteile zukommen lassen. Und als antworte er auf eine Frage, die ich ihm nur im Geiste gestellt hatte, fügte er hinzu: »Ja, bei dem Gelee handelt es sich um die Kombination eines Krauts, *sahadevi* genannt, mit den festen, dehydratisierten Bestandteilen von Rinderurin.« Er hielt inne. Und als ich nur lächelte, fuhr er fort und erklärte mir, der Urin jedes Tieres besitze besondere Eigenschaften, und Rinderurin sei in meinem Fall eben genau das Richtige. Was die Qualität des Produkts angehe, so bräuchte ich mir keine Sorgen zu machen. Die Klinik verfüge über eigene Rinderbestände, um den stetigen Bedarf an Kuhfladen und -urin decken zu können. Darüber hinaus habe man jüngst auch eine eigene Kräuterzucht angelegt. Bedauerlicherweise seien einige wichtige Pflanzen aufgrund negativer Umwelteinflüsse und Rodungen in den nahen Wäldern wild immer seltener zu finden.

P. K. Varrier war auf seine etwas mürrische Art durchaus höflich. Ich hatte ihn noch kein Mal lächeln sehen und hielt es auch für unangebracht, weiter über Fäkalien zu sprechen, schon gar nicht bei Tisch. So fragte ich ihn, wie er Ayurveda definieren würde, und traf damit ein Thema, bei dem er sich nun sichtlich wohl fühlte.

Mehr als eine Heilkunde sei Ayurveda eine Lebenshaltung mit einer gewissen ethischen Dimension. Denn sein Ziel sei ja nicht nur, Menschen zu einer gesunden Lebensweise zu verhelfen, sondern auch seine spirituelle Entwicklung zu fördern. Deswegen verlange Ayurveda vom Patienten eine gleichermaßen körperliche wie moralische Disziplin. Die einzige Garantie für ein gesundes Leben sei seine innere Kraft.

Auf meinen Fall zurückkommend, betonte er noch einmal die Notwendigkeit größter Selbstdisziplin in puncto »Ernährung, Schlaf und Sexualität«. In diesen Bereichen müsse ich sehr genau darauf achten, dass stets Qualität, Ort, Gesellschaft, Tageszeit und mentale Verfassung stimmten.

Der alte Varrier wusste, dass ich aus dem Ashram des Swami kam – den man hier im Haus sehr schätzte –, und sprach deswegen sehr offen mit mir, ohne Furcht, missverstanden zu werden. »Ziel der Erkenntnis muss es doch sein, die Natur besser zu verstehen, um sich an ihre Regeln zu halten und auf diese Weise besser zu leben. Wir müssen uns zunächst einmal fragen, welchen Platz wir Menschen auf der Welt einnehmen und in welcher Beziehung wir zu den verschiedenen kosmischen Phänomenen stehen. Wenn wir uns dann entsprechend verhalten, diszipliniert und rücksichtsvoll, können wir die schlimmsten Katastrophen vermeiden und zum Wohlergehen aller Geschöpfe beitragen. Wenn wir uns nicht selbst kennen, ist es sinnlos, die Welt zu kennen.«

Mir gefiel, was er sagte, und so ließ ich ihn einfach weiterreden.

»Bei uns in Asien ist dies von jeher der Sinn der Erkenntnis gewesen. Ebenso wie bei euch im Westen. Aber nur bis zu Michelangelo. Von da an haben eure Wissenschaftler die Welt nur noch durchschauen wollen, um sie für ihre rein materiellen Zwecke in Dienst zu nehmen. Und diesen Irrweg seid ihr immer weitergegangen. Sicher, es gibt heute enorme Leistungen in der Forschung. Aber wozu? Die verborgensten Reichtümer der Natur werden entdeckt, um sie in Waren zu verwandeln. Dies ist der Hintergrund des großen, aber vollkommen einseitigen Fortschritts im Westen – und der Grund für euren spirituellen Niedergang.«

Man hätte jetzt meinen können, er spreche nicht mehr mit mir, sondern denke laut nach.

»Im Zuge der Einführung des Fließbands in der Industriegesellschaft«, fuhr er fort, »also des systematischen Zusammenfügens von Einzelteilen, um immer größere Warenmengen herzustellen, kam man auch in der Medizin dazu, den Menschen als Anhäufung verschiedenster Einzelteile zu betrachten. Immer weniger Beachtung schenkte man nunmehr jener mysteriösen, unsichtbaren Kraft, die mit der Geburt in den Körper des Menschen einzutreten scheint und ihn mit dem Tod wieder verlässt. Erst mit der industriellen Revolution kam der absurde Anspruch auf, unsere Welt rein physikalisch zu erklären.«

Nicht schlecht, der alte Herr Varrier. Ich hätte jedes einzelne Wort unterschreiben können. Aber sollte ich deswegen seine Kuhpisse trinken?

So war ich nun mal. Immer irgendwo zwischen den Lagern. Auf der einen Seite neugierig, fasziniert von diesem Denken, dieser Art und Weise, die Welt und die Dinge zu betrachten. Auf der anderen Seite immer noch mit jenem Verdacht im Hinterkopf, der mir schon spontan bei dem »Arzt« in Kakinada gekommen war: Waren die Worte der Inder vielleicht effektiver als ihre Medikamente?

Unterdessen zogen die Diener immer wieder hin und her an den Tischreihen entlang und versorgten die Gäste mit gemessenen, geübten Gesten mit weiteren Speisen aus den blinkenden Eimerchen. Das Meer der flackernden Öllämpchen draußen vor den Fenstern, die Musik vom Hof, die Duftschwaden, die von der Fabrik herüberwehten – all das schuf eine Atmosphäre wie aus einer anderen Zeit.

Nach dem Mahl ging die ganze Gesellschaft gemeinsam in den Hof, um der Aufführung beizuwohnen. Man bot mir einen der freigehaltenen Plätze in der ersten Reihe an. Doch ich zog es vor, mich unter dem Vorwand, ins Bett gehen zu wollen, herzlich zu bedanken und zu verabschieden, um mich unter die stehende Menge zu mischen.

Die Aufführung lief schon seit einer Weile. Nach einigen Tanz- und Gesangseinlagen betrat nun das Kathakali-Ensemble die Bühne. Auch diese Gruppe verdankte ihre Existenz dem patriotischen Gründervater. Nach der Errichtung des Krankenhauses hatte sich P. S. Varrier Gedanken darüber gemacht, was seine Angestellten mit ihrer Freizeit anstellen sollten. Und um zu verhindern, dass sie sich »lasterhaften und schlecht beleumundeten« Tätigkeiten, wie es in seiner Biografie heißt, hingaben und damit den Ruf des *Arya Vaidya Sala* aufs Spiel setzten, ließ er es sich einfallen, Kathakali neu zu beleben. So heißt das traditionelle Theater Keralas, eine Kombination aus Ballett, Oper, Pantomime und magischem Schauspiel, das sich einst aus den Tempeltänzen entwickelt hatte, die dem Volk Geschichten von Göttern und Helden nahe brachten.

Auch Kathakali, einst eine klassische Ausdrucksform der Volkskultur, war irgendwann in Vergessenheit geraten. P. S. Varrier trug zu seiner Wiederbelebung bei, indem er junge Schauspieler ausbildete, Autoren finanzierte, die die alten Stücke bearbeiteten oder neue schrieben, und eine fahrende Schauspieltruppe zusammenstellte, die mit ihren Aufführungen jeden Winkel der Region besuchte. Seit mittlerweile fast einem Jahrhundert war der wichtigste Termin der Truppe jenes mehrtägige Fest im April im Hof der Klinik, ein Fest zu Ehren Viswambharas, der Ayurveda-Schutzgottheit, sowie der Familie Varrier.

Links auf der Bühne hatten sich die Trommler versammelt. Mit ihren Händen oder Stöcken konnten sie Schlachtenlärm erzeugen, das Rauschen eines Flusses oder das zarte Tick-Tick von Wassertropfen, die auf ein Blatt fallen. Auf der rechten Seite standen die Sänger. Unterstützt von Zimbeln, einem Gong sowie einem zwanzigköpfigen Orchester – alles Männer mit nackten Oberkörpern –, sangen sie die Geschichten und die Dialoge der verschiedenen Protagonisten. Denn beim Kathakali sind die Schauspieler stumm, geben höchstens einmal kehlige Laute von sich. Sie »sprechen« mit ihren Bewegungen; drücken Gedanken und Stimmungen mit Gesten aus; sie »sprechen« durch ihre Grimassen und indem sie die Augen rollen, die in ihren bunt geschminkten Gesichtern stark vergrößert wirken: Grün sind die Gesichter der Wesen aus der höheren Welt, der *deva*, der Göttlichen (ein weiteres Beispiel dafür, wie viel unser Italienisch dem Sanskrit verdankt*), von natürlicher Farbe die der Frauen und Weisen; rot und schwarz die der Wesen aus der Unterwelt, der *asura*.

* Ital. *divino* – »göttlich«. (Anm. d. Übers.)

Weite, kunterbunte Röcke, aus je fünfzig Meter Stoff geschneidert, verleihen den Bewegungen der Schauspieler etwas majestätisch Schweres. An Armen und Beinen tragen sie mit Edelsteinen besetzte Reife, um den Hals goldene Ketten und auf den Fingern lange Fingerhüte, die die Gesten ihrer Hände betonen.

Die auf die Bühne gebrachten Geschichten stammen entweder aus dem *Mahabharata*, dem *Ramayana*, der *Bhagavad Gita* oder den *Puranas*. Zufällig kannte ich die an diesem Abend aufgeführte: Shiva ehelicht Sita, doch ihr Vater kann sich mit dieser Verbindung absolut nicht anfreunden. Dieser Schwiegersohn scheint ihm doch wenig Vertrauen erweckend: eine Art Gammler, der sich den Körper mit Asche einschmiert und mit einer Schlange um den Hals und einem Halbmond auf dem Kopf durch die Gegend spaziert. Als Schwiegervater schämt er sich dermaßen für dieses neue Familienmitglied, dass er, als er einmal ein großes Opferfest zu Ehren der Götter gibt, Shiva kurzerhand nicht einlädt. Am meisten grämt sich Sita, die Tochter, über diesen Affront, und als der Vater noch eins draufsetzt und vor den versammelten Festgästen übel über Shiva herzieht, wird der Armen alles zu viel: Sie setzt ihrem Leben ein Ende, indem sie sich ins Opferfeuer stürzt.

Als Shiva von der Tragödie erfährt, kennt sein Zorn keine Grenzen. Er eilt zu dem Fest, schlägt dem Schwiegervater den Kopf ab, lädt sich den Leichnam seiner Sita auf die Schultern und rast mit ihr wie wahnsinnig durch die Welt und zerstört dabei alles, was sich ihm in den Weg stellt. Besorgt über dieses Treiben, wenden sich die anderen Götter an Vishnu, dessen Aufgabe es ist, die Ordnung im Universum aufrechtzuerhalten, und bitten ihn, dem Rasenden Einhalt zu gebieten. Und Vishnu gelingt es tatsächlich, Shivas Amoklauf zu stoppen, indem er ihm nahe legt, mit dem Leichnam seiner geliebten Gefährtin Folgendes zu tun: Mit Vishnus Waffe, dem Chakra, der tödlichen Wurfscheibe, die zum geübten Werfer zurückkehrt, zerlegt Shiva Sitas Leichnam in einundfünfzig Teile. Und wo diese auf die Erde niederfallen, lässt er einen großen Tempel errichten.

Und aus diesem Grund gibt es in Indien noch heute einundfünfzig Heiligtümer, die alle einem bestimmten Körperteil der schönen Sita geweiht sind. Ein Tempel ihrer Zunge, ein anderer ihren

Füßen und so weiter. Jener Tempel aber, der dem »weiblichen Fortpflanzungsorgan« geweiht ist, wie die Fremdenführer sagen, steht in Guwahati, der Hauptstadt des Bundesstaates Assam. Eine echte Sehenswürdigkeit: ein Vagina-Tempel hoch über dem einzigen großen indischen Fluss, der als männlich gilt, dem Brahmaputra*! Kamakhya heißt er, und ich besuchte ihn mit dem letzten Nachfahren der Maharadschas, denen der Tempel theoretisch gehörte. Es war ein Festtag, und Hunderte von Gläubigen hatten sich eingefunden, um hier ihre Pujas zu verrichten, und hatten ihre Opferziegen, Kinder und unfruchtbaren Frauen mitgebracht, die gesegnet werden sollten. Es war eine Szene, die an Dantes *Göttliche Komödie* erinnerte: Vom Innern des Tempels aus – eines schönen Steinbaus aus dem 10. Jahrhundert – führte eine dunkle, glitschige Treppe in den Bauch der Erde bis hinunter zu einem finsteren, feuchten Loch, der Vagina. Ihr Venushügel war mit einem zerlumpten roten Tuch bedeckt, das die Menschen mit Wasser bespritzten und mit Münzen und Blumen bewarfen. Die Luft war stickig, die Anbetung fast hysterisch, die Litaneien der Gläubigen mit den ekstatischen Gesichtern waren einnehmend und mächtig.

Der Geschichte von Shiva und seiner geliebten Sita, die nach ihrer Zerstückelung als Parvati, als Tochter des Himalaya, ins Leben zurückkehrt und Shiva erneut heiratet, zählt zu den bekanntesten indischen Mythen und spielt eine wichtige Rolle in der kollektiven Psyche des Landes. Von ihr leiten sich weitere Dutzende Geschichten ab. Eine davon handelt von dem enthaupteten Schwiegervater: In seinem Versuch, wieder Ordnung auf der Welt zu schaffen, ordnet Vishnu an, ihm den Kopf zurückzugeben. Man kommt dem Befehl nach, doch im letzten Moment unterläuft jemandem ein Fehler, und so wird Sitas armem Vater nicht sein eigener, sondern der Kopf eines Ziegenbocks zwischen die Schultern gesetzt.

Die Episode, wie der Schwiegervater den Irrtum bemerkt, wurde jetzt gerade auf der Bühne vor der Klinik aufgeführt. Eine zierliche männliche Gestalt mit einem Tierkopf kniete bebend vor einem

* Die anderen großen Flüsse, wie Ganges und Yamuna, gelten als weiblich.

grüngesichtigen Gott und flehte ihn um Hilfe an. Musik und Gesten drückten seine Gefühle aus, und hingerissen hing das Publikum an den Lippen der beiden Erzähler. Auf dem Boden am Rande der Bühne hockten Scharen von Kindern mit offenen Mündern; hinter ihnen die Honoratioren der Stadt, dann die Frauen und schließlich, bis zur Umfassungsmauer, die stehende Menge. In den Fenstern Dutzende und Aberdutzende weiterer Köpfe. Niemand schlief – Ärzte und Patienten, Musikanten und Schauspieler, Herren und Knechte, Köche, Krankenschwestern, Wärter, Mütter, Kinder –, alle waren sie gleichermaßen ergriffen von der Magie jener Dramen von Göttern und Menschen.

Auch ich war verzaubert von der Schönheit der Darstellung und von jener Märchenwelt, zu der wir im Westen immer mehr den Kontakt verlieren. In den Nachkriegsjahren gaben in Florenz, unweit unserer Wohnung, auf einer Freifläche, die heute ein Parkplatz ist, sonntags Gaukler und Kraftmeier ihre Kunststücke zum Besten. Hin und wieder baute dort auch ein Zauberer oder eine Gruppe fahrender Komödianten ihre Zelte auf. Jene Vorführungen brachten mit ihren Stimmungen und Emotionen auch zum ersten Mal in mir etwas zum Schwingen und prägten sich unauslöschlich meinem Gedächtnis ein.

Aber wie ich mich später dann verändert hatte! Ich entwickelte mich zum eingefleischten Skeptiker, zu einem Rationalisten, der sich in dem Gefühl sonnte, gegen jeden Glauben, jeden Aberglauben immun zu sein! Doch jetzt hatte ich gar nichts mehr. Was die Leute um mich herum empfanden, war mir verschlossen. Diese Klänge, diese Bilder sagten ihnen so viel. Mir nichts. Das, was sie mit ihren inneren Augen und Ohren, den Sinnesorganen der Seele, sahen und hörten, war viel wahrer als das, was sie mit ihren sichtbaren Augen und Ohren aufnahmen. Und ich? Ich hatte keine anderen.

Dieses Gefühl überkommt einen in Indien immer wieder. Vor Jahren hatte ich es besonders stark bei der *Kkumb Mela*, Indiens bedeutendstem religiösen Fest, in Allahabad erlebt, wo die größte Menschenmenge, die ich in diesem Land je gesehen hatte, zusammengekommen war, um sich am Zusammenfluss dreier Flüsse zu reinigen: zweier echter Flüsse, die Wasser führen, des Ganges und des Yamuna; und eines dritten, imaginären, des Saraswati, jenes unsichtbaren Flusses der Weisheit, der unterirdisch fließen soll. Wir waren Hunderttausende von Menschen auf einem sonnenbeschienenen Streifen Sand. Aber welch ein Unterschied zwischen mir und den Indern: Ich stand unter der stechenden Sonne oder wanderte an dem mit Exkrementen übersäten Ufer entlang; die anderen aber, die wie in Trance wirkten und keine Augen hatten für das, was um sie herum geschah, waren eigentlich gar nicht anwesend, sondern schwebten durch einen Vorhof des Himmels.

Dieser Zustand war ihnen möglich, weil für sie jedem Ding, jedem Ort, jedem Ereignis neben der offensichtlichen auch eine unterbewusste Bedeutung innewohnt; weil jedem äußeren ein inneres Bild entspricht, das eine sehr viel wahrere und tiefer gehende Realität als die von unseren Sinnen wahrgenommene in uns wachruft. Dies ist zweifellos der Sinn von Symbolen, Mythen und Legenden: Sie ermöglichen es uns, Grenzen zu überschreiten und über das Sichtbare hinauszublicken. Und darin liegt auch der Wert des reichen Schatzes an Märchen und Geschichten, den wir als Kind horten, um in schwierigen Zeiten, wenn wir einen Kompass oder Trost nötig haben, aus ihm zu schöpfen.

Solche ewigen Mythen, die in der Lage sind, der Seele den Weg zu weisen, werden bei uns in der westlichen Welt immer rarer. Typischerweise ersetzen wir sie durch künstliche Mythen, durch Idole aus der Welt der Mode, des Films oder des Sports, die in nichts über sich selbst hinausweisen und keinerlei Geheimnis bergen. Dabei reicht es, die Realität des täglichen Lebens, der Materie, mit jenen anderen Augen zu betrachten, und schon weicht sie zurück, um jener nicht sinnlich wahrnehmbaren Platz zu machen, die deswegen aber nicht weniger wahr ist: der seelischen Realität nämlich, der einzigen Realität, in der es »Wunder« gibt, in der Nägel, ohne Schmerzen zu verursachen, in Arme eindringen und Schwerter Zungen durchbohren.

Diesen Eindruck hatte ich von Kottakal in jener Nacht. Durch die Schauspiele und die Musik, die Tänze, Lichter, Gerüche, durch das Zusammensein an diesem Ort, vielleicht auch durch die Müdigkeit, schien es diesen Menschen hier gelungen zu sein, den Schleier zu lüften, hinter dem sich normalerweise »das Andere« verbirgt, und in die Welt einer anderen Realität einzutreten. Dieser letzte Schritt fehlte mir, aber ich war auch schon froh, einfach dort zu sein. Ja, ich konnte mich gar nicht mehr losreißen.

Irgendwann wurde ich auf eine eigenartige Musik aufmerksam, die aus dem Tempel kam. Ich trat ein und sah zwei Männer in einer Ecke stehen, die einander mit ihren Instrumenten, einer Trommel und großen bronzenen Becken, begleiteten. Dazu sangen sie eine ergreifende Melodie, schaukelten dabei, wiegten die Köpfe und erhoben sich im schleppenden Rhythmus ihrer Trauerklänge leicht auf die Zehenspitzen. Die Augen geschlossen, waren sie in Trance, doch sobald der Refrain kam, strahlten ihre Gesichter auf. Ich setzte mich auf den Fußboden, versank in dieser Melodie und dachte daran, wie leicht und einfach es doch sein müsste, bei diesem Rhythmus seinen Körper zu verlassen. Beim Klang dieser wunderbaren Weisen der Musiker, die unausgesetzt spielten und sangen, schien es mir, als hätte ich den Faden zu fassen bekommen, den sie nicht reißen ließen.

Die Frauen, die den Tempel betraten, machten sich mit der Rechten ein Zeichen auf Stirn und Brust, das wie das Kreuzzeichen wirkte (klar, Krishna, Christus – ähnliche Namen, ähnliche Gesten). Einige junge Männer verneigten sich bis zum Boden vor dem Allerheiligsten, in dem ein Pujari, sein Mantra murmelnd, Rosenblätter zu Füßen der weißen Marmorstatue Viswambharas verstreute. Ich dachte daran, auf mein Zimmer zu gehen, aber zu viele Eindrücke hielten mich zurück: Ein Zwerg stellte zwei schöne bronzene Öllampen, größer als er selbst, vor seinem Gott auf; der Elefant ging auf Befehl in die Knie und streckte auf einen weiteren Befehl ein Bein und den Rüssel vor – als Treppchen für die sechs Männer, die auf seinen Rücken kletterten, um, begleitet von einem Orchester aus mehr als hundert Bläsern und Dutzenden von Trommeln, eine goldene Steppdecke mit einem Porträt des Gottes zum Tabernakel zurückzubringen, die die ganze Nacht über auf dem Platz ausgehängt gewesen war.

Ich blieb, bis die ersten Sonnenstrahlen langsam den Trubel dämpften und schließlich zum Schweigen brachten. Nur der düstere Singsang lag noch, fern und schmachtend, über der sich zerstreuenden Menge und dem Elefanten, dem jetzt der bunte Schmuck abgenommen wurde.

Währenddessen fühlte ich mich immer weiter im Zwiespalt, wie ein Pendler zwischen zwei Welten: einer alten, von der ich mir wünschte, sie würde erhalten bleiben, und einer neuen, der zu entsagen mir absurd erschien; die eine mit ihren antiken Zaubertränken magisch, die andere mit ihrer modernen Chemotherapie vernünftig.

Mit einigen anderen Patienten ging ich zum Frühstück in den bereits geöffneten Speisesaal. Mir schwirrte der Kopf, und ich merkte gar nicht, dass ich aß. Bis mein Blick auf eine Mücke fiel, die sich immer wieder auf meinem Teller niederließ. Offensichtlich gewitzter als die anderen, dachte sie nicht daran, sich von der bläulichen Lampe einäschern zu lassen, sondern versuchte lieber, ihren Teil von meinem Griesbrei mit Kokossoße abzubekommen. Ich musste an Nur und ihren Gemüsehändler in Käfergestalt denken. War diese Fliege vielleicht meine Ärztin, Doktor Glücksbringer, von New York herübergeflogen, um sich anzuschauen, wie ich mich mit Kuhpisse anstelle ihrer phosphoreszierenden Flüssigkeiten behandeln ließ?

Ich dachte häufig an sie. Sie hatte mir imponiert: geradeheraus, stark, korrekt, herzlich. Und jeden, aber wirklich jeden Tag verbrachte sie in dieser Klinik, konfrontiert mit den immer gleichen schweren Krankheiten und Problemen, in jenen fensterlosen Räumen mit Klimaanlage und Neonlicht, mit klingelnden Telefonen, Computern, Briefen, Meetings. Tag für Tag, Jahr für Jahr, so als bliebe die Zeit für sie stehen, während ich, mit all meinen Gebrechen, wieder ein weißes Pferd erwischt hatte und, durch ihre Hilfe, eine weitere Runde auf dem Karussell drehen durfte. Wer von uns beiden war hier »kränker«?

Der junge Arzt und Enkel des Klinikleiters traf mich an, wie ich mit der Fliege sprach. Er war gekommen, um mich mit den lateinischen Namen der Kräuter zu versorgen, aus denen meine beiden Medikamente bestanden. Das schon erwähnte *sahadevi* in dem Gelee war Vernonia cinerea. Das andere Mittel, *nimbamrithadipanchathikthan* genannt, enthielt fünf Kräuter: Azadirachta indica, Tinospora cordifolia, Adathoda beddomei, Trichosanthes lobata und Solanum surattense. Die Medikamente waren fertig. Ich ging sie mir in der Fabrik abholen und bezahlte die Rechnung: insgesamt 610 Rupien, ungefähr zwölf Euro.

Am späten Vormittag machte ich mich mit dem Taxi auf den Rückweg in den Ashram. Auf dem Rücksitz eines weiteren alten Ambassador thronte neben mir ein mächtiger Karton mit neun großen Flaschen, bruchsicher in Zeitungspapier eingewickelt, mit meiner ganz speziellen, maßgeschneiderten Medizin. Während sich mein Kopf noch fragte, ob ich sie jemals einnehmen würde, wusste ich innerlich bereits, dass ich die Finger davon lassen würde. Aber es war weniger wegen des Geruchs, dessen Herkunft ich jetzt genau kannte, sondern vielmehr, weil ich im Grunde meines Herzens nicht daran »glaubte«. Weil – obwohl mich der Elefant, der jetzt immer noch in einer Ecke des Hofes stand und pathetisch den Kopf hin und her wiegte, faszinierte und anzog – er für mich – leider vielleicht – immer ein Elefant und kein Gott sein würde.

Ein Wunder ganz für mich

Das Tor des Ashrams schloss sich hinter dem Taxi, das mich »nach Hause« gebracht hatte, und die Welt mit ihrem Lärm, ihren Problemen, Wünschen und Freuden – allesamt Äußerlichkeiten, wie der Swami erklärt hatte – blieb draußen. Ich schob den Karton unter meine Pritsche, wo es vielleicht kühler war, und tauchte wieder ein in jenen geregelten, heiteren Lebensrhythmus, der mir so viel gab: mit den Vorlesungen, den Mahlzeiten, den Pujas, den Gesängen des ganzen Ashrams und dem Quaken, Zirpen, Zwitschern und Piepsen der Natur um mich herum.

Von Zeit zu Zeit fragte ich mich, wie ich es schaffen sollte, diese friedliche Insel wieder zu verlassen und in einer Familie zu leben, die nicht die des Gurus war. Doch das Problem stellte sich dann gar nicht. Irgendwie, vielleicht einfach nur, weil ich wusste, dass dieser Moment kommen würde, war ich, als er dann da war, gut darauf vorbereitet. Ich könnte mir vorstellen, dass es mit dem Sterben ähnlich ist: Den Körper verlassen die Kräfte, der Geist beginnt sich umzustellen, und wenn dann die Stunde gekommen ist, ist alles annehmbar und weniger dramatisch, als man jemals gedacht hätte.

> Wie ein Mensch ein altes Gewand abwirft,
> Um ein neues anzulegen,
> So wird jener, der in einem verbrauchten Körper wohnt,
> Diesen verlassen, um in einen neuen, unberührten
> einzugehen.

So erklärt der Gott Krishna dem jungen Arjuna in der *Bhagavad Gita* den Tod. Und in Bezug auf »jenen«, der in dem verbrauchten Körper wohnt, aber nicht dieser Körper ist, den *jiva* also, fügt er hinzu:

Es ist jener, den kein Schwert verwundet,
Kein Feuer verbrennt,
Kein Wasser benetzt,
Kein Wind trocknet.
... Undenkbar, unvorstellbar, nicht manifest.
Es ist das Selbst, und du, der du dich in ihm erkennst,
Hast zu leiden keinen Grund.

Über einen Vers, manchmal auch nur ein Wort, konnte der Swami stundenlang reden. Nachdem er den Vedanta mittels der Upanishaden vorgestellt hatte, ging es im zweiten Teil des Kurses hauptsächlich um die *Gita*, die auch späteren Datums ist und, im Dialog zwischen Krishna und Arjuna, die gesamte vedantische Weltsicht noch einmal zusammenfasst.

Manchmal erfüllte mich allein der Klang des Sanskrits gewisser Verse mit echter Freude. Und wenn wir zu Beginn der Vorlesungen im Chor sangen, war mir zuweilen, als könnte ich schweben, so wie ich es nur einmal in Phnom Penh beim Opiumrauchen erlebt hatte oder an Orten wie Angkor oder Pagan, wenn ich oben auf dem Tempel den Hauch der Geschichte zu atmen glaubte. Die Weltsicht, wie sie aus jenen Versen sprach, war genau das Richtige für mich. Und was war mit den Menschen? Die Hohen und die Niederen, Helden und Feiglinge, alle unterschiedslos im selben Schicksal vereint:

Wie sich Scharen von Nachtfaltern ins Feuer stürzen,
Um darin umzukommen,
So stürzt sich die Menschheit in den flammenden Schlund
Der Zeit, die die Welt verheert ...

Dies aber nicht, weil die Menschen von einer Erbsünde gezeichnet wären, weil ein Gott, der irgendwo sitzt, sie dazu verurteilen würde, sondern weil:

Allem, was entsteht, ist der Tod gewiss,
Allem, was stirbt, ist die Geburt gewiss.
Dies ist unausweichlich, und du hast zu leiden keinen Grund.

Der Gott in der *Bhagavad Gita* verfügt über kein auserwähltes Volk, verdammt niemanden bis in alle Ewigkeit, behält niemandem vor, was er anderen verweigert. Und so ein Gott ist ganz nach meinem Geschmack: ein Gott, der alles ist und überall, ein Gott, der keine Vermittler braucht, der keinen Stellvertreter, Sohn oder Propheten, zur Erde entsendet, um den Menschen unablässig zu verkünden: »Er trug mir auf, euch zu sagen ...« Ein Gott, den jeder auf seine Weise erkennen kann: in einem gewöhnlichen Stein oder einem der schönsten und mächtigsten Gebirgszüge des Himalaya, wie der Kailash-Kette. Es war, wie mir schien, ein Gottes- und Weltbild freier Menschen, das einer reinen, vorbehaltlosen Suche entsprang, ohne die Interessen von Rassen oder Klassen, im Namen der gesamten Menschheit.

An der *Gita* gefiel mir, dass hier, anders als im Buddhismus etwa, die sinnlich erfahrbare Welt nicht als *maya*, reine Illusion, oder als ein Hindernis auf dem Weg zur wahren Erkenntnis aufgefasst wird. Der Vedanta leugnet nicht die Welt, sondern verneint nur ihre unabhängige Existenz. Gerade von der eigenen Wahrnehmung der Welt ausgehend, kann jeder Mensch entdecken, worin diese Abhängigkeit der Welt besteht. Ist dieser Schritt vollzogen, ist auch diese Welt überwunden und wird unbrauchbar. In diesem Sinne ist sie dann tatsächlich »Illusion«, überflüssig, so wie der achtzehnte Elefant in einer klassischen Geschichte, die erzählt wird, um den Begriff *maya* zu erläutern.

Ein Mann stirbt und hinterlässt seinen drei Söhnen siebzehn Elefanten. Im Testament hat er festgelegt, die Hälfte stehe dem ältesten Sohn zu, ein Drittel dem zweitgeborenen und ein Neuntel dem jüngsten. Die Söhne überlegen hin und her, wie diese Teilung möglich sein soll, aber es fällt ihnen keine Lösung ein. Sie zürnen dem Vater – »Er war wohl nicht mehr ganz bei Sinnen, als er sich dies ausdachte« –, geraten in Streit und erwägen gar schon, einen der Elefanten zu zerlegen. Zur gleichen Zeit macht ein Minister des Königs, auf einem Elefanten unterwegs zur Hauptstadt, in dem Dorf Halt. Er erfährt von dem Problem und sagt zu den dreien: »Ich will euch helfen. Nehmt meinen Elefanten, zählt ihn zu den siebzehn hinzu und teilt dann, wie euch aufgetragen ist.«

Die drei können nicht begreifen, wie der Minister so großzügig sein kann, machen sich aber sofort ans Werk. Nun haben sie achtzehn Elefanten: Der erstgeborene Sohn bekommt die Hälfte davon, also neun, der zweitälteste ein Drittel, also sechs, und der jüngste ein Neuntel, also zwei. Macht zusammen siebzehn. Die drei Brüder sind überglücklich und danken dem Minister. Dieser nimmt den übrig gebliebenen Elefanten, seinen eigenen, den achtzehnten, und macht sich wieder auf den Weg zur Hauptstadt.

So ist die Welt: keine Illusion, sondern etwas, das uns hilft, damit unsere Rechnungen aufgehen und wir erkennen, dass das gesamte Universum von jenem Bewusstsein, jener anderen Realität oder Ganzheit, jenem Selbst getragen wird, an dem alles teilhat. Deswegen liegt alles – Himmel, Hölle, Glück, Trauer, Freude, die Welt selbst – in uns selbst.

Vor allem gefiel mir an der vedantischen Lebensanschauung, dass sie keine Sünde kennt – schon gar keine Erbsünde – und daher auch keine Sünder. Und was ist mit unserem Begehren, unserem Verlangen? Dem Vedanta nach sind Wünsche nicht verwerflich, sondern gehören zum Leben. So lautet in der *Gita* eine von Krishnas vielen schönen Definitionen für das Selbst*: »Ich bin das Begehren in den Herzen der Menschen.« Es gilt jedoch, sich gewahr zu sein, dass uns dieses Verlangen an *samsara*, die Welt des Werdens, bindet und dass wir erst wirklich frei sein können, wenn wir die Verbindung zu ihr kappen.

Der Vedanta ist modern, weil er, selbst ein Mittel der Erkenntnis, sich an keiner Stelle gegen die Wissenschaften stellt. Im Gegenteil gelten diese ihm als heilig, denn da alles Gott ist, gibt es auch keinen Unterschied zwischen Heiligem und Profanem mehr. »Die Wissenschaftler tun nichts anderes, als in den Geist Ishwaras

* Andere lauten zum Beispiel: »Ich bin der Geschmack des Wassers, das Licht der Sonne und des Mondes, ich bin das Wort OM in den Veden, ich bin der Klang des Äthers, die Manneskraft des Mannes. Ich bin der Wohlgeruch der Erde und das Leuchten des Feuers. Ich bin das Leben in allen Lebewesen und die Enthaltsamkeit des Asketen … Ich bin der Same jedes Wesens, der Verstand der Verständigen, der Heldenmut der Helden. Ich bin die Stärke der Starken.«

zu blicken«, erklärte der Swami, der nichts von einem Dogmatiker oder Fideisten hatte.

Erneut lud er mich zum Abendessen ein, um sich zu erkundigen, wie es mir in Kottakal ergangen sei, und als ich ihm davon erzählte, wunderte er sich keineswegs über meine Vorbehalte hinsichtlich des Rinderurins. Er könne mir vielleicht auf anderem Wege weiterhelfen, meinte er. Er erwarte in nächster Zeit einen jungen Arzt, ebenfalls Ayurvediker, von dem alle des Lobes voll seien. Er selbst gedenke ihn wegen seiner Diabetes zu konsultieren, und mich würde er auch mit ihm zusammenbringen.

Zwar gefiel es mir, dass der Swami, obwohl wie ein heiliger Mann vor zweitausend Jahren gekleidet, im Kopf sehr rational und modern war, doch wie die Wochen vergingen, empfand ich gerade dies als Mangel. Für ihn war alles eine Sache der Logik. Das Empfinden galt ihm nicht viel, auch dem Herzen räumte er nur wenig Platz ein, und irgendwann fiel mir auf, dass ihm in all den Wochen, die ich ihm nun schon zuhörte, nicht ein Mal das Wort »Liebe« über die Lippen gekommen war. Ich stimmte durchaus mit ihm überein, dass es eine Realität gibt, die die Augen nicht sehen, die Ohren nicht hören, die Zunge nicht schmeckt, die Hände nicht berühren und die Nase nicht riecht. Aber letztendlich kam mir diese Realität, wie er sie beschrieb, durch und durch kalt vor. Eine Wirklichkeit aus Worten. Worte aus dem Sanskrit – ins Englische übersetzt –, aber doch nur Worte. Er selbst hatte an mehreren Stellen erklärt: »Das Heil kommt nicht durch Worte.« Man müsse die Bedeutung der Worte selbst erfahren, aber ich hatte keineswegs den Eindruck, dass mir dies gelang. Ich hörte seine Worte, aber ich »spürte« sie nicht. Ich erfreute mich an der Poesie der Texte, hatte aber nicht den Eindruck, als eröffneten sie mir einen neuen Blick.

In gewisser Hinsicht war ich in eine Krise geraten. Das fühlte ich – wie eine Vorwarnung –, als ich eines Abends, als schon alle Lichter aus waren, in dem kleinen Hof vor meiner Kammer saß. Es war ein Sommerabend, so wie ich ihn aus meiner Kindheit in Orsigna kannte. In der Ferne die Stimmen lachender Mädchen, funkelnde Sterne an einem mondlosen Himmel, und hin und wieder die Scheinwerfer eines Lasters, der im Dunkeln nach Coonoor, früher ein beliebter Kurort der Engländer, in den Nilgiri Hills unterwegs war. Eine magische Aureole blauen Lichts umgab die Berge. An den Hangrippen verzehrte hier und da ein Feuer das wenige Buschwerk, das dort noch verblieben war. Ich vermisste die Welt. Nach den langen Wochen empfand ich die Abschottung im Ashram nunmehr als unnötigen Zwang. Ich spürte, dass meine Konzentration nachließ und stattdessen der Wunsch immer stärker wurde, mich davonzuschleichen, um herauszufinden, worüber diese Mädchen lachten, nachzusehen, ob diese Feuer vielleicht zu einem Stammesritus gehörten.

Letztendlich war und blieb ich bei aller Neugier und Sympathie für das »Andere« doch ein Europäer. Besonders deutlich spürte ich diesen gewiss interessanten grundsätzlichen Widerspruch zwischen unserer und der indischen Lebensweise: Für uns ist der höchste Wert des Lebens das Leben selbst, für die Inder das Nicht-Leben. Moksha, die Befreiung aus dem Kreislauf der Wiedergeburt, ist das große Bestreben dieser Kultur. Als Shisha wurde mir diese Verleugnung des Lebens nahe gelegt, während ich am Leben, so wie es nun mal ist, tatsächlich immer noch Spaß hatte. Nach wie vor sah ich so viel Erfreuliches überall. Mir war durchaus klar, dass sich Freude und Leid ergänzen und dass es sinnvoll ist, sich nicht von Wünschen und Begierden dominieren zu lassen. Auch gefiel mir die Loslösung, die Distanz, nicht aber die Gleichgültigkeit. Zwar glaubte ich daran, dass sich, besonders in meinem Alter, ein Fluss dann am besten genießen lässt, wenn man sich aus der Strömung heraushält. Aber wenigstens wollte ich mich ans Ufer setzen, aufs Wasser blicken und das Rauschen hören. Und solch ein Wunsch schien mir vom Leben im Ashram meilenweit entfernt.

Einmal setzte sich beim Mittagessen einer der älteren Shishas, der Herzchirurg aus Hyderabad, zu mir.

»Anam-ji, was weißt du über die Pyramiden?«

»Die Pyramiden?« Meine Verwunderung ermunterte ihn, weiterzusprechen. Er vergaß fast sein Essen, während er mir erzählte, dass Pyramiden – nicht allein den ägyptischen, sondern allen, ob groß oder klein, aus welchem Material auch immer, und überall auf der Welt – mysteriöse Kräfte innewohnten, die längst nicht richtig erforscht seien. Er selbst zum Beispiel rasiere sich schon seit Monaten mit einer Klinge, die immer scharf bleibe, weil er sie nach dem Rasieren unter eine kleine Eisenpyramide lege. Zudem verfüge er über eine Pyramide aus Plastik, die er sich beim Meditieren wie einen Hut aufsetze, sowie eine kleine, aus zwei Pyramiden bestehende Augenmaske, die stets für einen erholsamen Schlaf sorge. Weiter erfuhr ich, dass nicht weit vom Ashram, ungefähr vierzig Kilometer entfernt, vor einigen Jahren eine »sehr mächtige« Pyramide errichtet worden sei. Ob wir nicht mal zusammen hinfahren wollten, wir könnten ja die Taxikosten teilen. Ihn als Arzt interessierten vor allem die Heilkräfte der Pyramide.

Heilkräfte? Die interessierten mich auch. Mir fiel wieder ein, dass auch Mangiafuoco so etwas erwähnt hatte – es hatte ihm mächtig zu denken gegeben, was er in Peru und Kolumbien erlebte: dass an dortigen Universitäten mit dem Einsatz von Pyramiden in der Bekämpfung bestimmter Pflanzenschädlinge experimentiert wurde. Was ihm zunächst wie ein Scherz vorgekommen war, funktionierte tatsächlich und war nicht nur unweltverträglicher, sondern auch sehr viel preiswerter als chemische Pflanzenschutzmittel.

Ich versicherte dem Herzchirurgen, er könne bei der Expedition auf mich zählen. Erfreut, einen interessierten angehenden Pyramidologen gefunden zu haben, holte er aus einer kleinen Umhängetasche ein Buch hervor, das ich als Vorbereitung auf den Besuch unbedingt lesen müsse. Es war wie eine Pyramide geformt.

Einige Tage vergingen. Dann kündigte der Swami bei einem abendlichen Satsang an, die Vorlesungen am nächsten Tag müssten leider ausfallen, weil er in Bombay die Tagung einiger Industrieller zu leiten habe, die unseren Aufenthalt bezuschussten. Das Thema lautete: »Stressbekämpfung im modernen Leben«. Wir nutzten die Gelegenheit für unseren geplanten Pyramidenbesuch. Da ich wusste, dass Sundarajan an allem, was mit magischen Kräften zu tun hatte, hochinteressiert war, lud ich ihn ein, sich uns anzuschließen. Und so brachen wir zu dritt, wieder einmal in einem alten Ambassador, der für mich mit seiner erhöhten, mit weißem Tuch bezogenen Rückbank immer noch das typische Symbol luxuriösen Reisens in Indien ist, zu besagter Pyramide auf.

Doch leider war auch diese typisch ... indisch. Kümmerlich, auf einfachstem Stein, stand sie da – direkt neben einer Privatschule mit dem englischen Namen Perks. Nur die paar Palmen, die man dorthin gesetzt hatte, verliehen dem Ganzen einen Hauch von Ägypten. Was sofort ins Auge sprang, waren die zwei großen, blitzenden, aluminiumverkleideten Rohre, die gleich unter der Pyramidenspitze hervortraten und das natürliche Erscheinungsbild des Bauwerks und das, was an ihm mystisch sein mochte, ganz zerstörten.

»Die Rohre gehören zu der Klimaanlage, die wir hier anlässlich des Besuchs von Master Choa Kok Sui installieren mussten«, erklärte uns der Mann, der uns in Empfang genommen hatte.

»Wessen Besuch?«

»Von Master Choa Kok Sui, dem Begründer des Prana-Heilens. Ein wirklich großer Heilkundiger. Er praktiziert sehr erfolgreich in Manila, auf den Philippinen.«

Ein Heilkundiger? Ich horchte auf.

Die Macht der Pyramide – so erfuhren wir – liege in ihrer Fähigkeit, »kosmische Strahlungen« zu empfangen und zu speichern. Diese Strahlungen ermöglichten in ihrem Umfeld eine Reihe sonst unvorstellbarer Phänomene: vom automatischen Nachschärfen von Klingen über die Konservierung von Nahrung über einen langen Zeitraum bis zur perfekten Konzentration beim Meditieren.

Da wir alle drei aus dem Ashram kamen, wo das Meditieren zu unserem Tagesablauf gehörte, gedachten wir, diese besondere Eigenschaft der Pyramide sogleich auf die Probe zu stellen. Mit eher bescheidenem Erfolg. Die für den berühmten Prana-Heiler erst einige Wochen zuvor installierte Klimaanlage war bereits defekt, so dass auf dem Holzboden im Zentrum der Pyramide, direkt unter der Spitze, eine Bruthitze herrschte. Die kosmischen Strahlen, die der »pyramidologischen« Literatur zufolge bei zahlreichen Persönlichkeiten, angefangen bei Napoleon, eine solch große Wirkung gezeigt haben sollen, hielten sich, falls es sie überhaupt gab, bei mir arg zurück. Ich stand als Erster auf und ging hinaus.

Der Erbauer der Pyramide, gleichzeitig Leiter der nahen Schule und Autor des Buches, das mir der Herzchirurg zu lesen gegeben hatte, erwartete uns, wie man es von wichtigen Leuten kennt, in seinem Büro hinter dem Schreibtisch, während er noch einige Papiere unterzeichnete. An der Wand hinter ihm stach sofort in übergroßen Lettern der Slogan seiner Schule ins Auge: »Ich bin stolz, hier lernen zu dürfen. Was diese Schule mich nicht lehren kann, wird mich Indien lehren. Was mich Indien nicht lehren kann, wird mich die Welt lehren.«

»Die Schule wurde wohl noch von den Engländern gegründet?«, eröffnete ich das Gespräch.

Keineswegs. Er selbst hatte die Schule dreißig Jahre zuvor auf einem Grundstück seiner Familie errichten lassen. Und der englisch klingende Name, Perks, setzte sich aus den Anfangsbuchstaben seiner fünf Kinder, in der Reihenfolge ihrer Geburt, zusammen.

Der dreiundsiebzigjährige Rama Ranganathan – ein Alter, das man ihm »dank der Kräfte der Pyramide«, wie er sagte, nicht ansah – war früher in der Textilindustrie tätig gewesen. Auf einer Europareise hatte sein Schiff für einige Stunden in Port Said angelegt, und er war losgeeilt, um sich die Pyramiden anzuschauen. Und damit war eine große Leidenschaft geboren. Er hatte alles über Pyramiden gelesen, darüber geschrieben und sich schließlich, im Jahr 1992, zum Gedenken an ein außergewöhnliches Ereignis, seine eigene errichtet. Dieses außergewöhnliche Ereignis war eine siebenjährige Dürre, der er mit einer Puja hatte ein Ende setzen können: Drei Tage und drei Nächte lang hatten Hunderte von Menschen aus dem Umkreis die magischen Mantras zur Regenbeschwörung gesungen, bis es am Ende des dritten Tages tatsächlich in dicken Tropfen zu prasseln begann. An der Stelle, wo die Puja zelebriert wurde, »dem heiligsten Ort der Schule«, ließ er die Pyramide errichten. Im Fundament hatte er, in Plastiktütchen, damit sie sich besser hielten, Tausende von Zetteln einbetonieren lassen, auf denen eine Million vierhunderttausend Mal das Wort »Ram« geschrieben stand – »der Name des Herrn«. »Aber ich bin bloß der Fahrer«, erklärte er bescheiden und deutete dann zum Himmel, »er da oben sagt mir, wohin ich den Wagen lenken soll. Denn schließlich ist er unser aller Herr.«

Wie wir weiter erfuhren, war der Schulleiter auch Fachmann für Vastu, die indische Version des chinesischen Feng Shui, der Kunst also, in Einklang mit den Kräften der Natur Gebäude aus- und Räume einzurichten, so dass sich angenehmer und vorteilhafter darin wohnen lässt.

Vorteilhaft und rentabel war inzwischen auch seine Pyramide. Mit den Jahren hatte sie sich zu einer echten Touristenattraktion entwickelt, was auch dem Ruf seiner Schule zugute kam – die Schülerzahl war von zunächst wenigen Dutzend auf mehr als zweitausend angewachsen. Und im Museums-Shop, der offenbar mittlerweile noch besser besucht war als die Pyramide selbst, konnte man aus einer reichen Palette verschiedener Pyramiden »zum persönlichen Gebrauch« auswählen. Mein Exkursionsgefährte, der Herzchirurg, interessierte sich besonders für eine in vier Teile zerlegbare aus Holz. Sie war dazu gedacht, um darin zu schlafen und auf diese Weise »verschiedene Krankheiten zu heilen«, wie der Schulleiter erklärte.

Ich selbst glaubte nicht daran, dass sie mir mit meiner Erkrankung helfen könne, aber den Herzchirurgen drängte es, mehr zu erfahren. Welche Krankheitsbilder genau?

»Mein Schwager zum Beispiel«, erzählte der Direktor, »war bereits für einen Bypass vorgemerkt. Aber vor der Operation wollte er doch mal die Pyramide ausprobieren. Gleich beim ersten Mal fühlte er sich besser, und heute hat er den Gedanken an eine Operation ganz fallen gelassen.« Das Ganze könnte eine Inszenierung sein, schoss es mir in den Sinn: Ein Herzchirurg besucht die Pyramide, und prompt, welch ein Zufall!, kann man ihm von der wunderbaren Heilung eines Herzpatienten berichten.

»Wo lebt denn dieser Schwager?«, fragte ich nach, mit einem Anflug jener alten Arroganz des Journalisten, der glaubt, alles erfahren zu müssen.

Der Schwager wohnte nur wenige Kilometer entfernt, und als setze sich die Inszenierung tatsächlich fort – nein, nein, das konnte nur Zufall sein! –, lag er, als wir bei ihm eintrafen, lesend auf einer schmalen Liege in einer Pyramide, die er sich vors Haus gestellt hatte. Eine Pyramidenseite ließ sich hoch- und runterziehen und fungierte so als Eingang.

Dem Mann, er mochte wohl so um die fünfundsechzig sein, schien es tatsächlich recht gut zu gehen. Bereitwillig erzählte er von seinen Erfahrungen, beantwortete eine Reihe von Fragen des Herzchirurgen und erklärte zum Schluss, die Pyramide habe bei ihm »Wunder« getan und er würde sich im Leben nicht mehr unters Messer legen. Zudem habe er gerade erst von einer amerikanischen Studie gelesen, der zufolge viele Herzpatienten nach einer Operation darüber klagten, nicht mehr lieben zu können und auch keine Liebe mehr zu spüren. Mit anderen Worten, ein Bypass wirke sich verheerend auf das Gefühlsleben aus, und er wolle lieber sterben, als seine Liebesfähigkeit zu verlieren.

Hätte ich ihm widersprechen können? Erst recht nachdem er uns, aus der Tür-Wand seiner Pyramide blickend, die er mittlerweile kaum noch verließ, mit einem Zitat von irgendjemandem verabschiedet hatte, das auf uns alle zu passen schien: »Ein Mensch wird nicht an seinem Tod, sondern an seinem Leben gemessen.«?

Auf dem Heimweg zum Ashram besprachen und kommentierten Sundarajan und der Herzchirurg unablässig unseren Besuch. Alle beide waren begeistert. Sundarajan, auf der Stirn einen großen Kreis aus blutrotem Pulver mit drei Strichen aus Sandelholzpuder*, riss seine ohnehin schon großen Augen noch weiter auf, um seinem Staunen Ausdruck zu geben. Ja, er sei vollkommen überzeugt von der Macht der Pyramide. Vielleicht seien sie ähnlich mächtig wie seine »Mandddrrams«, wie Mantras bei ihm hießen. Und als Beispiel führte er die magischen Formeln an, mit denen sich der Tod Schwerstkranker ein wenig hinauszögern ließ oder die bei einer Hochzeit zu sprechen waren, damit das erste Kind des Brautpaares ein Junge würde. Der Herzchirurg hatte nur einzuwenden, dass die Macht der Mantras stark davon abhänge, wer sie gebrauche. »Ähnlich wie Antibiotika«, sagte er, »kann man sie nicht allen Patienten verschreiben. Und sie wirken auch nur in bestimmten Fällen.«

* Andere verwenden dazu die Asche von verbranntem Kuhdung, wieder andere die Asche Verstorbener, die als Zeichen Ishwaras gilt.

Ich hörte zu und sah dabei durch das Wagenfenster das bekannte trostlose Bild an mir vorüberziehen. Ich dachte daran, dass Indien trotz aller Mantras und Pyramiden immer noch eins der Länder mit der höchsten Kindersterblichkeit auf der ganzen Welt ist. Ein Land, in dem sich die Tuberkulosefälle häufen, ein Land, in dem jedes Jahr trotz der Macht der Pujas, Regen fallen oder versiegen zu lassen, Tausende von Menschen aufgrund von Überflutungen oder Dürrekatastrophen sterben. Vielleicht ist man hier deswegen auf Mantras, Pujas und die poetischen Geschichten, die sich um ihre »Kräfte« ranken, angewiesen. Oder verhält es sich genau andersherum? Scheint hier nur deswegen vieles so hoffnungslos, weil man sich auf Mantras und Pujas verlässt?

Im Museums-Shop hatten wir alle drei eine Pyramide gekauft. Meine war aus hellblauem Plastik, und nachdem ich sie mir ein paar Mal ohne Erfolg beim Meditieren auf den Kopf gesetzt hatte, landete sie unter meiner Pritsche – neben dem Karton mit meinen Medikamenten aus Kottakal.

Immer häufiger ließ ich die Gruppenmeditation ausfallen, um mich in der Natur, die mich umgab, umzusehen, manchmal auch, um Motive mit primitivsten Aquarellfarben daraus zu malen, die ich in einem Papierwarengeschäft in Coimbatore aufgetrieben hatte. Ich habe schon als Junge gemalt. Auch wenn ich nie sehr gut darin war, habe ich schon immer gern versucht, weniger das, was ich sah, als vielmehr eine Atmosphäre, die ich spürte, im Bild festzuhalten.

An einem Abend saß ich bei Sonnenuntergang auf »meiner« Anhöhe und malte die Heugarben in der Ebene unter mir. Ich dachte, ich sei allein. Doch plötzlich sah ich eine Kursteilnehmerin auf mich zukommen. Sie war mir bereits aufgefallen, weil sie sich meist abseits von den anderen hielt, eine spindeldürre Frau mit eleganter Ausstrahlung und Leidensmiene.

»Stört es dich, wenn ich dir ein wenig zuschaue?« Und bald schon stellte sich heraus, dass wir einiges gemeinsam hatten. Sie hatte von meinem Aufenthalt in Kottakal gehört und sich bereits gedacht, dass ich gesundheitliche Probleme haben müsste. Genau wie sie. Zehn Jahre zuvor hatte man bei ihr eine unheilbare degenerative Erkrankung diagnostiziert, doch noch eher als diese Krankheit selbst hatte sie die Behandlung durch eine westlich ausgerichtete Medizin »an den Rand des Todes gebracht«. Dann hörte sie von einem winzigen Zentrum für Naturopathie, das ein Ehepaar in einem abgelegenen Dorf im Bundesstaat Andhra Pradesh unterhielt, und reiste mit ihren letzten Kräften dorthin. Es sei der primitivste und ärmlichste Ort gewesen, erzählte sie, den sie je gesehen habe, aber dieses Paar habe sie wieder auf die Beine gebracht. So blieb sie bei ihnen; brach mit ihrem Leben und ihrer, wie man sah, wohlhabenden Famile in Delhi, ließ sich in diesem Dorf nieder und versucht nun, anderen mit der Naturopathie, dem für sie besten Heilverfahren überhaupt, zu helfen.

Die wichtigste Phase der Behandlung, so erklärte sie mir, sei die Analyse des Patienten. Lange Gespräche, manchmal über Stunden, seien nötig, um genau zu bestimmen, wie die »einzige wirklich natürliche Therapie« anzuwenden sei: das Heilfasten. »Fasten heilt«, sagte sie, »wenn man es richtig macht. Das Wichtigste ist, festzulegen, wie lange die Kur dauern soll, dann, wie viel Wasser getrunken werden darf und was ihm zugesetzt werden soll, etwa Honig oder Zitrone. Aber niemals Fruchtsaft. Durch das Fasten wird der Körper dazu angeregt, all das zu verbrennen, was er nicht mehr benötigt, alt gewordene Reserven, Überflüssiges, Schädliches, nie aber Nützliches. Dabei wird dem Körper keine Energie entzogen. Ganz im Gegenteil, denn er spart Kräfte, die er sonst auf die Verdauung verwenden müsste. Während der Fastenzeit ist absolute Konzentration unabdingbar. Man darf weder lesen noch schreiben. Nur meditieren.«

Grundlegend sei natürlich, so fuhr sie fort, sich nicht nur um seine körperliche, sondern auch um die seelische Verfassung zu kümmern, vor allem aber seine spirituelle Entwicklung im Auge zu haben. »Letztendlich geht es darum, an Gott zu glauben. Alle Krankheiten sind heilbar, nicht aber alle Patienten«, meinte sie.

Ich erzählte ihr von Kottakal und fragte sie, was sie mit den Medikamenten, die ich unter meinem Bett aufbewahrte, tun würde.

»Nimm sie nur dann, wenn du wirklich glaubst, dass sie dir helfen.«

So schlau war ich auch schon. Wenn sie dann aber nicht wirkten oder mir vielleicht sogar schadeten, sei nicht die Kuhpisse daran schuld, sondern ich selbst, weil mir der Glaube fehlte. Diese Logik war mir vertraut.

Sie lud mich in ihr Dorf in Andhra Pradesh ein. Wenn mir das zu weit sei, könne ich mir auch ein Bild von der Naturopathie in einem mittlerweile sehr bekannten Zentrum in der Nähe von Bangalore machen.

Ich schrieb mir die Adresse auf.

Wie die Zeit verging, schien mir die Welt im Ashram, die mir zunächst so unvergleichlich vorgekommen war, der draußen immer ähnlicher zu werden. Waren die Shishas anfangs noch sehr auf Einsamkeit bedacht und auf die Sache konzentriert, die sie hergeführt hatte, so neigten sie mit den Wochen immer mehr dazu, sich zusammenzuschließen und gegenseitig Gesellschaft zu leisten. Einer aus der »Rentnerbrigade«, der von unserem Pyramidenbesuch erfahren hatte, war zunächst gekränkt, weil wir ihn nicht eingeladen hatten, sich uns anzuschließen. Nichtsdestotrotz wollte er mich dann aber unbedingt, weil ich mein einwöchiges Schweigegelübde eingehalten hatte, zu seinem Muni Baba mitnehmen, einem alten Sadhu, der seit mehr als zwanzig Jahren kein Wort mehr sprach.

Der Ashram selbst war auch eine Gesellschaft, und nach einer Weile fielen einem die gleichen Muster wie in der Gesellschaft draußen auf: Eine Gruppe von Frauen machte sich, wenn auch in aller Höflichkeit, das Recht streitig, Swamis, die zu Besuch kamen, bedienen zu dürfen; andere wetteiferten darum, beim abendlichen Satsang die intelligentesten Fragen zu stellen.

Wer glaubt, mit dem Eintritt in einen Ashram die Fallstricke des Lebens zu umgehen, irrt sich. Gewiss, dort erreichen einen keine Steuermahnungen, Telefonrechnungen oder Einladungen von Leuten, die man lieber nicht treffen will. Aber auch dort entstehen, zunächst unmerklich, Verpflichtungen und Spannungen. Man fühlt sich genötigt, an allen Pujas teilzunehmen, oder rangelt um den besten Platz zu Füßen des Swamis. Auch der Ashram konnte auf seine Weise zur Falle werden. Er war eine Zuflucht, die

Schutz und Sicherheit bot, aber wie immer in solchen Fällen auch die persönliche Freiheit beschnitt.

Ich hatte hier sehr viel gelernt, zahlreiche neue Anregungen erhalten. Aber obwohl ich mich als Mitglied des Gurukulams fühlte, war das Ashram-Leben, das Erlernen heiliger Texte, um sie an andere weiterzugeben, auf Dauer nichts für mich. Auch wenn ich dem Swami viel zu verdanken hatte – als sein »Jünger« eignete ich mich nicht.

Als ich eines Morgens unter der »Dusche« stand, das heißt, vor einem niedrigen Wasserhahn auf dem Boden hockte und mir eimerweise kaltes Wasser über den Kopf kippte, nahm ich wahr, dass ein ganz eigener Geruch an mir zu haften begann, ein Mönchsgeruch, ein Geruch nach Keuschheit, faden Speisen und tadelloser Lebensführung. Und das machte mir Sorgen.

Kurz darauf vernichtete ich in einem Anfall häretischen Zorns eine ganze Ameisenschar, die sich in mein Zimmer geschlichen und über meine kostbaren Datteln hergemacht hatte. Beim Frühstück dann verschmähte ich meine drei dicken Griesknödel, die mir der zuständige Brahmachari in die Schüssel gegeben hatte, und legte sie auf den Teller meines Tischnachbarn, der sich ein Glas Milch holen gegangen war. Er gehörte zu den Rentnern, ein schweigsamer, rechtschaffener Mann, und war vollkommen verwirrt, als er zurückkam. Er konnte sich die wundersame Knödelvermehrung nicht erklären, blickte sich fragend um, sah dann mich an, der ich, stolz auf meinen Lausbubenstreich, ganz unbeteiligt tat, und aß sie schließlich alle auf.

Eines Tages war auf dem kleinen, betonierten Platz vor der Treppe zum Auditorium ein schönes *rangoli* ausgelegt, ein mit Reismehl gezeichnetes Muster, das die Ameisen mit der Zeit verschlingen und so ausradieren würden. Es war eine streng geometrische Figur, bei der sich alles um die Zahl acht drehte: acht Seiten, acht Winkel, acht Innenlinien, die acht Dreiecke mit acht Spitzen bildeten, und in der Mitte, wie eine Sonne, um die sich das Universum dreht, oder ein Atomkern mit seinen Neutronen, ein weißer Kreis.

Man feierte den Festtag von Shankaracharia, des großen Veda-

Interpreten aus dem 8. Jahrhundert. Es würden keine Vorlesungen, dafür aber verschiedene Pujas stattfinden. Für mich war es die Gelegenheit, den Ashram einmal zu verlassen und die Luft draußen zu atmen. Ich hatte vor, Coonoor zu besuchen, den alten Luftkurort, in den die Engländer früher vor der Hitze in der Ebene geflohen waren.

Es war eine furchtbare Fahrt. Man bekam kaum Luft, weil es auf der Straße so stickig war. Mit Benzin beladene Laster und mit Menschen beladene Busse kämpften sich schnaubend ins Gebirge hinauf und stießen dabei dunkle, giftige Rauchwolken aus. Ich hatte von Coonoor als einem der hübschesten und ruhigsten Orte ganz Indiens gehört, doch als wir endlich dort waren, glaubte ich, mich in der Adresse geirrt zu haben. Es hatte gerade geregnet, und das ganze Städtchen war eine einzige Schlammwüste voller durchnässter, heruntergekommen wirkender Menschen. Von dem früheren YWCA, einer Unterkunft für junge christliche Frauen, hatte ich als einem schönen Hotel im Kolonialstil gelesen. Alt war es tatsächlich, nämlich aus dem 19. Jahrhundert, aber auch verfallen und vermodert, die Wände in einem Blau gestrichen, das alle Mängel übertünchen und gleichzeitig desinfizieren sollte. An den Decken hingen nackte Glühbirnen. Auf den Böden waren hier und dort alte, feuchte Läufer ausgelegt. In einer Ecke befand sich ein Klavier, in einer anderen ein kalter offener Kamin. An einem Tisch saßen drei junge Ausländer, die mein *»Namaste«* nicht erwiderten.

In der Manier des Reisenden, der immer glaubt, etwas Neues entdecken zu können, ging ich zum Markt hinunter, wo sich mir auch Coonoor im längst vertrauten Gewand hoffnungslosen Elends präsentierte. An einer der üblichen Kloaken unter freiem Himmel sah ich innerhalb von wenigen Minuten einen kleinen Jungen seine Notdurft verrichten, einen Hund trinken, einen Raben picken und eine Ziege ein paar der spärlich wachsenden Grashalme fressen. Dem abstoßenden Bild aber setzte das Flüsschen die Krone auf, das unter der Brücke im Zentrum des Städtchens hindurchfloss, dort, wo die verschiedenen Straßen bei der Bushaltestelle zusammenliefen. Ein Rinnsal fauligen, giftig stinkenden Wassers zwischen Müllbergen, die geradezu lebendig wirkten durch die Unmengen von Ratten, Hunden und Krähen, von denen sie wimmelten, während Kühe und Büffel friedlich darauf weideten. Eine Horde ausgemergelter, zerzauster Affen, deren Jungen sich unter dem Bauch festklammerten, wartete am Brückengeländer auf eine Lücke im rauschenden Strom der Laster, um die Straße zu überqueren. Auf dem Gehweg saß ein Leprakranker auf einer Jutematte und flickte mit seinen verstümmelten, wunden Händen Schuhe.

Die Spezialität des Basars waren Öle. In den Schaukästen Dutzender von kleinen Läden sah man staubige Fläschchen mit Eukalyptus-, Zitronengras-, Mandel-, Sandel- oder Nelkenöl aufgereiht: Und jedes rühmte sich, besonders geeignet bei diesen oder jenen Schmerzen zu sein.

Der Ashram mit seiner fest gefügten Ordnung, den gepflegten, ganz in Weiß gekleideten, über das Selbst nachdenkenden Menschen war Welten von diesem Ort hier entfernt. Und ich fragte mich, wozu all diese schönen Ideen letztlich taugten, wenn die Gesellschaft, die daraus hervorging, derart abstoßend war. Um eine Sache zu beurteilen, muss man sich ihre Auswirkungen ansehen. Nun: Lag es an den Veden oder vielleicht doch an der britischen Kolonialherrschaft, die das vedische Gedankengut auslöschte und die Mentalität der Inder verbog und vergiftete? Ich wusste es immer weniger. Was mir fehlte, waren solch schöne klare Vorstellungen wie in meinen jüngeren Jahren, als ich nicht nur überzeugt war, die Probleme zu verstehen, sondern auch, die Lösungen parat zu haben.

Ich speiste in einer verdreckten, von einem Moslem bewirtschafteten Spelunke. An meinem Tisch saßen auch ein paar junge Inder, die Chai, Tee, mit sehr viel Zucker und Milch tranken und sich dabei in der Bedienung der großen allgegenwärtigen Neuheit, eines Handys, übten.

Von starken Bauchschmerzen geplagt, schlief ich in einem breiten, wackeligen Bett im Licht aus dem Nebenzimmer, das durch das Oberlicht der gemeinsamen Tür fiel. Man hätte das Licht auch mittels eines Schalters auf dem Flur löschen können, aber damit hätte man alle Lichter auf dem ganzen Stockwerk ausgeschaltet.

Ich frühstückte unten vor dem Klavier, wobei mir der Ehemann der Dame, die das Guest House betrieb, Gesellschaft leistete. Wie er mir erzählte, hatte er ein Examen in tamilischer Literatur in der Tasche, dann aber einen Neuanfang als »Doktor der ganzheitlichen Medizin«, wie er sich selbst vorstellte, gestartet. Die Gesundheit zählt heute zu den größten Wachstumsmärkten der Welt, und er gedachte sich von dieser Torte, an der sich so viele Quacksalber und Hochstapler laben, sein Scheibchen abzuschneiden. Er beschäftigte sich mit Yoga, Siddha*, Zahlensymbolik, Magnetismus und einer Reihe weiterer Dinge dieser Art.

Um mir einen Beweis seiner Künste zu liefern, legte er mir ein ganzes Set von Plastikteilen zur Behandlung von Rückenschmerzen vor, eine Akupressions-Ausrüstung sowie eine batteriebetriebene Maske zur Augenmassage und zur Stärkung des Sehvermögens. In Madras hatte eine Messe für »Alternative Medizin« stattgefunden, wo er sich mit allen Neuentwicklungen hatte eindecken können. Dann zeigte er mir einen ganzen Stapel von Bescheinigungen und Dankschreiben von Leuten, die ihm die Heilung von dieser oder jener Erkrankung bestätigten. Die Liste der Leiden, die er zu lindern fähig sein wollte, war beeindruckend. Im Augenblick stand er in Verhandlungen über den Erwerb eines Grundstücks, auf dem er ein ganzheitliches Gesundheitszentrum zu errichten gedachte. Die Bungalows für die Patienten waren in Pyramidenform geplant, »denn schon diese allein besitzt eine große Heilkraft«. Diesbezüglich habe er schon viel Gutes von einer Pyramide in der Perks School bei Coimbatore gehört und plane, demnächst dorthin zu fahren, um sich genauer zu informieren.

Ich hätte ihm ins Gesicht lachen oder auch an den Hals gehen können, besonders als er mich bat, ihm zu helfen und seine Adresse an ausländische Patienten weiterzugeben. Aber ich unterließ beides.

An der Tür hatte ich einen jungen Mann – dem Aussehen nach Japaner – in furchtbar schlechter Verfassung erblickt. Ich zog es

* Antike Heilkunde aus Tamil Nadu, dem Ayurveda ähnlich, aber – wie manche sagen – von alchemistischen Praktiken aus China beeinflusst.

vor, mich mit ihm zu unterhalten, und lud ihn zum Essen ein. Ich hatte mich nicht getäuscht: Er kam aus Tokio und war dreißig Jahre alt. Angewidert von der Lebensweise seiner Landsleute, die »das ganze Leben nur arbeiten, um dann zu sterben«, hatte er beschlossen, »schon vorher, vor dem Arbeiten, zu sterben«. Deswegen war er nach Indien gekommen. Er hatte kein Geld und schlief, wie er berichtete, auf Bahnhöfen, in Kirchen und Tempeln. Er sah wirklich abgerissen und kränklich aus und schien in der Tat nicht mehr weit von seinem Ziel entfernt.

Nass bis auf die Knochen, kehrte ich in den Ashram zurück. Die Zeit der plötzlichen heftigen Monsunregenfälle hatte begonnen, und von solch einem Guss war ich überrascht worden. Ich nutzte die Gelegenheit, um meine Sachen zu waschen, die Bettwäsche zu wechseln und den Boden in meinem Zimmer nass durchzuwischen, bevor ich mich, erfrischt, wieder ins Ashram-Leben stürzte.

Durch die giftigen Abgaswolken der Lastwagen oder den Dreck in Coonoor war meine alte Allergie wieder erwacht: Ein Nasenloch war verstopft, meine Augen tränten, und ich musste ständig niesen. Deswegen ließ ich die Gruppenmeditation ausfallen – ich wollte die anderen nicht stören – und setzte mich stattdessen in den Tempel auf »meiner« Anhöhe, der in alle Himmelsrichtungen und für alle Winde offen war. Wunderschön war die Welt, wenn man sie von hier oben mit der Gleichgültigkeit eines Menschen betrachtete, der sich nichts von ihr erwartet und nicht den Wunsch hegt, sie zu verändern.

Doch auf ihre Weise drang die Welt in den Ashram ein. An einem Tag war ein bekannter Großindustrieller aus Madras mit seiner Familie bei uns zu Gast. Sie waren ergebene Anhänger des Swamis und zählten auch zu seinen großzügigsten Geldgebern. Ich musste mit ihnen zu Abend essen. An einem anderen Tag trafen rund ein Dutzend früherer Schüler des Swamis im Ashram ein, die selbst zu Meistern geworden waren und jetzt in verschiedenen indischen Städten den Vedanta lehrten. Sie waren gekommen, um hier ein Thema zu besprechen, bei dem auch ich um meine Meinung gebeten wurde. Es war ein Thema, das dem Swami, seiner erklärten Abkehr von weltlichen Dingen zum Trotz, sehr am Herzen lag: Religionsübertritte. Er hatte darüber geschrieben, sich überall in Indien dazu geäußert und erst wenige Monate zuvor in einer Rede vor einer UN-Kommission die Weltorganisation aufgefordert, gegen die christliche Missionstätigkeit in Indien vorzugehen.

Er argumentierte, dass Bekehrungen immer ein gewaltsamer Akt seien, da sie die lokale Kultur verformten und Konflikte und Spannung schüfen, die man unbedingt vermeiden sollte. Er unterschied dabei zwei Arten von Religionen: auf der einen Seite die missionarisch aggressiven wie das Christentum und der Islam, auf der anderen Seite solche Glaubensgemeinschaften, die sich nicht bemühten, Proselyten zu machen, wie etwa das Judentum, der Zoroatrismus oder auch der Hinduismus. Erstere seien die »starken«, Letztere die »schwachen« Religionen, und in einer Auseinandersetzung müssten die Schwachen zwangsläufig den Kürzeren ziehen. Dies gelte besonders für den Hinduismus, der über keine zentralistische Struktur verfüge und grundsätzlich die Freiheit jedes Menschen respektiere, den Gott seiner Wahl, unter welchem Namen auch immer, zu verehren.

Andere Vedanta-Gelehrte vor dem Swami hatten das anders gesehen. Der große Mystiker Ramakrishna, der in seiner Jugend eine Zeit lang als Moslem in einer Moschee gelebt und sich auch dem Christentum angenähert hatte, vertrat zum Beispiel im 19. Jahrhundert den Standpunkt, dass alle Religionen gleich seien. Sie seien dem Wasser eines Teiches vergleichbar, das man in verschiedene Eimer abfülle und mit verschiedenen Namen benenne, die in der jeweiligen Sprache aber alle »Wasser« bedeuteten. Gleichermaßen tolerant war sein Schüler Vivekananda. Doch die Zeiten, erklärte der Swami, hätten sich geändert.

Ihm zufolge nutzten die katholische Kirche und verschiedene protestantische, vor allem amerikanische Sekten die natürliche Toleranz des Hinduismus aus, um mit gewaltigem Kapitalaufwand immer mehr Inder zum Christentum zu bekehren. Dies sei nun nicht mehr länger hinnehmbar. Der Hinduismus sei Opfer einer regelrechten Aggression. Er verlange nicht, dass die Christen Indien verließen. Wie er sehr wohl wisse, seien sie bereits seit zweitausend Jahren im Land, und von ihm aus könnten sie auch noch weitere zweitausend Jahre bleiben. Sie sollten nur endlich davon ablassen, nach den antiken Kulturen Afrikas und Lateinamerikas in früheren Zeiten nun auch noch die indische zu zerstören.

Ich gab zu bedenken, wir lebten nun mal in der Zeit des freien Marktes, auf dem nicht nur Güter, sondern auch Ideen und Religionen gehandelt würden. Es sei doch naiv zu glauben, hier gegen den Strom schwimmen zu können. »Der Markt ist nicht frei«, antwortete er, »denn der Schwache ist nicht frei gegenüber dem Starken. Nicht kämpferische, nicht missionarische Religionen wie die unsere haben gegen die anderen reichen, aggressiven keine Chance. Deswegen müssen sie geschützt werden. Es muss etwas geschehen, vielleicht durch die Vereinten Nationen, aber es liegt vor allem an den christlichen Kirchen selbst, ihre Missionstätigkeit einzustellen. Andernfalls könnten die Bedingungen für eine gewaltsame Gegenreaktion entstehen.«

In meinen Augen hatte er Recht. Die Missionierung ist eine Weiterführung des Kolonialismus. Dagegen vorzugehen war für den Swami ein weiterer Versuch, die indische Tradition zu stärken; so wie die Wiedereingliederung des Vedanta in das Leben der Menschen oder die Pflege von Ayurveda sowie des Kathakali-Theaters vonseiten P. S. Varriers.

Unter den Besuchern war auch der junge Arzt, der sich um die Diabetes des Swamis kümmern sollte. Der Guru hielt große Stücke auf ihn: Er kenne praktisch alle Shastras, die heiligen Schriften, auswendig! Zweifellos war er ein interessanter Mensch. Er kam aus einem Dorf an der Südspitze Indiens, wo er eine kleine, von seinem Großvater übernommene Ayurveda-Klinik leitete. Wir machten einen Termin aus. Nach Kursende würde ich ihn aufsuchen.

Ein weiterer Besucher war ein namhafter indischer Psychiater, der sich vier Tage im Ashram aufhielt. Er war Mitarbeiter eines internationalen, von der Harvard University finanzierten Forschungsprojekts zum Thema »Randgruppen und Außenseiter«. Während sich seine Kollegen in den USA und Europa mit Drogenabhängigen, Dropouts und Wohnsitzlosen beschäftigten, forschte er in Indien über Sadhus und Sannyasins*. Als er von mir hörte, wollte er sich unbedingt mit mir unterhalten.

Vielleicht stellte ich als Reisender zwischen Orient und Okzident für ihn eine interessante »Randgruppe« dar. Ich weiß nicht, ob ich etwas zu seiner Untersuchung beitragen konnte, er zu meiner aber gewiss. Wie er erzählte, hatte er viel Zeit im Himalaya verbracht und dort nach Menschen mit übersinnlichen Kräften gesucht. Aber als Wissenschaftler könne er mir sagen, keinen einzigen gefunden zu haben. Im Zusammenhang mit seiner Forschungsarbeit hatte er auch Sai Baba getroffen, den zurzeit berühmtesten »heiligen Mann« mit Millionen von Anhängern sowohl in Indien als auch anderswo. Er habe einen denkbar schlechten Eindruck von dem Mann gewonnen, erzählte er mir. Er sei ein eitler Mensch, gepudert und mit rot gefärbten Lippen. Und viele seiner Anhänger seien in einem kindlichen Entwicklungsstadium zurückgeblieben und sehnten sich nach einem Vater und schönem Spielzeug. Und Magie sei nun mal ein herrlicher Zeitvertreib.

Als Psychiater beunruhigte ihn am meisten, dass sich auch einige seiner Patienten Sai Baba angeschlossen hatten. Der Guru habe sie davon überzeugt, die Therapie abzubrechen und keine Medikamente mehr zu nehmen. Wenn solche Patienten dann aber doch zu ihm zurückgekommen seien, hätten sie sich häufig in einem bemitleidenswerten Zustand befunden.

Was Sai Babas »Wundertaten« betraf, so erzählte mir der Psychiater, einmal habe P. C. Sorcar, der berühmte Zauberer aus Kalkutta, den Guru in dessen Ashram aufgesucht und sich beim Darshan unter die Gläubigen gemischt. Als dann aber Sai Baba vor ihn getreten sei, um ihm, so wie allen, ein wenig von dem *vibhuti* zu

* Als Sadhus bezeichnet man jene Mönche, die meist schon in jungen Jahren der Welt entsagt haben und als »heilige Bettler« durch Indien ziehen. Häufig handelt es sich um Menschen sehr einfacher Herkunft. Im Unterschied zu den Sannyasins, die üblicherweise nach einem normalen »bürgerlichen« Leben durch einen Initiationsritus feierlich in den Kreis der Mönche aufgenommen werden, legen die einfachen Sadhus meist kein formelles Gelübde ab. Sadhus wie Sannyasins kleiden sich in Rot oder Orange. In Indien gibt es einige Millionen dieser Bettelmönche. Auch einfache Sadhus können, einmal als Lehrer anerkannt, zum Swami werden.

schenken, das ihm auf »wunderbare« Weise aus den Fingern regnete, habe der Zauberer aus Kalkutta in seiner vorgestreckten Handfläche wie aus dem Nichts eine Portion *rasmalai* erscheinen lassen, jene Süßspeise, die Sai Baba bekanntermaßen besonders liebe. Zauberer gegen Zauberer. Sai Babas Leibwächter hätten den anderen sogleich ergriffen und aus dem Ashram hinausgeworfen. Wie der Psychiater weiter erzählte, hätten auch schon andere Magier Sai Baba zu einem »Zauberwettkampf« herausgefordert, aber der habe sich nie darauf einlassen wollen.

Vielleicht sollte ich mir den Mann wirklich mal mit eigenen Augen ansehen, sagte ich mir. Und damit wurde mir klar, dass mein altes Verlangen, mich in Marsch zu setzen, noch nicht überwunden war. Ach, die Sehnsüchte. Von ihnen loszukommen war wirklich schwieriger, als ich gedacht hätte.

Als ich an einem Morgen aus meinem Zimmer trat, stellte ich fest, dass an der Leine, an der ich meine Wäsche trocknete, auch andere nasse Kleidungsstücke hingen. Es war Damenwäsche, und beiläufig dachte ich, sie werde wohl der hübschen Tanzlehrerin gehören, die für einige Tage im Ashram zu Besuch war und, wie ich wusste, nicht weit von mir untergebracht war.

Ich ging zur Puja, zur Meditation, zur Vedanta-Vorlesung, und ohne dass ich es wollte, ja, fast ohne dass ich es richtig merkte, war mein Geist, jener faszinierende, unkontrollierbare Teil unserer selbst, in Erregung geraten. Während ich meine Gedanken auf das Hier und Jetzt zu konzentrieren versuchte, entschlüpften sie vollkommen meiner Kontrolle und flogen immer wieder zu der Leine mit der Damenwäsche und der hübschen Tanzlehrerin: Im Geiste entwarf ich, der ich doch eigentlich gar nicht reden wollte, eine ganze Unterhaltung, stellte Fragen, antwortete, sprach Wünsche aus. Gewiss, mir blieb – wie der Swami sagte – die Wahl: Ich konnte jenes Ich sein, das begehrte, oder aber jenes, das über das begehrende Ich lachte. Aber das war leichter gesagt als getan. Vielleicht hätte ich mit meinem Problem den Swami aufsuchen sollen. Schließlich hätte ich mir dafür auch nicht den Arm absäbeln müssen, wie der Legende nach vor Jahrhunderten in China ein Schüler des Begründers des Zen-Buddhismus im Shaolin-Tempel.

Sein Meister, ein Inder namens Bodhidarma, in China als Da Muò und in Japan als Daruma bekannt, meditierte unablässig, und es war praktisch unmöglich, ihn anzusprechen. Und so kam es, dass sich eines Tages dieser Schüler, in seinem unbändigen Verlangen, den Meister auf sich aufmerksam zu machen, mit einem Streich den linken Arm abhieb, so dass das Blut in einer großen roten Pfütze im Schnee zusammenlief.

»Was willst du?«, fragte der Meister da endlich.

»Meinen Geist beruhigen.«

»Nun denn, bring mir deinen Geist, und ich werde ihn beruhigen.«

Der Schüler eilte von dannen. »Ich habe ihn nicht gefunden«, sagte er, als er wieder da war.

»Siehst du, ich habe ihn beruhigt«, antwortete da der Meister und wandte sich wieder seiner Meditation zu.

Wovor der Schüler fliehen will, ist das Netz seiner Gedanken, und der Meister zeigt ihm mit seinem Einfall auf, dass der Gedanke selbst das Problem ist. Aber sollte ich wirklich den Swami aufsuchen und ihm von meinen Gedanken erzählen? Ich wusste doch genau, worum es sich handelte. Es war das Gleiche wie bei dem sittenstrengen Mönch in einer anderen berühmten Zen-Geschichte.

Zwei Mönche gehen durch eine nach einem Platzregen überschwemmte Straße. Irgendwann erblicken sie ein hübsches Mädchen, das in seiner feinen Kleidung vor einer großen Lache steht und nicht hinüberkommt. Einer der beiden nimmt sie auf seine Arme und trägt sie hinüber ins Trockene. Der andere Mönch lässt es geschehen, doch abends im Tempel, wo sie die Nacht verbringen, kann er nicht mehr an sich halten: »Wie konntest du nur? Wir Mönche müssen uns von Frauen fern halten, besonders wenn sie jung und schön sind«, tadelt er den anderen. »Und du hast sie auch noch berührt. Weißt du nicht, wie gefährlich das ist?«

»Ich jedenfalls habe das Mädchen jenseits der Pfütze zurückgelassen«, antwortet da der Gescholtene. »Du aber hast es anscheinend mit hierher gebracht.«

Mir erging es ebenso. Ein paar Stofflappen an einer Wäscheleine hatten bei mir einen Mechanismus in Gang gesetzt, von dem ich mich endgültig befreit zu haben glaubte. Mehr noch als der Gedanke selbst nagte mein Unvermögen an mir, meinen Geist unter Kontrolle zu halten; und je mehr ich es versuchte, desto eigenwilliger führte er sich auf – bis mir irgendwann Sundarajan einfiel. Einmal hatte er mir in einem Gespräch auf dem Hügel im Zusammenhang mit seiner Liebe zu der Statue gestanden, »nie eine Frau gekannt zu haben«, und seine erlernte »Fähigkeit« erwähnt, seine Triebe im Zaum zu halten. Ich suchte ihn auf und legte ihm in aller Offenheit das Problem dar.

»Kennst du denn die Übungen nicht?«

Nein, die kannte ich wirklich noch nicht. Er aber machte sie jeden Morgen gleich nach dem Aufstehen zusammen mit seinen Yoga-Übungen. Sie seien sehr hilfreich, erklärte er mir, sie ließen den Samen steigen und verwandelten ihn in spirituelle Energie, wodurch dem Geist jener Reiz, der ihn quält, genommen werde. »Komm her, ich bringe sie dir bei.«

Ich musste mich hinknien, nach vorne beugen und den Kopf und die Hände fest auf dem Boden aufsetzen. Dann erklärte er mir die Technik, wie ich die Zunge so weit wie möglich Richtung Rachen zurückrollen, dabei richtig atmen sollte und wie ich die Muskeln im Unterleib und den Schließmuskel anzuspannen hatte. Er zeigte mir noch ein paar andere Dinge und machte mir dann jede einzelne Übung vor, damit mir keine Fehler unterliefen. Ich sollte mit wenigen Minuten täglich anfangen und mein Pensum dann nach und nach steigern.

Allein schon die Tatsache, dass es solch eine »Fähigkeit«, solche Übungen gab, faszinierte mich. Ist die Welt nicht wunderbar reich? Auf der einen Seite wird Viagra erfunden, und auf der anderen zerbrechen sich Leute darüber den Kopf, wie sich jenem frechen Teil unserer selbst ein Riegel vorschieben lässt. Der Mensch ist schon erstaunlich.

Ich weiß nicht, ob Sundarajans Übungen auch bei mir den Samen steigen ließen, wie er sagte. Aber nachdem ich sie in mein buntes morgendliches Trainingsprogramm aufgenommen hatte – ein wenig Yoga, ein wenig Qigong, ein wenig Gymnastik für die Augen, die Prostata, die Wirbelsäule, dann dem Magen zulächeln und schließlich die »Kugel-Übung« von Master Hu –, konnte ich ihm ehrlichen Herzens berichten, dass seine Methode funktionierte.

So vergingen die Tage, die Wochen: Mittlerweile waren fast drei Monate vergangen. Das Wetter war längst umgeschlagen. Es war Monsunzeit, und immer wieder trug der Wind ganz unvermutet kurze, herrlich erfrischende Regengüsse heran. Die Berge, deren Anblick mir täglich Gesellschaft leistete, hatten sich verfärbt, erschienen nun grau und nebelverhangen. Und ich fühlte mich wieder ruhiger und gelassener. Ich hatte den Eindruck, Indien durch diese einzigartige Erfahrung im Ashram ein wenig besser verstanden zu haben, und sollte ich jemals versucht gewesen sein, ganz der Kontemplation zu leben, so wusste ich jetzt mit Sicherheit, dass dies nicht meine Sache war. Und der Vedanta? Zum Schluss kam es mir so vor, als stünde ich mit ihm schon wie selbstverständlich im Einklang: Ich fühlte mich nicht getrennt von der Welt, sah mich nicht als kleine Welle, die vom Ozean überrollt wird, und hatte im Grunde auch keine Angst mehr vor dem Tod.

Was die Sehnsüchte und Wünsche betraf, hatte ich beschlossen, die meisten davon zu zähmen und mich mit den restlichen zu arrangieren, auf die ich ganz bewusst nicht verzichten wollte. Ich gab dem Swami durchaus Recht, dass die Welt, *jagat*, sehr, sehr intelligent eingerichtet ist. Also warum sollte man ihre Pracht nicht genießen? In meinen Augen ließen sich die Brahmacharis, die ihr entsagten, etwas Wunderbares entgehen.

Immer mehr Zeit verbrachte ich in der Natur. Ich saß auf meiner Anhöhe und versenkte mich in den Anblick einiger weiß schäumender Wasserfälle oder, weiter unten, der entfernten dunklen Umrisse eines alten majestätischen Baumes, der aus der nun sattgrünen Ebene aufragte. Bäume seien wie Sadhus, hatte der Swami erklärt: Während alle umherhasten, bleiben sie ganz bei sich, reglos, fest verwurzelt, ohne den Drang, sich hierhin und dorthin zu wenden, um irgendetwas zu finden. So würde ich niemals sein. Es entsprach nicht meinem Wesen. Zum Mönch bin ich nicht geboren. Ich hatte es versucht und in manchen Aspekten sogar Gefallen daran gefunden. Aber im Grunde war es nichts für mich, und es gab nichts Lächerlicheres, als mich für einen »heiligen Mann« zu halten.

Aber das geschah. Eine Gruppe Bauern aus einem nahen Dorf war in den Ashram gekommen, um einen kleinen Beitrag zum Neubau ihres Tempels zu erbitten. Als ich zufällig an ihnen vorüberging, sprach mich einer von ihnen, ein älterer Mann, mit »Swami-ji« an und berührte meine Füße und die Spitze meines Bartes. Dann strich er sich mit den Händen, die mich gestreift hatten, sanft über sein Gesicht, den Kopf und die Brust, wie um sich meine Weisheit und »Heiligkeit« einzuverleiben.

Das Kursende nahte, und damit begannen die Abschlusszeremonien. Die für mich interessanteste war die Japa-Mantra-Zeremonie, bei der wir gemeinsam hunderttausend Mal eine Dankesformel an Dakshinamurti, die Schutzgottheit des Ashrams, Inkarnation Shivas und Beschützerin der Veden, sprechen sollten. Den Text des Japa-Mantras hatte man uns, abgedruckt auf einem kleinen Blatt, am Vorabend zukommen lassen, damit wir ihn auswendig lernen konnten. Die Worte waren nichts Besonderes: »OM ... in voller Konzentration knie ich nieder vor dir, Dakshinamurti, die du im Banian-Baum lebst ... Vor der Zerstörungskraft Shivas verneige ich mich ... OM.« Der Klang war jedoch schön – wie immer; eine ganz eigene »Kraft« wohnte ihm inne, besonders durch dieses wie im Kreis laufende OM, das die letzte und gleichzeitig wieder die erste Silbe des neu beginnenden Mantras bildete. Durch das stundenlange Wiederholen leerte sich der Kopf, beruhigte sich.

Die Zeremonie fand im Tempel statt. Zu diesem Anlass waren aus Coimbatore dreizehn höhere Pujaris – Brahmanen nämlich – und mindestens einhundert Anhänger des Swamis eingetroffen. Einige Gläubige waren sogar eigens zum Darshan aus Madras angereist, um den Swami anzuschauen, einfach bei ihm zu sein, bei einem Menschen, der sich selbst erkannt hat. Der Brennpunkt der Zeremonie war die quadratische Vertiefung für das heilige Feuer im Fußboden der Vorhalle auf der linken Tempelseite. Der Swami saß direkt davor in seinem Sessel. Formell hatte er mit der Zeremonie nichts zu tun, denn als Sannyasin war er frei von allen Bindungen zur Welt, einschließlich der Religion und ihrer Riten. So wurde die Feier vom Ashram-Sekretär geleitet, einem älteren, sehr vornehm wirkenden Herrn, neben dem, wie es die Veden vorschrieben, seine Frau Platz genommen hatte. Die dreizehn Brahmanen saßen im Kreis um die Vertiefung im Boden herum. Dahinter wir Shishas, und hinter uns wiederum die Zuschauer, von denen viele standen, um besser verfolgen zu können, was da vorne geschah.

Der Auftakt ging gründlich daneben. Geplant war, nach alter vedischer Tradition das heilige Feuer zu entzünden, indem man zwei Hölzer aneinander rieb. Doch aus irgendeinem Grund wollte der Funke nicht überspringen. Ein Brahmachari stimmte das Gebet »Komm, komm eilends … Lass uns nicht länger warten« an. Und von den »Küsterinnen-Witwen« dirigiert, wiederholten wir alle, in verschiedenen Stimmlagen, im Chor das Mantra: »*OM Namashivaya …*« Aber es war nichts zu machen. Schwitzend und keuchend rissen die Brahmanen abwechselnd an der Schnur, die um ein rundes Holz gebunden war, das sich rotierend an einem zweiten, mit Büscheln von Kokosstroh bedeckten Holz rieb und es eigentlich leicht hätte entzünden müssen. Alle Augen waren auf diesen Punkt gerichtet. Man sah ein wenig Rauch, nahm den Geruch erhitzten Holzes wahr, auf das ein Pujari hingebungsvoll einblies, doch entzünden wollte sich das Ganze nicht.

»Gibt es so etwas bei euch zu Hause auch?«, fragte mich ein alter Shisha aus der »Rentnerbrigade«.

»Nein, bei uns gibt's Streichhölzer«, entfuhr es mir, nicht gerade höflich.

Fast eine Stunde zog sich die Prozedur hin. Grau im Gesicht, saß der arme Swami da und wartete. Erst einige Abende zuvor hatte er während des Satsangs auf meine Frage, ob er daran glaube, dass man es mit einer Puja tatsächlich regnen lassen könne, mit Ja geantwortet. Selbst skeptisch, habe er einmal an einer Regen-Puja teilgenommen und erlebt, wie der Himmel plötzlich seine Schleusen öffnete. Aber warum klappte es jetzt mit dem Feuer nicht?

Hätte ich doch die Macht besessen, das Feuer zu entfachen, um die vielen Leute von ihrer bangen Erwartung zu erlösen. Und hätte sie auch nur darin bestanden, ein wenig Kampfer oder Alkohol in das Kokosstroh zu geben – wie es, wenn ich mich nicht täuschte, jetzt tatsächlich geschah. Denn ich sah, wie jemand einem der Brahmanen unauffällig einen weißen Wattebausch reichte. Gleich darauf leuchtete etwas rot auf, es rauchte, und schon begannen hübsch lodernde Feuerzungen zunächst die Holzscheite, dann, nach und nach, die Butter, die Wasserspritzer, den Reis und all die anderen Dinge zu verzehren, die die Pujaris, jede Geste mit einer Anrufung begleitend, den Göttern opferten.

Schließlich segnete man mit einem in Wasser getauchten Mangozweig auch uns, und eingehüllt in immer dichter werdende Rauchwolken, die der Wind uns ins Gesicht blies, konnten wir endlich die große Litanei anstimmen: »*OM hrim Dakshinamurtaye tubhyan ... OM hrim Dakshinamurtaye ...*«

Das Aufsagen des Mantras dauerte ungefähr zwölf Sekunden. In einer Stunde konnte es jeder dreihundert Mal sprechen, und da wir rund hundert Shishas waren, würden wir es, wie man errechnet hatte – unter Berücksichtigung der Tatsache, dass der eine oder andere auch mal hinausmusste –, in vier Stunden alle zusammen hunderttausend Mal sprechen können. Und so geschah es. Vier Stunden lang wiederholten wir wieder und wieder dieselben Worte ... wie ein Arbeiter am Fließband dieselben Handgriffe, mit denen er irgendwelche sinnlosen Geräte herstellt, die andere mit dem Geld kaufen, das sie selbst wiederum durch die Herstellung anderer sinnloser Geräte verdient haben.

Und so verstreicht das Leben, überlegte ich, ohne Sinn, hier im Ashram genauso wie draußen. Es verstreicht in einer Aneinanderreihung von Erwartungen, von Riten, deren einzige Bedeutung darin liegt, dem sinnlosen Verstreichen des Lebens doch irgendeinen Sinn zu geben. Innerhalb und außerhalb des Ashrams, ohne große Unterschiede. Draußen geht man seiner Arbeit nach, unterhält sich über Belanglosigkeiten, spielt mit Dingen, die als notwendig gelten; hier drinnen wiederholt man Tausende und Abertausende Male einen Satz zu Ehren einer Göttin, die die Erkenntnis symbolisiert. Draußen bangt man um ein Kind, das nicht nach Hause kommt, hier drinnen um ein Feuer, das nicht aufflackern will.

Würde man, anstatt hunderttausend Mal jenes Mantra zu wiederholen, die Zeit dazu nutzen, einen Brunnen auszuheben, wären in Indien vielleicht nicht zwei Drittel der Menschen ohne ausreichende Trinkwasserversorgung. Aber das war eben der Wahnsinn Indiens, der mir andererseits auch wieder so gefiel. Zudem heben Brahmanen keine Brunnen aus.

Ich betrachtete mir die Hände all dieser schönen Menschen, meiner weiß gekleideten Mit-Shishas und der Pujaris: saubere Fingernägel, feingliedrige Finger. In keiner dieser Hände hatte jemals ein Spaten gelegen, eine Spitzhacke, eine Axt.

Durch diese Zeremonie wurde einem sehr vieles deutlich: Man verstand die Auflehnung der Buddhisten gegen die starren Riten; und man bewunderte die praktische Intelligenz der Tibeter, die, um ohne Unterlass Mantras wiederholen zu können, die Gebetsmühlen erfanden, in die sie Hunderte von Zettelchen mit der Gebetsformel steckten, damit sich mit jeder Umdrehung deren Wirkung vervielfachte. Und schließlich erinnerte dieses lange Ritual daran, wie schwierig es einst war, ein Feuer zu entfachen, und wie angesehen, ja heilig die Aufgabe, es zu hüten.

Am Ende der letzten Vorlesung sprach einer der Brahmacharis den Swami darauf an, dass er uns ein Vibhuti-»Wunder« versprochen habe.

»Wollt ihr das wirklich?«, fragte der Swami lachend nach.

»Ja«, antwortete der ganze Saal im Chor.

»Gut, dann möge jetzt jemand vortreten.«

Alles zögerte. Offensichtlich traute sich niemand. Da sprang ich von meinem Platz an der Wand auf und lief nach vorne. Ich streckte ihm die geöffnete Hand entgegen, und lachend begann er, aus seiner halb geschlossenen Rechten heilige Asche hineinrieseln zu lassen. Zunächst nur ein dünnes Rinnsal, dann immer mehr. Er rieb die Finger leicht gegeneinander, und die Asche rieselte und rieselte. Ich war fassungslos. Als ich mich umdrehte, um meinen Gefährten die Hand zu zeigen, waren sie augenblicklich zu Dutzenden bei mir, um sich eine Prise davon zu nehmen und auf die Stirn zu streichen. Es entstand ein großes Durcheinander, fast die ganze Klasse umringte mich, während der Swami immer wieder um Ruhe bat und rief: »Ein Trick ... es war nur ein Trick. Nehmt das doch bitte nicht ernst!«

Doch niemand hörte ihn. Im Grunde gefiel allen die Vorstellung, dass der Swami, wie Sai Baba, ein Wunder bewirkt hatte. Vielleicht sogar mir, der ich gewiss der größte Skeptiker von allen war und auch nie die Füße des Swami berührt hatte, mir, dem verlorenen Sohn, dem die Ehre des »Wunders« zuteil geworden war. Als ich an mein Tischchen zurückkehrte, war meine Hand vollkommen gesäubert worden durch Dutzende anderer Hände, die sich von dem magischen Vibhuti bis auf den letzten Rest bedient hatten. Mir blieb nur, an diesem einen Tag der gefragteste Shisha zu sein.

Nach dem Mittagessen kam eine Reihe von Mit-Shishas zu mir, um mir ihre Version der Ereignisse zu erzählen.

»Herrlich. Ich will gar nicht wissen, ob es tatsächlich ein Wunder war ... auf alle Fälle war es ein *prasad,* ein Ausdruck Ishwaras«, meinte die frühere Leiterin der Schwesternschule. Eine junge Ärztin hatte keine Zweifel: »Wer auf dem spirituellen Weg sehr weit fortgeschritten ist, erlangt solche Fähigkeiten. Daran ist nichts Außergewöhnliches.« Der Brahmachari aber, der den Swami an sein Versprechen erinnert hatte, erzählte, dass alles abgesprochen gewesen sei. Im Auftrag des Swamis habe er selbst das Pulver unter dessen Tischchen versteckt. Aber es brachte nichts. Die »Gläubigen« dachten gar nicht daran abzuschwören. Ich konnte sie verstehen: Es war schöner, daran zu glauben, als die Realität zu akzeptieren. Doch mir kam das alles immer befremdlicher vor.

Als dann der Herzchirurg zu mir kam, um sich zwar nicht nach dem Vibhuti zu erkundigen, aber danach, ob ich die Pyramide benutzte, hatte ich das Gefühl, in einem Irrenhaus gelandet zu sein. Jeder war auf seine Weise verrückt. Und hätte mich jemand dabei beobachtet, wie ich abends in meinem Zimmer auf dem Boden hockte und mit einem Tauchsieder in einem Töpfchen ein Kilo Zwiebeln kochte, um damit meine hartnäckige Allergie zu bekämpfen, hätte er das Gleiche von mir gedacht.

Der letzte Morgen war kristallklar. Es gab ein Gruppenfoto mit den üblichen Rangeleien der vielen »Erleuchteten«, um dem Swami so nahe wie möglich zu sein. Dann die Übergabe der Urkunden. Zu diesem Anlass, wie eine der Statuen im Tempel mit einer schweren Blumengirlande um den Hals geschmückt, saß der Swami in seinem Sessel. Einer nach dem anderen zog an ihm vorüber. Eine Schülerin von ihm, die selbst bereits lehrte, reichte jedem eine Hand voll Blütenblätter, die dem Swami zu Füßen zu werfen waren. Und dann wurde einer nach dem anderen aufgerufen, um aus seiner Hand eine Urkunde und – eine Banane überreicht zu bekommen. Viele waren gerührt.

»Dies ist der Höhepunkt meines Lebens«, seufzte Sundarajan. Einige Frauen konnten die Tränen nicht zurückhalten. Es war rührend zu beobachten, mit welcher Hingabe sie den Swami verehrten. Die meisten sahen wirklich Bhagawan in ihm. Ich selbst aber fühlte mich nun am Ende jener drei Monate wie ein Spion, der sich ins gegnerische Lager eingeschlichen hat, um irgendein Geheimnis zu rauben. Als man mich bat, zum Abschied vor allen ein paar Worte zu sprechen, lehnte ich ab. Eine sehr schöne Rede hielt dafür der frühere Kinderarzt, der, dankbar und auch ein wenig ironisch, ein Loblied auf den Swami sang und dabei Verse einiger großer indischer Dichter wie etwa Kabir zitierte. Andere trugen Gedichte vor, die sie für den Swami verfasst hatten.

Einer bat den Swami, uns noch einen letzten Rat mit auf den Weg zu geben, und der Meister blieb sich selbst treu: »Lebt ein Leben, in dem ihr euch wiedererkennen könnt.«

Dies war der Swami, wie ich ihn kennen gelernt hatte und wie er mir in Erinnerung bleiben würde.

Was nahmen wir Shishas mit, als wir uns nach diesen drei Monaten wieder auf den Weg machten, ein jeder in seine eigene Richtung? Vielleicht in erster Linie, dass wir uns jetzt ein wenig bewusster als zuvor jene grundlegende Frage stellten, auf die wir gewiss nicht alle eine Antwort gefunden hatten: »Wer bin ich?«

Der Arzt für Gesunde

Bei meiner Ankunft war jene Erhebung rechts der Straße ein normaler, lang gezogener steiniger Hügel, der sich mit einem eigenartigen Profil vor dem Horizont abhob. Eine Woche später, als ich wieder abreiste, war er eine Riesin, die rücklings in den Reisfeldern lag und in die Leere über ihr starrte. Vor dem Hintergrund des blauen Himmels konnte ich die Knie ausmachen, die Hüften, die Brüste, die Umrisse des Kinns, der Lippen und der Nase.

Das Dorf Derisanamscope war ein zauberhafter Ort: der ungewöhnlichste, beschaulichste und friedlichste, den ich in Indien je erlebt habe. Es sollte aber niemand mit der Erwartung dorthin reisen, in Derisanamscope das Gleiche wie ich zu finden. Denn jeder macht aus allem, was ihm begegnet – sei es ein Ort, ein Mensch oder ein Ereignis –, stets das, was er im Moment braucht. Und nichts beeinflusst unsere Sicht der Realität so stark wie unsere Phantasie.

Das vollkommen weiße Dorf lag inmitten einer saftig grünen Ebene aus Reisfeldern, die hier und dort mit Palmenreihen getüpfelt war. Schon allein diese beiden Farben, Weiß und Grün, vermittelten ein Gefühl friedlicher Ruhe. Rund hundert Meter vom Dorfkern entfernt verlief eine asphaltierte Straße, auf der gelegentlich ein Auto, ein Bus oder eine Büffelherde vorüberzog; eine weitere Straße aus schönen, großen Pflastersteinen, wie sie auch verwendet werden, um Reispflanzen zu dreschen und Heu zu trocknen, führte zwischen niedrigen, einstöckigen Häuschen hindurch zu einem mächtigen antiken Tempel, von dem eine geheimnisvolle Kraft auszugehen schien. Der Tempel war in der Tat überproportional groß im Vergleich mit dem Dorf, so als stammte er noch aus einer Zeit, als die Menschen Riesen waren.

Vor dem Tempel lag ein ungepflasterter Platz. In dessen Mitte erhob sich, majestätisch, ausladend und mächtig, ein dicht belaubter Ficus religiosa, umgürtet von einem breiten gemauerten Sockel, auf dem die Alten zusammensaßen und schwatzten und die Dorfkinder herumturnten. Darunter zu sitzen und Mantras zu singen sei hilfreich bei Atemproblemen, hieß es, da der Baum lebe und atme und eine besondere Kraft verströme. Nur wenige Schritte entfernt war ein Becken mit sauberem, klarem Wasser, das von Stufenreihen aus verwitterten Steinen umschlossen war. Hier endete das Dorf. Weitere Reisfelder schlossen sich an, weitere Palmenreihen und dahinter, wie zum Schutz, der Hügel aus zerklüftetem Fels.

Der Legende nach war der Tempel einer jener beiden, die Rama, der Held des *Ramayana,* in Indien auf seinem Weg nach Ceylon gründete. Dort wollte er sich seine Gattin Sita zurückholen, die ihm der niederträchtige Ravana im Schlaf geraubt hatte. Hier an diesem Ort hatte er sich unter einen Baum gesetzt, um sich ein wenig auszuruhen, als sich eine Dämonin, von der man sagte, dass sie auch Rishis während ihrer Meditation störe, zu ihm schlich und ihn zu belästigen begann. Rama erkannte sie, griff zu seinem Bogen und ließ – zack – einen seiner berühmten Pfeile, die nie ihr Ziel verfehlten, von der Sehne schnellen. Ins Herz getroffen, fiel die Dämonin rücklings ins Reisfeld und blieb dort, versteinert, für immer liegen.

Zum Gedenken an dieses Ereignis ließ Rama jenen Tempel errichten und gab dem Ort den eigenartigen Namen Derisanamscope, der bedeutet: »Der Ort, an dem der Pfeil von der Sehne schnellte.«

Es war auch der Ort, in dem Doktor L. Mahadevan lebte, der junge Ayurveda-Arzt, den ich im Ashram getroffen hatte und zu dem der Swami ein so großes Vertrauen hegte. Nicht allein, weil er sich, offenbar erfolgreich, um dessen Diabetes gekümmert hatte. Nein, auch weil er die Shastras, die heiligen Schriften, auswendig kannte.

»Kommen Sie einfach mal eine ganze Woche zu mir in mein Krankenhaus, dann sehen wir, was ich für Sie tun kann«, hatte er mir gesagt, als ich ihm von meiner Krebserkrankung erzählte. Und nun war ich da.

Mein Feldbett mit der hauchdünnen, kunststoffbezogenen Matratze darauf stand in einem karg eingerichteten Raum mit himmelblauen Wänden und einem Boden aus dunklen Steinplatten.

Das Fenster öffnete sich auf einen kleinen Innenhof, ein Mäuerchen und einen mit Lotusblüten bedeckten Teich dahinter, an den sich die Reisfelder anschlossen. In einem Hof zur anderen Seite gab es ein Stehklosett und einen Wasserhahn. War es Zeit fürs Mittag- oder Abendessen, brachte mir ein Mann auf seinem Fahrrad einen dreibödigen Henkelmann mit einigen *chapati* (Fladenbroten), ein paar Löffeln *dal*, der klassischen indischen Linsensuppe, sowie einer Portion höllisch scharfen Gemüses.

Das »Krankenhaus« mit seinen lediglich sechs Zimmern, in dem ich wohnte, war vielleicht fünfzig Meter von der Asphaltstraße entfernt, an der die eigentliche Klinik lag. Dort empfing Mahadevan seine Patienten, und dort befand sich auch die große »Küche«, wie sie genannt wurde, in der seine Angestellten von früh bis spät Medikamente zubereiteten. Über Holzfeuern, wie es die Tradition verlangte, hingen die dampfenden Bronzekessel mit der jeweiligen Medizin; auf dem Boden hockten vielleicht ein Dutzend Männer und Frauen, die Kräuter klein hackten oder in Bottichen vermengten, Öle filterten oder, Mantras singend, die in der Sonne getrockneten Mixturen zu Kügelchen formten. Die Küchenwände glänzten vor Ruß, doch die Luft war geschwängert mit jenen Wohlgerüchen, die schon per se heilsam zu sein schienen.

»Genauso ist es«, meinte Mahadevan, als er mich durch sein kleines Reich führte. »Die Leute, die hier arbeiten, werden nie krank. Die kriegen noch nicht mal eine Erkältung.«

Da hätte ich mich also mal länger in dieser Küche aufhalten sollen. Dann wäre ich vielleicht diese allergische Nebenhöhlenentzündung losgeworden, die mich seit Wochen mit laufender Nase, tränenden Augen, Niesen und Kopfschmerzen plagte.

Auf der Straße vor der Klinik war ein Stand, an dem Chai, Tee, für die Patienten ausgeschenkt wurde, die darauf warteten, beim Arzt an die Reihe zu kommen, oder bereits bei ihm waren und nun auf den Bus warteten, um zufrieden nach Hause zu fahren, ausgerüstet mit Papiertüten voller Pülverchen, Tabletten und Kügelchen. Wären da nicht die Glühbirnen gewesen – die allerdings kaum brannten, weil ständig der Strom ausfiel –, der Bus und der kleine Generator, der den Ventilator in dem winzigen Zimmer antrieb, wo Mahadevan unter einem Bildnis des Ayurveda-Schutzgottes und einem Schwarz-Weiß-Foto seines Großvaters, des Klinikgründers, seine Patienten empfing, hätte man glauben können, in eine Szene wie auf einer jener sepiafarbenen Ansichtskarten aus dem frühen 20. Jahrhundert versetzt worden zu sein. Nie zuvor hatte ich ein derart ursprüngliches, einfaches, intaktes Indien erlebt. Ganz zu schweigen von ihm, dem Arzt, der wirklich ein besonderer Mensch war: groß gewachsen, schlank, mit heller Haut, schwarzem, dichtem Haar und einem Feuer in den Augen, das man nur bei wirklichen »Gläubigen« sieht. Erst fünfunddreißig, hatte er bereits die Ausstrahlung eines Mannes, der für alles eine Lösung parat hat.

»Ich kenne die Schriften, und die Schriften sagen mir in jeder Situation, was ich zu tun habe. Für jeden Patienten finde ich die richtige Behandlung, auch wenn ich bisweilen nicht sagen könnte, wie sie wirkt«, antwortete er mir, als ich wissen wollte, woher er seine Sicherheit nehme. »Aber, wohlgemerkt: Ich heile den Patienten nicht, sondern nehme mich nur seiner an. Die Heilung erfolgt durch den Patienten selbst. Und vor allen Dingen durch ihn«, fügte er hinzu, indem er auf den Gott deutete, der in seinem Goldrahmen wohlwollend auf uns herniederblickte.

Die ersten beiden Tage verbrachte ich von morgens bis abends in seinem kleinen Sprechzimmer. Ich saß in einer Ecke und beobachtete ihn, wie er sich nacheinander mit seinen Patienten beschäftigte: mit einigen lediglich einige Minuten, mit anderen sehr viel länger. Nichtsdestotrotz vermittelte er jedem das Gefühl, sich in diesem Moment für nichts auf der Welt mehr als gerade für ihn zu interessieren. Nach einigen einleitenden Fragen fühlte er allen den Puls. »Frauen den linken, Männern den rechten«, erklärte er mir. Dann sammelte er sich einen Moment, neigte den Kopf, schloss die Augen und verfiel in eine Art meditativen Zustand. »Wenn ich den Puls fühle und mich dabei vollkommen konzentriere, bin ich in der Lage, den gesamten Körper des Patienten zu sondieren und sehr viel über ihn zu erfahren.«

Viele Patienten staunten darüber, dass er nach der Untersuchung besser als sie selbst sagen konnte, wie sie sich fühlten und welche, von ihnen gar nicht registrierte, Symptome sie aufwiesen. Für jeden hatte er ein Lächeln, einen guten Rat – und eine Arznei, die in der an die »Küche« angeschlossenen Apotheke abzuholen war.

Die Klinik war in der ganzen Gegend bekannt, und manchmal kamen Patienten von sehr weit her. Zwei Frauen erzählten zum Beispiel, sie hätten neun Stunden Busfahrt auf sich genommen, um Mahadevan sehen zu können. Die unterschiedlichsten Fälle stellten sich bei ihm vor. Im Verlaufe eines Tages erlebte ich zum Beispiel, unter vielen anderen, eine Frau mit einer enorm angeschwollenen Schilddrüse, eine andere mit Menstruationsbeschwerden und wieder eine andere, ältere, mit Verdacht auf Magenkrebs; einen Mann, der nach seiner Sterilisation in einer staatlichen Klinik über Impotenz klagte, einen jungen Patienten, der den Heilungsverlauf seines Beines untersuchen ließ, an dem ihm nach einem Verkehrsunfall durch zahlreiche Glassplitter ein Wundbrand gedroht hatte; einen Diabetiker, einen Herzinfarktpatienten, einen Patienten mit Bluthochdruck und zwei Fälle von Schuppenflechte.

Zwischen dem Kommen und Gehen der Patienten stellte ich Fragen, die mir Mahadevan bereitwillig beantwortete, auch wenn er meinte, allein auf diese Weise könne ich seine »Wissenschaft« nicht begreifen. Ihm lag viel daran, dass ich mir keine falschen Vorstellungen davon machte, und deshalb nahm er sich am Nachmittag des ersten Tages Zeit, um mir eine Art Einführungsvortrag zu Ayurveda zu halten. Und ich schrieb mit.

»Ayurveda ist keine alternative Medizin und steht nicht in Konkurrenz zu westlichen Heilverfahren. Es ist etwas ganz anderes, eine medizinische Schule mit einer ganz eigenen philosophischen Grundlage, das heißt einer anderen Auffassung von der Welt und vom Leben selbst«, begann er.

Mahadevan wusste, dass ich gerade drei Monate beim Swami verbracht hatte und mir jenes indische Bild von »Welt und Leben« nicht mehr ganz fremd war. Dennoch hielt er es für sinnvoll, noch einmal einige grundlegende Dinge zu wiederholen.

»Vor allem sind wir überzeugt, dass die sinnlich erfahrbare Realität nicht die einzige ist. Die Sinne sind nicht unser einziges Erkenntnisinstrument. Und die Shastras zeigen uns eine Einheit jenseits all dessen auf, was unsere Sinne als getrennt wahrnehmen.

Wenn wir die Welt betrachten, haben wir den Eindruck, sie setze sich aus verschiedenen Teilen zusammen; auch von uns selbst glauben wir, aus Teilen zu bestehen. Aber in Wahrheit ist das Universum ein Ganzes, einmalig und unabhängig, und sicher nicht die Summe seiner Teile. Die Teile spiegeln das Ganze wider, aber es ist absurd zu glauben, deswegen die Realität auf einzelne Teile reduzieren zu können.

Medizinisch ausgedrückt heißt das, dass Sie und ich und alle anderen menschlichen oder nicht menschlichen Lebewesen kleinen, in die Gesamtheit der Welt integrierten Welten vergleichbar sind. Wir sind Mikrokosmen, die aber in keiner Weise vom Makrokosmos geschieden und deshalb auch denselben Einflüssen, denselben kosmischen Gesetzen unterworfen sind. Als ›Wissenschaft des Lebens‹ begreift Ayurveda den Menschen daher in seiner Gesamtheit, nicht aber als eine Zusammenstellung von Einzelteilen. Daher kann seine Gesunderhaltung nicht losgelöst von seinem sozialen und spirituellen Umfeld sowic seiner kosmischen Anbindung gesehen werden. Dieser Ansatz, den man bei Ihnen im Westen heutzutage ›ganzheitlich‹ nennt, steht in krassem Gegensatz zur so genannten modernen Medizin, die Krankheit als Dysfunktion eines der Mechanismen im menschlichen Organismus begreift.

Gewiss: Es lassen sich Vergleiche zwischen Ayurveda und der westlichen Medizin anstellen, indem man etwa die klinischen Bedingungen von Patienten einer objektiven Betrachtung unterzieht. Aber das geht nur bis zu einem gewissen Punkt. Denn unserer Auffassung nach helfen allein ›wissenschaftliche‹ Wege bei der Lösung menschlicher Probleme nicht weiter. Ich weiß sehr wohl, dass auch die modernen Wissenschaften einräumen, gewissen Phänomenen, deren Ursache man nicht kennt, ratlos gegenüberzustehen. Für uns ist diese unbekannte Ursache das Karma. Aber das Karma ist unter einem normalen Mikroskop nicht auszumachen, und daraus schließt man im Westen, dass es gar nicht existiere. Dabei genügte es, durch das Mikroskop der Weisheit zu schauen, um es in aller Deutlichkeit zu erkennen.

Aber bleiben wir bei dem Phänomen ›Krankheit‹. Warum trifft sie mich und nicht irgendeinen anderen Menschen? Zurzeit erklären die westlichen Mediziner fast alles mit der genetischen Veranlagung. Da ist auch sicher etwas Wahres dran. Doch ich frage diese Wissenschaftler: Was ist der Grund für die genetischen Unterschiede? Das können sie mir nicht sagen. Und auch wenn wir eines Tages den Grund kennen würden, müssten wir uns doch fragen, was der Grund für den Grund ist. Das könnte man bis ins Unendliche fortsetzen und nach dem Grund für den Grund für den Grund fragen. Doch was ist der letzte Grund? Die Rishis hatten es erkannt: Es ist das Karma.

Nun, dort, wo die moderne Medizin Halt macht, beginnt Ayurveda. Für Erstere dreht sich alles um den physischen Körper; Ayurveda geht darüber hinaus, denn offensichtlich sind wir ja viel mehr als ein Körper: Wir haben einen Verstand, wir haben ein Bewusstsein, wir haben eine Seele, und vor allem haben wir ein Karma.«

Ich hörte Mahadevan mit Vergnügen zu. Man hätte den Eindruck haben können, er sei mit mir in New York gewesen und teile meine Zweifel und Überlegungen hinsichtlich der Therapien im MSKCC. Er schien über die Antworten auf jene Fragen zu verfügen, mit denen ich meine Instandsetzer amüsiert und provoziert hatte. Aber verhielt es sich tatsächlich so? Ein Teil von mir jubelte und fühlte sich verstanden, doch der andere blieb wie üblich skeptisch: Ja, die Rishis wussten Bescheid über die Natur des Menschen, aber ließen sich diese schönen Reden auch in eine Arznei für mich umsetzen, die wirksamer war als die phosphoreszierenden Flüssigkeiten der Chemotherapie – und nicht so zerstörerisch wie die Strahlentherapie? Letztendlich war doch alles, was die Ärzte in New York bei mir angewandt hatten, lange erforscht, entwickelt und in der Praxis erprobt worden.

»Ich selbst bewundere gewisse Seiten der westlichen Medizin«, erwiderte Mahadevan, als ich meine Einwände vorbrachte, »und wie jeder Arzt im Westen lerne auch ich aus der Praxis. Aber vor allem lerne ich, wie sehr die Rishis Recht hatten, wie klar sie die Dinge erkannten. Bisweilen bin ich selbst noch überrascht von den großen Eingebungen der Shastras und glücklich, mich auf sie stützen und nach ihnen richten zu können. Stellen Sie sich nur vor, die Rishis konnten bereits Aussagen zur Vererbung bestimmter Krankheiten treffen; sie haben verschiedene Diabetestypen klassifiziert und kannten den heute so in Mode gekommenen Begriff des Stress; sie waren in der Lage, jene Krankheiten zu beschreiben, die wir heute psychosomatisch nennen, und hatten genaue Vorstellungen vom Immunsystem, dem sie große Bedeutung beimaßen. Die Rishis kannten die Übertragungswege von Krankheitserregern, etwa über Geschlechtsverkehr, durch körperliche Nähe oder indem man die Kleidung anderer Manschen trug. Sie wussten von Krankheiten, die durch verunreinigtes Wasser oder verseuchten Boden entstehen, und beschrieben Epidemien. Unglaublich, wenn man sich vorstellt, dass sie zu diesen Erkenntnissen ganz ohne Messinstrumente gelangten. Auch finden sich in den Shastras wundervolle Verse, die Geisteskrankheiten sehr viel besser beschreiben als moderne medizinische Abhandlungen«, erklärte er und rezitierte wie zum Beweis auf Sanskrit einige dieser Stellen.

Weiter zum Thema Geisteskrankheiten, aber auch in offensichtlicher Anspielung auf die »Arznei für mich«, nach der ich gefragt hatte, erklärte Mahadevan dann: Anders als in der modernen Medizin gehe es bei den in den Shastras erwähnten Heilmitteln nie bloß um Wirkungen auf der rein körperlichen Ebene. Eingeschlossen sei immer eine Behandlung der Seele und vor allem des Geistes. Diese drei Behandlungsformen müssten miteinander einhergehen.

»Heilung vollzieht sich nicht allein dadurch, dass man alle sechs Stunden irgendeine Pille schluckt«, sagte er. »Dazu gehört, seinen Geist zu reinigen und ihn zur Förderung des Heilungsprozesses zu nutzen: Das kann geschehen durch das Bad in einem heiligen Fluss, durch eine Pilgerfahrt, die Teilnahme an bestimmten Riten oder das Singen gewisser Mantras. Den Weg der Heilung gehen bedeutet, die richtige Lebensweise zu finden. Den Rishis war das noch sonnenklar. Sie hatten begriffen, dass es nicht in erster Linie darauf ankommt, auftretende Krankheiten zu behandeln, so wie man es in zunehmendem Maße bei der westlichen Medizin beobachten kann, sondern Krankheiten vorzubeugen, indem man sein Leben so einrichtet, dass der Körper in Harmonie und der Geist in Frieden lebt.«

Er blickte mich an und fügte dann hinzu, so als wolle er einem – typisch westlichen – Einwand meinerseits zuvorkommen: »... und bei den Pillen, die Sie mich an meine Patienten verteilen sehen, steht nicht wie bei Ihnen zu Hause die chemische Zusammensetzung im Vordergrund, sondern *pranashakti*, die Leben schenkende Kraft. Es sind Pillen für Körper und Seele.«

Erneut zitierte er auf Sanskrit Verse aus den Shastras und erklärte dann, dass natürlich auch die ayurvedischen Tabletten aus Kräutern bestünden, Pflanzen, zuweilen auch Mineralien, pulverisierten Edelsteinen oder manchen ganz speziellen tierischen Substanzen. Aber sie seien eben auch mit Mantras getränkt und, in bestimmten Fällen, nur unter Berücksichtigung des Patientenhoroskops einzunehmen.

»Ja, es stimmt«, fuhr er fort, »unsere Medikamente wirken nicht kurzfristig, sondern sind darauf angelegt, sich langsam zu entfalten, damit der Patient die Möglichkeit hat, sich mit seinem Karma auseinander zu setzen. Hat sich dieses durch das Leiden erschöpft, vergeht die Krankheit. Ich erkenne durchaus an, dass die westliche Medizin in akuten Fällen sehr viel effizienter ist – wenn sofortige Maßnahmen, etwa ein operativer Eingriff, notwendig sind. Aber alles, was darüber hinausgeht, entzieht sich ihrem Fassungsvermögen, vor allem die spirituelle Seite des Lebens bleibt außer Acht.«

Mahadevan war ein sehr gläubiger Mensch. Ihm zufolge ging seine »Wissenschaft«, Ayurveda, direkt auf Brahman, den allwissenden Schöpfergott zurück; sie war den Rishis vor drei-, viertausend Jahren in meditativer Versenkung offenbart worden, während einige ihrer Jünger diese Kenntnisse dann in den vorchristlichen Jahrhunderten in den Shastras schriftlich fixierten. Vielleicht weil mir persönlich immer schon ein Glaube fehlte, empfinde ich instinktiv eine gewisse Sympathie für Leute, die so fest glauben können, aber ...

»Doktor Mahadevan, Sie sind genau wie ich ein Mann des 21. Jahrhunderts. Wie können Sie ernsthaft glauben, dass vor einigen tausend Jahren Menschen wie Sie und ich, zugegeben mit einer besonderen Verbindung zum Göttlichen, all das begriffen haben sollen, was sich der Mensch bis heute zu erkennen bemüht?

Wie können Sie glauben, dass es sich bei den Shastras um einen ja sogar wissenschaftlichen Erkenntnisschatz handelt, der keiner Wandlung unterliegt und keine Aktualisierungen mehr verlangt?«

»Aber so ist es. Ayurveda ist eine ewige Wissenschaft, eben weil sie nicht auf Forschungen beruht. Ihre Wissenschaft ändert sich in einem fort, Ayurveda nicht. Ayurveda ist das Produkt einer Vision, und diese Vision ist ewig: Da gibt es nichts zu verändern, zu aktualisieren. Wir Ärzte sind wie die Vögel, wir kommen und gehen, doch Ayurveda ist der Baum, der bleibt. Die Logik jener Vision der Rishis wird seit Jahrtausenden angewandt. Mein Großvater stützte sich darauf, und meine Enkel werden sich auch noch darauf stützen.«

»Und was ist mit den neuen Krankheiten?«, warf ich ein. »Die Welt, in der wir leben, ändert sich in einem fort, und die Medizin muss sich darauf einstellen, muss auf die neuen Anforderungen reagieren. Meinen Sie nicht?«

»Nein. Die Umstände mögen sich ändern, aber die Grundtheorie bleibt, weil sie aus der Natur erwächst. Denn niemand hat die Macht, die Natur zu verändern. Und was die neuen Krankheiten angeht: Ich als Arzt habe die Aufgabe, das von einer Krankheit verursachte Leid zu beseitigen, nicht aber die Krankheit selbst. Die Leute fragen mich, ob wir Ayurveda-Ärzte Aids, Leukämie oder Diabetes heilen können. Und ich antworte ihnen: Wir heilen keine Krankheiten, mögen sie alt oder neu sein, sondern Menschen. Manchmal genesen Patienten von Krankheiten, deren Namen ich noch nicht einmal kenne. Verstehen Sie: Ziel von Ayurveda ist es, gesunde Lebensumstände zu schaffen, Verhältnisse, in denen alle Lebewesen, auch die Tiere, gesund leben können. Und ›gesund‹ bezieht sich hier nicht nur auf körperliche Gesundheit, sondern, besonders beim Menschen, auf das Wesen in seiner Ganzheit.«

Ich fragte ihn, wie er einen gesunden Menschen definieren würde, und es war, als habe er bloß auf diese Frage gewartet. *»Swasta! Swasta!«*, rief er, um dann erneut einige schöne Sanskritverse zu rezitieren. Sie stammten von einem berühmten Arzt, der im 6. Jahrhundert vor Christus in Benares gelebt hatte. Mahadevan war so freundlich, die Übersetzung gleich nachzuliefern.

›»Ein Mensch ist gesund, wenn er sich im Swasta-Zustand befindet, wenn sich alle Lebenselemente, sein Feuer und seine Körperfunktionen im Gleichgewicht befinden; wenn seine Ausscheidungen regelmäßig, sein Geist, die Sinne und die Seele ruhig sind.‹ Verblüffend, nicht wahr?«, begeisterte sich Mahadevan. »Gesund ist nicht der, bei dem die Ergebnisse aller Untersuchungen, die die westliche Medizin heute so anstellt, normal sind: Computertomographie, Blutbild, Cholesterinspiegel – alles okay. Nein, auch ein Mensch, bei dem dies alles keine Auffälligkeiten zeigt, kann sich krank fühlen. Und dies gilt besonders, wenn er geistig labil ist. Swasta bedeutet Harmonie, Stabilität in der Beziehung zum Selbst. Dies ist für uns wahre Gesundheit.

Wie Sie sehen, geht in der ayurvedischen Medizin das Verständnis von Gesundheit weit über den Gesundheitsbegriff der westlichen Medizin hinaus. Die Rishis waren tatsächlich Sehende; denn sie sahen über den bloßen Anschein hinaus, sahen in den Menschen hinein. Sie verstanden, dass das menschliche Leiden nicht nur körperlicher Natur ist und dass die größte Quelle des Kummers jenes spirituelle Unwissen ist, jenes Gefühl, von der Ganzheit getrennt zu sein. Sie wissen es ja: Nur durch die Erkenntnis des Selbst lassen sich all unsere Probleme lösen. Und nur in diesem Sinne interessieren wir ayurvedischen Mediziner uns für die körperliche Gesundheit. In diesem Rahmen ist sie uns wichtig, so wie auch ein Yogi, der seinen Geist auf die *Äußerste Realität der Erkenntnis* richtet, an seiner körperlichen Gesundheit arbeitet.«

Und wieder zitierte er einige wunderschön klingende Verse: *Dharma patana mokshanam* ... Willst du deine Pflichten in der Welt erfüllen, willst du reich werden, willst du Sinnesfreuden genießen, oder willst du dein Selbst erkennen – stets muss dein Körper gesund dafür sein.

»Dieses Prinzip liegt dem gesamten ayurvedischen System zugrunde. Ein Arzt muss mit dem Licht seiner Erkenntnis in den Geist seines Patienten eindringen und dort die Unwissenheit beseitigen, die letztendlich die Ursache für alle Erkrankungen ist. Auf diese Erkenntnis kommt es an, nur so kann der Geist zur Ruhe kommen. Sie sehen also«, schloss Mahadevan, »Ayurveda ist kein therapeutisches System mit dem praktischen Ziel körperlicher Gesundheit. Nein, es ist ein spirituelles System, dessen Ziel Moksha ist, die Befreiung von der Wiedergeburt. Machen wir morgen weiter?«

Am nächsten Morgen ließ Mahadevan die Schlange seiner Patienten warten, denn er gedachte mir noch vor Beginn seines Arbeitstages meine zweite Lektion zu erteilen, damit ich besser verstand, was es mit den verschiedenen Fällen auf sich hatte, die sich in seinem Sprechzimmer vorstellen würden.

»Bei einem neuen Patienten, für den ich noch kein Krankenblatt mit seiner Klassifizierung angelegt habe, ist es meine vordringlichste Aufgabe, ihn genau zu beobachten, ihm eine Reihe von Fragen zu stellen und dann zu entscheiden, zu welchem Grundkonstitutionstyp er gehört. Davon hängt dann das gesamte weitere Vorgehen ab«, begann er.

Die Sache mit den »Grundtypen« interessierte mich, bin ich doch auch der Überzeugung, dass der Herrgott nicht alle Menschen vollkommen unterschiedlich erschaffen kann. Er wird wohl mit Formen, Modellen arbeiten, denen dann extrem ähnliche Menschen entspringen. Im Leben stellt wohl jeder fest, dass sich die Leute, mit denen er Freundschaft schließt oder die er sympathisch findet, ziemlich ähnlich sind, dass sie also mit derselben mentalen Gussform hergestellt wurden, auch wenn sie sich in der Größe oder gar der Hautfarbe noch so unterscheiden.

»Für die ayurvedische Medizin«, klärte mich Mahadevan auf, »besteht das gesamte Universum mit allen Dingen und allen Lebewesen, einschließlich des Menschen, aus fünf Elementen: Erde, Luft, Wasser, Feuer und Äther. Diese fünf Elemente bilden die Grundlage der physischen Realität des Kosmos. Das heißt, sie befinden sich in allem, was innerhalb und außerhalb von uns ist, sie befinden sich in der Nahrung, die wir zu uns nehmen, in allen Pflanzen, in allen Kräutern; kurz, in allem, was wir sehen und berühren. Im menschlichen Körper treten diese fünf Elemente in so genannten Tridoshas auf, den drei Funktionsprinzipien – Vata, Pitta und Kapha –, die unsere körperlichen und mentalen Vorgänge steuern.

Äther und Luft sind konturlose Elemente und stehen daher im Körper für alles, was instabil ist, unruhig. Dies ist Vata. Vom Feuer leitet sich Pitta, von Wasser und Erde Kapha ab. Diese drei Prinzipien zeigen sich auf unterschiedliche Weise in jedem Organ, in jeder Körperzelle. Im Allgemeinen ist dabei im Körper ein Element den anderen beiden übergeordnet, oder es können auch zwei Elemente dem dritten übergeordnet sein. Dieses dominierende Element ist für uns Ayurveda-Ärzte nun von größter Wichtigkeit, weil wir den Patienten danach einem der drei Grundkonstitutionstypen zuordnen. Wir bezeichnen einen Menschen als Vata-Typ, wenn das Element Luft–Äther die anderen beiden dominiert. Ein Mensch ist Pitta, wenn sein vorherrschendes Element das Feuer ist. Und so weiter. Von Geburt an gehören wir alle zu einem dieser Konstitutionstypen und bleiben dabei praktisch unverändert das ganze Leben über. Welchem Modell wir nun zuzurechnen sind, darüber entscheiden zahlreiche Faktoren: erbliche und astrologische Voraussetzungen, physiologische Bedingungen, der Einfluss des Karmas …«

»Astrologische Voraussetzungen?«

»Gewiss, die Planeten beeinflussen den Charakter eines Menschen auch in gesundheitlicher Hinsicht.«

Mir war unverständlich, wie es mit lediglich drei »Gussformen« möglich sein sollte, zu entscheiden, wer mit welcher Form »gegossen« wurde, und ich bat Mahadevan, mir einen Vata-Typ zu beschreiben.

»Ein Vata-Mensch«, sagte er, »ist schlank, hat kein Fett am Leib und nur wenige Haare, die meist trocken sind und voller Schuppen. Seine Augen sind klein und trübe. Vata ist jemand, der so viel essen kann, wie er möchte, ohne dick zu werden; üblicherweise ist er groß und hat lange Extremitäten. Sein Immunsystem ist schwach. Zuweilen hat er großen Appetit, manchmal auch gar keinen. Sein Stuhlgang ist über gewisse Zeiträume regelmäßig, dann auch wieder nicht, eben wegen des instabilen Wesens von Vata. Diese Instabilität ist die Konstante der Vata-Persönlichkeit, die unruhig ist, unentschlossen, nicht stillsitzen kann; sie schläft häufig schlecht und redet sehr viel. Es kann vorkommen, dass ein Arm oder ein Bein verkrümmt ist. Ihre erste Reaktion angesichts neuer Entwicklungen ist Angst, und ihr Gedächtnis ist schlecht. Ein Vata-Mensch verdient häufig viel, kann aber nicht damit umgehen und gibt das Geld wieder aus, wie es reinkommt. Kälte kann er nicht ertragen, und er will beschützt werden. Er glaubt an eine Welt der Phantasie und schafft es, lange Zeit in Meditation zu verharren.«

Darin konnte ich mich nicht wiedererkennen. »Und Pitta?«

»Pitta steht für *agni,* das Feuer. Ein Pitta-Mensch ist daher voller Energien, warmherzig, geschmeidig, intellektuell. Er hat großen Appetit und Schlafprobleme. Er schwitzt viel, hat schon in jungen Jahren graues Haar, erträgt keine Hitze, hält sich nicht gern in der Sonne auf, liebt Eiscreme, ist jähzornig, gerät leicht in Wut, die sich aber schnell wieder legt.«

Auch hier trafen höchstens einige Punkte zu.

»Kapha ist das genaue Gegenteil«, fuhr Mahadevan fort. »Eine Kapha-Persönlichkeit ist dick, häufig fettleibig und sehr stabil. Ihre Bewegungen sind langsam. Sie hat ein rotes Gesicht und fettiges Haar, und das Weiß ihrer Augen ist sehr klar. Kapha ist ein Perfektionist, dabei gelassen und tolerant.«

Offensichtlich war ich, zumindest meiner Einschätzung nach, auch kein Kapha-Typ.

»Verstärkt sich eines dieser Elemente gegenüber den anderen, entsteht eine Krankheit«, fuhr Mahadevan fort. »Krankheit bedeutet den Bruch des ursprünglichen Gleichgewichts der drei Konstitutionselemente. Gründe dafür gibt es viele: Es kann an einer falschen Ernährung und Lebensführung liegen, auf ein Trauma zurückgehen oder auf äußere oder gar übernatürliche Einflüsse. Auch Emotionen können unserer Ansicht nach für das Ungleichgewicht verantwortlich sein. Wie der Nahrung lassen sich auch Emotionen bestimmte Geschmacksrichtungen zuordnen, die die drei Konstitutionselemente beeinflussen und zur Verstärkung eines Elements gegenüber den anderen führen können. Der Schmerz ist bitter, das Verlangen süß, die Wut scharf und die Gier salzig, wodurch sie das Kapha-Element verstärkt.«

Mir fiel dazu mein alter Freund Dan Reid ein, der mir einmal erzählt hatte, auch in der traditionellen chinesischen Medizin lege man besonderes Augenmerk auf Emotionen als Auslöser für Erkrankungen: Wut, Angst, Hass, Eifersucht tragen danach zu einer Verschlechterung des Gesundheitszustands bei, während andere, wie Mitgefühl, Sympathie, Freude oder auch – wie Norman Cousins herausgefunden hatte – unbändiges Lachen, dem Wohlergehen zuträglich sind. Das konnte ich nachvollziehen.

Und hatte mich nicht meine Großmutter früher, wenn ich mich vor etwas arg erschrocken hatte, sofort zum Pinkeln auf die Toilette geschickt? Dies war wohl eine alte Methode, um die schädlichen Rückstände von Emotionen aus dem Körper zu spülen. Ich erzählte Mahadevan davon, und er bestätigte mir, dass in Indien Ähnliches üblich sei. Auch bei Erwachsenen. Kann jemand nach dem Verlust eines Angehörigen nicht weinen, helfen die Verwandten auf verschiedene Weise nach: etwa mit Zwiebeln oder Rauch. Kommen dem Betreffenden dann immer noch nicht die Tränen, geht man sogar so weit, ihn zu schlagen, damit sich die emotionale Blockierung löst.

»Auch Krankheiten«, erklärte Mahadevan weiter, »sind ihrem Wesen nach den drei Kategorien zuzuordnen. Deswegen sprechen wir von Vata-, Pitta- oder Kapha-Erkrankungen. Eine Krankheit ist nie per se leicht oder schwer, heilbar oder unheilbar. Es kommt immer auf den Zusammenhang an, in dem sie entsteht. Eine Kapha-Erkrankung ist zum Beispiel nur bei einer Kapha-Persönlichkeit Besorgnis erregend. So wird verständlich, dass es in der ayurvedischen Medizin keine Standardbehandlung für eine bestimmte Erkrankung gibt. Noch nicht einmal für eine Erkältung. Dieselbe Krankheit muss je nach Konstitutionstyp des Patienten unterschiedlich behandelt werden. Und andersherum wird man ein Übermaß eines Konstitutionselements bei verschiedenen Patienten, das sich in verschiedenen Krankheitsbildern äußert, dennoch auf die gleiche Weise behandeln. Denn in der Therapie geht es ja darum, beim Kranken das Gleichgewicht zwischen Vata, Pitta und Kapha wiederherzustellen, egal welche Erkrankung nun daraus entstanden sein mag. Diese Behandlung ist dann aber wohlgemerkt allopathisch, das heißt, es wird nicht wie in der Homöopathie Ähnliches mit Ähnlichem, sondern mit dem Konstitutionstyp entgegengesetzten Mitteln behandelt. So wird zum Beispiel eine Kapha-Persönlichkeit, bei der das Feuchte und Kalte vorherrschend ist, mittels Wärme, Trockenheit und Substanzen mit scharfem Geschmack kuriert. Einer feurigen, heißen Pitta-Persönlichkeit wird man dagegen erfrischende Kräuter verabreichen. Die Nahrung mit ihren verschiedensten Aromen ist an sich schon ein wichtiges Heilmittel.

Haben wir den Konstitutionstyp eines Patienten erkannt und herausgefunden, was die Störung seines Gleichgewichts bewirkt haben könnte, wie die Krankheit begann, zu welcher Jahreszeit, wie es um sein Immunsystem bestellt ist, seine Willenskraft, seine Ernährung und auch seinen Lebensstil, ist der Rest einfach. Denn für jeden Fall bieten sich lediglich zwei Behandlungsformen an: Was erhöht ist, muss gesenkt, was zu niedrig ist, erhöht werden.«

»Mit welchen Mitteln?«

»Alles kann hilfreich ein. Denn im Universum ist nichts unbrauchbar. Wir mögen glauben, gut ohne Skorpione oder Giftschlangen auskommen zu können, aber dem ist nicht so. Alles hat seinen besonderen Wert; es lebt und dient anderen, etwa als Nahrung, und darf sich dafür anderer bedienen. Nichts ist absolut gut oder absolut schlecht. Alles, was im Universum vorkommt, auch ein Gift, kann als Heilmittel verwendet werden, wenn man es klug einsetzt. Und in manchen Fällen verabreichen wir auch gar nichts, denn auch ›nichts‹ kann etwas sein.«

Wie hätte mich diese Weltsicht kalt lassen können?

Am Vortag hatte ich beobachtet, wie ein Mann die Klinik mit Blutegeln belieferte, und wollte wissen, wozu sie dienten. Schließlich ständen diese für barbarische Behandlungsmethoden in früheren Zeiten und seien nicht ohne Grund von der modernen Medizin verworfen worden.

Es gebe zwei Sorten von Blutegeln, erklärte mir Mahadevan: Eine sei giftig – die verwende er bei bestimmten Arthritis-Patienten; die andere, gebräuchlichere, bei Gerstenkörnern am Auge. Alle beide stammten aus dem Lotusblütenteich vor dem kleinen Krankenhaus, in dem ich untergebracht war.

Es war nicht zu überhören, dass die Zahl der wartenden Patienten vor der Tür stetig zunahm, und um unsere Unterhaltung ein wenig zusammenzufassen, zitierte Mahadevan noch einmal eine Stelle aus seinen geliebten antiken Schriften:

»*Sukarta sarva butanam* ... Gesunde Lebensbedingungen für alle Lebewesen zu schaffen ist das Ziel meiner Arbeit. Noch wichtiger als die Heilung ist dabei die Vorbeugung gegen Krankheiten. Als Ayurveda-Arzt habe ich den Menschen beizubringen, wie sie ein harmonisches, maßvolles und bewusstes Leben führen können.

Bis vor zweihundert Jahren noch«, fuhr Mahadevan fort, »gehörten die Weisheiten der Shastras noch ganz selbstverständlich zum Alltag der Menschen, besonders in Südindien. In jeder Familie war die Küche mit allen möglichen Kräutern und Gewürzen bestückt, mit denen alle Mahlzeiten zubereitet wurden. Jedermann konnte seine Konstitution selbst einschätzen und wusste, was er vermeiden musste und was ihm gut tat. So hielt sich eine Vata-Persönlichkeit natürlicherweise von getrockneten und kalten Speisen fern. Doch die Kolonialherrschaft und später dann die Modernisierung nach westlichem Vorbild entzweiten die Menschen von ihrer jahrtausendealten ayurvedischen Tradition.«

Heute war Ayurveda Mahadevan zufolge ein weiteres Mal bedroht: und zwar durch die Kommerzialisierung, wie er es nannte. Die Bezeichnung »ayurvedisch« werde mittlerweile für alle möglichen Produkte, vor allem Kosmetika, missbraucht, die mit Ayurveda absolut nichts zu tun hätten. In Kerala sei Ayurveda heute ein wichtiger Faktor für die Tourismusindustrie. Dort seien Zentren entstanden, die alle möglichen Massagen anböten, und ein so genannter »ayurvedischer« Ashram erfreue sich besonderer Beliebtheit, weil dort die freie Liebe praktiziert werde, als Methode, »um sich von allen Begierden zu befreien«.

Ich hielt mich bereits drei Tage in Derisanamscope auf, als mir Mahadevan mitteilte, sich jetzt auch mit meinem Fall beschäftigen zu wollen. Das könne er aber nur bei sich zu Hause, weil er in der Klinik ständig abgelenkt werde. So überließ er also seinem Vetter die Patienten, die für den Nachmittag bestellt waren, und bat mich, ihm zu folgen.

Die Familie Mahadevan – der Name bedeutet »Großer Gott«, ein Synonym für Shiva – zählte zu den angesehensten des Dorfes, doch sein Haus, eines der niedrigen längs der Straße mit den schönen Pflastersteinen, war genau wie die anderen. Es hatte einen Vorbau mit einem leicht erhöhten Zementfußboden, unter dem sich vorüberziehende Sadhus, vor Wetterunbilden geschützt, ausruhen oder die Nacht verbringen konnten. Es war Brauch, den »frommen Bettlern« auf diese Weise Gastfreundschaft zu gewähren: Morgens, bevor sie wieder aufbrachen, brachten ihnen die Frauen, wie mir Mahadevan erklärte, zu essen und zu trinken, ohne sie in den eigentlichen Wohnbereich vorlassen zu müssen.

Auch Mahadevans Haus war um einen Innenhof herum errichtet, zu dem die Dächer der verschiedenen Räume hin abfielen: In ihnen lebte seine Familie ohne die bei uns im Westen obligatorische Unterscheidung in Wohnzimmer, Schlafzimmer und Küche. Im Hof wurde das Regenwasser aufgefangen, Wäsche gewaschen und gebadet. Nur wenn man von einer Bestattung zurückkam, wusch man sich, den Geboten nach, draußen vor der Tür, also unter dem Vorbau. Der Abort hatte mindestens zweihundert Meter vom Haus entfernt zu liegen, und in der Tat konnte ich hier keinen entdecken.

So wie mir Mahadevan von den verschiedenen Gewohnheiten seiner Familie und seines Dorfes erzählte, war ein gewisser Stolz herauszuhören: der Stolz von Brahmanen, die den Traditionen treu geblieben waren und so durch die Jahrhunderte ihr Leben »stabil und gesund« erhalten hatten. Die heiligen Schriften leiteten sie dabei an. Schließlich fanden sich in den Veden genaueste Regeln für jede Tätigkeit, die Maßgaben für jede Situation. In den Veden stand geschrieben, was wie und wann zu sagen und zu tun war. Und das Befolgen dieses Verhaltenskodexes garantierte Ordnung, Harmonie und – Gesundheit.

Der Tagesablauf der Mahadevans war noch auf traditionelle Weise gegliedert. Die gesamte Familie stand um halb fünf auf, um die religiösen Morgenriten zu verrichten. Dabei bestand die erste Geste darin, sich die Handflächen zu betrachten, bevor man sie zum Gruß zusammenlegte, um sich daran zu erinnern, dass das von den Händen symbolisierte Ich nicht dasjenige ist, das etwas tut, das entscheidet.

»Wer sich selbst für den Urheber einer Handlung hält, hat nichts begriffen«, sagte Mahadevan und zitierte dazu einen Vers aus der *Gita*: »Das Ich soll nicht unterdrückt werden, aber der Tatsache eingedenk sein, dass alles Ishwara, Gott, ist; alles, was wir tun, ist Ishwara, und das Einzige, wonach wir streben können, ist Moksha, die Befreiung von der Wiedergeburt.«

Mahadevans Vater, ein Anwalt im Ruhestand, der nun die Klinikverwaltung übernommen hatte, erbot sich, mir jene Ecke im Haus vorzuführen, in der sie ihre Pujas verrichteten, sowie die alte Trommel, mit der sie sich das »A« gaben, um ihre Mantras zu singen. Diese Trommel, seit Generationen in Familienbesitz, schien das einzige Objekt von besonderem Wert im ganzen Haus zu sein. Im Übrigen wirkte es äußerst ordentlich und sauber. Der Vater erzählte mir ebenfalls von den Brahmanen-Familien, die in Kerala die ayurvedische Tradition auch in Zeiten des Niedergangs am Leben erhalten hatten, indem sie die heiligen Schriften von Generation zu Generation mündlich weitergaben. Dabei sei immer eine Familie für einen Teil der in acht große Abschnitte gegliederten Ayurveda-Lehre verantwortlich gewesen. Noch sein Vater, der die Klinik im Jahr 1924 gegründet hatte, habe seinen Teil der Schriften auswendig gekannt. Und auch sein Sohn, mein Arzt also, sei mit einem phantastischen Gedächtnis gesegnet. Schon als kleiner Junge habe er mit seinem Großvater gelernt, dann ein Studium in einer der großen Ayurveda-Schulen aufgenommen und so die Texte praktisch alle auswendig gelernt.

Als der alte Anwalt dann zur Klinik zurückmusste, setzten Mahadevan und ich uns, ein jeder mit einem Notizheft ausgestattet, vor das Bildnis des Schutzgottes der Familie, eine Inkarnation Krishnas.

Im Verlaufe der letzten Tage habe er mich genau beobachtet, schickte Mahadevan voraus, aber es falle ihm schwer, mich richtig einzuordnen. Er sei sich noch nicht ganz sicher hinsichtlich meines Konstitutionstyps, aber davon hänge eben ab, wie er mir helfen könne. Und damit begann er, mich einem wahren Verhör über alle Aspekte meines Lebens zu unterziehen, meine Vorlieben, meine Lieblingsspeisen, meine Gewohnheiten – vor allem meinen Verdauungstrakt betreffend. Er fragte, wie ich schliefe, wie ich träumte, nach meiner Libido, meinem Gedächtnis, meiner Ausdauer beim Meditieren; ob ich häufig oder stark schwitzte und wie ich auf äußere Reize reagierte. Ob ich lieber schwiege oder redete, ob ich neugierig sei, ob ich leicht zornig würde und ob ich mich danach schnell wieder abregte. Und vieles, vieles mehr.

Die Fragestunde weitete sich dann auf die Krankengeschichte meiner Familie aus, auf Erbkrankheiten, und ich erzählte, was mir als Kind einen so bleibenden Eindruck hinterlassen hatte: die Beerdigungen meiner beiden Tanten, die alle beide an Tuberkulose gestorben waren, und schließlich die meines Großvaters mütterlicherseits, der an der gleichen Erkrankung starb. Ich erinnerte mich daran, wie man, vom Friedhof zurück, draußen vor dem Haus ein großes Feuer entfacht und darin all seine Habe verbrannt hatte, um einer möglichen Ansteckung vorzubeugen; und wie gleich darauf meine Großmutter, diese so wunderbar bäuerliche Frau, nur mit den Kleidern, die sie am Leibe trug, zu uns gezogen war. Und dann ständig diese Angst, dass auch ich krank werden könnte, und die Blutuntersuchungen, nach denen mir der Arm brannte. Es waren die dramatischsten Erlebnisse meiner Kindheit, doch Mahadevan schien sich nicht im Mindesten dafür zu interessieren. Dafür aber umso mehr für meine – Hämorrhoiden. O ja, für die interessierte er sich, und zwar brennend.

»Wie? Zweimal operiert? Im Abstand von fünfundzwanzig Jahren?«

Darüber wollte er so viel wie möglich erfahren.

Ihm zufolge waren Hämorrhoiden eine *maharoga*, eine schwere Erkrankung. Und schon nutzte er wieder die Gelegenheit, um auf Sanskrit die passenden Verse aus den heiligen Schriften zu zitieren. Dann blickte er auf die Notizen, die er sich gemacht hatte, konzentrierte sich einen Moment und erklärte dann, achtzig Prozent meiner Antworten sprächen für eine Vata-Persönlichkeit, der Rest für Pitta, dazu einige wenige Kapha-Anzeichen, die jedoch, wie er meinte, zusammen mit meiner Krankheit aufgetreten seien und nicht zu meinem Konstitutionstyp gehörten. Mit anderen Worten, ich sei eine Art Mittelding, eine Vata-Pitta-Persönlichkeit.

Daraus ließe sich alles andere ableiten.

»Wenn man Ihre ganze Geschichte betrachtet«, fasste er zusammen, »wird deutlich, dass Ihre Lebenselemente seit Ihrer Kindheit nicht im Gleichgewicht waren. Ihre Abwehr war schwach. Und es gab auch schon immer Kapha-Störungen, die Ihnen Probleme mit der Lunge bereiteten; und dann wären da noch die Hämorrhoiden, die für uns ein ganz wichtiges Zeichen für schwerwiegende Störungen im unteren Unterleibsbereich sind, wo sich eben auch das Vata konzentriert. In Ihrem Fall strömte Vata nicht in die richtige Richtung; daher suchte es sich einen anderen Weg und begann, nach oben zu steigen, wo es im Magen mit Kapha und Pitta verschmolz, was letztendlich zu Ihrer schweren Erkrankung führte. So weit das Krankheitsbild.« Meine Situation sei deshalb so ernst, weil es bei mir eine Kompensationsstörung zwischen allen drei Lebenselementen, Vata, Pitta und Kapha, gebe. Und verschlimmert werde das Ganze noch durch einen angeborenen Mangel an Agni, dem inneren Feuer, von dem der gesamte Stoffwechsel abhänge.

»*Aham vaishvanaro bhutva praninam deham asritaha* ... Ich bin das Feuer und zeige mich in der Verdauung ...«, deklamierte er.

»*Bhagavad Gita,* Kapitel 15, Sloka 14«, murmelte ich. Jetzt konnte ich mal zeigen, was ich gelernt hatte. Er freute sich darüber und nahm es als Zeichen, dass ich ihm folgen konnte.

»Agni ist Krishna«, fuhr Mahadevan fort, »ein Gott, dem wir ergeben Speisen opfern, etwa wenn wir bei einer Puja Wasser, Butter, Reis und anderes ins Feuer geben. Wir opfern unserem Gott, und er beschützt uns dafür. Doch wenn das Agni bei einem Menschen über lange Zeit gestört ist, sammeln sich in seinem Körper große Mengen Gift an.«

»Wo?«, wollte ich wissen. »In welchem Organ?«

»Nein, nein, diese Art Gifte lässt sich so nicht nachweisen«, antwortete Mahadevan. Er erklärte mir, alle Erkrankungen des Magen-Darm-Bereichs hätten mit Agni zu tun, und da ich ohnehin ein pathologisches Kapha hätte und zudem ein schwaches Agni, sei ich für eine schwere Erkrankung prädestiniert gewesen: Es hätte auch Leukämie oder irgendeine andere Krebsart sein können.

Ob man etwas dagegen tun könne?

Ja, meinte Mahadevan. Die Lösung bestehe darin, das Verdauungsfeuer neu zu entfachen, um meine gesamte Abwehr zu stärken und so nach und nach das Ungleichgewicht zu beseitigen. Die Therapie sei ganz einfach: Ich sollte meinem Körper Agni, Feuer, aus Kräutern und Pflanzen zuführen, und zwar durch einen Trank, den er mir zubereiten werde. »Ich werde alle Kräuter, denen Feuer innewohnt, zusammenmischen, dazu eine Pflanze, die im Sanskrit nicht zufällig ›Agni‹ heißt. Währenddessen sollten Sie alle Nahrungsmittel vermeiden, die Zucker oder Ghee, geklärte Butter, enthalten, und dafür umso reichlicher saure Früchte wie Granatäpfel, Zitronen und Orangen verzehren.«

Auf diese Weise, so war Mahadevan überzeugt, lasse sich mein Grundproblem lösen, zumal Krankheit, wie er sagte, kein natürlicher Zustand des Menschen sei. Ich hätte einen starken Lebenswillen, und der Heiler in mir würde sich rasch in Gang setzen, um mich zu unterstützen.

Ich fragte ihn, wie er über den auffallenden Anstieg von Krebserkrankungen in den Industrieländern denke. Das liege, meinte er, daran, dass die Menschen dort ihre Zeit und ihre Intelligenz widernatürlich gebrauchten – als Beispiel nannte er die zahlreichen stupiden Arbeiten, zu denen man dort gezwungen sei. Hinzu komme, dass man sich dort immer mehr von sinnlich erfahrbaren Dingen abhängig mache. »Je weiter sich der Mensch von der Natur entfernt, desto kränker wird er. Heutzutage werden die Leute immer egoistischer. Sie wollen sich vergnügen, Dinge genießen, sich den Bauch voll schlagen und dem Alkohol frönen. Aber viele Krankheiten sind eben auf exzessives Essen zurückzuführen. Dabei wird zu viel Agni verbraucht. Wer weniger isst, wird seltener krank. Doch wer kennt heute noch solche traditionellen Verhaltensregeln?«

Beim Essen sollte sich, erklärte Mahadevan weiter, der Magen nur zur Hälfte mit fester Nahrung füllen und zu jeweils einem Viertel mit Flüssigkeit und Luft. Dazu sollte man trinken, aber keinesfalls sprechen, damit sich der Anteil der Luft, den wir schlucken, nicht noch weiter erhöhe.

Das war's dann also mit den beliebten Arbeitsessen!

Und um die Sache auf die ihm eigene Weise zusammenzufassen, zitierte Mahadevan noch einmal den großen Ayurveda-Arzt aus Benares, der den menschlichen Körper mit einer Wagenachse verglich und dazu bereits im 6. Jahrhundert vor Christus geschrieben hatte:

»›So wie sich eine Achse abnutzt und schließlich bricht, wenn die Last zu schwer, die Straße zu holprig, der Fahrer unerfahren und die Räder schwach sind, so verkürzt sich ein Menschenleben oder halbiert sich gar, wenn der Körper allzu vielen Anstrengungen unterworfen wird, die Nahrung nicht zu ihm passt, die Mahlzeiten unregelmäßig sind, die Körperhaltung schlecht ist, die Triebe im Übermaß ausgelebt werden, wenn Winde oder giftiges Feuer dem Körper schaden, wenn man sich in schlechter Gesellschaft aufhält, wenn man Begierden, die unterdrückt werden könnten, nicht unterdrückt und Begierden zu unterdrücken versucht, die nicht unterdrückt werden können.‹ Sehen Sie«, fuhr Mahadevan fort, »aus diesen der Moral des Lebens abträglichen Verhaltensweisen entstehen Krankheiten. Doch die westliche Medizin will davon nichts wissen. Sie geht den wahren Ursachen des Leidens nicht auf den Grund und kehrt letztendlich den Dreck unter den Teppich.«

Damit schien er mir etwas zu vorschnell. Ich dachte an meine tüchtigen Instandsetzer in New York, die schließlich erst umfangreiche Untersuchungen durchgeführt und weitreichende Überlegungen angestellt hatten, bevor sie mich ihrer Behandlung unterzogen. Und so schien es mir angebracht, sie in Schutz zu nehmen. »Mit Ihren Methoden, Doktor Mahadevan, hätten Sie jedoch nie den Tumor in meiner Niere entdeckt. Dazu waren ausgefeilteste Checks notwendig.«

»Und wenn schon? In meiner Praxis sehe ich häufig Patienten mit angeborenen Nierenzysten. Aber sie wissen nichts davon und können gut damit leben.«

»Aber es war eben keine Zyste. Im Labor konnte man feststellen, dass es sich um einen bösartigen Tumor handelte.« Mit diesen Worten hob ich mein Hemd an, um ihm zu zeigen, wie viel Arbeit notwendig war, um diese Geschwulst zu entfernen.

»Aber wenn doch ein Mensch sehr gut damit lebt, warum sollte man dann einen Teil seines Körpers abtrennen und zur Untersuchung in ein Labor schicken? Wenn Sie mich fragen, haben diese Ärzte Sie unnötigerweise behelligt.«

Der Ausdruck »behelligt« gefiel mir: aus einem friedlichen Zustand herausgerissen. Vielleicht war Mahadevan doch nicht so überspannt, wie man hätte denken können. Im Grunde hatten mir meine Instandsetzer weder sagen können, wie lange sich dieser Fremdkörper bereits in meiner Niere befand, noch, wie schnell er wuchs. Vielleicht hätte ich auch bis zum Ende meiner Tage mit ihm leben können, hätte nicht so viel an mir herumschneiden lassen müssen, hätte mir die vielen traumatischen Erfahrungen erspart, genauso wie diesen Bruch, dessen Wulst jetzt so hässlich meine Bauchdecke wölbte.

Vielleicht hatte Mahadevan gar nicht so Unrecht. Schon damals in New York hatte ich von einer vom US-Senat in Auftrag gegebenen Studie gelesen, der zufolge die Hälfte aller in den USA durchgeführten Operationen unnötig waren und durchschnittlich mehr als zehntausend Menschen jährlich das Leben kosteten. Zählte meine Operation vielleicht dazu? Was ist denn eigentlich eine Krankheit?, fragte ich mich – und Mahadevan.

»Eine Krankheit ist eine Art Dissonanz in der kosmischen Ordnung«, antwortete er im Brustton der Überzeugung.

Auch wenn es mir etwas übertrieben vorkam, dass meine Krankheit solch eine Dimension haben sollte, war dieser Gedanke zweifellos verführerisch. Nicht zuletzt, weil ich es mir dann notfalls hätte ersparen können, mich noch einmal dem Skalpell des Chirurgen oder den phosphoreszierenden Flüssigkeiten der Chemotherapie auszusetzen oder wieder in die Arme der Spinne zurückzukehren.

Der ganze Nachmittag war vorübergegangen, und Mahadevans Vater, der aus der Klinik zurück war, schlug vor, mich heute nicht von dem Mann mit dem Fahrrad versorgen zu lassen, sondern bei ihnen zum Essen zu bleiben.

Während wir so zusammensaßen und darauf warteten, dass Mahadevans Mutter und seine junge Frau das Abendessen zubereiteten, kam der Vater auf den Tempel zu sprechen, dessen Zustand ihm große Sorge bereite. Er verfalle immer mehr, so erzählte er mir, es gebe dort keine Pujaris mehr, und wenn man nicht bald mit den Reparaturarbeiten beginne, könne das Dach dem Regen nicht mehr standhalten. Wie er mir berichtete, habe der Tempel über Jahrhunderte der lokalen Herrscherfamilie gehört und sei, als diese ausstarb, in die Obhut der Dorfbrahmanen übergegangen. Leider verfügten diese nur über bescheidene finanzielle Mittel, und so habe er selbst die Aufgabe übernommen, Gelder zu sammeln, um den Tempel wieder herzurichten und zumindest einen Pujari für die täglich notwendigen Zeremonien bezahlen zu können.

Dann wurde mir Mahadevans junge Gattin vorgestellt, allerdings auf Distanz, während sie noch in der Küche war. Die beiden waren erst seit wenigen Monaten verheiratet. Traditionsgemäß hatten seine Eltern das Mädchen für ihn ausgesucht, und er schien ganz glücklich mit dieser Wahl.

Das Abendessen war sehr einfach und bescheiden, und während wir Männer aßen, wurden wir von den Frauen bedient. Als Mahadevan fertig war, reichte er, wie ich beobachtete, seiner Frau den benutzten Teller, die ihn, ohne ihn abzuspülen, mit ihrer Portion füllte und sich damit zu ihrer Schwiegermutter setzte, die selbst wiederum vom benutzten Teller ihres Mannes aß. So etwas hatte ich vorher noch nie gesehen.

»Für sie ist das eine Ehre«, erklärte mir Mahadevan, als ich ihn darauf ansprach. Und es sei ein alter Brauch.

Ich stellte mir vor, eine europäische oder amerikanische Feministin würde der Szene beiwohnen. Mit Sicherheit hätte sie sich aufgerufen gefühlt, die beiden Geschlechtsgenossinnen von der chauvinistischen Unterdrückung durch ihre Ehemänner zu »befreien«. Andererseits hätte sich diese Feministin aber gewiss auch brennend für Mahadevans Heilkunst interessiert. Denn gerade jene westlichen Frauen sind ja heute wie niemand sonst für Neues offen, flexibel und bereit, die Welt aus anderen, »alternativen« Blickwinkeln zu betrachten. Doch wäre es richtig, gewisse Aspekte einer Kultur, die sich über Jahrhunderte hinweg treu geblieben ist, zu übernehmen und gleichzeitig andere Aspekte derselben Kultur zu verurteilen? Wurde nicht das Ganze durch Fäden zusammengehalten, von denen man nicht einige nach Belieben, das heißt nach unseren westlichen Kriterien, durchtrennen konnte, ohne dass alles auseinander fiel? Ganz oder gar nicht, denke ich.

Mahadevan bestand darauf, mich zum Krankenhaus zurückzubringen. Es war dunkel, und eine Straßenbeleuchtung gab es nicht. Er hatte Angst, ich könnte stürzen und mir wehtun. Während wir so durch die Nacht spazierten, erzählte ich ihm von Ramanandas Yoga- und Klangkurs und fragte ihn, was er davon halte. Könne Musik seiner Ansicht nach positiv auf meine verrückt spielenden Körperzellen einwirken?

»Aber ganz gewiss. Auch Köperzellen haben ein Bewusstsein«, antwortete er. »Nur zwei Körpersubstanzen verfügen nicht darüber: Fingernägel und Haare. Deswegen kann man sie schmerzlos schneiden.«

In jener Nacht wälzte ich mich lange auf meiner Pritsche hin und her. Meine Nase war verstopft durch die Nebenhöhlenentzündung, mein Mund wie ausgetrocknet und mein Kopf voll von den Gesprächen am Nachmittag. Und immer wieder kam ich auf die Frage zurück: Was ist eigentlich eine Krankheit? Ich erinnerte mich, sie auch Lucio Luzzatto in New York gestellt zu haben, aber er war mir ausgewichen, indem er erklärte, er wolle lieber über Krebs reden. Dazu habe er wenigstens ein paar klare Vorstellungen. Wie hätte er als Wissenschaftler wohl auf Mahadevans Definition reagiert, Krankheit sei eine Dissonanz in der kosmischen Ordnung? Und doch ...

Als ich noch Patient und Kunde im MSKCC war, las ich von einer kleinen Gemeinschaft kambodschanischer Flüchtlinge, die den Massakern Pol Pots und seiner Roten Khmer entkommen war und in den USA, in einem Städtchen bei Los Angeles wohnte. Irgendwann stellte sich heraus, dass immer mehr von ihnen, besonders Frauen, plötzlich erblindeten. Ein völlig unerklärliches Phänomen: Hundertfünfzig Frauen wurden auf Herz und Nieren untersucht, aber alle waren klinisch völlig gesund. Ihre Augen übertrugen dem Gehirn die normalen Licht- und Bewegungsreize. Und dennoch konnten die Frauen nicht »sehen«. Vielleicht, weil sie schon zu viel gesehen hatten. Denn sie hatten in Kambodscha Folterungen und Exekutionen unzähliger, auch engster Familienangehöriger miterleben müssen und lebten jetzt in den USA in einem Umfeld, das ihnen vollkommen fremd war. Obwohl ihre Augen in Ordnung waren, wollten sie einfach nichts mehr sehen.

In Indien las ich dann später ganz beeindruckt eine Geschichte, die Jim Corbett erzählte, ein englischer Jäger, der mit seinen Büchern über die Tierwelt des Dschungels und seinen Jagdgeschichten zur Legende wurde. Als Corbett einmal auf einer Expedition zu Füßen des Trishul, eines der höchsten Himalaya-Gipfel, biwakiert, beginnen seine Leute, als es Nacht wird, im Schein der Lagerfeuer zu tanzen und zu feiern. Bei ihnen ist sein alter Diener und Jagdgefährte. Doch irgendwann fängt dieser ganz unvermittelt an zu taumeln, fällt zu Boden und verliert das Bewusstsein.

»Trishuls Geist ist in ihn gefahren, als er den Mund zum Singen öffnete«, rufen die anderen Diener und Träger. Corbett lässt den Mann in sein Dorf zurückbringen und dann in verschiedenen Krankenhäusern unter anderem auch von einem britischen Militärarzt untersuchen: Aber es ist nichts zu machen.

»Damit der Geist wieder aus seinem Körper ausfährt, muss er sterben«, sagen die Leute. Und das tut er auch. Er stirbt. Obwohl er für alle Ärzte gesund war. An welcher Krankheit litt er also?

Körperlich war der Mann vollkommen gesund. Doch bei dem Menschen in seiner Ganzheit, von der auch Mahadevan gesprochen hatte, war etwas in Unordnung geraten, sein Gleichgewicht war zerstört, seine kosmische Anbindung zerrissen. Aus irgendeinem Grund – wenngleich wohl kaum durch Trishuls Geist! – hatte dieser Mann den Kontakt zum universalen Bewusstsein verloren, das, dem Swami zufolge, auf so intelligente Weise das gesamte Universum zusammenhält und sich im Menschen als Lebenskraft und Überlebensinstinkt äußert.

Für die moderne Wissenschaft ist dieses ayurvedische Denken, Gesundheit und Krankheit mit Begriffen wie Gleichgewicht und Ungleichgewicht, gestörte und wiederhergestellte Harmonien in Zusammenhang zu bringen, schlichtweg absurd. Für mich jedoch schien da ein wahrer Kern zu sein. Krankheit ist nie eine objektive Tatsache, sondern in erster Linie eine persönliche Erfahrung und wird als solche von jedem anders erlebt. Jede Krankheit ist die Folge unserer Lebensführung, es ist *unsere* Krankheit, und wirklich absurd ist es, darüber hinwegzugehen und zu glauben, so wie die moderne Medizin es nahe legt, mit ein paar Medikamenten ließen sich alle unsere Leiden aus der Welt schaffen.

Schon die Rishis erkannten, dass zu einem gesunden Leben nicht nur eine gesunde, sondern auch eine richtige Lebensweise gehört. Aber sind wir wirklich dazu bereit, etwas an unserer Lebensweise zu verändern, von der man in den meisten Fällen wohl kaum behaupten kann, dass sie »richtig« sei? Solche Veränderungen gehören mit zu dem Schwierigsten, was es gibt. Veränderungen machen Angst, und im Grunde will jeder seinen Lebensstil beibehalten. Deswegen lassen wir uns auch lieber auf »objektive« Therapien ein: Asthma behandeln wir lieber mit Aerosol, Allergien mit Antihistaminika und Kopfschmerzen mit Aspirin. Das ist viel einfacher und geht schneller, als sich hinzusetzen und zu ergründen, durch was unsere Erkrankung entstanden sein mag. Fänden wir aber heraus, dass sie zum Beispiel dem Wohnen in einer falschen Wohnung geschuldet ist, der Gesellschaft geistloser Menschen, dem Verzehr der falschen Nahrungsmittel oder einer sinnlosen Arbeit, wären wir dann bereit, etwas radikal zu ändern?

Eine Veränderung? Um Himmels willen, wie soll denn das gehen? Und dieses Gefühl der Hilflosigkeit verstärkt noch unser Unwohlsein.

Als ich am nächsten Morgen in der Klinik eintraf, führte mich Mahadevan sogleich in die Küche, wo seine Angestellten vor einem Kessel herumfuhrwerkten, in dem sie das Mittel zubereiteten, das mein Verdauungsfeuer neu entfachen sollte. Um mir die Erfahrung von Kottakal zu ersparen, erkundigte ich mich nicht, mit welchen Substanzen die Kräuter verarbeitet würden. Ich hatte beschlossen, meine Arznei einzunehmen, und allein schon der Anblick, mit welcher Hingabe man daran arbeitete, stimmte mich hoffnungsvoll.

Außerdem hatte der Geruch nichts Verdächtiges: Er war stark, pfeffrig und keineswegs unangenehm.

Als ich Mahadevan von meiner unruhigen Nacht aufgrund der Nebenhöhlenentzündung erzählte, ließ er mir aus der Apotheke sogleich wohl duftende Kräuterröllchen bringen, die wie Zigarillos aussahen. Ich sollte sie abbrennen und den Rauch einatmen.

Den Rest des Tages kümmerte ich mich um meine Nase. Ich lag auf meiner Pritsche, las, ließ mir den Rauch in die Nase steigen und genoss die Gerüche und Geräusche, die mir die Brise durchs Fenster zutrug: Kinderstimmen, Vogelzwitschern, Hundegebell in der Ferne, das Scheppern von Töpfen, Gesänge und Gebete, die aus den Nachbarhäusern drangen.

Mittlerweile hatte ich den Eindruck, dieses Dorf ganz gut zu kennen: Es war alles einfach, aber wohl geordnet, es gab weder extreme Armut noch auffallenden Reichtum, und in einem bewährten Tagesablauf lebten die Menschen in Harmonie mit den Göttern, denen hier jeder auf seine persönliche Weise zu gedenken schien. Unter den Leuten, die ich hier kennen gelernt hatte, war ein älterer Lehrer im Ruhestand, der es sich zur Aufgabe gemacht hatte, sich um ein Tabernakel vorne an der schönen Pflasterstraße zu kümmern, der dem Gott Ganesh geweiht war. Pünktlich um sechs Uhr morgens öffnete er das Törchen, spülte die Schalen aus und stellte frische Blumen hin. Abends schloss er wieder ab und entzündete eine kleine Öllampe. Darin bestehe sein Beitrag zur Dorfgemeinschaft, hatte er mir erklärt.

Dies musste die Welt sein, so malte ich mir aus, in der die Veden entstanden waren. Hier in diesem Umfeld, in dem Mahadevan mit seiner Heilkunst für die Mittellosen wirkte, hatte Ayurveda einen Sinn. Hier passte es, wenn von Vorbeugung, richtigem Leben und kosmischer Anbindung die Rede war. Aber in einer modernen Großstadt? Dort, wo jeder nur mit seinem eigenen Leben beschäftigt ist, fremd unter Fremden; wo Heilung nicht mehr beinhaltet, als auf eine Krankheit zu reagieren, um eine gewisse Normalität wiederherzustellen, die es dem Kranken, diesem Rädchen im großen Getriebe, erlaubt, sich morgens wieder in den Trubel zu stürzen, sich in die U-Bahn zu quetschen und seiner Arbeit nachzugehen, um nach Büroschluss zum Fernsehschauen in seine Zweizimmerwohnung zurückzukehren? Dort, unter solchen Umständen sind Instandsetzer unverzichtbar, dort ist es unvermeidlich, auf die Chemie zu vertrauen, auf Tranquilizer, phosphoreszierende Flüssigkeiten und was sonst noch so dazugehört.

Dann waren also Mahadevan und seine Heilkunst nichts für mich? Das würde ich so nicht sagen. Mahadevan war ein idealer Arzt, aber man sollte ihn aufsuchen – wenn man gesund ist. Besser wäre es noch, ihn in jungen Jahren kennen zu lernen, damit er einem beibringt, wie man richtig isst und verdaut, sich bewegt und ausruht, steht und sitzt (da gibt es große Unterschiede); damit er einem beibringt, wie man richtig atmet und dabei die ganze Lunge und nicht nur einen Teil nutzt und wie man einander körperlich liebt, aber nicht als gymnastische Übung, sondern eher als Yoga-Akt (mit Yoga kennen sich ja heute viele aus), als wahrer Akt der Vereinigung. Kurz, damit er einem beibringt, richtig zu leben.

Und was war mit mir selbst? Im Grunde war ich doch mit meiner ganzen Sympathie für diese Kultur, meinem Interesse und aufmerksamen Zuhören nichts weiter als ein Pirat aus der westlichen Hemisphäre, der aufgebrochen war, jenes letzte Schiff des Orients zu entern und etwas zu erbeuten – ein Heilmittel. Ich würde es jetzt erhalten und auch anwenden. Aber konnte ich ehrlicherweise hoffen, es werde bei mir, dem Kranken aus einer anderen Welt, die gleiche Wirkung zeigen wie bei jemandem aus dem hiesigen Kulturkreis? Denn der würde noch etwas hinzufügen, ein Bad in einem heiligen Fluss etwa, die Mühe einer Pilgerreise oder das bloße Singen eines Mantras.

Mit anderen Worten: Können wir auf eine ganzheitliche Medizin vertrauen, ohne ein ganzheitliches Leben zu führen? Denn das bedeutet viel mehr, als zu meditieren, Tee zu trinken, seine Yoga-Übungen zu machen, sich mit Naturkräutern zu behandeln und sich durch dies alles ganzheitlich zu fühlen im siebenunddreißigsten Stockwerk eines New Yorker Wolkenkratzers oder meinetwegen auch in einem noblen Apartment in der Mailänder Innenstadt.

War Ayurveda nicht ein weiteres Beispiel für jene »Entterritorialisierung« – und hier auch »Enttemporalisierung« –, von der Leopold gesprochen hatte?

Als ich an einem meiner letzten Abende in Derisanamscope vom Tempel zurückkam, der mittlerweile zum Ziel meiner abendlichen

Spaziergänge geworden war, erwartete mich eine Überraschung. Im Zimmer neben meinem waren neue Gäste eingezogen: und zwar der alte Kinderarzt und seine Frau, die mit mir zusammen Shishas gewesen waren. Mir waren die beiden von Anfang an sympathisch gewesen, und ich freute mich aufrichtig, sie zu sehen. Er, klein, stark, bescheiden und klug – seine Abschiedsrede auf den Swami war ein Juwel glühender Intelligenz und Hingabe –, sie, größer als er, aufrecht, ihrem Ehemann stets liebevolle Stütze.

Während wir darauf warteten, dass der Mann auf dem Fahrrad das Abendessen brachte, setzten wir uns in den Hof vor unseren Zimmern. Nachdem wir ein wenig über unsere gemeinsamen Erlebnisse gesprochen hatten, begann sie von ihrer Familie zu erzählen, was Indern ja ebenso leicht fällt wie uns Italienern. Doch hierin erschöpften sich auch schon die nationalen Gemeinsamkeiten, denn die Unterhaltung, die sich nun entspann, hätte so nie und nimmer in Italien oder irgendwo sonst auf unserem Planeten stattfinden können.

Gerade berichtete mir die Frau noch, wie viele Kinder und Enkelkinder sie hatten und was sie alle machten, als er sie plötzlich unterbrach. Kurz bevor sie von zu Hause aufgebrochen seien, um an dem Vedanta-Kurs teilzunehmen, so erzählte er mir, hätten sie alle Söhne, Schwiegertöchter und Enkelkinder zusammengerufen, um ihnen zu verkünden, dass sie beide, Großvater und Großmutter, nach einem Leben, in dem keiner von beiden Fleisch verzehrt und nur er ein Mal Alkohol zu sich genommen hatte, nun gemeinsam den Entschluss gefasst hatten, auch der Sexualität zu entsagen. Er mit zweiundsechzig und sie mit sechzig Jahren hatten also ein Keuschheitsgelübde abgelegt, um sich noch besser auf ihren spirituellen Weg konzentrieren zu können. Ihre Söhne, Schwiegertöchter und Enkelkinder hätten ihnen gratuliert, berichtete er, und diese Entscheidung mit ihnen gefeiert.

»Das Gefühl der Stärke, das aus einer solchen Entscheidung erwächst, ist fast vergleichbar mit der sexuellen Lust selbst«, verriet er mir. Außerdem habe ihm sein Vater als kleinem Jungen schon gesagt, ein Mann könne auch einen Tiger festhalten und melken, wenn er nur wirklich wolle.

»Unser Geist ist ungeheuer stark, mit ihm sind wir zu allem imstande«, bestätigte seine Frau. Sie war Krankenschwester gewesen und hatte jahrelang eine Schwesternschule geleitet. Nun aber hatte sie, zusammen mit ihrem Ehemann, nur noch ein einziges Ziel: Moksha in diesem Leben zu erreichen.

Sie hatten Mahadevans Klinik aufgesucht, um sich hier den *panchakarma*, der »fünffachen Reinigung« mit Massagen und Ölungen, zu unterziehen, gemäß dem klassischen Yoga-Grundsatz, den Körper zu stärken, um sich mit mehr Kraft der »Befreiung« widmen zu können.

»Zieht der Meditierende, so wie die Schildkröte ihre Gliedmaßen, seine Sinne von den Dingen zurück, wird sein Blick fester und klarer«, zitierte der Kinderarzt Verse aus der *Bhagavad Gita*.

Ich war fasziniert und bewunderte die beiden für ihre Entschlossenheit. In ihrem Tun war nichts Moralistisches. Dahinter stand nur die im Übrigen selbstverständliche Überzeugung, dass man, um ein bestimmtes Ziel zu erreichen, alle seine Energien konzentriert in diese Richtung lenken muss – und nicht in die Gegenrichtung. Das heißt, die beiden hatten sich die Loslösung vom Körper zum Ziel gesetzt, und damit gab es keinen Grund mehr für sie, gleichzeitig wieder dem Verlangen dieses Körpers nachzugeben.

In der indischen Tradition galt Enthaltsamkeit immer schon als unverzichtbare Voraussetzung, um zu Erkenntnis zu gelangen. Beschloss ein Jüngling, eine Zeit lang in einem Gurukulam zu leben, legte er sein Brahmacharya-Gelübde ab und hatte von nun an nur noch das Ziel, seine innere Welt zu erforschen, sein Selbst, und eben nicht die äußere, sinnlich wahrnehmbare. War seine Zeit bei dem Guru aber beendet, erlosch auch sein Keuschheitsgelübde, und nun war absolut nichts dagegen einzuwenden, wenn er als junger Mann allen möglichen Sinnesfreuden frönte.

Die Sexualität galt in Indien (zumindest bis zur islamischen Eroberung) nie als verwerflich oder Werkzeug des Teufels. Schon vor Jahrhunderten wurden erotische Szenen aus dem Kamasutra in den Stein einer der erstaunlichsten Tempelanlagen des Landes eingemeißelt, der von Khajuraho nämlich. Und bis heute bietet man auf Märkten auf dem Land Bambusblätter mit erotischen

Darstellungen feil, anhand deren Mütter ihren Töchtern beibringen, wie sie nach der Heirat ihrem Gatten eine gute Liebhaberin sind.

Im Gespräch mit dem Kinderarzt und seiner Frau erinnerten wir uns daran, wie der Swami einige Male amüsiert über die unterschiedliche Haltung zu den Geschlechtsorganen in Indien und im Westen gesprochen hatte. Er kannte keine Scheu bei diesem Thema und sprach bewundernd über die Weisheit der Menschen, die vor Jahrtausenden in Indien *lingam* und *yoni*, dem Phallus und dem weiblichen Schoß, einen herausragenden Platz in ihrer Religion eingeräumt hatten. Sie hätten schon begriffen, dass nichts so perfekt und heilig sei wie diese beiden Organe, denen wir alle unser Leben verdankten. »Im Westen verdeckt man sie mit einem Feigenblatt, bei uns umkränzt man sie mit Blumen!«

Ich war überrascht, mit welcher Selbstverständlichkeit ich selbst mit dem Kinderarzt und seiner Frau über Sexualität sprechen konnte. Vielleicht lag es daran, dass ich eine besondere Weisheit spürte in ihrer Distanzierung von einem Tun, das üblicherweise so viel Zeit und Aufmerksamkeit verlangt. Für sie war ihre Verpflichtung zur Enthaltsamkeit schon Teil des neuen Gleichgewichts, nach dem sie strebten. Dabei gingen sie von der Vorstellung aus, dass im Universum alles harmonisch geordnet ist und dass man bloß der Natur zu folgen braucht, um automatisch das Richtige zu tun. Früchte und Gemüse sollten dann gegessen werden, wenn die Zeit ihrer Reife gekommen sei, sagten sie, denn die Erde bringe Warmes zur kalten und Kaltes zur warmen Jahreszeit hervor. Und ihre Zeit, ihr Lebensalter sei nicht mehr das der Sinne. Ich konnte sie verstehen.

Und wie ist das bei uns im Westen, wo man heutzutage alles kreuz und quer isst, wie man gerade Lust darauf hat? Kohl im Frühjahr, Kirschen im Winter. Dank Viagra brauchen auch Achtzigjährige nicht auf Sexualität zu verzichten. Welche Folgen das alles langfristig hat, ist nicht vorherzusehen. Im Moment weiß man nur, dass das Risiko größer ist, einen Herzinfarkt zu erleiden.

Dieser Gefahr ging der Kinderarzt aus dem Weg. Das Paar hatte sich anders entschieden. Am nächsten Morgen würden für ihn und seine Frau, die nach einem langen gemeinsamen Leben nun auch das letzte Abenteuer mit ihm teilte, jenes Abenteuer des Geistes, die ersten rituellen Massagen beginnen.

Nach der einen Woche empfand ich den Abschied aus Derisanamscope, »dem Ort, an dem der Pfeil von der Sehne schnellte«, wo das Leben so beschaulich, gelassen und wohl geordnet verlief, als eine echte Trennung.

Als ich mit einer Reihe anderer Patienten den Bus Richtung Norden bestieg, erblickte ich, aufgereiht auf den Stufen vor der Klinik, Mahadevan, seinen Vater, seinen Vetter und einige Angestellte sowie den Kinderarzt und seine Frau, die mir zum Abschied zuwinkten; hinter ihnen sah ich die imposanten Umrisse der Dämonin, die reglos, scheinbar friedlich, in den Reisfeldern lag und den Blick zum Himmel richtete. Zu Lebzeiten hatte sie die Rishis und Rama geärgert; und um ihre Untaten wieder gutzumachen, beschützte sie nun – davon war ich überzeugt – jene Insel der Tradition und jene wenigen treuen Anhänger der großen, alten Lehrmeister des Lebens, der Rishis.

Es reichten einige wenige Kilometer auf der Asphaltstraße, um mir bewusst zu machen, wie einzigartig und glücklich diese Insel, Derisanamscope, tatsächlich war. Bald schon kamen wir durch Dörfer, in denen über den Palmen die Neonkreuze der Kirchen jener aggressiven protestantischen Sekten prangten, über die der Swami sich ereifert hatte. Protzig und deplatziert wirkten diese Gotteshäuser. Zudem waren sie geschlossen, weil gerade nicht Sonntag war.

Würde Mahadevans Vater genügend Geld zusammenbekommen, um den alten Rama-Tempel instand setzen zu lassen und ihn noch eine Zeit lang zu erhalten, dort hinten, am Ende des Dorfes?

Philippinen

Magische Heilung

Reglos liegt der Junge mit nacktem Oberkörper am Boden. Ein Mann greift zu einem Messer und schneidet ihm mit einem langen Schnitt von Ohr zu Ohr die Kehle durch. Oder zumindest sieht es so aus. Blut schießt auf seine Brust.

»Er ist mein Sohn!«, schreit der Mann, an die Menge gewandt. »Aber ich muss ihn opfern. Die Göttin Kali verlangt es. Mir bleibt keine andere Wahl.« Und schon macht er Anstalten, dem Kind mit einem letzten Streich den Kopf, der bereits halb abgetrennt scheint, abzuschneiden.

Aus der entsetzten Menge erheben sich Schreie.

»Nein ... nein ... Warte!«

Das Kind lebt noch und reißt die Augen auf. Der Mann scheint unentschlossen.

»Wollt ihr ihn wirklich retten?«, ruft er.

»Ja ... ja ...«, kreischt die Menge.

»Nun, einen Weg gibt es vielleicht«, verkündet der Vater. »Anstelle seines Hauptes könnte sich Kali mit einem Ziegenkopf zufrieden geben. Doch ich bin arm, und eine Ziege ist teuer. Helft mir, ihn zu retten. Gebt mir etwas. Jeder von euch!«

Aus dem Publikum beginnt es Münzen zu regnen, die um Vater und Sohn herum prasselnd zu Boden fallen.

»Danke, danke«, murmelt der Mann. Dann breitet er betont langsam eine alte Decke über den kleinen Körper aus. Er hebt die Hände zum Himmel und stimmt ein flehendes Gebet zur Göttin Kali an, dass sein kleiner Sohn gesund und munter zu ihm zurückkehre. Die Menge verstummt: Unter der Decke hat sich etwas bewegt. Mit einem Ruck zieht der Vater sie weg, und unversehrt und mit dem Kopf fest auf den Schultern springt der Junge auf und beginnt flink, das Geld auf dem Boden einzusammeln, während sich der Vater demonstrativ daranmacht, mit einem Lappen das blutbesudelte lange Messer abzuwischen.

Auf allen Plätzen Indiens kann man dieses Schauspiel erleben, und obwohl die Leute wissen, wie es endet, lassen sie sich immer wieder anlocken, um neugierig das Geschehen zu verfolgen, sich erschrecken und unterhalten zu lassen und schließlich zu bezahlen. So ist es seit Jahrhunderten – nicht nur in Indien –, und die Reaktion des Publikums, unsere Reaktion, ist immer die gleiche. Denn sie hat mit einem tiefen Verlangen unserer Seele zu tun, das nicht dem Wandel der Zeiten unterworfen ist: dem Verlangen, über die Realität hinaus in eine Welt zu schauen, die so ganz anders als die uns bekannte ist.

Was uns an Magiern und Zauberkünstlern gefällt und fasziniert, ist deren Fähigkeit, uns stets aufs Neue zu überraschen. Ihre Kunst ist unwiderstehlich. Wir wissen genau, dass der Hut nicht leer war, aus dem sie Kaninchen und Tauben hervorziehen, und dass man eine Frau nicht zerschneiden kann, um sie dann auf wunderbare Weise heil und wohlbehalten wieder auferstehen zu lassen. Dennoch schauen wir uns mit wohligem Schauer immer wieder die gleichen Vorführungen an. Es macht Spaß, sich hinters Licht führen zu lassen.

Ja, sicher, alles ist nur ein Trick. Aber so genau wollen wir es gar nicht herausfinden, um uns nicht den Spaß an der Illusion zu verderben. Wie wir wissen, kann der Zauberkünstler die Realität nicht verändern; was sich ändert, ist nur unsere Wahrnehmung. Aber das reicht schon, damit wir staunend die Luft anhalten und, manchmal wenigstens, ein Fünkchen unausgesprochener Hoffnung in uns aufkommt, die Welt könnte tatsächlich so sein, wie der Magier sie uns präsentiert, nämlich voller Wunder, und nicht so nüchtern, wie wir sie täglich erleben.

Eine ähnliche Sache wie die klassische Vorführung mit dem enthaupteten Jungen in Indien war die »psychische Chirurgie« philippinischer Geistheiler, bei der diese angeblich aus den Körpern ihrer »Patienten«, ohne Wunden oder Narben zu hinterlassen, Tumore und Ähnliches herausschnitten. Darüber wusste ich nahezu alles, was es zu wissen gab. Rund fünfzehn Jahre zuvor hatte ich mich als Journalist ausgiebig mit dem Thema beschäftigt. Vierzehn Tage lang war ich zwei damals berühmten philippinischen Geistheilern auf der Spur, schaute mir an, wie sie »operierten«, sprach mit angeblich geheilten und nicht geheilten Patienten, und das

Fazit, das ich daraus ziehen konnte, lief ungefähr auf das hinaus, was andere vor mir bereits recherchiert hatten: Diese Heiler sind echte Zauberkünstler und ihre Wunderheilungen das Ergebnis geschicktester Tricks, die man mit bloßem Auge, auch aus nächster Nähe, kaum durchschauen kann.

So war es auch mir ergangen. Ich sah, wie Augäpfel aus den Höhlen genommen, »geheilt« und wieder eingesetzt wurden (ein weiterer Klassiker der indischen Schule, auf den, wie ich später herausfand, einige Fakire spezialisiert sind), beobachtete, wie Blutklumpen und ganze Stücke Fleisch aus der Bauchhöhle oder der Kehle von »Patienten« hervorgezogen wurden, hätte aber nicht behaupten können, genau verstanden zu haben, wie die Geistheiler diese Illusion ins Werk setzten. Eine Illusion, die dermaßen realistisch aussah, dass sogar mir das Blut in den Adern gefror.

Während jener zwei Wochen hatte sich Folgendes zugetragen. Mein Sohn Folco, damals sechzehn und an übernatürlichen Erscheinungen interessiert, hatte mich auf die Philippinen begleitet. Und als dann eines Tages in Manila einer der Geistheiler, an denen wir dran waren, nach einer ganzen Reihe von »Operationen« ins Publikum fragte, ob er sonst noch jemandem helfen könne, war es Folco, der seit Tagen darauf brannte, die Sache am eigenen Leib auszuprobieren, der vortrat. Sein Problem war das vieler Jugendlicher in seinem Alter: Er glaubte, die Anzeichen einer Gesichtsakne bei sich erkannt zu haben.

Zunächst forderte ihn der Heiler auf, sein Hemd auszuziehen und sich auf einer schmalen Liege auszustrecken, drückte ihm dann ein Kruzifix in die rechte Hand und ließ ihn die Augen schließen. Mit einer Hand bedeckte er nun Folcos Hals, während er sich mit der anderen unter seinem Nacken zu schaffen machte. Ich stand in nächster Nähe, nahm die Kamera vors Auge, stellte scharf und begann zu knipsen, als ... ein Schwall roter Flüssigkeit unter Folcos Kinn hervorsprudelte, sich in der Vertiefung unter dem Hals sammelte und auf seine Brust rann. Ich war wie vom Donner gerührt. Wie hatte ich das nur zulassen können? Was war mir bloß eingefallen, sein Leben in Gefahr zu bringen, nur um seine jugendliche oder, schlimmer noch, meine journalistische Neugier zu befriedigen!

Doch die Panik legte sich bald wieder. Binnen einer Minute, vielleicht auch weniger, war alles vorbei. Folco erhob sich vergnügt lächelnd, während ich, schon wieder ganz Journalist, rasch zu dem Papiertaschentuch auf dem Boden griff, mit dem die Assistenten des Geistheilers das »Blut« aufgewischt hatten. Leider kam ich nicht mehr dazu, es auch einzustecken, um es dann, wie ich vorhatte, untersuchen zu lassen. Denn schon hatte die Hand eines der treuen jungen Leibwächter des Meisters mein Handgelenk gepackt, um es zu verdrehen, bis ich das Beweisstück schließlich losließ.*

Seit damals waren viele Jahre vergangen. Am zweifelhaften Ruhm der philippinischen Geistheiler hatte sich nichts geändert. Wer sich geändert hatte, war ich. Ich wusste jetzt ein wenig mehr darüber, wie der menschliche Geist arbeitet, und war weniger skeptisch hinsichtlich dessen, was zur Genesung eines Menschen beitragen kann. Aber vor allem war ich jetzt selbst ein Kranker, der, nachdem er alle Möglichkeiten der modernen Medizin ausgeschöpft hatte, nun nichts unversucht lassen wollte, was es darüber hinaus noch geben mochte.

Und als ich dann hörte, Reverend Alex Orbito, zu der Zeit der berühmteste Geistheiler auf den Philippinen, weihe in seiner Heimatstadt nördlich von Manila die *Pyramid of Asia* ein, die zu einer Art »Weltgesundheitszentrum« werden sollte, beschloss ich, mich der Karawane anzuschließen.

Ich hatte immer schon eine gewisse Schwäche für Philippiner, für ihren ironischen Fatalismus, ihre sympathische Überheblichkeit, mit der sie ihr Elend kaschieren, ihre warmherzige, offene Art. Von allen Völkern des Fernen Ostens sind sie am wenigsten asiatisch und haben am meisten von den Latinos. Irgendwie habe ich mich ihnen immer verwandt gefühlt, vielleicht weil sie es ebenso wenig wie ich mögen, streng bei einer Sache zu bleiben.

Der Jeepney, die lang gezogene philippinische Version des alten US-Militärjeeps, den man als Gemeinschaftstaxi nutzt, ist typisch für das Land. Bis auf die Knochen abgespeckt und mit den unbequemsten Sitzen, die man sich nur vorstellen kann, ist der Wa-

* Folco hat nie Akne bekommen, hatte aber, wenn man mich fragt, auch vorher keine Pickel.

gen doch Ausdruck überschäumender Lebensfreude: Überall flatternde Fähnchen, eine echte Trompete als Hupe und die Wagenseiten bemalt mit Bildern imaginärer Landschaften, den Konterfeis von Filmstars oder eigenartigen Sprüchen. Auf dem ersten Jeepney, der mir unter die Augen kam, als ich das Flughafengebäude verließ, stand in großen Lettern: »Bereite dich vor. Jesus ist nahe!«

Das Operationszentrum, das anlässlich des Riesentrubels um die *Pyramid of Asia* eingerichtet worden war, befand sich in einem großen Hotel am Rochas Boulevard. Grüne Spruchbänder hießen die Delegationen aus allen Ländern willkommen. An der Theke im Foyer konnte man sich anmelden und dann seinen Kongressbeutel abholen gehen, in dem sich neben umfangreichem Informationsmaterial und dem Programm ein Notizblock und ein Erinnerungskuli befanden.

Man brauchte sich nur umzuschauen, um zu begreifen, dass Alex Orbito mittlerweile eine Art multinationales Unternehmen war. Es gab eine eigene Reiseagentur, die Orbitours, die »Ausflüge, Heilungstermine und Shoppingtouren für jedermann« organisierte, wie es im Prospekt hieß, ein PR-Büro in Manila und zahlreiche »Filialen« in aller Welt, in denen Orbito jedes Jahr wie am Fließband Hunderte von Personen »operierte«.

Orbito bewegte sich stets in einer buntscheckigen Menschenmenge, in nächster Nähe seine Verwandtschaft, die sich in seinem Ruhm sonnte, darum herum die große Masse: seine Partner aus den verschiedensten Ländern, die an seinen Heilungserfolgen mitzuverdienen versuchten, die echten und eingebildeten Kranken, die Einsamen auf der Suche nach einem Halt, an den sie sich klammern konnten, und schließlich die Riesenschar treuester Anhänger, darunter einige, die durch ihn von Krebs im Endstadium oder anderen unheilbaren Krankheiten geheilt worden sein wollten. Alle waren sie vereint in der festen Überzeugung, einen »Mann des Lichts« vor sich zu haben, eine Art »Gott auf Erden«.

Er selbst, als Mensch, war praktisch unsichtbar. Ohne die Gesten der Verehrung und Hingabe der Leute um ihn herum wäre er ganz in der Menge untergegangen: ein mittelgroßer Mann, wie ein Handelsvertreter gekleidet, schlank, von nichts sagendem Aussehen, mit einem Gesicht, das mir instinktiv wenig Vertrauen einflößte, ebenso wenig wie die Tatsache, dass er sich die Haare färbte, um das natürliche Grau zu überdecken.

Alex Orbito, Reverend der Espiritualistas, einer typisch philippinischen katholischen Sekte, kam 1940 zur Welt, als letztes von vierzehn Kindern, die fast alle Heiler oder Seher wurden, und Sohn einer Mutter, die ebenfalls als Medium wirkte. In den hagiografischen Schriften zu seinem Leben, die sich unter anderem in dem Beutel befanden, klärte man darüber auf, dass Pangasinan, jene Gegend, in der Orbito und viele andere große Heiler vor ihm geboren wurden, gekennzeichnet sei von einer einzigartigen Konzentration spezieller Energieströme. Diese gingen zurück auf die hoch entwickelte Kultur eines antiken Kontinents, Lemuria nämlich, der dort vor Hunderttausenden von Jahren im Meer verschwunden sei.

»In Alex' Händen, besonders den Fingerspitzen, sammelt sich jene ätherische Energie, die es ihm möglich macht, die Materie auf zellulärer und sogar subatomarer Ebene, wo Materie und Energie eins werden, zu durchdringen, ein Phänomen, das auch von der Quantenphysik bestätigt wird. Diese Energie kommt aber nicht von Alex, sondern von einer höheren Wesenheit. Alex ist lediglich ihr Kanal.«

Dies war genau die Sprache, bei der ich Bauchschmerzen bekam, aber ich ließ den Chef von Orbitos PR-Abteilung, einen älteren Mann, der früher Journalist war, einfach reden. Er hatte mich in der Hotellobby umherstreifen sehen, mich rasch als Nichtdelegierten ausgemacht und sich, sehr professionell, sogleich mit einem Kierkegaard-Zitat vorgestellt: »Es gibt immer zwei Möglichkeiten, sich täuschen zu lassen: Die eine besteht darin, etwas Unwahres zu glauben. Die andere darin, etwas Wahres nicht zu glauben.« Und schon war er dabei, mir beredt seinen Meister »Alex«, dessen religiöses Credo (»Alex sieht die Philippinen als Brücke zwischen Orient und dem vom New Age geprägten Abendland: ein christliches Licht, das spirituell die ganze Welt erhellt«) und seine Wundertaten zu »verkaufen«.

Ich war nicht sehr erpicht auf sein Gerede, dennoch hörte ich ihm eine Weile zu, denn irgendetwas lässt sich ja immer lernen. Ich fand vor allem interessant, dass Orbito, wie der Mann ausdrücklich betonte, über keinerlei anatomische Kenntnisse verfügte und von Röntgenaufnahmen oder anderen medizinischen Untersuchungsergebnissen nichts wissen wollte. Alex gehe an den Kranken und sein Leiden völlig anders heran.

Dann verabschiedete ich mich, um mir in einem kleinen Hotel, das ich in Pasay City kannte, ein Zimmer zu nehmen.

Am Tag darauf, während die Delegationen unter der Führung von Orbitours zu Ausflügen und Shoppingtouren unterwegs waren, unternahm ich einen Streifzug durch die Straßen von Manila. Die Elendsbilder waren zum Teil derart krass, dass ich fast schon wieder Sympathie empfand für Orbito sowie seine schlitzohrigen Verwandten und Berater, die immerhin einen Weg gefunden hatten, dieser Not zu entkommen. Andere Philippiner waren da noch auf der Suche.

Vor dem Arbeitsamt im Viertel Mabini, mit einem typisch philippinischen Euphemismus »Zentrum für die Entwicklung menschlicher Arbeitskraft« genannt, standen die üblichen Schlangen von Leuten, die auf ein Ausreisevisum oder einen Job irgendwo in der arabischen Welt hofften. Eine junge Frau hingegen liebkoste zärtlich einen älteren, leicht angetrunkenen Europäer, der darauf wartete, seinen Scheck aus der Pensionskasse irgendeines Elektrounternehmens einzulösen. Jedes Schild, das ich las, stand für eine Hoffnung. »Krankenschwester gesucht. DRINGEND!« Die Suche mochte vor zwanzig Jahren »dringend« gewesen sein, den Buchstaben nach zu urteilen, die verblasst und abgeschabt waren, wie auch die anderer Schilder, die verkündeten: Gynäkologe, Kinderarzt, Radiologe. Also versuchte man es doch lieber mit einem Geistheiler!

Und doch mochte niemand seine Hoffnung fahren lassen. Nicht die Menschen, die für ein Visum oder einen Job anstanden, nicht die Frau, die mit eindeutigen Zeichen und einem gewagten Lächeln aus einem zahnlosen Mund meine Aufmerksamkeit zu erregen versuchte, wobei sie auch noch ein Tanzschrittchen vor ihrer Kartonbaracke vollführte, und ebenso wenig die Todkranken, die

Orbito aufsuchten, wohl wissend, dass nur noch eins seiner Wunder sie würde retten können.

Aber gibt es sie tatsächlich, solche Wunder? Und was sind eigentlich Wunder? Gewiss. Es gibt sie, und Wunder sind es, weil sie sich nur hin und wieder mal ereignen, weil sie etwas Außerordentliches, Unbegreifliches sind, eine Ausnahme von der Regel, die keine Wunder vorsieht. In Lourdes sollen Wunder geschehen. Das glaube ich sogar. Absurd ist es nur, zu behaupten, Lourdes-Wasser lasse alle Lahmen gehen und alle Blinden sehen. Lourdes-Wasser ist wie jedes andere Wasser auch, es bewirkt erst mal nichts, heilt niemanden: Es löscht höchstens den Durst. Und doch kommt es vor, dass sich unter den vielen tausend Gläubigen, die jährlich, teils unter großen Opfern, nach Lourdes pilgern und sich dort singend, betend und klagend an die Jungfrau wenden, auch ein Blinder befindet, der wieder sehen, und ein Lahmer, der wieder gehen kann. Und dadurch erhält das Wasser den Ruf, »Wunder« zu tun. In gewissem Sinne stimmt das auch, denn es werden Leute gesund, die es trinken. Würden aber alle geheilt, wäre es nichts anderes als Aspirin, das bei jedem, der es nimmt, binnen einer halben Stunde die Kopfschmerzen vertreibt.

Und in diesem Sinne war ich auch sicher, dass Orbito Wunder wirkte. Auch an Kranken wie mir? Nein. Das war mir klar. Aber ebenso klar war mir, dass ich den anderen das Recht lassen musste, darauf zu hoffen.

Am Nachmittag ging ich noch mal bei dem Hotel mit der Werbeveranstaltung für die Pyramide vorbei. Es waren einige Neuankömmlinge da, vor allem Kranke. Besonders bewegend war das Bild der kranken Kinder, wie ich sie bereits aus dem New Yorker MSKCC kannte, mit ihren gelblichen Gesichtern, verängstigten Blicken und, als Folge der Chemotherapie, vollkommen kahlen Köpfen. Dem PR-Mann ging ich jetzt aus dem Weg, unterhielt mich dafür aber eine Zeit lang mit ein paar Mitgliedern der deutschen Delegation, dann auch mit einigen Italienern.

Die Wunderheilungsgeschichten, die man mir erzählte, waren fast identisch bis ins kleinste Detail: Immer wieder ging es um Komapatienten, die Orbito ins Leben zurückholte, oder um große

Tumore, die sich nach Orbitos Eingriff vollkommen in Luft auflösten, so dass Schulmediziner nur noch fassungslos ausrufen konnten: »Aber das ist ja schwarze Magie!« Und bei allen Geschichten wurde ein Punkt besonders betont: Geheilt wird nur, wer bereit dazu ist. Ein fester Glaube sei nicht unverzichtbar, hieß es, aber die Einstellung dürfe nicht negativ sein. Doch je länger ich den Gläubigen zuhörte, desto mehr hatte ich den Eindruck, dass meine Einstellung eben immer negativer wurde. Schade. Denn immer wieder hörte ich auch, Orbito spüre sofort, wenn von jemandem in seiner Nähe »negative Schwingungen« ausgingen. Den Betreffenden lasse er unverzüglich vor die Tür setzen, weil die Operation sonst misslingen würde. Ich fühlte mich bereits ertappt.

Einer der Italiener konnte mir genau erklären, was die Geistheiler so besonders für ihre Anhänger machte. Bei ihnen verbänden sich hinduistisches Gedankengut mit schamanischen Traditionen und christlicher Barmherzigkeit. Sie wiesen den Weg in die Zukunft, denn die Menschheit habe eine Grenze erreicht und brauche nun, um weiterzugehen, ein neues Erkenntnisinstrument ... »Auch Vergil«, ließ er seine klassische Bildung aufblitzen, »der Dante ein Stück seines Wegs begleitete, blieb ja an der Schwelle zum Paradies stehen und sagte zu ihm: ›Nun benötigst du einen Führer, der ich dir nicht mehr sein kann.‹ Der Menschheit hilft Vernunft heute nicht mehr weiter. Da muss das Herz einspringen ... Und die Heiler hier auf den Philippinen weisen einen ganz neuen Weg zum Verständnis der Welt. Nur sie allein können das, weil sie die Fähigkeit besitzen, spirituelle Energie zu kanalisieren. Und Alex ist für mich unumstritten der Meister dieser neuen Schule. Andere Heiler wie Sai Baba tun nichts gegen die Negativität. Alex aber beseitigt sie, indem er, wie zu Eis erstarrt, seinen Geist leert und so zum Kanal wird für den *Großen Engel* ... Berät Alex jemanden in Dingen, die ihm nicht vertraut sind, hat er, während er redet, beständig einen Ton in den Ohren: Ist dieser Ton tief, sind seine Aussagen richtig, und er fährt fort; wird der Ton schrill, entfernt er sich von der Wahrheit, also korrigiert er sich ... Man sollte es vielleicht nicht zu laut sagen, aber wenn Alex bei einem Kranken erkennt, dass es keine Hoffnung mehr für ihn gibt, sagt er nur: ›Ich segne dich‹, und schenkt ihm damit die nötige Energie, um rasch und friedlich einzuschlafen. Alex' Hand dringt in den menschlichen Körper mit einer Leichtigkeit ein, als wäre es Wasser, indem sie sich auf die Resonanz des Körpers einstimmt. Alles auf der Welt ist Resonanz ...«

Ein paar Stunden brachte ich auf diese Weise zu. Irgendwann hatte ich das Gefühl, bei diesem verrückten Geschwätz selbst den Verstand zu verlieren. Ich überlegte, dass es vielleicht gerade eine solche wechselseitige Beeinflussung war, die die Voraussetzungen für Wunderheilungen schuf, und ich sah zu, dass ich mich dort wieder ausklinken konnte.

Bevor ich das Hotel verließ, schaute ich im Büro von Orbitours vorbei und erkundigte mich, wie ich zur Pyramide gelangen könne. Es war bereits alles organisiert: Als Nichtdelegierten hatte man mich einem der italienischen Busse zugeteilt. Die Vorstellung, weitere sechs, sieben Stunden mit diesen Gläubigen verbringen und mir ihre Bekenntnisse anhören zu müssen, schreckte mich. Doch der Kelch ging an mir vorüber. Zwei abendliche Anrufe retteten mich. Einer bei meinem alten Freund Frankie, einem Schriftsteller (er hatte selbst im Norden zu tun und war gern bereit, mich zur Pyramide mitzunehmen); der andere bei einem Professor am Ateneo, der angesehenen katholischen Universität in Manila, der sich mit dem Phänomen der Wunderheiler beschäftigte. Er hatte Zeit und war bereit, sich mit mir zu unterhalten. Ich solle ihn gleich anderntags aufsuchen.

Pater Jaime Bulatao, ein achtzigjähriger Jesuit, Gründer der ersten Psychologischen Fakultät auf den Philippinen und seit vierzig Jahren selbst als Therapeut tätig, empfing mich in seinem mit Büchern voll gestopften Arbeitszimmer. An dem bequemen Sessel, in dem er saß, lehnte ein langer Aluminiumstock, denn er war teilweise gelähmt und konnte sich nur noch mit dessen Hilfe fortbewegen. Doch sein Verstand war noch so hellwach wie eh und je, flexibel in jede Richtung, und nach all den fideistischen, kurzsichtigen Ergüssen der »Wundergläubigen« war sein hohes Maß an vorurteilsloser Intelligenz, gepaart mit Neugier und Weisheit, eine echte Wohltat.

Jahrzehntelang hatte Pater Bulatao die philippinische Seele erforscht, hatte sich als Beobachter und Protagonist mit dem Phänomen der Geistheiler beschäftigt und war bei keiner meiner Fragen um eine Antwort verlegen.

Zu Beginn prüfte er sehr diskret, ob ich ihn nur aufgesucht hatte, um ihm als Journalist ein paar Zitate zu entlocken, mit denen sich die Geistheiler als Scharlatane entlarven ließen. Dies hätten im Übrigen bereits, wie er sagte, verschiedene internationale Nachrichtenmagazine erledigt, und vor allem ein Dokumentarfilm eines deutschen Fernsehsenders. Aber wem sei damit gedient? Die Tricks der Wunderheiler aufzudecken, nachzuweisen, dass ihr »Operationsblut« kein wirkliches Blut und die »Tumore«, die sie aus den Körpern ihrer Patienten hervorzauberten, Hühnerinnereien seien, gehe am Kern der Sache vorbei. Ihm zufolge gelte es zu verstehen, ob diese Tricks zu etwas gut seien, und wenn ja, wozu. »... und sollten diese ›Heilungen‹ den Leuten irgendwie helfen, dann müssten sie doch willkommen sein«, meinte er.

Ich spürte bei ihm sogleich ein gewisses Wohlwollen gegenüber den Geistheilern, besonders einigen sehr bekannten aus früheren Zeiten. Die Geistheiler waren Philippiner, er war Philippiner, und die Ausländer, die hierher kamen und in aller Eile einfache Erklärungen für komplizierte Phänomene formulierten, befremdeten ihn. Ja, im Grunde waren die Heiler auch seine Kollegen. Denn er machte mir gegenüber kein Geheimnis aus der Tatsache, dass er als erfolgreicher Exorzist galt. Zwar bediente er sich anderer Mittel, vor allem der Hypnose, aber auch diese Mittel mochten von einem skeptischen Geist als Magie eingestuft werden.

Ich konnte ihn beruhigen. Ich käme aus Indien, erzählte ich, der Heimat der Magie, und hätte den Vedanta studiert, das Fundament einer Kultur, die das gesamte Universum als *maya** – Illusion, Täuschung – betrachte, Gott als den Magier im Himmel und den Zauberkünstler auf dem Basar auch heute noch ein wenig als Gott auf Erden. Ich hätte verstanden, so sagte ich, wie eng, vor allem in den Anfängen, Magie und Religion verflochten waren und dass die Unterscheidung zwischen Priester und Magier, magischen Vorführungen und religiösen Riten nicht immer leicht sei.

* Von diesem Wort *maya* aus dem Sanskrit soll sich auch der Begriff »Magie« ableiten.

Ich erzählte ihm, dass in den *Jataka*, den Geschichten aus den früheren Leben Buddhas, viele Episoden mit magischem Hintergrund zu finden seien. Und dass in den so genannten *Geschichtlichen Annalen* Chinas aus dem 2. Jahrhundert nach Christus von einem indischen Magier berichtet werde, der am kaiserlichen Hof für Furore sorgte, indem er sich scheinbar mit bloßen Händen ein Loch in den Bauch grub und meterlange Gedärme daraus hervorzog – geradeso wie Bulataos »Kollegen«.

Pater Bulatao hörte mir interessiert zu, und seine Augen lächelten hinter den dicken Brillengläsern. Und wie um unserem Gespräch auch eine theoretische Grundlage zu geben, erklärte er dann, es gelte sich darauf zu verständigen, dass Realität immer ein subjektiver Begriff sei und jede Kultur ihre eigenen Definitionen dessen entwickle, was ihr als real gelte. »Ist ein Glaube, auch ein Wunderglaube, in der Kultur eines Volkes verwurzelt, so wird dieser Glaube zur Realität«, sagte er. Das sah ich genauso.

So sei zum Beispiel, fuhr er fort, für die Philippiner die Welt der Geister ebenso real wie die dingliche, und jede Erscheinung, für die eine normale Erklärung fehle, werde vollkommen selbstverständlich als das Werk von Geistern eingestuft. Ärzte kommen einer Krankheit nicht bei? Gut, dann müsse eben der zuständige Geist ausgemacht und versöhnt werden. Zum Schutz vor Geistern gebe es Amulette, *anting-anting* genannt, und Gebete. Zudem verfügten manche Menschen über besondere Kräfte, um auf Geister einzuwirken, so wie der klassische *herbolaryo*, der in seinem Dorf Kräuterkundler, Magier und Heiler in einem sei, oder auch Priester. Zählte er zu Letzteren?

»Geister gehören in einem Maße zum philippinischen Leben, wie man sich das in Europa gar nicht vorstellen kann«, sagte er. »Denken Sie an das Pantheon in Rom – ein römischer Tempel für die römischen Gottheiten. Aber schon die Segnung durch einen Papst reichte aus, um daraus eine christliche Kirche zu machen. Die antiken Götter verschwanden und wurden nie mehr gesehen. Auf den Philippinen wäre dies unmöglich. Die Geister der Bäume, Flüsse oder Berge wirken hier immer noch so wie schon vor vielen Jahrhunderten und besitzen die Macht, auch in die Körper der Menschen unserer Zeit einzudringen.«

Vor diesem Hintergrund müsse man, so Pater Bulatao, die philippinischen Heiler im Allgemeinen und das aktuelle Phänomen der »psychischen Chirurgie« betrachten. Aus seiner Bücherwand zog er einen Band mit Briefen seines Jesuitenkollegen Pater Pedro Chirino aus dem Jahr 1603 hervor: Darin beschrieb dieser, frisch im Land eingetroffen, wie die Philippiner damals genau an jener Stelle, wo jetzt die Universität stand, große, blutige Zeremonien abgehalten hätten, um Geister zu besänftigen und Menschen zu heilen.

Die Spanier seien mit aller Härte gegen diese Praktiken vorgegangen, erzählte Bulatao weiter, hätten sie aber nie ganz ausrotten können. Und gegen Ende des 19. Jahrhunderts seien sie, auch mit dem Aufkommen der von einem französischen Missionar beeinflussten Espiritualistas, wieder bekannt und populär geworden. Der Kopf dieser Wiedergeburt sei ein gewisser Terte aus der Provinz Pangasinan gewesen. Dieser habe die »Blut-Tradition« wieder eingeführt und sei Vorbild für alle berühmten Heiler nach ihm gewesen. Darunter war auch ein sehr enger Freund von Pater Bulatao, und dieser hatte ihm gegenüber keinen Hehl aus den Tricks der Wunderheiler gemacht: So verwende man mit Tierblut oder einer anderen blutähnlichen Flüssigkeit gefüllte Blasen, um die Illusion menschlichen Blutes zu wecken.

»Aber worauf es ankommt«, erklärte Pater Bulatao, »ist doch, dass die Leute etwas Bestimmtes erwarten und diese Erwartung erfüllt wird. Sie erwarten, geheilt zu werden, und viele werden tatsächlich gesund. Das Blut und die Vorstellung, dass die Hand des Chirurgen in den Körper eindringt, gehören zu dieser Erwartungshaltung. Daher ist die Täuschung notwendig.«

Auch er selbst war schon in die Lage gekommen, eine »Operation« inszenieren zu müssen, um Patienten zu helfen. Er berichtete mir vom Fall einer schwangeren Frau, die unvermittelt die Nahrungsaufnahme einstellte und magersüchtig wurde. Denn innerlich habe sie das Urteil von »Richtern« vernommen, die ihr verkündeten: »Du bist nicht würdig, Mutter zu werden!« Bulatao hypnotisierte die Frau, hielt ihr eine Papiertüte ans Ohr und sprach: »Hinaus mit dem ersten Richter … hinaus mit dem zweiten …« Und dabei zog er ihr jedes Mal am Ohr. Das machte er sechs Mal. Als die Frau aus der Hypnose erwachte, erklärte sie, sich schon viel besser zu fühlen. Doch Bulatao warnte sie. Es sei noch nicht vorbei. Sie müsse anderntags noch einmal wiederkommen, damit er den siebten Richter austreiben könne.

»Denn bei uns auf den Philippinen heißt es, jemand ist von sieben Teufeln besessen«, erklärte mir Bulatao. »Und unbewusst war dies der Frau klar.«

Sie sei also noch einmal zurückgekehrt und habe nach der Austreibung des siebten Richters wieder zu essen begonnen und die Schwangerschaft ohne weitere Probleme hinter sich gebracht.

Im Allgemeinen verlangte Pater Bulataos Methode aber keinerlei Inszenierungen. Er versetzte seine Patienten in Hypnose und sprach mit ihnen. So berichtete er mir vom Fall eines unheilbar an Leukämie erkrankten Mädchens, das man aus der Klinik nach Hause entlassen hatte, um dort zu sterben.

»Ihre Blutwerte hätten schlechter nicht sein können. Ich versetzte sie in Trance, um mich dann ihrem Rückenmark zuzuwenden. Ich erzählte ihm, wie Reis wächst: Nach dem Säen verschwinden die Samenkörner in der Erde; es regnet, und die Samen beginnen zu keimen, die Pflanzen wachsen und wiegen bald die Köpfe im Wind. In den Blattachseln erscheinen die Rispen und tragen unzählige Reiskörner. Indem ich dem Mädchen so vom Wachsen des Reises erzählte, hatte ich die Möglichkeit, mit ihrem Unbewussten in Kontakt zu kommen. Das Kind schlief ein, und binnen zehn Tagen waren seine Blutwerte fast wieder normal.«

Das Mädchen habe noch drei Jahre gelebt. Dann habe es einen Rückfall erlitten, und auch er habe nichts mehr für es tun können.

Wie er mir erklärte, waren Kinder für alle Heiler, auch für ihn mit seiner Hypnose, am schwierigsten zu behandeln. Denn an deren Unbewusstes heranzukommen sei viel problematischer als bei Erwachsenen.

»Alles beginnt und alles endet mit dem Geist«, fuhr er fort. »Geist und Körper sind keine getrennten Wesenheiten, wie etwa Descartes lehrte. Das war ein entscheidender Fehler, an dessen Folgen wir noch heute tragen. Geist und Körper ergänzen sich, und es ist der Geist, der die Materie beherrscht. Daran kann kein Zweifel bestehen. Sie denken an eine schöne Frau, und Ihr Körper reagiert. Sie teilen eine frische Mango, und das Wasser läuft Ihnen im Mund zusammen.«

Pater Bulatao zufolge liegt die Leistung des Heilers darin, die Magie zu nutzen, damit dieser Mechanismus funktioniert. Der subjektive Geist, erklärte er, habe keine eigene Sprache. Deshalb müsse er sich der Sprache der sinnlich wahrnehmbaren Welt bedienen; mit anderen Worten, er müsse das »Blut« oder den »Tumor«, der entfernt wird, wirklich sehen. Dies gelte in besonderem Maße für Ausländer, deren Geist, auch im Unbewussten, sehr viel enger an die Materie gebunden sei als der Geist eines Philippiners.

Eine Operation, wie sie Orbito oder andere ausführten, sei jedoch in jedem Fall symbolisch. Was da aus dem Körper entfernt werde, sei bloß die »Materialisierung« etwa eines Tumors, nicht der Tumor an sich. Deswegen ähnelten sich die Operationen auch fast alle und erfolgten meist im weichen Unterleib des Patienten, egal welcher Körperteil nun tatsächlich erkrankt sei. »Die Heiler erklären, ›Tumore‹ oder ›Negativität‹ zu entfernen, aber keiner von ihnen wäre je in der Lage dazu, mit medizinischer Gründlichkeit einen Blinddarm oder die Mandeln herauszunehmen«, stellte Bulatao klar.

Der erste Schritt im Heilungsprozess bestehe darin, fuhr er fort, den Patienten auf eine andere Bewusstseinsebene zu heben, ihn also dazu zu bringen, mit der üblichen Art, Dinge wahrzunehmen und auf die Welt zu reagieren, zu brechen.

»Jeder Mensch verfügt unbewusst über einen Schatz an Kräften und früheren Erfahrungen, die für unseren rationalen Geist nicht zugänglich sind. Stehen wir vor einem Problem, zum Beispiel einer Krankheit, sucht unser rationaler Geist, unser Verstand also, nach einer Lösung und blockiert, wenn er keine findet. Sind damit alle Chancen vertan? Nein. Denn gelingt es, auf irgendeine Weise den rationalen Geist auszuschalten, kann sich das Potenzial des Unbewussten entfalten, um das Problem aus der Welt zu schaffen und zu einer Lösung zu kommen.« Und an dieser Stelle zog Pater Bulatao die Schlussfolgerung, von der ich selbst immer mehr überzeugt war: »Unser Körper verfügt über ein Selbstheilungssystem. Es muss nur aktiviert werden. Und dazu ist ein Anstoß vonnöten.«

Solch ein Anstoß, räumte er ein, könne unterschiedlichster Art sein: vom Handauflegen über Meditation, Yoga, den Glauben an einen Heiligen, eine bestimmte Person oder einen Heiler bis zu Gebeten oder – und der Zusatz gefiel mir – den Kontemplationsübungen, wie Ignatius von Loyola, der Gründer seines Ordens, sie gelehrt habe.

Für Jesuiten hatte ich schon immer eine Schwäche. Im Allgemeinen unvoreingenommener und gebildeter als viele andere Gläubige, ist ihr Glaube dennoch solider, weil er auf den Prüfstand ihrer Intelligenz gestellt wurde.

Als Bulatao an einer bestimmten Stelle unseres Gesprächs noch einmal betonte, dass der Geist die Materie beherrsche und bestimmte Reize jene Wirkungen hervorriefen, die wir »Wunder« nennen, warf ich provozierend ein: »Dann gibt es in Wahrheit also gar keine Wunder?«

Er schwieg einen Moment und schaute mich aus seinen riesigen Augen hinter den dicken Brillengläsern an. Dieses Fazit konnte er nicht unwidersprochen hinnehmen, denn er wusste nur zu gut, wie wichtig Wundertaten für seine Kirche sind.

»Aber ist nicht die ganze Welt ein einziges Wunder? Und wer hat denn den Geist mit all seinen unglaublichen Fähigkeiten erschaffen? Das ist doch das wahre, große Wunder«, entgegnete er und erinnerte mich damit an den Swami, der immer von *jagat* gesprochen hatte, der auf so »intelligente Weise eingerichteten Welt«. Zwei Männer aus vollkommen unterschiedlichen Traditionen und Kulturkreisen, aber im Grunde doch gar nicht so weit voneinander entfernt.

Wie denn die Kirche das Phänomen der Wunderheiler sehe, wollte ich von Pater Bulatao wissen.

Als Antwort erzählte er mir die Geschichte von Jonny Mezzanotte, die die Philippiner monatelang in Atem gehalten hatte.

Jonny Mezzanotte war ein Heiler, der seine Wunder übers Radio wirkte. Er hatte seine eigene Sendung, die um vier Uhr morgens ausgestrahlt wurde. Zu dieser frühen Stunde hörte ihm anfangs kaum jemand zu, doch sprach sich die Sache herum, er hatte immer größeren Zulauf, und irgendwann blieb man in Manila zu Tausenden nachts seinetwegen auf. Jonny Mezzanottes Methode war einfach. Er bat seine Hörer, ein Glas Wasser neben das Radio zu stellen, das er, wie er versprach, durch übers Radio übertragene Töne in Schwingungen versetzen würde, um so die Leute in einen anderen Bewusstseinszustand zu bringen. Nach einer Weile forderte er seine Zuhörer dann auf, das Glas Wasser ganz, ganz langsam auszutrinken.

Zahlreiche Radiopatienten schworen, auf diese Weise geheilt worden zu sein. Das einzige Problem war, dass Jonny Mezzanotte über den Äther allen erklärte: »Ich bin Gott.« Das konnte die philippinische Kirche natürlich nicht hinnehmen, und so versuchte man zunächst, Mezzanottes Kreise zu stören. Dann aber lud das Oberhaupt der philippinischen Kirche, Manilas berühmter Kardinal Sin, den Heiler zum Essen in seinen Amtssitz ein. Er dankte ihm für all die Wohltaten, die er den Kranken erwiesen habe, und bat ihn nur, auf jenen Satz zu verzichten. Jonny Mezzanotte war einverstanden, und seine Sendung lief mit großem Erfolg weiter. Bis irgendwann auch seine Zeit vorbei war.

Pater Bulatao zufolge gab es mittlerweile praktisch nur noch zwei Kategorien von Wunderheilern, die bei den Leuten großen Zulauf hatten: erstens jene, die sich der psychischen Chirurgie verschrieben hatten und damit immer größeres Interesse gerade bei Ausländern fanden (nicht umsonst wurden sie wegen ihres Beitrags zur Ankurbelung des Tourismus staatlich gefördert). Und zweitens die traditionellen Heiler, die auf theatralische Operationen verzichteten und stattdessen mit Geistern Kontakt aufnähmen.

Viele der Letzteren gehörten, so Bulatao, einer Gruppe an, die sich »Neue Mystiker« nannte. Sie lebten selbst arm unter Armen und ließen sich für ihre Dienste nicht bezahlen. Nur kleine Gaben, die ihnen in eine Schachtel an der Tür ihrer bescheidenen Behausungen gesteckt würden, akzeptierten sie. Diese Heiler behandelten ihre Patienten, indem sie sich selbst in Trance versetzten, einen Zustand, der in der philippinischen Kultur seit alters her als göttliche Gabe betrachtet werde, als eine Möglichkeit, den Schleier zu lüften, der uns von einer »anderen« Welt trenne.

Pater Bulatao erzählte mir vom Fall eines vierjährigen Jungen, der an einem allergischen Schnupfen litt. Die Mutter, selbst Ärztin, hatte alle möglichen allopathischen Mittel ausprobiert und ihn schließlich zu einer Mystikerin gebracht. Diese versetzte sich in Trance, griff zu einer *calamansi*, einer kleinen Zitrusfrucht, einem Mittelding zwischen Zitrone und Mandarine, drückte sie aus und ließ den ganzen Saft in die Nasenlöcher des Jungen laufen. Nach einer weiteren Behandlung dieser Art war der Junge geheilt.

Als die Mutter ihren Ärztekollegen von der Genesung ihres Sohnes erzählte, wollte einer von ihnen es selbst einmal auf diese Weise versuchen. Mit schlimmen Folgen, weil sich durch die Säure die Nasenschleimhäute entzündeten. Daraufhin suchte der Arzt die Mystikerin auf, um in Erfahrung zu bringen, was er denn falsch gemacht habe. Und er bekam zu hören: »Sie haben wohl die Gebete vergessen.«

»Die Medizin hat immer auch eine psychologische Dimension, die heute vielfach geleugnet wird. So gesehen ist die Heilkunst eine zu ernste Sache, um sie den Medizinern zu überlassen«, erklärte Bulatao lachend.

Er war überzeugt, dass künftige Generationen die Art und Weise, wie man heutzutage mit Kranken und Krankheiten umgeht, barbarisch finden werden. Und im neuen Jahrtausend werde man sich wohl weit weniger mit der Erforschung der physischen Realität befassen, die bislang im Zentrum des allgemeinen Interesses gestanden habe, als mit der Erforschung dessen, was er subjektive Realität nannte, also des Bewusstseins.

Wir hatten beide nicht bemerkt, wie die Stunden verrannen, und als ich ihm gestand, ich sei noch nie hypnotisiert worden und würde mich freuen, es einmal bei ihm ausprobieren zu können, begann er sofort, die nötigen Vorbereitungen zu treffen. Doch dabei merkten wir dann, dass der Hausmeister schon begonnen hatte, alle Räume im Gebäude abzuschließen. Wir mussten uns auf den Weg machen, wollten wir nicht die Nacht eingesperrt in der Universität verbringen.

Ganz langsam begleitete ich den Gehbehinderten zu seinem Wagen. Sein Fahrer wartete bereits. Zu schade, dieser Wunsch, hypnotisiert zu werden – und das auch noch von einem Jesuitenpater – musste unerfüllt bleiben.

Pünktlich um fünf Uhr morgens stand Frankie mit seinem Wagen vor meinem Hotel, am Steuer sein junger Enkelsohn. Manila war noch in ein düsteres Grau aus Feuchtigkeit und Abgasen gehüllt. Die Ampeln waren ausgeschaltet, die Bettler schliefen noch, Arm in Arm, um sich gegenseitig zu wärmen, unter ihren vom Tau feuchten Decken auf den grünen Verkehrsinseln des Rochas Boulevard, während wir schon bald auf die schöne, von Palmen gesäumte Uferstraße einbogen.

Frankie war sehr gesprächig. Wir kannten uns seit einem Vierteljahrhundert, seit dem Tag, da ich mich bei meinem ersten Aufenthalt in Manila in seiner Buchhandlung Solidaridad auf der Suche nach Tipps und Hilfe bei ihm vorgestellt hatte. Frankie Sionil Josè, der berühmteste englischsprachige Schriftsteller der Philippinen und eingeschworener Gegner der Marcos-Diktatur, war sechzehn Jahre älter als ich und hatte es mir gestattet, ein wenig unter seine Fittiche zu kriechen. Seither hatte es auf den Philippinen kein großes Ereignis – keinen gescheiterten Staatsstreich, keine verpasste Revolution – gegeben, das ich nicht mit ihm zusammen, von seinem Wissen und seinen Erfahrungen profitierend, erlebt hätte. Nun, alle beide enttäuscht von der Politik – die Lösung für die Probleme der Menschheit musste aus einer anderen Richtung kommen –, bilanzierten wir unsere Erwartungen von einst und stimmten den beliebten Refrain alter Leute an: »Weißt du noch ...?«

Frankie deutete auf das protzige Gebäude, an dem wir gerade vorbeifuhren, das Film Center. Und ob ich mich erinnerte! Im Jahr 1981 beschlossen Präsident Marcos und seine Gattin Imelda – die mit den Hunderten Paar Schuhen –, in Manila ein großes internationales Filmfestival auszurichten. Dazu ließen sie ein imposantes futuristisches Bauwerk aus dem Boden stampfen, um sich darin für die Nachwelt zu verewigen. Doch die Arbeiten zogen sich länger hin als geplant, und kurz vor der feierlichen Eröffnung, zu der Marcos die halbe Welt eingeladen hatte, gab ein Teil des Daches nach und begrub eine unbekannte Anzahl von Menschen unter sich. Nach möglichen Überlebenden zu suchen hätte die Verschiebung des Eröffnungsdatums bedeutet. So beschloss der Bauherr, den eingestürzten Teil kurzerhand unter einer Betonschicht verschwinden zu lassen und das restliche Gebäude ungerührt fertig zu stellen. Wie es heißt, sind damals zwischen dreißig und hundertfünfzig Arbeiter unter dem Beton begraben worden; einige sollen sogar noch gelebt und um Hilfe geschrien haben. Auch wenn das Film Center nun zum vorgesehenen Termin eingeweiht wurde, riss die Kette der Unglücksfälle nicht ab, und schließlich wollte niemand mehr, erst recht nicht, wie eigentlich vorgesehen, das Außenministerium, in das offenbar von bösen Geistern bewohnte Gebäude einziehen.

Aktuell wusste mir Frankie zu berichten, dass sich einige hundert Akademiker und Studenten der drei großen Universitäten Manilas, darunter auch frühere Schüler von Pater Bulatao, zu einer Initiative zusammengeschlossen hatten. Deren Ziel war es unter anderem, die Probleme von Geistern, die noch offene Rechnungen mit dieser Welt hatten, zu lösen. »Geistersucher« nannten sie sich. Einer der Orte, an denen sie bereits erfolgreich gewirkt hatten, indem sie dort bestimmte Riten abhielten und Messen lasen, war das Film Center. Endlich galten hier die Geister als versöhnt, das Film Center konnte seiner eigentlichen Bestimmung übergeben werden. Kürzlich war auch ein Buch erschienen, in dem die ganze Angelegenheit noch einmal aufgearbeitet wurde.

Für Philippiner von Frankies Generation gehörten Geister noch unhinterfragt zum Alltag, und in allen seinen Romanen, die er auch als Zeitdokumente versteht, sind sie ebenso Protagonisten wie die Figuren. In seinen fünf *Rosales*-Büchern, einer Art Familiensaga, die in der Welt seiner bäuerlichen Kindheit spielt, schildert Frankie seine ersten Begegnungen mit den *duendes*, jenen Gnomen und ungebetenen Hausbewohnern, denen man nachsagte, sie ließen gern Dinge verschwinden, wenn man sie gerade am nötigsten brauchte, und würden sie erst nach langem Bitten wieder zum Vorschein bringen. *Sin* (Sünde), sein letzter Roman, hat die südphilippinische Insel Siquijor zum Schauplatz, die seit Jahrhunderten als extrem verhext gilt: Spanische Galeonen, aus Haiti kommend, sollen Geister dorthin verschleppt haben, die sich dann, im Guten wie im Schlechten, als die mächtigsten des ganzen Landes erwiesen. Noch heute kommen an jedem Karfreitag die Frauen der Insel in einer Höhle zusammen, um mit ihnen in Kontakt zu treten.

Auf dem Weg Richtung Norden fuhren wir auch am Luneta Park vorbei, jenem großen öffentlichen Platz, der immer wieder im Zentrum der philippinischen Geschichte stand. Hier wurde am 30. Dezember 1896 der Dichter und Nationalheld Rizal von den Spaniern erschossen. Heute wird er auch in einem religiösen Kult verehrt, in dem er Jesu Platz am Kreuz einnimmt. Hier versprach Cory Aquino, die Witwe des einige Zeit zuvor von Marcos-Schergen ermordeten Ninoy Aquino, vor einer Million Menschen – darunter auch Frankie und ich –, sich für das Präsidentenamt zu bewerben, um das Land in die Demokratie zurückzuführen, die Korruption zu bekämpfen und die Armen am Reichtum des Landes teilhaben zu lassen.

»Leider hat sich nicht viel verändert«, sagte Frankie. Die Armen seien immer noch arm, und viele von denen, die damals noch zwei warme Mahlzeiten am Tag hatten, äßen heute nur noch eine, auch wenn diese Mahlzeit *altanghap* genannt werde, ein Begriff aus der Landessprache Tagalog, der sich aus den Anfangssilben der Wörter für Frühstück, Mittag- und Abendessen zusammensetze.

Im Luneta Park fanden immer noch Massenkundgebungen statt. Allerdings keine, die mit Politik oder gar Revolutionen zu tun gehabt hätten. Jetzt waren es die Anhänger eines Bankrott gegangenen früheren Immobilienmaklers und heutigen Predigers, die jeden Samstagnachmittag auf dem Platz zusammenkamen. Jedes Mal rund eine Million Menschen. Zum allergrößten Teil Katholiken. »Zeigt mir euren Reisepass, zeigt mir eure Brieftasche!«, rief der Prediger vom Podium herab. »Bald schon werdet ihr in diesem Reisepass das Visum für das Land eurer Träume finden. Und in eurer Brieftasche das Geld, um dorthin auszureisen.« Mit diesem Versprechen plus der Segnung der drei Eier, die alle Teilnehmer zur Veranstaltung mitbrachten, hatte dieser Mann einen Riesenerfolg.

Wir kamen an der alten Barockkirche im Stadtteil Quiapo vorbei, in der mir Frankie vor Jahren mein erstes *anting-anting* zum

Schutz gegen böse Geister schenkte. Jetzt füllte sich der Kirchplatz gerade wieder mit der üblichen bunten, lächelnden Menge von Habenichtsen. Stände wurden aufgebaut, die beladen waren mit Blumen, Kerzen, Amuletten und falschen Reliquien.

Sobald man Manila mit seiner nicht enden wollenden Peripherie aus ärmlichen Baracken verlässt, in denen die vom Land in die Stadt strömenden Massen hausen, ändert sich das Bild, und die Landschaft wirkt gepflegt und freundlich. Gibt es denn wirklich keinen vertretbaren Weg – also einen ohne das von Mao oder Pol Pot verursachte Massensterben –, um die Menschen dazu zu bringen, lieber auf ihren Feldern arm zu bleiben, als Bettler auf den Gehwegen der Metropolen zu werden?

Die Ebene mit den sattgrünen, bewässerten Reisfeldern zog sich bis zum Fuße der bläulichen Bergkette in der Ferne hin. Die Leute in den Dörfern mit den strohgedeckten Häusern schienen ihr Auskommen und sogar etwas zum Lachen zu haben – in diesem Leben als fortwährendem Spiel ohne große Dramen.

Wir hielten an, um in einem Restaurant am Straßenrand zu frühstücken. Frankie war zuckerkrank und baute eine Reihe Gläschen und Schächtelchen mit Pillen vor sich auf, die er vor dem Essen einnehmen sollte. Heiler hätten ihm auch schon geholfen, versicherte er mir. Der beste sei ein gewisser, mittlerweile verstorbener, Juan Blanche gewesen, der ihn immer für vier Uhr morgens zu sich bestellt habe, weil zu dieser Stunde, wie er sagte, seine Kräfte am wirksamsten seien (dies ist auch die Tageszeit, zu der die Rishis im Himalaya meditieren!). Der Heiler habe ihm ein Kissen gegen den Unterleib gedrückt, und gleich darauf habe er beobachten können, wie durch die Haut aus seinem Bauch eine bräunliche Flüssigkeit austrat, »wie karamellisierter Zucker«.

»Ausgerechnet Zucker, Frankie!«

»Aber ja. Und danach ging es mir wirklich besser.«

Er glaubte felsenfest daran.

Ich fragte ihn, was denn aus den Heilern geworden sei, über die ich damals als Journalist recherchiert hatte. Einer sei an einer Alkoholvergiftung gestorben, erfuhr ich, ein anderer praktiziere weiterhin in Manila, aber neue Heiler hätten ihm den Rang abgelaufen. Der berühmteste aber, Jun Labo, sei Bürgermeister seiner

Heimatstadt geworden und habe eine Japanerin geheiratet. »Mit der ist er dann nach Russland gegangen, dort aber irgendwann wegen illegaler ärztlicher Tätigkeit und Betrug im Gefängnis gelandet. Seine Frau verließ ihn, kehrte nach Japan zurück und ließ sich dort als Heilerin nieder, wo sie bald darauf selbst verhaftet wurde.«

Wie ich gehört hatte, war etwas Ähnliches auch Orbito während eines Europaaufenthalts widerfahren. Daher organisierten seine italienischen Geschäftspartner mittlerweile für ihn nur noch Auftritte in der Republik San Marino. Die Welt der öffentlichen Ordnung und die der Geister müssen sich zwangsläufig ins Gehege kommen. Bürokraten und Heiler liegen nicht auf der gleichen Wellenlänge, und normale Ärzte werden die Arbeit der psychischen Chirurgen immer als Affront betrachten. Auch die Hilflosigkeit von Polizisten angesichts der von Geistheilern ausgelösten Blutströme kann man sich gut ausmalen. Die Folgen sind Verdächtigungen, Anzeigen und schließlich Handschellen, »um die Bürger zu schützen«.

Aber müsste ein Staat, der seine Bürger schützen will, nicht eher den freien Verkauf von Krebs erzeugenden Zigaretten unterbinden, als es Magiern zu verwehren, die Hoffnung zu verbreiten, mit ihrer »Kunst« solch einen Krebs heilen zu können – was ihnen manchmal vielleicht sogar gelingt?

Frankie gab mir Recht. Doch dann überlegte er sich's noch mal. »Obwohl ... wäre damals in meiner Kindheit die Polizei gegen den Herbolaryo in meinem Dorf vorgegangen, hätte ich jetzt nicht diesen riesenhaften Kopf«, sagte er.

Frankie war klein und gedrungen, und sein vollkommen kahles, leicht birnenförmiges Haupt war im Verhältnis zu seinem Körper tatsächlich viel zu groß.

»Der Herbolaryo kam immer zur Erntezeit durchs Dorf«, erzählte er. »Die ganze Familie stellte sich dann in einer Reihe auf, und er schritt von einem zum anderen und betrachtete und untersuchte uns so gründlich wie mit Röntgenaugen, um anschließend jeden mit einem Heilkraut oder einer Verhaltensregel zu versorgen. Einmal, da war ich vielleicht sechs oder sieben, legte er mir, als ich an der Reihe war, seine Hand auf den Kopf, und ich spürte, wie er immer heißer wurde und schließlich auch größer. Seitdem habe ich diesen Riesenschädel.«

Während wir uns Pangasinan näherten, kamen wir durch Dörfer mit noch gut erhaltenen Herrenhäusern. Die Obergeschosse aus Holz ruhten auf steinernen Säulen, und bei den Fenstern ersetzten kleine Vierecke aus Perlmutt die Glasscheiben. Eine traditionelle Bauweise, die immer mehr verloren gehe, wie Frankie erklärte. Gerade das Verschwinden solcher Eigenheiten, die den Philippinen mit ihren Tausenden von verschiedenen Volksstämmen bewohnten Inseln einmal ihren unvergleichlichen Reiz verliehen hätten, machten ihm besonders zu schaffen. Und er erzählte mir eine jener Geschichten, die wirklich unvergesslich sind.

In einem der letzten Urwälder auf der südphilippinischen Insel Mindanao hatte ein kleiner Stamm steinzeitlich lebender Eingeborener überleben können, die Teduray, die sich seit Jahrhunderten von der »Zivilisation« fern hielten. Dafür kam diese zu ihnen. Eines Tages überfiel im Verlaufe des schon Jahrzehnte währenden Bürgerkriegs ein Trupp moslemischer, für ihre Unabhängigkeit kämpfender Guerilleros auf der Flucht vor Regierungseinheiten das Dorf der Teduray und machte alles nieder. Nichts blieb mehr von den Teduray bis auf das, was einige Zeit zuvor ein Anthropologe aufgezeichnet hatte, der zwei Jahre bei ihnen gelebt hatte, um ihre Gebräuche zu studieren. Und seine Aufzeichnungen zeugen von einer wahren Zivilisation. Die Teduray hatten größten Respekt vor der Natur und kannten zahlreiche Märchen, mit denen sie deren Erscheinungen erklärten. Eines zum Beispiel diente ihnen als Antwort, wenn ihre Kinder wissen wollten, warum Fledermäuse nur nachts fliegen:

Es war einmal ein Vogel, der ungewollt ein anderes Tier kränkte, das auf dem Erdboden lebte, und zwischen den Vögeln und den Landtieren brach ein großer Krieg aus.

Die Fledermäuse glaubten nun, dass die Landtiere den Krieg gewinnen müssten, da sie doch sehr viel größer als die Vögel waren. Und so gingen sie zu ihnen und sagten: »Seht uns mal ganz genau an: Wir sind keine Vögel. Es stimmt, dass wir fliegen, aber wir haben keine Federn, sondern ein Fell wie ihr. Also nehmt uns in euren Reihen auf.«

Die Tiere waren einverstanden.

Die Vögel aber, die sich von den Fledermäusen verraten fühlten und auch merkten, dass die Landtiere größer und stärker als sie selbst waren, wandten sich an die Wespen.

»Auch wenn ihr eigentlich keine Vögel seid, so fliegt ihr doch – also schlagt euch auf unsere Seite, helft uns.«

Die Wespen waren einverstanden, und in großen Schwärmen stürzten sie sich auf die Landtiere und stachen sie nach Leibeskräften und trieben sie in die Flucht.

Da wurden die Fledermäuse abermals bei den Vögeln vorstellig und baten, wieder in ihr Lager aufgenommen zu werden. Schließlich flögen sie ja wie Vögel.

»In Ordnung«, sagten die Vögel, »aber um euren schamlosen Verrat zu büßen, dürft ihr von nun an nur noch nachts fliegen.«

In der Gesellschaft der Teduray waren Männer und Frauen gleichberechtigt. Doch das weibliche Element, versöhnlich und aggressionsfrei, stand in sehr viel höherem Ansehen als das aggressive männliche. Krankheiten sahen sie als Reaktion irgendeines Geistes, den man gekränkt hatte, und Aufgabe ihres Schamanen war es, den betreffenden Geist auszumachen, sich mit ihm ins Benehmen zu setzen und zu einer Lösung zu kommen, durch die die Gesundheit des Patienten wiederhergestellt wurde.

Zudem zeichneten sich die Teduray durch eine Eigenschaft aus, die in menschlichen Gemeinschaften zu allen Zeiten selten war: Sie hatten keine Angst vor dem Tod.

»Niemand wird allein geboren«, hieß es bei ihnen, wie der Anthropologe berichtete. »Bei jeder Geburt kommen Zwillinge zur Welt: Der eine ist der Körper, der andere die Nabelschnur. Da der Körper über eine Lunge verfügt, kann er leben, während der andere Zwilling, die Nabelschnur also, stirbt. Doch bevor sich die Zwillinge trennen, reden sie miteinander, und dabei fragt die Nabelschnur den Bruder, wann und wie er sterben möchte. ›Im Alter, zur Monsunzeit, nach der Geburt des ersten Enkels ...?‹ So werden Tag und Stunde festgelegt, und ein Treffen für diesen Zeitpunkt wird vereinbart. Und während nun der eine sein Leben im Urwalddorf aufnimmt, begibt sich der andere ins Totenreich, um ein schönes Heim vorzubereiten. Kurz vor dem vereinbarten Termin überquert dann der ›Nabelschnur-Zwilling‹ die kosmische Brücke, die die beiden Reiche verbindet, und begibt sich ins Dorf, wo der Zwillingsbruder lebt. Dort wartet er einige Tage, bis alle Bestattungsriten abgehalten und der Leib für die ›Leichenfresser‹ begraben wurde. Dann brechen beide zusammen auf, um gemeinsam, ohne zu arbeiten und stattdessen von morgens bis abends den leckersten Betel kauend, ein glückliches Leben zu führen.«

Die Teduray ließen sich vom Tod nicht schrecken, und noch weniger von ihm überraschen, denn alle hatten sie bereits beschlossen, wie und wann er sie abholen würde.

Die Menschheit weiß wahrscheinlich noch nicht einmal, dass es die Teduray jemals gegeben hat, doch in gewisser Hinsicht bezahlt sie für deren Verschwinden. Denn so wie die Vielfalt der Arten notwendig ist für das Leben auf der Erde, so ist die Vielfalt der Kulturen unverzichtbar für die seelische Gesundheit der Menschen.

Während wir so plauderten, ging die fünfstündige Autofahrt wie im Flug vorüber, und bald schon gelangten wir nach Pangasinan, in eine Gegend, die, wie Frankie sagte, immer schon für ihre Mythen und Mysterien bekannt war. So seien die Bewohner zum Beispiel der festen Überzeugung, dass in ihrer Heimat die Hauptstadt des sagenhaften Lemuria lag und dass die Dutzenden von vorgelagerten Inselchen Berggipfel jenes riesengroßen, hoch entwickelten Kontinents waren, der mehrere Jahrtausende vor Atlantis im Ozean versank. Manche Katholiken glaubten auch, dass die erste heilige Messe der Geschichte dort gelesen wurde, während manch ein Schatzsucher immer noch darauf hoffe, hier in dieser Gegend einige der sagenhaftesten Reichtümer der Welt aufzuspüren.

Kurzum, Stoff gab es genug, um der *Pyramid of Asia* Glaubwürdigkeit zu verschaffen und »Heilkräfte« zuzusprechen. Jenem so genannten »Weltgesundheitszentrum« also, für das sich Reverend Alex Orbito als Standort Manaoag ausgesucht hatte, ein ruhiges, gepflegt wirkendes Städtchen mit niedrigen, einfachen Häusern, die von einem erstaunlichen Gebäude mit hohen Mauern und mächtigen Strebepfeilern überragt wurden: der Kirche der Heiligen Jungfrau der Wunder.

Frankie wollte sie mir unbedingt zeigen, und das war gut so. Ein beeindruckendes Bauwerk: eine Kirche wie eine Festung, mit riesigen Schiffen und Zyklopenmauern aus Tuffsteinquadern, die zusammengehalten wurden durch ein Gemisch aus Lehm und jener klebrigen Melasse, die nach dem Ausquetschen von Zuckerrohr zurückbleibt. Von spanischen Dominikanermönchen um 1600 erbaut, konnte die Kirche bei einem Angriff der Moslems allen Christen im weiten Umkreis Zuflucht bieten. Es gab einen Brunnen mit frischem Wasser und stets gut gefüllte Vorratskammern in den weitläufigen Kellerräumen. Läuteten die Glocken Alarm, konnten Tausende von Menschen dorthin flüchten und viele Wochen einer Belagerung standhalten. Die Heilige Jungfrau der Wunder, eine perlenbehängte Statue mit dem Jesuskind auf dem Arm, in einem Reliquiar hoch über dem Hauptaltar, beschützte sie.

Wir betrachteten die zahlreichen naiven Gemälde an den Innenwänden, die an dramatische Geschehnisse, an Erdbeben oder Feuersbrünste, erinnerten, bei denen die Jungfrau Maria ihre schützende Hand über die Menschen gehalten hatte, was sie, dem Glauben der Leute nach, heute immer noch tat.

In einer ununterbrochenen Schlange betraten Gläubige die Kirche, küssten die blutigen Füße des gekreuzigten Christus hinter dem Portal, bekreuzigten sich und suchten sich eine Bank, um zu beten. Mit den vielen brennenden Kerzen, die die Menschen demütig für die Madonna aufstellten – zusammen mit einem Zettelchen, auf dem sie ihr Gnadengesuch aufgeschrieben hatten –, wirkte der halbdunkle Innenraum wie ein glitzernder Teich. Draußen hatte man ein Blechdach angebaut, um all die großen Kerzen aufzunehmen, die im Innenraum keinen Platz mehr fanden. Der Ort hatte zweifellos eine magische Ausstrahlung, es war ein »Ort der Wunder«, wie die philippinischen Christen sagten, und das seit mehr als drei Jahrhunderten: viel länger also als Lourdes oder Fatima.

Frankie erzählte mir, wie er früher als Kind mit der ganzen Familie einmal im Jahr von ihrem Heimatort hierher pilgerte. Drei Tage waren sie auf ihren Ochsenkarren unterwegs, durchquerten

Wälder und Flüsse. Er erinnerte sich noch, wie beeindruckend es war, nach der Dunkelheit der letzten Nacht in diesen Raum zu gelangen, der vom Schein Tausender von Kerzen beseelt wurde, von Gesängen, Weihrauchduft und jener Madonna mit dem weißen, sanft lächelnden Antlitz dort oben über dem Altar, die Wunder wirken konnte. Kein Wunder, wenn in dieser Atmosphäre manch ein Blinder wieder sah und manch ein Lahmer gehen konnte.

Für mich war es jetzt an der Zeit, auch meinen »Ort der Wunder« aufzusuchen. Frankie half mir, ein Zimmer in einer Pilgerherberge zu bekommen, und brachte mich dann zur Pyramide. Unweit des Stadtgebiets, war sie leicht zu finden.

Vor dem Tor stand ein Tischchen mit einem Schild, auf dem stand: »Handfeuerwaffen hier abgeben.« Ein weiteres Schild informierte über die Eintrittspreise: fünfzig Pesos für Erwachsene, zweihundert Pesos fürs Auto. Durch einen Bretterzaun konnten wir erkennen, dass auf dem Gelände noch kräftig gearbeitet wurde. Gärtner legten quadratische Grasstücke zu einem Rasen aus, Anstreicher turnten auf Blechdächern herum, um sie mit roter Farbe zu verschönern, und die Pyramide war noch von einem Bambusgerüst umgürtet. Doch bereits von außen sah man, dass der Ort eine Touristenattraktion war – mit einem großen runden Schwimmbassin, einem Restaurant und Bungalows für zahlungskräftige Patienten.

»Wer bei der Madonna kein Glück hat, kann es ja hier versuchen«, meinte Frankie, »nur wird es ein bisschen teurer sein.« Er wollte nicht mit reinkommen und setzte mich am Tor ab.

Die Busse mit den verschiedenen Delegationen würden am Nachmittag eintreffen, und so hatte ich alle Zeit der Welt, mich auf der Anlage umzusehen und vor allen Dingen Dieter Loewer kennen zu lernen, einen siebenundsiebzigjährigen deutschen Ingenieur und Pyramidenexperten, der in Schweiß gebadet war und vor Wut kochte. Von ihm war die Pyramide erdacht und entworfen worden, doch in seiner Abwesenheit hatte Orbito alle Pläne über den Haufen geworfen. Der Ingenieur hatte genau im Zentrum der Pyramide ein kleines Wasserbecken vorgesehen, dessen Wasserspiegel exakt anderthalb Meter über Bodenniveau liegen sollte. Was er jetzt vorfand, war ein Brunnen, in dem das Wasser viel tiefer, unter der Erde, stand und zudem mit dem Schwimmbecken draußen verbunden war.

»Orbito möchte, dass sich das Wasser mit den Kräften der Pyramide auflädt, um es verkaufen zu können. Aber er versteht nicht, dass sich das Wasser nur aufladen kann, wenn es sich erhöht in der Pyramide befindet und nicht unten im Brunnen«, fluchte er. »Und außerdem ... was soll das für ein geweihtes Wasser sein, in dem alle herumplantschen?!«

Die Pyramide, so erklärte er mir, müsse gut isoliert sein und dürfe keinerlei Verbindungen nach außen aufweisen, über die sich ihre Kräfte entladen könnten. Und nun seien nicht nur Brunnen und Schwimmbecken mit Rohren verbunden, sondern er habe auch noch entdecken müssen, dass die Elektriker rund um das Gebäude Kabel verlegt hätten, um vier Scheinwerfer mit Strom zu versorgen. Und darüber fließe alle Energie ab, die die Pyramide im Laufe der Nacht aufbaue.

»Als ich heute Morgen hier reinkam, war die Pyramide tot«, klagte er, indem er einen ungefähr ein Meter langen Metallstab, ähnlich einer Radioantenne, schwang, mit dem er die Magnetfelder maß. »Tot. Verstehen Sie?«

Nicht so ganz. Das Wenige, was ich über Pyramiden wusste, hatte ich in Coimbatore gelernt, aber dieser Dieter wirkte auf mich glaubhafter als der Leiter der Perks School.

»Egal, mit was man sich befasst, zum Schluss landet man doch immer wieder bei der Pyramide, ihrem Grundgedanken, ihren Proportionen, ihrer Kraft«, sagte er.

Seiner Theorie nach bildeten sich um die Nord-Süd- beziehungsweise West-Ost-Achsen der Pyramide Magnetfelder, in denen sich Energie konzentriere. Diese werde von der Pyramide aufgenommen, wodurch sie nun die Kräfte derer, die sich in ihr befänden, verstärken könne: bei Orbito etwa die Kraft zu heilen, bei anderen vielleicht die Kraft der Meditation.

Dieter gefiel mir. Er war ein Gläubiger. Er glaubte an die Pyramide, er glaubte an Orbito und an die psychische Chirurgie, aber ebenso sehr auch an seine berufliche Qualifikation. So dachte er gar nicht daran, für eine Pyramide verantwortlich zu zeichnen, die ganz anders war, als er sie ursprünglich geplant hatte, mit all ihren wohl durchdachten Details. Beispielsweise hatte er sie ein wenig spitzer konzipiert als ägyptische Pyramiden – aus der Überlegung heraus, dass heute die Dichte der Erde anders ist als in der damaligen Zeit: Sie ist zurückgegangen.

Und so nahm er die Arbeiten wieder in die Hand. Nun mussten die Handwerker die Rohre zwischen dem Schwimmbecken und dem Brunnen in der Pyramide durchtrennen und alle verlegten Elektrokabel wieder herausreißen. Am folgenden Morgen gedachte er zu überprüfen, ob sich die Pyramide über Nacht wieder aufgeladen hatte. Oder noch besser ... Ich sei doch offenbar ein Mann mit langer Meditationserfahrung. Ob ich denn morgen gleich nach dem Frühstück kommen könne? Dann würden wir zusammen die Pyramide eröffnen, und ich könne sie als Erster ausprobieren. Es sei ein Experiment.

Dieter hatte Orbito in Deutschland auf der Suche nach Heilung von einer rätselhaften Krankheit kennen gelernt, an der er und seine Tochter litten. Orbito konnte sie heilen, und aus Dankbarkeit bot Dieter sich an, dem Philippiner bei seinem Pyramiden-Projekt zu helfen. Was das denn für eine rätselhafte Krankheit gewesen sei? Nun, es habe mit dem schädlichen Einfluss von Magnetfeldern und der statischen Energie zu tun gehabt, die durch Radiowellen und die modernen Leitungen zur Datenübertragung produziert würden. Die größte Gefahr ging dabei, seiner Auffassung nach, von denen des Kabelfernsehens aus. Bei seiner Tochter habe die statische Energie zu einer schweren Depression geführt, der mit keinem Medikament beizukommen gewesen sei. Ihm hingegen habe sie »das Herz verschlossen«, besonders nachts – erklärte er mir –, wenn sich unser Organismus, ähnlich wie ein Blütenkelch, in sich selbst zurückzieht. Durch verschiedene Operationen habe Orbito sie von all der »Negativität« befreit, die sich von dem Erdreich, auf dem ihr Haus stand, auf ihre Körper übertragen hatte.

Ich hörte ihm zu und sah ihn im Geiste auf Dan Reids Veranda sitzen, wie er sich an den Debatten der »Akademie der Spinner« beteiligte. Doch vielleicht waren seine Theorien gar nicht so aus der Luft gegriffen. Sind wir wirklich sicher, dass die Hochspannungsleitungen, die über unseren Köpfen verlaufen, und die unzähligen Kabel in der Erde unter uns, die Sendeanlagen auf den Anhöhen ringsherum, die Handys, die wir uns stundenlang ans Ohr halten, und all die Geräte, die wir in der Küche oder im Büro benutzen – sind wir wirklich sicher, dass sie nicht tatsächlich »das Herz verschließen« oder zu schweren Erkrankungen führen?

Beim Mittagessen erkundigte ich mich bei Dieter, mit welchen Projekten er sich in letzter Zeit in Deutschland beschäftigt habe. Und erneut überraschte er mich. Er hatte sich auf Seniorenwohnheime spezialisiert und entwarf Modelle für einfache, aber helle, gut belüftete Wohnräume, die von so viel Grün wie möglich umgeben und vor allem in den lebhaftesten Farbkombinationen gehalten waren. In Leipzig, wo er im Auftrag der Stadtverwaltung einen Gebäudekomplex dieser Art errichtet hatte, hätte es fast einen Aufstand gegeben. Denn sehr vielen jungen Leuten gefielen diese für alte, auf den Tod wartende Menschen konzipierten Wohneinheiten so gut, dass einige sich schon daranmachten, sie zu besetzen.

Den ganzen Nachmittag war Dieter in der brennenden Sonne um die Pyramide herum geschäftig am Werk. Währenddessen trafen die Busse mit den Delegierten und Kranken ein, die sofort die verschiedenen Bungalows bezogen. Gegen sieben hieß es plötzlich, Dieter gehe es nicht gut. Seine rechte Gesichtshälfte sei gelähmt, und er könne nicht mehr richtig sprechen. Orbito werde ihn in dem kleinen Saal neben der Kapelle zusammen mit anderen Kranken »operieren«.

Es war ein kahler Raum ohne Fenster, ohne Waschbecken oder Ähnliches. In der Mitte stand eine mit schwarzer Plastikfolie bezogene Untersuchungsliege und daneben ein Metallstuhl mit einer jener Schalen aus Edelstahl für die chirurgischen Instrumente. In dieser hier sah ich allerdings nur Wattebäusche. Unter der Liege stand ein Treteimer. Er war geschlossen. Zu vielleicht dreißig Leuten hatten wir uns an der Wand aufgestellt, doch als Orbito, gefolgt von einer kleinen Schar seiner Getreuesten, seinen Einzug hielt, wurden wir fortgeschickt. Er müsse sich konzentrieren und beten. Nur noch sein Enkel blieb bei ihm, sein engster Mitarbeiter.

Ungefähr zwanzig Minuten warteten wir im Flur. Unterdessen traf auch ein Fernsehteam der Nachrichtenagentur Reuters ein. Die Tür öffnete sich wieder, und wir stürmten hinein, um uns um die Liege herum zu gruppieren. Ich erwischte einen Platz direkt am Kopfende.

Dieter war als Erster an der Reihe. Sein Gesicht wirkte etwas starr, aber besonders schlecht schien es ihm nicht zu gehen. Immerhin konnte er ohne Hilfe gehen. Er machte es sich auf der Behandlungsliege bequem, und Orbito trat an ihn heran, legte ihm die Hand auf die Halsschlagader, dann unter das rechte Ohr; ich sah eine rote Flüssigkeit hervortreten und dann eine Substanz, die an Hühnerklein erinnerte. Der Enkel, der auf dem Stuhl saß, reichte Orbito etwas Toilettenpapier, mit dem er die nicht existente Wunde säuberte. »Fertig«, sagte er, »wer ist der Nächste?« Lächelnd stand Dieter auf. Die Operation hatte noch nicht einmal eine Minute gedauert.

Für die Reihenfolge der Patienten war ein Bruder Orbitos verantwortlich. Die nächste Patientin war eine jüngere, vielleicht dreißigjährige Spanierin, die über Probleme mit den Eierstöcken klagte, vielleicht ein Tumor. Sie legte sich hin, knöpfte sich die Hose auf und machte den Bauch frei. Orbito nahm einen Wattebausch aus der Schale, tränkte ihn mit irgendeiner Flüssigkeit und strich ihr damit – zur Desinfektion? – über den Unterleib, um dann beide Hände, die Fingerglieder leicht angewinkelt, auf ihren Bauch zu legen, so als wollte er in ihn eindringen.

Man vernahm ein Geräusch, das sich wie das Platzen einer Blase anhörte, wie sie auch Pater Bulatao erwähnt hatte, von der ich aber, obwohl ich ganz nahe dran stand, nichts erkennen konnte. Was ich hingegen sah, war das »Blut«, zunächst leuchtend rot, dann etwas dunkler, das von den Hüften zur Mitte lief und sich in der Vertiefung des Bauchnabels sammelte. Und dort, in dieser kleinen Pfütze, drangen Orbitos Hände nun ein, die Finger verschwanden, und begleitet von einem äußerst realistischen Geräusch, pflaff... pflaff... pflaff, schienen sie nach etwas zu suchen und schließlich auch zu finden: ein blutiges Stückchen schwärzliches Fleisch, so groß wie eine Hühnerleber.

Orbito hielt es in die Höhe, zeigte es einen Moment der Frau, die in Trance schien, und warf es dann in die Schale. Der Enkel reichte ihr etwas Toilettenpapier, um das Blut abzuwischen, und die Frau stand auf. Es waren vielleicht zwei Minuten vergangen.

Orbito hatte sein Publikum fest in der Hand. Alle – ich eingeschlossen – waren beeindruckt. »Ich tue nichts. Es ist Gott, der durch mich wirkt«, erklärte Orbito, in die Kamera von Reuters blickend, die ihn unablässig filmte. »Der Nächste bitte.«

Nun war ich an der Reihe. Ich hatte mich bei Orbitos Bruder angemeldet und war vielleicht wegen meines Bartes unter den Ersten, die drankamen.

Wie Nadelstiche fühlte ich alle Blicke auf mich gerichtet. Und schließlich auch das schwarze Auge der Fernsehkamera, die mich jetzt in Nahaufnahme fixierte.

»Wie kann ich helfen?«, fragte Orbito.

Vielleicht befand auch ich mich schon in einer Art Trance, vielleicht war es aber auch Scham oder die Anwesenheit der Italiener und meine eingefleischte Aversion gegen jenes »Wir-Gefühl«, jedenfalls erwähnte ich nichts von meiner Krebserkrankung, als ich mich hinlegte, sondern antwortete nur: »Ich habe eine chronische Nebenhöhlenentzündung.«

Orbito trug jemandem auf, ihm Kokosöl zu bringen, und fuhr mir unterdessen mit den Händen über Stirn und Nase, jedoch ohne mich zu berühren. »Schließ die Augen«, sagte er. Ich spürte einen seiner dünnen Finger, vielleicht den mittleren, in das eine Nasenloch eindringen, dann ins andere – und der Gestank nach Hühnerklein war fast unerträglich. Einbildung? Ich denke nicht. Es waren Orbitos Finger in meiner Nase, die diesen Geruch verströmten. Unverwechselbar. Es war der Geruch dessen, was aus Dieters Hals und dem Bauch der Spanierin ausgetreten war und der an Orbitos Händen haftete, weil er sie nicht hatte waschen können. In dem Raum gab es kein Wasser.

»Wir haben kein Kokosöl«, sagte jemand. »Nur Lavendelöl.«

»Das geht auch.«

Ich hörte, wie Orbito mit einer Flasche herumhantierte, und dann drang etwas, das sich wie ein Röllchen Verbandswatte anfühlte, tief in meine Nase ein. Nun war es intensivster Lavendelgeruch, der mich überwältigte. Mir wurde übel, ich begann leicht zu zappeln, doch Orbito hielt mir mit einer Hand den Kopf fest, während er mit der anderen vier-, fünfmal die Operation – immer tiefer in beide Nasenlöcher eindringend – wiederholte. Er schien bis zum Gehirn gelangen zu wollen. Hatte er »gespürt«, dass ich ihm etwas verschwiegen hatte, dass ich vielleicht zu jenen »negativen« Personen gehörte, die alles kaputtmachen? Er massierte mir einen Moment die Stirn und ließ mich dann schnäuzen, so fest ich konnte. Schleim trat aus der Nase, und der Enkel wischte ihn fort. Mir tränten die Augen. »Der Nächste bitte!«

Im Flur trat eine alte Dame, eine Deutsche aus Namibia, die Orbito, wie sie erzählte, 1982 von Lungenkrebs geheilt hatte, auf mich zu und gratulierte mir zu meiner Genesung. Sie musste es ja wissen.

Ich stellte mir vor, wie sie später im Bekanntenkreis von einem Italiener namens Anam berichten würde, den Orbito binnen zwei Minuten von einer sich über Jahre hinziehenden Nebenhöhlenentzündung erlöst hatte.

Während drinnen weiter operiert wurde, vertrat ich mir mit Dieter draußen ein wenig die Beine. Ihm ging es gut. Mir, offen gestanden, nicht. Dieses lange Herumfuhrwerken in meiner Nase hatte die Schleimhäute noch stärker gereizt, und ich musste in einem fort niesen.

»Wart's nur ab. Morgen bist du die Entzündung los«, tröstete mich der nette Pyramidologe.

Abends, in meiner nur durch eine Sperrholzwand vom Nebenzimmer getrennten Pilgerkammer, dachte ich lange über die Vorgänge des Tages nach. Hatte ich vielleicht eine Chance vertan, weil ich Orbito nicht gebeten hatte, mich von meiner Krebserkrankung zu heilen? Nein. Denn wenn es sich so verhielt, wie Pater Bulatao gesagt hatte, und der Wunderheiler nur die »Negativität« seiner Patienten beseitigt, nicht aber die Krankheit, an der er leidet, dann war alles nach Plan verlaufen: Orbito hatte mich »operiert«.

Doch es hatte keinen Sinn, sich etwas vorzumachen. Ich war nicht der Mensch, an dem sich Wunder wirken ließen. Zumindest das hatte ich jetzt begriffen. Ich konnte also, ohne mich zu grämen, wieder abreisen.

Und wenn ich tatsächlich, so wie auch Pater Bulatao, daran glaubte, dass der menschliche Geist zu Wundern fähig ist und dass jeder Mensch in seinem Körper, in den von der Natur gesetzten Grenzen, einen Selbstheilungsmechanismus in Gang setzen kann, dann musste ich mich mehr um meinen eigenen Geist kümmern und dafür sorgen, dass ihm dieser Sprung gelang. Dazu hatte ich keinen äußeren Anstoß nötig. Und erst recht nicht solch theatralische Zutaten wie falsches Blut und Hühnerklein. Aber wie funktionierte der Trick?

Auch diesmal hatte ich es nicht begriffen. Doch anders als fünfzehn Jahre zuvor war mir jetzt klar, dass er, egal worin er bestehen mochte, nicht aufgedeckt werden durfte. Der Trick und die Illusionen, die er weckt, haben einfach etwas Faszinierendes, das manchen Leuten von großem Nutzen sein kann.

Ja, sicher, den Magiern, die die Leute hinters Licht führen, wird man mir entgegenhalten.

Na, wenn schon? Was ist denn so schlimm daran, wenn sich die Magier, unter dem Vorwand, eine Ziege oder sonst was kaufen zu müssen, zum Wohle ihrer Kunst bezahlen lassen?

Am Ende dieses erlebnisreichen Tages beschäftigte mich mehr noch als Orbito und seine Heilungen jener Todesmythos des Teduray-Stammes, von dem mir Frankie erzählt hatte, ebenso wie die Wohnräume für alte Menschen, die Dieter geplant hatte. Beide Phänomene zeugten von einem erstrebenswerten Umgang mit dem Tod.

Dies ist ein Thema, über das wir uns im Westen mehr Gedanken machen sollten. Unsere Einstellung zum Tod ist verfehlt. Wir verbinden ihn mit Furcht, Schmerz, Finsternis. Genau das Gegenteil können wir in der Natur beobachten, in der die Sonne jeden Tag in einer freudestrahlenden Lichtexplosion »stirbt« oder die Pflanzen im Herbst auf dem Höhepunkt ihres Daseins in einer grandiosen Fülle von Farben dahinscheiden. Vielleicht sollten wir uns so wie die Teduray sagen, dass wir dann sterben, wenn wir es beschlossen haben, oder wie die Tibeter den Tod nicht als Gegenteil des Lebens betrachten, sondern einfach als die andere Seite der Geburt, wie eine Tür, die von einer Seite aus betrachtet der Eingang, von der anderen aus der Ausgang ist.

Als braver Pilger stand ich noch ein wenig früher als die Sonne auf und machte mich zu Fuß zur Kirche der Heiligen Jungfrau der Wunder auf. Am Himmel stand noch der Vollmond, der die schwarzen Mauern der Festungskirche in ein bläuliches Licht tauchte. Meine Schritte weckten die Männer, die dort zusammengekauert in ihren motorisierten Dreirädern genächtigt hatten.

»Pyramide? Pyramide?«, riefen sie, in der noch verschlafenen Hoffnung, einen ersten Kunden zur neuen großen Attraktion des Ortes fahren zu dürfen. Ein paar Frauen, die gerade ihre Stände öffneten, versuchten halbherzig, mir Medaillons mit dem Bildnis der Madonna oder Rosenkränze zu verkaufen.

In der Kirche las man schon die erste heilige Messe des Tages. Ich durchstreifte die verschiedenen Kapellen, Flure, alten Laufgräben. Bei dem berühmten Brunnen im Hof setzte ich mich auf eine Steinbank, um die herrlichen Magnolienblüten an den hohen Büschen zu bewundern. Von irgendwoher tauchte ein älterer Priester auf, der sich zu mir setzte.

Ob ich schon gefrühstückt hätte? Nein. Und so wurde ich eingeladen, dies im Refektorium des Priesterseminars nachzuholen. Auf einer großen Platte, die in der Mitte des runden Tisches kreiste, standen Töpfe und Platten mit Reis, gebratenem Fisch, hart gekochten Eiern, Shrimps, Bananen und *pansit*, den hauchdünnen philippinischen Spaghetti. Doch mein Gastgeber, Pater Raphael, der siebzigjährige Prior der Kirche, hatte wohl den Eindruck, dies alles sei nicht nach meinem Geschmack, und machte sich daran, mir eine Schüssel Haferflocken mit Milch im Mikrowellenherd zu erhitzen. »Ich muss mich genau an die Gebrauchsanweisung halten!«, rief er. »Diese Wellen können bei unsachgemäßem Gebrauch zu Unfruchtbarkeit führen!« Und alle lachten los, die älteren Priester an unserem runden Tisch ebenso wie die Seminaristen an den beiden langen Tischen längs der Seitenwände. Neben Philippinern sah ich auch junge Priesterkandidaten aus Indonesien und Sri Lanka.

Es dauerte nicht lange, bis wir auf Geistheiler zu sprechen kamen.

»Wenn sie sich keiner teuflischen Mittel bedienen und den Leuten helfen, dass es ihnen besser geht, kann ich nichts Schlechtes daran finden«, meinte Pater Raphael. Was ihn aber mehr noch interessierte, war die Pyramide und die Rolle Orbitos: Als »Reverend« der Espiritualistas, einer katholischen Sekte, war er auch Priester, zwar am Rande, aber nicht außerhalb der Kirche.

Ich reichte ihm einen Prospekt von Orbitours, und sogleich machte mich der Prior auf einen Umstand aufmerksam, der mir bis dahin gar nicht aufgefallen war: Die auf dem Deckblatt dargestellte Pyramide verströmte ein Licht – in der Form eines Kreuzes. »Sehen Sie? Es ist also alles in Ordnung«, meinte er beruhigt. »Es kommt doch allen zugute, wenn diese Pyramide Touristen aus dem Ausland anlockt. Und wenn sie dann noch geheilt werden, umso besser.«

Dann erkundigte ich mich nach der Madonna und deren Wundern. Die Statue, erzählte er mir, habe sich ursprünglich an der Bugspitze einer spanischen Galeone befunden. Ihren Ruf, Wunder zu wirken, habe sie sich bereits kurz nach ihrer Ankunft in Manaoag erworben. Als damals eine Feuersbrunst in der Stadt ausbrach, habe der Prior der Kirche angeordnet, die Madonna in einer Prozession durch die Straßen zu tragen, worauf das Feuer praktisch auf der Stelle erloschen sei.

»Möglicherweise lag es nur am Wind, der plötzlich aus einer anderen Richtung kam, doch die Menschen glaubten an das Wunder«, fügte er hinzu.

»Sie etwa nicht?«

Er näherte seinen Mund ganz dicht meinem Ohr, so als wolle er mir ein Geheimnis preisgeben, das ich unbedingt für mich behalten müsse, und sagte: »Wissen Sie, hinsichtlich der Madonna sind auch wir gezwungen, uns mit Tricks zu behelfen.«

Ich verstand nicht, was er meinte.

»Die Statue besteht ganz aus Elfenbein«, fuhr er fort. »Aber das müssen ja nicht alle wissen. Stellen Sie sich vor, in den heutigen Zeiten ... die Antiquitätenhändler ... Kurzum, wir besitzen eine Kopie, die anlässlich der jährlichen Prozession durch die Stadt getragen wird. *La Calleira* nennen wir sie, Die-durch-die-Straßen-Ziehende. Und für die Leute ist sie so wundermächtig wie die echte!«

Als ich mich verabschiedete und das Refektorium verließ, stand die Sonne schon recht hoch und wärmend am Himmel, die Stände waren alle geöffnet, und wieder versuchten die Frauen, mich für ihre Devotionalien zu interessieren. Eine jedoch sprach mich mit einem anderen Anliegen an.

»Hilf mir, ich bitte dich. Ich weiß, dass du ein Heiler bist. Sieh mal meinen Hals«, sagte sie und zeigte mir eine Beule unterhalb des Ohrs.

Mir war das furchtbar peinlich. So wie eine rote Flüssigkeit die Illusion von Blut aufkommen lässt, so hatten wohl mein weißer Bart und meine weißen Haare bei ihr die falsche Hoffnung geweckt, dass ich ihr helfen könne. Ich legte ihr nur kurz eine Hand auf die Schulter und machte, dass ich wegkam, während sie sich den Spott der lachenden Kolleginnen anhören musste: »Bist du denn blind? Das ist doch kein Heiler. Das ist der Weihnachtsmann!«

Ich hatte die Verabredung an der Pyramide nicht vergessen. Ein Dreiradtaxi setzte mich vor dem Tor ab. Es war der Tag der großen Einweihung, und der Umstand, dass Vollmond war, galt als gutes Vorzeichen.

Das Gerüst war entfernt worden, und elegant erhob sich die Pyramide auf dem kurz geschnittenen Grün. Dieter, der auf mich wartete, hatte alles für das Experiment vorbereitet. Zunächst bat er mich, meine Armbanduhr abzunehmen und alle Metallgegenstände aus den Taschen zu nehmen. Nachdem er mir Blutdruck und Puls gemessen hatte, richtete er seinen Zauberstab auf mich, der gleich zu schwingen begann, und untersuchte mich anschließend von Kopf bis Fuß mit einem Gerät, das einem Metalldetektor oder Geigerzähler ähnelte; dann notierte er sich eine Reihe von Zahlen.

Schließlich schloss er die Pyramide auf, ließ mich ein und zog die Tür hinter mir zu. Im Innern war sein Bauwerk sogar noch schöner als von außen – nicht zuletzt wegen des gedämpften Lichts, das durch Ritzen oben an der Spitze einsickerte.

Auf dem Boden sitzend, mit dem Rücken an eine Wand gelehnt, gab ich mich meditierend dem Frieden hin. Einem großen Frieden. Nach vielleicht fünfzehn Minuten öffnete sich die Tür, und

Dieter eilte mit all seinen Gerätschaften herbei, um die Messungen zu wiederholen.

Er war zufrieden: Mein Blutdruck betrug, als ich die Pyramide betrat, 110 zu 68, der Puls 56. Nun lag der Blutdruck bei 92 zu 65 und der Puls bei 61. In Ordnung. Die anderen Messungen aber brachten etwas Seltsames ans Tageslicht. Üblicherweise, sagte Dieter, sei bei Europäern die elektrische Energie höher als die magnetische. Bei mir aber verhalte es sich, sowohl vor als auch nach der Pyramidenmeditation, genau umgekehrt. »Vielleicht liegt es daran, dass du in Indien lebst«, meinte er.

Auf alle Fälle waren beide Werte, und darauf kam es an, mächtig in die Höhe geschnellt: Bevor ich hineinging, betrug meine elektrische Energie 31 und meine magnetische Energie 58. Als ich herauskam, 60 beziehungsweise 120. Dies bewies, dass sich die Pyramide wieder aufgeladen und ihre Kräfte teilweise auf mich übertragen hatte. Die Pyramide lebte wieder, und Dieter war glücklich. Ich auch.

Ein paar Stunden später sollte die feierliche Einweihung stattfinden, in Anwesenheit von hohen Beamten des Tourismusministeriums, Generälen und Politikern, darunter auch Fidel Ramos, der Cory Aquinos Nachfolge als Präsident angetreten hatte. Es würde Reden geben, Erinnerungsfotos, zerschnittene Bänder.

Mir genügte es, die Pyramide dank Dieter als Erster »ausprobiert« zu haben. Ich mietete mir ein Taxi zurück nach Manila und traf dort gerade rechtzeitig ein, um den Sonnenuntergang über der Bucht zu genießen. Er war hinreißend, so als wollte die Natur die Armen in der Barackensiedlung zwischen dem Rochas Boulevard und der Strandpromenade für ihr Elend entschädigen. An jeder Ampel wurden wir von Kindern umringt, die *one stick*, eine einzelne Zigarette, Plastikhubschrauber, Muschelketten oder geröstete Erdnüsse anboten.

Einige Tage verbrachte ich noch in Manila. Vielleicht war es mein letzter Besuch in der Stadt, und ich wollte keinesfalls die Gelegenheit zu einem Treffen mit Master Choa verpassen, dem Begründer des Prana-Heilens, für den man in der Pyramide von Coimbatore eine Klimaanlage installiert hatte. Aber ich hatte kein Glück. Master Choa Kok Sui, ein Geschäftsmann chinesischer Herkunft, Chemoingenieur und von Kindesbeinen an eifriger Leser esoterischer Literatur, war gerade von einem Kongress seiner Anhänger in Kanada heimgekehrt. Anderntags würde er schon wieder zu einem weiteren Kongress in Australien aufbrechen und sich in den wenigen Stunden, die ihm in Manila blieben, um ein anderes Unternehmen kümmern, das ihm ebenfalls gehörte: ein Busunternehmen in Quezon City.

Aber es gab ja noch sein »Institut für Prana-Heilen und Innere Studien«, das sich im ersten Stock eines schlichten Gebäudes an der Ecke Pasay Road / Anmorsolo befand, eines von der Sorte, wo einem ein bewaffneter Pförtner im Eingangsbereich davon abrät, den Fahrstuhl zu nehmen, weil der oft defekt und schon manch einer darin stecken geblieben sei. Als ich das Büro betrat, war eine junge Frau damit beschäftigt, die Druckfahnen des x-ten Buches des Masters zu korrigieren, eine andere beantwortete E-Mails, die ihren Chef täglich zu Dutzenden aus aller Welt erreichten. Zwei Männer standen an einer Theke und packten Pakete. Der Raum war winzig und voll gestopft mit Papieren, Büchern und erstaunlich vielen Schachteln mit Papiertaschentüchern. Die Geschäftsidee war brillant: Von diesem Bürochen aus, das kaum Unterhalt kostete, leitete der Meister sein weltumspannendes Imperium: Tausende von Anhängern besuchten seine Kurse und machten ihre Diplome, um ihrerseits wieder Kurse abzuhalten, Diplome auszustellen und zu »heilen«, kurzum, Geld zu scheffeln und dafür Hoffnung feilzubieten.

Ich erzählte von dem Foto des Meisters, das ich in Coimbatore gesehen hatte, sagte, ich käme von weit her, um endlich einer langwierigen chronischen Nebenhöhlenentzündung beizukommen, und fragte, da der Meister ja nicht zu erreichen sei, wer von ihnen denn selbst Kurse abhalte und zu heilen verstehe. Das taten sie alle, aber das Mädchen am Computer sei die Beste.

Sie ließ mich auf einem Hocker Platz nehmen, die Hände geöffnet auf die Knie legen und die Augen schließen. Am Luftzug spürte ich, dass etwas vor meinem Gesicht geschah, und blinzelte, um etwas zu erkennen. Sie hatte die linke Hand aufs Herz gelegt, näherte jetzt die rechte ganz langsam meiner Stirn und zog sie dann rasch zurück. Das wiederholte sie mehrere Male. Schließlich hielt sie inne, schraubte eine Flasche Alkohol auf, reinigte sich die Hände, trocknete sie mit einem Papiertaschentuch ab (dazu also dienten sie!) und begann wieder von vorn mit ihren Gesten, die, wie mir jetzt klar wurde, den Sinn hatten, sich etwas Unsichtbarem in der Luft vor meinem Gesicht zu nähern, es zu schnappen und wegzuwerfen.

Das Ganze dauerte vielleicht zehn Minuten. Um mich zu revanchieren und erkenntlich zu zeigen, kaufte ich ihnen einige Bücher ab und verabschiedete mich.

Abends im Bett las ich dann vom Wirken des Meisters: Es war die gleiche Soße wie bei Reiki, nur mit anderen Begriffen und einem anderen Stammbaum. Wie alle New-Age-Lehren war auch die von Master Choa so verlockend, weil sie leicht erlernbar und rasch anzuwenden war. »Niemand braucht mehr zehn oder zwanzig Jahre zu studieren, um sich die Fähigkeit anzueignen, mit übersinnlichen Kräften zu heilen. Auch muss niemand zum Heiler oder Seher geboren sein. Es genügt, anderen wirklich helfen zu wollen und die Anweisungen in diesem Buch zu beherzigen«, versprach der Meister.

Tatsächlich hatte ich in der Nacht allerdings den Eindruck, besser atmen zu können, und am Morgen schien meine Nebenhöhlenentzündung verschwunden zu sein. Aber hatte mir nun die junge Dame in Master Choas Büro geholfen oder Orbitos psychische Chirurgie? Oder am Ende doch, als Spätzünder, meine Saunabesuche auf Ko Samui oder der aromatische Rauch von Doktor Mahadevans »Kräuterzigarillos«?*

Bevor ich abreiste, traf ich mich noch einmal mit Frankie, um mich von ihm zu verabschieden und ihm von meinen Erlebnissen Bericht zu erstatten. Wir gingen in ein Café. Bald fiel mir auf, dass Frankie immer wieder zu einem Grüppchen junger Philippiner in tadellosem Businessdress hinüberschaute, die sich ungezwungen und lebhaft am Nebentisch unterhielten. Er beobachtete, wie sie sich gaben, gestikulierten, redeten. Sein nächster Roman

* Mit dieser Frage musste ich mich nicht lange quälen. Denn bald schon machte sich die Nebenhöhlenentzündung wieder bemerkbar, und seitdem kommt und geht sie, wie sie gerade will.

würde unter ihnen spielen, gestand er mir auf meine Frage: unter den Yuppies Manilas. Die wüssten zwar alles über französische Weine, aber nichts über die Gnome, die ihre Häuser bewohnten. Wie könnten sie da echte Philippiner sein?

Zum Kaffee bestellten wir uns jeder eine *ensaimada*. »Eine Hinterlassenschaft der Spanier, aber heutzutage macht man sie hier besser als in Spanien selbst.« Für Frankie war dieses Gebäck ein Sinnbild der Philippinen. »Schau mal, außen ist sie verführerisch schön, cremig und voller Zucker«, sagte er, um dann, indem er die Kuchengabel in den weichen Blätterteig drückte, hinzuzufügen: »Aber drinnen ist nur heiße Luft.«

Wir lachten vergnügt los, und das umso lauter, als wir genau in diesem Moment einen jener kunterbunt bemalten Jeepneys am Fenster vorbeifahren sahen, auf dessen Flanke in großen, weißen Lettern zu lesen war: »Zweifle nicht. Gott herrscht. Er hat immer geherrscht und wird in alle Ewigkeit herrschen. Ende der Übertragung.«

Himalaya

Quecksilberpulver

Ein Tiger hatte zwei Gefährten, die ihm ergeben folgten: einen Leoparden und einen Schakal. Stets wenn der Tiger eine Beute riss, fraß er, so viel er konnte, und überließ den Rest den beiden anderen. Eines Tages aber erbeutete der Tiger drei Tiere: ein schweres, ein mittelschweres und ein kleines.

»Wie teilen wir die jetzt auf?«, fragte der Tiger seine beiden Gefolgsleute.

»Ganz einfach«, antwortete der Leopard. »Du nimmst das größte Tier, ich das mittlere, und das kleinste überlassen wir dem Schakal.«

Der Tiger antwortete nicht, erhob nur eine Tatze und riss den Leoparden in Stücke.

»Und wie teilen wir nun?«, fragte der Tiger erneut.

»O Majestät«, antwortete der Schakal. »Das kleinste Stück verspeist du zum Frühstück, das größte hebst du dir fürs Mittagessen auf, und das mittlere verzehrst du zum Abendessen.«

Der Tiger war überrascht. »Sag mir, Schakal, wer hat dich solch große Weisheit gelehrt?«

Der Schakal zögerte einen Augenblick und antwortete dann mit der unterwürfigsten Miene, zu der er fähig war: »Der Leopard, Majestät.«

Als Lesestoff hatte ich eine Ausgabe des *Pancatantra** eingepackt, und bevor ich mich am Abend in dem kleinen Hotel in Rishikesh am Ganges zur Ruhe legte, las ich ein paar Stücke aus dieser amüsanten Sammlung von Tierfabeln. Der Legende nach soll sie vor mehr als eintausendfünfhundert Jahren ein alter Eremit verfasst haben, um den ungebildeten, trägen Söhnen eines Königs ein paar grundlegende Lektionen über das Leben mitzugeben und sie so auf die Herrschaft vorzubereiten.

* Manche behaupten, hinter dem legendären Autor Vishnu Sharma verberge sich Chanahya, der »indische Machiavelli«, der auch eine Abhandlung über die Kunst des Regierens geschrieben hat (*Arthashastra*).

Ich kam aus Delhi und würde am nächsten Tag bis Dehra Dun weiterreisen, wo ich mit einem bekannten und sehr umstrittenen Ayurveda-Arzt verabredet war, der von sich behauptete, eine ungewöhnliche, aber wirksame Krebstherapie entwickelt zu haben.

Beeindruckend fand ich an diesen antiken Tiergeschichten, dass sie, anders als unsere Fabeln, keine Moral im Sinne eines sittlich anzustrebenden Verhaltens aufzeigten. Ganz im Gegenteil: Ihr Ziel war es, ausgehend von einer objektiven, nüchternen Betrachtung des Lebens, einige praktische Lehren in der Kunst der Selbsterhaltung zu erteilen. Die Schlussfolgerungen, die der Eremit den drei wenig studierfreudigen Prinzen nahe legte, mögen keine großen Erkenntnisse sein, und doch steckt in jeder eine gewisse pragmatische Weisheit.

Und was war mit mir? Konnte ich denn einige Erkenntnisse aus meinen Erfahrungen der letzten Jahre ziehen? Auf alle Fälle war mir auf meiner Reise durch die Welt, unterwegs zu Ärzten, Magiern und Meistern, klar geworden, dass es keinen Sinn hatte, die Reise fortzusetzen. Denn eine Therapie aller Therapien gibt es nicht. Man kann nichts weiter tun, als so bewusst, so natürlich und so einfach wie möglich zu leben, sich von Wenigem, aber Gesundem und Reinem zu ernähren, richtig zu atmen und die Bedürfnisse herunterzuschrauben, den Konsum so weit wie irgend möglich zu beschränken und seine Wünsche unter Kontrolle zu halten, um so neue Freiräume zu gewinnen. Was suchte ich also wieder einmal bei einem neuen Arzt?

Es war nicht die Hoffnung des Patienten, sondern die alte Leidenschaft des Journalisten, die mich zu der Fahrt nach Dehra Dun bewegte, jene Lust, sich aufzumachen und herauszufinden, was an einer Geschichte dran sein mag, von der man nur gelesen oder gehört hat. Und diese Geschichte hier klang wirklich interessant.

Anders als der »Arzt« von Kakinada oder der junge Mahadevan war Vaidya Balendu Prakash ein bekannter Mann. Die Presse interessierte sich für ihn, er hatte eine bedeutende nationale Auszeichnung erhalten und genoss die Protektion des damaligen indischen Staatspräsidenten. Und unter den Patienten, die sich auf seine Behandlungsmethoden einließen, war auch der englische

Multimilliardär Sir James Goldsmith, der ihn nach Europa bestellt und mit seinem Privathubschrauber hatte einfliegen lassen. Die Erfolgsgeschichte von Vaidya Balendu Prakash begann 1987, als er einen an Leukämie erkrankten zweieinhalbjährigen pakistanischen Jungen, den die Ärzte einer großen Londoner Klinik bereits aufgegeben hatten, erfolgreich behandeln konnte und alle Zeitungen groß darüber berichteten.

Außergewöhnlich an Vaidya Balendu Prakashs Behandlungsmethode war, dass er keine Pflanzen oder Kräuter, sondern ausschließlich Metalle einsetzte. Die Überzeugung, dass Metalle bei der Gesunderhaltung des Körpers eine wichtige Rolle spielen, ist ja nicht neu. Sie war in allen Kulturen verbreitet, und die Kupfergefäße, in denen unsere Großmütter Wasser schöpften, oder die eiserne Pfanne fürs Omelett bezeugen zweifellos eine althergebrachte Weisheit, die die moderne Industrie hinweggefegt hat, indem sie sehr viel praktischere, aber auch sehr viel ungesündere Produkte auf den Markt brachte.

Nun ist es eine Sache, Metalle fürs Kochgeschirr zu verwenden, eine ganz andere aber, sie zu schlucken. Und eben dies, was in der westlichen Medizin als eine sichere Form der Vergiftung gilt, war es, was Vaidya Balendu seinen Patienten verschrieb. Mittels eines hoch komplizierten, in einigen Ayurveda-Texten beschriebenen Verfahrens verarbeitete er Metalle zu Pulvern, die er seinen Patienten in Wasser aufgelöst zu trinken gab. Wie ich gelesen hatte, griff er dabei unter allen Metallen am häufigsten auf Quecksilber zurück, und auch dies war ein Grund, warum ich ihn treffen wollte. Denn in der indischen Mythologie gilt Quecksilber als Sperma Shivas, als »Samen des reinen Bewusstseins«. Sollte die von Vaidya Balendu Prakash praktizierte Heilkunst also auch eine übersinnliche Komponente haben? Etwas, das in Richtung Alchemie ging?

Bereits vor Jahrtausenden haben Priester und Magier unterschiedlichster Kulturen, wie der Chinas, Ägyptens, der Maya und Indiens, versucht, relativ wertlose Metalle wie Blei oder Kupfer in kostbare Edelmetalle wie Silber und Gold zu verwandeln. Diese mysteriöse Kunst, später dann Alchemie genannt, war Teil des ewigen Bestrebens des Menschen, mehr über sich selbst herauszufinden. Dabei war diese Metalltransformation sehr wahrscheinlich auch ein Vorwand, das Geheimnis einer ganz anderen Umwandlung zu verschleiern, zu der bestimmte esoterische, nur nach langen, anspruchsvollen Initiationsprozessen zugängliche Kenntnisse erforderlich waren: einer Umwandlung der Seele nämlich. Nicht zufällig war die Sprache derer, die sich dieser Kunst verschrieben hatten, voller Doppeldeutigkeiten. So sprach man zum Beispiel von der »Tötung« billiger Metalle und ihrer »Wiedergeburt« als Edelmetalle, was aber auch bedeuten konnte: das Ich zu töten, damit es als Selbst des reinen Bewusstseins wiedergeboren werde.

In China ging die Alchemie in der taoistischen Tradition auf, wobei natürlich hinter dem Anspruch, ein so genanntes »Gold der Unsterblichkeit« zu gewinnen, ein alles andere als metallurgisches Ziel steckte. In Europa entwickelte sich die Alchemie zu der Kunst, »Heilmittel« mit Hilfe einer bestimmten Substanz herzustellen, die als »Stein der Weisen« berühmt wurde. Heilmittel für den Körper oder für die Seele? Solch eine ambivalente Zielsetzung beizubehalten war überlebenswichtig für die Mystiker des Mittelalters. Um Verfolgungen durch die Kirche wegen ihrer Suche nach einem direkten Weg zu Gott zu entgehen, verschanzten sie sich hinter ihren Mörsern und Destillierkolben und tarnten mit ihrer materiellen Tätigkeit als Alchemisten ihr eigentliches Anliegen als spirituelle Forscher.

Verbarg sich so etwas Ähnliches vielleicht hinter der Arbeit des Arztes in Dehra Dun, der von sich behauptete, den »Samen Shivas« in ein Heilmittel verwandeln zu können?

Es war nicht mehr weit bis Dehra Dun, und schon am Morgen erreichte ich, wieder einmal in einem Ambassador, mein Ziel: aber nicht das Sprechzimmer eines Arztes, sondern einen Bauernhof außerhalb der Stadt, am Ende einer ungepflasterten, von Feldern gesäumten Straße. Eine weiße Umfassungsmauer, ein Tor, ein paar Gebäude, ein großes Schutzdach über einer Reihe schwarzer Löcher in der roten Erde und zahlreiche Tiere – Hühner, Enten, Pfauen, Kühe –, die friedlich um einen kleinen See herum weideten.

»Herzlich willkommen im kleinsten und ärmsten Krebsforschungszentrum der Welt«, begrüßte mich der Arzt, indem er lächelnd auf mich zutrat. Er war klein und nach westlicher Art gekleidet, und statt des traditionellen *namaskar* drückte er mir zur Begrüßung die Hand. Nein, er hatte nichts Verklärtes, nichts Mystisches. Seine auffallende Liebenswürdigkeit wirkte routiniert. Ein Alchemist war er gewiss nicht. Ebenso wenig wie Vegetarier, denn als ich ihn, auf die Hühner zeigend, fragte, ob er die Tiere auch verspeise, antwortete er: »Aber selbstverständlich«, im Brustton der Überzeugung, so als hielte er es für Schwachsinn, ein Brathuhn zu verschmähen.

Am Telefon hatte ich mich nicht als möglichen Patienten vorgestellt, sondern sprach davon, einen Artikel über alternative Heilmethoden schreiben zu wollen. Und er hatte sich nun den ganzen Tag freigenommen, um mir seine Arbeit zu erklären. Daher gab es keine Schlangen wartender Patienten vor seiner Tür, dafür aber ein Telefon, das in seinem kleinen Büro ohne Unterlass klingelte. Menschen aus anscheinend der ganzen Welt riefen ihn an, um sich Rat zu holen oder um ein Treffen zu bitten. Doch in den meisten Fällen lautete seine Antwort: »Nein.«

Er sei nicht mehr an der Behandlung von Einzelfällen interessiert, erklärte er mir. Seine Prioritäten lägen nun ausschließlich bei der Forschung. Dabei gehe es ihm darum, mit seiner Therapie Anerkennung zu finden in der wissenschaftlichen Gemeinschaft, die ihn bislang beharrlich ignoriere. Westlich ausgerichtete Mediziner sähen in ihm so etwas wie einen Fluch Gottes, sagte er. Aber auch traditionelle Ayurveda-Ärzte bekämpften ihn, weil sie, nach seinen Worten, eine streng wissenschaftliche Überprüfung ihrer Verfahren verhindern wollten.

Balendu Prakash hatte ein reguläres Ayurveda-Studium durchlaufen und ein Examen abgelegt, das es ihm erlaubte, seinem Namen den Ehrentitel *Vaidya*, »Doktor«, voranzustellen, doch mit seinen Kollegen lag er seit langem über Kreuz.

»Ayurvedische Mediziner sind im Grunde ihres Herzens konservativ und verschließen sich allen modernen Entwicklungen. In ihrer Heilkunst sehen sie immer noch eine Art Religion und in den überlieferten Handbüchern ›heilige Schriften‹. Und damit verhindern sie, dass man diese Texte einer kritischen Prüfung unterzieht und zur Diskussion stellt«, sagte er. »Was mich selbst betrifft, so schätze ich mich sehr glücklich, in Indien zu leben, empfinde es aber als großes Pech, Inder zu sein. Indien ist voller Weisheit, aber heutzutage wird hier die Religion stärker unterstützt als die Wissenschaft. Neue Ideen sind nicht gefragt, und kein Mensch finanziert sie. Eine ayurvedische Forschung existiert praktisch nicht, und seit Jahren ist kein neues Mittel mehr auf den Markt gekommen.«

Vor unserem Treffen hatte ich von seinen Attacken gegen die klassischen Ayurveda-Schulen gelesen, aus denen, seiner Auffassung nach, Ärzte hervorgingen, die in der Praxis dann illegal westliche Medizin betrieben, für die sie gar nicht ausgebildet seien. Ich hatte auch mitbekommen, dass er sich vehement gegen alle Produkte aussprach, die mit der irreführenden Bezeichnung »ayurvedisch« versehen die Kunden hinters Licht führten und den Scharlatanen das Geld in die Taschen scheffele. Vaidya Balendu zufolge seien manche in Indien berühmte Stärkungsmittel, die auch im Ausland immer beliebter würden – dort allerdings als »Nahrungsergänzungsmittel« deklariert, um pharmazeutische Kontrollen zu umgehen –, nichts weiter als Zuckerpampe und die so genannten »ayurvedischen« Kosmetika schlicht und einfach Betrug.

»So genannte pflanzliche Öle werden chemisch hergestellt, und angebliche Kräutershampoos sind ganz normale Reinigungsmittel. Aber Ayurveda ist eben ein Modetrend, und die Leute laufen ihm nach. Da solche Produkte aber keine Bedrohung für die Pharmaindustrie darstellen, gibt man sich nicht die Mühe, sie vom Markt zu verdrängen. Bei Mitteln gegen Krebs sieht das anders aus. Mit denen macht die Pharmaindustrie Riesenprofite, und da eine Therapie, wie ich sie anbiete, äußerstenfalls ein paar Dollar am Tag kostet, sieht man seine phantastischen Bilanzen in Gefahr. Haben Sie eine Ahnung, was eine Tumorbehandlung etwa am Memorial Sloan-Kettering in New York kostet?«

Und ob ich das wusste! Aber die Frage war ja rhetorisch gemeint, und so ging ich nicht darauf ein.

Als Beispiel erzählte mir Vaidya Balendu vom Fall eines früheren Offiziers der indischen Armee, der, in Delhi als unheilbar aufgegeben, von ihm wiederhergestellt worden sei, und das zum Preis von zwölf Rupien, ungefähr zwanzig Cent, am Tag. Was für ein Wundermittel er ihm denn verabreicht habe? Nun, eine Kombination verschiedener Metalle.

Vaidya Balendus Therapie basierte auf einer sehr einfachen Annahme: Eine Erkrankung wie Krebs wird durch ein Ungleichgewicht verursacht, und zwar einen Mangel oder einen Überschuss essenzieller Metalle: Kupfer, Silber, Blei, Eisen, Zinn, Zink und Quecksilber. Seine Behandlung zielte darauf ab, ihr Gleichgewicht im Körper wiederherzustellen.

»Ich weiß sehr wohl, dass Metalle, wie etwa die in Autoabgasen, hochgiftig sind. Aber sie können auch ins Leben zurückführen, nämlich dann, wenn ein Vaidya sie verabreicht«, sagte er. »So steht es in den alten Schriften: ›Quecksilber, tausendmal raffiniert, kann jede Krankheit heilen, wenn sich der Patient des Geschlechtsakts, des Genusses von Salz und saurer Speisen enthält.‹ Ich habe damit experimentiert und oft genug erlebt, dass es stimmt.«

Aus einer Schreibtischschublade zog er einen Stapel Papiere hervor. Es waren mehr als fünfzig Krankenblätter von Patienten, die er in letzter Zeit mit Erfolg behandelt hatte. Indem er sie mir reichte, sagte er etwas, was mich aufhorchen ließ: »Ich weiß, dass die Behandlung funktioniert, aber nicht genau, wie und warum. Bei der Dosierung und auch bei der Behandlungsdauer gibt es immer wieder Zweifel.« Das hörte sich ehrlich an. »Deswegen brauche ich Unterstützung finanzieller Art, um meine Forschungsarbeit auszuweiten.«

Es war nun an der Zeit, sich die sagenhaften »Medikamente« einmal näher anzuschauen. Unter dem Schutzdach, das mir schon aufgefallen war, befanden sich die Öfen, in denen die Metalle »tausendmal raffiniert« wurden. Sie bestanden aus Erdlöchern verschiedener Größe: Einige waren so tief wie eine Hand breit, andere zwei Handbreit tief, in wieder anderen verschwand der Arm bis zum Ellbogen. Dies waren die Maßeinheiten, wie sie in den antiken Texten beschrieben wurden. Auf jedes Loch wurde abends ein mit Lehm versiegeltes feuerfestes Gefäß gestellt. Darin befand sich eine abgemessene Menge des jeweiligen Metalls, das sich über dem Feuer verflüssigte, um nach und nach alle unreinen Bestandteile abzugeben. Am Morgen dann goss man das Metall in steinerne Mörser, um es darin den ganzen Tag per Hand zu zermahlen. Abends wurde die Masse wieder aufs Feuer gestellt und am nächsten Morgen wiederum im Mörser verarbeitet. Erst nach Monaten dieser Raffinierung hatte sich das Metall in jenes feinste Pulver verwandelt, eine Art weiße Asche, die *bhasma* genannt wurde.

Anschließend führte mich Vaidya Balendu ins »Labor«. Einige Männer hockten in einer Reihe auf dem Boden und bewegten radförmige stählerne Stößel wie kleine Mühlräder in dem schwarzen Brei auf dem Grund der Mörser hin und her. Auf den Regalen standen zahlreiche Dosen, alle mit Etiketten versehen, auf denen der Inhalt und das Herstellungsdatum verzeichnet waren. Wie Vaidya Balendu erklärte, mussten die Pulver nach der Fertigstellung erst einmal zwei Jahre ruhen, bevor man sie anwenden konnte. Das hieß, für jedes Medikament waren mindestens drei Jahre Zubereitungszeit notwendig.

In einer Schüssel zeigte er mir unverarbeitetes Quecksilber. Ich wog sie in der Hand. Sie war höllisch schwer. Dann entnahm er mit einem Löffelchen einer der Dosen etwas *bhasma* von ebenjenem Quecksilber: ein schwarzes Pulver, sehr fein, fast ätherisch. »Im Wasser treibt es an der Oberfläche, denn es hat sein Wesen als sinkende Erde verloren und jenes des fliegenden Feuers angenommen«, zitierte Vaidya Balendu aus einem der antiken Texte*.

Diese Texte hatte er alle studiert und kannte sich folglich mit ihnen aus. Doch der Ausgangspunkt für die Entwicklung seines Heilverfahrens war ein anderer gewesen. Alles begann mit seinem Vater, und die Geschichte, wie Vaidya Balendu sie mir erzählte, hörte sich wie ein indisches Märchen an.

Die Familie stammte aus Meerut, einem Städtchen nördlich von Delhi; es waren einfache, aber sehr fromme Leute, und manch einem seiner Vorfahren war zum Lebensabend das Sannyasin-

* Die ayurvedischen Schriften, die sich mit der Anwendung von Metallen beschäftigen, sind unter dem Namen *Rasashastra* bekannt, wörtlich »das Wissen vom Quecksilber«. Sie gehen auf die Zeit um das 8. Jahrhundert nach Christus zurück und sind damit sehr viel jüngeren Datums als die klassischen Ayurveda-Texte. Manche Forscher gehen davon aus, dass die Verwendung von Metallen zu Heilzwecken von China nach Indien gelangte.

Gewand angelegt geworden. Gerade erst zwölf, wurde Vaidya Balendus Vater zum Alkoholgenuss verführt. Die Eltern reagierten entsetzt und jagten den Jungen aus dem Haus. Doch ein Sadhu namens Maharaj – einer jener Richtung, die sich ausschließlich von Milch und Bananen ernähren – nahm sich seiner an und führte ihn ins Studium der heiligen Schriften und der Ayurveda-Lehre ein. Vor allem aber machte er ihn mit dem Geheimnis eines eigenartigen schwarzen Pulvers vertraut, das Maharaj stets in einem Säckchen bei sich trug, einer Medizin, mit der er Gelenk- und Knochenleiden der Leute heilte.

Als Erwachsener wurde Vaidya Balendus Vater dann selbst ein Heiler. Von Maharaj hatte er ein kompliziertes Raffinierungsverfahren für verschiedene Metalle erlernt und konnte so immer für einen genügend großen Vorrat von jenem schwarzen Pulver sorgen, mit dem er die Patienten behandelte, die mit den unterschiedlichsten Leiden zu ihm kamen. Im Jahr 1960 suchte ihn ein höherer Verwaltungsbeamter auf, den man in der Klinik bereits als »unheilbar« aufgegeben hatte, da seine Krankheit bereits bis ins Knochenmark vorgedrungen war. Vaidya Balendus Vater verabreichte ihm Maharajs Pulver, und der Mann genas. Dies war seine erste Krebsbehandlung. Viele weitere folgten, und so erwarb er sich den Ruf eines Mannes, der die Unheilbaren heilte. Als der Vater 1984 starb, trat Vaidya Balendu, der unterdessen auf Maharajs Rat hin Ayurveda studiert hatte, seine Nachfolge an. Um mehr Raum für seine Experimente zu haben, zog er auf diesen Bauernhof bei Dehra Dun und richtete dort sein »Krebsforschungszentrum« ein.

Der an Leukämie erkrankte pakistanische Junge, den er mit einem Gemisch aus Quecksilber, Arsen und Silber behandelt hatte, war sein erster großer Erfolg. Seit damals sei es ihm gelungen, so erklärte Vaidya Balendu, mindestens fünfunddreißig verschiedene Krebsarten zu heilen. Er wusste sehr genau, dass sein Verfahren nicht in allen Fällen zur Heilung führte, auch räumte er eigene Fehler ein und hatte kein Problem damit, ganz offen über seine Gegenspieler zu sprechen.

Er erzählte mir zum Beispiel von einer Aktion des australischen Gesundheitsamts, das sogar mittels Fernsehspots jene Dutzenden von Australier, die seine Mittel einnahmen, vor Vergiftungsrisiken gewarnt hatte. An der Wand seines Büros zeigte er mir das Foto eines blonden Mädchens. Es hieß Catherine, kam aus England und war zu ihm gebracht worden, damit er sie von ihrer Leukämie heile. Einige Wochen hielt sie sich mit ihrer Familie bei ihm auf, aber retten konnte er sie nicht.

»Damals stimmte irgendetwas mit den Mitteln in meiner Vorratskammer nicht«, erzählte mir Vaidya Balendu. Ein Phänomen, das auch bei seinem Vater schon einmal aufgetreten war: Nach Jahren guter Heilerfolge mit Maharajs Pulver half es plötzlich nicht mehr. Nach einiger Zeit kam man dahinter, dass es an der Kupferqualität lag: Das aus den neuen Münzen gewonnene war nicht mehr so rein wie das älterer Münzen, und erst als der Vater auf das Kupfer von Elektroleitungen zurückgriff, stellten sich die Erfolge wieder ein.

»Und wie war das im Fall Goldsmith?«, fragte ich nach.

Es sei bereits zu spät gewesen, als man sich an ihn wandte, meinte er. Außerdem habe es immer wieder Reibereien mit den englischen und französischen Ärzten gegeben, in deren Händen seine Behandlung lag.

Vaidya Balendu war sich durchaus bewusst, dass er bei allen Erfolgen auch oft genug gescheitert war. Verstehen konnte er bloß nicht, warum die wissenschaftliche Gemeinschaft die Fälle, in denen sein Verfahren zur Heilung geführt hatte, negierte und ihn nicht dabei unterstützte, die Gründe herauszufinden, warum es in anderen Fällen fehlgeschlagen war. Nach der erfolgreichen Behandlung des pakistanischen Jungen hatten ihn einige englische Mediziner aufgesucht, um seine Behandlungsmethode genauer unter die Lupe zu nehmen. Dabei war es jedoch geblieben. Heute wandten sich nur noch jene Ärzte an ihn, die sich mit ihren Patienten keinen anderen Rat mehr wussten.

Er aber setzte seine Experimente unverdrossen fort und beschrieb weiter akribisch jeden einzelnen Fall, mit dem er befasst war. »Gib täglich den Schakalen zu fressen, dann wird eines Tages auch der Löwe kommen«, habe sein Vater immer gesagt. Und Vaidya Balendu war überzeugt, dass früher oder später jemand auftauchen würde, der ihm die ersehnte Hilfe anbot.

Auf unserem Rundgang über den Hof gelangten wir auch zu dem Teich, um den herum wohl genährte Hühner und Enten pickten und scharrten, während Taubenpärchen gurrend auf den Bäumen saßen.

»Stellen wir uns doch mal vor, wir lebten so wie vor Jahrtausenden noch im Wald«, sagte Vaidya. »Wir beobachten die Natur, besonders auch die Tiere, und können eine Menge daraus lernen. Wir sehen, dass sich ein Hahn zu jeder Jahreszeit nur eine ganz bestimmte Nahrung pickt. Oder wir beobachten, dass ein Elefant von manchen Pflanzen nur die Rinde frisst und sich ein krankes Tier nur noch von einem Kraut ernährt. So orientieren wir uns an den Tieren, versuchen, sie nachzuahmen, und kommen dabei immer wieder zu überraschenden Resultaten. Wir entdecken etwa, dass ein Kraut, das an einem bestimmten Standort wächst, andere Eigenschaften aufweist als das gleiche Kraut an einem anderen Platz, vielleicht neben einem Fels. Also muss jener Fels etwas enthalten, das in jene Pflanze eindringt und ihr bestimmte Eigenschaften verleiht.

Nun nimmt man etwas von diesem Gestein, erhitzt es und gewinnt daraus ein Metall. Doch das Metall ist giftig, und man stirbt daran. Dann entdeckt man, dass sich in der Erde Regenwürmer befinden, die dieses Metall aufnehmen, Kupfer etwa, und man findet heraus, dass die schwarzviolette Farbe der Hahnenfedern eben auf dieses Kupfer zurückzuführen ist, das der Hahn schluckt, wenn er Regenwürmer verspeist. So funktioniert der Kreislauf: Die Regenwürmer fressen und verarbeiten das Kupfer, und der Hahn frisst die Regenwürmer und nimmt das Kupfer auf. Die Rishis haben diese Zusammenhänge schon alle begriffen. Natürlich: Kupfer, so wie es in der Natur vorkommt, ist ein Gift und kann tödlich wirken, aber es wirkt auch entzündungshemmend, und zu Asche verarbeitet ist es sogar in der Lage, das Wachstum einer bestimmten Tumorart zu stoppen.

Ähnlich verhält es sich mit Quecksilber. Bei Menschen, die an einer Quecksilbervergiftung gestorben waren, stellte man fest, dass das Metall bis zu den Stammzellen vorgedrungen war. Daraus schloss man, dass man es vielleicht als Transportmittel benutzen könnte, um in die tiefsten Tiefen des menschlichen Körpers zu gelangen. Ayurveda kennt diese Zusammenhänge seit Jahrhunderten, so wie man auch von den spezifischen Eigenschaften von Zink und Eisen weiß, die die westliche Medizin erst kürzlich entdeckt hat. Doch als Ayurveda entstand, gab es noch keine Chemie, keine Physik, keine Elektrotechnik. Mein Ziel ist es, die Naturwissenschaften mit Ayurveda zusammenzubringen, um diese antike Lehre zu verfeinern, wissenschaftlich zu begründen, zu verbessern und weiterzuentwickeln.«

Vaidya Balendus Denken war zwar modern, aber er hatte auch seine Vorbehalte gegenüber aktuellen Entwicklungen. Äußerst misstrauisch war er zum Beispiel hinsichtlich all dessen, was die Industrie, besonders die Nahrungsmittelindustrie, produziert; durch den Einsatz von Kunstdünger und Pflanzengiften verlören die Böden immer mehr ihre ursprünglichen Eigenschaften und fehlten den Nahrungsmitteln zunehmend jene Substanzen, die wir Menschen dringend bräuchten, vor allem Mineralien. Deswegen war er auch so stolz auf das Ökosystem seines kleinen Hofes, auf dem er auf natürlichste Weise alles Lebensnotwendige für sich und seine Familie selbst erzeugte. Hier wurde alles wiederverwertet, besonders der Dung von Kühen und Bullen, mit dem er seine Öfen feuerte.

Wir unterhielten uns den ganzen Tag. Er freute sich, jemanden gefunden zu haben, mit dem er seine Überlegungen teilen konnte, und ich mich, fleißig Notizen machen zu können.

Kurz vor Sonnenuntergang begann unter dem Schutzdach die tägliche Zeremonie des Entzündens der Feuer, an der die ganze Familie teilnahm. Auch ich wurde eingeladen. Dabei wurde in jede Vertiefung ein brennendes Holzscheit gegeben, das, ohne dass man das Feuer anblies, die getrockneten Kuhfladen entzündete, die dann langsam und stetig die ganze Nacht über unter den Gefäßen glommen.

Ein Mann hielt bis zum Morgen Wache. Dann ließ man die Metalle etwas abkühlen, goss sie in die Mörser, zerstieß sie gemächlich Stunde um Stunde und setzte sie abends wieder aufs Feuer. So ging das über Wochen, Monate.

»Nur in Indien, wo Handarbeit so billig ist, kann man es sich erlauben, solche Medikamente herzustellen. Aber vielleicht werden sie eben deshalb, weil sie aus Indien kommen, auch nicht ernst genommen von den Ärzten im Memorial Sloan-Kettering«, seufzte er.

Zum wiederholten Male hatte er jetzt meine »geliebte« New Yorker Klinik erwähnt, und ohne ihm von meinen dortigen Erfahrungen zu berichten, fragte ich ihn, warum er immer wieder ausgerechnet auf diese Einrichtung zurückkomme. Er kenne sie nicht persönlich, meinte er, aber eine Reihe seiner Patienten seien zu ihm gekommen, nachdem man sie dort als unheilbar abgeschrieben habe. Er wusste, dass man am MSKCC ganz auf die Genforschung setzte, glaubte aber selbst nicht daran, dass von dort die Lösung des Krebsproblems zu erwarten sei. Wie er erzählte, hatte man bei einer Reihe seiner Patienten in New York eine Knochenmarkverpflanzung vorgenommen, aber er war skeptisch.

»Mir sind auch Patienten willkommen, bei denen schon das Knochenmark befallen ist«, erklärte er herausfordernd.

»So weit bin ich glücklicherweise noch nicht«, rutschte es mir da heraus. Und in wenigen Worten erzählte ich ihm meine Krankengeschichte.

Vaidya sagte wenig dazu, aber durch diese »Beichte« kamen wir uns noch näher. Er lud mich zum Abendessen ein.

Vaidya saß am Kopfende des Tisches, zu seiner Rechten saßen seine Frau und seine drei Kinder, zwei Mädchen und ein Junge, alle drei entschlossen, in die Fußstapfen von Vater und Großvater zu treten und Ayurveda-Ärzte zu werden. Ich bemerkte, dass Vaidya vor dem Essen mit einem Schluck Wasser aus einem Silberbecher verschiedene Pillen einnahm: Zink, Gold, Perlen, Korallen und Quecksilber, wie er mir erklärte. Dann eine Prise schwarzen Pfeffer, denn »wer ein Feuer entfachen will, braucht Brennstoff«.

Die *roti*, Mehlfladen, die es zum Abendbrot gab, waren nicht aus Weizen hergestellt, sondern aus einer weit verbreiteten heimischen Pflanze, die er auf seinen Feldern anbaute. »Das ist das preiswerteste Mehl, das Mehl der armen Leute«, meinte er. »Und die Armen werden seltener krank, wenn sie bei ihrer althergebrachten Nahrung bleiben. Wir sind alle zwar etwas reicher geworden, aber damit auch dümmer und kränker.«

Erst als wir uns auf eine Tasse Tee in seinem Wohnzimmer niedergelassen hatten, kam er noch einmal auf meinen Fall und das MSKCC zu sprechen.

»Es tut mir Leid, aber irgendwann werden Sie mich auch als Patient aufsuchen müssen. Denn die New Yorker Ärzte werden auch bei Ihnen scheitern, wie in so vielen anderen Fällen zuvor. Weil sie nicht fähig sind, eine Antwort auf die einzige Frage zu geben, die wirklich wichtig ist: Wodurch wurde Ihr Krebs hervorgerufen?«

Ich kannte dieses Argument. Ich hatte es während der langen Monate in New York auch zu meinem gemacht. Aber Vaidya Balendu setzte etwas hinzu, was den Kern der Sache noch besser traf.

»Ein Krebskranker ist dazu verurteilt, an Krebs zu sterben, wenn er auf die im Westen übliche Weise behandelt wird, das heißt, wenn nur der Tumor, nicht aber die Ursachen bekämpft werden. Einige schaffen es jedoch, weil sie ihr Leben ändern.«

»Nun ... genau das habe ich versucht.«

»Ja, und dann rechnen sich die Ärzte vom MSKCC Ihr Überleben als eigenes Verdienst an! Aber Sie wissen ja, wie das läuft: Man setzt die Grenze bei fünf Jahren an. Wer bis dahin überlebt, wird als Erfolg verbucht. Und wenn er dann im sechsten Jahr stirbt, ändert das für die Statistik gar nichts mehr. Ein seltsamer Erfolg, meinen Sie nicht?«

Ihm zufolge war einer der Hauptgründe für meine Erkrankung eine Kompensationsstörung des Metallgehalts meines Körpers. Diese sei zum Teil auf Umwelteinflüsse zurückzuführen, genauer, auf die Tatsache, dass die Böden hinsichtlich ihrer natürlichen Bestandteile zunehmend verarmten und sich immer stärker künstliche, chemische Substanzen anreicherten.

Das sah ich genauso.

Er bat mich, am nächsten Morgen nüchtern wiederzukommen. Er wolle untersuchen, wie es um mein Blut bestellt sei. Dazu verwende er ein spezielles Mikroskop, das die Untersuchung »auf dunklem Feld«, wie er das nannte, erlaube. Dazu erklärte er: »Nur nachts, wenn der Himmel dunkel ist, kann man die Sterne sehen, aber auch tagsüber sind sie da. Und ebenso verhält es sich mit den Indikatoren für Krebs. Wenn ich mir Ihr Blut auf meine Weise betrachte, erkenne ich früher und besser als westliche Mediziner die Anzeichen dafür, wie sich Ihr Krebsleiden entwickeln wird.«

Was er da sagte, gefiel mir nicht. War er doch ein Scharlatan?

Später, auf meinem Zimmer in einem kleinen Hotel im Zentrum von Dehra Dun, las ich vor dem Einschlafen noch ein paar amüsante, aber wenig erbauliche Tierfabeln aus dem *Pancatantra*. Zum Beispiel diese:

Ein alter Löwe, der sich täglich nach dem Mittagsmahl zu einem Schläfchen in seine Höhle zurückzog, wurde dabei regelmäßig von einer Maus gestört, die ihm ins Ohr krabbelte und an seinem Fell herumnagte. Der Löwe war groß, dick und stark, schaffte es aber nicht, sich diesen winzigen Störenfried zu schnappen. So bat er eine Katze, sich als Wächter bei ihm zu verdingen. Zum Lohn werde er ihr zu fressen abgeben. Es lief alles wie geplant. Als die Maus die Katze erblickte, traute sie sich nicht mehr aus ihrem Loch, der Löwe konnte friedlich schlummern, und die Katze fraß, so viel sie konnte, von all dem Fleisch, das der Löwe ihr so großzügig abgab. Der Löwe war dermaßen zufrieden, dass er die Katze in einem fort lobte und ihr für ihre Hilfe dankte. Eines Tages jedoch schlich sich die Maus, mittlerweile vollkommen ausgehungert, aus ihrem Loch, und ohne lange nachzudenken, stürzte sich die Katze auf sie und tötete sie. Als nun der Löwe aus seinem Mittagsschläfchen erwachte, erzählte ihm die Katze voller Stolz, was vorgefallen war. Der Löwe sagte nichts dazu, doch fortan verhielt er sich vollkommen anders. Er sprach sie nicht mehr an und gab ihr auch nichts mehr zu fressen ab. Die Katze konnte sich keinen Reim darauf machen.

»Warum behandelst du mich so? Ich habe doch immer meine Pflicht getan«, wagte sie es endlich, nach tagelangem Fasten, zu fragen.

»Ach, du bedauernswerte, kleine Kreatur«, antwortete da der Löwe. »Du bist ein Diener, dessen Dienste nicht mehr gebraucht werden. Also geh deiner Wege und lass mich schlafen.«

Am nächsten Morgen fand ich mich, nüchtern wie gewünscht, in Vaidya Balendus Haus ein. Die Familie saß noch am Frühstückstisch, er wieder am Kopfende, und durch die geöffnete Zimmertür fiel der Blick auf einige Protagonisten seines Ökosystems – Tauben, Hühner und Enten, die lauthals ihren Teil einforderten.

Vaidya vertraute mich einer jungen Mikrobiologin an, die für die Arbeit am Mikroskop zuständig war. Sie nahm mir einen Tropfen Blut ab, gab ihn auf einen Objektträger, und schon wenige Minuten später konnte ich auf dem großen Bildschirm das phantastische Schauspiel vielfältigster Formen und Farben verfolgen, die einander berührten, umschlangen, durchdrangen, in andere Formen und Farben übergingen. Ein unglaubliches Leben, das da in der Projektion meines Blutstropfens umherwuselte!

Nach Auskunft der jungen Dame war alles in Ordnung. Dann kam auch Vaidya hinzu, und er fand heraus, dass in meinem Blut noch Spuren meines Abendessens zu erkennen waren, was, ihm zufolge, auf eine schlechte Absorbierung hinweise; außerdem seien meine Zellen nicht vollkommen rund, was auf Eisenmangel hindeute, die Zahl meiner weißen Blutkörperchen sei relativ niedrig, und anstatt fünf Stunden zu überleben, wie es die Regel sei, seien sie bereits nach einer Stunde tot; zudem …

Das ganze Spektakel, dem der große Bildschirm einen Schuss Modernität verlieh, kam mir plötzlich inszeniert vor, um seine Metalltherapie glaubwürdiger zu machen. War ich reingelegt worden? Und wieso rief ausgerechnet jetzt aus Dubai die Mutter des geheilten pakistanischen Jungen an? Wirklich nur, um sich einfach mal bei Vaidya zu melden? Er reichte mir den Hörer. Der Junge sei jetzt sechzehn und bei bester Gesundheit. Die ganze Familie sei Vaidya auf ewig dankbar für das, was er für sie getan habe.

Ein Zufall? Oder hatte er dieses Gespräch organisiert, um bei mir Eindruck zu machen? Ich entschied mich für den Zufall. Aus dem Bauch heraus mochte ich Vaidya. Und mit seiner Therapie hatte er gewiss manch einem, der schon alle Hoffnung hatte fahren lassen, neuen Mut machen können und vielleicht sogar den einen oder anderen geheilt. Doch die Art, wie er als Arzt an meine Krankheit heranging, unterschied sich im Grunde kaum vom Vorgehen meiner Instandsetzer in New York, die er so kritisierte. Auch er sah in mir lediglich den Körper, einen Körper, dem es an irgendeinem Metall mangelte und an sonst nichts. Günstigstenfalls gedachte auch er, ihn mit ein wenig Materie zu versorgen, um meiner Materie auf die Sprünge zu helfen. Und daran war ich nicht mehr interessiert.

Als er mir mitteilte, ich solle gleich mit der Einnahme einer Kombination verschiedener Metalle beginnen, um mein Immunsystem zu stärken, schüttelte ich den Kopf. Im Moment, so sagte ich, wolle ich keine weiteren Medikamente mehr einnehmen, und außerdem hätte ich ihn auch eher in der Erwartung aufgesucht, auf einen Alchemisten zu treffen. Das fand er komisch. Aber ich glaube, er verstand mich auch, und zum Schluss verabschiedeten wir uns sehr herzlich voneinander. Dabei versprach ich ihm, so ehrlich wie möglich über ihn und seine Experimente zu schreiben.

Vor mir lagen sieben, acht Stunden Autofahrt zurück nach Delhi, und ich legte mich auf den Rücksitz des alten Ambassador. Die Straße war voller Schlaglöcher, und an Lesen war nicht zu denken. Also erzählte ich mir selbst zum Einschlafen eine Tiergeschichte. Nicht eine der *Pancatantra*-Fabeln mit ihren rein pragmatischen Lehren, sondern eine der sehr viel älteren, ursprünglicheren Geschichten aus den Veden, die einem ein höheres Lebensziel vor Augen führen.

Ein Falke überfliegt eines Tages eine Ebene und erblickt einen Fisch, der in einem Teich an die Oberfläche kommt. Wie ein Stein lässt er sich fallen, packt ihn mit dem Schnabel und fliegt wieder auf. Doch ein Schwarm Krähen hat ihn beobachtet. Sie stürzen sich auf ihn und machen sich daran, ihm den Leckerbissen zu entreißen. Es sind viele, die ihn laut krächzend umflattern. Weitere Krähen stoßen hinzu. Der Falke versucht, höher aufzusteigen, doch die Krähen lassen sich nicht abschütteln, greifen ihn an, hacken auf ihn ein, geben ihm keine Ruhe.

Da wird dem Falken bewusst, dass ihm dies alles nur widerfährt, weil er sich an die Beute klammert, und er lässt sie los.

Die Krähen stürzen sich auf den Fisch, und der Falke fliegt davon, leicht und unbeschwert. Nichts, niemand vermag ihn mehr zu stören, ihn abzulenken. Endlich kann er sich in die Lüfte aufschwingen, aufsteigen, höher, immer höher, dem Unendlichen zu. Er ist frei. Er ist in Frieden.

Eine Flöte im Nebel

... und der Wald hielt sein jahrtausendealtes Versprechen. Es reichte, ihn zu durchwandern. Mit jedem Schritt wurde er lebendiger, mysteriöser, sakraler. Die Baumreihen schienen wie die Schiffe einer immensen Kathedrale; durch die Kronen fiel das Sonnenlicht wie durch magische Glaswände. Bald schon war um uns her nichts mehr, was an unsere Zeit erinnerte. Die einzige Spur von Menschen war der Pfad, der hin und wieder zu einer finsteren Schlucht hin abfiel, um sich dann wieder hinaufzuwinden, höher, immer höher.

Die Bäume waren alt: Steineichen, mit Moos bewachsen und Flechten, die von den knorrigen Ästen herabhingen; riesenhafte Rhododendren mit Rinden in unendlich vielen Schattierungen von Grau und mit rosafarbenen und violetten Blüten. Jede Pflanze hatte ihren eigenen Charakter, ihre Geschichte, Narben von Blitzen und Bränden in ihren jahrhundertealten Stämmen.

Jenen Wald an den Hängen des Himalaya hätte man sich verwunschener nicht vorstellen können. Ein einziger Mythos. Jeder Grashalm konnte ein Heilkraut sein, jede Felsspalte die Heimstatt eines Einsiedlers, jede Höhle der Schlupfwinkel eines Bären oder Leoparden. An eine solch natürliche Erhabenheit sind wir heute gar nicht mehr gewöhnt, und das Staunen, verbunden mit einer leichten Unruhe, verschlug auch uns die Sprache. In feierlicher Stille wanderten wir dahin, mit geweiteten Sinnen lauschten wir auf das Rauschen der Blätter, das Scharren eines Tieres in der Ferne, den Ruf eines Vogels. Der Wald war erfüllt von den Geräuschen Tausender von Leben, und alle zusammen bezeugten sie ein einziges.

Erklimmt man einen Berg, freut man sich schon auf den Lohn der Mühe, und mag er auch nur darin bestehen, von oben herab die Welt zu betrachten. Wir erhielten unseren Lohn schon vorher. Mitten im Wald erblickten wir eine Mauer aus großen, bemoosten Steinen, dann ein schmiedeeisernes Tor, verrostet und verschlossen. Es ließ sich aufziehen. Wir durchschritten das Spalier zweier mächtiger Bäume, die wie Wächter links und rechts des Pfades aufragten. Noch vielleicht fünfzig Schritte, dann endete der Wald, der Pfad machte eine Biegung, und völlig unerwartet erschien vor uns, in vollem Licht, ein Amphitheater terrassenförmig angelegter saftig grüner Wiesen. Ganz oben, wie auf dem obersten Rang, auf dem Bergsattel, die Umrisse eines Kamins, eines Daches, eines Hauses, eingebettet in den Schatten hoher Zedern.

Und plötzlich war mir, als würde vor mir alles erstarren und verstummen, so als sei der Anblick nicht real, sondern eine Szene, gemalt auf eine große Leinwand, ein Gemälde, in das wir, wie durch Zauber, Einlass finden konnten. Es war ein Bild zeitloser Schönheit, die Darstellung eines Friedens, den wir nicht mehr kannten.

Ein Hund begann zu bellen, und ein alter Mann, der in der Sonne geschlafen hatte, erhob sich. Wir stiegen das letzte Stück hinauf, hin zu den beiden schwarzen Umrissen, die sich vor dem Himmel abzeichneten. Als wir den Kamm erreicht hatten, verschlug uns der Anblick den letzten Atem: Entlang des gesamten Horizonts, über einem Ozean aus Bergen und Tälern, noch oberhalb der Wolkenbänke, dort, wo die Welt hätte zu Ende sein müssen, ragten, so weit das Auge reichte, Berggipfel von einem fast glänzenden Weiß vor dem tiefblauen Hintergrund empor. Körperlos, unwirklich, wie die eines Gemäldes.

»Sagen Sie die Wahrheit, die sind doch gemalt«, sprach ich den alten Mann an, der uns vor dem Eingang seines Hauses stehend erwartete.

Er lachte laut auf. »Aber gewiss. Ein Werk des Göttlichen Künstlers. Und jeden Tag malt er sie für mich neu«, sagte er. Dann blickte er mich an und fügte hinzu: »Die Wahrheit? Sind Sie beide vielleicht auf der Suche nach der Wahrheit?«

Wie hätten wir da Nein sagen können?

»Mit der Wahrheit ist es wie mit der Schönheit. Sie kennt keine Grenzen«, fuhr er fort. »Sie lässt sich nicht in Worte oder Formen zwängen. Die Wahrheit ist endlos.«

Angela und ich blickten uns an. Es war jetzt überflüssig geworden, uns vorzustellen.

Der Alte lud uns ein, auf zwei kleinen Korbsesseln Platz zu nehmen, und bot uns Wasser an.

»Es ist ganz frisch aus einer Quelle dort unten im Wald«, versicherte er uns.

Hager und faltig, wie er war, erinnerte der Alte selbst an ein Stück Holz aus dem Wald, durch den wir aufgestiegen waren. Er trug eine braune Hose, einen dicken grünen Pullover und eine Wollmütze, ebenfalls so grün wie die Blätter. Eine Brille saß auf seiner großen Nase, und ein weißer Bart umrahmte sein Gesicht mit der indisch dunklen Haut, das die Sonne in den langen Jahren dort draußen noch tiefer gebräunt hatte. An der Decke des Vorbaus baumelten Seile, Körbe und getrocknete Kräutersträuße.

Wir hatten Dezember, aber die Sonne war warm, die Luft kristallklar und die Kette der Berggipfel hinter uns so gegenwärtig wie ein weiterer Gast oder vielleicht sogar der eigentliche Gastgeber. Der Hund hatte sich beruhigt und schlief jetzt zu Füßen des Alten, der begonnen hatte, sich in aller Ruhe eine Zigarette zu drehen. An den wilden Salbeibüschen vor dem Eingang sprossen fingerlange Blütenstände mit winzigen violetten und weißen Blüten; die lange schon nicht mehr beschnittenen Rosenhecken waren voller verblühter Röschen. Man hatte den Eindruck, jeder Grashalm, jeder Stein genieße hier seinen Frieden und die Sonne.

Kaum hatten wir Brot und Käse, unseren Proviant für die Wanderung, ausgepackt, da ließen sich auch schon zwei tiefschwarze Krähen krächzend von der Krone einer Zeder herabfallen und forderten ihren Teil. Der Alte kannte sie. Sie seien seit Jahren seine täglichen Tischgenossen, erzählte er.

»Männchen und Weibchen?«, fragte ich.

»Das geht nur sie etwas an, nicht mich«, antwortete er, wieder mit seinem vergnügten Lachen.

Angela und ich blickten uns immer wieder staunend an. Was hatte uns hierher geführt? Vordergründig die übliche Kette kleiner Schritte, Zufälle, Entscheidungen, die erst im Nachhinein von jemandem gelenkt scheinen, auf den wir wenig Einfluss haben.

Trotz der vielen Jahre in Indien hatte Angela den Himalaya nur einmal aus der Ferne gesehen, von Dharamsala aus, und so hatten wir beschlossen, die Weihnachtstage in Almora zu verbringen, einem Städtchen in der mächtigen Gebirgsbarriere, dort, wo Indien nördlich an Tibet und im Osten an Nepal grenzt. Wir waren in einem zur Pension umgestalteten Bungalow aus dem 19. Jahrhundert untergebracht, der nach den majestätischen Zedern benannt wurde, die früher einmal die ganze Gegend bedeckten, The Deodars, die Bäume der Götter.

Die Geschichte von Almora ist lang. Erwähnt ist der Ort schon in den antiken Legenden der *Puranas*, und über Jahrhunderte war er das Eingangstor zu einigen der heiligsten Himalaya-Gipfeln und ihren »Geheimnissen«. In Almora machten die Sannyasins Station, die sich zu einem Leben »in den Wäldern« entschlossen hatten, und ebenso die »heiligen Männer«, die sich in noch größere Höhen, in die Gletscherwelt, zurückzogen. Nach Almora kamen Dichter wie Tagore oder Mystiker wie Vivekananda, der hier einen Ashram gründete. Und Gandhi erklärte, nachdem er einige Wochen in Almora verbracht hatte, dies sei der ideale Ort für die Gesunderhaltung von Körper und Seele.

Zudem soll Almora genau in der Mitte eines, wie es heißt, »tantrischen Dreiecks« liegen – manche sprechen auch von einem Hakenkreuz. Und dieser Umstand hat sicher seinen Teil zum Ruf des Städtchens als ein für die Konzentration und das spirituelle Leben besonders geeigneter Ort beigetragen.

Im letzten Jahrhundert hatte Almora mit seinem betörenden Himalaya-Panorama und seinen nahezu intakten Wäldern auch eine kleine Zahl von Ausländern angelockt, deren Spuren ich ein wenig verfolgt habe. Sie ließen sich längs eines schmalen Bergkamms nieder, der sich zwischen zwei tiefen Tälern einige Kilometer weit bis über den antiken Kasar-Devi-Tempel hinaus erstreckt. Eben diese so ungewöhnlichen Fremden, die dort ihre Zuflucht fanden, waren es auch, die diesem Höhenzug mit der Zeit seinen Namen gaben: Cranks Ridge, »Kamm der Verschrobenen«.

Unter jenen exzentrischen Persönlichkeiten war etwa der Theosoph Evans-Wentz, ein Amerikaner deutscher Herkunft, dem wir die erste Ausgabe des Klassikers *Tibetanisches Totenbuch* sowie die Biografie *Milarepa* verdanken. Und der 1898 im Osten Deutschlands geborene Lama Govinda Anagarika hatte, bevor es ihn auf den Gebirgskamm zog, in Neapel die Sprache der ältesten buddhistischen Schriften (*pali*) studiert und lange Zeit auf Capri gewohnt. Dort sahen einige Leute in ihm eine Reinkarnation Novalis', des bedeutendsten Dichters der Frühromantik. Dieser war 1801 neunundzwanzigjährig an Tuberkulose gestorben und hatte eine kleine unvollendete Novelle hinterlassen, die der junge Lama Govinda in gewisser Weise fertig stellte. Das allerdings, ohne jemals von Novalis oder dessen unvollendetem Werk gehört zu haben.

Eine weitere Persönlichkeit, die ebenfalls über den Umweg Capri hoch auf diesen Himalaya-Kamm fand, war Earl Brewster, ein mit D. H. Lawrence und Aldous Huxley befreundeter amerikanischer Maler. Oder der Däne Alfred J. E. Sorensen, der im Bann Tagores nach Indien reiste. Einige Jahre arbeitete er als Gärtner in dessen Akademie in Shantiniketan, dann zog es ihn hinauf in den Himalaya, wo er Sadhu wurde und den Namen Baba Sunyata, »Pater Zero«, annahm.

Auch ich war auf der Suche nach einem Ort, an den ich mich zurückziehen konnte, und die Vorstellung, einige Zeit auf dem Gebirgskamm zu verbringen, vielleicht in einem der alten Häuser der »Verschrobenen«, reizte mich. Aber auch dort hatte sich vieles verändert. Der Grund und Boden, der zunächst Evans-Wentz und dann vierzig Jahre lang Lama Govinda gehört hatte, war parzelliert worden, und hässlich verputzte Häuser standen jetzt dort, wo einst die beiden Künstler und Gelehrten mit viel Liebe ein kleines Tibet geschaffen hatten. Anstelle des Bungalows, in dem Brewster fast ein halbes Jahrhundert lang gelebt hatte und 1959 einundachtzigjährig gestorben war, sah man jetzt eine moderne Villa; und direkt hinter Kasar Devi, einem der heiligsten Tempel der Gegend, genau im Zentrum des tantrischen Dreiecks, hatte man eine Relaisstation für Mobilfunksignale installiert, die mit ihrem riesigen stählernen Mast das ganze Panorama verschandelte.

In der größten Demokratie der Welt kann jeder tun, was ihm gefällt – vor allem im eigenen Interesse. Und so ist der einst von dichten Wäldern überzogene Gebirgskamm heute fast kahl und gesprenkelt mit weißen Zementwürfeln, die an neue »Verschrobene« vermietet werden. Aber das sind nicht mehr die gebildeten, exzentrischen Persönlichkeiten von früher, sondern Scharen von Hippies aus dem Westen, die sich in erster Linie von der hervorragenden Qualität des Hanfs anlocken lassen, der hier wild an allen Mauern wächst, einschließlich der des Polizeireviers.

Ich hatte mir solch einen Zementwürfel angesehen, um mich vielleicht dort einzumieten, schnell aber entsetzt das Weite gesucht. An einem Morgen, als wir auf der sonnenbeschienenen Terrasse des Deodars zum Frühstück saßen, die sich wie ein Schiffsdeck zum Nebelmeer der Täler öffnet, deutete Richard Wheeler, der Pensionsbesitzer, irgendwann auf einen einzelnen, etwas dunkleren Gipfel in der Ferne, noch hinter den sich im blauen Dunst auflösenden Bergketten, und meinte: »Schaut mal, dort hinten hat sich nicht viel verändert. Der Wald ist noch gut erhalten, und oben am Gipfel wohnt, glaube ich, ein alter Inder.«

Und dieser Gipfel begann zu mir zu sprechen. Ich betrachtete ihn und hörte, wie er mir die Verse Kiplings zuraunte:

> Etwas ist verborgen. Geh und suche es.
> Schau nach hinter den Bergen –
> Es ist verloren gegangen und liegt hinter den Bergen.
> Es ist verloren und wartet auf dich. Geh!

Nicht lange danach machten wir uns morgens mit dem Wagen auf den Weg. Zunächst ging es hinauf und hinunter, über Anhöhen und durch Täler, dann führte ein kleineres Sträßchen nur noch bergauf, zwischen Pinien zuerst und schließlich durch einen Steineichenwald. Nach knapp zwei Stunden erreichten wir eine Lichtung, in dessen feuchter Mulde sich ein weiß-orangefarbener *mandir*, ein Hindutempelchen, zusammenkauerte. Er war Shiva geweiht und wurde von einer alten Sannyasin gepflegt. Dort ließen wir den Wagen stehen und wanderten den Pfad hinauf, der tief in den Wald hineinführte. Immer höher, länger als eine Stunde, bis zu dem verrosteten Tor, dem Greis und seinem Haus.

»Das hier ist der ideale Ort, um Enthaltsamkeit von der Welt zu üben«, sagte ich zu ihm.

Er tat das schon seit einem halben Jahrhundert. Auch er hatte auf jenem »Kamm« gelebt, doch als sich die erste Generation der »Verschrobenen« aufzulösen begann und von Neuankömmlingen ersetzt wurde, als man die alte, staubige Straße, die den Grat entlangführte, zunächst verbreiterte und dann auch asphaltierte, beschloss er, weiter hinaufzuziehen. Die Verschrobenen früher, sagte er, seien in den Himalaya gekommen, um »etwas jenseits ihrer selbst« zu finden; die neuen suchten bloß »Illusionen«. Mit dem amerikanischen LSD-Guru Timothy Leary, früher Psychologie-Professor in Harvard, den es Anfang der sechziger Jahre auf den Gebirgskamm zog, habe alles angefangen. Er und seine Pillen hätten die große Wende eingeleitet.

Die Leute, für die ich mich interessierte, hatte der Alte alle kennen gelernt. Als er als junger Maler nach Almora kam, war sein erster Kontakt Brewster gewesen, der damals bereits fortgeschrittenen Alters war. Brewster, ein Amerikaner aus einer wohlhabenden Familie, hatte auf Capri, im Casa dei Quattro Venti, dem »Haus der vier Winde«, ein Buch über das Leben Buddhas geschrieben und sich ein wenig in der Bildhauerei versucht. Von Capri zog es ihn nach Colombo auf Ceylon, wie die Insel damals noch hieß, und von dort nach Pondicherry, in den Ashram von Sri Aurobindo. Gegen Ende der zwanziger Jahre ließ er sich dann in Almora nieder, wo er zu malen begann. Wie der Alte erzählte, habe es Brewster besser als jeder andere verstanden, den Geist der Berge zu erfassen und wiederzugeben: immer wieder, bis zu seinem Ende.

Auch Rudolf Ray, ein Jude russisch-polnischer Abstammung, den man auf dem Kamm nur als »Ru« kannte, gehörte zu der Gruppe. In Wien hatte er sich einen Namen als Porträtmaler gemacht, es unter dem Einfluss von Freud dann aber drangegeben, das »Sichtbare« zu malen, und sich stattdessen an der Darstellung des Unbewussten versucht. So war er bei den Verschrobenen gelandet. Er malte im Dunkeln, manchmal stundenlang, oft ohne zu wissen, welche Farben er auf die Leinwand brachte. Ru, erzählte der Alte, sei wie »vergiftet« gewesen von der Schönheit. Für ihn sei alles schön gewesen. Nie habe er ein Ding an sich gesehen, sondern immer das Band zwischen allen Dingen, und dies sei für ihn *die* Schönheit gewesen.

Li Gotami, die Ehefrau Lama Govindas, eine reiche Parsin aus Bombay, war ebenfalls Malerin. Ihr Ziel war es, die Welt »aus einer anderen Perspektive« zu betrachten, deswegen malte sie die Dinge so, wie sie sie mit dem Kopf nach unten durch die Beine hindurch sah. Der Verschrobenste von allen sei aber der Däne »Pater Zero« gewesen. Wie allen anderen auch sei es ihm darum gegangen, das »Ich zu überwinden«, und so habe er nie in der ersten Person Singular von sich gesprochen. Darüber schrieb er auch ein Büchlein mit dem Titel *Warum wir Wir heißen*. Pater Zero hatte einen Hund, an dem er sehr hing. Er hatte ihm den Namen Wu gegeben, im Chinesischen eine Vorsilbe mit der Bedeutung »das, was nicht da ist«. »Im Sommer ist er mein Guru. Im Winter meine Wärmflasche«, sagte er.

Obwohl bereits über achtzig, hatte der alte Mann ein erstaunliches Gedächtnis. Er erinnerte sich an Namen, Daten, Gespräche, Details. Es war, als laufe sein Geist permanent auf Hochtouren. Ich fragte ihn, wie er das anstelle. Und da erklärte er uns seinen »Kerzentrick«. »In meinem Leben habe ich nichts anderes getan«, sagte er lachend und trug die berühmten Verse aus der *Gita* vor.

Wie eine Flamme, die nicht flackert im Wind,
So ist der Geist, der sich auf Brahman konzentriert.

Wie er erzählte, hatte er, kaum auf dem Kamm angekommen, die wichtigste Entscheidung seines Lebens getroffen: Anstatt Maler zu »werden«, setzte er sich das Ziel, er selbst zu »sein«. Er verbrannte all seine Gemälde und konzentrierte sich ganz darauf, seinen Geist zu schärfen, um »die Grenzen zu überschreiten«. Das Wort »Meditation« verwendete er nicht. Er stehe jedoch jede Nacht auf und sitze dann reglos und schweigend zwei, drei Stunden vor einer brennenden Kerze. Diese Übung war sein »Kerzentrick«.

Ich fragte ihn nach anderen Indern, die auf dem Kamm gelebt hatten. Einer, mit dem er auch befreundet gewesen war, war Boshi Sen, ein Bengale, der mit einer Amerikanerin verheiratet war, einer Enkelin von Waldo Emerson. Dessen große Leidenschaft sei die Botanik gewesen. Schon von Jugendzeiten an habe er, damals in Kalkutta, zu beweisen versucht, dass auch Pflanzen

Gefühle hätten. Er sei überzeugt gewesen von der Existenz einer anderen Welt neben unserer Wirklichkeit und habe daran geglaubt, dass unsere gesamte Schöpfung durchdrungen sei von einem Bewusstsein, das dem menschlichen ähnlich sei.

Wenn er so von den Leuten erzählte, die er gekannt hatte, geschah es häufig, dass er ihr Lachen beschrieb. Das Lachen eines Menschen gebe viel von seinem Charakter preis, meinte er. Ein »intellektuelles Lachen« sei verdächtig, ein »argloses«, »ungekünsteltes« Lachen hingegen begrüßenswert. Leute, die wie Brewster auch über sich selbst lachen könnten, verfügten über ein »reines Lächeln«, sagte er.

Er selbst hatte, wie mir auffiel, ein sehr schönes Lachen, trotz seines Emphysems, das ihm die Zigaretten eingetragen hatten, die er sich seit Jahrzehnten drehte und genüsslich qualmte.

Das bemerkenswerteste, weil zutiefst »ehrliche« Lachen aber habe Krishna Prem gehabt, ein als Roland Nixon geborener Engländer, Kampfpilot im Ersten Weltkrieg und später Professor an der Universität im indischen Lucknow. 1929 zog er nach Almora, um hier zusammen mit seinem Guru, einer Frau, den Ashram Mirtola in einigen Kilometern Entfernung vom Kamm zu gründen. Er selbst, berichtete der Alte, habe immer wieder am Ashramleben teilgenommen, sei aber niemals eingetreten. Für seine eigene Suche sei ihm die Einsamkeit seines Hauses wichtiger gewesen.

Während er so erzählte, bemerkte er plötzlich an meinem Handgelenk meine sowjetische Uhr mit dem Bildnis Buddhas, der mit der Rechten die Erde berührt, wie um sie zum Zeugen seiner Erleuchtung anzurufen.

»Ach herrje, die Ewigkeit, gefangen in der Zeit ... Und in dieser Zeit auch noch!«, stöhnte er. »Wäre es zumindest die Zeit der Erfahrung. Aber nein, es ist die Zeit der Uhr ... und die Zeiger treten direkt aus dem Herzen des Erleuchteten aus!« Er fand die Uhr einfach schrecklich.

Ich erzählte ihm nicht, wo ich sie gekauft hatte. Dies war eine Geschichte aus dem Repertoire, aus dem ich nicht mehr schöpfen wollte. Stattdessen sagte ich, ich sei mein ganzes Leben lang gereist und wolle jetzt zur Ruhe kommen.

»Das ist auch der einzige Weg, sich selbst kennen zu lernen«, bemerkte er, und um diese Einstellung zu verdeutlichen, erzählte er, auf den Buddha in seinem orangefarbenen Gewand auf dem Zifferblatt deutend, folgende Geschichte:

Buddha ist einmal unterwegs und möchte einen Wald durchqueren. Doch alle raten ihm davon ab. Im Wald lauerten schreckliche Gefahren, warnt man ihn. Dort verberge sich ein gemeiner Bandit, der sich einen Spaß daraus mache, Reisende zu überfallen. Er beraube sie und schneide ihnen die Finger ab, um sie auf der Kette, die er um den Hals trage, aufzureihen. Sein Name sei Angulimal: *anguli*, die Finger, *mala*, die Halskette. Doch Buddha lässt sich nicht ins Bockshorn jagen und macht sich allein auf den Weg. Als der Halunke ihn erblickt, heftet er sich sogleich an seine Fersen, doch sosehr er sich auch bemüht, es will ihm nicht gelingen, den Erleuchteten zu erreichen. Wendet sich Angulimal zu einer Seite, ist Buddha auf der anderen, läuft er dorthin, ist Buddha bereits wieder woanders.

»Wer bist du?«, ruft da Angulimal erschöpft. »Mensch oder Übermensch? Gott oder Teufel? Ich laufe dir nach, aber ich kann dich nicht fassen. Wie kannst du so viel flinker laufen als ich?«

»Ich laufe nicht. Du bist es, der läuft, während ich mich nicht von der Stelle bewege«, antwortet Buddha ihm. »Hier bin ich.«

Da bleibt Angulimal stehen und »erreicht« endlich Buddha. Er begreift, wirft sich zu seinen Füßen nieder und schließt sich ihm als Schüler an.

»Wie die Geschichte zeigt«, schloss der Alte, »muss man innehalten, um zu sich selbst zu finden, um man selbst zu sein.«

O ja, das wusste ich nur zu gut! Seit Jahren schon spürte ich, wie wichtig das wäre, und hatte auch versucht, irgendwo Wurzeln zu schlagen. Kaum in Indien angekommen, hörte ich mich um, ob es nicht irgendwo einen Ort gebe, an den ich mich wenigstens hin und wieder zum Schreiben zurückziehen könnte. Bekannte in Delhi berichteten mir von einem alten abgelegenen Haus in den nordindischen Bergen, in dem die Engländer Nehru gefangen gehalten hatten.

»Aber wenn du mit Computer schreibst, ist es nichts für dich«, hieß es dann. »Da gibt's keinen Strom.« Und damit kam dieser Ort für mich nicht mehr in Frage.

Ich erzählte dem Alten, dass ich drei Monate bei Swami Dayananda den Vedanta studiert hätte, sein Ashram aber nicht der Ort sei, wo ich bleiben mochte.

»Swamis messen dem Wort zu große Bedeutung zu«, meinte er dazu, so als hätte er meine Gedanken erraten. Und noch bevor ich hervorheben konnte, wie sehr mich aber der Vedanta trotz allem weitergebracht habe, fügte er hinzu: »Der Vedanta ist ein hervorragender Ausgangspunkt, aber insgesamt zu intellektuell. Zur wahren Erkenntnis gelangt man nicht durch Bücher, auch nicht durch die heiligen Schriften, sondern durch Erfahrung. Am besten erfassen lässt sich die Realität durch Gefühle, durch Intuition, nicht aber durch den Verstand. Dem Intellekt sind Grenzen gesetzt.«

Mir war nicht ganz klar, wie er einzuordnen, welcher Gruppe er zuzurechnen war. Weder trug er orangefarbene Gewänder wie die Entsagenden noch das rote Hinduzeichen auf der Stirn; weder aus seinem Äußeren noch aus seinen Worten hätte man auf die Zugehörigkeit zu einer bestimmten Glaubensrichtung schließen können. Ich fragte nach.

»Vedanta, Buddhismus, Hinduismus, Jainismus: Ein Glaube schließt den anderen nicht aus«, antwortete er. »Das ist Indien: eine aus verschiedenen Religionen gewachsene Kultur, die jedoch alle auf einigen gemeinsamen Grundvorstellungen beruhen, die seit Jahrtausenden, seit Buddha, niemand mehr in Frage gestellt hat.«

Er hielt einen Moment inne, um diese Grundideen einzeln zu benennen. Dabei blickte er mich an, wohl um sich zu vergewissern, ob ich seine Worte verstand und womöglich auch teilte.

»Dies ist nicht die einzige Welt«, sagte er, indem er mit einer weit ausholenden Armbewegung die gesamte Breite des Horizonts umschloss.

»Dies ist nicht die einzige Zeit«, und dabei deutete er auf meine Armbanduhr.

»Dies ist nicht das einzige Leben«, und er zeigte auf sich selbst, dann Angela, mich, den Hund und alles, was uns umgab.

Er schwieg einen Augenblick, wie um uns ein wenig Zeit zum Nachdenken zu geben.

»Und dies ist nicht das einzige Bewusstsein.« Er tippte sich auf die Brust. »Was außen ist, ist auch innen; und was nicht innen ist, ist nirgendwo.«

Und so, als wolle er die Atmosphäre etwas auflockern, brach er in sein schönes Lachen aus und fügte, an mich gewandt, hinzu: »Aus diesem Grund bringt einen das Reisen nicht weiter. Wer nichts in sich hat, wird auch draußen nichts finden. Es ist sinnlos, etwas in der Welt zu suchen, was man in sich selbst nicht finden kann.«

Ich fühlte mich getroffen. Er hatte Recht.

Über unseren Gesprächen waren fast unbemerkt die Stunden verronnen. Im Winter sind die Tage kurz. Mit der jetzt tief stehenden Sonne war die Luft merklich abgekühlt, und der Alte lud uns ein, mit ins Haus zu kommen. Durch eine düstere, nur mit dem Allernötigsten eingerichtete Küche gelangten wir in ein spartanisches Esszimmer mit einem ovalen Tisch, vier Stühlen darum herum und einem Wasserschlauch in einer Ecke, um dann einen Raum zu betreten, der wie eine Schatzkammer anmutete. Und an der hinteren Wand stach der Schatz sofort ins Auge – er bestand aus einem Fenster, das ein unvergleichliches Gemälde einrahmte: im Vordergrund die Stämme und das dunkle Astwerk zweier mächtiger Zedern und dahinter die Bergketten mit dem Nanda-Devi-Massiv in der Mitte, das die untergehende Sonne gerade in ein rötliches Licht tauchte. Es war kein Still-Leben, keine »tote«, sondern eine phantastische, glorios lebendige Natur, die sich unter unseren staunenden Blicken wandelte.

Das Zimmer hatte eine hohe Holzdecke, die der Rauch über viele Jahre eingeschwärzt hatte, ockerfarbene Wände und einen Dielenfußboden. Im Kamin stand ein runder gusseiserner Ofen, der eine wohlriechende Wärme verströmte. Auf dem Sims meditierte ein kleiner Bronzebuddha. Wie die Ehrenloge eines Theaters stand ein altes braunes Sofa an der hinteren Wand direkt vor dem Fenster, hinter dem das grandiose Naturschauspiel niemals endete. Links und rechts zwei mit Intarsien verzierte kleine Sessel; auf einem niedrigen Schränkchen das Schwarz-Weiß-Foto eines alten Inders und eine Messingvase mit einer gelben Blume darin.

Ich drehte mich um. An der dem Fenster gegenüberliegenden Wand hing in einem grauen Rahmen ein Gemälde mit ebenjener Bergkulisse, vom selben Fenster aus betrachtet, zur gleichen Tageszeit und mit den gleichen Farben. Ich trat heran. In der rechten unteren Ecke erkannte man blau die Signatur: E. H. Brewster.

Von dem Bild ging eine besondere, stille Kraft aus; es verströmte ein Licht, das wie der Widerschein jenes Lichts draußen vor dem Fenster wirkte, und das Ganze hatte etwas von Hexerei, etwas Ungreifbares, ja fast Beunruhigendes: das Gemälde des Gemäldes in einem Gemälde oder, genauer, in einer Umgebung, die mir von Anfang an wie ein Gemälde vorgekommen war. Und für einen Moment verlor ich fast die Orientierung in diesem eigentümlichen Spiel der Widerspiegelungen, in dem das Bewusstsein hin und her geworfen zu werden schien.

»Dies ist das schönste Haus, das ich je gesehen habe«, sagte ich, ohne lange nachzudenken, um das Schweigen zu brechen, aber auch, um mich zu vergewissern, dass das alles keine Halluzination war.

»Ich liebe dieses Haus, und meine Liebe wird erwidert«, antwortete der Alte, »denn dieses Haus liebt auch mich.« Dann erzählte er, dass es zu Beginn des 19. Jahrhunderts von einem höheren Beamten der britischen Kolonialverwaltung erbaut wurde, und fügte hinzu: »Im Zweiten Weltkrieg haben die Engländer hier Nehru gefangen gehalten.«

Angela erinnerte sich so gut wie ich an die Geschichte, und wir blickten uns ungläubig an. Das war doch nicht möglich! In solch einem immensen Land, mit Hunderten Millionen von Häusern, war genau dies das Haus, auf das mich Bekannte Jahre zuvor hingewiesen hatten, lange bevor ich an Krebs erkrankte, lange vor all den Therapien!

Mir war, als triebe da irgendetwas, irgendjemand sein Spiel mit mir, irgendeine geheimnisvolle Kraft, der ich mich nicht entziehen konnte, nicht entziehen durfte. Es war, als verliefe alles nach einem geheimen Plan.

In der Atmosphäre, die zwischen uns entstanden war, wäre mir das Verschweigen eines Umstands, der mich hautnah betraf, wie eine Lüge vorgekommen. Und so erzählte ich dem Alten in wenigen Worten von der Reise, die in Bologna begonnen und mich über New York und viele weitere Stationen schließlich nach Almora geführt hatte, damit ich hier vielleicht eine Art Zuflucht fände.

»Ach ja, Krebs!«, sagte er und ließ dazu sein raues Raucherlachen erklingen. Dann stellte er mir eine Frage, die man, wie ich seitdem glaube, allen Medizinstudenten stellen sollte, bevor sie ihr Studium aufnehmen: »Sind es Krankheiten, die zum Tode führen, oder ist es der Tod, der zu Krankheiten führt?«

Ob ich denn tatsächlich das Reisen drangeben wolle?, fragte er dann. Ob ich tatsächlich einen festen Ort für mich suchte? Nun, da gebe es ein Haus ganz in der Nähe. Ursprünglich als Lager genutzt, sei es vor ein paar Jahren bewohnbar gemacht worden.

Wir gingen es uns sogleich anschauen. Es war ein schlichtes Häuschen aus Naturstein mit einem mit Steinplatten gedeckten Dach. Die Tür war niedrig, eine schmale, steile Treppe führte zu einem ausgebauten hölzernen Hängeboden mit einem kleinen Kamin. Die Wände waren mit einem Gemisch aus Lehm und Kuhdung verputzt, das Fenster war groß, und der Blick ging hinaus auf das Nanda-Devi-Massiv, das höchste Gebirge Indiens.

»Du kannst jederzeit kommen und dich hier niederlassen«, sagte der Alte.

Ich verstummte.

Das Leben ist ein Geheimnis, und das sollte es auch bleiben. Irgendetwas oder irgendjemand hielt die Fäden meines Lebens in der Hand, so fest und sicher, wie ein Schlafwandler auf einem Dachsims gehalten und geleitet wird, so dass er nicht hinabstürzt. »Ist ein Schüler bereit, trifft er seinen Lehrer«, sagen die Inder, und Ähnliches gilt für die Liebe, für einen Ort, für ein Ereignis, das nur unter bestimmten Bedingungen bedeutend wird. Es ist sinnlos, nach Gründen zu suchen, Fakten und Erklärungen aufspüren zu wollen. Wir selbst sind der beste Beweis, dass es eine Wirklichkeit jenseits der sinnlich wahrnehmbaren gibt, eine Wahrheit jenseits der Fakten, und wenn wir uns ihr verschließen, entgeht uns jener andere Teil des Lebens und damit auch die Freude an seinem Geheimnis.

Es war spät geworden, und Angela und ich mussten ja wieder durch den Wald bis zu dem Hindutempelchen hinunter. Deshalb brachen wir in solcher Eile auf, dass wir gar nicht mehr dazu kamen, uns richtig zu bedanken.

»Bis bald, bis bald!«, rief ich, mich schon zum Gehen wendend. Bevor wir zur Wiesensenke hinabstiegen, warfen wir noch einmal einen Blick zurück auf die Berge. Die Sonne war bereits untergegangen, doch der Göttliche Künstler ging gerade mit einem letzten Strich warmen Rosas über die Gletschergipfel, nachdem er zuvor schon einen dunklen, eisigen Schleier über die Spalten und Schluchten darunter gelegt hatte. Den Rückweg durch den Wald legten wir fast im Laufschritt zurück, beschwingt und berauscht, als hätten wir etwas getrunken oder wären gerade aus der Achterbahn gestiegen. Wir redeten in einem fort.

Es gab ja jetzt auch sehr viel zu besprechen und zu entscheiden, für Angela und mich! Und verständnisvoller und großzügiger hätte sie nicht reagieren können. Vierzig Jahre lang hatte ich die verschiedensten und fast alle meine schönsten Erlebnisse mit ihr geteilt. Doch das Abenteuer, auf das ich mich nun einlassen würde, war ganz anderer Natur; es war eine Reise, die wir nicht zu zweit machen konnten. Das wusste sie. So wie mich hatten auch sie Attars* Verse berührt, die uns der Alte beim Abschied noch mit auf den Weg gegeben hatte:

Der Pilger,
Die Wallfahrt und der Weg:
Nichts anderes als ich
Hin zu mir.

Gemeinsam kehrten wir nach Delhi zurück, und von dort reiste sie nach Florenz weiter. In vielerlei Hinsicht war es eine echte Trennung. Angela kehrte in ihren gewohnten Alltag zurück, und ich bereitete alles vor für ein Leben, von dem ich noch nicht einmal genau wusste, ob es sich realisieren ließ. Aber ich musste es ver-

* Farid Addin Attar, auch »der Drogist« genannt, ein persischer Sufi aus dem 12. Jahrhundert, Autor des philosophisch-religiösen Epos *Mantiq ut-tair*, bekannt als *Vogelgespräche*.

suchen. Ohne Zeitdruck, ohne mir eine Frist zu setzen. Ärzte, Medikamente, Heiler und Wunder interessierten mich nicht mehr. Mit den mehr oder weniger wirksamen Behandlungen meines Körpers hatte ich abgeschlossen. Ich suchte etwas anderes. Wie Sogol in *Der Analog*, der allegorischen Erzählung von René Daumal, »wollte ich nicht sterben, ohne begriffen zu haben, warum ich gelebt hatte«. Oder, sehr viel weniger anspruchsvoll: Ich musste in mir den Samen eines Friedens finden, den ich dann überall würde keimen lassen können.

Mein normales tägliches Leben hatte sich für mich zu einer Krake mit Tausenden von Fangarmen entwickelt, denen ich nicht entfliehen konnte. Mein Kopf, ständig beschäftigt mit praktischen Dingen, Plänen, Rechtfertigungen, Hoffnungen ... war so nie dazu bereit, sich etwas Größerem zu öffnen. In Florenz wäre Anam eine noch lächerlichere Figur gewesen als jene, die ich hinter mir gelassen hatte. Und mehr noch als andere empfand ich selbst sie als lächerlich, weil ich fühlte, dass ich weder das eine noch das andere war. Aber wer war ich?

Wenn sich Sannyasins aus der Welt zurückziehen, kappen sie alle Bindungen; sie »sterben« hinsichtlich ihrer Vergangenheit und ziehen darum so weit wie möglich fort von allem, was ihr Leben einmal ausgemacht hat: Familie, Beruf, Freunde. So weit war ich noch nicht und wollte, offen gestanden, auch gar nicht so weit kommen; aber ich musste mich lösen, noch mehr Abstand gewinnen. Ich musste diese einsame Reise wagen, von der ich spürte, wie sehr ich sie brauchte, und auf der jenes verrostete Tor im Wald vielleicht der sichtbare Zugang zum Unsichtbaren war.

Ich blieb noch rund zehn Tage in Delhi. Ich kaufte mir ein Solarmodul, eine Batterie und einen Konverter, die den kleinen Computer, auf dem ich schreiben wollte, mit Strom versorgen würden, deckte mich mit Vorräten an Nahrung und Räucherstäbchen ein. Aus Chiang Mai ließ ich mir ein Kilo des besten Ulong-Tees schicken. Dann ging ich mehrere Male durchs Haus, um unter den vielen Dingen und vor allem Büchern, die sich in einem ganzen Leben angesammelt hatten, jene herauszusuchen, die ich immer noch gern um mich haben wollte.

Ich wählte den Thanka mit dem Buddha der Heilkunst, den ich mir in Dharamsala hatte malen lassen, eine kleine moderne Bronzestatue von Milarepa sowie die antike chinesische Buddhastatue, die vor dem Fenster meines New Yorker Apartments gestanden hatte, meinen »Reisebuddha«, wie ich sie nannte. Ich vergaß auch nicht jene alte, vor mindestens hundert Jahren im chinesischen Yixing gefertigte Teekanne und zwei Schüsselchen aus feinstem weißen Porzellan. Als Lektüre suchte ich mir ein Exemplar der Upanishaden aus, die *Gita* und einige Gedichtsammlungen, vor allem indische.

In Almora, wo ich noch einmal eine Nacht im alten, exkolonialen Luxus des Deodars verbrachte, kaufte ich mir ein Kupfergefäß zum Wasserabkochen, einige Teppiche zum Schlafen auf dem Holzfußboden sowie dicke, von Bothias gewebte Wolldecken, jenen tibetischstämmigen Schäfern, die auf der indischen Himalaya-Seite leben.

Mein Gepäck wurde an dem Hindutempelchen auf der Lichtung abgeladen. Als sich die Träger die Sachen aufluden und vor mir her in den Wald hineinmarschierten, kam mir das Bild von Laotse in den Sinn, der, seitlich auf seinem Büffel sitzend, das Jade-Tor durchreitet, um in den Höhen des Himalaya zu entschwinden.

Seit Menschengedenken, oder genauer, seit der Zeit, da der Mensch jene Gebiete bewohnt, die wir heute als Indien, Tibet, Nepal, China und Pakistan kennen, waren jene entlegenen, makellos weißen Gebirgsregionen mit ihrem Sanskritnamen »Schneewohnstätte« (*hima* ist der Schnee, *alaya* die Wohnstätte) Symbol des menschlichen Strebens zum Göttlichen hin.

Dort oben, bei jenen unzugänglichen, mit ewigem Eis bedeckten, in Nebel gehüllten und für gewöhnliche Sterbliche unerreichbaren Berggipfeln, haben die Menschen schon immer die Gegenwart all dessen empfunden, was ihnen in ihrem Leben fehlte. Die Abgeschiedenheit und Unberührtheit dieses Gebirges ließ sie davon träumen, dort oben das finden zu können, was in der Ebene offensichtlich nicht zu haben war: die Antwort auf die Urwünsche der Existenz. Soma, das Kraut der Unsterblichkeit, sollte an den Steilhängen des Himalaya wachsen. Parvati, die makellose Gemahlin Shivas und symbolisch unser aller Gemahlin, kam hier als »Tochter des Gebirges« zur Welt. Dort oben sollen sie verborgen liegen – die Schätze der Schöpfung und die Geheimnisse von Macht, Weisheit und Glück, die sich nur wenigen Menschen, um den Preis größter Mühen und nach langem Suchen, offenbarten, damit sie anderen, gleichermaßen ernsthaft Suchenden weitergegeben wurden.

Der Himalaya war der Schauplatz aller Mythen, die Quelle des Lebens und der Erkenntnis. Hier entspringen alle großen heiligen Flüsse Indiens. Hier lebten die Rishis, die die Veden erdachten. Zu Füßen des Himalaya schrieb Vyasa die *Gita* und das *Mahabharata*, die Zusammenfassung des gesamten antiken und immer noch hochaktuellen philosophischen, politischen und psychologischen Wissens nicht nur Indiens, sondern der gesamten Menschheit.

Beim Aufstieg zu diesen kargen Eisgipfeln – nicht in dem typisch westlichen Bestreben, sie zu erobern, sondern sich einnehmen zu lassen – wussten die Sannyasins, die über Jahrhunderte diesen Weg auf sich nahmen, dass es sich um eine Reise ohne Wiederkehr handelte. Sie hatten mit ihrer Vergangenheit abgeschlossen, alle Brücken zur Welt hinter sich abgebrochen. Nichts blieb mehr, zu dem sie hätten heimkehren können, außer dem Selbst. Dieser Aufstieg – vielleicht auch meiner jetzt – war ein allegorischer Ritus, der für den Verzicht auf die Welt der Dinge stand und den zumindest ersehnten Eingang in die Welt des Geistes.

Während ich so hinter den Trägern her durch den Wald bergauf wanderte, hatte ich nur eine Befürchtung: und zwar die, es würde vielleicht nicht alles so sein, wie ich es beim ersten Mal erlebt hatte. Ich durchschritt das Tor, passierte die beiden hohen Bäume, die den Pfad bewachten ... Nein. Es war noch alles da, still und reglos. Ich sah die Umrisse des Alten, hörte diesmal aber keinen Hund bellen.

»Den hat ein Leopard gerissen«, erzählte mir der Alte auf meine Frage, als er mir entgegentrat. »Auf diese Weise habe ich schon einige verloren. Der letzte war immerhin vier Jahre bei mir. Es ist schade, aber auch der Leopard muss fressen.« Ihn schien der Verlust nicht allzu sehr mitzunehmen.

Ich nahm mein Haus in Besitz und ging dann hinaus, um vom höchsten Punkt des Grates aus den Sonnenuntergang zu genießen. Später teilte ich mit dem Alten, der mich eingeladen hatte, eine Gemüsesuppe im Schein einer Petroleumlampe in seinem schönen Zimmer. Die Berge im Fensterrahmen waren bereits erloschen, doch jene auf Brewsters Gemälde in dem grauen Rahmen an der Wand verströmten ein mildes Licht. Der Alte nahm den Gesprächsfaden von unserer ersten Begegnung wieder auf. Er war ein großartiger Erzähler.

Ein Schüler, begann er eine Geschichte, sucht seinen Guru auf und erklärt ihm, er verlange nach der Wahrheit mehr als nach sonst etwas auf der Welt. Statt zu antworten, packt ihn der Guru am Kragen, schleift ihn zum nahen Bach und drückt ihm den Kopf unter Wasser, bis der arme Jüngling fast erstickt. Erst im letzten Moment zieht er ihn wieder hoch.

»Nun, was wolltest du mehr als alles andere auf der Welt, als dein Kopf unter Wasser war?«

»Luft«, haucht der Schüler mit kaum vernehmbarer Stimme.

»Nun denn. Wenn du so sehr nach der Wahrheit verlangst wie gerade eben nach Luft, dann erst bist du bereit.«

Ob ich denn bereit sei?

Ich hätte ihm gern mit einem Lachen geantwortet, zog es aber vor, aufrichtig zu sein. Nein. Ich wisse nicht, ob ich bereit sei. Und außerdem komme mir im Moment die Wahrheit noch als etwas zu Großes vor, als dass ich mich allein daranmachen könnte, sie zu suchen.

Dafür war es nun an ihm, sein raues Lachen erklingen zu lassen. »Gewiss«, sagte er, »es sind ja nicht wir, die die Wahrheit suchen. Es ist die Wahrheit, die uns sucht. Wir müssen uns nur darauf vorbereiten.«

Dann erklärte er: »Kann man einen Gast einladen, den man nicht kennt? Nein. Aber man kann das Haus aufräumen, so dass man, wenn der Gast eintrifft, bereit ist, ihn zu empfangen und kennen zu lernen.«

Wie sein eigenes Verhältnis zur Wahrheit aussehe, fragte ich ihn.

Er habe sie einige Male bereits für einen kurzen Moment erahnen können, antwortete er. Doch schon diese Momente gäben ihm eine Sicherheit, die ihn dazu anhalte, immer weiterzusuchen. Weil es eine Sicherheit sei, die nicht dem Glauben entspringe, sondern der Erfahrung. Und nicht der Erfahrung anderer, sondern der eigenen. Was hingegen das Aufräumen in seinem Haus betreffe, so bleibe ihm noch viel zu tun. Es ständen noch immer alte Möbel auf dem Speicher, die weggeworfen werden müssten. »Das Ich glaubt, noch so viele Dinge zu benötigen, aber ich weiß: Das ist eine Falle.«

Er deutete auf das kleine Schwarz-Weiß-Foto auf dem Schränkchen. Es zeigte seinen ersten Guru, Swami Sathyananda, den Mann, der ihm, wie er sagte, den Kopf geöffnet habe. Aus einer Schublade zog er ein anderes Foto, ebenfalls schwarz-weiß, ebenfalls das eines alten Mannes. Dieser habe ihm das Herz geöffnet, erklärte er, Krishna Prem, der zum Sannyasin gewordene Engländer, von dem er mir bereits erzählt hatte. Er sei an Krebs gestorben, in dem Ashram, den er gegründet hatte.

Tatsächlich? Auch an Krebs ...? Im Westen glaube man, Krebs habe viel mit Stress zu tun, sagte ich. Aber in Indien seien ja viele der großen heiligen Männer des letzten Jahrhunderts, die alle zurückgezogen, fernab der Spannungen des modernen Lebens, in Frieden lebten, an Krebs gestorben: der Mystiker Ramakrishna und Nisargadatta Maharaj, der Mann, der auf den Straßen Bombays seine Bidi-Zigaretten drehte, an Kehlkopfkrebs; Ramana Maharishi an einem äußerst schmerzhaften Tumor an einem Arm; und J. Krishnamurti im hohen Alter an einem Tumor an der Gallenblase ...

»Der Stress kann auch von innen kommen«, antwortete der Alte. »Wer die Wahrheit sucht, hat häufig sehr viel zu leiden. Krishna Prem gelang es, die Krankheit in sein Leben zu integrieren, sie als Teil eines größeren Ganzen zu sehen und eben durch sie zu einer höheren Bewusstseinsebene zu gelangen.«

»Das heißt, er hat seine Krankheit akzeptiert?«, fragte ich.

»Es geht nicht darum, die Krankheit zu akzeptieren, sondern darum, sie zum Teil seiner selbst zu machen. Ihm gelang das, und so war er zum Schluss für uns alle der Beweis dessen, was sich nicht beweisen lässt.«

In jeder Generation, auf jedem Erdteil, so der Alte, gebe es Menschen wie Krishna Prem oder Ramana Maharishi, die mit ihrem Leben bezeugten, dass es möglich sei, die Grenzen zu überschreiten. Dazu gehöre nicht mehr als Entschlossenheit, Ausdauer und Furchtlosigkeit.

Es war offensichtlich, dass mir der Alte, ganz diskret, Ratschläge gab. So, ich hätte also viele schöne Bücher in den Taschen, mit denen ich angereist sei? »Vorsicht«, warnte er, »dieses Wissen aus Büchern kommt aus zweiter Hand. Es ist nur übernommen und nicht sehr viel wert.« Und er erzählte mir eine weitere Geschichte.

Ein Mann betritt eine große Bibliothek und wählt nach langem Suchen und Lesen drei Bücher zum Mitnehmen aus. Er begibt sich zur Bücherausgabe, um sie registrieren zu lassen, und fragt den Angestellten dort: »Wie viele Bücher stehen eigentlich in dieser Bibliothek?«

»Einige zehntausend.«

»Und wie lange bräuchte man, um sie alle zu lesen?«

»Oh ... einige Leben.«

»Dann möchte ich diese hier auch nicht«, sagt da der Mann. »Es wird doch wohl noch einen anderen Weg geben.« Und er geht davon.

Dieser andere Weg war dem Alten nach der Weg der Erfahrung. Der Erfahrung am eigenen Leib. Wahres Verständnis gelinge nicht mit dem Kopf, sondern nur über das Herz. Wirklich verstehen könne man nur, was man selbst empfunden, in sich gefühlt habe. Um zu dieser Erfahrung zu gelangen, gebe es verschiedenste Wege. Sein Weg sei der »Kerzentrick«, der regelmäßig praktiziert werden müsse, ohne nachzulassen, ohne die Lust daran zu verlieren. »Mindestens zehn Minuten am Tag«, sagte er.

Sein erster Guru habe ihn zu diesen zehn Minuten gezwungen, und wenn er es sich recht überlege, so erzählte er, sei das die größte Hilfe gewesen, die er je erhalten habe. Mit den Jahren seien aus diesen zehn Minuten Stunden geworden, aber die Bedeutung dieses ersten Schrittes habe er nie vergessen. Ich solle es doch auch mal versuchen!

»Schon am Anfang mindestens zehn Minuten. Zwing dich dazu.«

Es war kein Befehl, sondern die Ermunterung eines Menschen,

der weiß, eine wichtige Entdeckung gemacht zu haben, die er nicht für sich allein behalten möchte. Und ich war sehr interessiert.

Der Alte spürte es und fuhr fort: »Vor allem musst du deinen Geist beruhigen. Nur dann kannst du deine innere *Stimme* hören. Aber du darfst nicht ungeduldig werden. Denn diese Intuition, die dein Bewusstsein öffnet, wird dich nur selten erreichen. Vielleicht ist es nur ein Tropfen, doch wenn er kommt, wird dieser Tropfen wie der Ozean sein. Was dann in dir spricht, ist die *Stimme des Inneren Menschen*, des *Kosmischen Menschen*, des *Selbst*. Nenne es, wie du willst. Nenne es *Geliebter* wie die Sufis, nenne es *Stein der Weisen* wie die Alchemisten, nenne es *Gott, Buddha* oder *Purusha*; nenne es *Er, Sie*. Aber wisse: Es *ist da*, und *Jenes* ist dein wahres Du. Denn *Jenes* und du, ihr seid eins. Du bist *Jenes*«, schloss er, und sein tiefes Lachen war voller Wärme und Sympathie.

Ohne die Taschenlampe einzuschalten, die ich mitgenommen hatte, kehrte ich in mein Haus zurück. Der Mond war noch nicht aufgegangen, doch das Funkeln am Firmament reichte mir, um zu sehen, wo ich hintrat. Ich ging nicht sofort hinein, sondern blieb noch vor der Tür stehen. Es war kalt, aber der Boden war trocken. So legte ich mich ins Gras und betrachtete die Sterne. Mir war, als sähe ich sie zum ersten Mal. Und vielleicht war es tatsächlich so, denn ich betrachtete sie, ohne an ihre Namen zu denken, ohne den Polarstern oder den Kleinen Bären zu suchen. Ich stellte mir vor, ein Höhlenmensch zu sein, der nie im Leben etwas gelesen und studiert hat, ein Mensch, der nichts »weiß«. Und, befreit von diesem ganzen »Wissen«, verlor ich mich in der wunderbaren, tröstlichen Endlosigkeit des Universums. Ich betrachtete es nicht mehr. Ich war Teil von ihm.

Zu den verschiedenen Vorsätzen, die ich vor der Abreise gefasst hatte, zählte auch, ein Tagebuch meiner Träume zu führen. Wie ich wusste, gibt es dazu nur einen Weg – sie gleich aufzuschreiben, sobald man wach wird. So legte ich also Papier und Stift auf den Boden neben das gemütliche Lager, das ich mir errichtet hatte. Irgendwo hatte ich gelesen, um mehr zu träumen und so »Zeuge der nächtlichen Seelenreise« zu werden, dürfe man vor dem Schlafengehen nur wenig essen, müsse auf einer harten Unterlage liegen und vor allem bewusst einschlafen, man solle sich also nicht in den Schlaf gleiten lassen. Auch der Swami hatte davon gesprochen, die einzige mit dem Sterben vergleichbare Erfahrung sei jener Übergang vom Wachzustand in den Schlaf, und um diese Erfahrung zu machen, müsse man jenen allerletzten Moment noch bewusst erleben. Ich versuchte es, aber ich war so müde und der Raum so eiskalt, dass ich unter den warmen tibetanischen Decken schon bald in Tiefschlaf versank und wie ein Murmeltier schlief. Ein glückliches Murmeltier.

Ich hatte zwei Träume und zwang mich, sie zu notieren. Im ersten saß ich mit Freunden in der Zahnradbahn hinauf zum Hongkonger Victoria Peak, unterwegs zu einer Klinik, deren Adresse ich in der Tasche hatte. An einer Haltestelle aber gab ich vor, angekommen zu sein, sprang aus der Bahn und ließ die anderen weiterfahren. Vom Bahnsteig aus bedeutete ich ihnen gestikulierend, wo wir uns wieder treffen würden. Dabei wusste ich innerlich, dass ich froh war, sie los zu sein, und sie nie mehr wiedersehen würde.

Im zweiten Traum befand ich mich in einer Stadt in Zentralasien. Auch dort suchte ich eine Klinik, deren Adresse ich von Doktor Glücksbringer im New Yorker MSKCC erhalten hatte. Ich überquerte einen Platz, auf dem zwei mächtige Stiere, der eine schwarz, der andere weiß, gegeneinander kämpften. Ein Mann, eine Art Magier mit einem roten Stirnband, ging dazwischen. Mit einer Machete trennte er die Tiere, hieb dem weißen Stier den Kopf ab, riss ihm die Zunge heraus und brachte ein Stückchen davon einem kleinen Jungen dar, der, wie mir jetzt klar wurde, das eigentliche magische Oberhaupt der Zeremonie war. Dieser Junge hatte »das Problem gelöst« und würde vielleicht auch mich die Geheimnisse seiner Macht lehren können. Im Augenblick hatte ich keine Zeit, weil ich zur Klinik musste, wollte ihn aber später einmal aufsuchen und bat ihn deswegen um seinen Namen und seine Adresse. Mit einem Lächeln schrieb er sie mir in den Notizblock, und ich spürte, etwas Wichtiges in der Hand zu haben, einer unerklärlichen, aber auf mysteriöse Weise wirksamen Kraft näher gekommen zu sein.

Üblicherweise half mir Angela, meine Träume zu entschlüsseln. Sicher hätte sie mich auf einige überraschende Deutungsmöglichkeiten in diesen beiden aufmerksam machen können. Aber sie war nicht bei mir, sie war weit, weit weg, und ich hatte den Eindruck, im Grunde auch davon geträumt zu haben. Mit einem guten Gefühl stand ich auf. Ich nahm die beiden Träume als viel versprechende Vorzeichen. Als eine Bestätigung dafür, dass mein Wunsch, allein sein zu wollen, seine Berechtigung hatte, ebenso wie meine Annäherung an die »Macht der Magie«, an etwas außerhalb der Vernunft also, und dass ich die »Adresse« für das Ziel dieses Weges in der Tasche hatte.

Der Morgen graute. Ich warf mir eine Decke um und stieg zum höchsten Punkt des Grates hinauf, um die Berge zu begrüßen. Es war noch nichts von ihnen zu sehen. Ein matter Dunstschleier verhüllte den gesamten Horizont. Ganz langsam tauchten aus dem Halbdunkel die ersten kaum wahrnehmbaren, fast substanzlosen Schatten auf; dann weiße, kalte Umrisse. Und plötzlich entflammten die Gipfel in einem rosa- und orangefarbenen Licht. Der Dunst in den Tälern färbte sich violett, dann golden, und die Gletscher erstrahlten weiß vor dem Hintergrund eines lapislazuliblauen Himmels. Die Welt erhob sich zu einer Apotheose aus Licht und Freude. Auf den höchsten Zedernkronen begannen die Vögel zu zwitschern. Und mein Herz sang mit ihnen.

Angesichts der natürlichen, erhabenen Schönheit der Berge überkam mich ein Gefühl, das nur jenem vergleichbar war, das die Liebe wachruft: ein Gefühl von Vollkommenheit, unbesiegbarer Kraft, ja fast Unsterblichkeit. Nie zuvor hatte ich mich dem Göttlichen so nahe gefühlt. Der Himmel war zum Greifen nahe, und jene Bergketten schienen die Leiter, um hinaufzugelangen. Ich brauchte nicht an Mythen zu denken, an die Weisen in ihren Eishöhlen, an die verborgenen Schätze des Shangri-La. Ich brauchte nicht auf ein Wunder zu hoffen. In dem Leben um mich her war bereits alles da. Nichts belastete, nichts besorgte mich; nichts fehlte mir, nichts machte mir Angst. Selbst mein Tod schien mir Teil jener unendlichen Vollkommenheit.

Die Tage begannen zu verrinnen, einer wie der andere, in vollkommenem Frieden: ohne Pläne, ohne Erwartungen, ohne Termine, ohne feste Zeiten, bis auf jene tröstlichen des Auf- und Untergehens der Sonne.

Ich spürte die äußerst zurückhaltende Anwesenheit des Alten in seinem Haus. Aber auch er wollte nur mit sich selbst sein, und keinem von uns kam es in den Sinn, uns die Zeit miteinander vertreiben zu wollen. Später stellte ich allerdings fest, dass er hin und wieder eigentümliche Besucher empfing.

Mir ging es vor allen Dingen auch um einen Prozess der Enthaltsamkeit, der Reinigung. Ich sehnte mich danach, all das wieder loszuwerden, mit dem man sich in der Welt unten im Tal so voll stopft und das einen nur ablenkt: Informationen, Wünsche, Hoffnungen, Unterhaltungen. Dort oben, ohne Strom, ohne Telefon, ohne Zeitungen, ohne irgendwen oder irgendetwas, das einzuplanen war, fiel es leicht, ein bisschen auszumisten. Sobald man sich aus der Alltagsroutine löst, stellt man fest, wie wenig einem an innerer Freiheit im täglichen Leben bleibt und in welch hohem Maße das, was wir üblicherweise tun und denken, das Ergebnis eingefahrener Verhaltensmuster ist. Wir nehmen sie als gegeben hin – die Überlegungen der Vernunft, die Erkenntnisse der Wissenschaft, die Bedürfnisse unseres Körpers und die Notwendigkeiten der Logik. Und damit versagen wir es uns, die Welt und uns selbst einmal aus einem völlig anderen Blickwinkel zu betrachten.

Was hatte ich in meinem Leben nicht auch für eine Unmenge an Vorstellungen und Überzeugungen, an Erkenntnissen und Weisheiten zusammengetragen! Und wäre es nicht schön, so sagte ich mir, wieder zu einem weißen Blatt zu werden, auf das sich etwas völlig Neues niederschreiben ließe? Dies ist eine der Grundlagen des Zen-Buddhismus seit seinen Anfängen in China, und eine jener einfachen, aber treffenden Anekdoten, mit denen seit Jahrhunderten neuen Schülern der Weg gewiesen wird, bringt die Sache auf den Punkt.

Ein gelehrter Professor sucht einen Mönch auf.

»Sag mir, was ist Zen?«, fordert er ihn auf.

Der Mönch antwortet nicht. Er bittet ihn, Platz zu nehmen, stellt eine Tasse vor ihn auf den Tisch und beginnt, Tee einzuschenken.

Die Tasse wird voll und voller und fließt schließlich über, doch der Mönch gießt ungerührt weiter.

Der Professor sieht ihm zunächst nur verdutzt zu, aber da der Mönch gar nicht mehr aufhören will, ruft er schließlich: »Halt, halt, sie ist doch voll!«

»So ist es«, antwortet der Mönch. »Und auch du bist voll, voller Meinungen und Vorurteile. Wie willst du aufnehmen, was Zen ist, wenn du nicht zunächst deinen Kopf leerst?«

Der Mönch in der Geschichte erklärt nicht, wie sich der Kopf denn nun leeren ließe. Doch ich fand heraus, dass die Nacht sehr dabei half. All die Dinge, die bei Tageslicht unsere Sinne ansprechen, weichen nachts zurück, verschwinden in der Dunkelheit und überlassen dem Subjekt das Feld. Die Nacht ist seine Zeit: In der Nacht ist das Subjekt Beobachter und beobachtetes Objekt in einem.

Es mochte an den idealen Bedingungen zum Träumen liegen, unter denen ich schlief, oder daran, dass ein Teil meiner selbst immer wach blieb, weil ich die Träume aufschreiben wollte. Jedenfalls hatte ich noch nie so viel geträumt wie dort oben. Jede Nacht war etwas los. Zumeist aber nichts Angenehmes. Während ich mich tagsüber gelöst und heiter fühlte, wurde ich, sobald ich schlief, von Ängsten, Konflikten, Zwangsvorstellungen und dergleichen bedrängt. Bildete sich mein waches Ich ein, Abstand von den Sorgen des Lebens gewonnen zu haben, so wurde ihm nachts von meinem schlafenden Ich höhnisch widersprochen, aus dessen tiefstem Innern, wie pestkranke Ratten aus den unzugänglichsten Kanälen, die zügellosesten Leidenschaften an die Oberfläche gespült wurden.

Hätte ich noch daran gezweifelt, dass die von den Sinnen wahrgenommene Realität nicht die einzige ist, wäre ich jetzt eines Besseren belehrt worden, denn während ich schlief, hatte ich mich mit einer ganz eigenen Wirklichkeit auseinander zu setzen. Wie Zuchtschnecken, die, bevor sie verzehrt werden, gezwungen sind, nur Salat zu fressen und im Essig zu liegen, so purgierte auch ich mich, und das sehr viel gründlicher als auf Ko Samui. Doch jetzt ging es nicht um eine Reinigung der Gedärme, sondern der hintersten Windungen des Unbewussten, wo sich die emotionalen

Bruchstücke eines ganzen Lebens ablagern. Und im »Siebchen« fand ich Gifte und Schadstoffe, die sehr viel belastender waren als die Reste der Plastikpillen, die Sam uns verabreichen ließ. Aber ich hatte ja unendlich viel Zeit und Muße, mir darüber meine Gedanken zu machen.

In tiefster Nacht widmete sich der Alte seinem »Kerzentrick«, und ich bemühte mich, es ihm nachzutun. Es war bitterkalt, doch ich zwang mich aufzustehen. Ich zündete den Docht an und saß dann, in eine wärmende Decke gehüllt, die Wollmütze auf dem Kopf bis über beide Ohren hinuntergezogen, aufrecht auf dem Fußboden vor der kleinen orangefarbenen Flamme mit dem bläulichen Kern. Ich schloss die Augen und beobachtete gleichgültig, ohne sie zu verändern, zu lenken oder zu vertreiben, all die Gedanken, Erinnerungen, Bilder, Bruchstücke von Träumen – zuweilen auch nur ein oder zwei Worte, die in meinem Geist wie Luftblasen vom Grund eines Teiches aufstiegen. Ich beobachtete sie, ohne mich mit ihnen zu identifizieren, so als hätten sie gar nichts mit mir zu tun: Ich war nicht diese Gedanken.

Sehr viel länger als zehn Minuten verblieb ich in dieser Haltung und hatte den Eindruck, auf diese Weise wirklich Ordnung schaffen zu können.

Etwas anderes erlebte ich noch dort oben, was mit der Zeit immer wichtiger für mich wurde: die Stille, eine Erfahrung, an die wir gar nicht gewöhnt sind. Dort oben war sie die Untermalung für alles, was geschah.

Es gab verschiedene Arten der Stille, und jede hatte ihre Besonderheiten. Tagsüber bestand die Stille aus dem Gezwitscher der Vögel, Tierrufen und dem Rauschen des Windes, und nie mischten sich Geräusche darein, die nicht aus der Natur gekommen wären – weder von Motoren noch von Menschen. Nachts hingegen war die Stille ein gleichförmiges, tiefes Dröhnen, das aus den Tiefen der Erde aufstieg, die Mauern durchdrang und alles ausfüllte. Hier oben war die Stille ein Klang. Ein Symbol für die Harmonie der Gegensätze, die ich anstrebte? Meine Ohren hörten absolut nichts, doch dieses Dröhnen war in und um meinen Kopf. Die Stimme Gottes? Sphärenmusik? Während ich lauschte, versuchte ich sie einzuordnen – und konnte mir nur einen riesengroßen Fisch vorstellen, der auf dem Meeresgrund sang.

Wundervoll, diese Stille! Und doch versuchen wir modernen Menschen sie, wo es geht, zu vermeiden, haben fast Angst vor ihr, vielleicht weil wir sie mit dem Tod gleichsetzen. Wir haben es uns abgewöhnt, still, allein zu sein. Drückt uns ein Problem oder spüren wir, dass uns Verzweiflung überkommt, betäuben wir uns lieber rasch mit irgendeinem Lärm oder mischen uns unter Leute, anstatt uns einen stillen abgeschiedenen Ort zu suchen, innezuhalten und über die Sache nachzudenken. Ein Fehler, denn die Stille ist eine Urerfahrung des Menschen. Ohne Stille kein Wort. Keine Musik. Ohne die Stille kann man nicht hören. Nur in der Stille ist es möglich, wieder in Einklang zu kommen mit sich selbst, die Bindung wiederzufinden zwischen unserem Körper und allem, was jenseits dessen liegt.

Schon lange predigte ich – denen, die es hören wollten – den Wert der Stille, als ich eines Tages auf eine antike indische Geschichte stieß, die mit einfachen Worten alles erklärt.

Ein König sucht einen berühmten Rishi im Wald auf.

»Was ist das Wesen des Selbst?«, fragt er ihn.

Der Greis blickt ihn an und schweigt.

Der König wiederholt die Frage. Doch der Rishi schweigt. Der König fragt noch einmal, aber der Rishi bleibt stumm.

Da gerät der König in Zorn und fährt ihn an: »Was ist nun? Willst du nicht endlich antworten?«

»Drei Mal habe ich dir geantwortet, aber du hörst mir nicht zu«, antwortet der Rishi ganz gelassen. »Das Wesen des Selbst ist die Stille.«

Von dem indischen Mystiker Ramana Maharishi, der 1950 in seinem Ashram zu Füßen des Arunachals starb – jenes Gebirges, das er sich zum Guru erwählt hatte –, stammt der Satz: »Es gibt verschiedene Möglichkeiten, mit jemandem zu kommunizieren: indem man ihn berührt, indem man mit ihm spricht, aber vor allem, indem man mit ihm schweigt.«

Das Schweigen Ramanas war »mächtig«, und viele, viele Besucher waren allein schon durch seine Anwesenheit überwältigt. Als der englische Schriftsteller Somerset Maugham den Raum betrat, in dem Ramana saß, fiel er in Ohnmacht.* Und der Psychoanalytiker Carl Gustav Jung, der während seines Indienaufenthalts bereits ein Treffen mit dem großen Mystiker in die Wege geleitet hatte, sagte den Besuch im letzten Moment ab. Vielleicht fürchtete er, allein schon Ramanas Schweigen könne seine Theorie der menschlichen Psyche in sich zusammenbrechen lassen.

Wie die Tage vergingen, hatte ich immer mehr den Eindruck, der Stille außerhalb meiner Hütte entspreche zunehmend auch eine innere Stille, die mich, zusammen mit dem Alleinsein, zuweilen in eine wahre Hochstimmung versetzte. Ohne Ablenkungen, ohne äußere Reize konnte sich mein Geist frei entfalten, seine Beschränkungen überwinden und schließlich zur Ruhe kommen. Ein ruhender Geist ist nicht mit einem Geist ohne Gedanken gleichzusetzen. Es bedeutet nur, dass die Gedanken vor diesem ruhigen Hintergrund hervortreten und damit besser beobachtet, »gedacht« werden können.

Nie hatte die Welt »Lehrmeister der Stille« nötiger als heute, und gerade heute findet man sie seltener denn je. Man bräuchte sie in den Schulen: zehn Uhr – eine Stunde »Stille«. Eine schwierige Lektion, sind wir doch dermaßen auf den ständigen Lärmpegel in den Städten eingestellt, dass wir gar nicht mehr fähig sind, die Stille zu »hören«. Dennoch wäre es einen Versuch wert. Hätte man mir damals in der Schule im Philosophieunterricht gleich zu Anfang beigebracht, still zu sein und mich zu fragen, wer ich eigentlich bin, wäre mir vielleicht damals schon etwas klar geworden. Und sei es auch nur, dass diese ganzen philosophischen Gedankengebäude tatsächlich etwas mit meinem Leben zu tun hatten und eigentlich weniger langweilig waren, als sie mir damals vermittelt wurden.

Die andere große Erfahrung meines Aufenthalts dort oben im Gebirge war die Natur. Hier begriff ich, wieso manche Völker keine heiligen Schriften, keine von einem Propheten aus irgendeinem

* Von jener Begebenheit erzählt Somerset Maugham in seiner Essaysammlung *Points of View*. Auch einer seiner berühmtesten Romane, *Auf Messers Schneide*, entstand aus dieser Erfahrung.

Jenseits überbrachte Heilsbotschaft nötig hatten. Das, was ihnen, für alle erkennbar, vor Augen stand, war das Buch, das sie zu lesen hatten. Darin waren alle Botschaften enthalten. Es steckt etwas zutiefst Heiliges in der Natur, nach der der Mensch seine Hand noch nicht ausgestreckt hat, um sie auszubeuten und nach seinen Zwecken zuzurichten.

In ihrer ursprünglichen Reinheit befindet sich die Natur im Gleichgewicht, weist sie jene Ganzheit auf, nach der wir Menschen uns sehnen. Ich brauchte sie nur zu beobachten, um das Gefühl zu bekommen, eine Heimat wiederzufinden, einen Gleichklang zu verspüren, den ich vergessen hatte. Es war wie ein Heilmittel, mein Leben wieder ihrem Rhythmus anzupassen. In der Stadt achten wir gar nicht mehr auf ihn: Kaum dämmert es, schon gehen automatisch überall die Lichter an, und nichts ändert sich dadurch, man liest, rennt, arbeitet weiter wie zuvor. Man könnte auch – und viele sind durch ihre Berufe bereits dazu gezwungen – alles umkehren: nachts auf den Beinen sein und tagsüber schlafen. Aber damit würden wir uns selbst umkehren. Je »zivilisierter« wir werden, desto weiter entfernen wir uns von der Natur, auch von unserer eigenen, deren Wesen es ist, Teil von allem zu sein.

Wenn ich so zuweilen stundenlang auf einem hohen Fels des Grates saß, ohne Furcht vor dem Verstreichen der Zeit, gut eingemummelt gegen die Kälte, den von blau-weißen Bergketten durchzogenen Horizont vor Augen, erlebte ich manchmal Momente echter Ekstase. Derselbe Wind, der mich streichelte, strich auch über die Grashalme zu meinen Füßen, trieb die Wolken am Himmel vor sich her, und das Leben, das ich um mich herum in den Pflanzen, Blumen, Tieren spürte, war dasselbe, das auch in meinen Adern floss. Die Natur kann tatsächlich das Bewusstsein erweitern, und plötzlich schien ich in der Lage, die Ganzheit wahrzunehmen. Nichts Mickriges, Kümmerliches gibt es in der Natur. Nichts, das uns beengen oder niederdrücken könnte. Im Gegenteil überkommt uns in der Natur ein Gefühl der Großartigkeit, und so, als wollten wir das, was um uns ist, in uns einlassen, weiten wir instinktiv die Lungen und atmen tiefer ein.

Ich war allein, aber wohin ich den Blick auch wandte, sah ich

Dutzende, Hunderte, unzählige anderer Kreaturen. Überall war Leben, in den verschiedensten Formen, den verschiedensten Stadien: Leben in ständigem Werden begriffen. Die *Kosmische Spinne* wob unablässig, auch jetzt in diesem Moment, das Netz des Universums, in dem alles von ein und demselben Faden zusammengehalten wird, wie die Perlen von Indras Halskette, von denen jede einzelne die anderen reflektieren kann.

Und die Spinne benötigte keinen siebten Tag, um auszuruhen. Sie wob unermüdlich weiter. Oder war es Vishnu, der in einem anderen schönen Mythos im Schlaf liegt, und das gesamte Universum ist nichts anderes als sein Traum? Vorsicht, man darf ihn nicht wecken, es würde sich alles in nichts auflösen.

Phantastisch diese Vorstellung von der Schöpfung! Eine Schöpfung im Hier und Jetzt, die sich in einem fort erneuert. Nicht irgendwann vor unvordenklichen Zeiten und in sechs Tagen abgeschlossen. Keine Schöpfung, in der der Mann vor der Frau erschaffen wurde und der Mensch nach dem Bild seines Schöpfers! Denn das genaue Gegenteil ist ja wahr: Es ist der Mensch, der den Schöpfer nach seinem Bild erdachte. Oder was ist er anderes als eine Projektion des Ichs und seiner Leidenschaften, dieser Gott vieler Religionen, eifersüchtig gegenüber anderen Göttern, wählerisch in seiner Liebe und ausgesprochen rachsüchtig, so dass er jene, die ihn in der kurzen Zeitspanne ihres Lebens beleidigt haben könnten, gleich zu ewiger Verdammnis verurteilt? So verhält sich in der gesamten Schöpfung nur der Mensch. Und durch und durch menschlich sind die Leidenschaften, die die Religionen ihrem Schöpfergott zuschreiben. In der übrigen Natur findet man sie nicht. Der Löwe, der eine Gazelle reißt, ist nicht zornig. Er hat einfach nur Hunger.

Welch eine Freude, die eigenen Gedanken zu beobachten! Noch dazu umgeben von einer Schönheit, die ich vollkommen frei genießen konnte, ohne das Bedürfnis, sie mir anzueignen. Dies ist ein weiterer erfreulicher Aspekt der Natur: Ihre immense Schönheit steht allen offen. Niemand kann auf die Idee kommen, sich das Morgengrauen oder den Sonnenuntergang mit nach Hause zu nehmen.

Der Göttliche Künstler überraschte immer wieder aufs Neue: mit einer dunklen Wolke, die sich vor die Sonne schob, so dass sich die Gletscher mit einem goldenen Guss überzogen; einer plötzlichen Regenwand, hinter der die Berge glitzerten, als seien sie aus Metall; oder dem immer wieder anderen Auftauchen der Welt aus dem kosmischen Dunkel der Nacht.

Schon wenn ich mich hinabbeugte, um auf der Handbreit Erdboden etwas zu pflücken und auf meinem Tischchen zu Füßen Milarepas aufzustellen, konnte ich mich in den Wundern der Schöpfung verlieren. Die Farben, Formen und Äderungen der Blätter schienen endlos, ebenso wie die Vielfalt der Grashalme und der oft nur winzigen Blüten. Das Große und das Kleine, ein Strauch und die gesamte Himalaya-Kette waren Ausdruck derselben Schönheit, Teil desselben unerschöpflichen Schauspiels der Natur.

Als ich an einem Morgen, mit der Sonne im Rücken, meine Übungen machte, entdeckte ich meinen Schatten auf einer Nebelbank, die aus der Schlucht unter dem Grat aufstieg. Der Nebel bewegte sich in großen Schwaden, und plötzlich bildete sich um meinen Kopf eine Aureole, die in allen Farben des Regenbogens schimmerte. Aber mir blieb keine Zeit, mich für einen Heiligen zu halten. In der Krone eines nahen Baums krächzten die Krähen, und es hörte sich an, als würden sie mich auslachen.

Diese beiden Tischgenossen des Alten drängten sich mit Macht in mein einsames Leben, und bald merkte ich, wie furchtbar neugierig sie waren. Saß ich in meinem Zimmer, reckten sie sich vom Dach aus vor und spähten durch die Fensterscheiben. Ließ ich mich irgendwo draußen zum Malen nieder, hockten die beiden bald schon irgendwo in der Nähe und machten sich daran, so schien es mir wenigstens, mein Aquarell zu kommentieren. An einem Nachmittag hörte ich sie ganz aufgeregt krächzen. Ich trat ans Fenster. Sie saßen auf einem Ast, und darunter, auf einem Zäunchen, hockte ein großer Affe, der damit beschäftigt war, nacheinander alle meine Blumen auszurupfen. Sie hatten mich gewarnt!

Wenn ich nach einer längeren Wanderung den Gipfel eines nahen Berges erreichte, flatterten sie plötzlich um mich herum und schienen mich von oben zu begrüßen. Mit wenigen Flügelschlägen waren sie, vom Wind getragen, dorthin gelangt. Ich betrachtete mich mit ihren Augen: Wie schwerfällig ich doch war, der Erde verhaftet! Sie hingegen federleicht. Wenn sie aufstiegen und sich dann in die Leere des Abgrunds unter meinem Felsen fallen ließen, konnte ich sie nur beneiden.

Auch dieser Abgrund zu meinen Füßen barg Leben in zahlreichen Formen, von dem ich kaum etwas mitbekam. Von dort unten drang das raue Bellen der *kakar*, der Himalaya-Rehe, zu mir herauf; dort sprangen beim leisesten Geräusch meiner Schritte die wilden Ziegen davon. Leichtfüßig. Ich konnte gerade noch ihre Schatten erkennen. Wie Recht hatten doch die alten Chinesen, ihre Fergana-Pferde mit Flügeln zu malen. Hätte man dieses plötzliche, beschwingte Abheben vom Erdboden besser darstellen können?

An einem Nachmittag, als dichter Nebel aus dem Tal heraufgezogen war und ich wie auf einem Laufsteg im leeren Raum den Grat entlangspazierte, drangen von dort unten Flötenklänge zu mir herauf. Ganz zart. Ich blieb stehen. Und mir, der ich mich nie besonders leicht von Musik habe anrühren lassen, traten fast die Tränen in die Augen. Diese Flöte, vielleicht von einem Schäfer in der Ferne gespielt, brachte in mir eine Saite zum Schwingen. Ich lauschte ihr. Doch wie alles hörte auch sie irgendwann auf, vielleicht nur, weil der Wind sich gedreht hatte. Sie fehlte mir entsetzlich.

Also gebrauchte ich meinen Geist, um sie weiter zu hören.

Zuweilen spielt diese Flöte immer noch in mir. Ein Phänomen, von dem auch Matsuo Basho wusste, der Samurai, der zum Einsiedler, Dichter und Schöpfer der Haiku-Poesie wurde. Er schrieb:

Das Läuten des Tempels
Ist verstummt.
Doch die Melodie
Spielen die Blumen fort.

Ohne dass wir uns darüber verständigt hätten, hielten es der Alte und ich so, dass unsere Begegnungen vom Zufall bestimmt wurden. Wir trafen uns auf unseren Spaziergängen durch den Wald oder besuchten uns, wenn es etwas zu fragen oder auszuborgen gab. Ohne eine feste Gewohnheit daraus zu machen, ohne Verpflichtung, ohne in eine Routine zu verfallen.

Wenn wir uns sahen, miteinander sprachen, bei ihm oder auf meinem Hängeboden bei einem Tee aus meiner schönen Yixing-Kanne zusammensaßen, war dies ein Ereignis, das er ganz auf die »Kräfte des Universums« zurückführte, »jene sichtbaren und unsichtbaren, männlichen und weiblichen, negativen und positiven«, die sich zusammengetan hatten, um diesen Augenblick möglich zu machen. Er scherzte, aber nicht nur.

Für ihn war alles miteinander verbunden. Und er glaubte fest daran, dass alles, was uns widerfährt, einen Sinn hat, auch wenn wir meistens nicht in der Lage seien, ihn zu erkennen. Ihm zufolge hatte auch meine Krebserkrankung einen Sinn. Für mich komme es jetzt darauf an, mir das ganz bewusst zu machen. Und dies bedeute: mich zu einer letzten Reise aufzumachen, der Rückreise, wie er sie nannte, der Reise eines Menschen, der aus dem Schlaf eines von den Sinnen bestimmten Lebens erwache.

»Verstehst du? Für dich ist es jetzt Zeit heimzukehren, zu deinen Ursprüngen zurückzufinden. Und diese, das musst du wissen, sind göttlich, denn zeitlich gesehen stammen wir vom Affen ab, vom Standpunkt des Seins betrachtet aber von Gott. Zurückkehren heißt, unsere göttliche Herkunft geltend zu machen.«

Und wie?

»Indem du dich erforschst und nach und nach allen Zierrat deiner Persönlichkeit und deines Wissens über Bord wirfst. Indem du zum Wesen deines Seins vorstößt. Dazu gehört Mut, denn es handelt sich darum, eine Sache nach der anderen wegzugeben, bis du nichts mehr hast, woran du dich festhalten kannst. Aber dann entdeckst du, dass es da etwas gibt, das dich hält. Erst dann verstehst du, dass dieses Etwas all das in sich vereint, was du gesucht hast.«

Bei einer anderen Gelegenheit sagte er, auf eine der mächtigen Zedern vor seinem Haus deutend: »Schau mal. In allen Kulturen wird der Baum des Lebens wie diese Zeder dargestellt: die Wurzeln fest in der Erde und die Krone oben in der Luft. So ist das Leben – es entsteht in der Dunkelheit und sucht das Licht. Doch es gibt noch einen anderen Baum, den die Rishis in den Upanishaden beschreiben. Dieser wurzelt in der Luft, während das grüne Geäst dem Erdboden zustrebt. Es ist der Baum des spirituellen Lebens, der von der Materie seinen Ausgang nimmt und zum Himmel aufsteigt, zu seinen göttlichen Wurzeln.«

Der Alte sprach stets sehr langsam, machte lange Pausen, wie um seinen Worten Zeit zu geben, mehr als nur meine Ohren zu erreichen.

»Auf dieses Leben, das spirituelle Leben, kommt es an. Und der erste Schritt ist der schwierigste. Der besteht darin, sich von der Erde abzustoßen, alle Sicherheiten hinter sich zu lassen. Und dabei die Falle des Intellekts zu umgehen. Sicher, diesem Intellekt verdanken wir viel. Durch ihn können wir analysieren, klassifizieren, beurteilen und in immer neue Bereiche des Wissens vorstoßen. Aber was bleibt? Der Mensch kann große Entdeckungen machen, sein Wissen in enormem Umfang ausweiten, doch egal, welche Fortschritte ihm gelingen mögen, am Horizont des Bekannten wird er immer auf Unbekanntes stoßen. Und das Unbekannte wird stets weiter reichen als all das, was er jemals wissen kann. Und was folgt daraus? Nun, so müssen wir uns eben diesem Unbekannten stellen. Geben wir es doch ruhig zu: Es gibt ein Geheimnis, das unser Verstand nicht zu ergründen vermag.«

Eines Abends war es bereits stockdunkel, als ich ihn vor meiner Tür hörte. Er war gekommen, um mich um etwas zu bitten, doch als er beim Eintreten ein Schüsselchen mit einem halben Apfel darin auf dem Fußboden erblickte, ließ er sich davon ablenken.

»Ach ja, das ist für die Maus«, antwortete ich auf seine Frage, und so bot sich mir jetzt endlich Gelegenheit, ihm ein Problem darzulegen, für das ich seit Tagen eine Lösung suchte.

Jede Nacht bekam ich Besuch von einer Maus, die überall herumkrabbelte und alles anknabberte, was sie fand, und mir so meine kostbaren Vorräte an Früchten, Kartoffeln und Tomaten verdarb. Da ich sie nicht töten wollte, versuchte ich sie dazu zu bringen, das zu fressen, was ich ihr im Schüsselchen bereitstellte, und den Rest in Ruhe zu lassen.

Der Alte schüttelte sich aus vor Lachen über meine guten Vorsätze und erzählte mir dann, wie es Lama Govinda, als er auch noch auf dem »Kamm der Verschrobenen« wohnte, ergangen war. Auch dieser sei ständig von einer Maus heimgesucht worden, und alle hätten zu ihm gesagt: »Lama-ji, du musst sie töten. Es gibt keinen anderen Weg.«

Doch dem Buddhisten Lama war die Vorstellung, ein anderes Lebewesen zu töten, ganz unerträglich. Und so schickte er jemanden eine Falle kaufen, so einen winzigen Käfig mit einem Türchen mit Federzug, in dem sich eine Maus fangen lässt, ohne sie zu töten. Und es funktionierte. In wenigen Tagen fing Lama sogar mehrere Mäuse. Jede wurde in den Wald gebracht und dort wieder freigelassen.

»Ja, verstehst du denn nicht? Es ist immer dieselbe Maus!«, sagten da die Leute zu ihm. »Du musst sie töten. Egal, wo du sie hinbringst, sie kommt immer wieder zurück.«

Doch Lama wollte es nicht wahrhaben. Als ihm allerdings eine weitere Maus in die Falle ging, strich er ihr mit einem Pinsel seiner Frau, die Malerin war, den Schwanz grün an. Dann brach er mit ihr zu einem Spaziergang auf und entfernte sich dabei viel weiter vom Haus als zuvor, um das Tier schließlich freizulassen. Als er aber mit dem leeren Käfig in Händen nach Hause kam, saß schon eine Maus auf seiner Schwelle und wartete auf ihn. »Sie hatte einen grünen Schwanz und lächelte mich an«, erzählte Lama Govinda, wenn er diese Geschichte zum Besten gab.

Dem Alten zufolge hatte ich mit meiner gewaltfreien Lösung durchaus Erfolgsaussichten. »Im Grunde ist alles eine Frage der Seele«, meinte er.

Der Seele?

»Ja. Aber nicht der Seele in uns, sondern jener Seele, deren Teil wir sind. Diese Seele ist überall, diese Seele ist alles, was uns umgibt. Sie ist weder westlich noch östlich. Sie ist universal. Sie ist für alle gleich: für Tier, Pflanzen, Steine und Menschen. Hinter allem steckt dieselbe Seele. Betrachte dir eine Kletterpflanze, eine kleine Kletterpflanze: Sie findet einen Halt, an den sie sich klammert, und klettert dann immer weiter zum Licht hinauf. Betrachte dir einen Schwarm Bienen, den eine einzige Königin zusammenhält, oder die Schwäne, die hier jedes Jahr auf ihrem Weg vom Manasarova-See in Tibet nach Rajasthan vorüberfliegen. Was bewegt sie alle? Die Weltseele! Das Bewusstsein hinter jedem einzelnen Bewusstsein. Jenes kosmische Bewusstsein, welches das gesamte Universum zusammenhält, die Voraussetzung allen Seins. Eben das ist ja auch das Ziel von Yoga: die Verbindung zum kosmischen Bewusstsein herzustellen. Ist dies einmal gelungen, gibt es keine Zeit mehr, keinen Tod.«

Und was hatte das mit der Maus zu tun?

»Nun, sie ist eben auch Teil jenes Bewusstseins, von dem mein, dein, ihr Bewusstsein nichts weiter als ein Reflex ist.« Und er lachte, um dann, wie um mich ein wenig zu provozieren, hinzuzufügen: »Und das sind keine rein indischen Vorstellungen! Bei euch im Abendland haben die Rishis genau das Gleiche wie bei uns gesagt, das Gleiche, was bei uns im Vedanta steht. Nur habt ihr eure Rishis vergessen. Bei euch findet man sie nur noch in Museen oder in den Büchern gelehrter Professoren. Für uns hingegen sind die Rishis stets präsent, als Gefährten, als Lehrer, die uns im Leben unterweisen. Das ist der große Unterschied.«

Rishis im Abendland?

Die Liste unserer »Sehenden« war für den Alten sehr lang: Sie reichte von Heraklit bis zu Pythagoras und Boethius, von Giordano Bruno bis zu Bergson. Doch Platon bedeutete ihm mit Abstand am meisten.

»Wähle ihn zu deinem Guru, und du wirst sehen, er akzeptiert dich als seinen Schüler und spricht mit dir.« Genau das hatte der Alte bereits getan. Seit einiger Zeit, so gestand er mir, empfange er Platon nachts als Gast in seinem schönen Zimmer und diskutiere dann, schweigend, stundenlang mit ihm. Ihm zufolge war Platon sehr viel weiter als die meisten anderen über die Grenzen des sinnlich Warnehmbaren hinausgelangt; sein Werk *Politeia* über Staat und Gerechtigkeit war für ihn eine der schönsten und weitsichtigsten Visionen der »inneren Ordnung«, der »Ordnung des Selbst«. Die Tatsache, dass Platon sie so treffend beschrieben habe, müsse eigentlich eine große Ermunterung für alle sein, sich auf die Suche nach ihr zu machen.

Für den Alten gab es eine Art gemeinsames Band, das über

die Jahrtausende und die verschiedenen Kontinente hinweg so unterschiedliche Persönlichkeiten wie Platon und Gurdjieff, Plotin und Sri Aurobindo, die Sufi-Lehrer, Meister Eckhart, Ramanan Maharishi und Krishna Prem miteinander verknüpfte. »Sie sind alle auf demselben Weg, einige weiter vorn, andere etwas zurück, einige haben sich verirrt, andere sind bereits angekommen, aber alle sind sie auf der Suche nach unseren Wurzeln. Dies ist der Sinn der Frage: Wer bin ich? Wer sich diese Frage nicht stellt, kann nicht verstehen, um was es geht, und mag vielleicht denken, dass wir nicht ganz bei Trost sind. Aber wir müssen weitergehen. Wir sind auf dem Weg nach Hause ... Komm, schließe dich an!«

Vielleicht hatte er den Eindruck, damit etwas zu persönlich geworden zu sein, jedenfalls kam er jetzt noch einmal auf die Maus zurück. Dazu wollte er mir noch eine weitere jener Geschichten erzählen, die, wie er sagte, »der Verstand nicht begreift«, die er aber selbst erlebt habe. Ich setzte noch einmal Teewasser auf, und er drehte sich eine Zigarette ...

Im Mirtola-Ashram hatte Krishna Prem rund ein Dutzend Schüler um sich. Unter ihnen befand sich auch ein großer tibetischer Hund, den man nachts nicht rauslassen durfte, weil es sich ein Leopard zur Gewohnheit gemacht hatte, durch den Ashram zu streifen und vor dem großen Fenster stehen zu bleiben und hineinzublicken. Der Leopard fauchte, der Hund bellte, und alle mussten aus den Betten, um das Raubtier mit lautem Geschrei zu vertreiben. Jede Nacht die gleiche Szene, und kein Mensch konnte mehr richtig schlafen.

»Ich habe da eine Idee«, sagte Krishna Prem irgendwann. Er ging in den Tempel hinüber und blieb dort vielleicht zehn Minuten. In jener Nacht ließ sich der Leopard nicht blicken. In der Nacht darauf auch nicht, ebenso wenig wie in der nächsten. Der Leopard war verschwunden.

»Wie hast du das gemacht?«, fragte einer der Schüler den alten englischen Professor, der zum Sannyasin geworden war und diesen Ashram gegründet hatte, der Krishna geweiht war, jenem Gott, dessen Name man stets durch das Personalpronomen ersetzte.

»Ich habe gar nichts gemacht«, antwortete Krishna Prem. »Ich habe mich nur mit *Ihm* unterhalten und zu *Ihm* gesagt: ›Dein Leopard stört deinen Hund.‹«

»Damit war die Sache erledigt«, schloss der Alte. »Die Seele ist überall, und wir, der Leopard, der Hund und deine Maus sind alle in dieser Seele eingeschlossen. Wer dies leugnet, will blind bleiben, will nicht aus der Dunkelheit herausfinden.«

Blind, Dunkelheit. Bei diesen Worten fiel ihm wieder ein, warum er mich so spät noch aufgesucht hatte: um mich um Streichhölzer zu bitten. Er hatte kein einziges mehr übrig für seinen »Kerzentrick«, wie er seine nächtliche Begegnung mit dem Selbst nannte.

Ich gab ihm eine Schachtel, und auf seinen Stock gestützt machte er sich wieder auf in die Nacht, zurück in sein Haus.

Alle zwei, drei Wochen wanderte ich nach Almora hinunter, um meine Vorräte aufzufrischen. Der dortige Basar, der sich eine steile Pflasterstraße hinaufzieht, ist ganz so wie in früheren Zeiten. Von den Häusern sind einige noch aus Holz und haben mit Intarsien verzierte Fenster, und die zum Teil winzigen, sich dicht aneinander reihenden Läden sind wie kleine Bühnen mit einem Schauspieler davor, der Händler ist und gleichzeitig Philosoph. Verkaufen und Kaufen scheint hier eher nebensächlich zu sein. Über allem liegt ein großer Friede. Sogar die Hunde sind anders: Sie bellen nicht, gehen nicht aufeinander los, sondern teilen sich das Pflaster friedlich mit den wie stets zum Bild gehörenden Kühen und den Grüppchen von Männern, die sich um kleine, wärmende Feuer drängen.

Märkte sind das Spiegelbild einer Gemeinschaft, und der von Almora wirkte ganz so, als sei ihm ein besonderes Maß an Weisheit und Gelassenheit eigen, das sich dort über Jahrhunderte vor dem Hintergrund des Himalaya herausgebildet hatte. Viele der Männer, die vor ihren Läden oder Werkstätten saßen, schienen nur auf eine Gelegenheit zu warten, um sich über die Geschicke der Welt oder der Seele zu unterhalten.

Einer von ihnen, bei dem ich gern zu einem Schwätzchen vorbeischaute, war Said Ali, ein schlanker Moslem mit zerzaustem Haar und einem besonders warmherzigen Lächeln. Er reparierte

Uhren in einer kleinen Nische in der Häuserzeile, der er den Namen »Eine Million Tick-Tack« gegeben hatte.

Das Leben war ziemlich rüde mit Said Ali umgesprungen, aber verzagt war er nicht. Ganz plötzlich waren seine beiden Söhne schizophren geworden, und weder Magier noch Ärzte hatten irgendetwas anderes bewirken können, als Said Ali noch ein wenig ärmer zu machen, als er ohnehin schon war. Seine Frau lebte ob dieses Schicksalsschlags in völliger Verzweiflung und flehte täglich mehrere Stunden zu Allah, dass er ihre Söhne heilen möge. Auch Said Ali war ein frommer Moslem und ließ keines der vorgeschriebenen fünf täglichen Gebete aus, hielt das Gebaren seiner Frau aber für falsch.

»Man kann von Allah nicht verlangen, dass er sich in die Angelegenheiten der Menschen einmischt. Habe ich eine Uhr zu reparieren, kann ich so lange zu ihm beten, wie ich will: Er wird meine Arbeit nicht für mich tun. Schließlich hat er schon genug für mich getan: Er hat mir Augen und Ohren gegeben, die Hände und den Verstand. Die Reparatur muss ich da schon allein erledigen«, meinte er.

Einmal fragte ich ihn, wie er es schaffe, sich nicht dem Kummer zu ergeben.

»Jeden Morgen nach den Gebeten setze ich mich aufrecht auf den Boden. Ich folge meinem Atem, lausche dem Blut, das durch meine Adern pulsiert, leere meinen Kopf von allen Gedanken und konzentriere mich nur auf Ihn: auf Ihn, der ohne Zeit ist und ohne Raum. Der keine Spuren hinterlässt, der nicht menschlich ist, aber stets gegenwärtig. Eine Weile bin ich bei Ihm. Dann gehe ich an meine Arbeit«, erklärte er mir.

Neben seinem Gottvertrauen hatte Said Ali noch ein weiteres Geheimnis, das ihn am Leben hielt: die Musik. Er komponierte klassische indische *ghazal* und vergaß, wenn er sie sang, all sein Leid. Einmal im Jahr trat er sogar öffentlich auf. Stets im Februar kam ein Musiker und Poet aus Italien nach Almora, ein gleichermaßen mystisch wie praktisch veranlagter Mann, der unter dem Namen Krishna Das, »Diener Krishnas«, eine Weile in dem alten, baufälligen Savoy-Hotel wohnte und dort eine Gruppe von Anhängern auf der Suche nach innerem Frieden um sich scharte.

Bei dieser Gelegenheit sang Said Ali dann mit seiner schönen Stimme zu Krishna Das' Sitar-Klängen, und die Poesie der alten Sufi-Lieder erfüllte ihn mit einer Freude und Lebenslust, von der er bis zum nächsten Februar zehrte. Wann immer ich bei ihm vorbeischaute, lächelte er.

Der Basar hielt stets Überraschungen parat. Als ich einmal auf den Laden des Drogisten Balbir zutrat, empfing mich dieser zwar wieder mit seinen überschwänglichen Namaskar-Gesten, aber nicht mit dem üblichen Wortschwall, sondern blieb stumm. Lächelnd reichte er mir ein Schild, auf dem stand: »Sechs Wochen Schweigen.« Balbir hatte seinem Gott gelobt, anderthalb Monate kein einziges Wort zu sagen! Dennoch arbeitete er weiter und kommandierte seine beiden Verkäufer mit lautem Brummen und unmissverständlichen Gesten herum.

»Der wird sicher eine schwere Lüge oder irgendeinen Betrug abzubüßen haben«, bemerkte der Alte, als ich bei ihm vorbeischaute, um ihn ein wenig auf dem Laufenden zu halten über das, was so in der Welt geschah.

Er lud mich ein, mit ihm zu essen, und so erzählte ich ihm von den »Waisenkindern«, wie ich sie nannte, die kurz zuvor auf dem Kamm der Verschrobenen eingetroffen waren. In der Mehrzahl handelte es sich um Ausländer mittleren Alters, die einige Jahre als Schüler bei Osho Rajnish in Poona und bei Babaji in Lucknow gelebt hatten und dann, als ihre Gurus »ihren Körper verließen«, die Orientierung verloren. Zwei von ihnen hatten mich in ihre weiße Hütte auf dem Kamm eingeladen, um mir eine Tonkassette vorzuspielen. Darauf sprach der Osho über den Tod und beschrieb ihn als einen »heftigen Orgasmus mit Gott«. Als meine beiden Gastgeber, bestimmt zum x-ten Mal, diese Stimme hörten, fielen sie in Ohnmacht, und ich war schockiert, wie abhängig sich diese Leute von ihrem Guru gemacht hatten. Lohnte es sich, jahrelang in einem Ashram zu leben und einem »Meister« zu folgen, wenn man sich dadurch nicht befreite, sondern zum Sklaven wurde?

Der Alte lächelte und antwortete so, wie er es mochte. Mit einer Geschichte.

Eines Morgens erwacht ein Mann in Ketten und weiß nicht, wie er sich davon befreien soll. Jahrelang sucht er nach jemandem, der sie ihm abnehmen könnte. Irgendwann kommt er an der Werkstatt eines Schmieds vorüber, sieht, dass dieser Eisen bearbeitet, und bittet ihn, ihm zu helfen. Mit zwei Schlägen sprengt der Schmied die Ketten. Der Mann ist ihm so dankbar, dass er für ihn zu arbeiten beginnt. So wird er sein Diener, sein Sklave und bleibt für den Rest seiner Tage ... an den Schmied gekettet.

»Ein Guru ist wichtig«, fuhr der Alte fort, »er drückt das mit Worten aus, was du als wahr in dir fühlst. Doch hast du einmal diese Wahrheit direkt erfahren, brauchst du ihn nicht mehr. Der Guru zeigt dir den Mond, aber wehe, du hältst seinen Finger für den Mond. Der Guru zeigt dir den Weg, aber diesem Weg folgen musst du schon selbst. Allein.«

Und als sei nun der Augenblick gekommen, mir etwas zu verraten, was mir wirklich weiterhelfen würde, fügte er hinzu: »Der wahre Guru ist der, der in dir ist, hier«, und er legte seinen knöchernen Zeigefinger auf meine Brust. »Da ist alles drin. Suche nicht außerhalb von dir. Alles, was du außerhalb finden kannst, ist seinem Wesen nach wandelbar, unbeständig. Du kannst dir vormachen, Halt im Reichtum zu finden – doch der zerrinnt. Du kannst darauf vertrauen, Halt in der Liebe eines Menschen zu finden – doch er verlässt dich eines Tages. Oder in der Macht, die aber leicht in andere Hände überwechselt. Du kannst dein Leben in die Hände eines Gurus legen – doch dann stirbt er. Nein, nichts, was außerhalb deiner selbst liegt, wird dir je die Erfüllung schenken. Die einzige Stabilität, die dir wirklich helfen kann, ist die innere. Und Gurus, die sich unentbehrlich machen, dienen nur ihrem eigenen Ich – nicht der Entwicklung ihrer Schüler.«

Und um seinen Worten noch größeres Gewicht zu verleihen, erinnerte mich der Alte an die letzten Worte Buddhas. Als dieser, umstanden vom engsten Kreis seiner in Tränen aufgelösten Jünger, im Sterben lag, fragte ihn Ananda, sein Vetter und Schüler: »Und wer wird uns nun leiten?«

»Ihr seid euer eigenes Licht. Nehmt Zuflucht zum Selbst«, antwortete Buddha.

Das Selbst, von dem Buddha sprach, war, so der Alte, auch das Selbst des Vedanta. »Und ohne die Erkenntnis jenes Selbst«, schloss er, »gibt es gar keine Erkenntnisse. Nur Informationen.«

»... und das Glas Wasser?«

Mit der Maus hatte ich mich geeinigt. Sie fraß das, was ich ihr jeden Abend in das Schüsselchen legte, und ließ den Rest unberührt. Anscheinend hatte sie aber im Kreis ihrer Freunde oder Verwandten von meinem Schlaraffenland erzählt, denn eine von ihnen richtete sich unter der Decke meines Zimmers gemütlich ein und veranstaltete morgens, vor Sonnenaufgang, ein furchtbares Theater – um mich daran zu erinnern, dass es Zeit sei für den »Kerzentrick«. Oder zumindest stellte ich mir das gern so vor.

Auch das steinerne Tischchen vor meinem Haus, auf dem ich regelmäßig etwas für die beiden Krähen auslegte, wurde mit der Zeit zu einer Art Volksküche, in der sich die verschiedensten hungrigen Mäuler bedienten. Ich brauchte nur hinter dem Fenster zu stehen, um das Kommen und Gehen zu beobachten: Jedes Tier hatte etwas Besonderes, hatte seinen eigenen Charakter, seine speziellen Farben, Gewohnheiten, Verhaltensweisen.

Als ich an einem Morgen auf der Wiese in der Sonne saß, um etwas Wärme zu tanken, kam ein winziges Vögelchen angeflogen, grau mit weißen und roten Streifen und einem Häubchen aus schwarzen Federn auf dem Kopf. Ich bewegte mich nicht. Es schaute sich um, flatterte auf meinen Fuß und machte sich ganz frech daran, in meine dicken Wollsocken zu picken. Als es genug Fäden für sein Nest im Schnabel hatte, flog es davon, war aber kurz darauf schon wieder bei mir, um die nächste Ladung zu holen.

Natürlich musste ich hier an den Zen-Meister denken, der vor den vor ihm aufgereihten Schülern steht und zur Sonnenuntergangspredigt anheben will, als sich ein Vögelchen auf der Fensterbank des geöffneten Fensters niederlässt. Es blickt sich um, zwitschert ein wenig und fliegt davon.

»Für heute ist die Predigt beendet«, erklärt da der alte Mönch und verlässt den Raum.

Wie viel hat man doch in Asien durch das Beobachten der Tiere gelernt! Sehr viel mehr jedenfalls als wir im Westen. Um sich gegen die Banditen zur Wehr zu setzen, die den Wald um ihr Kloster herum unsicher machten, haben die Shaolin-Mönche Kung-Fu erfunden, indem sie die Verteidigungstechniken verschiedener Tiere miteinander kombinierten. Die Inder entwickelten Hatha-Yoga zur Körperkontrolle und orientierten sich dabei an vier grundlegenden tierischen Verhaltensweisen: Dehnung, Reinigung, Atmung und Ruhen. Da das Verhalten der Tiere nicht vom Verstand, sondern vom Instinkt geleitet wird, leben sie in vollkommenem Einklang mit der Natur. Was man von uns immer weniger sagen kann. Wir »spüren« die Natur nicht mehr, nehmen sie nicht mehr ernst, nutzen sie nicht mehr als Lehrmeister. Dabei stünde sie uns offen, wie ein großes Museum ohne feste Einlasszeiten und ohne Museumswärter, eine Universität ohne Zugangsbeschränkungen, mit Vorlesungen zu jeder Tages- und Nachtzeit.

»Berührst du einen Stein, so fühlst du etwas. Nun versuche dir vorzustellen, was der Stein fühlt. Auch dieser hat ein Bewusstsein«, forderte der Alte mich einmal auf. Um mir dann zu erklären, vielleicht, damit ich ihn nicht für übergeschnappt hielt: »Den Shastras, den heiligen Schriften, zufolge ist die Welt der Mineralien so lebendig wie alles andere auch. Und niemals hätte ein indischer Bildhauer in früheren Zeiten die Statue eines Gottes aus einem weiblichen Stein gefertigt, oder umgekehrt die einer Göttin aus einem Gestein, das aufgrund seiner Konsistenz, Farbe und Äderung als männlich gilt.«

Ich hatte ihn aufgesucht, um ihm von einem Traum zu erzählen und ihn um Hilfe bei der Entschlüsselung zu bitten. Doch der Traum selbst interessierte ihn nicht. Trauminhalte seien etwas für Psychoanalytiker, die es als ihre Aufgabe betrachteten, die Wiederanpassung ihrer Patienten an die Gesellschaft zu erleichtern, anstatt die Gesellschaft so zu verändern, dass sie zu den Bedürfnissen der Menschheit passt. Was ihn interessierte, war, ob ich denn wisse, wer da geträumt habe.

»Denn wenn du im Traum vorkommst, wer ist es dann, der von dir träumt? Danach musst du suchen. Aber nur an ein und derselben Stelle. Dort musst du graben, immer tiefer. Und du wirst sehen, früher oder später wirst du auf eine Wasserader stoßen«, sagte er.

Seit Tagen schon hatte ich Schwierigkeiten mit der Kerze. Solange es draußen dunkel war, lief alles glatt. Doch sobald es Tag wurde, spürte ich die Sonne, stellte mir im Geiste die Berge vor und wäre lieber hinausgegangen, um mir mit offenen Augen die Welt draußen zu betrachten, als mit geschlossenen Augen eine Welt in mir zu suchen, die mir manchmal tatsächlich wie ein Luftschloss vorkam. Vor dem Alten hielt ich damit nicht hinter dem Berg. Er lachte und erzählte mir dann eine Begebenheit aus dem Leben von Rabia*, einer bedeutenden Heiligen des Sufismus.

Rabia verbrachte die meiste Zeit des Tages, in sich versunken, zurückgezogen im Haus. Eines Tages kam ein Freund des Weges und rief, unter ihrem Fenster stehend: »Rabia, komm heraus und betrachte dir die Schönheit der Schöpfung.«

Und hinter den verschlossenen Läden kam die Antwort hervor: »Komm herein und betrachte dir die Schönheit des Schöpfers!«

Eine hübsche Geschichte. Doch mein Widerspruchsgeist meldete sich schon seit einiger Zeit wieder machtvoll zu Wort, und so antwortete ich aus dem Bauch heraus: »Immer dieses ›Drinnen‹ und ›Draußen‹. Wo ist denn jetzt eigentlich dieses so viel gepriesene ›Drinnen‹?«

»Gewiss nicht *drinnen* in deinem Körper. Dort stinkt es nicht anders als draußen«, gab der Alte zurück und fuhr dann fort: »Es gibt ein *Inneres*, das keinen Ort hat, wie das Schweigen, wie das *Jenseits*. Wo ist das Jenseits? Wärst du ein nachdenklicher Fisch mit metaphysischen Neigungen, würdest du sagen: ›Aber es muss doch noch etwas jenseits des Wassers geben.‹ Das ist es: Eben dort findest du das *Innere*.«

Bald kam der erste Schnee. Nachts hatte es zu schneien begonnen, und schon als ich aufstand, um mich vor meine Kerze zu setzen, hörte ich, dass die Stille draußen nicht mehr dröhnte. Sie klang jetzt gedämpfter. Als es dämmerte, schaute ich aus dem Fenster. Alles war weiß, die Zedern wirkten noch mächtiger mit ihren vereisten Ästen, das Amphitheater der Wiesen trat noch markanter hervor, und der Horizont war verdeckt durch einen flimmernden

* Rabia bedeutet »die Vierte«, denn der Vater hatte bereits drei Töchter, als sie im Jahr 717 in Bassora, im heutigen Irak, zur Welt kam.

Vorhang dichter Schneeflocken. Am Vormittag kam für einige Minuten die Sonne heraus, und die Berge schienen so nahe, wie mit Händen zu greifen. Der Schnee verlieh ihnen eine Leichtigkeit, wie ich es nie zuvor erlebt hatte. Aber das Schauspiel währte nicht lange. Bald schon wurde alles erstickt durch eine schwere Wolke, es wurde dunkel, und wieder begann es zu schneien. Es schneite den ganzen Tag und die ganze Nacht und auch den nächsten und den übernächsten Tag. Mein Fenster war halb zugeschneit, die Eingangstür nicht mehr zu öffnen. Die Tiere waren alle verschwunden. Was blieb, war eine unendliche Stille.

Aus einem Dorf unterhalb des Steilhangs kam jemand herauf, um nachzuschauen, ob der Alte wohlauf sei, und brachte die Nachricht mit, dass die alte Sannyasin, die sich um den kleinen Hindutempel gekümmert hatte, tot war. Man hatte sie zerfleischt, mit nur noch einem Bein, im Wald gefunden. Die Polizei untersuchte nun, ob sie erfroren und dann von Tieren verstümmelt worden war oder ob ein Leopard sie angegriffen und getötet hatte. Letzteres hätte bedeutet, dass man eine Treibjagd hätte veranstalten müssen, denn hat ein Leopard einmal Menschenfleisch gefressen, hört er nicht mehr damit auf: Dann schleicht er sich, auf der Suche nach Beute, auch an bewohnte Häuser heran. Also musste er getötet werden. Im Vorjahr war es schon einmal so weit gekommen, da hatte ein Leopard nachts einen kleinen Jungen aus der Hütte einer Schäferfamilie fortgeschleppt, nur wenige Kilometer unterhalb unseres Hauses.

Zwei Sonnentage ließen den Schnee ein wenig schmelzen, und der Alte und ich beschlossen, nach Almora abzusteigen, um uns mit neuen Vorräten einzudecken. Der Weg durch den Wald bis zu dem kleinen Hindutempel war anstrengend. An manchen Stellen lag der noch unberührte Schnee auf dem Pfad so hoch, dass wir bis zu den Knien einsanken. Viele Tierspuren waren zu sehen, und der Alte zeigte mir die des Leoparden.

»Es wäre doch schön, ihn zu Gesicht zu bekommen. Vielleicht aus der Ferne«, sagte ich.

»Bevor du einen Leoparden siehst, haben dich drei Leoparden schon dreimal gesehen«, erwiderte er.

Ohne es auszusprechen, dachten wir beide natürlich an die alte

Sannyasin, und teils, um uns aufzuheitern, teils vielleicht auch, um die Leoparden zu verscheuchen, die uns womöglich von ihren Verstecken aus beobachteten, begann er mit lauter Stimme ein berühmtes Gedicht von William Blake zu deklamieren:

Tiger! Tiger! Burning bright
In the forest of the night,
What immortal hand or eye
*Could frame thy fearful symmetry?**

Ich stimmte ein, und so stapften wir, nun forscheren Schrittes, durch den Schnee und riefen beide: »*Tiger! Tiger! Burning bright …*«

Selbst im Wald war das vom Schnee reflektierte Licht so hell, dass es fast blendete. Wie erstarrte Eisriesen standen die Bäume da. Einige Rhododendrensträucher hatten eigenartigerweise zu blühen begonnen, und die Doldentrauben mit den tiefroten Blüten wirkten wie eine Hand voll auf einer Eisfläche ausgestreute Rubine.

»*Tiger! Tiger! Burning bright …*«, schmetterten wir vergnügt, bis wir zum Tempelchen gelangten, wo bereits ein Jeep auf uns wartete. Wir erledigten unsere Einkäufe auf dem Basar und kehrten abends, mit Gemüse, Reis und Mehl beladen, wohlbehalten nach Hause zurück. Den erfolgreichen Ausgang unserer Expedition feierten wir mit einem gemeinsamen Essen in dem magischen Zimmer des Alten in der wohligen, duftenden Wärme des bollernden Kaminofens.

Aus einem Schränkchen holte der Alte eine alte Ausgabe der Gedichte William Blakes hervor – goldene Lettern auf blauem Einband –, und gemeinsam lasen wir noch einmal das Gedicht, das uns »gerettet« hatte. Ein wirklich schönes Werk. Vor allem, weil Blake zum Schluss gewahr wird, dass die Hand, die die blutrünstige Bestie erschuf, auch Schöpfer des scheuen Lammes ist.

»Siehst du? Ein Engländer aus dem 18. Jahrhundert hatte schon,

* Tiger! Tiger! Brand entfacht / In den Wäldern tiefer Nacht, / Welch unsterblich Aug' und Hand / Hat dich in dein Maß gebannt? (Zit. nach: William Blake, *Zwischen Feuer und Feuer*, München 1996)

so wie die Rishis, den Urgrund der Dinge verstanden«, sagte der Alte, vor Begeisterung strahlend. »Er hatte verstanden, was göttlich ist: nämlich das, worin die Gegensätze zusammenfallen. Alles, und das Gegenteil von allem: Schönheit und Schrecken, Hass und Liebe. Alles liegt darin. Es gibt keine Dualität. Die Rishis hatten den Mut, auch das Böse Gott zuzurechnen. Darin waren sie nicht die Einzigen. Nur ist in Indien diese Weltsicht deutlicher: Kali, die Göttin der Zerstörung, jene mit der bluttriefenden Zunge und der Kette aus Totenschädeln um den Hals, ist gleichzeitig auch die Mutter des Universums, eben weil es keine Schöpfung gibt ohne Zerstörung. Verstehst du? Jene Dualität ist unsere Einbildung. Wir sind es, die zwischen Glück und Unglück unterscheiden möchten, zwischen Freude und Schmerz, Leben und Tod. Aber diese Unterscheidung ist falsch. In Wahrheit sind sie eins.«

Und er zitierte einen Vers aus den Veden. »Der Tag ist der Schatten der Nacht, das Leben der Schatten des Todes.« Dann fügte er hinzu: »Dies selbst zu erfahren bedeutet, in Kontakt zu kommen mit *Jenem*, dem *Geist*, *Ihm* oder wie auch immer du es nennen willst.«

»Und wenn *Er* eine Illusion ist?«, wandte ich ein. »Wenn das spirituelle Leben nichts als ein Gerücht ist? Wo soll denn dieser viel beschworene Geist denn nun wirklich sein?«

Er blickte mich amüsiert an. »Sag du mir lieber, wo er *nicht* ist, Tiger.«

Und seitdem machte er sich einen Spaß daraus, mich Tiger zu nennen.

Die Tage, Wochen, Monate gingen ins Land; ruhig, in einem harmonischen Ablauf von Gedanken, Spaziergängen, Schweigen, ab und zu einer Unterhaltung und vor allem viel, viel Zeit und Muße. Auch hatte ich meine gewohnten Termine mit den New Yorker Instandsetzern wahrzunehmen – einmal war es Folco, der mich begleitete, ein andermal Leopold –, aber es war tatsächlich so, als beherrschte ich jetzt – durch mein Leben für mich allein und die Sitzungen vor der Kerze – die Übung, mich aufzuteilen: Mein Körper reiste, wurde betäubt, untersucht, aufgeweckt und wieder ins Flugzeug gesetzt, doch im Kopf blieb ich dort oben in den Bergen, im ruhigen Frieden meines Steinhauses auf fast dreitausend Meter Höhe, so dass ich dorthin zurückkehrte, ohne eigentlich fort gewesen zu sein.

Mit New York und überhaupt dem Leben unten im Tal wollte ich immer weniger zu tun haben. Mir war, als hätte ich verstanden, wie es lief, und einfach keinen Gefallen mehr daran. Sogar meine »geliebte« Klinik, die mir tatsächlich in gewisser Weise ans Herz gewachsen war, kam mir immer mehr wie ein Big Business vor, das mit der gleichen Logik wie ein Supermarkt oder eine Diamantmine geführt wurde. Als die Vorauszahlung für die Operation, der ich mich zu unterziehen hatte, aufgrund des üblichen Hin und Her im internationalen Geldverkehr nicht rechtzeitig auf dem Klinikkonto eintraf, eröffnete man mir, man werde meinen Termin für den vorgesehenen Tag streichen müssen.

Dafür hatte sich das ehrwürdige, konservative MSKCC in meiner Abwesenheit aber dem Lauf der Zeit angepasst. Man hatte eine neue Abteilung für »Ergänzende Medizin« eingerichtet, Reiki ins Angebot aufgenommen, experimentierte mit einer Antikrebstherapie auf Arsen-Basis und schickte junge Leute mit ihrer Gitarre durch die Klinikflure, um die Moral der stationären Patienten zu stärken und mit ihnen über die Aspekte ganzheitlicher Medizin zu diskutieren. Die Instandsetzer hielten zwar nichts von diesem »Zeug«, aber die Klinikleitung hatte wohl auf die Nachfragen vieler Patienten reagiert, um – und das vor allem – einem Verlust von Marktanteilen an alternative Heiler und ihresgleichen vorzubeugen.

Gegen Ende des zweiten Besuchs wurde meine Aufenthaltsgenehmigung im Fegefeuer zwischen Krankheit und Genesung von drei auf sechs Monate ausgedehnt. Aber ich bemühte mich, dieser Nachricht nicht allzu viel Bedeutung beizumessen. Ich hatte, so schien es mir, einen Lebensmodus für mich gefunden, in dem es mir gut ging, und die Stille, der Anblick der Berge und das Zusammensein mit mir selbst waren mittlerweile allein das, was ich wirklich wollte. War Reisen früher einmal wie eine Droge für mich gewesen, so konnte ich jetzt von mir behaupten, vollkommen von ihr losgekommen zu sein. Keine Geschichte über irgendein neues Medikament oder einen besonders erfolgreichen Wunderheiler hätte mich noch dazu bewegen können, mich wieder in Marsch zu setzen. Von allen möglichen Reisen interessierte mich mittlerweile nur noch eine, und zwar jene »Rückreise«, von der der Alte gesprochen und für die ich in einer Anekdote über Lao-tse eine perfekte Beschreibung gefunden hatte, ein Zusammenhang, der mir, wie es häufig geschieht, unter anderen Umständen niemals aufgefallen wäre.

Der Legende nach soll dieser große chinesische Philosoph aus dem 6. Jahrhundert vor Christus im hohen Alter auf einem Büffel reitend von China ins Himalaya-Gebirge gezogen sein, von wo er nicht mehr zurückkehren sollte. Am Grenzpass habe ihn der Wächter nur unter der Voraussetzung passieren lassen, dass er, bevor er alles hinter sich ließ, seine wichtigsten Gedanken niederschreibe. So soll das Buch *Tao-Te-ching*, das große klassische Werk des Taoismus, entstanden sein, das mit den berühmten Versen beginnt: »Das Tao, das sich beschreiben lässt, ist nicht das wahre Tao ...«*

An einer Stelle dieses Werkes erklärt Lao-tse, Ziel des Menschen sei es, sein Leben mit Tao in Einklang zu bringen, das aber ohne Anstrengung, ohne etwas erreichen zu wollen, sondern lediglich durch die Anerkennung dessen, was ist. Wer diesen Weg, Tao, beschreiten will, hat nichts weiter zu tun, als mit sich selbst in Frieden zu leben:

Ohne durch die Tür zu gehen,
Kennt er alles, was es zu kennen gibt;
Ohne aus dem Fenster zu blicken,
Erkennt er die Straßen des Himmels.
Denn je weiter wir uns entfernen,
Desto weniger verstehen wir.
Der Weise gelangt ohne Aufbruch ans Ziel,
Sieht, ohne zu betrachten,
Wirkt, ohne zu wirken.

* Dem Tao, chinesisch »der Weg«, liegt ungefähr die gleiche Grundidee zugrunde wie dem Dharma der Veden oder des Buddhismus.

Damals in Benares hatte ich mich noch einmal von der Aufforderung Indras anstecken lassen, des Gottes der Reisenden, an den Jüngling Rohita, sich auf die Reise zu machen. Dies hier war die perfekte Aufforderung an einen alten Mann, der sich schon niedergelassen hatte, zu Hause zu bleiben.

Der Frühling zog ein, dann kamen die Monsunregenfälle, und jeder Jahreszeitenwechsel brachte neue Vögel, neue Tiere, neue Farben im Wald und am Himmel mit sich. Der Weg nach Almora wandelte im Laufe der Monate immer wieder sein Gesicht: zuerst entflammt durch die Rhododendrenblüte, dann, mit dem schlagartigen Aufblühen der Mimosen, luftig gelb und schließlich blau getüpfelt durch das Doldenmeer der Jacarandas.

Als ich mich eines Morgens einmal nach einer Blume bückte, die ich noch nie gesehen hatte, bemerkte ich, dass das Gras um mich herum voller Maikäfer war. Aus irgendeinem Grund heißen sie auf Hindi *ramkigai*, »Kühe Rams«. Wie viele Sprünge muss die Phantasie jenes Menschen gemacht haben, der auf diesen Namen kam? Nun, meine Phantasie machte ihre eigenen. Ich begann, einen der Käfer genau zu beobachten, und verlor mich darin. Er erklomm einen Grashalm, wechselte zu einem anderen hinüber, krabbelte hinunter, kletterte unermüdlich einen anderen wieder hinauf und wieder vor und zurück auf einem neuen Grashalm, bis er schließlich, am äußersten spitzen Ende eines Halmes angekommen, der sich leicht unter seinem Gewicht neigte, unter seinem rot glänzenden, schwarz getüpfelten Panzer die winzigen durchsichtigen Flügel ausbreitete und davonflog. Jedoch nicht gleich in den nächsten Busch, sondern fort, hoch, immer höher, hinauf in den Himmel, Richtung Berge, ohne etwas von den Gesetzen der Schwerkraft zu wissen, ohne sich zu fragen, ob sein Verstand wohl das Unendliche zu fassen vermag, sondern indem er einfach tat, wozu er geboren war, indem er seinem natürlichen Wesen folgte.

Verschiedentlich haben mich Leute, die wussten, dass ich einen Großteil meines Lebens in Asien verbracht habe, gefragt, ob ich dort auch »Wunder« gesehen hätte, ungewöhnliche Dinge, etwa einen Yogi, der über dem Erdboden schwebte, übers Wasser lief oder sich unsichtbar machen konnte. Nein, ich habe nie dergleichen gesehen. Aber was war mit dem *ramkigai,* dem winzigen Maikäfer, der frei ins Unendliche flog? War *der* nicht ein Wunder? Wozu das Außergewöhnliche suchen, wenn das Gewöhnliche, genau beobachtet, so viel Überraschendes birgt. Göttliches.

Meine gelegentlichen Besuche in der Welt, speziell in der New Yorks, wo nicht nur meine Klinik, sondern auch alles Übrige die technologische Höchstleistung dessen darstellt, was die westliche Zivilisation hervorzubringen vermag, bestärkten mich in meiner Auffassung, dass es nicht die Vernunft sein kann, von der eine Lösung für die Probleme der Menschheit zu erwarten ist. Denn schließlich ist gerade die Vernunft Ausgangspunkt eines Großteils dieser Probleme.

Vernunft ist die Basis jener unwiderstehlichen Effizienz, die zunehmend das Menschliche aus unserem Alltag tilgt und die Grundlage unseres Lebens, die Erde nämlich, zerstört. Vernunft steckt hinter der Entwicklung jener Waffensysteme, die wir in immer größeren Mengen in alle Welt exportieren, um uns gleichzeitig zu fragen, warum es bloß so viele Kriege gibt, in denen so viele unschuldige Kinder sterben müssen. Vernünftiges Kalkül steckt hinter der zynischen Grausamkeit der Ökonomie, die den Armen vorgaukelt, es selbst einmal zu Reichtum bringen zu können, während sich in Wahrheit die Kluft zwischen Arm und Reich auf der Welt ständig vergrößert.

Gewiss, wir haben der Vernunft einiges zu verdanken. Nicht zuletzt unseren materiellen Wohlstand. Der Preis dafür sind aber die Fesseln, die sie uns anlegte. Nachdem sie unseren Gefühlen und Instinkten jegliche Bedeutung abgesprochen, aus unseren Träumen eine tote Sprache gemacht hat, nötigt sie uns nun, uns nur noch in ihrer Sprache auszudrücken.

Die Vernunft hat das Geheimnis aus unserem Leben verdrängt, hat uns Märchen vergessen lassen, hat Feen und Hexen überflüssig gemacht, die doch so wichtig wären, um das sonst karge und kalte Panorama unserer Existenz reicher zu machen.

Aber was sind die Alternativen? Ich selbst spürte, wie schwierig es war, dem etwas entgegenzusetzen. Worte wie »Herz«, »Intuition« oder »Energie« hatten mich immer ziemlich kalt gelassen.

Und dennoch schien es mir richtig, angesichts der von der objektiven Wahrheit der Vernunft herbeigeführten Katastrophen das zugegeben unsichere Feld der subjektiven Wahrheiten zu erkunden. Jedoch nicht, um die Vernunft abzuschaffen, sondern um sie, ähnlich wie im Bereich Medizin, mit etwas Neuem zu ergänzen.

Hatte es die Vernunft mit den von ihr hervorgebrachten, stets auf die äußere Welt gerichteten Weltanschauungen und Heilslehren nicht geschafft, die *condition humain* zu verbessern, so wäre es doch sinnvoll, nun in den Menschen selbst hineinzublicken, um eine ganz andere Art von Lösung zu finden. Wer weiß, vielleicht sitzen wir sogar schon auf dieser Lösung. Vielleicht sind wir selbst diese Lösung, wenn wir es nur schaffen, uns von den Fesseln vorgefertigter Gedanken zu lösen, von den Erfahrungen, von all dem, was wir zu wissen glauben, um so die Freiheit der Einbildungskraft wiederzugewinnen und unserer Phantasie Raum zur Entfaltung zu geben.

Es mag einem so vorkommen, und ich war hier sicher keine Ausnahme, als wäre es ein zu großes Risiko, den festen Boden der Vernunft zu verlassen und das unsichere Terrain des Irrationalen zu betreten. Dabei ist es ein uns allen bekanntes Risiko, auch wenn wir uns das nicht so bewusst machen. Denn was ist denn die Liebe anderes als das Zurücklassen der Vernunft?

Warum also nicht den Versuch wagen, so wie in der Liebe die Vernunft zu überhören? Warum sich also nicht jenen Denkschemata verweigern, auf die wir immer zurückgreifen, wenn wir die Welt betrachten?

»Sag mir, was ist die Wahrheit?«, bittet ein Mönch seinen Abt.

»Gut, zuvor musst du aber alles Wasser im Fluss in einem Schluck austrinken.«

»Aber das habe ich bereits getan.«

»Umso besser. Dann habe ich dir bereits geantwortet.«

Hier haben wir ein Beispiel für die typische »Irrationalität« der Zen-Buddhisten, die diesem unlogischen Denken mit Leidenschaft frönten. Denn auch sie spürten, dass es ihnen ohne das Durchbrechen der gewohnten Automatismen des Denkens unmöglich war, das von ihnen erträumte Ziel – die *Letzte Wirklichkeit* – zu erreichen.

Es waren Zen-Mönche, die zunächst in China, im Shaolin-Kloster, später dann in Japan, wo sich die Tradition bis heute erhalten hat, die Idee des *Koans* entwickelten: ein Paradoxon, dem mit dem Verstand nicht beizukommen ist, eine offensichtlich absurde Frage, auf die es keine logische Antwort zu geben scheint. Aber genau das ist der Sinn. Das wohl bekannteste Koan ist folgendes:

Ein junger Mönch sieht seine älteren Glaubensbrüder jeden Morgen die Unterkunft ihres Abtes betreten, dessen Name, Mokurai, selbst schon ein Paradoxon ist: »Stiller Donner«. Der junge Mönch ist eifersüchtig, glaubt er doch zu wissen, dass die anderen Mönche dort allmorgendlich von Mokurai besondere Meditationshilfen erhalten. Eines Tages fasst er sich ein Herz und tritt ebenfalls beim Stillen Donner ein. »Nein, du nicht. Du bist zu jung. Geh wieder«, weist ihm der Abt unverzüglich die Tür. Doch der Jüngling lässt nicht locker, und irgendwann gibt der Meister tatsächlich nach: »Gut, so komm heute Abend wieder.«

Am Abend steht der junge Mönch vor Mokurais Tür, schlägt dreimal den Gong und betritt die Zelle. Und ohne lange Vorrede fordert ihn der Abt auf: »Du kennst sicher den Klang, den zwei applaudierende Hände erzeugen. Doch sag mir, wie klingt nur eine applaudierende Hand? Komm wieder her, wenn du die Antwort gefunden hast.«

Der Jüngling ist ratlos, sucht aber jeden Abend den Meister mit einer neuen Antwort auf: Sie klingt wie ein Wassertropfen, der auf Stein fällt; wie die Musik einer Geisha; das Zirpen einer Heuschrecke; das Rauschen des Windes. Viele verschiedene Klänge nennt er, aber natürlich sind sie alle falsch. Keiner ist der Klang einer einzelnen applaudierenden Hand. Der junge Mönch quält sich, zerbricht sich den Kopf, verzweifelt. Länger als ein Jahr dauert seine Qual. Täglich geht er alle Klänge durch, die es nur geben kann, bis er sie eines Morgens alle hinter sich lässt und in Mokurais Zelle stürmt. »Meister, ich habe die Antwort gefunden: Es ist der Klang ohne Klang, es ist die Stille.«

»Richtig, junger Mönch. Dies ist der Klang einer einzelnen applaudierenden Hand.«

Die Lösung ist offensichtlich, doch der Weg dorthin war mehr als beschwerlich. Und genau das ist das eigentliche Ziel des Koans.

Das Geheimnis liegt nicht in der Lösung, sondern in dem Prozess, der den Geist in Atem hält. Auf der Suche nach der Lösung hat der junge Mönch die verschiedensten Gefühle durchlebt, von Hochmut über Wut und Verzweiflung bis hin zum Hass auf seinen Meister. Dann erst fand er zu der Gelassenheit, die es seinem Geist ermöglichte, über die gewohnten linearen Denkstrukturen hinauszugehen, anders zu denken, das heißt, eben nicht zu denken und die Dinge so zu betrachten, wie sie sind: Eine einzelne klatschende Hand erzeugt keinen Klang.

Unser Verstand ist ein Produkt der Zeit. Er hat unsere Erfahrungen gespeichert, arbeitet mit dem, was er kennt, und geht seinem Wesen nach nicht über das, was ihm bekannt ist, hinaus. Und erst als der Verstand des jungen Mönchs an seine rationalen Grenzen stößt und er es aufgibt, die Lösung in sich selbst zu suchen, er sich zurückzieht, um zu meditieren, gelingt ihm jener Bewusstseinssprung, der ihm eine ganz andere Perspektive, eine andere Anschauung ermöglicht. Heute ist es die Anschauung des Nicht-Klangs, morgen wird es die Anschauung der *Letzten Wirklichkeit* sein, des Geheimnisses jenseits der Grenzen, des Unbekannten, das stets so viel weiter reicht als alles Bekannte, wie auch der Alte gesagt hatte.

Im täglichen Leben macht man häufig diese Erfahrung: Manchmal scheint es für ein Problem absolut keine Lösung zu geben, und dann plötzlich findet man sie außerhalb der Logik, in der man vergeblich so lange gesucht hat.

Während ich so über die Koans nachdachte, begriff ich endlich auch, dass jene Frage, über die ich mir im Ashram drei Monate lang den Kopf zermartert und die ich mit mir hinauf in die Berge geschleppt hatte, die Frage »Wer bin ich?« nämlich, eigentlich das Koan aller Koans war. Trotz aller wortreichen Erklärungen der Upanishaden und der *Gita* setzte diese Frage keinen intellektuellen Prozess in Gang, der mit einer Antwort abzuschließen gewesen wäre – auch nicht mit der Antwort aus dem Vedanta: »Du bist all dies.« Nein, was sie in Gang setzte, war ein Prozess des Zweifelns an der eigenen Identität.

Sich diese Frage zu stellen ist schon die Antwort, sich darüber klar zu werden, dass ich nicht mein Körper bin, nicht das, was ich tue, was ich besitze. Und ebenso wenig die Beziehungen, die ich unterhalte, und noch nicht einmal meine Gedanken oder Erfahrungen. Ich bin nicht das Ich, an dem ich so hänge. Die Antwort hat nämlich keine Worte. Sie liegt im stillen Versenken des Ichs im Selbst.

Und so verstand ich, dass mein instinktiver Versuch, eine andere Identität anzunehmen, die Vergangenheit hinter mir zu lassen, in den Ashram zu gehen und Anam zu werden, zum Teil eben auf dieses Bedürfnis zurückzuführen war, dem Bekannten zu entfliehen, die Dinge aus einer anderen Perspektive zu betrachten, ohne die Last des im Laufe eines ganzen Lebens angehäuften Wissens.

Ich hatte schon unzählige Stunden vor der Kerze zugebracht, in dem Versuch, die trüben Wasser um das Problem meines Ichs herum zu klären, als ich eines Tages den Alten fragte, was er von den Methoden halte, die darauf abzielten, das Ich zu zerstören – mit manchmal katastrophalen Folgen.

Wie gewöhnlich erhielt ich die Antwort in Form einer Geschichte. Diesmal war es jene, mit der Ramakrishna selbst üblicherweise antwortete, wenn er nach dem Ich gefragt wurde.

Nicht weit von einem Dorf lebte eine Furcht erregende Schlange, die jeden, der ihr zu nahe kam, attackierte und biss. Aber auch schon auf die Entfernung versetzte sie die Menschen mit ihrem unheimlichen Zischen in Angst und Schrecken. Im Dorf war man ratlos. Da kam eines Tages ein Sadhu des Weges. Man bat ihn um Hilfe, und er machte sich unverzüglich auf zu dem Tier und sprach es ganz freundlich an.

»Du musst diese armen Bauern schon in Frieden lassen. Die sind doch ohnehin keine Nahrung für dich. Außerdem tun sie dir nichts zuleide. Warum bedrohst du sie also? Dass du Mäuse und anderes Getier im Wald fressen musst, um zu leben, verstehe ich ja. Aber wieso diese armen Bauern quälen? Also, ich bitte dich, tu es für mich: Hör auf damit.«

Und die Schlange ließ sich von den Worten anrühren und willigte ein.

Ein Jahr später kam der Sadhu auf seiner Wanderung wieder in die Nähe des Dorfes und stieß zufällig auf die Schlange. Das Tier war in einem erbärmlichen Zustand: Ein Auge baumelte ihm aus der Höhle, aus dem Maul trat Blut hervor, und sein ganzer Leib war mit Wunden übersät.

»Was ist dir denn zugestoßen?«, fragte der Sadhu erschrocken.

»Ach, Meister«, seufzte die Schlange, »deine Worte haben mein Leben verändert. Ich habe mich genau an deine Bitte gehalten, aber nun kommen die Leute zu mir und dreschen mit Stöcken auf mich ein, und sogar die Kinder machen sich einen Spaß daraus, mich mit Steinen zu bewerfen. Aber keine Sorge, Meister, ich werde mich weiter so verhalten, wie du gesagt hast.«

»Du Narr«, stieß da der Sadhu hervor. »Wann habe ich denn je gesagt, dass du nicht mehr zischen sollst?«

»Damit wollte Ramakrishna zeigen«, schloss der Alte, »dass das Ich auch seine nützlichen Seiten hat.« Und fügte dann hinzu: »Besser, man lässt es reifen, als es zu zerstören. Ein wenig Ich ist unentbehrlich, um sich zu schützen. Man muss nur darauf achten, sich nicht zu wichtig zu nehmen und immer zu wissen, dass es sich um eine Maske handelt.«

Jede Medaille hat ihre Kehrseite, und auch so ein einsames, friedliches, ganz in sich selbst zurückgezogenes Leben, noch dazu dort oben in der strahlenden Schönheit der Natur, zeigt zuweilen seine Schatten. In meinem Fall waren es Halluzinationen.

Sie begannen eines Nachts, als ich vor meiner Kerze saß, wie immer damit beschäftigt, den Geist zu beruhigen und leidenschaftslos dem Tanz der Gedanken vor dem Hintergrund der Stille zuzuschauen. Da hörte ich plötzlich eine Frauenstimme: keine, die ich kannte, etwa die von Angela, sondern eine helle, klare Stimme, die aus keiner bestimmten Richtung kam und auf Italienisch zu mir sagte: »Mach nur weiter so. Ich werde dir helfen.«

Ich rührte mich nicht und wartete darauf, dass sie noch mehr sagte. Doch mein Geist war bereits zu sehr abgelenkt und lachte schon über die Streiche, die er mir da spielte. Und auch ich lächelte bei dem Gedanken daran, dass Heilige auf diese Weise die Stimme Gottes und Besessene die des Satans hören, aber ich hatte nicht den Eindruck, dass das hier die Stimme eines der beiden war. Und ebenso wenig die *Stimme*, die der Alte erwähnt hatte, denn diese »sprach« nicht – sie bewirkte nur, dass man die Antworten

»hörte«, Antworten auf Fragen, die man »demütig und dankbar«, wie er einmal sagte, vorgebracht hatte.

Nein, diese Stimme entsprang aus der Situation, auf die ich mich eingelassen hatte. Langes Alleinsein und Stille schaffen eine Leere, in der wir psychisch ins Taumeln geraten können. Ohne irgendwelche Ablenkungen konzentriert sich der Geist in einem Maße, dass er zu einer Art Lupe wird, unter der noch die kleinsten Dinge enorm vergrößert erscheinen. Er, der Geist, hat dann den Eindruck, alles zu verstehen, klarer zu sehen und Erfahrungen zu machen, die außerhalb des sonst Erfahrbaren liegen: Ein ähnliches Gefühl, so stelle ich mir vor, wie es manche Drogen hervorrufen, ein Zustand, in dem die Zeit ihren Rhythmus verliert und zu einer Art Akkordeon wird, in dem Gegenwart, Vergangenheit und Zukunft einander durchdringen.

Ein paar Mal noch hörte ich diese Frauenstimme. Aber nicht so deutlich und klar wie beim ersten Mal. Offensichtlich spielte ich da ein wenig mit mir selbst.

Dann erlebte ich etwas, was gewiss mit der Übung zu tun hatte, mit der ich versuchte, mich von meinem Körper zu lösen, um mich nicht mehr mit diesem, sondern meinem Bewusstsein zu identifizieren. Mehr und mehr war mir, als trüge ich einen Samen in mir, der zum Keimen drängte, jedoch erstickt wurde von Ablagerungen angehäuften Wissens, von Überzeugungen, Kenntnissen, Grundsätzen, die zu meiner Vergangenheit gehörten: Es war etwas, das niedergehalten wurde und sich nun zu befreien sehnte von der Last der Materie.

An einem Abend bei Sonnenuntergang wanderte ich hinunter in einen Teil des Waldes, in dem ich noch nie gewesen war, und erblickte einen eigentümlichen, hohen Fels, auf dem, völlig unerwartet, eine Zwerg-Steineiche wuchs, ein natürlicher Bonsai, der sich vor dem rosafarbenen Hintergrund der Berge abhob. Ohne lange nachzudenken, kletterte ich hinauf und setzte mich neben die Steineiche. Erst da bemerkte ich, welch tiefer Abgrund zu meinen Füßen gähnte. Beängstigend und verlockend. Hoch oben am Himmel erschienen meine beiden Krähen und begannen, nach mir zu rufen. Ich antwortete ihnen, und sie flogen herbei. Herrlich, wie sie sich von dem kalten Wind tragen ließen, der mit dem Untergehen der Sonne aufgekommen war, wie sie sich hinabfallen ließen in den Abgrund, um im nächsten Moment schon wieder hoch über mir zu schweben. Es war wunderbar, ihren Flug zu beobachten. Die Zeit wiederholt sich nicht, Zeit existiert nur in der Gegenwart, denn nur in der Gegenwart sind Erfahrungen möglich. Sie riefen nach mir, und die Antwort schien mir nicht schwer: Springen und sich zu ihnen gesellen. In meinem Rücken spürte ich jemanden, der mich dazu ermunterte, eine Hand, die mich schob, ein Geist, der mir einflüsterte, dass es Zeit nur in der Gegenwart gebe, dass der Körper eine Last sei, die man nur abzuwerfen brauche, um ganz leicht zu werden und wie die Krähen zu fliegen. Erschrocken drehte ich mich um. Es war niemand zu sehen, und dennoch war ich mir sicher, dass ich nicht allein war. Ich zwang mich, ruhig zu bleiben, mich zu konzentrieren und von dem Abgrund zurückzuziehen, und begann dann ganz langsam, von dem Felsen herunterzuklettern.

Hinauf ist immer leichter als hinunter, und ich musste sehr gut aufpassen, um einen sicheren Tritt zu finden. Mir kam es vor wie ein Kampf, den ich mit jemandem austrug, während die Krähen oben am Himmel lachend registrierten, wie zäh sich doch mein Ich-Körper noch an die Erde klammerte.

Ich hatte den Alten einige Tage nicht gesehen, als ich ihn eines Nachmittags am Tor traf, seinerseits auf dem Weg zu einem Spaziergang durch den Wald.

»Tiger, wie geht's deinem Freund?«, fragte er mich.

Ich nahm an, er spreche von der Maus, und erzählte ihm, dass wir uns geeinigt hätten, doch er fügte hinzu: »Denkst du immer noch an eine Behandlung?« Und ich verstand, dass er meine Krebserkrankung meinte.

»Du musst zu einem Punkt gelangen, an dem du gar keine Behandlung mehr willst, weil du nämlich verstanden hast, dass es eine Behandlung gibt, die viel tiefer wirkt als alle Medikamente. Schaffst du es, mit der Einheit des Lebens in Berührung zu kommen, spürst du plötzlich, dass dir eine Therapie nichts mehr bedeutet«, erklärte er mir. »Denn sieh mal, es gibt ja zwei Arten von Gesundheit: eine niedere, und darunter verstehe ich die körperliche Fitness von Sportlern; und eine höhere, die die Krankheit mit einschließt.«

Eine Zeit lang spazierten wir schweigend nebeneinander her, doch er spann offenbar seine Gedanken im Geiste fort, denn irgendwann blieb er stehen und fragte mich: »Hast du schon herausgefunden, wer stirbt, wenn man stirbt?«

Darauf könne ich ihm einiges antworten, mit Worten allerdings nur, räumte ich ein, denn in letzter Zeit hätte ich viel über das Thema gelesen und nachgedacht. Ich erwähnte die Übungen der verschiedensten Traditionen, die das Ziel haben, sich im Sterben zu üben, »lebend zu sterben«, wie es bei den Sufis etwa heißt. Aber ich sei nicht sicher, so fuhr ich fort, ob all das wirklich etwas in mir verändert habe. Im Kopf wisse ich, dass man mit der Geburt sowohl zu leben als auch zu sterben beginnt und dass Leben und Sterben lediglich zwei Aspekte unserer Existenz sind. Vom Verstand her sei mir klar, dass mit dem Tod alles stirbt, mit dem wir uns identifizieren, der Körper, die Gedanken, unsere zwischenmenschlichen Beziehungen, unsere Erfahrungen und jenes Ich, dem wir solch eine große Bedeutung beimessen. Und deshalb sei es auch richtig, sich jeden Tag wieder aufs Neue zu sagen: »All das bin ich nicht. Ich bin nur Bewusstsein«, und sich auf diese Weise darin zu üben, sich nicht allzu fest an das, was wir sind, zu klammern. Aber ob all das genüge, um mir die Angst vor dem Tod zu nehmen? Ich wisse es wirklich nicht.

Ob er denn die Angst vor dem Tod kenne, fragte ich ihn.

Ja, als junger Mensch habe er sie kennen gelernt, sie später aber abgelegt. Und heute sei er eher neugierig auf den Tod. Und ich hätte Recht: Mit dem Kopf lasse er sich nicht begreifen. Der einzige Weg, ihn wirklich kennen zu lernen, sei, zu sterben.

Wir spazierten langsam weiter, und bei dem Thema bleibend, erzählte ich ihm, mit das Schönste, was ich in letzter Zeit gelesen hätte, sei jene Geschichte aus der *Katha Upanishad*, in der der junge Naciketas den Gott des Todes, Yama, aufsucht, sich vor dessen Tür niedersetzt und ihn drei Tage lang anfleht, ihn zu lehren, was die *Wahrheit* sei. Doch der Tod will davon nichts wissen und verbirgt sich im Haus. Als er merkt, dass er den Jungen auf diese Weise nicht loswird, bietet er ihm Reichtümer an. Schließlich sogar ein Königreich und ein außergewöhnlich langes Leben, doch Naciketas lehnt alles ab. Er möchte allein das, was selbst für den Tod nicht erreichbar ist.

Da wird der Tod weich, nimmt Naciketas als Schüler bei sich auf und lehrt ihn als sein Guru all das, was, einmal erkannt, »alle Knoten im Herzen löst und jedwedes andere Wissen überflüssig macht«. Die Lektion ist eben die aller Upanishaden und auch der *Gita*. Es ist die Lehre des Vedanta: Alles, was geboren wird, stirbt, alles was stirbt, wird wiedergeboren. Nur das Selbst, das reine Bewusstsein, das nicht entstand und sich der Zeit entzieht, bleibt.

Ich erinnerte mich an einige Verse aus jener Upanishad und sagte sie auf:

Wie der Weizen
Reift der Mensch,
Wie der Weizen
Wird auch jener neu erstehen.

Der Alte lächelte. Die *Katha* war auch die Lieblings-Upanishade seines Gurus Krishna Prem gewesen.

»Siehst du? Der Tod ist nicht negativ. Er kann ein *Großer Lehrmeister* sein. Denn er bringt uns dazu, dass wir uns die großen Fragen über das Leben stellen«, sagte er. »Und genau genommen war er es ja auch, der dich hier hinaufführte.«

Er hatte Recht.

Auf dem Heimweg kamen wir auch an der Stelle vorbei, wo ich einige Abende zuvor den Pfad verlassen hatte und zu dem eigenartig geformten hohen Fels mit der Zwerg-Steineiche darauf gelangt war. Und ich schilderte ihm, was ich dort oben erlebt hatte.

»O ja. Das hätte ich dir noch sagen müssen. Diesen Ort sollte man ganz meiden«, sagte der Alte. »Er ist durchdrungen von all den Morden, die dort verübt wurden. Von diesem Felsen aus haben die Engländer früher auf das Wild im Wald geschossen. Ein furchtbares Blutbad! Und ein Schäfer führte einst seine Frau dort hinauf und stieß sie hinunter in den Tod. Glaub mir, um den Ort sollte man lieber einen weiten Bogen machen.«

Nach langen, langen Monaten des vollkommenen Rückzugs sollte es nun doch einmal nach Hause gehen. Im Sommer würde die Familie in Orsigna im nordtoskanischen Apennin zusammenkommen, und da durfte ich nicht fehlen. Ich freute mich sehr. Die Sehnsucht nach Angela war zuweilen so stark, dass sie mir körperliche Schmerzen bereitete, und ich wollte auch Zeit mit meinen Kindern verbringen, die ich lange nicht gesehen hatte. Aber ganz so einfach war es nicht. An die Stille gewöhnt, an das Leben für mich allein, in dem mein Kopf nur auf eine Sache ausgerichtet war, fürchtete ich mich entsetzlich vor der Rückkehr in einen Alltag, in dem das Telefon klingelt, man den Wagen tanken und zur Post gehen muss, Freunde vorbeischauen, manche auch zum Essen bleiben, Gespräche geführt werden über andere Freunde oder das aktuelle politische Geschehen.

Nach verschiedenen Höhen und Tiefen war ich nun in der Einsamkeit meines Steinhauses etwas auf der Spur, das mir sehr wichtig war, wichtiger als alles andere, und diese Spur wollte ich keinesfalls verlieren. Ja, im Grunde hatte ich Angst. Angst, vom Weg abzukommen, so wie Narada in einer anderen antiken indischen Geschichte.

Narada ist ein besonders treuer Jünger und Schüler Vishnus. Eines Tages sucht er seinen Meister auf und fragt ihn nach dem Unterschied zwischen *maya*, der illusionären Welt, und der Wahrheit. Doch Vishnu ist gar nicht danach, ihm das jetzt auseinander zu setzen. Es ist ein furchtbar heißer Tag, und er hat Durst.

»Pass auf«, sagt er zu Narada. »Bring mir doch erst einmal ein Glas Wasser.«

Narada eilt davon. Er gelangt zu einem Dorf, klopft an eine Tür, und ein wunderschönes Mädchen öffnet ihm. Narada bittet um Wasser, das Mädchen lässt ihn eintreten, und sie kommen ins Gespräch. So geschieht es, dass sich Narada verliebt; sie heiraten und haben Kinder zusammen. Zwölf Jahre sind bereits ins Land gegangen, als eines Tages ein entsetzliches Unwetter über dem Dorf niedergeht. Der Fluss tritt über die Ufer, reißt die Häuser mit sich, und Narada erlebt, wie nacheinander seine Frau und alle seine Kinder in den Fluten versinken. Nur sein jüngster Sohn ist noch bei ihm, und er hält ihn hoch über dem Kopf, um ihn vor dem Tod zu retten. Doch das Wasser steigt höher und höher, erreicht schon seine Kehle, und Narada weiß sich keinen Rat mehr. Die Verzweiflung übermannt ihn, und die Augen zum Himmel gerichtet, fleht er: »O Herr, hilf mir.«

Und sogleich vernimmt er, zwischen Blitz und Donner, eine Stimme: »... und was ist mit dem Glas Wasser?«

Indem er Narada zum Wasserholen ausschickte, hat Vishnu ihm also bereits die Antwort gegeben, nach der dieser verlangte: Das Dorf, das schöne Mädchen, die Familie, die Kinder ... all das gehört zu *maya*, der Welt des Werdens und des Wandels. Dies ist nicht die Wahrheit, denn die ist unwandelbar. Und so hat die eigene Erfahrung besser als jede Erklärung Narada diesen Unterschied deutlich gemacht.

Orsigna war auch ein Dorf, aber es gelang mir noch nicht einmal, die Rolle des braven Narada gut zu spielen. Ja, ich verbrachte den Sommer in Orsigna, aber es war für niemanden eine rechte Freude. Ich war ständig schlechter Laune. Ich wollte allein sein, und alles und alle gingen mir auf die Nerven. An Ferragosto, Mariä Himmelfahrt, wurde unten auf dem Dorfplatz getanzt. Früher hatte ich mich noch gefreut, wenn unter dem Sternenhimmel Musik und Gesang irgendeiner Provinzkapelle aus dem Tal zu uns heraufdrang. Jetzt fühlte ich mich in meinem Frieden gestört. Sogar mit den Glocken der Dorfkirche begann ich zu hadern, deren Geläut nicht mehr vom Glöckner, sondern automatisch über eine elektronische Zeitschaltung in Gang gesetzt wurde. Ich fand das alles sinnlos, eine Last. Und für niemanden hatte ich Zeit: genau das Gegenteil von dem, was ich mir eigentlich gewünscht hatte.

Waren die vielen Monate in Einsamkeit und vollkommener Konzentration nur dazu gut gewesen, mich so unerträglich zu machen, hätte ich mir die Mühe auch sparen können. Ich begriff, dass es eine Form von Unreife war, wie sehr ich die Einsamkeit brauchte, um zu innerem Frieden zu finden, aber sich dessen bewusst zu sein ändert noch nichts. Mir wurde klar, dass das Alleinsein an sich noch keine Lösung ist. Es ist nur der Ausgangspunkt, und an dem war ich stehen geblieben. Im Himalaya hatte ich die Stille draußen gefunden, aber innerlich noch nicht Frieden geschlossen. Irgendwann dachte ich nur noch daran, wieder zurückzufahren und mich wieder »an die Arbeit« zu machen, wie der Alte das nannte.

Der Tropfen, der das Fass zum Überlaufen brachte, war ein Besuch im Supermarkt in Maresca, einem Nachbarort von Orsigna. Ich wollte den Einkauf für uns erledigen und fand mich nun zwischen den Regalen wieder. Langsam ließ ich meinen Blick die Unmengen aufgestapelter Waren entlangwandern, um mir all die Dinge, die wir brauchten, herauszugreifen und in den Einkaufswagen zu legen. Ich sah die anderen Kunden, die es ebenso machten und sich dann zum Bezahlen anstellten, hörte das Piepen der Kassenautomaten, vernahm die Aufforderung über Lautsprecher, auch von diesem und jenem mitzunehmen, von all den Dosen, Packungen, Sammelbildchen ... und ertrug es einfach nicht mehr. Entweder war ich durchgedreht oder die Welt! Ich ließ meinen halb vollen Einkaufswagen mitten im Gang stehen und machte, dass ich zum Auto kam. Binnen vierundzwanzig Stunden saß ich im Flieger nach Delhi. Und zwei Tage später in meinem Haus auf dem Kamm.

Einen weiteren einsamen Winter mit reichlich Schnee und dann einen herrlichen Frühling verbrachte ich dort. Jetzt ohne Halluzinationen. Dafür aber in der Illusion, tatsächlich Fortschritte zu machen. Bald schon sollte ich auf die Probe gestellt werden. Nach jahrelanger Vorbereitungszeit war es Angela gelungen, nach der Ausstellung im Florentiner Palazzo Pitti auch in Berlin, in der Spandauer Zitadelle, eine große Gedenkausstellung mit den Werken ihres Vaters auf die Beine zu stellen. Hans-Joachim Staude, der auf Haiti geborene Sohn einer Hamburger Familie, hatte sich in jungen Jahren in Florenz niedergelassen und dort, wo ihn seine Freunde bald nur noch Anzio nannten, sein ganzes weiteres Leben verbracht und gemalt.

Diese Ausstellung bedeutete nun seine posthume Rückkehr als mittlerweile bekannter Maler nach Deutschland. Es war ein großes Ereignis. Die ganze deutsche Verwandtschaft war gekommen, die Familie, Presse, Fernsehen, meine früheren Kollegen vom *Spiegel*, viele, viele Freunde und Bekannte – und mir war, als wäre ich aufgefordert, in einer Komödie zu spielen, deren Text ich vergessen hatte. So stand ich verträumt auf der Bühne herum und verpasste regelmäßig meinen Einsatz. Und das Wenige, was ich von mir gab, war deplatziert und durchsetzt mit jener Arroganz, wie sie nur die asketische Strenge eines einsamen Lebens manchmal hervorbringt. Wer sich Opfer abverlangt und den Genüssen des Lebens entsagt, entwickelt zum Ausgleich leicht ein Überlegenheitsgefühl, und wenn er nicht im Grunde bescheiden ist, kann es sich so weit auswachsen, dass er sich für einen Heiligen hält.

Die Inder kennen dieses Muster, und um sich davor zu warnen, erzählen sie die Geschichte jenes Yogis, der nach Jahren harter Prüfungen und Entbehrungen endlich spürt, nun über die so lange angestrebten »Kräfte« zu verfügen. Er bereitet sich darauf vor, seine Einsiedelei im Wald zu verlassen, als ein Vögelchen von einem Ast direkt über ihm – platsch – etwas genau auf seinen Kopf fallen lässt. Erzürnt blickt der heilige Mann auf und funkelt das Vögelchen böse an, das daraufhin, wie vom Blitz getroffen, tot zu Boden fällt. Der Yogi ist's zufrieden. Das ist für ihn der Beweis, dass seine Arbeit Früchte getragen hat. Voller Stolz wandert er ins Tal hinab und pocht im ersten Dorf an eine Tür, um sich etwas zu essen geben zu lassen. Von innen antwortet ihm eine Frauenstimme, dass er sich einen Moment gedulden solle. Ungehalten wartet er, und als die Frau endlich aufmacht, um ihm eine Schale Reis zu reichen, blickt er sie böse an. »He, ich bin nicht wie das Vögelchen, das du gerade getötet hast«, weist ihn da die Frau zurecht. Und dem entgeisterten Yogi wird deutlich, dass es verschiedene Wege gibt, »Kräfte« zu erringen.

Auch ich merkte das. Angela war, ohne sich in die Einsamkeit zurückzuziehen oder die Verbindungen zu irgendwem oder irgendwas zu kappen, bei weitem gelassener, ausgeglichener und in größerem inneren Frieden als ich selbst. – Was meine Enttäuschung nur noch verstärkte. Hätte ich sie doch zu meinem Guru gemacht. Doch stattdessen ließ ich es so weit kommen, in ihr, die am Geschehen in der Welt aktiv teilnahm und auch mich selbst auf diese Weise mit hineinzog, ein Hindernis für meine »Arbeit« zu sehen, eine letzte Versuchung, die es mir unmöglich machte, den Sprung zu schaffen. Und mit jener Bosheit, die gerade das zerstört, was man liebt, dachte ich daran, auch dieses letzte Band zu durchschneiden. Hatte ich nicht schon viele, viele Wünsche und Sehnsüchte unter Kontrolle gebracht? Da würde es mir doch wohl auch gelingen, mir diese letzten aus dem Herzen zu reißen.

In unseren vierzig gemeinsamen Jahren war dies der kritischste Moment.

»Einen Fluss soll man nicht antreiben, er fließt von selbst«, heißt es in Indien.

Angela wusste das und ließ mich fahren, ohne mir deswegen ein schlechtes Gewissen zu machen. Wenn ich, wie ich sagte, noch mehr Zeit für mich allein bräuchte, so solle ich sie mir eben nehmen, ohne Zeitdruck, ohne Bedingungen. So kehrte ich in mein Haus auf dem Kamm zurück und wusste dabei, dass ich etwas tun musste gegen diese Unausgeglichenheit, diese Unruhe. Es ging nicht, dass ich nur an manchen Orten gegen sie gefeit war. Denn schließlich gehören alle Orte zur äußeren Welt und sind daher unbeständig und wandelbar.

Ich versuchte mich auf jene Themen zu konzentrieren, die mir im Augenblick besonders auf den Nägeln brannten. Liebe, Trennung, Freiheit. Was ist Liebe? Ist es bloß ein Verlangen, das daher mit Abhängigkeit einhergeht? Oder eine der höchsten Formen der Freiheit, als Bindung nämlich, die nicht bindet und daher umso stärker ist?

Bedeutete die erfolgreiche Loslösung von den Dingen der Welt, gleichgültig zu werden? Oder hieß es lediglich, sich nicht mehr von ihnen abhängig zu machen?

Einmal fragte ich den Alten, ob eine Familie die Entfaltung des inneren Lebens behindere.

»Für Buddha war es so«, antwortete er. Dann wurde ihm klar, dass ich dabei meine eigene Situation im Sinn hatte und sein Vergleich mit dem Erleuchteten hinkte, und er erzählte mir eine Geschichte von Tagore mit dem Titel *Der angehende Asket*. »Das kommt deinem Fall schon näher«, meinte er.

Ein Mann beschließt, seine Familie zu verlassen, um Sannyasin zu werden. Eines Nachts, bevor er sich heimlich aufmacht, wirft er einen letzten Blick auf seine Frau und seine schlafenden Kinder und murmelt: »Wer seid ihr, die ihr mich hier festhaltet?«

Und eine Stimme im Dunkeln antwortet: »Sie sind ich. Ich bin Gott.«

Doch der Mann gibt nichts auf diese Worte und macht sich ungerührt auf den Weg. Und so bleibt Gott nur, ratlos zu konstatieren: »Auch einer, der mich sucht und dafür verlässt.«

Nein. Auf lange Sicht war das Asketendasein, der Verzicht, doch nichts für mich. Das Leben war immer noch etwas Wundervolles, eine starke Verlockung für mich. Allein schon die Tatsache, dass ich mich in der Natur so wohl fühlte, belegte dies. Eines Tages berührte es mich zu sehen, wie Blümchen in den Ritzen zwischen den Steinen meiner Hauswand wuchsen. Zäh und einfallsreich. Ihre Entschlossenheit, zu leben und die Sonne zu genießen, war genau das, was auch mich bewegte. Wahrscheinlich entsprach es weit eher meinem Charakter, Dinge aufzunehmen, anstatt sie auszuschließen, so wie ich es in den letzten Monaten getan hatte. Die Bereicherung kam mir mit einem Mal weiser vor als die Beschränkung.

Langsam, ohne dass etwas Besonderes vorgefallen wäre, stellte ich fest, dass ich den Mund immer häufiger zu einem Lachen öffnete. Auch meine Sitzungen vor der Kerze wurden entspannter. Auf die Entfernung und ohne Worte, die die Dinge ohnehin häufig verkomplizieren, weil sie entweder zu viel oder zu wenig sagen, kam die Beziehung zu Angela wieder ins Lot, und als wir uns nach zwei Monaten wiedersahen, um zusammen nach New York zu fliegen, war es die natürlichste Sache der Welt, dass wir wieder ganz zueinander fanden. Da gab es nichts ab- oder aufzurechnen. Nur viel zu lachen.

Die Instandsetzer in New York waren mit meiner Verfassung sehr zufrieden und wollten mich erst nach einem Jahr wiedersehen. Damit wären fünf Jahre nach der akuten Phase vergangen. Und auch wenn ich gleich darauf stürbe, würden mich die Instandsetzer, wie der Ayurveda-Krebsforscher in Dehra Dun gesagt hatte, als Erfolg verbuchen können. So funktionieren Statistiken.

Den Sommer verbrachte ich mit meiner Familie in Orsigna. Ich begann wieder, Freunde zu treffen, und engagierte mich in einer Initiative, deren Ziel der Erhalt einer alten Wassermühle war.

Manchmal ging ich sogar ans Telefon, ein sicheres Zeichen, dass ich meine Neurose schon irgendwie unter Kontrolle hatte. Meine Pläne sahen vor, im Herbst in den Himalaya zurückzukehren und dort Angela zu erwarten, die mich über die Weihnachtstage besuchen würde, aber wie sagte doch der Swami: »Willst du Bhagawan zum Lachen bringen, so erzähle ihm deine Pläne.«

Der 11. September war ein tiefer Einschnitt, der niemanden unberührt ließ. Mich natürlich auch nicht. Angesichts dessen, was da im Gang war, und mehr noch, was sich da, wie ich sehr deutlich spürte, anbahnte – die Kassandrarolle kann beängstigend sein –, hätte ich es als geradezu unanständig empfunden, wieder dem Einsiedlerleben zu frönen. Wie ich jetzt fühlte, hatte dieses Alleinsein, diese Suche nach mir selbst, etwas Steriles, ähnlich wie die Liebe, von der Priester predigen. Und so musste ich nicht lange hin und her überlegen: Ich empfand mich noch als Teil dieser Welt, wollte nicht mehr von ihr abhängig sein, mich aber dennoch für ihre Belange einsetzen. Wenn ich in jenen Jahren des Rückzugs etwas gelernt hatte – nämlich, nicht vorschnell zu urteilen, nicht gemäß der üblichen »vernünftigen« Verhaltensmuster zu reagieren, mich frei zu machen vom allzu Bekannten, die Menschheit als ein einziges Ganzes zu sehen, die Trennungen nach Religionen, Ethnien oder Nationen, die uns in die Katastrophe führen, nicht hinzunehmen –, so war dies der Zeitpunkt, ein wenig zurückzugeben von dem, was ich erhalten hatte. War in meinem Herzen tatsächlich eine Flamme entzündet worden, die nicht gleich beim ersten Windstoß zu flackern begann, so war dies der Moment, an ihr weitere Lichter zu entzünden, und an diesen wiederum weitere, damit die Welt ein wenig erhellt wurde.

Der Anstoß dazu kam von meinem Enkel Novalis, zwei Jahre alt, neugierig, arglos, voller Begeisterung für alles Neue und noch frei von jenem Gefühl, das so leicht alle anderen ersticken kann: Angst. Ich wollte ihm etwas hinterlassen, das mehr war als die Erinnerung an den Großvater mit Bart. Daraus entstand die Idee, mich wieder auf die Reise zu machen, um mir noch einmal den Urgrund aller Ängste mit eigenen Augen anzuschauen: die Gewalt. Meine *Briefe gegen den Krieg* sind ihm gewidmet.

In den drei Monaten, die ich zwischen Pakistan und Afghanistan unterwegs war, dachte ich hin und wieder an mein Steinhaus und den Alten auf dem Himalaya-Kamm. Ich stellte mir vor, wie er über den Eifer lächelte, mit dem ich mich für die Sache der Gewaltfreiheit einsetzte. Ich konnte ihn hören, wie er mir entgegenhielt, das führe doch alles zu nichts, diese Zivilisation sei es gar nicht wert, gerettet zu werden, und überhaupt sei kein Schiff vor dem Untergang zu retten, indem man hin und her laufe und hier und dort ein Leck stopfe. Denn er war ja überzeugt, dass die mittlerweile nur noch ihren Sinnenfreuden nachjagende Menschheit vor dem Zusammenbruch stand, und beurteilte alles, was geschah, nach einem anderen Maßstab, einem Maßstab der Ewigkeit, in dem die Welt bereits siebenmal geschaffen und siebenmal zerstört worden war.

Er mochte Recht haben – unser Schicksal wird von Mächten bestimmt, denen wir nicht gewachsen sind –, aber ich wollte das nicht so hinnehmen. Sicher hätte er mir einen Heiligen zitiert oder möglicherweise auch jenen schlauen Gauner und Mystiker Ivanovich Gurdjieff, dem zufolge zweihundert Erleuchtete reichen würden, um die Geschicke der Menschheit zu verändern. So sei es doch besser, hätte er gesagt, zu versuchen, einer dieser Erleuchteten zu werden, weil das Sein doch bei weitem wichtiger sei als das Tun. Ich aber dachte jetzt, dass es Zeiten im Leben gibt, in denen man etwas tun muss, um zu sein. Und in der aktuellen Situation empfand ich Untätigkeit als eine moralisch nicht zu vertretende Tätigkeit. Im Grunde steckte in seinem Plädoyer für die Untätigkeit etwas typisch Indisches, das mir nicht gefiel und meinem Wesen auch nicht entsprach. Wenn es in mein Haus hineinregnete, musste ich aufs Dach und es reparieren. Der Alte hätte es geschafft, das wusste ich, es gleichgültig hinzunehmen.

Auf dem Rückweg von Kabul flog ich über Delhi und fuhr dann zu meinem Haus auf dem Kamm weiter, um dort den letzten *Brief gegen den Krieg* zu schreiben. Als ich den Alten traf, war es, als hätten all die Diskussionen, die ich mir vorgestellt hatte, tatsächlich stattgefunden.

»Wenn du schon unbedingt schreiben musst, dann sei wenigstens ehrlich«, bat er mich. Das versuchte ich zu beherzigen. Doch dann stellte er mir eine Frage, auf die mir eine ehrliche Antwort schwer fiel.

»Arbeitest du mit diesem Buch für Ihn oder für dich?«, wollte er wissen, indem er mir fest in die Augen blickte. Mit anderen Worten: Bezog ich mich auf *Jenes*, auf das *Bewusstsein*, auf *Bhagawan*, auf die *Stimme*, oder unternahm ich das alles für mein *Ich*? Schrieb ich, weil ich glaubte, damit der *Wahrheit* näher zu kommen, oder weil es mir gefiel, dass mein Name in den Zeitungen auftauchte und ich ein Publikum fand, das mir zuhörte?

Es war eine sehr berechtigte Frage, und mit ihr stellte mir der Alte fortan eine Art Wächter zur Seite, dessen Anwesenheit ich noch heute immer spüre. Er hat ein sehr wachsames Auge darauf, dass ich immer weiß, was ich tue, und mein Ich im Zaum halte. Dem Alten zufolge wäre es zwar sehr viel besser gewesen, zu bleiben und »an einer Stelle zu graben, anstatt herumzuziehen und Scherben aufzulesen, in dem Glauben, dass es sich um Edelsteine handele«.

Doch seine Bedenken bedeuteten kein definitives Urteil.

»Du wirst den *Weg* schließlich finden – sofern du den Mut hast, dich zuvor zu verirren«, schloss er, indem er einen Urdu-Dichter zitierte.

Ich hatte dem Alten viel zu verdanken. Er war es, der mir die Richtung für meine Rückreise aufgezeigt und vor allem klar gemacht hatte, dass ich mich nicht von Anschauungen anderer abhängig machen durfte, von keinem Guru und am allerwenigsten von ihm selbst. Auf die unmittelbare Erfahrung kam es an, sozusagen am eigenen Leib, egal, um was es ging. Das hieß, sich öffnen, um die *Stimme* selbst zu hören und sie nicht von anderen vortragen zu lassen.

Der Alte, wie auch ganz Indien, hat mir sehr viel gegeben. Doch was ich schließlich lernte, ist, denke ich, nicht speziell *indisch*. Es ist Teil jener ewigen Philosophie, die keine Nationen kennt und an keine Religion gebunden ist, weil sie aus dem tiefsten Streben der menschlichen Seele erwächst, mit jenem ewigen Bedürfnis, zu erfahren, wieso wir auf der Welt sind und wie wir in Berührung kommen können mit dem, was uns hierher gebracht hat.

In Indien, wo nie etwas endgültig verworfen wird, liegen den

Menschen die verschiedenen Antworten auf diese Fragen noch auf der Zunge; sie finden sich in ihrer Lebensweise, so wie früher einmal auch in unserer. Aber um sie zu begreifen, muss man nicht nach Indien reisen, muss man überhaupt nicht reisen außerhalb seiner selbst. Wer tatsächlich nach diesem Wissen dürstet, hat nicht mehr zu tun, als die Quelle zu entdecken – die eigene Quelle. Das Wasser ist immer dasselbe.

Ankunft

In den Wolken

Zum Schluss wird alles einer Prüfung unterzogen: Ideen, Vorsätze, Zusammenhänge, die man verstanden, Fortschritte, die man gemacht zu haben glaubt. Und es kann nur einen einzigen Prüfstand geben: das eigene Leben. Wozu sollte es gut gewesen sein, stundenlang im Lotussitz zu meditieren, wenn man damit nicht ein besserer Mensch geworden ist, ein wenig distanzierter von den Dingen der Welt, vom Verlangen der Sinne, von den Bedürfnissen des Körpers? Was bringt es, Gewaltfreiheit zu predigen, wenn man weiterhin vom brutalen System der freien Marktwirtschaft profitiert? Was nützt es, so lange über das Leben und den Tod nachgedacht zu haben, wenn man angesichts einer dramatischen Lage nicht das tut, was man sich fest vorgenommen hat, und stattdessen in alte, vorgefertigte Verhaltensmuster zurückfällt?

Solange ich mich in meiner Zuflucht auf dreitausend Meter Höhe aufhielt, tat sich kein Widerspruch auf zwischen meinem Denken und meinem Handeln, zwischen dem, was ich war, und dem, was ich sein wollte. Es bot sich schlicht keine Gelegenheit dazu. Ich lebte allein, sozusagen ständig auf einer Bewusstseinsebene, und war nie gezwungen, große Entscheidungen zu treffen. Doch auch für mich kam der Zeitpunkt der Prüfung, und zwar unter Umständen, die ich fast erwartet hatte: während eines Aufenthalts in New York.

Es hätte eine Routineuntersuchung werden sollen. Fünf Jahre waren seit dem Beginn meiner Reise vergangen, und es ging mir gut. Die Instandsetzer würden meinen Fall wohl als Erfolg verbuchen können. Ich rechnete also damit, nicht länger als die übliche Woche bleiben zu müssen und danach am Social Forum in Florenz und an der großen Friedensdemonstration teilnehmen zu können. Doch Bhagawan, der ebenso wie ich Routine nicht mag, lachte herzlich über meine Pläne und sorgte dafür, vielleicht um mir schon mal eine erste Lektion zu erteilen, dass gleich alles schief lief, was nur schief laufen konnte. Schon bei der Ankunft in New York.

In der Schlange vor dem Einreiseschalter war Angela direkt vor mir an der Reihe. Ihr Reisepass war bereits mit einem Dreimonatsvisum abgestempelt, als der Beamte auch meinen in die Hand nahm, ihn Seite für Seite durchblätterte, mich anblickte, meinen Namen in den Computer eingab und zu einem Schluss kam, der ihn dazu veranlasste, sogleich auch Angelas Pass wieder an sich zu nehmen, seinen Pferch zu verlassen und uns aufzufordern: »Folgen Sie mir.«

Lag es an meinem Bart? An meinen verschiedenen pakistanischen Visa? Dem für Afghanistan? Oder hatte sich die US-Botschaft in Rom eingeschaltet, die bereits wegen gewisser Passagen in *Briefe gegen den Krieg* öffentlich Protest erhoben hatte?

Schließlich wurden wir einem anderen Beamten übergeben und in einen Raum mit einigen Reihen von Plastikstühlen geführt, auf denen, schweigend und mit besorgten Mienen, die anderen Verdächtigen saßen. Terror-Verdächtige natürlich! Viele Männer trugen wie ich einen langen Bart, die Frauen schwarze Kopftücher. Es waren Moslems, aus Pakistan, Saudi-Arabien, dem Jemen.

Wir warteten eine halbe Stunde, ehe mich ein Beamter zu einer Art Richtertisch zitierte, hinter dem er gelassen thronte, während ich zu ihm aufblicken musste. Ich hätte kein Recht, in die USA einzureisen, erklärte er mir, und es liege ganz allein bei ihm, ob er mir ein Einreisevisum gewähre oder verweigere. Ich versuchte ihm auseinander zu setzen, wie oft ich in den letzten Jahren in New York gewesen war, zeigte ihm die E-Mails vom MSKCC mit meinen Terminen sowie mein bereits bestätigtes Rückflugticket. Fragen, Antworten, lange Verhandlungen, dann schließlich: »Beim nächsten Mal beantragen Sie Ihr Visum aber vor dem Abflug«, und damit gab er mir den endlich abgestempelten Reisepass zurück. Wir atmeten erleichtert auf. Es war noch einmal gut gegangen. Oder?

Hätte mich jener Beamte nicht einreisen lassen, sondern in den nächsten Flieger gesetzt und zurück nach Hause geschickt, wäre mir das damals wie eine Katastrophe vorgekommen. Aber heute? Es ist immer unglaublich schwierig, den Sinn eines Geschehens in dem Moment zu beurteilen, da wir es erleben, und man müsste ein für alle Mal lernen, der Unterscheidung – gut oder schlecht, angenehm oder unangenehm – weniger Beachtung zu schenken, denn schließlich ändert sich jedes Urteil im Laufe der Zeit und stellt sich nicht selten als eigentlich wertlos heraus.

Nun blicke ich zurück und sehe: Hätte man mir damals die Einreise in die Vereinigten Staaten verweigert und so verhindert, dass ich zur Klinik fahre, wäre mir wenigstens alles Folgende erspart geblieben. Aber auch da könnte man sagen: War das gut oder schlecht? Ein Glück oder ein Unglück?

Jedenfalls hatte ich nun mein Visum, und am Morgen darauf fuhr ich pünktlich zur Klinik. Meinen Instandsetzern erzählte ich, in welch blendender Verfassung ich sei: Ich sprühte vor Tatendrang, sagte ich, hätte stets großen Appetit, nirgendwo Schmerzen, könne lange Spaziergänge machen, ohne mich erschöpft zu fühlen, und vor allem befände ich mich im Frieden mit mir selbst. Auch sie schienen, nachdem sie mich untersucht hatten, diese Einschätzung zu teilen. Nur ihre Geräte nicht. Speziell jene hässliche Schlange mit dem Lämpchen am Kopf, die der Höhlenforscher in die verborgensten, finstersten Winkel meines betäubten Körpers manövrierte. Ja, dem Urteil der Geräte nach ging es mir alles andere als gut: Mein innerer Freund habe wieder damit begonnen, über eins meiner Organe herzufallen, und jenes befallene Teil von mir müsse so schnell wie möglich herausgeschnitten werden (schlechte Nachricht). Doch ich hätte Glück: Der beste Chirurg der Klinik sei frei und könne sich meines Falles annehmen (gute Nachricht).

Es ging um eine Operation, von der Mahadevan, der Arzt aus dem »Ort, an dem der Pfeil von der Sehne schnellte«, gesagt hätte, dass man den Kranken damit »unnötigerweise behellige«. Vielleicht stimmte das. Vielleicht zählte sie tatsächlich zu jenen Zehntausenden von Operationen, die bekanntermaßen jährlich in den USA ohne hinreichenden Grund durchgeführt werden. Der Druck, mich ihr zu unterziehen, war enorm. In anderthalb Monaten wäre ich wieder so weit hergestellt, erklärte man mir, und würde mich langsam auch daran gewöhnen, ohne dieses wichtige Körperteil zu leben. So stimmte ich zu.

Glücklicherweise stellte uns eine Freundin aus Florenz ein kleines Apartment in einer Wohnanlage am Gramercy Park hoch über den Dächern der Stadt als Unterkunft zur Verfügung, und so mussten wir nicht im Hotel bleiben. Aber auch dieser kleine Umzug war schon ein Abenteuer, das einen zur Verzweiflung hätte bringen können – oder ganz einfach zum Lachen. Als wir mit unserem Umzugstaxi vor dem alten, eleganten Gebäude standen, wo wir, gemäß den komplizierten Vorschriften der New Yorker Wohnungsgesellschaften, nur als »vorübergehende, vertrauenswürdige Gäste« unserer Freundin, der Besitzerin, geduldet waren, schlug unversehens die Wagentür zu und knallte mir gegen den Kopf. Mit dem Resultat, dass ich mich nun blutüberströmt und halb ohnmächtig dem förmlich steifen Pförtner in der Halle präsentieren musste. Wir vertrauten ihm rasch unsere Koffer an und machten, dass wir zum nächsten Krankenhaus kamen, wo man, wie wir feststellten, vor allem Notfälle, meist Drogenabhängige, behandelte und auch meine Wunde versorgte. Ein junger, noch in der Ausbildung befindlicher Arzt, der diese Aufgabe, wie er mir gestand, zum ersten Mal übernahm, nähte mit sechs Stichen den Riss in meiner Kopfhaut.

Zurück beim Pförtner, trauten wir unseren Augen nicht, als im Foyer dieses ehrwürdigen Apartmenthauses für alternde Künstler, Schriftsteller und Schauspieler plötzlich einem weißen Sarg der Tod in Menschengestalt entstieg. In einen schwarzen Umhang gehüllt, hielt er die Sense in der Hand und hatte zwei abwechselnd aufleuchtende Lämpchen als Feueraugen, die Furcht erregend aus dem Totenschädel hervorsprangen. Amerika feierte Halloween! Ein gutes oder ein schlechtes Vorzeichen?

Ich traf den Chirurgen, und er gefiel mir. Ich sagte ihm, er könne ruhig aus mir entfernen, was er für nötig halte, und gleich in einem Aufwasch auch diesen hässlichen Wulst von dem Bruch beseitigen, den ich schon so lange mit mir herumtrug. Er lachte. Nein, da könne er auch nichts machen.

Was nun folgte – die Vorbereitungen für die Operation, die Gebete, die Schläuche, die Betäubung –, verlief genau so, wie ich es bereits kannte. Ich war auch schon gar nicht mehr neugierig darauf. Als ich jedoch erwachte, noch ganz benommen von der

Betäubung, fragte ich als Erstes, wie viele Teile man mir denn entfernt habe, und hörte eine Stimme antworten: »Keines.«

Keines? Dann war alles umsonst?

Ja, richtig.

Nachdem er mir den Bauch geöffnet hatte, war der Chirurg so überrascht und besorgt über das, was er da sehen musste, dass er lieber alles so ließ, wie es war, und den gerade ausgeführten Schnitt mit achtundfünfzig Stichen wieder zunähen ließ.

War es eine richtige oder falsche Entscheidung seinerseits? War es gut oder schlecht?

Meine vertrauten Instandsetzer, die mich fünf Jahre lang am Leben erhalten, vielleicht aber auch mit ihren Behandlungsmethoden zu der jetzigen Situation beigetragen hatten – dieses Risikos war ich mir stets bewusst –, waren geradezu niedergeschlagen. Ich musste sie fast trösten, als sie mich aufsuchten, um die Lage mit mir zu besprechen. Nun waren sie nicht mehr für mich zuständig. Ein auf diese Tumorkombination spezialisierter Kollege von ihnen würde sich meiner annehmen.

Der Mann war mir regelrecht unsympathisch. Mit einem Kaugummi im Mund und Turnschuhen an den Füßen flegelte er sich, als ich bei ihm eintrat, auf seinem Bürostuhl. Ein Blick genügte mir, um zu wissen, dass ich nichts mit ihm zu tun haben wollte. Und als er mir dann, nachdem er sich die Untersuchungsberichte angeschaut hatte, vorschlug, gleich am nächsten Tag mit einer neuen, hoch konzentrierten Chemotherapie zu beginnen, war unser Gespräch so gut wie gelaufen.

»Und was bringt mir das?«, fragte ich.

»Eventuell sechs Monate mehr.«

»Andernfalls?«

»Andernfalls haben Sie keine Chance.« Und dann fügte er noch einen jener Sätze hinzu, die sich ein guter Arzt immer verkneifen sollte, mit denen aber leider heutzutage, speziell in den USA, aus juristischen Gründen immer mehr Patienten konfrontiert werden: »Wenn Sie dann in einem Jahr noch unter den Lebenden weilen, gehen Sie in die Geschichte der Medizin ein.«

In die Geschichte der Medizin einzugehen war nie mein Bestreben gewesen, auch wenn ich in diesem Moment durchaus den

Wunsch verspürte. Doch als ich ihm antwortete: »Nein, danke, aber eine Chemotherapie kommt für mich nicht mehr in Frage«, schien der Kaugummikauer geradezu enttäuscht, aber so wie jemand, der einen Kunden an die Konkurrenz verliert.

Die Konkurrenz bestand nicht etwa in einem sympathischeren Arzt oder einem alternativen Heilmittel. Es war der Frieden anstelle eines neuen Krieges. Ich gab mich nicht auf. Ich verzichtete keineswegs auf eine Behandlung. Ich wollte mich nur so behandeln, wie ich es für richtig hielt. Und das bedeutete diesmal ohne Einschränkungen, zu einer Harmonie zurückzukehren – zur Harmonie mit der kosmischen Ordnung.

Mein Bauch war ein Schlachtfeld, mein Kopf aber nicht, und diese Entscheidung war eindeutig und von keinerlei Unsicherheiten oder Zweifeln getrübt. Das hieß nicht, dass ich die Ärzte mit ihrer medizinischen Wissenschaft nun ablehnte. Doch ich fühlte mich auch nicht mehr so abhängig von ihnen wie fünf Jahre zuvor. Ärzte können gute Ratgeber sein, aber letztendlich liegt die Entscheidung darüber, was zu tun oder zu unterlassen ist, beim Patienten, denn in letzter Konsequenz ist diese Entscheidung weder wissenschaftlich noch praktisch. Sie ist existenziell. Und jeder Mensch hat das Recht, selbst zu bestimmen, wie er weiterleben möchte.

Und andere Heilmittel? Nach dem Besuch bei dem Arzt in Dehra Dun hatte ich die Suche danach aufgegeben und wollte sie auch nicht wieder aufnehmen. Fünf Jahre zuvor hatte ich alles getan, was man mir riet. Damals wollte ich mein physisches Leben verlängern, und die USA mit ihrer hoch technisierten medizinischen Wissenschaft schien mir die besten Lösungen anzubieten. Damals glaubte ich daran. Heute nicht mehr.

Und dann – eine erneute Chemotherapie, ausgerechnet in den USA? Niemals. Überall sprach man von nichts anderem als Krieg. Unmöglich hätte ich nach dem 11. September, nach Afghanistan, zu dem Land, das jetzt den Einmarsch in den Irak vorbereitete, noch jenes Verhältnis von früher haben können. Die Klinik selbst hatte sich verändert, aber natürlich vor allem die Atmosphäre in New York. Die Gewalt, die ich damals unterschwellig spürte, explodierte nun ganz offen, und mit den amerikanischen Kriegen und Konflikten wollte ich nichts mehr zu tun haben. Ich hatte die Nase voll von ihren intelligenten Bomben, die unschuldige Zivilisten töten, von ihrem angereicherten Uran, das zuallererst den eigenen Soldaten Krebs einträgt; ich hatte genug von ihren radikalen Chemo-Cocktails, von ihren kanzerogenen Radiotherapien. Ich wollte Frieden.

All die Erfahrungen, die ich in den letzten Jahren auf Reisen und dann in meiner Zuflucht im Himalaya gewonnen hatte, alles, was ich gedacht und gespürt hatte, drängte nun hin zu einem entscheidenden Punkt. Dies war die große Herausforderung, auf die ich mich vorbereitet hatte. Der Rest war Lektüre.

Die alten Sufi-Meister sahen in einem plötzlichen Tod ein Unglück, einen Fluch Gottes, weil er ihnen die Möglichkeit nahm, sich gebührend auf ihn vorzubereiten, ihn zu würdigen. Für mich stellte sich das Problem nicht. Ich hatte über ihn nachgedacht, mich darin geübt, und dieses »Todesurteil« durch den Kaugummikauer war für mich die beste Gelegenheit herauszufinden, wie weit es mit meiner angestrebten Distanz her war.

Den meisten Patienten gräbt sich ein solches »Urteil« ins Gedächtnis ein und führt dazu, dass sie sich in ihr Schicksal ergeben, so als sei dieser Urteilsspruch unwiderruflich. Diese wenigen Worte werden nicht selten zu einer Prophezeiung, deren Erfüllung der Patient dann selbst besorgt, indem er sich seinen letzten Trumpf nehmen lässt, von dem doch, mehr als von allen Medikamenten, seine Rettung abhängt: seinen Willen, zu leben. Natürlich konnte auch ich die Vorhersage des Kaugummikauers nicht vergessen. Aber ich nahm sie als eine unter mehreren, die ich bezüglich meiner Zukunft gehört hatte, und ließ mich nicht von ihr beherrschen. Ich ordnete sie ein neben jener des Swamis, der zufolge ich noch mindestens bis zum Jahr 2006 leben würde, oder auch der Aussage der chinesischen Ärztin in Hongkong, die meine Lebenslinie noch lange nicht am Ende sah. Und wenn sie sich geirrt hatten? Darauf kam es nicht an. Schließlich hatte ich mich in den letzten Jahren darin geübt, meine Bedürfnisse zu beschneiden und irdischem Verlangen, so gut es ging, zu entsagen. Allem Verlangen. Auch dem nach einem langen Leben!

Angela und die Kinder verstanden mich. Auch Leopold, dem ich geschrieben hatte, ich wolle jetzt mit noch mehr Freude leben als zuvor. Von Odessa aus, wo er inzwischen wohnte, antwortete er per E-Mail: »Es gibt nichts, was ich dir raten möchte, denn Ratgeber haben nur selten für ihre Ratschläge geradezustehen. Aber ich spüre ganz stark, dass deine Entscheidung richtig ist, dass du gut daran tust, einem Krieg, egal ob chemischer oder chirurgischer Art, einen wachsamen Frieden vorzuziehen. Vom Krieg ist nichts zu erhoffen, vom Frieden alles.«

Sogar der Chirurg, der mich aufgeschnitten und gleich wieder zugenäht hatte, zeigte Verständnis für mich. Bevor ich New York verließ, wollte ich mich noch bei ihm bedanken. Er hatte sich phantastisch verhalten. Er hatte sein Ich bezähmt, hatte gegen seinen Stolz als Chirurg gehandelt, dem es gegeben ist, alles wegschneiden zu können, was irgendwie entbehrlich ist. Und er hatte sich gegen das System gestellt. Alles war geplant gewesen für einen stundenlangen Eingriff; Medikamente, Assistenten, Krankenschwestern, alles war aufgeboten worden. Alles war im Voraus bezahlt worden, einschließlich seines Honorars, und während ihn sogar noch einer meiner vertrauten, geschätzten Instandsetzer über Handy anrief und bat, weiterzumachen und »das Äußerste zu versuchen«, hatte er doch im letzten Moment beschlossen, es sein zu lassen.

Ich suchte ihn also auf und sagte ihm, dass ich ihm dankbar sei und jetzt in mein Haus im Himalaya zurückkehren würde, um mich dort selbst zu behandeln, durch ein Leben in Abgeschiedenheit und Frieden. Er blickte mich neugierig an, so als erahne er da etwas, was ihn interessierte, und sagte, indem er mir die Hand drückte: »Ach, der Geist, der die Materie kontrolliert!? Halten Sie mich auf dem Laufenden.«

Wir kehrten nach Florenz zurück. Alles, was an Neuem und Schönem während des Social Forum geschehen war, hatte ich zwar versäumt, war aber noch rechtzeitig dort, um an dem großen Fackelzug für den Frieden teilzunehmen. Zum ersten und letzten Mal in meinem Leben redete ich jetzt bei einer solchen Veranstaltung, und zwar von der Freitreppe der Kirche Santo Spirito herab, während mir zwei Betrunkene das Mikrofon zu entwinden versuchten, um das ihrige zum Zustand der Welt zu verkünden. Es war dunkel, und der ganze Platz war ein flackernder Teppich aus Lichtern und bunten Fahnen mit der Botschaft *PACE* (Frieden). Es war ergreifend.

Wenn meine alte, einst so würdevolle, stolze Heimatstadt Florenz, in der heute eher ein schlampiger Krämergeist herrscht, so viele, vor allem junge Leute, die die Ablehnung des Krieges einte, auf die Beine bringen konnte, so war die Hoffnung doch noch lebendig, dass die Menschheit irgendwie einen Schritt vorankam. Ähnliches hatte ich auch in anderen italienischen Städten erlebt, wo ich eingeladen war, in Schulen vor Kindern und Jugendlichen über Gewaltfreiheit zu sprechen, bevor auch deren Köpfe unumkehrbar globalisiert würden. Es war überall möglich. Und nicht nur bei uns, nicht nur in Europa.

Die Anzeichen einer Revolution – keiner politischen, sondern einer inneren, die für mich heute die einzig mögliche ist und auch die einzige, an der ich noch teilnehmen möchte – waren, wie mir schien, überall, in den verschiedensten Bereichen, zu erkennen. Und es werden immer mehr. Sie zeigen sich in den Antiglobalisierungsbewegungen, den Menschenrechtsgruppen, den Umweltschutzverbänden, den freiwilligen Hilfsinitiativen, ja sogar innerhalb der institutionalisierten Kirchen und selbst im Islam. Sie zeigen sich bei den Jugendlichen, die sich ihre Träume nicht austreiben lassen wollen, bei den Frauen, die entschlossen sind, das weibliche Element stärker ins öffentliche Leben einzubringen. Ja, ich bin überzeugt, dass zurzeit überall auf der Welt unter den Menschen unterschiedlichster Herkunft ein neues Bewusstsein dafür entsteht, was falsch läuft und was dagegen getan werden muss. Dieses neue Bewusstsein ist meiner Einschätzung nach ein ungeheures Gut, das unbedingt gepflegt werden muss.

Nur von dort, von diesem neuen Bewusstsein, nicht aber von einer neuen Religion, einem neuen Propheten, Diktator oder Befreier kann eine geistige Führung für die Zukunft ausgehen. Die Lösung liegt in uns. Und die muss fruchtbar gemacht werden, indem man Ordnung schafft, alles wegwirft, was überflüssig ist, und zu dem Kern dessen vordringt, der wir wirklich sind. Heute kann es nicht mehr vordringlich darum gehen, die Zitadellen der Macht anzugreifen, sondern auf lange, lange Sicht Widerstand zu leisten. Wir müssen ihnen widerstehen, den Verlockungen des Wohlstands und eines käuflichen Glücks; müssen darauf verzichten, immer nur noch das zu wollen, was Vergnügen bereitet; müssen zwar nicht die Vernunft dem Wahnsinn opfern, aber erkennen, dass sie ihre Grenzen hat, dass der technische Fortschritt Leben retten, aber auch töten kann und dass der Mensch keinen wahren Fortschritt erreicht, solange er nicht der Gewalt abschwört. Nicht mit Worten, in Verfassungen und Gesetzen, die sich leicht missachten lassen, sondern in der Tiefe seines Herzens.

Es liegt auf der Hand, welchen Weg wir beschreiten müssen: Wir müssen natürlicher leben, weniger verlangen und mehr lieben, dann wird auch die Zahl der Erkrankungen wie meine zurückgehen. Und anstatt nach neuen Medikamenten gegen solche Krankheiten zu suchen, sollten wir lieber so zu leben versuchen, dass sie erst gar nicht entstehen. Aber das Wichtigste ist: keine Kriege, keine Waffen, keine Feindbilder mehr. Sogar das, was meine Zellen dazu brachte, verrückt zu spielen, war kein Feind. Doch im Moment sind wir selbst unser eigener Feind.

Wir brauchen wieder eine spirituelle Dimension in unserem Leben, das viel zu oft von materiellen Verlockungen beherrscht wird. Wir müssen altruistischer sein und uns mehr für das Gemeinwohl und weniger für das persönliche Fortkommen engagieren. Mit anderen Worten, wir müssen den Sinn jener wunderbaren, lapidaren Botschaft an der Fassade des Domes in Barga, in der toskanischen Garfagnana, wiederentdecken, die ich als Junge mal auf einer Klassenfahrt las und seit damals nicht mehr vergessen habe: »Klein das Meine, groß das Unsere.«

Kurz vor Weihnachten brach ich wieder nach Indien in meine Einsiedelei im Himalaya auf, mit dem Vorsatz, gesund zu leben und dieses Buch zu schreiben, in der Stille mit vollen Lungen die saubere Luft zu atmen und die Großartigkeit der Berge in mich aufzunehmen. Und das tat ich auch. In meinen morgendlichen Übungen hatte ich nun noch einigen Körperteilen mehr innerlich zuzulächeln, und darüber hinaus verbrachte ich täglich ein paar Stunden vor dem mit Sonnenenergie gespeisten kleinen Computer. Mein vegetarischer Speiseplan wurde durch einen Kräutertrank bereichert, den Angela, die »Wundermitteln« weniger skeptisch als ich gegenübersteht, zunächst in Hongkong, dann direkt in Nordchina, wo die Kräuter angebaut werden, besorgt hatte. Für mich war er nicht viel anders als der Wolkenpilzextrakt des Hongkonger Milliardärs, nur dass dieser hier noch »erfüllt« war von Angelas Zuneigung und ihrem unbeirrbaren Wunsch, mir zu helfen. So nahm ich ihn regelmäßig ohne Wenn und Aber ein, und das tue ich auch heute noch.

Schnee, die ersten Regenfälle, der Monsun, der Herbst, dann erneut Schnee. Die Zeit verging wie im Fluge, und ohne dass ich es so recht merkte, ohne dass ich mich anders fühlte als zuvor, ging ich in die »Geschichte der Medizin« ein. Ich kann nicht wissen, wie lange ich noch etwas davon habe. Aber es interessiert mich auch nicht sonderlich. Im Moment habe ich mich mit anderen Problemen auseinander zu setzen.

Eines besteht darin, dass es mir noch nicht gelungen ist, ein anderes Verhältnis zur Zeit zu gewinnen. Das heißt, nunmehr *meine* Zeit, nach dem Vorbild des Swamis, als »Zeit für andere Menschen« zu betrachten. Ich wünsche mir sehr, so weit zu kommen.

Das andere Problem ist, dass ich den inneren Frieden weiterhin mit Alleinsein gleichsetze, meine Ausgeglichenheit vom Leben in einer Einsiedelei in den Bergen abhängt. Die Distanz von der Welt ist immer noch eine Voraussetzung für mein inneres Gleichgewicht. Und dies zeigt, dass ich noch viel an mir zu arbeiten habe. Aus diesem Grund habe ich kürzlich mit einer Übung begonnen, die die Tibeter, die Sufis und viele andere schon seit Jahrhunderten kennen.

Ich strecke mich auf dem Boden aus und betrachte den Himmel. Vor dem Blau ziehen, federleicht, die Wolken vorbei. Ich suche mir eine aus, folge ihr mit dem Blick, identifiziere mich mit ihr. Bald schon werde ich zu dieser Wolke, und wie diese Wolke, ohne Gewicht, ohne Gedanken, ohne Emotionen, ohne Verlangen, ohne Widerstand, ohne Richtung, lasse ich mich gehen in der immensen Weite des Himmels. Es gibt keine Pfade, denen zu folgen, kein Ziel, das zu erreichen wäre. Nur ein Hin-und-her-Schweifen, Schweben, leer und leicht wie diese Wolke. Und wie die Wolke verändere ich meine Form, nehme verschiedenste Gestalten an, bis ich konturloser, substanzloser werde und mich schließlich auflöse, verschwinde. Die Wolke ist fort. Ich bin fort. Was bleibt, ist das Bewusstsein, frei, ohne Bindungen, ein sich ausdehnendes Bewusstsein.

Mit dieser Übung habe ich also auf meinem Grat über dem Abgrund begonnen. Nun müsste ich lernen, sie überall ausführen zu können: auf einer Wiese im Apennin, auf der Terrasse unseres Hauses in Florenz, aber eben auch neben einer Autobahn. Ähnlich, wie ich mittlerweile verstanden zu haben glaube, dass Stille kein physikalischer, sondern ein innerer Zustand ist, müsste es mir gelingen, dieses Gefühl der Leere der Materie zu speichern. Damit wäre ich einen großen Schritt weitergekommen. Dann würde ich den Alltag nicht mehr als tausendarmige Krake empfinden, die Zeit nicht mehr als »meine Zeit« und nicht mehr in den Himalaya flüchten müssen, um mich im Frieden mit mir selbst zu fühlen. Ich arbeite daran.

Ist das ein Happy End?

Was ist schon »happy« an einem Ende? Und muss überhaupt jede Geschichte ein Happy End haben? Außerdem – wie könnte ein Happy End aussehen für die Geschichte jener Reise, von der ich hier erzählt habe? »Und wenn er nicht gestorben ist ...«? Doch so enden nur zeitlose Märchen, keine Lebensgeschichten, die dem Lauf der Zeit unterworfen sind. Aber wer beurteilt überhaupt, was glücklich ist und was nicht? Und wann?

Waren denn Leid und Schmerz, von denen ich unter anderem erzählt habe, nur schlecht? Jedenfalls *waren* sie, und dadurch haben sie mich weitergebracht, denn ohne diese Erkrankung wäre ich niemals zu jener Reise aufgebrochen, hätte mir jene Fragen nicht gestellt, auf die es, für mich jedenfalls, ankam.

Dies soll keine Apologie des Leidens sein – von dem ich ohnehin nur wenig erfahren habe; sondern die Aufforderung, das Leben aus einer anderen Perspektive zu betrachten und Geschehnisse nicht nur danach zu beurteilen, ob sie uns gefallen oder nicht.

Und wäre es denn wirklich ein Segen, im Leben stets auf Rosen gebettet zu sein? Doch eher nicht, denn wer lebt, ohne sich je zu fragen, wozu er lebt, hat eine große Chance vertan. Und nur das Leid treibt einen dazu, sich diese Frage zu stellen.

Es ist wohl ein Privileg, als Mensch geboren zu werden, mit allem, was dies mit sich bringt. Glaubt man den *Puranas*, jenen antiken Volkserzählungen der Inder, so mussten sogar die himmlischen Geschöpfe, denen alles gegeben war und die nur Schönes, Gutes, Freudvolles kannten, irgendwann als Menschen geboren werden, damit auch sie das Gegenteil von alldem kennen lernten, um so den Sinn des Lebens zu verstehen. Und dies geht nur am eigenen Leib. Diese Erfahrung muss man selbst machen. Sie lässt sich nicht über Worte vermitteln, weil Worte an sich keinen Wert haben und keine Schmerzen bereiten. Gandhi wusste das und beherzigte es.

Eines Tages brachte eine Mutter ihren fünfzehnjährigen Sohn zu ihm. Dem hatte der Arzt jeglichen Zuckerkonsum verboten, andernfalls sei sein Leben in Gefahr. Da der Junge aber nicht hören wollte und sich weiter täglich mit Süßigkeiten voll stopfte, hoffte die Mutter, dass Gandhi ihr helfen könne. Dieser hörte ihr zu und erklärte dann: »Im Moment kann ich nichts für euch tun. Kommt in einer Woche noch mal vorbei.«

Als sie wieder bei ihm vorsprachen, nahm Gandhi den Jungen zur Seite und unterhielt sich längere Zeit mit ihm. Und seitdem rührte dieser schlagartig nichts Süßes mehr an. »Gandhi-ji, wie hast du das gemacht?«, fragten ihn seine Jünger. »Ganz einfach«, antwortete die *Große Seele*. »Ich habe mich selbst eine Woche lang allem Süßen enthalten, und als ich dann mit dem Jungen sprach, wusste ich, was das bedeutet, und konnte die richtigen Worte finden.«

Ach, Gandhi!

Kurz bevor er ermordet wurde, fragte man ihn, wie die Botschaft seines Lebens laute. Und er antwortete: »Mein Leben ist meine Botschaft.«

Nur sehr, sehr wenige Menschen können das von sich behaupten. Und doch kann jeder von uns, auf seine Weise, nach etwas streben, mit dem sich sein Leben zusammenfassen lässt. Mir kommt in diesem Zusammenhang zuweilen ein Kreis in den Sinn. Ich sehe einen chinesischen Maler vor mir, der sich mit einem großen, in chinesische Tinte getunkten Pinsel in der Hand vor einem großen Bogen Reispapier konzentriert und dann mit vollkommen ruhigem Geist in einer einzigen, weit ausholenden Bewegung einen großen Kreis malt und schließt. Manchmal denke ich auch an jenen Zen-Mönch, der lachte und lachte bis zum letzten Atemzug, so dass auch seine treuesten Schüler keine Tränen vergießen konnten, als er von ihnen schied.

Und warum auch weinen? Der Tod ist nicht immer und unbedingt eine schlimme Nachricht.

Auf dem Weg von Delhi nach Almora, dort, wo die Straße die Ebene verlässt und sich die Schluchten der Himalaya-Sturzbäche hinaufzuwinden beginnt, liegt eingebettet in einer Talsenke ein Ashram mit feuerroten Dächern. Dort wirkte einst ein bedeutender Sadhu, Nim Karoli Baba. Dieser große, korpulente, warmherzige Mann lockte mit seiner Einfachheit und seinen besonderen »Kräften« Dutzende westlicher Hippies in seinen Ashram. Darunter auch Richard Alpert, ein amerikanischer Psychologie-Professor, den man 1963 aus Harvard verjagte, weil er zusammen mit seinem Freund und Kollegen Timothy Leary mit psychedelischen Drogen herumexperimentiert hatte. Man erzählt, einmal habe Leary Babas »Fähigkeit«, sein Bewusstsein stets unter Kontrolle zu haben, testen wollen und ihm dazu eine Hand voll LSD-Tabletten – es soll ein ganzes Dutzend gewesen sein – zu schlucken gegeben. Und der habe sie eingenommen, ohne dass sie irgendeine Wirkung gezeigt hätten. Alpert wurde ein treuer Jünger Babas und schrieb unter dem Namen Ram Dass, Diener Rams, über die Erfahrungen mit seinem Guru. Seine äußerst populären Bücher haben bei sehr vielen Amerikanern die Wahrnehmung Indiens und seiner Spiritualität verändert. Eine der Geschichten, die Ram Dass von seinem Guru erzählt, ist folgende:

Eines Tages kam ein Mann zum Ashram und flehte Nim Karoli Baba an, rasch mit ihm zum Haus eines Verwandten zu kommen. Es stehe sehr schlecht um ihn, und nur Baba könne ihm noch helfen. »Nein, ich komme nicht mit«, antwortete Baba knapp, »aber wenn du zu ihm gehst, so bringe ihm diese Banane mit, und du wirst sehen, es wird alles gut.« Der Mann lief nach Hause, gab dem Kranken die Banane zu essen, und kaum hatte dieser den letzten Bissen verschlungen, verstarb er friedlich.

Es war alles »gut gegangen«, so wie Baba gesagt hatte. Der Mann war in Frieden gestorben. Und doch beharren wir darauf, dass »gut« bedeutet hätte, dass er sich von der Krankheit erholte und womöglich noch viele Jahre lebte. Warum nur? Eben dieses ständige Trennen zwischen dem, was uns gefällt oder nicht gefällt, ist doch ein Grund, warum wir nicht glücklich sind. Erst wenn wir akzeptieren, dass alles zusammengehört, dass alles eins ist, wenn wir nichts von uns weisen, wird es uns vielleicht gelingen, unseren Geist zu beruhigen und unsere Ängste in den Griff zu bekommen.

Der Ashram Nim Karoli Babas ist noch heute Ziel Tausender von Pilgern, obwohl der Guru bereits 1973 »seinen Körper verlassen hat«. Was für ein schöner Ausdruck, um dem Tod seinen Schrecken zu nehmen! In unserem Kulturkreis versuchen wir dies auch, wenn wir etwa sagen, jemand »ist heimgegangen« oder »hat sein Dasein vollendet«. Aber das ändert nichts daran, dass wir uns grämen.

Natürlich stehe ich dem, was mit mir geschieht, auch nicht gleichgültig gegenüber. Aber ich versuche eben, mich nicht davon abhängig zu machen, und bemühe mich, zu jener Distanz zu finden, die ein großer Dichter in diesem berühmten Haiku beschrieben hat:

> Der Schatten des Bambus fegt über die Steinstufen,
> Doch der Staub bleibt.
> Der Mond spiegelt sich im Teich,
> Ohne das Wasser zu berühren.

Die Geschichte dieser Reise soll nicht beweisen, dass gegen gewisse Krankheiten kein Mittel hilft und dass alles, was ich unternommen habe, um eines zu finden, nutzlos war. Ganz im Gegenteil: Alles, einschließlich der Krankheit selbst, war sehr nützlich. Erst dadurch wurde ich dazu angehalten, meine Prioritäten zu überdenken, in mich zu gehen, meinen Blickwinkel und vor allem mein Leben zu ändern. Und das ist das Einzige, was ich auch anderen raten kann: das Leben verändern, um gesund zu werden, das Leben verändern, um sich selbst zu verändern. Auf welchem Wege, das muss dann jeder selbst herausfinden und den Weg auch allein zurücklegen. Es gibt keine Abkürzungen, die ich aufzeigen könnte.

Heilige Schriften, Meister, Gurus, Religionen sind zwar hilfreich, aber nur so, wie uns ein Fahrstuhl dazu dient, uns ein Stück mit hinaufzunehmen und die Treppen zu ersparen. Das letzte Stück des Weges aber, jenes Leiterchen, das auf das Dach hinaufführt, von wo aus man die Welt sieht oder auf dem man sich ausstrecken kann, um eine Wolke zu werden, dieses letzte Stück muss man allein zurücklegen, zu Fuß.

Ich versuche es. Ich fühle mich gut, ich bin bei Kräften, aber weder brüste ich mich damit, noch freue ich mich übermäßig darüber. Ich tue weiterhin einfach das, was mir im Moment richtig erscheint, ohne mir etwas davon zu erwarten, ohne auf einen Lohn zu hoffen, ohne Wünsche zu formulieren … bis auf jenen, zu dem Punkt zu gelangen, wo ich keine Zeit mehr für mich brauche und die, die mir noch bleibt, ausschließlich anderen widmen kann. Um diese Haltung hatte ich den Swami sehr beneidet, und obwohl ich noch weit von Moksha entfernt bin, würde ich dies sehr gern zum Ziel meiner nächsten Reise machen. Zuweilen genügt ein Wort, eine Geste, um einem Leben eine andere Richtung zu geben, und viele, viele vor allem junge Menschen warten darauf.

Angela, auf Besuch in meiner Einsiedelei, amüsierte sich, als sie sah, wie ich mit einem Taschentuch die Fliegen in meinem Zimmer einfing, um sie dann am Fenster in die Freiheit fliegen zu lassen. Auch mir machte es Spaß, nicht etwa, weil ich glaubte, sie könnten die Reinkarnation von irgendjemandem sein, sondern weil ich darin eine Gelegenheit sah, in Harmonie mit anderen Lebewesen zu leben, eine Gelegenheit, dem Leben kein Leben zu nehmen. Es ist nur eine Intuition, denn einen Glauben brauche ich nicht mehr, und auch keine Gewissheiten. Ich lebe jetzt, hier, mit dem Gefühl, dass die Welt phantastisch ist, dass auf ihr nie etwas rein zufällig geschieht und dass es im Leben noch ständig Neues zu entdecken gibt.

Und ich persönlich habe ganz besonders Glück, denn für mich bedeutet mehr denn je jeder Tag – eine weitere Runde auf dem Karussell.